Prüfungstraining für Bankkaufleute

Weitere Bände in der Reihe http://www.springer.com/series/12617

Wolfgang Grundmann • Rudolf Rathner

Bankwirtschaft, Rechnungswesen und Steuerung, Wirtschafts- und Sozialkunde

Prüfungswissen in Übersichten

8. Auflage

Springer Gabler

Wolfgang Grundmann
Norderstedt, Deutschland

Rudolf Rathner
Berufskolleg am Wasserturm
Bocholt, Deutschland

ISSN 2627-8588 ISSN 2627-8596 (electronic)
Prüfungstraining für Bankkaufleute
ISBN 978-3-658-30520-8 ISBN 978-3-658-30521-5 (eBook)
https://doi.org/10.1007/978-3-658-30521-5

Die Deutsche Nationalbibliothek verzeichnet diese Publikation in der Deutschen Nationalbibliografie; detaillierte bibliografische Daten sind im Internet über http://dnb.d-nb.de abrufbar.

Springer Gabler

Springer Gabler ist ein Imprint der eingetragenen Gesellschaft Springer Fachmedien Wiesbaden GmbH und ist ein Teil von Springer Nature.
Die Anschrift der Gesellschaft ist: Abraham-Lincoln-Str. 46, 65189 Wiesbaden, Germany

Vorwort

Haben Sie auch zu Beginn und während Ihrer Bankausbildung festgestellt, dass Sie mit komplexen Lerninhalten überhäuft wurden?

Das Nacharbeiten in den traditionellen Lehrbüchern hat Sie möglicherweise auch nicht weitergebracht. Einzelne Lerngebiete werden bis ins kleinste Detail ausführlich beschrieben und am Ende des Kapitels waren Sie auch nicht klüger, oder? Für Sie als Berufsanfänger ist es schwierig, aus der Fülle der komplexen Lerninhalte das Strukturwissen herauszuarbeiten, das Sie benötigen, um die anstehenden Klausuren und Prüfungen mit gutem Erfolg zu bestehen.

Gehören Sie auch zu den Auszubildenden, die sich ein paar Tage vor einer Klausur oder einer Prüfung intensiv vorbereiten? Und haben Sie festgestellt, dass Sie danach Ihr Gelerntes wieder schnell vergessen haben?

Sie mussten in Ihrem Kurzzeitgedächtnis wieder Platz machen für die Aneignung neuer Lerninhalte. Mit unserem vorliegenden Werk können Sie die wichtigsten Regeln und Details der Lerngebiete Ihrer Prüfungsfächer Bankwirtschaft, Rechnungswesen und Steuerung sowie Wirtschafts- und Sozialkunde schnell und kompakt für Ihre anstehenden Klausuren, Ihre Zwischenprüfung und Ihre Abschlussprüfung aneignen, wiederholen und festigen.

Die einzelnen Lerngebiete sind dem Prüfungskatalog Bankkaufmann/Bankkauffrau für die Zwischenprüfung und die Abschlussprüfung entnommen worden. Die einzelnen Lerninhalte sind übersichtlich dargestellt und enthalten nur die wesentlichen Details, die Sie für den erfolgreichen Abschluss Ihrer Zwischen- und Abschlussprüfung benötigen. Details, die von Ihnen in den schriftlichen Prüfungen nicht abgefordert werden können, wurden in diesem Werk nicht berücksichtigt. Die übersichtliche Darstellung der einzelnen Lerngebiete hilft Ihnen, sich die notwendigen Prüfungsinhalte in kurzer Zeit anzueignen oder zu wiederholen.

Sie finden am Ende der einzelnen Lerngebiete jeweils relevante Praxisbeispiele oder einfache Rechenbeispiele, mit denen Sachverhalte kurz und prägnant verdeutlicht werden.

Wie können Sie unser Werk zur Vorbereitung auf einzelne Klausuren bzw. zur Vorbereitung auf die Zwischen- und Abschlussprüfung nutzen?

Zunächst eignen Sie sich mit unserem neuen Werk das Strukturwissen zu den einzelnen Lerngebieten an. Das können Regeln, Verfahrensweisen, Betrags- und Meldegrenzen oder bestimmte Lerngebietsdetails sein. Die Zwischen- und Abschlussprüfung Bankkaufmann/Bankkauffrau besteht vorwiegend aus programmierten Aufgaben neben handlungsorientierten Bankfällen. Sie werden feststellen, dass Sie mit dem angeeigneten Strukturwissen jetzt programmierte Übungsaufgaben und handlungsorientierte Beispielfälle sicher und zuverlässig lösen können – ein Lernerfolg, der sich auch in Ihrer Zwischen- und Abschlussprüfung niederschlagen wird.

Die 8. Auflage wurde neu bearbeitet und auf den rechtlich aktuellen Stand gebracht. Die Freigrenzen und Freibeträge wurden aktualisiert. Das Kapitel Online-Banking wurde um sichere TAN-Verfahren ergänzt und erweitert. Im Zahlungsverkehr finden die aktuellen Verfügungs- und Haftungsgrenzen bei Kartenzahlungen, insbesondere beim Girogo-Verfahren Berücksichtigung. Der Inhaltspunkt „Reisescheck“ wurde wegen seiner Bedeutungslosigkeit aus dem Buch entfernt. Die neuen Regeln der Incoterms 2020 wurden in den Übersichten zum Auslandszahlungsverkehr eingearbeitet. Im Kapitel Geld- und Vermögensanlage wurden die Neuregelungen im Aktiengesetz zur Möglichkeit von Beschlussfassungen auf virtuellen Hauptversammlungen von Aktiengesellschaften aufgenommen und weitere Informationen zur Investmentbesteuerung in die Strukturübersichten eingearbeitet. Die Beiträge und Beitragsbemessungsgrenzen in der Sozialen Sicherung wurden auf den Stand von 2020 gebracht und der Beschäftigtendatenschutz wurde neu in das Kapitel Arbeitsrecht aufgenommen.

Hamburg und Bocholt im Juni 2020

Wolfgang Grundmann Rudolf Rathner

wolfgang@grundmann-norderstedt.de R@thner.de

Inhaltsverzeichnis

PRÜFUNGSWISSEN BANKWIRTSCHAFT

A1 Kontoführung

1. Gemeinschaftskonto

Merkmale	Oder-Konto	Und-Konto
Verfügungs-berechtigung	• jeder Kontoinhaber allein • bei Widerruf eines Kontoinhaber nur eine gemeinsame Verfügung möglich	• gemeinschaftliche Verfügungsberechtigung • Ausgabe von Kredit- und Bankkarten ist nicht möglich. • Änderungen der Verfügungsberechtigung nur gemeinsam möglich
Verfügung im Todesfall eines Kontoinhabers	• Einzelverfügungsberechtigung bleibt gültig. • Widerruf durch die Erben möglich	Im Todesfall sind Verfügungen nur zusammen mit den Erben möglich.
Kredit-aufnahme	• Die Kontoinhaber haften gesamtschuldnerisch. • Kreditverträge können nur gemeinschaftlich abgeschlossen werden.	
Freistellungs-auftrag	Für Ehepaare ist ein Freistellungsauftrag möglich.	
Kontovoll-machten	• Erteilung nur gemeinschaftlich möglich • Widerruf durch jeden Kontoinhaber möglich	
Konto-auflösung	nur gemeinschaftlich	
Rechnungsab-schluss	• Rechnungsabschluss bei Girokonten am Ende eines Kalendervierteljahres • Genehmigung des Rechnungsabschlusses innerhalb von sechs Wochen nach Zugang des Rechnungsabschlusses • Macht der Girokunde innerhalb dieser Zeit keine Einwendungen, gilt der Rechnungsabschluss als genehmigt. • Nach Ablauf der Frist kann der Kunde die Korrektur einer unrichtigen Buchung verlangen. Die Einwendung muss er allerdings dann beweisen.	
Storno- und Berichti-gungsbu-chungen	• Fehlerhafte Gutschriften korrigiert die Bank durch eine Stornobuchung vor dem Rechnungsabschluss bzw. durch eine Berichtigungsbuchung nach Rechnungsabschluss rückgängig. Erhebt der Kunde gegen eine Berichtigungsbuchung Einwendungen, schreibt die Bank den Betrag dem Konto wieder gut und macht ihren Rückzahlungsanspruch gesondert geltend.	

W. Grundmann, R. Rathner, *Bankwirtschaft, Rechnungswesen und Steuerung, Wirtschafts- und Sozialkunde*, Prüfungstraining für Bankkaufleute,
https://doi.org/10.1007/978-3-658-30521-5_1

Freistellungsauftrag für Eheleute

Ein Freistellungsauftrag (FSA) bewirkt, dass Kapitalerträge (z. B. Zinsen und Dividenden) bis zur Höhe des erteilten FSA ohne Abzug von Abgeltungsteuer und Solidaritätszuschlag sowie Kirchensteuer ausgezahlt werden. Die Höhe des erteilten FSA darf bei Alleinstehenden den Sparer-Pauschbetrag von 801,00 EUR, bei Zusammenveranlagung 1.602,00 EUR nicht übersteigen. Ehegatten, bei denen die Voraussetzungen für eine Zusammenveranlagung vorliegen, können entweder einen gemeinsamen FSA bis zum gemeinsamen Sparerpauschbetrag von 1.602,00 EUR oder Einzelfreistellungsaufträge bis zu jeweils 801,00 EUR erteilen. Der FSA für eine gemeinsame Veranlagung ist von beiden Eheleuten zu unterschreiben.
Kreditinstitute melden dem Bundeszentralamt für Steuern bis 31. Mai jeden Jahres die Höhe der im Vorjahr tatsächlich steuerfrei ausgezahlten Kapitalerträge je FSA. Der FSA muss der auszahlenden Stelle schriftlich auf einem amtlich vorgeschriebenen Vordruck erteilt werden. Ein FSA kann nicht erteilt werden für Konten von Wohnungseigentümer- oder Erbengemeinschaften oder Gemeinschaftskonten nichtehelicher Lebensgemeinschaften.
Sparer dürfen ihre Freistellungsaufträge nur noch unter Angabe ihrer Steuer-Identifikationsnummer erteilen oder ändern. Damit soll dem Fiskus die Kontrolle erleichtert werden, dass Anleger mit mehreren Bankverbindungen nicht den zulässigen Höchstbetrag überschreiten.

1.1 Güterstand

Der Güterstand bezeichnet die Vermögensverhältnisse der Ehegatten untereinander. Der gesetzliche Güterstand ist die Zugewinngemeinschaft. Ehevertraglich vereinbart werden können die Gütergemeinschaft und die Gütertrennung.

Zugewinngemeinschaft	Der gesetzliche Güterstand ist die sogenannte Zugewinngemeinschaft, d. h. das bei der Eheschließung vorhandene und das während der Ehe erworbene Vermögen beider Ehegatten bleibt getrennt und wird grundsätzlich von jedem Ehegatten selbstständig verwaltet. Jeder Ehegatte bleibt also während der Ehe Alleineigentümer seiner Vermögensgegenstände (§ 1364 BGB). Die Zugewinngemeinschaft ist der am meisten verbreitete Güterstand. Jeder Ehegatte haftet in aller Regel nur für seine eigenen Schulden und nur für sein Vermögen. Allerdings wird das während der Ehe hinzugewonnene Vermögen der Ehegatten dann ausgeglichen, wenn die Zugewinngemeinschaft endet; also im Regelfall bei einer Scheidung (Zugewinnausgleich). Auch im Todesfall kommt der Zugewinnausgleich zur Anwendung, indem der Ausgleich des Zugewinns dadurch verwirklicht wird, dass sich der gesetzliche Erbteil des überlebenden Ehegatten um ein Viertel erhöht.
Ehevertrag	Ehegatten können das für sie geltende eheliche Güterrecht durch einen Ehevertrag regeln. Der Ehevertrag kann sowohl vor wie nach der Eheschließung bei gleichzeitiger Anwesenheit beider Ehegatten vor einem Notar geschlossen werden. Minderjährige Ehegatten können einen Ehevertrag nur mit Genehmigung des gesetzlichen Vertreters, in der Regel der Eltern, abschließen. Inhalt des Ehevertrages kann der Ausschluss des gesetzlichen Güterstandes und dessen Ersetzung durch einen vertraglichen Güterstand sein, sofern dieser vom Gesetz als Alternative ausdrücklich zugelassen ist.

Gütergemeinschaft	Die Gütergemeinschaft ist eine Form des ehelichen Güterstands, die nur durch einen Ehevertrag entstehen kann. Entscheidendes Merkmal der Gütergemeinschaft ist, dass mit Abschluss des Ehevertrages kraft Gesetz das gesamte vorhandene Vermögen des Mannes und der Frau gemeinschaftliches Vermögen und Eigentum beider Ehegatten wird, sogenanntes Gesamtgut. Nicht zum Gesamtgut gehört das sogenannte Sondergut. Das sind Gegenstände, die nicht durch Rechtsgeschäft übertragen werden können, beispielsweise unpfändbare Unterhaltsansprüche und das sogenannte Vorbehaltsgut (Gegenstände, die im Ehevertrag ausdrücklich vom Gesamtgut ausgenommen wurden). Diese Vermögensmassen bleiben im Eigentum des jeweiligen Ehegatten, diesbezüglich findet im Fall der Scheidung auch kein Ausgleich statt.
Gütertrennung	Die Gütertrennung ist eine Form des ehelichen Güterstands, bei der die Vermögen der Ehepartner sowohl während der Ehe als auch im Falle einer Scheidung getrennt bleiben. Jeder Ehegatte ist hinsichtlich seines Vermögens unbeschränkt verfügungsbefugt. Die Vereinbarung einer Gütertrennung muss notariell beurkundet werden.
Güterrechtsregister	Es ist ein bei den Amtsgerichten geführtes Verzeichnis, in das Eheleute von dem gesetzlichen Güterstand der Zugewinngemeinschaft abweichende Regelungen eintragen lassen müssen. Von den gesetzlich vorgesehenen vermögensrechtlichen Verhältnissen kann durch Ehevertrag abgewichen werden. Die Eintragung hat keinen Einfluss auf die Wirksamkeit des Ehevertrages. Ohne Eintragung entfaltet die güterrechtliche Änderung jedoch keine Wirkung gegenüber Dritten. Diese können sich jedoch auch nicht auf die Eintragung verlassen, da dem Register kein öffentlicher Glaube zukommt.

1.2 Inländer – Ausländer

Unter der Legitimation versteht man grundsätzlich die Feststellung der Berechtigung einer natürlichen oder juristischen Person zur Durchführung einer bestimmten Handlung, z. B. Kontoeröffnung. Dies geschieht in der Bankwirtschaft unter den Gesichtspunkten des Steuerrechts, der Geldwäschebekämpfung und außenwirtschaftlicher Vorschriften.
Für die Legitimation in der Bankwirtschaft sind demnach

- die Abgabenordnung,
- das Geldwäschegesetz und
- das Außenwirtschaftsgesetz von Bedeutung.

Die neue Begriffsfestlegung „Inländer", „Ausländer" des AWG bzw. AWV beinhaltet die gleiche Definition wie die vorher verwendeten Begriffe „"Gebietsansässiger", „Gebietsfremder".

Legitimation nach der Abgabenordnung (AO)	Die Legitimation einer Person erfolgt hier auf dem Grundsatz der Kontenwahrheit. In der AO ist festgelegt, dass niemand auf einen falschen oder erdichteten Namen für sich oder einen Dritten • ein Konto einrichten, • Buchungen vornehmen, • Wertsachen (Geld, Wertpapiere, Kostbarkeiten) in Verwahrung geben, • Wertsachen verpfänden oder

	• sich ein Schließfach geben lassen darf. Dahingegen sind Einrichtungen und Personen, die • Konten führen (z. B. Banken etc.) • Wertsachen verwahren, • Wertsachen als Pfand nehmen oder • Schließfächer überlassen, verpflichtet, sich Gewissheit über die Person und die Anschrift des Verfügungsberechtigten zu verschaffen. Die Daten sind dabei in geeigneter Form (z. B. bei Konten in den Kontounterlagen) festzuhalten. Durch die Legitimationsprüfung sollen Steuerhinterziehungen verhindert werden. In der Abgabenordnung werden gebietsansässige, steuerpflichtige Personen definiert. Zu diesem Personenkreis gehören gewöhnlich alle Personen, deren fester Aufenthalt im Inland mindestens sechs Monate beträgt.
Identifizierung nach dem Geldwäschegesetz (GwG)	Nach dem GwG sind Kreditinstitute, Finanzdienstleistungsinstitute, Finanzunternehmen, Versicherungsunternehmen etc. dazu verpflichtet, die Identität einer Person und der wirtschaftlich Berechtigten zu überprüfen und entsprechende Daten zu erheben, sofern die folgenden Tatbestände vorliegen: • Eingehen einer Geschäftsbeziehung • Annahme von Bargeld ab 15.000,00 EUR • Durchführung von Transaktionen ab 15.000,00 EUR (auch wenn einzelne mit einander in Verbindung stehende Transaktionen im Gesamten diesen Wert ergeben) • Eintreten eines Verdachtsfalles bezüglich strafrechtlicher Vorschriften und Terrorismusfinanzierungen • Aufkommen von Zweifeln an der Identität der Person oder des wirtschaftlich Berechtigten • Kauf oder Verkauf von Spielmarken ab einem Wert von 2.000,00 EUR • Prämienzahlung ab 15.000,00 EUR innerhalb eines Jahres durch einen Versicherungsvermittler Folgende Fragen sind im Zusammenhang der Geldwäschebekämpfung zu klären: • Wer ist mein Vertragspartner? • Welchen Zweck bzw. welche Art der Geschäftsbeziehung wird angestrebt? • Handelt der Kunde für einen wirtschaftlich Berechtigten auf eigene oder fremde Rechnung? Folgende Daten sind mindestens festzuhalten: Natürliche Personen: • Name • Geburtsort • Geburtsdatum • Staatsangehörigkeit • Anschrift

	Juristische Personen: • Firma • Name oder Bezeichnung • Rechtsform • Registernummer • Anschrift des Sitzes oder der Hauptniederlassung • Namen der Mitglieder des Vertretungsorgans oder der gesetzlichen Vertreter Für eine Legitimation sind nach GwG die nachfolgenden Dokumente zugelassen: Natürliche Personen: • im Inland gültiger amtliche Lichtbildausweis • an Hand eines inländischen oder nach ausländerrechtlichen Bestimmungen anerkannten oder zugelassenen Passes, Personalausweises oder Pass- oder Ausweisersatzes Juristische Personen: • Auszug aus dem Handels- oder Genossenschaftsregister oder einem vergleichbaren amtlichen Register oder Verzeichnis • Gründungsdokumente oder gleichwertige beweiskräftige Dokumente • Einsichtnahme in die Register- oder Verzeichnisdaten Ziel ist vorrangig die Bekämpfung von Geldwäsche und die Verhinderung von Terrorismusfinanzierungen.
Legitimationsprüfung nach dem Außenwirtschaftsgesetz (AWG)	Nach dieser Regelung haben die Institute die devisenrechtliche Stellung des Vertragspartners zu prüfen, d. h. ob er Inländer oder Ausländer ist. Zudem wird ermittelt, ob es sich um einen Steuerinländer oder -ausländer handelt.

1.3 Basiskonto

Personenkreis	Jeder Verbraucher mit rechtmäßigem Aufenthalt in der Europäischen Union einschließlich Personen ohne festen Wohnsitz und Asylsuchenden sowie Personen ohne Aufenthaltstitel, die aus rechtlichen Gründen nicht abgeschoben werden können, haben einen Rechtsanspruch auf ein Basiskonto bei einem Kreditinstitut.
Zweck	Kontoinhaber soll Zahlungsdienste in Anspruch nehmen können;
Aufgaben der Kreditinstitute	Kreditinstitute müssen innerhalb von 10 Tagen ein Basiskonto einrichten. Das Kreditinstitut ist berechtigt, das Konto nur auf Guthabenbasis zu führen. Das kontoführende Kreditinstitut darf das Basiskonto nicht zu Bedingungen führen, die benachteiligend sind im Vergleich zu anderen Konten.
Pflichten für Kontoinhaber	Die Inhaber von Basiskonten sind verpflichtet, für die Erbringung der Dienste das vereinbarte Entgelt zu entrichten. Die Entgelte müssen marktüblich sein und das Nutzerverhalten berücksichtigen. Grundlage für die Vertragsbeziehung mit dem Kunden sind die Allgemeinen Geschäftsbedingungen (AGB), in denen die Rechte und Pflichten der Vertragspartner geregelt sind.

2. Konten Minderjähriger

Gesetzliche Vertreter	Gesetzliche Vertreter von natürlichen Personen sind die Eltern für ihre minderjährigen Kinder (§ 1629 BGB) und der Vormund für das Mündel (§ 1773 BGB). Ebenso sind der Betreuer (§ 1902 BGB) sowie der Pfleger bei bestimmten Anlässen gesetzliche Vertreter.
Legitimations-urkunden	• Geburtsurkunde, Kinderausweis, Personalausweis ab 16 Jahre • amtliche Lichtbildausweise der gesetzlichen Vertreter • Bestallungsurkunde bei Vormund und Betreuer
Genehmi-gungspflichtige Rechts-geschäfte	Nach § 107 BGB bedarf der Minderjährige zu einer Willenserklärung, durch die er nicht lediglich einen rechtlichen Vorteil erlangt, der Einwilligung seines gesetzlichen Vertreters. Zu Rechtsgeschäften für Minderjährige bedürfen die Eltern nach §§ 1643, 1822 BGB der Genehmigung des Familiengerichts. Beispiele: • Verfügung über das Vermögen des Kindes im Ganzen • Aufnahme von Geld auf den Kredit des Kindes • Übernahme einer Bürgschaft
Anlage von Mündelgeld	Der § 1806 BGB regelt die Anlage von Mündelgeld: Der Vormund hat das zum Vermögen des Mündels gehörende Geld verzinslich anzulegen, soweit es nicht zur Bestreitung von Ausgaben bereitzuhalten ist. § 1807 BGB (Art der Anlegung) (1) Die im § 1806 vorgeschriebene Anlegung von Mündelgeld soll nur erfolgen: 1. in Forderungen, für die eine sichere Hypothek an einem inländischen Grundstücke besteht ... 2. in verbrieften Forderungen gegen den Bund ... 3. … 4. in Wertpapieren, insbesondere Pfandbriefen ... 5. bei einer inländischen öffentlichen Sparkasse, wenn sie von der zuständigen Behörde des Landes, in welchem sie ihren Sitz hat, zur Anlegung von Mündelgeld für geeignet erklärt ist, oder bei einem anderen Kreditinstitut, das einer für die Anlage ausreichenden Sicherungseinrichtung angehört.
Einseitige Rechts-geschäfte von Minderjährigen: Kontovollmacht	Nach § 111 BGB ist ein einseitiges Rechtsgeschäft wie die Erteilung einer Kontovollmacht durch einen Minderjährigen, das der Minderjährige ohne die erforderliche Einwilligung des gesetzlichen Vertreters vornimmt, unwirksam.
Arbeitsverhält-nisse mit Minderjährigen	Nach § 113 BGB regelt die Eingehung eines Arbeitsverhältnis mit Minderjährigen. Ermächtigt der gesetzliche Vertreter den Minderjährigen, in Arbeit zu treten, so ist der Minderjährige für solche Rechtsgeschäfte unbeschränkt geschäftsfähig, welche die Eingehung oder Aufhebung eines Arbeitsverhältnisses der gestatteten Art oder die Erfüllung der sich aus einem solchen Verhältnis ergebenden Verpflichtungen betreffen. Ausgenommen sind Verträge, zu denen der Vertreter der Genehmigung des Familiengerichts bedarf.

3. Mündelkonten

Vormund	Ein Vormund kann für Minderjährige bestellt werden (§ 1773 BGB). Ein Minderjähriger erhält einen Vormund, wenn er nicht unter elterlicher Gewalt steht, z. B. wenn beide Eltern verstorben sind. Der Vormund wird vom Familiengericht bestellt. Jeder Deutsche hat die Vormundschaft, für die er vom Familiengericht ausgewählt wird, zu übernehmen (§ 1785 BGB).
Aufgaben des Vormunds	• Der Vormund ist berechtigt, die Vermögensangelegenheiten des Mündels wahrzunehmen und als gesetzlicher Vertreter im Namen des Mündels zu handeln. • Die Aufgaben und Rechte des Vormunds sind nicht übertragbar. • Der Vormund kann eine Vollmacht erteilen.
Kontoeröffnung	Bei der Kontoeröffnung für einen Minderjährigen handelt der gesetzliche Vertreter oder Vormund für diesen. Es wird also ein Konto für den Minderjährigen durch seinen gesetzlichen Vertreter errichtet. Kontoinhaber und Gläubiger der Forderung ist das Mündel, so dass seine Legitimation zu prüfen ist. Der Vormund ist gesetzlicher Vertreter. Legitimationsunterlagen des Minderjährigen: • Kinderausweis • Geburtsurkunde • Familienstammbuch Legitimationsunterlagen des verfügungsberechtigten Vormunds: • Personalausweis • Bestallungsurkunde Der Vormund erhält zum Nachweis seiner Stellung nach außen eine Bestallungsurkunde, die allerdings keinen Vertrauensschutz für gutgläubige Dritte schafft. Für die Bank bedeutet dies, dass sie die Angaben in der Bestallungsurkunde durch Einsicht in die Vormundschaftsakten überprüfen muss. Beispiel für eine Kontobezeichnung: Andreas Kramer, Mündelkonto
Anlage von Mündelgeld	Zu den Instituten, die mündelsichere Einlagen entgegennehmen können, gehören neben den Sparkassen solche Kreditinstitute, die einer für die Anlage ausreichenden Sicherungseinrichtung (Bundesverband Deutscher Banken e.V. und Bundesverband der Volksbanken und Raiffeisenbanken e.V.) angehören. Beispiele für mündelsichere Anlagen: • Bundeswertpapiere • Pfandbriefe, die grundbuchlich abgesichert sind. • Wertpapiere, die vom Bund für mündelsicher erklärt worden sind. • Einlagen bei inländischen öffentlichen Sparkassen oder anderen Kreditinstituten, die einer ausreichenden Sicherungseinrichtung angehören. Verfügungen über angelegtes Geld: Bei Sperrvermerk Verfügung mit Zustimmung des Familiengerichts

Verfügungsgeld	Der Vormund kann ein Guthaben auf einem Spar- oder Girokonto bei einem Kreditinstitut ohne Sperrvermerk unterhalten und über das Kontoguthaben für sein Mündel verfügen (§ 1813 BGB). Beispiele für Ausgaben im Rahmen des Verfügungsgeldes: • Ausgaben für den Unterhalt • Ausgaben für Ausbildung • Ausgaben für kleinere Anschaffungen • Kosten der Vermögensverwaltung
Beendigung der Vormundschaft	Eintritt der Volljährigkeit des Mündels: In diesem Fall ist durch das Kreditinstitut die Legitimation des volljährig gewordenen Mündels zu prüfen.

4. Betreuerkonten

Wichtige Vorschriften für eine Betreuung

Gründe	für Volljährige: • wegen Krankheit oder Behinderung • Betreuung auf Antrag bzw. von Amts wegen (§ 1896 BGB) beim Betreuungsgericht
Umfang	• Gesundheitssorge • Vermögenssorge
Vertretung	Der Betreuer vertritt in seinem Aufgabenkreis den Betreuten gerichtlich und außergerichtlich (§ 1902 BGB).
Willenserklärung des Vertretenden	Die Geschäftsfähigkeit des Betreuten bleibt erhalten. Das Betreuungsgericht kann einen Einwilligungsvorbehalt anordnen, soweit dies zur Abwendung einer erheblichen Gefahr für Person oder Vermögen des Betreuten erforderlich ist. Dann muss der Betreuer die vom Betreuten getätigten Geschäfte genehmigen. Einwilligung entfällt, wenn die Willenserklärung dem Betreuten einen rechtlichen Vorteil bringt (§ 1903 BGB).
Geldanlage	• verzinsliche Geldanlage (§ 1806 BGB) • mündelsichere Geldanlage (1807 BGB)
Genehmigungspflichtige Geschäfte durch das Betreuungsgericht (§§ 1821, 1822, 1643, 1908i BGB)	• Grundstücksgeschäfte • Verfügung über das Vermögen im Ganzen • Kreditaufnahme • Übernahme einer Bürgschaft

Besonderheiten bei Betreuerkonten

Verfügungsmöglichkeiten einer nicht befreiten Betreuung nach §§ 1813, 1901 BGB	Der nicht befreite Betreuer bedarf nicht der Genehmigung des Betreuungsgerichts, • wenn er über Gelder verfügt, die auf einem Kontokorrentkonto des Betreuten angelegt worden sind (ohne Betragsgrenze). • wenn Geld zurückgezahlt wird, dass der Betreuer z. B. auf einem Termingeldkonto des Betreuten angelegt hatte.

Befreite Betreuung nach § 1817 BGB	Die Einschränkung für die nicht befreite Betreuung gilt für den befreiten Betreuer nicht. Befreite Betreuer sind i. d. R. Verwandte des Betreuten (Vater, Mutter, Kind, Ehegatte) oder Vereins- oder Behördenbetreuer.
Unter Einwilligungsvorbehalt stehende Betreuung nach § 1903 BGB	Liegt ein Einwilligungsvorbehalt vor, benötigt der Betreute z. B. bei der Eröffnung eines Kontos die Einwilligung des Betreuers. In der Regel wird der Betreute behandelt wie ein beschränkt Geschäftsfähiger.
Betreuung steht nicht unter einem Einwilligungsvorbehalt	Ohne Einwilligungsvorbehalt kann der Betreute weiter Rechtsgeschäfte abschließen, ohne die Genehmigung des Betreuers einzuholen. Er bleibt voll geschäftsfähig.
Mündelsichere Anlageformen	Nach § 1807 BGB sind z. B. folgende Anlageformen mündelsicher: • Verbriefte Forderungen gegen den Bund oder ein Land sowie Forderungen, die in das Bundesschuldbuch oder Landesschuldbuch eines Landes eingetragen sind. • Wertpapiere, insbesondere Pfandbriefe sowie verbriefte Forderungen jeder Art gegen eine inländische kommunale Körperschaft, sofern die Wertpapiere oder die Forderungen von der Bundesregierung mit Zustimmung des Bundesrates zur Anlage von Mündelgeld für geeignet erklärt sind.

5. Anderkonten und Anderdepots

Kontoinhaber	• Notare, Rechtsanwälte • Wirtschaftsprüfer und Steuerberater
Kontobezeichnung	z. B. Notar Dr. Jürgen Delmere, Notar-Anderkonto 1
Kontoarten	Kontokorrent-, Spar-, Termin- und Depotkonten
Besonderheiten	Es gelten besondere Anderkontenbedingungen: • Bei Anderkonten wird der Name des Treugebers nicht genannt. • Anderkonten tragen den Zusatz „Anderkonto". • Anderkonten dienen der Verwaltung fremden Vermögens. • Besondere Geldwäschegesetzvorschriften beachten: Kontoinhaber ist nicht wirtschaftlich berechtigt und muss daher bei jeder Anderkontoeröffnung Name und Anschrift seines Mandanten mitteilen. • Kontovollmachten nur an eng begrenzten Personenkreis, z. B. andere Rechtsanwälte • Banken verzichten auf Recht der Aufrechnung und Pfand- und Zurückbehaltungsrecht. • Guthaben auf Anderkonten sind nicht abtretbar und verpfändbar. • Im Todesfall des Treuhänders fallen Kontoguthaben auf Anderkonten nicht in die Erbmasse.

Anderkonten und Geldwäscheverhinderung

Gemäß § 23 Bundesnotarordnung (BNotO) sind die Notare zuständig, Geld – auch Bargeld – von Beteiligten zur Aufbewahrung oder zur Ablieferung an Dritte zu übernehmen; dies ist auch ohne Zusammenhang mit einem Beurkundungsgeschäft zulässig. Die notarielle Verwahrung als Amtstätigkeit wird durch das Beurkundungsgesetz präzisiert und eingeschränkt, wobei der Gesetzgeber versucht hat, das Anderkonto weniger geldwäscheanfällig zu machen und den Notar vor Geldwäschern besser zu schützen.

Nach § 54 a Abs. 1 BeurkG ist es dem Notar verboten, Bargeld zur Verwahrung oder zur Ablieferung an Dritte entgegenzunehmen; ein Missbrauch der notariellen Amtstätigkeit durch Bargeldtransaktionen ist somit nicht mehr möglich, wenn der Notar seine Amtspflichten einhält.

Eine weitere Einschränkung ist in § 54 a Abs. 2 BeurkG enthalten: Ein Anderkonto darf nur noch dann eingeschaltet werden, wenn das Sicherungsbedürfnis der Beteiligten die Abwicklung über ein Anderkonto nahelegt.

Da eine Pflicht zum Tätigwerden nur bei der Beurkundungstätigkeit besteht (§ 15 Abs. 1 Satz 1 BNotO), hat der Notar grundsätzlich das Recht, eine bestimmte Abwicklungsmethode vorzuschlagen (Direktzahlung oder Einschaltung eines Anderkontos). Nach Auffassung der Bundesnotarkammer soll § 54 a BeurkG einer formularmäßigen, quasi blinden Einschaltung des Anderkontos Einhalt gebieten und den Notar veranlassen, im Einzelfall eine Prüfung vorzunehmen, welches der sicherste Weg der Kaufpreiszahlung ist.

Als berechtigtes Interesse für die Einschaltung des Anderkontos nennt die Bundesnotarkammer für einen Grundstückskaufvertrag die Ablösung von Gläubigern des Verkäufers und die Finanzierung des Kaufpreises durch die Bank des Käufers sowie die Verringerung des in der Eintragung der Auflassungsvormerkung liegenden Risikos des Verkäufers oder das Bestreben, einen möglichst frühen Besitzübergang zugunsten des Erwerbers herbeizuführen. Im Ergebnis bedeutet dies kaum eine Änderung der bisherigen Praxis, wenn man einmal von den gestiegenen Pflichten des Notars absieht. § 54 a Abs. 3 BeurkG verpflichtet den Notar deshalb, einen Verwahrantrag nur entgegenzunehmen, wenn die Verwahranweisung den Bedürfnissen einer ordnungsgemäßen Geschäftsabwicklung entspricht. Ob dies zutrifft, muss objektiv und unter Vergleich mit der Risikolage ohne Einschaltung eines Anderkontos beurteilt werden, sodass der Notar in jedem Einzelfall das geeignete Abwicklungsverfahren festlegen muss. Im Ergebnis kann dies bedeuten, dass ein Vertrag ohne Anderkonto und direkt zwischen den Beteiligten abgewickelt wird.

6. Partnerschaftskonten

Begriff „Partnerschaft“	Die Partnerschaft ist eine Gesellschaft, in der sich Angehörige freier Berufe zur Ausübung ihrer Berufstätigkeit zusammenschließen. Sie übt kein Handelsgewerbe aus.
Angehörige	nur natürliche Personen
Beispiele für Partnerschaften	Ärzte, Wirtschaftsprüfer, Steuerberater, Architekten und andere Freiberufler
Name der Partnerschaft	Der Name der Partnerschaft muss mindestens den Namen eines Partners, den Zusatz „und Partner“ oder „Partnerschaft“ sowie die Berufsbezeichnungen aller in der Partnerschaft vertretenen Berufe enthalten. Beispiel einer Kontobezeichnung für eine Partnerschaft: Steuerberater und Wirtschaftsprüfer Dr. Ehlert & Partner

Rechtswirksamkeit der Partnerschaft gegenüber Dritten	mit Eintragung in das Partnerschaftsregister
Haftung	Für Verbindlichkeiten der Partnerschaft haften den Gläubigern neben dem Vermögen der Partnerschaft die Partner als Gesamtschuldner. Die Haftung kann in bestimmten Fällen auf den oder die Partner beschränkt werden, die die Leistung erbringen.
Vertretung	gesetzliche Regelung: Einzelvertretung vertragliche Regelung: Gesamtvertretung oder Ausschluss einzelner Partner (Eintragung in das Partnerschaftsregister)
Legitimation	• Partnerschaftsregisterauszug • Personalausweise der Partner
Geschäftsführung	Die Partner erbringen ihre beruflichen Leistungen unter Beachtung des für sie geltenden Berufsrechts. Einzelne Partner können nur von der Führung der sonstigen Geschäfte ausgeschlossen werden. Das Rechtsverhältnis der Partner im Innenverhältnis bestimmt der Partnerschaftsvertrag.

Registerbeispiel

Nummer der Eintragung	**a) Name** **b) Sitz, Zweigniederlassung** **c) Gegenstand**	**a) Allgemeine Vertretungsregelung** **b) Partner, Vertretungsberechtigte und besondere Vertretungsbefugnis**	**a) Rechtsform** **b) sonstige Rechtsverhältnisse**	**a) Tag der Eintragung** **b) Bemerkungen**
1	a) Dr. jur. Rudolf Bauer, Dr. jur. Susanne Schröder und Partner, Rechtsanwälte und Notare b) Hamburg c) Die Unterhaltung und Betreibung einer Gemeinschaftskanzlei	a) Rudolf Bauer und Susanne Schröder sind jeweils einzelvertretungsberechtigt. Sonst: jeweils zwei Partner vertreten gemeinsam b) Partner: Dr. jur. Rudolf Bauer, Rechtsanwalt und Notar, Norderstedt, geb. 02.05.1958 Partner: Dr. jur. Susanne Schröder, Rechtsanwältin und Notarin, Elmshorn, geb. 21.03.1968 Partner: Martina Lehmann, Rechtsanwältin, Pinneberg, geb. 17.04.1960 Partner: Irmgard Schneider, Rechtsanwältin, Bad Segeberg, geb. 15.03.1970	a) Partnerschaft	a) 18.03.2000

Für eine Kontoeröffnung der Partnerschaft benötigt die Bank folgende Informationen aus dem Partnerschaftsregister:

- genaue Bezeichnung des Partnerschaftskontos, hier: Dr. jur. Rudolf Bauer, Dr. jur. Susanne Schröder und Partner, Rechtsanwälte und Notare
- Der Name der Partnerschaft muss mit dem Namen im Partnerschaftsregister übereinstimmen.

- Die Verfügungsberechtigten müssen aufgrund der Abgabenordnung im Kontoeröffnungsantrag genannt werden.

Folgende Personen können den Kontoeröffnungsantrag für die Partnerschaft stellen:
- Dr. Rudolf Bauer einzeln
- Dr. Susanne Schröder einzeln
- Martina Lehmann und Irmgard Schneider gemeinsam

Verfügungsberechtigte über das Partnerschaftskonto sind:
- Dr. Rudolf Bauer einzeln
- Dr. Susanne Schröder einzeln
- Martina Lehmann und Irmgard Schneider gemeinsam

7. Firmenkonten

Kontoinhaber	Kontobezeichnung	Legitimation bei der Kontoeröffnung
Kaufleute • Einzelunternehmen, z. B. Jens Hoffmann, Dachdecker eK • Personenhandelsgesellschaften, z. B. OHG, KG sowie GmbH & Co. KG • Kapitalgesellschaften, z. B. GmbH, AG • Genossenschaften, z. B. Einkaufsgenossenschaft Trampe eG	Firma laut Handelsregister- bzw. Genossenschaftsregistereintragung	Amtlicher Lichtbildausweis der Vertretungsberechtigten und beglaubigter Auszug aus dem Handelsregister (Abteilung A für Personengesellschaften und Abteilung B für Kapitalgesellschaften) bzw. Genossenschaftsregister

Unternehmensform	Gesetzliche Vertreter	Vertreter durch Rechtsgeschäft	Registereintragung
Offene Handelsgesellschaft	Vollhaftende Gesellschafter	Prokuristen (Einzelprokura, Gesamtprokura oder Filialprokura) und Handlungsbevollmächtigte; Eintragung der Prokuristen ins Handelsregister hat deklaratorische Wirkung.	Handelsregister Abteilung A, Eintragung hat deklaratorische Wirkung

Beispiel für die Zeichnungsberechtigung bei Firmenkonten

Claudia Winkler möchte bei der *Nordbank AG* ein Kontokorrentkonto auf den Namen der *Kora GmbH* eröffnen. Diese importiert Spielwaren und elektronische Geräte aus Indonesien und vertreibt sie an deutsche Einzelhandelsgeschäfte. Die Rechtsverhältnisse der GmbH sind dem nachfolgenden Handelsregisterauszug zu entnehmen.

Auszug aus dem Handelsregister Amtsgericht Pinneberg **Firma:** *Kora GmbH* **Ort der Niederlassung:** Pinneberg **Gegenstand des Unternehmens:** Großhandel mit Spielwaren und elektronischen Geräten **Stammkapital:** 50.000,00 EUR

Geschäftsführer:
Claudia Winkler, Kauffrau, Pinneberg, geb. 06.09.1967
Nadine Nassar, Kauffrau, Hamburg, geb. 25.02.1962
Florian Brinkhaus, Kaufmann, Pinneberg, geb. 19.11.1958
Gesamtprokurist: Klaus Harke, Norderstedt, geb. 04.05.1971
Rechtsverhältnisse: Gesellschaft mit beschränkter Haftung. Gesellschaftsvertrag vom 14. August 2002. Ist ein Geschäftsführer bestellt, vertritt er die Gesellschaft allein; sind mehrere bestellt, sind zwei Geschäftsführer gemeinsam oder ein Geschäftsführer gemeinsam mit einem Prokuristen vertretungsberechtigt. Einzelnen Geschäftsführern kann Alleinvertretungsberechtigung verliehen werden. Claudia Winkler ist alleinvertretungsberechtigt.
Tag der Eintragung: 17. September 2002

Neben den im Handelsregisterauszug aufgeführten Personen hat auch der Handlungsbevollmächtigte Rainer Bittermann eine Kontovollmacht erhalten. Herr Bittermann darf nur in Gemeinschaft mit einem Geschäftsführer oder einem Prokuristen handeln.

Legitimationsprüfung

Die Legitimationsprüfung erfolgt über den Handelsregisterauszug und ggf. durch die Personalausweise der Vertretungsberechtigten. Dies erhöht neben der gesetzlichen Anforderung nach § 154 Abgabenordnung die Rechtssicherheit, da sich die *Nordbank AG* Gewissheit über ihre Kundin verschafft (Sorgfaltspflicht). Daneben dient die Legitimationsprüfung durch den Handelsregisterauszug der Feststellung der Rechtsfähigkeit der Firma.
Außerdem dient sie der Feststellung der Geschäftsfähigkeit der für die Unternehmung handelnden Personen.

Überprüfung des wirtschaftlich Berechtigten nach dem Geldwäschegesetz

- Die Überprüfung des wirtschaftlich Berechtigten ist nach dem Geldwäschegesetz erforderlich.
- Wenn auf das Konto der *Kora GmbH* nur eigene Mittel der Gesellschaft eingezahlt werden sollen, handelt die GmbH, vertreten durch Frau Winkler als Geschäftsführerin, für eigene Rechnung.
- Wenn auf das Konto der *Kora GmbH* nur Mittel im Auftrag und für Rechnung eines Dritten eingezahlt werden, handelt sie für fremde Rechnung.

Die vertretungsberechtigten Personen der *Kora GmbH*

Vertretungsberechtigte	Vertretungsberechtigung „E" bei Einzelvertretungsberechtigung „G" bei gemeinschaftlicher Vertretungsberechtigung mit einer anderen Person
Claudia Winkler	E
Nadine Nassar	G
Florian Brinkhaus	G
Klaus Harke	G
Rainer Bittermann	G

Umfang der Geschäftstätigkeit des Prokuristen Harke

Nach §§ 48 und 49 HGB darf Herr Harke alle gewöhnlichen Geschäfte (z. B. Verfügungen über Kontoguthaben, Erteilung von Inkassoaufträgen, Entgegennahme und Anerkennung von Abrechnungen, Kontoauszügen) und außergewöhnlichen Geschäfte (insbesondere Aufnahme von Darlehen, Bestellung von Sicherheiten mit Ausnahme von Grundpfandrechten) tätigen.

Umfang der Geschäftstätigkeit des Handlungsbevollmächtigten Bittermann

Nach § 54 HGB darf Herr Bittermann nur die gewöhnlichen Geschäfte, die sich bei der *Kora GmbH* ergeben, tätigen. Beispiele für den Umfang seiner Geschäftstätigkeit sind die Überweisungen von Rechnungen der *Kora GmbH* sowie die Ausnutzung eingeräumter Kreditlinien.

8. Nachlasskonten

Verfügungen im Erbfall

Mit dem Tode einer Person (Erbfall) geht deren Vermögen (Erbschaft) als Ganzes auf eine oder mehrere andere Personen (Erben) über.

Verfügungsberechtigte	Rechtsgrundlage	Legitimation
• Alleinerbe • Erbengemeinschaft: Und-Konto, nur gemeinschaftliche Verfügung	BGB-Regelungen über die Erben	• Erbschein • beglaubigte Abschrift eines Testaments nebst zugehöriger Eröffnungsniederschrift
Bevollmächtigte	BGB-Regelung über die Vollmacht	• Vollmacht über den Tod hinaus • Vollmacht für den Todesfall
Testamentsvollstrecker	Testament	• Testamentsvollstreckerzeugnis • beglaubigte Abschrift des Testaments nebst zugehöriger Eröffnungsniederschrift
Besonderheiten bei der Bezahlung der Beerdigungskosten	Die Bank ist nicht verpflichtet, in diesbezügliche Vorleistungen (Bezahlung der Beerdigungskosten) zu gehen. Sie tut es grundsätzlich auf eigenes Risiko. Stellt sich heraus, dass der die Auszahlung Veranlassende überhaupt nicht Erbe geworden ist, die Bank mithin auf Weisung eines Scheinerben geleistet hat, so ist sie u. U. gegenüber dem wirklichen Erben bankrechtlich zur Rückbuchung des verauslagten Betrages verpflichtet, auch wenn sie als Geschäftsführerin ohne Auftrag gehandelt hat. Möchte sich die Bank absichern, so wird sie sich im Gegenzug zur Verauslagung der Begräbniskosten eine entsprechende Haftungserklärung des die Auszahlung bzw. Bezahlung Begehrenden einfordern.	

Meldevorschrift an Erbschaftsteuerstelle: Das Kreditinstitut muss alle Konten- und Depotguthaben binnen eines Monats nach Kenntnis vom Todesfall (Vorlage der Sterbeurkunde) an das für die Erbschaftsteuer des Erblassers zuständige Finanzamt melden, sofern der Gesamtwert der Guthaben 5.000,00 EUR übersteigt. Die Existenz von Schließfächern oder Verwahrstücken ist stets meldepflichtig.

Maßgeblich ist der Tagesendsaldo des Vortodestages bei Giro- und Sparkonten. Guthaben und Darlehen dürfen nicht miteinander verrechnet werden.

Die bis zum Todestag aufgelaufenen Zinsen auf Kontoguthaben und Wertpapieren sind ebenfalls zu melden.

Wertpapiere werden zum Kurswert des Todestages bewertet.

Kontoführungsarbeiten im Todesfall des Kontoinhabers

- Umstellung des Girokontos und ggf. Schließfächer als Nachlasskonto, das Konto erhält den Zusatz „Nachlass"
- Sperre von Maestro-Girokarte und Kreditkarten, bzw. die Karten werden eingezogen
- Meldung des Todesfalls an die Kreditkartengesellschaft
- Online-Zugang des Verstorbenen zum Girokonto bzw. des Gemeinschaftskontos löschen
- Meldung von Kontoständen an die Erbschaftsteuerstelle
- Prüfen, ob im Falle eines Gemeinschaftskontos ein eingeräumter Dispositionskredit in der Höhe bestehen bleiben kann
- Zahlungsaufträge des Erblassers werden grundsätzlich weiterhin ausgeführt, d. h. vorgelegte Schecks werden eingelöst, Lastschriften eingelöst sowie Daueraufträge ausgeführt.
- Mit dem Tod erlischt der Freistellungsauftrag
- Beim Tod eines Ehegatten verlieren die gemeinsam erteilten Freistellungsaufträge ihre Gültigkeit für alle Konten
- Der Freistellungsauftrag bleibt nur wirksam bis zum Jahresende für die allein auf den Namen des überlebenden Ehegatten lautenden Konten
- Durchführung von Lastschriftzahlungen und Überweisungen, die zu Lebzeiten vom Erblasser noch erteilt wurden
- Verfügungen über das Konto nur mit Vollmacht über den Tod hinaus bzw. Vollmacht für den Todesfall
- Ggf. steuerunschädliche Auflösung von Riester-Verträgen und Übertragung der Altersvorsorgeverträge auf den überlebenden Ehepartner
- Steuerschädliche Auflösung der Riester-Verträge bei Nichtübernahme durch den Ehepartner; es wird der Steuersatz des Erblassers zugrunde gelegt.

Meldevorschriften bei Nachlasskonten

Beispiel

Am **26. Oktober 2018** legt Sebastian Köster der *Nordbank AG* die Sterbeurkunde seines Vaters Werner Köster vor. Der Verstorbene unterhielt folgendes Gesamtengagement bei der *Nordbank AG*, Kontostände jeweils am Todestag 00:00 Uhr:

Girokonto	Haben 2.450,00 EUR
Sparkonto einschließlich Zinsen	37.005,00 EUR
Wertpapierdepot Tageswert	145.400,00 EUR
Kredit	2.980,00 EUR

Der Verstorbene hatte ein Schließfach angemietet.

Meldepflicht an das zuständige Finanzamt

Girokonto	H 2.450,00 EUR
Sparkonto einschließlich Zinsen	37.005,00 EUR
Wertpapierdepot Tageswerte	145.400,00 EUR
meldepflichtiger Betrag	184.855,00 EUR
Meldepflicht ab:	5.000,00 EUR
meldepflichtiger Sachverhalt:	Schließfach
Meldefrist bis zum **26.08.2018**	

9. Pfändungsschutzkonto

Allgemeines	Jeder Kunde kann von seiner Bank oder Sparkasse verlangen, dass sein Girokonto als P-Konto geführt wird. Dieses bietet einen automatischen Basispfändungsschutz in Höhe des Pfändungsfreibetrages, das sind derzeit 1.139,99 EUR Euro pro Monat bei Ledigen ohne Unterhaltsverpflichtungen. Dieser Pfändungsschutz ist unabhängig von der Art der Einkünfte. Da die Freibeträge nur einer natürlichen Person zustehen, ist die Führung eines Oder-Kontos oder eines Und-Kontos als Pfändungsschutzkonto nicht möglich.
Zweck eines P-Kontos	Ziel eines P-Kontos ist es, dem von einer Pfändung Betroffenen zu ermöglichen, Zahlungsgeschäfte des täglichen Lebens wie etwa Mietzahlungen und Energiekosten zu erledigen.
Einrichtung und Umwandlung	• Nur natürliche Personen können von ihrem Kreditinstitut verlangen, dass ihr Girokonto in ein P-Konto umgewandelt wird. Diese Reglung gilt nur für Girokonten, die zum Zeitpunkt der Umwandlung bereits bestehen. • Jede natürliche Person darf nur ein P-Konto unterhalten. Einrichtung und Umwandlung soll die Bank an die SCHUFA melden, die ihrerseits Banken auf Nachfrage Auskunft über ein bereits bestehendes P-Konto erteilen darf. Damit soll verhindert werden, dass gleichzeitig mehrere P-Konten für einen Kontoinhaber geführt werden. • Die Umwandlung eines Kontos in ein P-Konto kann der Kontoinhaber bis spätestens 4 Wochen nach Eingang einer Pfändung mit Wirkung zum 4. auf seine Erklärung folgenden Geschäftstag verlangen. Beispiel: Geht die Pfändung am 10. August ein, kann der Kontoinhaber die Umwandlung bis zum 7. September verlangen. Verlangt er sie z. B. am 16. August, tritt die Wirkung am Beginn des 20. August ein. Das Konto gilt dann auch schon für die zuvor eingegangene Pfändung als P-Konto. • Der Kontoinhaber hat keinen Anspruch darauf, dass ihm das P-Konto alle Leistungen seines bisherigen Girokontos bietet. Da der Pfändungsschutz (abgesehen von Kindergeld und Sozialleistungen) nur für Guthaben besteht, kann debitorische Kontoführung und Leistungen, die dazu führen können, ausgeschlossen werden.
Wirkung des Pfändungsschutzkontos	Bei einem P-Konto kann der Kontoinhaber trotz Pfändung im jeweiligen Kalendermonat über Guthaben in Höhe der monatlichen Pfändungsfreibeträge und bei Nachweis in Höhe der Unterhaltsfreibeträge (Kindergeld, Arbeitslosengeld) verfügen. Guthaben dieser Art wird nicht von der Pfändung erfasst. Falls im Kalendermonat nicht das gesamte pfändungsfreie Guthaben verbraucht wurde, wird es zu dem im nächsten Kalendermonat geltenden Pfändungsfreibetrag gerechnet und bleibt pfändungsfrei. Eine weitere Übertragung auf den übernächsten Monat ist jedoch nicht möglich. Die Bank, die ein P-Konto eingerichtet hat, muss also den geltenden Pfändungsfreibetrag feststellen und eine entsprechende Staffel über die jeweiligen Verfügungen des Pfändungsschuldners und den verbleibenden pfändungsfreien Betrag führen. Nach Eingang einer Pfändung darf der Kontoinhaber im laufenden Monat der Pfändung noch über Guthaben und Eingänge in voller Höhe des Freibetrages verfügen. Der Freibetrag gilt also auch,

	wenn der Kontoinhaber in diesem Kalendermonat bereits vor Eingang der Pfändung Verfügungen vorgenommen hat. Für alle Folgemonate bis zur Erledigung der Pfändung durch Forderungstilgung oder Aufhebung fällt der Freibetrag erneut an. Über nicht pfändbare Sozialleistungen, z. B. Kindergeld, kann der Kontoinhaber ohne zeitliche Begrenzung frei verfügen. Sie werden nicht auf den Basisfreibetrag von derzeit 1.139,99 EUR angerechnet.
Berechnung des Basispfändungsfreibetrages	Guthaben in Höhe des jeweils geltenden Grundfreibetrags gemäß § 850 c ZPO ist pfändungsfrei. Hinzu kommen ggf. Unterhaltsfreibeträge und Freibeträge in Höhe des gutgeschriebenen Kindergelds oder einmaliger Sozialleistungen. Zur korrekten Berechnung der den gesetzlichen Grundfreibetrag übersteigenden Beträge kann die Bank den Nachweis der Pfändungsfreiheit vom Schuldner verlangen. Dazu zählen z. B. Bescheinigungen des Arbeitgebers, der Familienkasse, des Sozialleistungsträgers oder einer anerkannten Schuldnerberatungsstelle. Der pfändungsfreie Betrag erhöht sich auf Beschluss des Vollstreckungsgerichts, wenn der Kontoinhaber nachweist, dass ihm aufgrund seiner gesetzlichen Unterhaltsverpflichtungen ein höherer Freibetrag zusteht.
Pfändungsfreier Betrag	Der pfändungsfreie Betrag ist von der Einkommenshöhe und den Unterhaltspflichten des Schuldners abhängig.
P-Konto im Debet	Hat der Schuldner Auszahlungsansprüche aus einer Kreditlinie, können diese unter den gleichen Voraussetzungen wie bei einem herkömmlichen Konto gepfändet werden. Pfändungsschutz besteht nur für einen Auszahlungsanspruch über Guthaben (§ 850 k ZPO). Solange ein P-Konto, etwa nach Umwandlung eines bis dahin im Debet geführten herkömmlichen Girokontos, debitorisch ist und der Geldeingang nicht zum Entstehen eines Guthabens ausreicht, greift auch der Pfändungsschutz für Guthaben nicht. Stammt allerdings der Geldeingang aus einer Sozialleistung oder aus Kindergeld, darf die Bank innerhalb von 14 Tagen nach Gutschrift die Verfügung des Kontoinhabers darüber nicht ablehnen. Die Verrechnung mit eigenen Forderungen ist innerhalb dieser Frist nur für Kontoführungsgebühren zulässig (§ 850 k ZPO).

Beispiel

Rüdiger Holm ist Kunde der *Nordbank AG*. Sie führt für Herrn Holm ein Pfändungsschutzkonto. Für dieses Konto liegt eine aktive Kontopfändung vor. Herr Holm kommt am 13.07.2018 zum Beratungspoint, um das verfügbare Guthaben von seinem Konto abzuheben.

Der Nordbank AG liegen folgende Informationen vor.

Gehaltszahlung am 01.07.2018: 1.350,00 EUR, Pfändungsfreibetrag: 1.139,99 EUR, verbrauchter Pfändungsfreibetrag Juni 2018: 950,00 EUR, Herr Holm ist ledig und kinderlos.

Welchen Betrag kann die Nordbank AG Herrn Holm im Juli 2018 auszahlen?

1.139,99 EUR – 950,00 EUR = 189,99 EUR   1.139,99 EUR + 189,99 EUR = 1.329,98 EUR

Die *Nordbank AG* kann Herrn Holm im Juli 2018 1.329,98 EUR auszahlen.

10. Allgemeine Geschäftsbedingungen

AGB und Preisaushang	Allgemeine Geschäftsbedingungen bilden den rechtlichen Rahmen für den Geschäftsverkehr zwischen Kreditinstitut und Kunde. Sie regeln die beiderseitigen Rechte und Pflichten zwischen Kreditinstitut und Kunden. Sie vereinheitlichen die Geschäftsbeziehungen zu den Kunden mit dem Ziel einer schnellen, sicheren und rationellen Abwicklung des Geschäftsverkehrs. Nach Ziffer 12 der AGB der Banken ergibt sich die Höhe der Zinsen und Entgelte für die im Privatkundengeschäft üblichen Kredite und Leistungen aus dem „Preisaushang" – Regelsätze im standardisierten Privatkundengeschäft" und ergänzend aus dem „Preis- und Leistungsverzeichnis". Wenn ein Kunde einen dort aufgeführten Kredit oder eine dort aufgeführte Leistung in Anspruch nimmt und dabei keine abweichende Vereinbarung getroffen wurde, gelten die zu diesem Zeitpunkt im Preisaushang oder Preis- und Leistungsverzeichnis angegebenen Zinsen und Entgelte. Für die nicht darin aufgeführten Leistungen, die im Auftrag des Kunden erbracht werden und die, nach den Umständen zu urteilen, nur gegen eine Vergütung zu erwarten sind, kann die Bank die Höhe der Entgelte nach billigem Ermessen bestimmen.
Benachrichtigungspflichten des Kontoinhabers	Zur ordnungsgemäßen Abwicklung des Geschäftsverkehrs ist es erforderlich, dass der Kunde der Bank Änderungen seines Namens und seiner Anschrift sowie das Erlöschen oder die Änderung einer gegenüber der Bank erteilten Vertretungsmacht (insbesondere einer Vollmacht) unverzüglich mitteilt. Diese Mitteilungspflicht besteht auch dann, wenn die Vertretungsmacht in ein öffentliches Register (z. B. in das Handelsregister) eingetragen ist und ihr Erlöschen oder ihre Änderung in dieses Register eingetragen wird.
Haftung der Bank	Die Bank haftet bei der Erfüllung ihrer Verpflichtungen für jedes Verschulden ihrer Mitarbeiter und der Personen, die sie zur Erfüllung ihrer Verpflichtungen hinzuzieht. Hat der Kunde durch ein schuldhaftes Verhalten zu der Entstehung eines Schadens beigetragen, bestimmt sich nach den Grundsätzen des Mitverschuldens, in welchem Umfang Bank und Kunde den Schaden zu tragen haben.
Rechnungsabschlüsse bei Kontokorrentkonten	Die Bank erteilt bei einem Kontokorrentkonto, sofern nicht etwas anderes vereinbart ist, jeweils zum Ende eines Kalenderquartals einen Rechnungsabschluss; dabei werden die in diesem Zeitraum entstandenen beiderseitigen Ansprüche (einschließlich der Zinsen und Entgelte der Bank) verrechnet. Die Bank kann auf den Saldo, der sich aus der Verrechnung ergibt, Zinsen berechnen.

Frist für Einwendungen; Genehmigung durch Schweigen	Einwendungen wegen Unrichtigkeit oder Unvollständigkeit eines Rechnungsabschlusses hat der Kunde spätestens innerhalb von sechs Wochen nach dessen Zugang zu erheben; macht er seine Einwendungen schriftlich geltend, genügt die Absendung innerhalb der Sechs-Wochen-Frist. Das Unterlassen rechtzeitiger Einwendungen gilt als Genehmigung. Auf diese Folge wird die Bank bei Erteilung des Rechnungsabschlusses besonders hinweisen. Der Kunde kann auch nach Fristablauf eine Berichtigung des Rechnungsabschlusses verlangen, muss dann aber beweisen, dass zu Unrecht sein Konto belastet oder eine ihm zustehende Gutschrift nicht erteilt wurde.

11. SCHUFA

Allgemeine Kennzeichnung	Die SCHUFA stellt ihren Vertragspartnern, z. B. Kreditinstituten, Informationen zur Verfügung, um sie vor Verlusten im Kreditgeschäft mit natürlichen Personen zu schützen.
SCHUFA-Meldung	Personenstammsatz: • Name, Vorname • Geburtsdatum und Geburtsort • Anschrift
Positivmerkmale	• Kontoeröffnungsantrag und Kontoeröffnung • Vereinbarungsgemäße Beendigung der Kontoverbindung • Ausgabe einer Kreditkarte • Kreditantrag und Kreditgewährung sowie vereinbarungsgemäße Abwicklung • Bürgschaftsübernahmen
Negativmerkmale	• Kündigung wegen Kartenmissbrauch durch den Karteninhaber • Kündigung wegen Zahlungsunfähigkeit • Zwangsvollstreckungsmaßnahmen, Vermögensauskunft
Löschung von Eintragungen	Die eingetragenen Daten werden nach Ablauf bestimmter Fristen gelöscht, einige Negativmerkmale, z. B. Vermögensauskunft, am Ende des dritten Kalenderjahres nach ihrer Speicherung.
Kostenlose SCHUFA-Auskunft	Verbraucher haben das Recht, einmal im Jahr kostenlos eine Auskunft über ihre Kreditwürdigkeitsdaten bei der SCHUFA oder anderen Auskunfteien einzufordern. Es muss ihnen mitgeteilt werden, welche Daten warum gespeichert wurden, woher sie stammen und an wen sie weitergegeben wurden. Auch ihren sog. Scorewert erfahren die Verbraucher; er gibt Auskunft darüber, wie ihre Bonität eingeschätzt wird. Der Wert kann sich auf die Höhe der Kreditzinsen auswirken oder darüber entscheiden, ob jemand überhaupt als kreditwürdig eingestuft wird.
SCHUFA-Score	Wenn ein Bankkunde einen Kredit aufnehmen oder etwas auf Raten kaufen will, möchte die Bank vorher möglichst gut einschätzen können, ob der Bankkunde seinen Verpflichtungen nachkommen wird. Mit dem SCHUFA-Scores hat der Bankkunde gute Voraussetzun-

	gen, von seiner Bank positiv beurteilt zu werden. Bei Banken und anderen kreditgebenden Unternehmen gelten die SCHUFA-Scores als besonders zuverlässig. Die SCHUFA greift auf langjährige Erfahrungen zurück und die Scoreberechnungen erfolgen auf mathematisch-statistisch anerkannten und bewährten Verfahren. Die Aussagekraft der SCHUFA-Verfahren wird laufend von externen Stellen überprüft. Durch die SCHUFA-Auskunft und die Berechnung eines Scores unterstützt die SCHUFA kreditgebende Unternehmen bei der Entscheidungsfindung und gewährleistet damit, alltägliche Kreditgeschäfte rasch abwickeln zu können. Beim Scoring wird anhand von gesammelten Informationen und Erfahrungen aus der Vergangenheit eine Prognose über zukünftige Ereignisse erstellt. Die Berechnung aller Wahrscheinlichkeitswerte erfolgt bei der SCHUFA auf der Basis der ihrer Person bei der SCHUFA gespeicherten Informationen, die auch in der SCHUFA-Auskunft mitgeteilt werden. Folgende Datenarten können bei der Berechnung des Scores einfließen: - bisherige Zahlungsstörungen : Wenn man in der Vergangenheit Geschäfte mit einem finanziellen Ausfallrisiko (auch Handy- oder Versandhandelsverträge) nicht vertragsgemäß erfüllt hat, kann man z. B. die Anzahl, die Art und die Dauer der Zahlungsstörungen in den Score einfließen lassen. - Kreditaktivität des letzten Jahres: Ob und in welcher Anzahl man in den letzten zwölf Monaten Geschäfte mit einem finanziellen Ausfallrisiko angefragt und tatsächlich abgeschlossen hat, wird in dieser Datenart berücksichtigt. - Allgemeine Daten: Hierunter fallen die Daten wie z. B. das Geburtsdatum, das Geschlecht oder die Anzahl der einmal im Geschäftsverkehr verwendeten Anschriften. - Kreditnutzung: Anzahl, Art, Dauer und Umfang der vom Kunden abgeschlossenen Geschäfte mit einem finanziellen Ausfallrisiko sind Informationen, die bei der Scoreberechnung berücksichtigt werden können, insbesondere soweit sie bei verschiedenen Unternehmen erfolgten. - Länge der Kredithistorie: In dieser Datenart kann einfließen, wie lange der SCHUFA Kreditbeziehungen, z. B. Girokonten oder Kreditkarten, zu einer Person bekannt sind. Längere Kredithistorien können einen Hinweis auf Erfahrung im Umgang mit finanziellen Verpflichtungen sein. - Anschriftendaten: Die SCHUFA verwendet für die Berechnung von Scores in der Regel keine Bewertung der Anschrift selbst oder ihres Umfelds. Wenn wenig personenbezogene kreditrelevante Informationen vorliegen, verwendet die SCHUFA zum Scoring für einige Vertragspartner der SCHUFA auch kreditrelevante SCHUFA-Daten aus der direkten Umgebung der Anschrift.

	Die Staatsangehörigkeit, die ethnische Herkunft oder Angaben zu politischen oder religiösen Einstellungen werden bei der SCHUFA nicht gespeichert und somit auch bei der Berechnung des Scorewertes nicht berücksichtigt. Um die ermittelten Scorewerte und deren Bedeutung einschätzen zu können, hat die SCHUFA der Erfüllungswahrscheinlichkeit eine einheitliche Zuordnung in folgende Risikokategorien zugrunde gelegt: 97,5 % = sehr geringes Risiko 95 % bis 97,5 % = geringes bis überschaubares Risiko 90 % bis 95 % = zufriedenstellendes bis erhöhtes Risiko 80 % bis 90 % = deutlich erhöhtes bis hohes Risiko 50 % bis 80 % = sehr hohes Risiko Kleiner als 50 % = sehr kritisches Risiko Eine Erfüllungswahrscheinlichkeit von 95 % sagt aus, dass die Wahrscheinlichkeit, mit der ein Kunde Zahlungen vertragsgemäß leistet bei 95 % liegt. D. h. nach statistischen Erkenntnissen würden 95 von 100 Personen zuverlässig bezahlen. Beispiel für eine Score-Anfrage eines Kunden: SCHUFA-Score für Banken: 99,23 % ++, ++, o, ++, +, n/v Legende: ++ bedeutet deutlich unterdurchschnittliches Risiko, + bedeutet unterdurchschnittliches Risiko, o bedeutet durchschnittliches Risiko, - bedeutet überdurchschnittliches Risiko, - - bedeutet deutlich überdurchschnittliches Risiko, n/v bedeutet nicht verwendet. Bedeutung insgesamt: sehr geringes Risiko

SCHUFA Positivmerkmale	**SCHUFA Negativmerkmale**
GI: Girokonto	HB: Haftbefehl
KR: Kredit, der gewährt wurde (evtl. bereits zurückgezahlt)	KW: Konto in Abwicklung
BU: Bürgschaft, Kunde wurde als Bürge akzeptiert	SU: Schuldsaldo
CC/CR: Kreditkarte wurde ausgegeben	

12. Geldwäsche und Terrorismusbekämpfung

12.1 Maßnahmen gegen Geldwäsche

Merkmale	**Inhalte**
Allgemeines zur Geldwäsche	Geldwäsche im Sinne des § 261 Abs. 1 StGB bezeichnet die Verschleierung der Herkunft von illegalen Geldern mit dem Ziel, diese mit dem Anschein der Legalität zurück in den Finanzkreislauf einzubringen. Dabei wird versucht, sowohl Bargeld durch Umwandlung in Buchgeld in das Bankensystem einzuführen, als auch Immobilien, Edelmetalle, Wertpapiere und Unternehmensbeteiligungen zu erwerben, um illegal erworbene Vermögenswerte in den legalen Finanzkreislauf unter Verschleierung ihres wahren Ursprungs einzuschleusen. Darüber hinaus werden illegale Vermögensgegenstände als legale Spiel- oder Geschäftsgewinne getarnt oder auf eine große Anzahl kleinerer Beträge verteilt.

	Diese Vermögensgegenstände werden über nationale Grenzen hinweg unter Einbeziehung möglichst vieler Zwischenstationen hin- und hertransferiert und letztendlich in legale oder illegale Vorhaben investiert. Die Verknüpfung legaler und illegaler Investitionsmöglichkeiten schafft neue gewinnbringende Anlagen.
Verpflichtete	- Kreditinstitute - Versicherungen - Kapitalverwaltungsgesellschaften - Rechtsanwälte, Notare - Wirtschaftsprüfer - Steuerberater - Immobilienmakler - Spielbanken
Sorgfaltspflichten	§ 3 ff. GwG - Allgemeine Sorgfaltspflichten - Vereinfachte Sorgfaltspflichten - Verstärkte Sorgfaltspflichten
Allgemeine Sorgfaltspflichten	**Identifizierung des Vertragspartners** Begründung der Identifizierungspflicht: - Transparenz über die an einer Transaktion beteiligten Personen - Verhinderung von Anonymität - Mithilfe bei der Überführung von Tätern in Verdachtsfällen Identifizierung in zwei Schritten: Feststellung und Überprüfung der Identität des Vertragspartners oder ggf. eines abweichenden wirtschaftlich Berechtigten anhand von Legitimationsurkunden **Feststellung der Identität** - Bei natürlichen Personen: Name, Geburtsort, Geburtsdatum, Staatsangehörigkeit und Anschrift. Die Identifizierung erfolgt anhand eines gültigen amtlichen Ausweises (Personalausweis, Reisepass). - Bei juristischen Personen und Personengesellschaften: Firma, Rechtsform, Registernummer, Anschrift und Namen der Mitglieder des Vertretungsorgans (z. B. Vorstand einer AG). Die Identifizierung erfolgt durch Vorlage eines aktuellen Auszugs aus dem Handels- oder Genossenschaftsregisters bzw. Partnerschaftsregister und der amtlichen Ausweise der Vertretungsberechtigten. - Die Unterlagen werden fotokopiert und zu den Kontounterlagen genommen. **Ermittlung des Geschäftszwecks der Geschäftsbeziehung** Begründung der Informationseinholung: - Einschätzung des Risikoprofils eines Vertragspartners - Zweck einer Geschäftsbeziehung ergibt sich aus den vom Kunden genutzten Produkten.

	Feststellung des wirtschaftlich Berechtigten Wirtschaftlich Berechtigter ist die natürliche Person, in deren Eigentum oder unter deren Kontrolle der Vertragspartner letztlich steht oder die natürliche Person, auf deren Veranlassung eine Transaktion letztlich durchgeführt wird. Die Beteiligungsverhältnisse von Gesellschaften sind mit angemessenen Mitteln in Erfahrung zu bringen. Die Abklärungspflicht besteht aus 1. der Ermittlung des wirtschaftlich Berechtigten , also der Person, die Eigentum oder Kontrolle über den Vertragspartner ausübt und 2. der Erfassung der Eigentums- und Kontrollstrukturen mit angemessenen Mitteln. **Maßnahmen zur Ermittlung des wirtschaftlich Berechtigten** - Befragung des Vertragspartners zu den Eigentums- und Kontrollverhältnissen - Einholung von Informationen aus öffentlichen (z. B. Handelsregister) oder kommerziellen Datenbanken **Pflichtauslösende Ereignisse für eine kontinuierliche Überwachung** - Gelegenheitstransaktionen im Wert von 15.000 EUR und mehr außerhalb einer bestehenden Geschäftsbeziehung - Allgemeine Sorgfaltspflichten müssen auch erfüllt werden, wenn mehrere Transaktionen außerhalb einer bestehenden Geschäftsbeziehung durchgeführt werden, die zusammen 15.000 EUR oder mehr ausmachen und wenn Anhaltspunkte vorliegen, dass zwischen den Transaktionen eine Verbindung besteht (Smurfing). - Eine Transaktion ist jede Handlung, die eine Geldbewegung oder eine sonstige Vermögensverschiebung bezweckt oder bewirkt. Eine Transaktion umfasst die Annahme und Abgabe von Bargeld, Wertpapieren und Edelmetallen sowie die Überweisung, Kreditrückführung und den sachenrechtlichen Eigentümerwechsel. - Für eine Gelegenheitstransaktion spricht die Verwendung eines Zahlscheins, da nur das Zahlscheinverfahren es dem Empfänger ermöglicht, den Zahlungseingang einer bestimmten Person bzw. einem Verwendungszweck zuzuordnen. Die Nutzung eines Einzahlungsbelegs deutet auf die Einzahlung innerhalb einer bestehenden Geschäftsbeziehung hin. - Gegenüber dem Empfänger einer Transaktion müssen keine Sorgfaltspflichten angewandt werden. - Versicherungsvermittler müssen dem Versicherungsunternehmen mitteilen, wenn Prämienzahlungen in bar erfolgen und diese den Betrag von 15.000 EUR innerhalb eines Kalenderjahres übersteigen.

	- Bei Abschluss eines Lebensversicherungsvertrags oder eines Unfallversicherungsvertrags mit Prämienrückgewähr entsteht eine Identifizierungspflicht, wenn die Jahresprämie 1.000 EUR übersteigt, wenn bei Zahlung einer einmaligen Prämie diese mehr als 2.500 EUR beträgt oder wenn mehr als 2.500 EUR auf ein Beitragsdepot gezahlt werden. - Bei Sortengeschäften müssen die Sorgfaltspflichten bereits angewendet werden, soweit ein Sortengeschäft nicht über ein Kundenkonto abgewickelt wird und die Transaktion einen Wert von 2.500 EUR oder mehr aufweist. - Geldtransfers außerhalb einer bestehenden Geschäftsbeziehung über einen Betrag von 1.000 EUR oder mehr lösen eine Identifizierungspflicht aus (Bareinzahlung auf ein Fremdkonto). - Eine erneute Identifizierungspflicht entfällt, wenn Inhaber oder Mitarbeiter eines Unternehmens auf ein Konto des Unternehmens regelmäßig Gelder bar einzahlen oder abheben. - Bei Nachttresoreinzahlungen wird Bargeld bei einem Kreditinstitut deponiert, indem die Geldbombe in den Nachttresor eingeworfen wird. Auch hier entfällt die Identifizierungspflicht.
Umfang der Sorgfaltspflichten	Der Umfang der Sorgfaltspflichten umfasst die Identifizierung des Vertragspartners, eines etwaigen wirtschaftlich Berechtigten sowie die Abklärung, ob es sich bei diesen um politisch exponierte Persönlichkeiten (PeP) handelt. Die Pflicht zur Abklärung des PeP-Status besteht bei Transaktionen außerhalb bestehender Geschäftsbeziehungen in einer Höhe ab 15.000 EUR. Der PeP-Status eines Gelegenheitskunden führt damit zur Anwendung der verstärkten Sorgfaltspflichten. Sorgfaltspflichten sind zu erfüllen, wenn Tatsachen vorliegen, die darauf hindeuten, dass es sich bei Vermögenswerten, die mit einer Transaktion oder Geschäftsbeziehung im Zusammenhang stehen, um den Gegenstand einer Straftat nach § 261 StGB handelt oder die Vermögenswerte im Zusammenhang mit Terrorismusfinanzierung stehen.
Einteilung von Risikokategorien	Grundsätzlich ist zwischen kunden-, produkt- und transaktionsbezogenen Risiken sowie Länder-, Rechtsform- und Branchenrisiken zu unterscheiden. **Kundenrisiko** Zur Beurteilung des Kundenrisikos wird auf die Person des Vertragspartners abgestellt. **Produktrisiko** Für das Produktrisiko wird das Risiko der Produktnutzung im Rahmen von Transaktionen betrachtet. Unter Produkten sind alle von einer Bank angebotenen Dienste und Dienstleistungen zu verstehen, die einem Kunden potenziell zur Nutzung zur Verfügung stehen. Als risikoerhöht gelten internationales Private Banking und der Handel sowie die Lieferung von Banknoten und Edelmetallen.

	Transaktionsrisiko Bedeutsame Anhaltspunkte können die Zu- und Abflüsse von Vermögenswerten, erhebliche Abweichungen von üblichen Transaktionsvolumina oder -frequenzen sein. **Länderrisiko** Das Länderrisiko kann bei natürlichen Personen beispielsweise anhand des Wohnsitzes, der Nationalität oder des Geburtsortes bestimmt werden. Ein Faktor zur Beurteilung des Länderrisikos einer juristischen Person können bestimmte Länder sein, in denen ein Unternehmen seine Geschäfte ausübt. **Rechtsformrisiko** Das von einer Rechtsform ausgehende Risiko hängt insbesondere von Parametern wie Intransparenz im Hinblick auf beteiligte Personen und anwendbare Regelungen, der Pflicht zur Führung eines zuverlässigen öffentlich einsehbaren Registers mit relevanten Informationen zu Vertragspartnern und ggf. wirtschaftlich Berechtigten, der Möglichkeit einer schnellen Gründung bzw. Schließung sowie dem Kapitalbedarf ab. **Branchenrisiko** Bestimmte Branchen und Industrien bzw. die berufliche Stellung eines Vertragspartners können ebenfalls zu einem erhöhten Risiko führen. Parameter können neben der Bargeldintensität (z. B. bei Wechselstuben, Kasinos, Wettanbietern) und einem starken Auslandsbezug auch die fehlende Einbindung in eine Unternehmensorganisation bei Selbstständigen sein.
Vereinfachte Sorgfaltspflichten	Von einem geringen Risiko der Geldwäsche oder Terrorismusfinanzierung kann bei Transaktionen von oder zugunsten von börsennotierten Gesellschaften ausgegangen werden, deren Wertpapiere zum Handel in einem organisierten Markt in einem Mitgliedstaat der EU zugelassen sind. Die vereinfachten Sorgfaltspflichten können auch angewendet werden zur Feststellung der Identität des wirtschaftlich Berechtigten bei Anderkonten, sofern das kontoführende Institut vom Inhaber des Anderkontos Angaben über die Identität des wirtschaftlich Berechtigten auf Anfrage erhalten kann.
Verstärkte Sorgfaltspflichten	Bei erhöhtem Geldwäscherisiko sind besondere Sicherungs- und Überwachungsmaßnahmen erforderlich. Grundsätzlich ist von einer erhöhten Risikolage auszugehen bei Geschäftsbeziehungen zu politisch exponierten Personen und bei Vertragsverhältnissen mit natürlichen Personen, die bei der Identitätsfeststellung nicht persönlich anwesend sind.
Aufzeichnungs- und Aufbewahrungspflicht	Die zur Erfüllung von Sorgfaltspflichten erhobenen Angaben und eingeholten Informationen über Vertragspartner, wirtschaftlich Berechtigte, Geschäftsbeziehungen und Transaktionen müssen aufgezeichnet werden. Die Aufzeichnungspflicht besteht für alle Verpflichteten.

	Umfang der Aufzeichnungspflicht Bei der Überprüfung der Identität des Vertragspartners sind bei natürlichen Personen die Art, Nummer sowie die ausstellende Behörde des vorgelegten Dokuments aufzuzeichnen. Vorzulegen ist ein gültiger amtlicher Ausweis, der ein Lichtbild des Inhabers enthält und der kopiert werden muss. Die Aufzeichnungen können auf einem Bildträger oder anderen Datenträgern gespeichert werden. Die Aufbewahrungsfrist beträgt 5 Jahre.
Interne Sicherungsmaßnahmen	Sie sind ein wichtiger Aspekt zur präventiven Bekämpfung von Geldwäsche und Terrorismusfinanzierung. Durch betriebsinterne Maßnahmen soll in einem internen Sicherungs- und Frühwarnsystem verhindert werden, dass ein Unternehmen oder Personen zur Durchführung entsprechender krimineller Aktivitäten missbraucht werden können. Zu den internen Sicherheitsmaßnahmen zählen: - Bestellung eines Geldwäschebeauftragten - Entwicklung und Aktualisierung von angemessenen geschäfts- und kundenbezogenen Sicherungssystemen und Kontrollen - Unterrichtungspflicht gegenüber den Mitarbeitern - Gewährleistung von hohen Personalstandards bei der Personalauswahl durch Zuverlässigkeitsprüfungen

12.2 Geldwäschebeauftragter

Allgemeine Kennzeichnung	Die Rechtsgrundlage für den Geldwäschebeauftragten ist § 14 des Geldwäschegesetzes. Danach müssen alle Kreditinstitute aber auch Versicherungsunternehmen und andere Finanzdienstleister einen Geldwäschebeauftragten bestimmen. Er ist Ansprechpartner für die Strafverfolgungsbehörden und das Bundeskriminalamt. Der Geldwäschebeauftragte sollte in der Unternehmenshierarchie direkt unterhalb des Vorstands angesiedelt sein. Nach dem Gesetz sollte er mit Prokura oder zumindest Handlungsvollmacht ausgestattet sein, damit er sich von anderen Mitarbeitern des Unternehmens unterscheidet und die besondere Bedeutung dieses Thema, nämlich die Bekämpfung der Geldwäsche, hervorgehoben wird.
Aufgaben	Der Geldwäschebeauftragte ist direkter Ansprechpartner für die Strafverfolgungsbehörden. Der Geldwäschebeauftragte ist verpflichtet, über seine Tätigkeiten jährlich einmal an die Geschäftsführung zu berichten. Er hat darüber hinaus auch noch die Aufgabe, für die Mitarbeiter seines Unternehmens bestimmte Vorkehrungen zu treffen. Dazu zählen u. a.: Der Geldwäschebeauftragte ... • muss die betreffenden Mitarbeiter über die rechtlichen Grundlagen der Geldwäscheverhinderung informieren. • muss die Mitarbeiter über hausinterne Verfahren informieren, wie sie ihm Verdachtsfälle auf Geldwäsche melden können.

	• muss innerhalb der Geschäftszeiten für Mitarbeiter wie Strafverfolgungsbehörden zur Verfügung stehen. • hat dafür Sorge zu tragen, dass fortlaufende Schulungen der Mitarbeiter ein hohes Maß an Ausbildung sicherstellen.

12.3 Datenschutzbeauftragter

Bestellung	Nach § 4f Bundesdatenschutzgesetz (BDSG) müssen Daten verarbeitende Stellen eine/n Datenschutzbeauftragte/n bestellen, wenn sie personenbezogene Daten automatisiert verarbeiten und damit in der Regel mehr als 9 Personen ständig beschäftigen.
Qualifikation	Das Maß der erforderlichen Fachkunde bestimmt sich nach dem Umfang der Datenverarbeitung der verantwortlichen Stelle und dem Schutzbedarf der personenbezogenen Daten, die die verantwortliche Stelle erhebt oder verwendet. Zur Fachkunde gehören neben umfassenden Kenntnissen im IT-Bereich auch gute juristische und organisatorische Kenntnisse. Neben der charakterlichen Eignung gehört hierzu auch, dass es bei der Ausübung der Tätigkeit der oder des Datenschutzbeauftragten nicht zu einer Interessenkollision mit ihrem bzw. seinem sonstigen Aufgabenbereich im Unternehmen kommt. Es gilt das Grundprinzip, dass die zu Kontrollierenden nicht selbst die Kontrolle ausüben dürfen.
Keine Mitwirkung des Betriebsrates bei der Bestellung	Datenschutzbeauftragte sind schriftlich von der Unternehmensleitung zu bestellen. Ein Mitbestimmungsrecht des Betriebsrates bei der Bestellung von Datenschutzbeauftragten ist gesetzlich nicht vorgesehen. Lediglich bei mit der Bestellung gleichzeitig verbundenen sonstigen Personalmaßnahmen, wie etwa die Neueinstellung oder Versetzung der Person der oder des Datenschutzbeauftragten, sind die für diese Maßnahmen üblichen Beteiligungspflichten zu beachten. Die Beschäftigten des Unternehmens sind über die Bestellung zu informieren.
Aufgaben	Die Aufgaben der/des Datenschutzbeauftragten ergeben sich aus § 4g BDSG. Dazu zählen die Überwachung der Einhaltung der datenschutzrechtlichen Vorschriften und der ordnungsgemäßen Anwendung der Datenverarbeitungsprogramme, das Führen des Verfahrensverzeichnisses und etwaige erforderliche Vorabkontrollen. Außerdem sollen die Beschäftigten der verantwortlichen Stelle durch die/den Datenschutzbeauftragte/n in Fragen des Datenschutzes geschult werden.

13. Vollmachten

Als Vollmacht wird eine durch Rechtsgeschäft erteilte Vertretungsmacht bezeichnet. Die Vollmacht entsteht durch eine einseitige Willenserklärung. Die Vollmacht betrifft dabei die Ermächtigung zum Handeln im fremden Namen. Voraussetzung der Vollmacht ist eine Vollmachtserteilung. Möglich ist eine ausdrückliche oder konkludente Willenserklärung gegenüber dem Bevollmächtigten (sog. Innenvollmacht) oder gegenüber dem Geschäftsgegner (sog. Außenvollmacht).

	Handlungsvollmacht (§ 54 HGB)	**Prokura (§§ 48-53 HGB)**
Umfang der Vertretungsmacht	Handlungsvollmacht berechtigt zu allen Geschäften und Rechtshandlungen, die der Betrieb eines derartigen (bestimmten) Handelsgewerbes gewöhnlich mit sich bringt. **Beispiele ohne Befugnis nach § 54 Abs. 2 HGB:** • Verfügungen über Kontoguthaben und eingeräumte Kredite • An- und Verkauf von Wertpapieren • Vornahme von Kündigungen • Anerkennung von Salden und Abrechnungen **Beispiele mit Befugnis (Sondervollmacht) nach § 54 Abs. 2 HGB:** • Abwicklung aller gewöhnlichen Rechtshandlungen im Geschäftsverkehr mit der Bank, außerdem: • Eingehen von Wechselverbindlichkeiten • Aufnahme von Krediten • Belastung oder Veräußerung von Grundstücken	Prokura berechtigt zu allen gerichtlichen und außergerichtlichen Geschäften und Rechtshandlungen, die der Betrieb (irgend)eines Handelsgewerbes mit sich bringt. **Beispiele:** • Abwicklung sämtlicher Bankgeschäfte, insbesondere: Kontoeröffnung für die Unternehmung, Aufnahme von Krediten, Stellung von Sicherheiten, Erteilung einer Handlungsvollmacht • Für die Veräußerung von Firmengrundstücken sowie die Bestellung von Grundpfandrechten ist eine besondere Vollmacht notwendig.

	Handlungsvollmacht (§ 54 HGB)	Prokura (§§ 48-53 HGB)
Arten	Die allgemeine *Handlungsvollmacht* ermächtigt zur Vornahme aller gewöhnlichen Rechtsgeschäfte einer Unternehmung, z. B. Filialleiter. Die *Art(handlungs)vollmacht* berechtigt zur Durchführung einer bestimmten Art von Rechtsgeschäften, die laufend im Geschäftsbetrieb vorkommen, z. B. Kassierer. Eine *Einzel(handlungs)vollmacht* berechtigt zur Ausübung eines einzelnen Rechtsgeschäftes, z. B. Auszubildender kauft Briefmarken für die Bank.	*Einzelprokura:* Eine Person wird dazu ermächtigt, allein die Unternehmung zu vertreten. *Gesamtprokura:* Die Vertretungsmacht kann nur zusammen mit einer anderen Person ausgeübt werden. *Filialprokura:* Vertretungsmacht einer einzelnen Person, beschränkt auf den Betrieb einer Niederlassung
Erteilung	• ausdrücklich (schriftlich/mündlich) oder stillschweigend durch Kaufmann nach HGB, den gesetzlichen Vertreter einer Handelsgesellschaft bzw. einen Prokuristen • sofortige Gültigkeit nach Erteilung	• nur ausdrücklich (schriftlich/mündlich) durch Kaufmann nach HGB bzw. den gesetzlichen Vertreter einer Handelsgesellschaft • sofortige Gültigkeit nach Erteilung
Beschränkung	Beschränkungen muss ein Dritter nur dann gegen sich gelten lassen, wenn er sie kannte oder kennen musste.	Beschränkungen sind nur im Innenverhältnis gültig. Nach außen hin ist die Prokura nicht beschränkbar.
Handelsregistereintragung	NEIN: nicht eintragungsfähig	JA: eintragungspflichtig (deklaratorisch)
Nicht erlaubte Geschäfte	nur mit besonderer Befugnis (Sondervollmacht): • Veräußerung oder Belastung von Grundstücken, Eingehung von Wechselverbindlichkeiten, Aufnahme von Darlehen und Prozessführung • Bei Firmenkontoeröffnungen Verfügungen nur durch besondere Vollmacht durch den gesetzlichen Vertreter	nur mit besonderer Befugnis (Sondervollmacht): • Veräußerung oder Belastung von Grundstücken • Bei Firmenkontoeröffnungen Verfügungen nur durch besondere Vollmacht durch den gesetzlichen Vertreter verboten: dem Geschäftsinhaber bzw. dem gesetzlichen Vertreter einer Handelsgesellschaft höchstpersönlich vorbehaltene Geschäfte, z. B. Anmeldung zur Eintragung ins Handelsregister, Unterzeichnung der Bilanz, Steuererklärung etc.
Unterzeichnung	i. V. bzw. i. A.	ppa.

	Handlungsvollmacht (§ 54 HGB)	Prokura (§§ 48-53 HGB)
Erlöschen	nur bei Handlungsvollmacht: Fristablauf für beide geltend: • Widerruf • Beendigung des Dienstverhältnisses • Tod des Bevollmächtigten • Liquidation oder Insolvenz • Umwandlung der Rechtsform • kein Erlöschen bei Tod des Geschäftsinhabers	

14. Bankauskünfte

Allgemeine Kennzeichnung	Bankauskünfte sind allgemein gehaltene Feststellungen und Bemerkungen über die wirtschaftlichen Verhältnisse eines Kunden, seine Kreditwürdigkeit und Zahlungsfähigkeit. Über Privatkunden dürfen Banken nur Auskunft erteilen, wenn diese allgemein oder im Einzelfall ausdrücklich zugestimmt haben. Bei Geschäftskunden können nach Handelsbrauch allgemeine Auskünfte gegeben werden. Bankauskünfte zielen darauf ab, die Kreditrisiken der Banken und anderer Kreditgeber einschätzbar zu machen.
Rechtsgrundlagen	Im Hinblick auf die Rechtsbeziehungen sind zwei Ebenen zu unterscheiden. Die Kreditinstitute untereinander wenden die „Grundsätze für die Durchführung des Bankauskunftsverfahrens zwischen Kreditinstituten" an, die für eine Vereinheitlichung des Auskunftsverfahrens in Inhalt und Form sorgen sollen. Sie regeln die Rechtsbeziehungen zwischen Kreditinstituten. Im Verhältnis zwischen Kreditinstitut und Kunde richten sich Zulässigkeit, Umfang sowie Inhalt von Bankauskünften nach den Allgemeinen Geschäftsbedingungen der Banken Nr. 2 AGB sowie der Sparkassen Nr. 3 AGB. Es wird ein institutseinheitlicher Vordruck angewandt, der das Ankreuzen bestimmter, textlich vorgegebener Felder ermöglicht. Auf der Basis der „Grundsätze für die Durchführung des Bankauskunftsverfahrens zwischen Kreditinstituten" sind 4 Aspekte der Auskunftserteilung von Bedeutung: Auskunftsanfragen sollen schriftlich und nur in Ausnahmefällen fernschriftlich oder fernmündlich, gestellt werden. In der Auskunftsanfrage ist der Anfragegrund, mit dem das berechtigte Interesse an der Bankauskunft glaubhaft gemacht wird, anzugeben. Das anfragende Kreditinstitut hat klarzustellen, ob es die Auskunft im eigenen oder im Kundeninteresse einholt. Bei Auskunftsanfragen im Interesse eines Kunden wird dessen Name nicht genannt. Das anfragende Kreditinstitut ist jedoch verpflichtet, den Namen des anfragenden Kunden dem angefragten Kreditinstitut zu nennen, wenn dem Kunden, über den eine Auskunft erteilt wurde, ein Anspruch auf Nennung des Anfragers zusteht. Bankauskünfte sollen immer allgemein gehalten sein. Sie werden nur aufgrund von Erkenntnissen erteilt, die der Auskunft gebenden Stelle vorliegen, ohne dass Recherchen angestellt werden. Der Kunde, der eine Bank-

	auskunft erhält, ist ausdrücklich darauf hinzuweisen, dass er empfangene Informationen nur für den angegebenen Zweck verwenden und nicht an Dritte weitergeben darf.
Erteilung von Bankauskünften	Eine Bank ist lt. AGB berechtigt, über juristische Personen und im Handelsregister eingetragene Kaufleute Bankauskünfte zu erteilen, sofern ihr keine anders lautende Weisung ihres Kunden vorliegt. Bankauskünfte über alle Privatpersonen und Vereinigungen erteilt die Bank nur dann, wenn diese allgemein oder im Einzelfall ausdrücklich zugestimmt haben. Bankauskünfte in diesem Sinne sind von Banken an Bankkunden, vor allem aber an andere Banken gegebene, meist vertraulich und ohne Obligo gehaltene Informationen, z. B. Bankauskunft zur Bonitätseinschätzung von Personen und Unternehmen (Kreditauskunft). Laut AGB erhalten solche Bankauskünfte nur eigene Bankkunden der betreffenden Auskunft erteilenden Bank sowie andere Banken für deren Zwecke und die ihrer Kunden. Sie werden nur erteilt, wenn der Anfragende ein berechtigtes Interesse an der gewünschten Auskunft glaubhaft darlegt. Betragsmäßige Angaben über Kontostände, Sparguthaben, Depot- oder sonstige der Bank anvertraute Vermögenswerte sowie Kreditinanspruchnahmen werden dabei nicht gemacht.

Merkmale von Bankauskünften	Firmenkunden (juristische Personen und Kaufleute)	Privatkunden
Einwilligung	Die Bankauskunft wird erteilt, sofern sich die Anfrage auf die Geschäftstätigkeit bezieht und keine gegenteilige Kundenweisung vorliegt.	Kunde muss der Bankauskunft ausdrücklich zustimmen.
Anfragegrund	Ein berechtigtes Interesse des Anfragenden muss glaubhaft gemacht werden.	
Empfänger von Bankauskünften	• eigene Kunden • andere Kreditinstitute bzw. deren Kunden	
Form	schriftlich	

Muster einer Bankauskunft

Auskunft über ______________________________

☐ Bankauskünfte über Privatkunden, Vereinigungen und nicht im Handelsregister eingetragene Firmenkunden werden nur mit Einwilligung erteilt. Insofern bitten wir die Zustimmung des Kunden einzuholen.

☐ Die juristische Person, bzw. der im Handelsregister eingetragene Kaufmann hat uns die Erteilung von Auskünften generell untersagt.

☐ Bankauskünfte dürfen nur an Kreditinstitute und eigene Kunden erteilt werden. Wir bitten deshalb, über Ihre Bankverbindung an uns heranzutreten.

Anfragegrund ☐ Im Kundeninteresse ☐ Im Eigeninteresse

Geschäftsverbindung

1. Die Geschäftsverbindung zu uns

☐ besteht nicht.
☐ besteht seit ____ Jahren.

Kontoführung

2. Das Konto weist

☐ große Umsätze auf.
☐ mittlere Umsätze auf.
☐ geringe/keine Umsätze auf.
☐ Das Konto wird auf Guthabenbasis geführt.

3. Wir gewähren Kredit

☐ ohne Sicherheiten.
☐ gegen Sicherheiten.

4. Es sind ...

☐ nicht genehmigte Überziehungen vorgekommen.
☐ Scheck- und Lastschriftrückgaben vorgekommen.
☐ Wechselproteste vorgekommen.

Finanzielle Verhältnisse

☐ 5. Die Gesamtverhältnisse machen einen geordneten Eindruck.
☐ 6. Die finanziellen Verhältnisse erscheinen angespannt.
☐ 7. Aktuellen Einblick in die finanziellen Verhältnisse haben wir derzeit nicht.

8. Grundbesitz ist unseres Wissens

☐ vorhanden.
☐ nicht vorhanden.
☐ belastet.
☐ nicht belastet.

Kreditbeurteilung

☐ 9. Wir glauben, dass nur erfüllbare Verpflichtungen eingegangen werden.
☐ 10. Für den angefragten Betrag halten wir den Kontoinhaber für gut.
☐ 11. Eingegangene Verpflichtungen sind nach unseren Beobachtungen bisher pünktlich reguliert worden.
☐ 12. Das bei uns geführte Konto lässt eine Stellungnahme zu dem angefragten Betrag nicht zu.
☐ 13. Der angefragte Betrag erscheint uns zu weitgehend.

15. Bankgeheimnis

Situationen	Bankauskunft nur mit Zustimmung des Kontoinhabers bzw. entsprechender Legitimation	Bankauskunft ohne Zustimmung des Kontoinhabers
Erbfall	Erben: mit Erbschein oder Testament mit Eröffnungsprotokoll	• Das Kreditinstitut ist verpflichtet, alle Konto- und Depotguthaben an die Erbschaftsteuerstelle des Finanzamtes zu melden bei Gesamtguthaben größer als 5.000,00 EUR. • Meldung auf jeden Fall: Schließfach und Verwahrstücke • gesetzliche Grundlage: § 33 ErbStG • gemeldete Guthaben zuzüglich Zinsen: Kontoguthaben Todestag 0:00 Uhr • gemeldete Depotguthaben: Kurse am Todestag des Kontoinhabers • Zeitpunkt der Meldung: spätestens 1 Monat ab Kenntnis vom Todesfall
Freistellungsauftrag (FSA) 801,00 EUR bzw. 1.602,00 EUR		Das Kreditinstitut meldet bei FSA dem Bundeszentralamt für Steuern (BZSt) die Daten des Freistellungsauftrags und die tatsächlich freigestellten Kapitalerträge des Kunden. • Name und Anschrift des Kunden • Höhe des FSA • Höhe des ausgenutzten FSA
Online-Kontoabfrage (automatisierter Abruf von Kontoinformationen)		• Kreditinstitute sind verpflichtet, dem BZSt den jederzeitigen Online-Abruf von Kontostammdaten zu ermöglichen (§ 93 Nr. 7 und 8 und § 93 b der Abgabenordnung). • Abrufbar sind folgende Daten: Vor- und Nachname, Geburtsdatum, Anschrift, Anzahl aller Konten und Depots, Verfügungsberechtigte, Errichtungs- und Auflösungstag • Nicht abrufbar: Kontostände, Kontobewegungen

Situationen	Bankauskunft nur mit Zustimmung des Kontoinhabers bzw. entsprechender Legitimation	Bankauskunft ohne Zustimmung des Kontoinhabers
Sozialbehörden, z. B. Arbeitsagentur, Familienkasse, Sozialamt, BAföG-Amt	Bei Anträgen verlangt das Sozialamt von Leistungsempfängern die Einverständniserklärung darüber, dass die Behörde berechtigt ist, Bankauskünfte über das Einkommen und Vermögen einzuholen (§ 60 SGB I).	Anforderung einer Online-Abfrage beim BZSt und Prüfung der Daten der Freistellungsaufträge
Ermittlungsbehörden, z. B. Staatsanwaltschaft, Strafgericht, Zoll- und Steuerfahndung		• Mit richterlicher Anordnung sind Durchsuchungen und Beschlagnahme von Kundenunterlagen möglich. • Auskunftspflicht für Bankberater
Geldwäsche		Ermittlungsbehörden können über die BaFin eine Online-Kontoabfrage zu Finanztransaktionen, die der Geldwäsche verdächtig sind, durchführen (§ 24 c KWG).
Pfändungsgläubiger (§ 829, 835, 840 ZPO)		Bei Zwangsvollstreckungen oder Pfändungsbeschlüssen muss das Kreditinstitut dem Gläubiger Auskunft über Konten, Depots und sonstige Vermögenswerte erteilen.
Einzelauskunftsersuchen		Im Verdachtsfall ist ein Einzelauskunftsersuchen des Finanzamts zulässig, wenn zuvor die Recherchen beim Steuerpflichtigen ergebnislos verlaufen sind. Dabei sind alle Kontostammdaten sowie alle Kontostände und Kontobewegungen eines Kunden der Finanzbehörde gegenüber offenzulegen.
Bankauskunft	Bankauskunft über Privatpersonen	Bankauskunft über Firmenkunden (juristische Personen und Kaufleute)

16. Online-Banking

Allgemeines	Beim Online-Banking müssen Überweisungen, Daueraufträge oder Terminüberweisungen nicht mehr am Bankschalter erledigt werden. Über ein Online-Programm oder über eine spezielle Banksoftware können die alltäglichen Bankgeschäfte direkt über das Internet abgewickelt werden. Online-Banking ist eine Erleichterung im Alltag. Der Kunde muss nicht wegen jeder Kleinigkeit zur Bank rennen. Sämtliche Transaktionen werden digital angewiesen und verschlüsselt. Der Kunde verwaltet seine Konten und Wertpapierdepots online unter Nutzung von Internetprovidern.
Sicherheit bei Online-Überweisungen	TAN-Generator als Bestandteil einer Chipkarte oder eines anderen elektronischen Gerätes zur Erzeugung von TAN (chipTAN; smartTAN) • Zur Erzeugung der TAN benötigt der Kunde einen TAN-Generator und eine zum Konto gehörende Chipkarte (Bankkarte), die in den Generator eingeschoben wird. • Nach der Auftragserteilung wird auf dem Bildschirm ein Code angezeigt, den der Kunde mit Daten der Transaktion (z. B. Empfänger, Kontonummer, Betrag) in den Generator eingibt. Alternativ können diese Daten automatisch von einer „Flickergrafik“ am Bildschirm in den Generator eingelesen werden. • Aus den eingegebenen Daten errechnet der Generator eine auftragsbezogene TAN. Zudem zeigt er noch einmal die Daten der Transaktion an. • Die TAN ist nur zeitlich begrenzt nutzbar. • Da die TAN aus den Auftragsdaten errechnet wird, kann sie für andere Transaktionen nicht missbraucht werden. • TAN-Generator und Onlinebanking-Computer sind zwei voneinander unabhängige Geräte. • Transaktionen können nur zusammen mit der für das Konto freigeschalteten Chipkarte ausgeführt werden. • Mobiltelefon zum Empfang von TAN per SMS oder Banking-App (smsTAN, mobile TAN, photoTAN, SecureGo, pushTAN) • Die TAN wird von der Bank aus Bestandteilen des Kundenauftrages ermittelt. Bei der photoTAN scannt der Nutzer einen QR-Code auf dem Bildschirm mit seinem Handy und übermittelt damit die Auftragsdaten an die Bank. • Die Bank übermittelt die TAN und die Auftragsdaten per SMS oder sendet sie an die Banking-App des Kunden. • Die TAN ist nur zeitlich begrenzt nutzbar. • Es besteht ein Zusammenhang zwischen TAN und Kundenauftrag. • Bei einem Empfang der TAN per SMS darf das Handy aus Sicherheitsgründen nicht zugleich für Bankgeschäfte genutzt werden. • Eine weitere Sicherheitsmaßnahme ist die mobile TAN (mTAN). Dabei wird bei der Einrichtung des Online-Banking-Zugangs eine Mobiltelefon-Rufnummer hinterlegt. Dem Kunden wird an diese Rufnummer die zeitlich begrenzte TAN per SMS übermittelt, die er im Online-Banking-Verfahren jeweils für eine spezielle Transaktion einzugeben hat.

Technik und Organisation	• Wahl eines PIN/TAN-Verfahrens oder des HBCI-Verfahrens • Vorhandensein eines PC • Vorhandensein einer Datenfernübertragungseinrichtung, z. B. ein Internetzugangs • Vorhandensein eines Online-Dienstes bzw. eines Internet-Zugangs • Der Kunde muss einen Online-Banking-Vertrag mit Sonderbedingungen zur Teilnahme am Online-Banking mit seiner Hausbank abgeschlossen haben. • Das Online-Banking muss von der Bank freigeschaltet sein. • Der Kunde muss über die bankenübliche Software verfügen.
Elektronische Bankdienstleistungen	• Kontoumsätze abfragen • Saldenübersicht abrufen • Kontoauszüge anschauen • Überweisung eingeben • Lastschriften zurückgeben • Daueraufträge einrichten, ändern, löschen • Depotbestand abrufen • Börsenkurse abfragen • Wertpapierkäufe und -verkäufe tätigen • Spareinlagen abfragen • allgemeine Bankinfos abrufen • Modellrechnung für Kredite durchführen.
Vorteile für den Kunden	• Vereinfachung der Zahlungsverkehrsabwicklung • vereinfachte Abwicklung der Wertpapiergeschäfte • günstigere Konditionen für die Abwicklung des Zahlungsverkehrs • Unabhängigkeit der Kunden von Öffnungszeiten und Standorten der Bankfilialen
Vorteil des HBCI-Verfahrens	HBCI-Verfahren Phot-TAN ist sehr sicher, weil es ein sehr aufwendiges Verschlüsselungsverfahren ist.
Nachteile des HBCI-Verfahrens	• höhere Anschaffungskosten für den Kartenleser • weniger flexibel auf Reisen wegen zusätzlicher Hardware • zusätzliche Bankensoftware erforderlich (StarMoney, Quicken)
Paydirekt: Grundlagen	Online-Bezahlverfahren der deutschen Kreditwirtschaft, das eine für Käufer und Verkäufer sichere Zahlung im Internet ermöglicht. Voraussetzung ist die Teilnahme am Online-Banking. Einmalige Registrierung bei Paydirekt; Der Verkäufer trifft eine Vereinbarung mit seinem Kreditinstitut;
Ablauf eines Bezahlvorgangs mit Paydirekt	Wenn der Käufer beim Bezahlvorgang in einem Onlineshop die Zahlungsart Paydirekt wählt, öffnet sich in einer gesicherten Verbindung ein neues Fenster von Paydirekt. Nach Eingabe seines Benutzernamens und seines Passwortes werden dem Käufer die Kaufdaten zur Prüfung angezeigt. Nach einer Zahlungsbestätigung belastet das Kreditinstitut das Konto des Zahlers und leitet den Betrag an den Verkäufer weiter.

Sicherheit beim Paydirekt-Verfahren	Erhält der Käufer die Ware nicht, erhält er von Paydirekt eine Erstattung des Kaufpreises, wenn der Verkäufer den Versand der Ware nicht nachweisen kann. Schon unmittelbar nach der Zahlung erhält der Verkäufer eine Zahlungsgarantie von seinem Kreditinstitut und kann die Ware versenden. Die Zahlung mit Paydirekt wird im direkten geschützten Dialog auf den Onlinebanking–Internetseiten des Kreditinstituts ausgeführt. Der Verkäufer hat keine Einsicht in die Kundendaten.
Handyzahlungen am Kassenterminal	Ist in der Banking-App auf dem Smartphone die digitale Girocard oder eine digitale Kreditkarte installiert, kann der Kunde mit seinem Handy auch ohne Vorlage der Karte Kartenzahlungen veranlassen. Für die sichere Speicherung der Kartendaten auf dem Handy wird die sog. HCE-Technik (Host Card Emulation) genutzt. Beim Bezahlen hält der Nutzer das Smartphone an das Bezahlterminal. Über die NFC-Schnittstelle des Smartphones werden die Daten in das Terminal eingelesen. Bei Girocard-Zahlungen bis 50,00 EUR ist keine PIN-Eingabe erforderlich, bei höheren Beträgen ist die PIN erforderlich.
Handy-an-Handy-Zahlungen	Die Zahlungsform ermöglicht Überweisungen an Personen, die im Adressbuch des Handys gespeichert sind. Ein Beispiel wäre Kwitt, ein Produkt der Sparkassen und Kreditgenossenschaften. Voraussetzung ist die Teilnahme am Online-Banking und eine einmalige Registrierung für Handy-an-Handy-Zahlungen in der Banking-App. Auch der Zahlungempfänger muss sich für dieses Zahlungsverfahren registrieren lassen. Der Zahler löst eine Zahlung aus, indem der in seiner Banking-App einen Zahlungsempfänger im Adressbuch seines Handys anklickt und einen Zahlungsbetrag eingibt.
Giropay: Ablauf eines Bezahlvorgangs mir giropay	Online-Bezahlverfahren der deutschen Kreditwirtschaft; Die Zahlung erfolgt auf der Online-Banking-Internetseite des Kreditinstituts. Der Kunde gibt seinen Benutzernamen und seine PIN ein. Danach prüft er die Daten und kann dann die Überweisung durch Eingabe einer TAN autorisieren. Nach Abschluss der Zahlung erhält der Verkäufer sofort eine Zahlungsgarantie von dem beauftragten Kreditinstitut. Es gibt keinen Käuferschutz bei Nichtlieferung oder mangelhafter Lieferung.
Zahlung mit Kreditkarte: Ablaufschema	Wird der Bezahlvorgang im Online-Banking mit einer Kreditkarte durchgeführt, gibt der Karteninhaber die Kartennummer, das Gültigkeitsdatum und die drei- oder vierstellige Kartenprüfziffer an. Zur Erhöhung der Sicherheit bieten Kreditkartengesellschaften besondere Authentifizierungsverfahren an: Beim Bezahlvorgang im Internet öffnet sich ein Eingabefenster der Kreditkartengesellschaft im Browser, in dem die Zahlung zu bestätigen und ein Sicherheitscode (persönliches Passwort) oder eine auf dem Handy empfangene TAN einzugeben sind.
Phishing	Unter Phishing versteht man Versuche, über gefälschte Webseiten, E-Mails oder Kurznachrichten an persönliche Daten eines Internet-Nutzers zu gelangen und damit Identitätsdiebstahl zu begehen. Ziel des Betrugs ist es, mit den erhaltenen Daten beispielsweise Kontoplünderung zu begehen und den entsprechenden Personen zu schaden.

Pharming	Der Begriff Pharming setzt sich zusammen aus den Begriffen Phishing und Pharming. Pharming setzt an den Grundlagen des Surfens im Internet an und nutzt aus, dass die Buchstabenfolge, aus der eine Internetadresse besteht, z. B. www.google.com" , von einem DNS-Surfer in eine IP-Adresse umgewandelt werden muss, damit eine Verbindung zustande kommt. Durch das Pharming versucht man, einen Virus oder einen Trojaner auf den Computer eines Benutzers zu installieren, der die dortige Hostdatei mit dem Ziel manipuliert, den Webverkehr vom gewünschten Ziel an eine gefälschte Webseite umzuleiten. Der MasterCard Secure Code erhöht die Sicherheit der Zahlungen bei Einkäufen im Internet.

17. Cross-Selling

Es handelt sich beim Cross-Selling um eine Verkaufsstrategie, welche darauf abzielt, die auf die Abnahme einer Leistung gerichtete Kundenbeziehung auch zum Verkauf von Produkten oder Dienstleistungen zu nutzen, die vom Konsumenten nicht unmittelbar nachgefragt werden. Cross-Selling-Strategien dienen insofern dem kalkulatorischen Ausgleich, d. h. ein Teil des Verkaufssortiments wird zu Selbstkosten oder mit nur geringen Gewinnen abgesetzt, wenn hierdurch der Verkauf von Sortimentsteilen mit hohen Gewinnbeiträgen gefördert werden kann. Ein typisches Beispiel für Cross-Selling bieten Banken und Sparkassen, die die im Zusammenhang mit der Führung von Girokonten anfallenden Dienstleistungen zu weit unter den Selbstkosten liegenden Preisen erbringen, um über den Aufbau einer stabilen Bank-Kunde-Beziehung ertragsstarke Zusatzgeschäfte tätigen zu können (Finanzdienstleistungen).

Cross-Selling-Signale	Cross-Selling-Bankangebote
Fälligkeit einer Lebensversicherung	Auszahlungsplan
Mitteilung einer berufsbedingten Verlagerung des Wohnortes	Umzugsservice
Geburt eines Kindes	Ausbildungsversicherung
Interesse an staatlichen Fördermöglichkeiten beim Erwerb von Wohneigentum	Wohn-Riester-Bausparvertrag
Sortenkauf für einen Auslandsurlaub	Kreditkarte
Sorgen um eine Versorgungslücke im Alter	Riester-Vertrag

18. Einlagensicherung

Institutssicherung der Sparkassenfinanzgruppe	**Garantiefonds des Bundesverbandes der deutschen Volksbanken und Raiffeisenbanken e.V. (BVR)**	**Einlagensicherung des Bundesverbandes deutscher Banken (BdB)**	**Gesetzliche Einlagensicherung und Anlegerentschädigung**
• Stützungsfonds der regionalen Sparkassen und Giroverbände • Sicherungsreserve der Landesbanken und Girozentralen • Sicherungsfonds der Landesbausparkassen Die drei institutssichernden Einrichtungen sind über einen Haftungsverbund miteinander verknüpft. Der institutssichernde Haftungsverbund schützt die Gläubiger vor Forderungsverlusten, und zwar bereits, wenn sich bei einem Mitglied wirtschaftliche Schwierigkeiten abzeichnen. Mittelaufbringung: risikoorientierte Umlagen der Mitgliedsinstitute	Der Garantiefonds soll wirtschaftliche Schwierigkeiten bei den genossenschaftlichen Kreditinstituten beheben und dadurch die Sicherheit der Einlagen der Kunden gewährleisten. Mittelaufbringung: Umlagenfinanzierung Darüber hinaus bilden alle Mitgliedsbanken einen Garantie-Haftungsverbund.	Verlustsicherung von Nichtbanken bis zu 15 % des haftenden Eigenkapitals des jeweiligen Kreditinstituts pro Gläubiger, kein Schutz für Inhaberschuldverschreibungen ab 2025 Sicherungsgrenze vermindert sich auf 8,75 % des haftenden Eigenkapitals pro Gläubiger. Mittelaufbringung: Umlagen der Mitgliedsinstitute	Gesetzlicher Mindestschutz: Die Basisdeckung entschädigt Einleger bis zu einem Betrag von 100.000,00 EUR zu 100 %.

A2 Zahlungsformen

1. Barzahlungsverkehr – Falschgeld

Kassengeschäfte	
Einzahlung und Auszahlung am Geldautomaten	Der Kunde legitimiert sich durch Einschub der Zahlungskarte in den Geldautomaten und Eingabe der PIN.
Auszahlung an automatischen Kassentresoren	Der Kundenberater prüft, ob die Unterschrift auf dem Auszahlungsbeleg mit der hinterlegten Unterschriftsprobe des Kunden übereinstimmt. Bei Auszahlung von Sparkonten ist grundsätzlich die Sparurkunde bzw. die Sparkarte vorzulegen und das Guthaben zu berichtigen.
Einzahlung von Münzrollen	So viele Münzen in EUR müssen die Münzrollen enthalten: 50 Stück x 0,01 EUR 50 Stück x 0,02 EUR 50 Stück x 0,05 EUR 40 Stück x 0,10 EUR 40 Stück x 0,20 EUR 40 Stück x 0,50 EUR 25 Stück x 1,00 EUR 25 Stück x 2,00 EUR
Einzahlung von beschädigten Banknoten	Im Regelfall werden zerstörte oder beschädigte Banknoten von der Deutschen Bundesbank kostenlos ersetzt. Oft kommt es vor, dass Banknoten versehentlich in die Waschmaschine und den Trockner gelangen, zerrissen werden oder verkleben. Meistens können diese Banknoten bei der Bank vor Ort eingetauscht werden, wenn diese nur leicht beschädigt sind. Bei gravierenden Beschädigungen kann jedoch nur die Deutsche Bundesbank einen kostenlosen Umtausch vornehmen. Dafür muss der Eigentümer mehr als die Hälfte des jeweiligen Geldscheines einreichen. Ist dies nicht möglich, muss der Eigentümer nachweisen, dass über die Hälfte des Geldscheins vernichtet wurde. Zur Einreichung bei der Deutschen Bundesbank sollten sämtliche Teile der Geldscheine, auch die kleinsten Ecken und Teile eingesammelt und entsprechend verpackt werden.

W. Grundmann, R. Rathner, *Bankwirtschaft, Rechnungswesen und Steuerung, Wirtschafts- und Sozialkunde*, Prüfungstraining für Bankkaufleute,
https://doi.org/10.1007/978-3-658-30521-5_2

Vorschrift über die Behandlung von Falschgeld und falschgeldverdächtigen Banknoten (§ 36 Bundesbankgesetz)

Maßnahmen bei Falschgeld (Banknoten und Münzen)	Maßnahmen bei als Falschgeld verdächtigten Banknoten und Münzen
Die Deutsche Bundesbank, Kreditinstitute und ihre Mitarbeiter haben nachgemachte oder verfälschte Banknoten oder Münzen (Falschgeld), als Falschgeld verdächtige Banknoten und Münzen sowie unbefugt ausgegebene Gegenstände der in § 35 genannten Art anzuhalten. Dem Betroffenen ist eine Empfangsbescheinigung zu erteilen. Falschgeld und Gegenstände der in § 35 genannten Art sind mit einem Bericht der Polizei zu übersenden. Kreditinstitute haben der Deutschen Bundesbank hiervon Mitteilung zu machen.	Als Falschgeld verdächtige Banknoten und Münzen sind der Deutschen Bundesbank zur Prüfung vorzulegen. Stellt diese die Unechtheit der Banknoten oder Münzen fest, so übersendet sie das Falschgeld mit einem Gutachten der Polizei und benachrichtigt das anhaltende Kreditinstitut.

2. SEPA-Überweisung

Wichtige Regelungen bei der Ausführung von Überweisungen

Aspekte	aus der Sicht des Zahlungsdienstleisters	aus der Sicht des Zahlers
Informations-pflichten	Vor Ausführung eines Zahlungsauftrags: • Bekanntgabe von Ausführungsfrist für den Zahlungsauftrag • Information über Entgelte für diesen Zahlungsauftrag Informationen nach Belastung des Kontos des Zahlers: • Kennung zur Identifizierung des betreffenden Zahlungsvorgangs • Angaben über den Zahlungsempfänger • Zahlungsbetrag und Währung Informationen an den Zahlungsempfänger: • Kennung zur Identifizierung des betreffenden Zahlungsvorgangs • Angaben über den Zahlungsempfänger • Zahlungsbetrag und Währung	Der Zahler muss die IBAN und evtl die BIC seines Kontos mitteilen: • **IBAN** (International Bank Account Number) Sie ist eine weltweit gültige Kontonummer, um im internationalen Zahlungsverkehr den Empfänger eindeutig zu identifizieren. Sie besteht aus dem Ländercode (DE), der zweistelligen Prüfziffer (z. B. 08), der sechsstelligen Bankleitzahl (z. B. 20040000) und der Kontoidentifikation (z. B. 245577). Die 22-stellige IBAN lautet demnach: DE08200400000000245577. • **BIC** (Bank Identifier Code) Sie ist eine Weltweit gültige Kennzahl zur eindeutigen Identifizierung von Kreditinstituten.

Aspekte	aus der Sicht des Zahlungsdienstleisters	aus der Sicht des Zahlers
Autorisierung des Zahlungsvorgangs	• durch Unterschrift auf dem Zahlungsauftrag • Eingabe von PIN und TAN • Eingabe von Betragsgrenzen ist möglich.	• Alle Vorkehrungen treffen, um die personalisierten Sicherheitsmerkmale vor unbefugtem Zugriff zu schützen. • unverzügliche Anzeige bei Verlust und Diebstahl bzw. missbräuchlicher Verwendung.
Wirksamwerden eines Zahlungsauftrags	• nach Zugang beim Zahlungsdienstleister an einem Geschäftstag • Rechtzeitiger Zugang kann vom Zahlungsdienstleister vorgegeben werden, z. B. eines Zahlungsauftrags bis 15:00 Uhr. • Zahlungsauftrag kann vom Zahler zeitlich terminiert werden. • Benachrichtigung des Zahlers bei Ablehnung des Zahlungsauftrags durch den Zahlungsdienstleister • Unwiderruflichkeit eines Zahlungsauftrags nach dessen Zugang beim Zahlungsdienstleister	
Ausführungsfrist für Zahlungsvorgänge	• Der Zahlungsdienstleister des Zahlers muss sicherstellen, dass der Zahlungsbetrag spätestens am Ende des auf den Zugangszeitpunkt des Zahlungsauftrags folgenden Geschäftstags beim Zahlungsdienstleister des Zahlungsempfängers eingeht. • Für Zahlungsvorgänge innerhalb des Europäischen Wirtschaftsraums, die nicht in Euro erfolgen, kann eine Frist von 4 Geschäftstagen vereinbart werden.	
Wertstellung und Verfügbarkeit von Geldbeträgen	Der Zahlungsdienstleister des Zahlungsempfängers ist verpflichtet, dem Zahlungsempfänger den Zahlungsbetrag unverzüglich verfügbar zu machen, spätestens an dem Geschäftstag, an dem der Zahlungsbetrag auf dem Konto des Zahlungsdienstleisters des Zahlungsempfängers eingegangen ist.	

Aspekte	aus der Sicht des Zahlungsdienstleisters	aus der Sicht des Zahlers
Haftung	Bei nicht erfolgter oder fehlerhafter Ausführung eines Zahlungsauftrags haftet der Zahlungsdienstleister.	• Bei missbräuchlicher Verwendung eines abhanden gekommenen Zahlungsinstruments haftet der Zahler für einen Schaden bis zur Höhe von 150,00 EUR. • Bei Vorsatz sowie grober Fahrlässigkeit hat der Zahler den gesamten Schaden zu tragen.

Ausführungsfristen im nationalen und internationalen Überweisungsverkehr

Überweisungsraum	Überweisungsart	Währung	Ausführungsfrist
Deutschland und Europäischer Wirtschaftsraum	elektronisch	Euro	maximal 1 Geschäftstag
	beleghaft	Euro	maximal 2 Geschäftstage
	elektronisch oder beleghaft	andere EWR-Währung als Euro, z. B. polnische Zloty	maximal 4 Geschäftstage
	elektronisch oder beleghaft	Drittstaatenwährung, z. B. US-Dollar	baldmöglichst

3. SEPA-Lastschrift

Mit der SEPA-Lastschrift können Euro-Einzüge grenzüberschreitend in einem einheitlichen Verfahren, mit einheitlichem Datenformat vorgenommen werden. Gesetzliche Grundlage ist die EU-Zahlungsdiensterichtlinie.

Verfahren

- SEPA-Basis-Lastschriftverfahren für Verbraucher
- SEPA-Firmen-Lastschriftverfahren für Firmenkunden

Kriterien	SEPA-Basis-Lastschriftverfahren	SEPA-Firmen-Lastschriftverfahren
Zahlungsraum	• Zahlungen in EUR innerhalb der EU und des EWR sowie Schweiz und Monaco • Zahlungen im Inland	
Meldepflichten	Meldepflichten nach dem Außenwirtschaftsgesetz: ab 12.500,00 EUR	
Teilnehmer	Privatkunden	Firmenkunden
Teilnahme-voraussetzungen	• Beitrittserklärung vom Zahlungsempfänger und Kreditinstitut • Zahlungspflichtiger erteilt dem Zahlungsempfänger das SEPA-Lastschriftmandat.	• Beitrittserklärung vom Zahlungsempfänger und Kreditinstitut • Zahlungspflichtiger erteilt dem Zahlungsempfänger das SEPA-Lastschriftmandat. • Zahlungspflichtiger muss der Zahlstelle das SEPA-Lastschriftmandat bestätigen.
Gläubiger-Identifikation	Die Gläubiger-Identifikationsnummer (Gläubiger-ID) dient der Identifikation des Lastschrifteinreichers und kann bei der Deutschen Bundesbank beantragt werden.	
Mandatsreferenz	Die Mandatsreferenz dient in Verbindung mit der Gläubiger-ID der Identifizierung des SEPA-Mandats. Sie wird vom Lastschrifteinreicher individuell für jedes Mandat vergeben.	
Erteilung des SEPA-Lastschriftmandats	Zahlungsautorisierung mittels Lastschriftmandat Weisung des Zahlungspflichtigen: • Einzugsermächtigung des Zahlungspflichtigen an den Zahlungsempfänger • Zahlungsauftrag an die Zahlstelle, vom Zahlungsempfänger eingereichte SEPA-Lastschriften einzulösen. Verfall des Mandats: Nach 36 Mo-	Zahlungsautorisierung mittels Lastschriftmandat Bestätigung der Erteilung eines SEPA-Lastschriftmandats gegenüber der Zahlstelle Weisung des Zahlungspflichtigen: • Einzugsermächtigung des Zahlungspflichtigen an den Zahlungsempfänger • Zahlungsauftrag an die Zahlstelle, vom Zahlungsempfänger ein-

Kriterien	SEPA-Basis-Lastschriftverfahren	SEPA-Firmen-Lastschriftverfahren
	naten, wenn innerhalb dieses Zeitraums keine Folgelastschriften eingereicht wurden. Ansonsten: Das Mandat gilt unbefristet bis zum Widerruf. Informationspflicht: Der Zahlungsempfänger muss den Zahlungspflichtigen über jeden bevorstehenden Lastschrifteinzug informieren (Pre-Notification). In der Lastschrift muss der Zahlungsempfänger ein Fälligkeitsdatum angeben, an dem das Konto des Zahlungspflichtigen belastet werden soll. Lastschriftmandat bleibt beim Zahlungsempfänger; Verwahrung 14 Monate nach dem letzten Lastschrifteinzug	gereichte SEPA-Lastschriften einzulösen. Verfall des Mandats: nach 36 Monaten, wenn innerhalb dieses Zeitraums keine Folgelastschriften eingereicht wurden. Lastschriftmandat bleibt beim Zahlungsempfänger; Verwahrung 14 Monate nach dem letzten Lastschrifteinzug
Erledigung des SEPA-Lastschriftmandats	Zahlungsempfänger teilt der Zahlstelle die Erledigung des Lastschriftmandats mit Einzug der letzten Lastschrift mit.	
Widerruf des SEPA-Lastschriftmandats	• jederzeit vom Kunden durch Erklärung gegenüber seinem Kreditinstitut • Widerruf gegenüber dem Zahlungsempfänger	• jederzeit vom Kunden durch Erklärung gegenüber seinem Kreditinstitut • Widerruf gegenüber dem Zahlungsempfänger
Voraussetzungen für die Einlösung der SEPA-Lastschrift	• Kein Widerruf liegt vor. • ausreichendes Guthaben • keine Teileinlösungen • Die IBAN des Zahlungspflichtigen ist zuzuordnen. • Benachrichtigung des Zahlungspflichtigen bei Nichteinlösung einer SEPA-Lastschrift	
Vorlagefristen bei Einreichung von SEPA-Lastschriften	Erst- und Einmallastschriften: 5 Tage vor Fälligkeit Folgelastschriften: spätestens 2 Tage vor Fälligkeit	einheitlich 1 Tag vor Fälligkeit
Zurückweisung	Der Kunde kann dem Kreditinstitut gesondert die Weisung erteilen, bestimmte Lastschriften nicht einzulösen.	
Widerspruch gegen Belastungsbuchungen mit gültigem	• Rückerstattungsanspruch 8 Wochen ab Belastungsbuchung ohne Grundangabe • Erlöschen des Erstattungs-	kein Erstattungsanspruch nach erfolgter Einlösung

Kriterien	SEPA-Basis-Lastschriftverfahren	SEPA-Firmen-Lastschriftverfahren
Lastschriftmandat	anspruchs nach Genehmigung der Lastschriftbuchung	
Widerspruch gegen Belastungsbuchungen mit ungültigem Lastschriftmandat	• unverzügliche Erstattung des Lastschriftbetrages • Ausschluss der Ansprüche des Kunden nach Ablauf von 13 Monaten ab Belastungsbuchung	
Lastschriftrückgabe durch Zahlstelle	bis 5 Tage nach Belastungsbuchung	bis 2 Tage nach Belastungsbuchung

4. Scheck

Scheckarten	• Barscheck • Verrechnungsscheck • Inhaberscheck • Orderscheck
Aktive Scheckfähigkeit	Fähigkeit, Schecks ziehen zu dürfen und die daraus sich ergebenden Verpflichtungen einzugehen. Mit der Volljährigkeit ist eine Person aktiv scheckfähig.
Passive Scheckfähigkeit	Kreditinstitute und die Deutsche Bundesbank sind passiv scheckfähig. Es ist die Fähigkeit, Schecks auf sich ziehen zu lassen.
Scheckeinlösung	• Barschecks durch Barauszahlung an den Einreicher • Verrechnungsschecks und Orderschecks durch Belastung des Ausstellers
Scheckeinzug	BSE-Verfahren (Belegloser Scheckeinzug): • Schecks bis unter 6.000,00 EUR • Überleitung durch 1. Inkassostelle • Keine Vorlage des Originalschecks beim bezogenen Kreditinstitut ISE-Verfahren (Image gestützter Scheckeinzug): • Schecks ab 6.000,00 EUR • Weiterleitung eines eingescannten Bildes eines Schecks • keine Vorlage des Originalsschecks beim bezogenen Kreditinstitut • scheckrechtliche Rückgriffsansprüche

Gesetzliche Bestandteile

1. Bezeichnung „Scheck“ im Text der Urkunde
2. Unbedingte Anweisung, eine bestimmte Geldsumme zu zahlen
3. Bezogenes Kreditinstitut
4. Zahlungsort
5. Ort und Tag der Ausstellung
6. Unterschrift des Ausstellers

Kaufmännische Bestandteile

1. Wiederholung der Schecksumme in Ziffern (schnelle Bearbeitung des Schecks)
2. Zahlungsempfänger
3. „Überbringerklausel" ermöglicht die formlose Weitergabe des Schecks.
4. Zeile „Verwendungszweck" für Mitteilungen an den Zahlungsempfänger
5. Schecknummer zur Beachtung eines möglichen Widerrufs
6. Kontonummer des Ausstellers wegen der Belastung des Ausstellers
7. Bankleitzahl des bezogenen Kreditinstituts wegen Scheckeinlösung
8. Codierzeile wegen der automatisierten Belegbearbeitung

Scheckarten

Barscheck	Einlösung durch Barauszahlung an den Vorleger
Verrechnungs-scheck	Wird vom bezogenen Kreditinstitut nur im Wege der Gutschrift eingelöst. Verrechnungsschecks tragen den Vermerk „Nur zur Verrechnung".
Inhaberscheck	Der Scheck ist an den Vorleger zahlbar. Der Inhaberscheck wird durch die sog. „Überbringerklausel" zum Inhaberscheck. Ursprünglich ist der Scheck ein Orderpapier.
Orderscheck	Der Orderscheck ist an den legitimierten Vorleger zahlbar. Orderschecks tragen in der Praxis den Ordervermerk „oder Order". Orderschecks tragen am rechten Rand einen roten Streifen mit dem Vermerk „Orderscheck". Aus Sicherheitsgründen werden Orderschecks im inländischen Zahlungsverkehr meist bei Geschäftskunden und im Auslandszahlungsverkehr verwendet. Im Rahmen der Scheckeinreichung wird der Orderscheck vom Begünstigten mit einem Indossament versehen. Damit beauftragt er die Bank, den Gegenwert des Orderschecks einzuziehen und ihm den Betrag auf seinem Konto gutzuschreiben. Der Orderscheck ist auch ohne „Orderklausel an Order" ein geborenes Orderpapier. Die Verrechnung des Scheckgegenwertes auf dem Konto des Scheckeinreichers erfolgt nur durch Anbringung eines Inkassoindossaments (Unterschrift des Indossanten). Damit wird die Bank berechtigt, den Orderscheck einzulösen und dem Scheckberechtigten gutzuschreiben.

Scheckeinzug und Scheckeinlösung

BSE-Verfahren	**ISE-Verfahren**
• Das beleglose Scheckeinzugsverfahren gilt für Schecks, die auf inländische Kreditinstitute bezogen sind und auf einen Betrag unter 6.000,00 EUR lauten. • Die 1. Inkassostelle prüft die Schecks auf formelle Ordnungsmäßigkeit, erfasst die Scheckdaten und wandelt sie in elektronische Clearingdatensätze um. • Der Originalscheck bleibt bei der 1. Inkassostelle als Schecklagerstelle.	• Beim imagegestützten Scheckeinzugsverfahren übermittelt die 1. Inkassostelle der Deutschen Bundesbank ein eingescanntes Bild der bei ihr zum Inkasso eingereichten Schecks zur Vorlage beim bezogenen Kreditinstitut. Auf diese Weise entfällt der zeit- und kostenintensive Transport der Originalsschecks. • Das ISE-Verfahren gilt für Schecks ab 6.000,00 EUR. • Die Schecks werden 3 Kalenderjahre lang bei der 1. Inkassostelle gelagert.

BSE-Verfahren	ISE-Verfahren
• Die Scheckgegenwerte werden beleglos über die Deutsche Bundesbank eingezogen.	• Die 1. Inkassostelle prüft die eingereichten Schecks auf ihre formelle Ordnungsmäßigkeit. • Sie erstellt die Image- und Clearingdatensätze und reicht sie an die Bundesbank als Abrechnungsstelle weiter. • Die Bundesbank leitet verrechnet die Scheckgegenwerte und leitet die Datensätze an die bezogene Bank weiter. • Die bezogene Bank prüft anhand des Scheckabbildes die Einlösung und verrechnet die Scheckgutschrift.
	Vorteile des ISE-Verfahrens: • Kosten- und Zeitersparnisse • Die Führung eines Scheckprozesses ist trotz Nichtvorlage beim bezogenen Institut durch den Schecknehmer möglich. **Bearbeitung von Rückschecks:** • Nach dem beleglosen Scheck-Einzug-Verfahren sind Scheckgegenwerte von nicht eingelösten Schecks spätestens an dem auf den Eingangstag der Scheckdaten folgenden Bankarbeitstag an die 1. Inkassostelle zurückzurechnen. • Bei Schecks im Betrag von 6.000,00 EUR und darüber ist eine Eilnachricht an die 1. Inkassostelle erforderlich. **Bearbeitung von Rückschecks:** • Nach dem ISE-Verfahren eingezogene Scheckgegenwerte sind spätestens an dem auf den Tag der Vorlage des Scheckbildes folgenden Bankarbeitstag über die Deutsche Bundesbank an die 1. Inkassostelle zurückzurechnen. • Bei Schecks im Betrag von 6.000,00 EUR und darüber ist eine Eilnachricht an die 1. Inkassostelle erforderlich.

5. Bundesbank-Scheck

Die Banken beschaffen ihren Kunden bestätigte Bundesbank-Schecks, indem sie auf ihr eigenes Bundesbank-Girokonto Schecks ziehen, sie bestätigen lassen und anschließend an die Kunden aushändigen. Provisionskosten werden dem Kunden von den Banken für diese Dienstleistung in Rechnung gestellt. Die Bundesbank belastet das Bundesbank-Girokonto der Bank zuzüglich einer Bestätigungsprovision und schreibt den Scheckbetrag einem Deckungskonto gut. 8 Tage nach Scheckausstellung erlischt die Verpflichtung der Bundesbank aus der Bestätigung. Danach wird der Bundesbank-Scheck wie ein gewöhnlicher Scheck behandelt.

6. Kartenzahlungen

<table>
<tr><th colspan="2">Im Rahmen von Kartenzahlungen unterscheidet man zwischen Bankkarten und Kreditkarten.</th></tr>
<tr><th>Bankkarten</th><th>Kreditkarten</th></tr>
<tr><td>Girocard
Die Karte kann für bargeldlose Zahlungen und Verfügungen an Geldautomaten im Inland und einigen europäischen Ländern genutzt werden. Die Girocard kann als physische Karte oder als digitale Karte zur Speicherung auf einem mobilen Endgerät z. B. Smartphone ausgegeben werden. Mit der „Girocard mobile“ kann der Kunde mit dem Smartphone kontaktlos an Kassenterminals zahlen.</td><td>Charge-Card
Die Bank räumt einen Kredit für den Karteninhaber ein. Mit der Kreditkarte und dem entsprechenden Logo kann auch im Girogo-Verfahren kontaktlos bis maximal 50,00 EUR an Kassenterminals gezahlt werden.
Die einzelnen Abrechnungen eines Monats erfolgen einmal monatlich. Der Einzug vom Konto erfolgt per Lastschrift; es werden keine Sollzinsen für die Zeit der Kreditgewährung berechnet.</td></tr>
<tr><td>Maestro oder V Pay
Maestro ist eine weltweite bzw. V Pay europaweite Nutzung der Karte für bargeldlose Zahlungen und Verfügungen an Geldautomaten.</td><td>Debit-Card
Es wird ein besonderes Kreditkartenkonto geführt. Das Konto kann sowohl kreditorisch als auch debitorisch geführt werden. Das Konto kann je nach Kontostand verzinst werden
Bei Zahlungen mit der Karte wird das Kreditkartenkonto sofort belastet.</td></tr>
<tr><td colspan="2">Geldkarte bzw. Prepaid-Card
Die Karte kann auch mit einem besonderen Chip oder einzeln als elektronische Geldbörse genutzt werden. Mit dem auf der Geldkarte bzw. Prepaid-Karte gespeicherten Guthaben kann der Inhaber kleine Beträge bargeldlos zahlen. Ist die Karte mit einem Funkchip ausgestattet, kann sie auch für kontaktlose Zahlungen genutzt werden.
Beispiele: Einzelhandel, öffentliche Verkehrsmittel Taxis, Zigarettenautomaten usw.
Der Karteninhaber kann an bestimmten Ladeterminals einen Betrag bis zu maximal 200 EUR in den Speicherbereich der Chipkarte laden.</td></tr>
<tr><td colspan="2">Girogo
Girogo ermöglicht ein kontaktloses Bezahlen mit der Bankkarte und der Kreditkarte. Die Karten verfügen über einen Funkchip, der eine Nahfeldkommunikation (Near Field Communication, NFC) mit dem Kartenterminal ermöglicht. Beim Zahlungsvorgang hält der Karteninhaber die Karte in einem geringen Abstand an die Bezahlfläche des Terminals. Das Guthaben auf der Bank- bzw. Kreditkarte wird um den Rechnungsbetrag vermindert.
Der Höchstbetrag für eine einzelne Girogo-Zahlung beträgt 50,00 EUR.
Das Aufladen bis zum Höchstbetrag von 200,00 EUR von Girogo-Bankkarten mit Geldkartenfunktion erfolgt an Terminals von Kreditinstituten, z.B. an Geldautomaten. Mit einem Chipkartenleser ist das Aufladen auch über das Online-Banking möglich.
Eine automatische Aufladung bzw. Abo-Laden kann mit dem Kreditinstitut vereinbart werden. Die Bankkarte mit Geldkartenfunktion kann dann an einem Kartenterminal automatisch um einen vereinbarten Betrag zwischen 20,00 EUR und 50,00 EUR aufgeladen werden. Es erfolgt dann, wenn das Guthaben zum Bezahlen nicht mehr ausreichen sollte. Eine Eingabe der PIN ist dann nicht erforderlich. Das Abo-Laden kann nur einmal täglich genutzt werden.</td></tr>
</table>

Kartenzahlungen aus Kundensicht

	Geldkarte	Bankkarte	Kreditkarte
Legitimation	keine Prüfung der Legitimation des Vorlegers bei Nutzung der Karte	Eingabe der PIN und Online-Prüfung der PIN, der Sperrdatei und des Verfügungsrahmens Girogo: keine PIN-Eingabe bis 50,00 EUR kontaktlos	Unterschrift auf Leistungsbeleg oder alternativ Eingabe der PIN und Online-Prüfung der Sperrdatei und des Verfügungsrahmens. Girogo: keine PIN-Eingabe bis 50,00 EUR kontaktlos
Zahlungsgarantie für den Händler	Zahlungsgarantie	Zahlungsgarantie	Zahlungsgarantie
Belastung des Karteninhabers	beim Aufladen der Karte maximal 200,00 EUR	Belastung nach jeder Zahlung	Der Karteninhaber erhält einmal monatlich eine Abrechnung über alle getätigten Kreditkartenumsätze. Abwickler zieht per Lastschrift den gesamten Rechnungsbetrag in einer Summe vom Girokonto des Karteninhabers ein (Chargecard)
Sicherheit für den Karteninhaber	Bei Verlust der Karte trägt der Karteninhaber das volle Risiko.	• unrechtmäßige Verfügungen und volle Haftung des Karteninhabers nur bei Kenntnis der PIN (grobe Fahrlässigkeit) • Vor der Verlustanzeige haftet der Karteninhaber mit maximal 50,00 EUR; die Haftung ist allerdings abhängig vom Verschulden des Kunden, nach der Verlustanzeige trägt die Bank alle Schäden.	• Schäden vor der Verlustanzeige: Haftung des Karteninhabers maximal 50,00 EUR, aber abhängig vom Verschulden des Kunden • Schäden nach der Verlustanzeige: keine Haftung des Karteninhabers
Besondere Dienstleistungen		• Nutzung des Kontoauszugsdruckers • Nutzung des Geldautomaten • Haftungsbeschränkung bei Verlust • Abwicklung von Aufträgen an SB-Terminals	• Nutzung von Geldautomaten • Preisnachlässe bei Einkäufen mit Co-Branding-Karten • Ausgabe von Classic-, Premium- und Businesskarten mit Zusatzangeboten von z. B. Versicherungsleistungen

Kartenzahlungen aus Händlersicht

Aspekte	Geldkarte	Girokarte Maestro-System	Kreditkarte
Abwicklung einer Zahlung	• Käufer führt Geldkarte in das Händlerterminal und bestätigt den angegebenen Kaufbetrag. • Händlerterminal meldet erfolgreiche Zahlung und zeigt Restguthaben auf der Geldkarte an. • Bei jeder Zahlung wird der Betrag über eine Händlerkarte im Terminal vom gespeicherten Guthaben abgebucht. • Gegenüber dem Händler übernimmt das Karten ausgebende Institut eine Zahlungsgarantie. • Händler reicht alle Umsätze aus Geldkarten bei seiner Bank ein. Bei der Bank werden dann die Umsätze zum Einzug freigegeben.	• Ladenkasse zeigt den Betrag • Terminaleinführung der Girokarte • Eingabe der PIN und Bestätigung durch den Karteninhaber (= Veranlassung der Autorisierung in der Autorisierungszentrale) • Autorisierung umfasst folgende Kontrollen: PIN, Echtheit der Karte, Kartensperre, Verfügungsrahmen • positive Autorisierung: „Zahlung erfolgt" (= Zahlungsgarantie für den Händler) • Das Kreditinstitut des Händlers zieht die einzelnen Forderungsbeträge per Lastschrift bei den Banken der Käufer ein. Käufer kann der Lastschrift nicht widersprechen wegen Zahlungsgarantie.	• Vorlage der Kreditkarte beim Vertragsunternehmen • Terminaleinführung der Kreditkarte • Einlesen der Kreditkartendaten, Überprüfung des Verfügungsrahmens und einer Kreditkartensperre • Bei positiver Autorisierung erscheint im Display des Händlerterminals eine Autorisierungsnummer (= Zahlungsgarantie) und Angabe „Genehmigung erteilt". • Ausdruck eines Leistungsbelegs und Unterschrift des Karteninhabers, alternativ Eingabe der PIN (= Einverständnis mit der Abbuchung)
Geldeingang beim Vertragsunternehmen		Das Unternehmen übermittelt die Beträge aus den EC-Zahlungen beleglos über den Terminalnetzbetreiber an seine Bank und erhält den Gesamtbetrag gutgeschrieben.	• Vertragsunternehmen leitet die autorisierten Kartenumsätze über das Kartenterminal elektronisch an den Abwickler weiter. • Abwickler wickelt die Kartenzahlung im Auftrag der Kartengesellschaft ab. • Abwickler zieht per Lastschrift den gesamten Rechnungsbetrag in einer Summe einmal monatlich

Aspekte	Geldkarte	Girokarte Maestro-System	Kreditkarte
			vom Girokonto des Karteninhabers ein. Danach schreibt der Abwickler dem Händler den Gegenwert der angefallenen Kartenumsätze unter Abzug eines Disagios gut. • Abwickler überweist das einbehaltene Disagio an die Karten ausgebenden Banken
Vorteile für Händler	• Verminderung des Beraubungsrisikos • Vermeidung von Wechselgeldausgabefehlern • schneller Bezahlvorgang • keine Kosten für Autorisierung • Zahlungsgarantie • geringes Händlerentgelt • gleichtägige Gutschrift aller Umsätze	• schneller Bezahlvorgang • Zahlungsgarantie • gleichtägige Gutschrift aller Umsätze	• schneller Bezahlvorgang • Zahlungsgarantie
Kosten für Händler	• Terminalkosten • geringe Provision an das Karten ausgebenden Kreditinstitut	• Terminalkosten • Kosten für die Online-Verbindung • Provision des Karten ausgebenden Kreditinstituts	• Terminalkosten • Kosten für die Online-Verbindung • Disagio vom Rechnungsbetrag

Nutzungsmöglichkeiten der Bankkarte als Girokarte am SB-Terminal:

- Erteilung von Überweisungsaufträgen (mit PIN)
- Nutzung des Kontoauszugsdruckers (ohne Eingabe der PIN)
- Kontostandsabfrage (ohne PIN) möglich

Zahlung mit bankkarte mit Geldkartenfunktion

Vorteile für den Kunden

- Verringerung der Bargeldhaltung
- Unabhängigkeit vom Kleingeld
- Möglichkeit des Wiederaufladens der Bankkarte mit Geldkartenfunktion
- Bezahlung im Internet möglich, wenn ein Chipkartenleser verwendet wird.

Kartensperre

Bei Verlust oder Diebstahl der Bankkarte sollten Karteninhaber ihre Zahlungskarte nicht nur schnell, sondern auch vorschriftsmäßig sperren lassen. Der Kunde muss für die Girokartensperrung seine Bankleitzahl und Kontonummer bereithalten und den Zeitpunkt der Kartensperrung notieren. Die Kartensperre kann zu den Geschäftszeiten bei den Kreditinstituten veranlasst werden. Außerdem kann unter der Sperrnummer +49 (0)1805 021021 oder unter der gebührenfreien Rufnummer +49 116 116 die Kartensperre angezeigt werden. Dieser Sperrannahmedienst ist Tag und Nacht erreichbar.
Bei Diebstahl muss der Kunde sofort Anzeige bei der Polizei erstatten. Der Zeitpunkt der Anzeige und der Name des Beamten, der die Anzeige aufnimmt, sollte notiert werden.

Sofern der Kunde nicht grob fahrlässig handelt, wird ihm die unberechtigte Abbuchung von der Bank oder Sparkasse erstattet. Der Kunde haftet dann maximal mit 50,00 EUR. Grob fahrlässig handelt man, wenn man die PIN auf der Karte vermerkt oder zusammen mit der Karte am gleichen Ort, wie zum Beispiel im Geldbeutel, aufbewahrt.

A3 Ausländischer Zahlungsverkehr

1. Nichtdokumentärer Zahlungsverkehr

1.1 SEPA

SEPA (**S**ingle **E**uro **P**ayments **A**rea) ist ein einheitlicher Euro-Zahlungsverkehrsraum, in dem alle Zahlungen wie inländische Zahlungen behandelt werden. Mit SEPA wird nicht mehr – wie derzeit - zwischen nationalen und grenzüberschreitenden Zahlungen unterschieden.

Nutzer von Zahlungsverkehrsdienstleistungen können mit SEPA bargeldlose Euro-Zahlungen von einem einzigen Konto vornehmen und hierbei einheitliche Zahlungsinstrumente (SEPA-Überweisung, SEPA-Lastschrift und SEPA-Kartenzahlungen) ebenso einfach, effizient und sicher einsetzen wie die heutigen Zahlungsverkehrsinstrumente auf nationaler Ebene. SEPA betrifft jedes Kreditinstitut, jedes Wirtschaftsunternehmen und jeden Verbraucher in allen Ländern der Europäischen Union (schwerpunktmäßig in den 17 Euro-Ländern) sowie in Island, Liechtenstein, Norwegen und in der Schweiz. Über 4.300 Kreditinstitute bieten die SEPA-Überweisung zurzeit an. Arbeitstäglich werden im Euroraum 210 Millionen unbare Zahlungstransaktionen getätigt. Davon entfallen über 90 % auf Überweisung, Lastschrift und Kartenzahlung.

1.2 TARGET 2

TARGET 2 (**T**rans-European **A**utomated **R**eal-time **G**ross Settlement **E**xpress **T**ransfer System) ist das gemeinsame Echtzeit-Brutto-Clearingsystem (RTGS) des Eurosystems (ESZB). Brutto-Clearingsysteme dienen dem taggleichen Transfer von Geldern zwischen den angeschlossenen Banken und sind somit eine Voraussetzung für den modernen bargeldlosen Zahlungsverkehr. "Brutto" bedeutet in diesem Zusammenhang, dass jede einzelne Zahlung aus dem Zentralbank-Guthaben der auftraggebenden Bank ausgeführt wird.

1.3 SWIFT

SWIFT steht für „**S**ociety for **W**orldwide **I**nterbank **F**inancial **T**elecommunication". Dieser Verband von Geldinstituten wurde 1973 gegründet. Er hat zur Aufgabe, den Nachrichtenaustausch mittels eines funktionierenden Telekommunikationsnetzes, auch SWIFT-Netz genannt, für seine Mitgliedsbanken zu ermöglichen. Die SWIFT ist in Belgien ansässig.

Die SWIFT tätigt die Abwicklung des gesamten Finanzverkehrs von mehr als 8.000 Geldinstituten in über 200 Ländern. Der SWIFT-Code wird auch SWIFT-BIC genannt. Dies bedeutet „**B**ank **I**dentifier **C**ode" (BIC). Die Bank, an die die Überweisung gehen soll, wird mittels dieser Ziffernfolge identifiziert. SWIFT-Adresse ist der korrekte Begriff, der im Zahlungsverkehr dafür verwendet wird.

Überall auf der Welt ist dieser Code gleich und kann auch weltweit angewandt werden, um ein bestimmtes Kreditinstitut zu identifizieren. Alle internationalen Devisengeschäfte, Überweisungen, internationalen Kontoauszüge und Avisen von Akkreditiveröffnungen werden mit Hilfe dieses Codes ermöglicht.

W. Grundmann, R. Rathner, *Bankwirtschaft, Rechnungswesen und Steuerung, Wirtschafts- und Sozialkunde*, Prüfungstraining für Bankkaufleute,
https://doi.org/10.1007/978-3-658-30521-5_3

1.4 Bankenorderscheck

Kennzeichnung

Im Auslandszahlungsverkehr werden Bankenorderschecks verwendet, wenn Zahlungen in Drittwährungen, z. B. in US-Dollar, erfolgen sollen oder wenn im Empfängerland Scheckzahlungen erforderlich sind. Der Bankenorderscheck wird an die Order des Zahlungsempfängers ausgestellt. Er muss vor der Einreichung zur Einlösung indossiert werden und wird vom Zahlungspflichtigen oder der Bank an den Zahlungsempfänger im Ausland versandt.

Abwicklungsschritte bei der Zahlung mittels Bankenorderscheck

- Ausstellung des Bankenorderschecks durch die *Nordbank AG*, gezogen auf eine amerikanische Korrespondenzbank (= bezogene Bank)
- Belastung des inländischen Importeurs durch die Nordbank unmittelbar nach der Scheckausstellung
- Weitergabe des Bankenorderschecks an den inländischen Importeur zur Weiterleitung an den Begünstigten in den USA oder Versand des Bankenorderschecks direkt an den Begünstigten in den USA oder Versand an das Kreditinstitut des Exporteurs
- Begünstigter reicht den Bankenorderscheck an seine Hausbank zur Gutschrift ein
- Verrechnung zwischen Bank des Begünstigten und der *Nordbank AG* über Korrespondenzbanken

Beispiel einer Abrechnung

Ein Importeur erteilt der *Nordbank AG* wegen der Ausstellung eines Bankenorderschecks einen Zahlungsauftrag. Der *Nordbank AG* liegen folgende Kursinformationen vor:

Kassakurse EUR/USD		Sichtkurs EUR/USD
Geld	Brief	
1,1530	1,1590	1,1620

Die *Nordbank AG* stellt für diese Zahlungsverkehrsleistung die folgenden Entgelte in Rechnung:

Abwicklungsprovision	1,5 ‰, mindestens 12,00 EUR
Courtage	0,25 ‰, mindestens 2,50 EUR
Spesen für die Scheckausstellung	10,00 EUR

Erstellung der Scheckabrechnung:
Der Gesamtbetrag wird dem EUR-Konto des Importeurs belastet.

Abrechnung zum Geldkurs 1,1530 USD	
34.500,00 USD =	29.921,94 EUR
Abwicklungsprovision 1,5 ‰ =	44,88 EUR
Courtage 0,25 Promille =	7,48 EUR
Spesen für die Scheckausstellung	10,00 EUR
Gesamtbetrag	**29.984,30 EUR**

Meldevorschriften bei Auslandszahlungen

Im Zusammenhang mit Auslandszahlungen besteht unter bestimmten Voraussetzungen eine gesetzliche Meldepflicht an die Deutsche Bundesbank.
Die Meldungen von Zahlungen sind in §§ 67, 71 der Außenwirtschaftsverordnung (AWV) geregelt:

	§ 67 Meldung von Zahlungen (1) Inländer haben der Deutschen Bundesbank in den Fristen des § 71 Absatz 7 und 8 Zahlungen gemäß Absatz 4 zu melden, die sie 1. von Ausländern oder für deren Rechnung von Inländern entgegennehmen (eingehende Zahlungen) oder 2. an Ausländer oder für deren Rechnung an Inländer leisten (ausgehende Zahlungen). (2) Nicht zu melden sind 1. Zahlungen, die den Betrag von 12.500 EUR oder den Gegenwert in anderer Währung nicht übersteigen, 2. Zahlungen für die Einfuhr, Ausfuhr oder Verbringung von Waren und 3. Zahlungen, die die Gewährung, Aufnahme oder Rückzahlung von Krediten, einschließlich der Begründung und Rückzahlung von Guthaben, mit einer ursprünglich vereinbarten Laufzeit oder Kündigungsfrist von nicht mehr als zwölf Monaten zum Gegenstand haben. (3) Zahlungen im Sinne dieses Abschnitts sind auch die Aufrechnung und die Verrechnung sowie Zahlungen, die mittels Lastschriftverfahren abgewickelt werden. Als Zahlung gilt ferner das Einbringen von Sachen und Rechten in Unternehmen, Zweigniederlassungen und Betriebsstätten. (4) In den Meldungen ein- und ausgehender Zahlungen müssen die Angaben gemäß Anlage Z4 „Zahlungen im Außenwirtschaftsverkehr" enthalten sein. Im Fall von Zahlungen im Zusammenhang mit Wertpapiergeschäften und Finanzderivaten müssen die Angaben gemäß Anlage Z10 „Wertpapiergeschäfte und Finanzderivate im Außenwirtschaftsverkehr" enthalten sein. (5) … Im Fall von Zahlungen im Zusammenhang mit Wertpapieren und Finanzderivaten sind anstelle der Angaben zum Grundgeschäft die Bezeichnungen der Wertpapiere, die internationale Wertpapierkennnummer sowie Nennbetrag oder Stückzahl anzugeben. § 71 Meldefristen (7) Meldungen gemäß § 67 Absatz 1 in Verbindung mit § 67 Absatz 4 Satz 1 nach Anlage Z4 … sind bis zum siebenten Kalendertag des auf die Leistung oder Entgegennahme der Zahlungen oder der Einfuhr oder Verbringung der Transithandelsware folgenden Monats einzureichen.
Vorteile von Währungskonten	• Vermeidung der Geld-Brief-Spanne bei Zahlungsein- und -ausgängen • Vermeidung evtl. Umrechnungsgebühren • Kauf/Verkauf von Devisen zu einem Zeitpunkt, an dem der Devisenkurs günstig ist • Geldanlage oder -aufnahme zum ggf. günstigeren Fremdwährungszins • Ausschluss des Kursrisikos

1.5 Abwicklung einer Zahlung mittels Bankenorderscheck

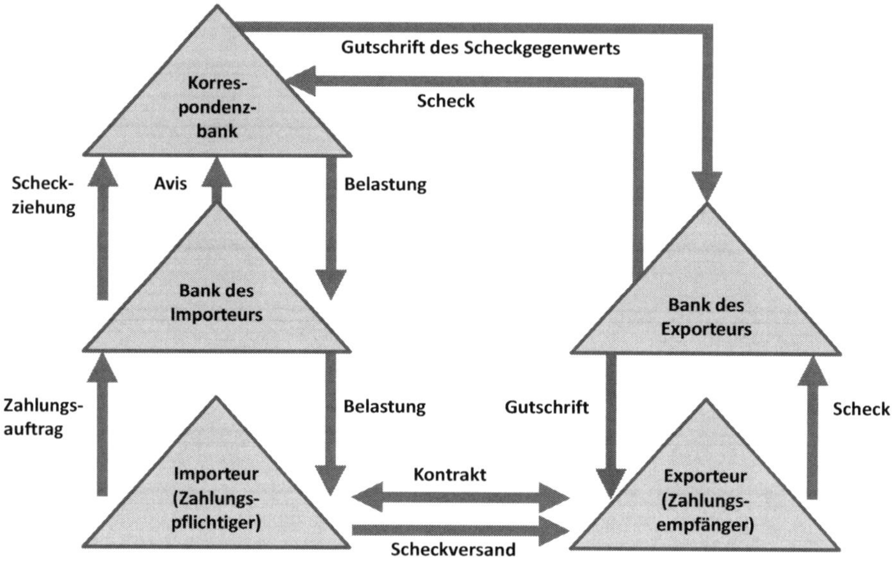

1.6 Sorten

Sorten	• Noten und Münzen in fremder Währung • Ankauf und Verkauf von Sorten zu Schalterpreisen • Bei den Preisen wird die Menge der Fremdwährung angeben, die einem Euro entspricht. • Gründe für den hohe Spanne zwischen Geldkurs und Briefkurs sind Kursrisiken bei unsicheren Devisenmärkten, hohe Beschaffungs- und Transportkosten für Bargeld, Kosten für die Versicherung und Lagerhaltung ausländischer Banknoten und Münzen sowie Personal- und Sachkosten bei Ausgabe und Tresorverwahrung.

Beispiel 1

Ein Kunde der *Nordbank AG* möchte für eine Auslandsreise nach Südafrika 2.000 Südafrikanische Rand (ZAR) in bar mitnehmen.

Sortenkurse für 1,00 EUR der *Nordbank AG* aus Sicht der Bank

Land	ISO-Code	Währung	Verkauf	Ankauf
Australien	AUD	Dollar	1,5061	1,6861
Südafrika	ZAR	Rand	6,2323	9,6323
USA	USD	Dollar	1,0959	1,1659

Rechenweg: 2000 : 6,2323 = 320,91 EUR

Der Kunde muss **320,91 EUR** zahlen

Beispiel 2

Ein Kunde, der von einer USA-Reise zurückgekehrt ist, möchte bei der *Nordbank AG* 5.000 USD in Euro umwechseln.

Rechenweg: 5.000: 1,1659 = 4.288,53

Der Kunde erhält **4.288,53 EUR**

2. Incoterms und Dokumente im Außenwirtschaftsverkehr

2.1 Incoterms 2010 und 2020

Incoterms 2010*	
Allgemeine Kennzeichnung	• Die Incoterms sind für den Warenhandel konzipiert. • Die Incoterms befassen sich nur mit bestimmten Punkten des Kaufvertrags, die sich auf Käufer- und Verkäuferrechte und –pflichten, auf den Gefahrübergang, die Risiko- und die Kostenteilung beziehen. Andere im Vertrag wichtige Aspekte wie etwa die sonstigen Vertragspflichten, Gewährleistungsfragen, Haftungsausschlüsse, das für den Vertrag geltende Recht usw. werden von den Incoterms nicht erfasst. • Die Incoterms gelten grundsätzlich nur dann, wenn die Geschäftspartner auf sie Bezug nehmen und sie in ihren Vertrag einbeziehen. Die Incoterms legen fest, welcher der Vertragspartner sich um den Abschluss von Transport- und Versicherungsverträgen zu kümmern hat und wer die Kosten dafür übernimmt. • Alle Varianten der Incoterms legen den Ort der Lieferung und den damit verbundenen Gefahrübergang vom Verkäufer auf den Käufer sowie den Punkt des Übergangs der Kosten vom Verkäufer auf den Käufer fest. • Die Gefahr des zufälligen Verlusts oder der Beschädigung der Ware sowie die Pflicht, die durch die Ware bedingten Kosten (z. B. Transport, Versicherung, Zölle) zu tragen, geht vom Verkäufer auf den Käufer über, wenn der Verkäufer seine Verpflichtung zur Lieferung der Ware erfüllt hat.
Einpunktklausel	Der Zeitpunkt des Gefahrübergangs entspricht dem Zeitpunkt, in dem die Kostenlast vom Verkäufer auf den Käufer übergeht. Dies ist z. B. bei der FOB-Klausel der Fall.
Zweipunktklausel	Eine Zweipunktklausel ist z. B. die CIF-Klausel. Bei dieser Klausel muss die Lieferung so wie bei der FOB-Klausel erfolgen und auch die Gefahr geht wie bei der FOB-Klausel am Abgangsort auf den Käufer über. Da der Verkäufer aber zusätzlich die Kosten des Transports bis zum Bestimmungsort oder Bestimmungshafen zu tragen hat, und den Transport auch z. T. versichern muss, decken sich der Punkt des Gefahrübergangs und der Punkt des Kostenübergangs nicht, sodass es zwei verschiedene Übergangspunkte in der Geschäftsabwicklung gibt (Zweipunktklausel).

FOB (Free on Board … benannter Verschiffungshafen)	Der Anwendungsbereich der Klausel FOB beschränkt sich auf Seefracht, die nicht in Containern transportiert wird, z. B. Stückgut oder Massengüter. **Kostenverteilung** Die FOB-Klausel verlangt die Verladung an Bord des benannten Schiffes zum vereinbarten Zeitpunkt oder innerhalb der vereinbarten Frist, d. h. der Verkäufer hat die Ware zu liefern, indem er sie an Bord des vom Käufer benannten Schiffs an der vom Käufer benannten Ladestelle im benannten Verschiffungshafen verbringt. Mit der FOB-Klausel wird festgelegt, dass der Verkäufer exportfreie Ware liefern muss, d. h. er muss die Ausfuhrbewilligung auf eigene Gefahr und Kosten beschaffen sowie alle Zollformalitäten erledigen, die für die Ausfuhr erforderlich sind. Zudem muss er alle Kosten des Vortransports, der Umschlagsgebühren, der Verladung sowie des Seehafenspediteurs tragen. Danach ist der Verkäufer verpflichtet, den Käufer zu benachrichtigen, dass die Ware vertragsgemäß geliefert worden ist. Der Verkäufer ist verpflichtet, dem Käufer auf seine Kosten durch ein entsprechendes Lieferdokument nachzuweisen, dass er die Lieferung bewirkt hat. Die Kosten von Warenkontrollen, die aufgrund behördlicher Vorschriften des Exportlandes entstehen, muss der Verkäufer tragen. Sind die Warenkontrollen dagegen aufgrund von Vorschriften des Importlandes durchzuführen, muss der Käufer die Kosten tragen. Grundsätzlich muss der Verkäufer für eine transportgerechte Verpackung sorgen. Der Importeur hat die entsprechende Import- und ggf. Durchfuhrabwicklung auf eigene Gefahr und Kosten wahrzunehmen. Zu den Kosten des Käufers zählen alle Zölle, Steuern und andere Abgaben sowie Kosten der Zollformalitäten, die bei der Einfuhr der Ware und bei ihrem Transport durch jedes Land anfallen. Der Käufer muss den Transportvertrag ab Lieferort auf seine Kosten abschließen. Da die Ware ab dem Lieferort auf das Risiko des Käufers transportiert wird, liegt es in seinem Interesse, auch das Transportrisiko zu versichern. **Gefahrübergang** Mit der erfolgten Lieferung findet zeitgleich auch der Gefahrübergang für Verlust und Schäden am Transportgut auf den Käufer statt. Vorausgesetzt wird die Verladung an Bord eines Schiffes. Die Gefahr des Verlusts oder der Beschädigung der Ware geht damit über, wenn die Ware an Bord des Schiffes gelangt, also im Ladevorgang auf die Planken gesetzt oder auf dem Ladedeck abgesetzt wird.
CIF (Kosten, Versicherung und Fracht … benannter Bestimmungshafen)	Die CIF-Klausel ist ausschließlich für den Transport mit Seeschiffen oder Binnenschiffen geeignet. Sie eignet sich für den Containerverkehr mit Schiff nur ausnahmsweise. **Kostenverteilung** Die CIF-Klausel beinhaltet die Grundsätze der Klausel FOB, ergänzt um die vom Verkäufer zu tragenden Fracht- und Versicherungskosten. • Die CIF-Klausel beinhaltet, dass der Verkäufer die Ware an Bord des Schiffs verbringt.

	• Zudem geht die Gefahr des Verlusts oder der Beschädigung der Ware auf den Käufer über, wenn die Ware an Bord des Schiffs im Verschiffungshafen gelangt. • Der Verkäufer erfüllt seine Lieferpflicht, wenn er die Ware dem Frachtführer übergibt. Der Frachtführer ist verpflichtet, das Frachtgut zum Bestimmungsort zu befördern und dort an den Empfänger auszuliefern. Der Verkäufer hat den Beförderungsvertrag abzuschließen und die Kosten und die Fracht, die für die Beförderung der Ware zum benannten Bestimmungshafen erforderlich sind, zu tragen. • Zusätzlich muss der Verkäufer einen Versicherungsvertrag abschließen, der den Käufer vor der Gefahr des Verlusts oder der Beschädigung der Ware während des Transports schützt. Allerdings ist der Verkäufer nur verpflichtet, eine Versicherung mit Mindestdeckung abzuschließen. • Der Verkäufer hat alle die Ware betreffenden Kosten, bis diese geliefert worden ist, zu tragen. Zusätzlich muss er die Fracht, die Verladekosten im Verschiffungshafen und die Ausladekosten im Bestimmungshafen tragen. Zusätzlich sind auch die Kosten der für die Ausfuhr notwendigen Zollformalitäten sowie alle Zölle, Steuern und andere Abgaben, die bei der Ausfuhr anfallen, und ggf. Transitkosten vom Verkäufer zu tragen. • Der Verkäufer ist verpflichtet, dem Käufer auf seine Kosten z. B. durch ein Konnossement nachzuweisen, dass er die Lieferung der Ware bewirkt hat. • Der Verkäufer muss die Kosten der Warenkontrollen vor der Verladung übernehmen, die aufgrund behördlicher Vorschriften des Exportlandes entstehen. • Grundsätzlich muss der Verkäufer für eine transportgerechte Verpackung sorgen. **Gefahrenübergang** Der Verkäufer trägt alle Gefahren des Verlusts oder der Beschädigung der Ware, bis die Ware an Bord des Schiffes geliefert worden ist. Der Käufer hat alle Gefahren des Verlusts oder der Beschädigung der Ware von dem Zeitpunkt an zu tragen, in dem die Ware an Bord des Schiffes verbracht worden ist.

Incoterms 2020

Die Regeln der INCOTERMS 2020 (International Commercial Terms)

Die International Chamber of Commerce (ICC) hat ein Incoterms 2020-Regelwerk herausgebracht, das 11 Incoterms-Handelsbedingungen aufzeigt und erläutert.Es berücksichtigt die neuesten Entwicklungen in der Geschäftspraxis und aktualisiert die bestehenden Regeln, um sie zugänglicher und benutzerfreundlicher zu machen.

Die Incoterms-Klauseln werden weltweit von 120 Ländern anerkannt. Die Klauseln werden auch tatsächlich in 90 Prozent aller internationalen Kaufverträge vereinbart.

Die Incoterms-Regeln sind global anwendbare Standards zu den Lieferbedingungen in internationalen Geschäften (International Commercial Terms). Sie regeln die Rechte und Pflichten von Käufer und Verkäufer rund um die Lieferung einer Ware: Wann geht die Ware vom Verkäufer auf den Käufer über? Wer trägt welche Transportkosten? Wer übernimmt ab wann die Haftung für Verlust und Beschädigung der Ware und/oder die Versicherungskosten? Nicht geregelt wird durch die Incoterms-Klauseln z.B. die Zahlungsbedingungen, der Eigentumsübergang einer Ware oder die Streitbeilegung. Die neue Version 2020 gilt ab dem 1. Januar 2020 und soll anstatt der Incoterms 2010-Version verwendet werden.

Incoterms-Klauseln werden nicht automatisch Gegenstand eines Vertrages, sondern nur dann, wenn sich Verkäufer und Käufer ausdrücklich auf die Einbindung einer Incoterms-Klausel einigen.

Die Incoterms definieren die Verantwortlichkeiten von Käufern und Verkäufern im internationalen Handelssystem. Sie sind damit die maßgeblichen Regeln für die Aufteilung der Kosten und Risiken auf die beteiligten Parteien.

Risiken

Es ist die Möglichkeit, das ein Ereignis eintritt, das zum Verlust oder zur Beschädigung der Ware führen könnte. Käufer und/oder Verkäufer können sich durch eine Transportversicherung gegen Risiken schützen. Die Transportversicherung liegt in der Verantwortung des Verkäufers.

Kosten

Es sind alle Kosten mit Ausnahme der Kosten für Dokumente. Kauf- und Verkaufsbeträge sollten eindeutig angeben, welche Kosten bei Übergabe der Ware zu Lasten des Käufers und /oder Verkäufers gehen.

Änderungen in den INCOTERM-Klauseln

1. Änderung bei den D-Klauseln

Die Klausel DAT (Delivered At Terminal) wurde gestrichen. An ihrer Stelle kann jetzt der Term DAP (Delivered At Place) verwendet werden. Oder man verwendet den neuen Term DPU (Delivered at Place, Unloaded). Der eng gefasste Begriff „Terminal“ wird somit erweitert zum „Place“. Im Unterschied zur Klausel DAP, bei der die Ware am Bestimmungsort entladebereit geliefert wird, ist bei DPU die Entladung inkludiert.

2. Versicherungsdeckung bei der CIP-Klausel:

Bei der CIP-Klausel hat sich die Versicherungsdeckung geändert. So wird nun die Versicherungsdeckung ICC-A (Institut Cargo Clauses All Risk) benötigt, während CIF weiterhin nur eine Deckung ICC-C Mindestversicherungsschutz gegen ausdrücklich genannte Schadensereignisse bietet.

3. Incoterms: Zusatzoption bei FCA

In Verbindung mit der Absenderklausel FCA (Free Carrier – frei Frachtführer) wurde neu eine Regelung zu Bordkonnossementen (auch On-Board-B/L oder „shipped on board Bill of Lading“ genannt) in die Incoterms aufgenommen. Im Kaufvertrag kann vereinbart werden, dass der Verkäufer ein Bordkonnossement erhält, das z. B. für die Akkreditiv-Abwicklung benötigt wird. Darin wird bestätigt, dass die Ware an Bord eines Seeschiffs übernommen wurde oder dass dies beabsichtigt ist. Die Incoterms 2020 legen die Abläufe fest, zumal bei FCA die Übergabe an den Frachtführer schon vorher passiert. Gleichzeitig wird davor gewarnt, dass diese Abwicklung fehleranfällig sein kann.

4. Transporte auf Incoterms-Basis selbst organisieren

Neu wurde für die Klauseln FCA, DAP, DPU und DDP berücksichtigt, dass der Transport auch durch den Käufer oder Verkäufer mit eigenen Transportmitteln durchgeführt werden kann. Daher ist es alternativ zum Abschluss eines Beförderungsvertrags auch gestattet, den Transport selbst zu organisieren oder durchzuführen.

5. Anforderungen und Pflichten mit besonderem Blick auf die Seefracht

In den Erläuterungen zu den Incoterms wurden Präzisierungen aufgenommen die die Zuständigkeit von Käufer und Verkäufer betreffen. Beispielsweise geht es um die, Zur-Verfügung-Stellung von Daten, die die Sicherheit der Waren oder die Ein- und Ausfuhrabwicklung betreffen, inkl. Genehmigungen.

Als grundsätzliche Regel gilt: Bei allen Klauseln außer EXW und DDP muss sich der Verkäufer um die Exportabwicklung inkl. eventuell erforderlicher Genehmigungen kümmern. Die Importabwicklung inkl. eventueller Genehmigungen übernimmt der Käufer.

Sieben Klauseln der Incoterms 2020 gelten für alle Transportarten: XW, FCA, CPT, CIP, DAP, DPU und DDP. Sie können auch in der Binnen- und Seefahrt verwendet werden. Weiterhin sind vier Klauseln für den Schiffsverkehr reserviert: FAS, FOB, CFR und CIF. Hauptsächlich finden diese Klauseln Anwendung bei Massen- und Schüttgütern.

Unterschiede zwischen Incoterms 2010 und 2020:

- Für die Incoterms-Klausel FCA (Free Carrier) gibt es nun die Möglichkeit, einen „On-Board"-Vermerk vor Verladung auf ein Schiff auf dem Konnossement (Bill of Lading) zu hinterlegen.
- CIP erfordert nun eine Versicherung mit dem Mindestschutz gemäß der Institute Cargo-Klausel (A) (Alle Risiken, vorbehaltlich der aufgeführten Ausschlüsse).
- CIF erfordert nun eine Versicherung mit dem Mindestschutz gemäß der Institute Cargo-Klausel (C) (Aufgeführte Risiken, vorbehaltlich der aufgeführten Ausschlüsse).
- Die Incoterms-Klauseln Free Carrier (FCA), Delivered at Place (DAP), Delivered at Place Unloaded (DPU) und Delivered Duty Paid (DDP) berücksichtigen nun, dass die Ware mit eigenen Transportmitteln befördert werden kann, ohne die Beauftragung Dritter.
- Die Klausel Delivered at Terminal (DAT) wurde geändert zu Delivered at Place Unloaded (DPU), um herauszustellen, dass der Zielort ein beliebiger Ort sein kann und nicht nur ein „Terminal".
- Die Incoterms 2020 verlagern nun explizit die Verantwortung für sicherheitsrelevante Anforderungen und Nebenkosten auf den Verkäufer.
- Frei Frachtführer// Free Carrier (FCA) wurde für die Incoterms 2020 revidiert, um einer Situation Rechnung zu tragen, in der Waren zur Beförderung auf See verkauft werden und der Käufer oder Verkäufer (oder die Bank einer der beiden Parteien) ein Bordkonossement verlangt. Käufer und Verkäufer können sich darauf einigen, dass der Käufer seinen Frachtführer anweist, dem Verkäufer ein Bordkonossement nach der Verladung der Ware auszustellen, zu welchem Zeitpunkt der Verkäufer verpflichtet ist, dem Käufer das Bordkonossement (typischerweise über die Banken) zu übergeben.

Die INCOTERMS stellen keinen vollständigen Kaufvertrag dar, sondern werden Teil davon. Für seine Anwendung sollte die folgende Struktur verändert werden:

Gewählte INCOTERM-Klausel, Benannter Hafen und Ort, INCOTERMS 2020"

Beispiel: CIF Shanghai INCOTERM 2020 oder CIP, Dowingstreet, London, Großbritannien INCOTERM 2020"

Ist für die INCOTERMS kein Jahr angegeben, gilt Folgendes:

- Bis zum 31.12.2019 gelten die INCOTERMS 2010 Ab 01.01.2020 gelten die INCOTERMS 2020. Ist ein anderes Jahr angegeben, z. B. 1990, gelten die entsprechenden Regeln, also INCOTERMS 1990.

Überblick: INCOTERMS 2020

(prüfungsrelevant sind die Klauseln FOB und CIF))
Es bleiben elf Handelsklauseln im internationalen Warenverkehr, die für Kaufverträge maßgeblich sind. Sie regeln den Gefahren- bzw. Kostenübergang für Exporteure und Importeure. Die Handelspartner können sich allerdings auch weiterhin auf die bisherigen Handelsregeln 2010 beziehen, d. h. die Handelspartner können auch noch nach dem 1.1.2020 Ex- und Importgeschäfte nach den Bedingungen der Incoterms 2010 abschließen, wenn der Geschäftspartner zustimmt. Es muss also in Zukunft in den Verträgen deutlich gemacht werden, auf welche INCOTERMS-Version sich die Vertragspartner beziehen wollen.

"**Ab Werk**" bedeutet, dass der Verkäufer liefert, wenn er die Ware dem Käufer an einem anderen benannten Lieferort (z. B. Fabrik oder Lager) zur Verfügung stellt. Dieser benannte Ort kann auch auf dem Gelände des Verkäufers liegen. Der Verkäufer muss die Ware weder auf ein abholendes Transportmittel verladen, noch muss er sie zur Ausfuhr freimachen, falls dies erforderlich sein sollte.

FCA - Frei Frachtführer//Free Carrier

"Frei Frachtführer" bedeutet, dass der Verkäufer die Ware dem Frachtführer oder einer anderen vom Käufer benannten Person beim Verkäufer oder an einem anderen benannten Ort liefert. Die Parteien sind gut beraten, die Stelle innerhalb des benannten Lieferortes so genau wie möglich zu bezeichnen, da an dieser Stelle die Gefahr auf den Käufer übergeht.

CPT - Frachtfrei//Carriage Paid To

"Frachtfrei" bedeutet, dass der Verkäufer die Ware dem Frachtführer oder einer anderen vom Verkäufer benannten Person an einem vereinbarten Ort (falls ein solcher Ort zwischen den Parteien vereinbart ist) liefert, und dass der Verkäufer den Beförderungsvertrag abzuschließen und die für die Beförderung der Ware bis zum benannten Bestimmungsort entstehenden Frachtkosten zu zahlen hat.

CIP - Frachtfrei versichert//Carriage and Insurance Paid to

"Frachtfrei versichert" bedeutet, dass der Verkäufer die Ware dem Frachtführer oder einer anderen vom Verkäufer benannten Person an einem vereinbarten Ort (falls ein solcher Ort zwischen den Parteien vereinbart ist) liefert, und dass der Verkäufer den Beförderungsvertrag abzuschließen und die für die Beförderung der Ware bis zum benannten Bestimmungsort entstehenden Frachtkosten zu zahlen hat. Zudem verpflichtet sich der Verkäufer einen Transportversicherungsvertrag mit umfassendem Deckungsschutz (Institute Cargo Clause A) für die auf den Käufer übergehende Gefahr des Verlustes oder der Beschädigung der Ware während des Transports von der Lieferstelle mindestens bis zum Bestimmungsort abzuschließen.

DAP - Geliefert benannter Ort//Delivered at Place

"Geliefert benannter Ort" bedeutet, dass der Verkäufer liefert, wenn die Ware dem Käufer auf dem ankommenden Beförderungsmittel des Verkäufers entladebereit am benannten Bestimmungsort zur Verfügung gestellt wird. Der Verkäufer trägt alle Gefahren, die im Zusammenhang mit der Beförderung zum benannten Ort stehen.

DPU - Geliefert benanter Ort entladen//Delivered at Place Unloaded

"Geliefert benannter Ort entladen" bedeutet, dass der Verkäufer die Ware liefert, sobald die Ware von dem ankommenden Beförderungsmittel entladen wurde und an einem benannten Bestimmungsort zur Verfügung gestellt wird. Der Verkäufer trägt alle Gefahren, die im Zusammenhang mit der Beförderung der Ware zum und der Entladung am benannten Bestimmungsort entstehen.

DDP - Geliefert verzollt//Delivered Duty Paid

"Geliefert verzollt" bedeutet, dass der Verkäufer liefert, wenn er die zur Einfuhr freigemachte Ware dem Käufer auf dem ankommenden Beförderungsmittel entladebereit am benannten Bestimmungsort zur Verfügung stellt. Der Verkäufer trägt alle Kosten und Gefahren, die im Zusammenhang mit der Beförderung der Ware bis zum Bestimmungsort stehen und hat die Verpflichtung, die Ware nicht nur für die Ausfuhr, sondern auch für die Einfuhr freizumachen, alle Abgaben sowohl für die Aus- als auch für die Einfuhr zu zahlen sowie alle Zollformalitäten zu erledigen.

FAS - Frei Längsseite Schiff//Free Alongside Ship

"Frei Längsseite Schiff" bedeutet, dass der Verkäufer liefert, wenn die Ware längsseits des Schiffs (z. B. an einer Kaianlage oder auf einem Binnenschiff) im benannten Verschiffungshafen gebracht ist. Die Gefahr des Verlustes oder der Beschädigung der Ware geht über, wenn sich die Ware längsseits des Schiffs befindet. Der Käufer trägt ab diesem Zeitpunkt alle Kosten.

FOB - Frei an Bord//Free on Board

"Frei an Bord" bedeutet, dass der Verkäufer die Ware an Bord des vom Käufer benannten Schiffs im benannten Verschiffungshafen liefert oder die bereits so gelieferte Ware verschafft. Die Gefahr des Verlustes oder der Beschädigung der Ware geht über, wenn die Ware an Bord des Schiffs ist. Der Käufer trägt ab diesem Zeitpunkt alle Kosten.

CFR - Kosten und Fracht//Cost and Freight

"Kosten und Fracht" bedeutet, dass der Verkäufer die Ware an Bord des Schiffs liefert oder die bereits so gelieferte Ware verschafft. Die Gefahr des Verlustes oder der Beschädigung der Ware geht über, wenn die Ware an Bord des Schiffs ist. Der Verkäufer hat den Beförderungsvertrag abzuschließen und die Kosten und Fracht zu tragen, die für die Beförderung der Ware zum benannten Bestimmungshafen erforderlich sind.

CIF - Kosten, Versicherung und Fracht//Cost, Insurance and Freight

"Kosten, Versicherung und Fracht" bedeutet, dass der Verkäufer die Ware an Bord des Schiffs liefert oder die bereits so gelieferte Ware verschafft. Die Gefahr des Verlustes oder der Beschädigung der Ware geht über, wenn die Ware an Bord des Schiffs ist. Der Verkäufer hat den Beförderungsvertrag abzuschließen sowie die Kosten und Fracht zu tragen, die für die Beförderung der Ware zum benannten Bestimmungshafen erforderlich sind. Zudem hat der Verkäufer auf eigene Kosten eine Transportversicherung abzuschließen, die zumindest der Mindestdeckung gemäß den Klauseln (C) der Institute Cargo Clauses (LMA/IUA) entspricht.

Quelle: **CC Germany e. V.**
Internationale Handelskammer Berlin

2.2 Dokumente im Außenwirtschaftsverkehr

Konnossement	Versicherungsdokumente	Handelsfaktura	Konsulats- und Zollfaktura	Qualitätszertifikate
Bill of Lading: Transportdokument im Seefrachtverkehr **Nachweis:** Frachtvertrag und Übergabe der Ware an den Verfrachter **Übertragung des Konnossements:** Einigung und Übergabe des indossierten Wertpapiers (ersetzt die Übergabe der Ware)	Sie beweisen den Abschluss einer Transportversicherung, mit der die Ware gegen Transportrisiken versichert wird. **Wertpapierart:** Gekorene Orderpapiere, die auf den Inhaber ausgestellt werden. **Versicherungssumme:** 110 % des Warenwerts	Informiert über das Handelsgeschäft **Sie enthält:** Name und Sitz des Verkäufers und Käufers, genaue Warenbezeichnung, Warenmenge, Verpackung, Preis und Preisbasis, Lieferungs- und Zahlungsbedingungen, Transportweg und -mittel **Zweck:** Grundlage für vertragsgemäße Abwicklung des Geschäfts sowie Unterlage für Einfuhrprüfung und Verzollung	**Zweck:** Grundlage für Verzollung im Einfuhrland	Z. B. das Ursprungszeugnis bescheinigt die Herkunft der Ware.

3. Dokumentäre Zahlungen im Außenwirtschaftsverkehr

3.1 Dokumenten-Inkasso

Eine dokumentäre Zahlung wird über ein D/P-Inkasso abgewickelt, wenn zwischen dem Exporteur und dem Importeur die Zahlungsbedingungen „Dokumente gegen Zahlung" vereinbart worden ist. Der Inkassoauftrag enthält die Weisung, die Dokumente gegen Zahlung des Gegenwertes auszuhändigen. Diese Zahlungsbedingung gibt dem Exporteur Sicherheit. Er hat noch bis zur Übergabe der Dokumente durch die Importbank die Verfügungsgewalt über die Ware.

Abwicklungsschritte

1. Kaufvertrag zwischen Importeur und Exporteur
2. Exporteur verbringt die Ware zum Abladehafen.
3. Exporteur erhält vom Reeder die Dokumente.
4. Exporteur reicht seiner Bank die Dokumente ein und erteilt einen Inkassoauftrag.
5. Dokumente und Inkassoauftrag werden an die Bank des Importeurs weitergeleitet.
6. Bank des Importeurs dient die Dokumente dem Importeur zur Aufnahme an.
7. Bank des Importeurs belastet das Konto des Importeurs aufgrund des Einlöseauftrags.
8. Importeur kann mit den Dokumenten über die Ware im Bestimmungshafen verfügen.
9. Verrechnung zwischen den Banken
10. Gutschrift von der Bank des Exporteurs auf das Konto des Exporteurs

Rechtsbeziehungen beim Dokumenten-Inkasso

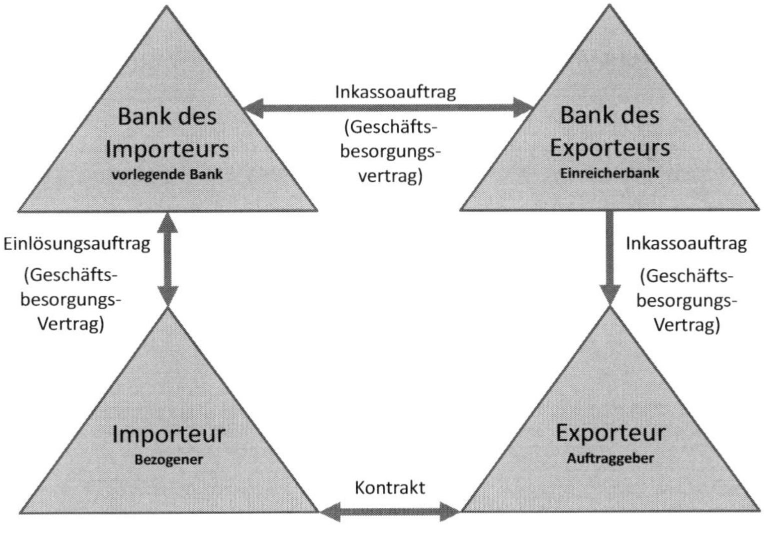

Vertragspartner	Vorteile	Nachteile
Exporteur	• Verfügung über die Ware erst nach Einlösung der Dokumente • Sicherer Zahlungseingang, wenn Importeur die Dokumente aufnimmt.	• Vorleistung der Produktion und des Transports der Ware • Folgen bei Nichtaufnahme der Dokumente durch den Importeur: • Lagerkosten • verderbliche Ware • Verkauf der Ware unter Wert • Rückverschiffungskosten
Importeur	• Er bestimmt den Zahlungszeitpunkt. • Auslösung der Zahlungspflicht erst bei Aufnahme der Dokumente	Überprüfung der Ware (Qualitätskontrolle) erst nach Aufnahme der Dokumente und damit nach Zahlung der Ware

3.2 Dokumenten-Akkreditiv

Es handelt sich um ein bedingtes, abstraktes Schuldversprechen des eröffnenden Kreditinstituts, im Auftrag und nach den Weisungen des ausländischen Importeurs gegen Übergabe vorgeschriebener Dokumente eine Zahlung an den inländischen Exporteur zu leisten, sofern die Akkreditivbedingungen erfüllt sind.

Wichtige Inhalte des Akkreditivs

Das Akkreditiv muss eindeutig angeben, ob es durch z. B. Sichtzahlung benutzbar ist. Das Akkreditiv muss genau angeben, gegen welche Dokumente Zahlung vorgenommen werden soll. Es muss ein Verfalldatum für die Vorlage der Dokumente enthalten. Alle Dokumente müssen spätestens am Verfalldatum vorgelegt werden. Es muss das Datum der spätesten Verladung der Ware enthalten.

Rechtsfolgen beim Akkreditiv

- Das eröffnende Kreditinstitut geht eine feststehende Verpflichtung gegenüber dem Begünstigten ein, sofern die Akkreditivbedingungen erfüllt werden.
- Das unwiderrufliche Akkreditiv kann vom Importeur nicht einseitig abgeändert werden.
- Unwiderrufliche Akkreditive können von dem avisierenden Kreditinstitut bestätigt werden. Gegen eine Bestätigungsprovision übernimmt das avisierende Kreditinstitut eine zusätzliche Einlösungsverpflichtung. Dem Exporteur haften nebeneinander wahlweise das Kreditinstitut im eigenen Land und das eröffnende Kreditinstitut. Als Grund für die Bestätigung können die Vorsorge gegen eine Zahlungsunfähigkeit des eröffnenden Kreditinstituts und Transferrisiken im Importland angeführt werden.

Abwicklungsschritte beim Dokumenten-Akkreditiv

- Kaufvertrag zwischen Exporteur (Begünstigter) und Importeur (Akkreditiv-Auftraggeber)
- Importeur erteilt den Akkreditivauftrag der eröffnenden Bank.
- Akkreditiveröffnung der Importbank
- Avisierung des Akkreditivs (abstraktes bedingtes Zahlungsversprechen der eröffnenden Bank) durch beauftragte Bank an den Exporteur

- Warenversand und Beschaffung akkreditivgerechter Dokumente durch Exporteur
- Dokumente werden von der avisierenden Bank zur eröffnenden Bank aus Sicherheitsgründen in zwei Postsendungen versandt.
- Dokumentenprüfung beim eröffnenden Kreditinstitut
- Aushändigung der Dokumente an den Importeur unter gleichzeitiger Belastung mit dem Akkreditiv-Betrag zuzüglich Provision und Spesen
- Anschaffung des Akkreditivbetrags (Verrechnung zwischen den beiden Kreditinstituten)
- Empfang der Ware durch den Importeur gegen Vorlage entsprechender Dokumente

Vertragspartner	Vorteile	Nachteile
Exporteur	• Die Zahlung erfolgt auch für den Fall, dass der Importeur zahlungsunfähig oder -unwillig ist. • Die Zahlung erfolgt auch für den Fall, dass der Importeur die gelieferte Ware nicht abnehmen will. • Bei einem bestätigten Akkreditiv gibt ein zweites Kreditinstitut, meist die Hausbank des Exporteurs, ein weiteres Zahlungsversprechen ab. • Der Exporteur erhält sein Geld auch, wenn die Auslandsbank insolvent/zahlungsunfähig wird. • Der Exporteur wird erst tätig (z. B. mit Versand der Ware), wenn das Akkreditiv eröffnet/avisiert worden ist.	
Importeur	• Zahlung erfolgt erst nach Vorlage akkreditivgerechter Dokumente. • Termingerechte Erfüllung des Auslandsgeschäfts, da Verladefrist und Gültigkeitsdauer des Akkreditivs festgelegt sind.	Qualitätskontrolle der Ware erst nach Zahlung des Akkreditivs möglich.

Die Transportdokumente

Bei einem Dokumenten-Akkreditiv müssen die Dokumente folgende Merkmale enthalten, damit sie für akkreditivgerecht gelten:

- Es muss ein An-Bord-Seekonnossement sein, d. h. damit wird bestätigt, dass die Ware an Bord des benannten Schiffes übernommen worden ist.
- Ein voller Satz (3-fache Ausfertigung) bedeutet, dass alle ausgestellten Originale vorgelegt werden, damit kein Unberechtigter mit Vorlage eines Originals die Verfügungsberechtigung über die Ware erlangen kann.
- Die An-Bord-Seekonnossemente müssen reingezeichnet sein, d. h. das Konnossement darf keine Mängelhinweise des Verfrachters über sichtbare Beschädigungen an der Ware bzw. Verpackung enthalten.

Rechtsbeziehungen bei einem unwiderruflichen, bestätigten Dokumenten-Akkreditiv

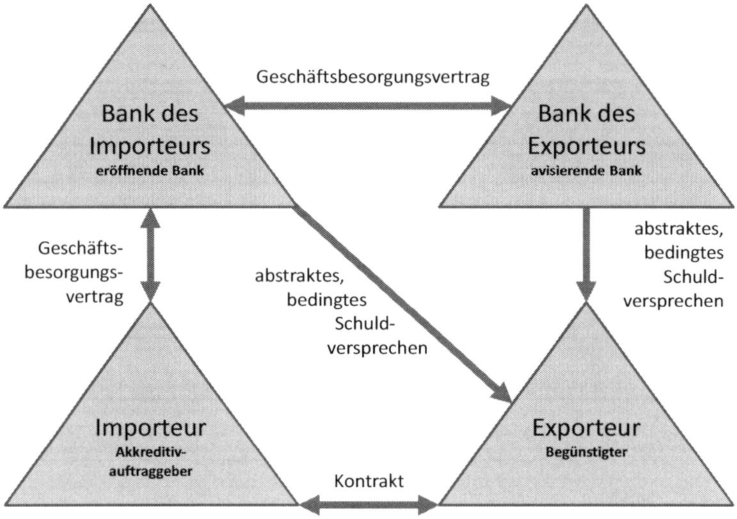

Rechtsbeziehungen bei einem unwiderruflichen, unbestätigten Dokumenten-Akkreditiv

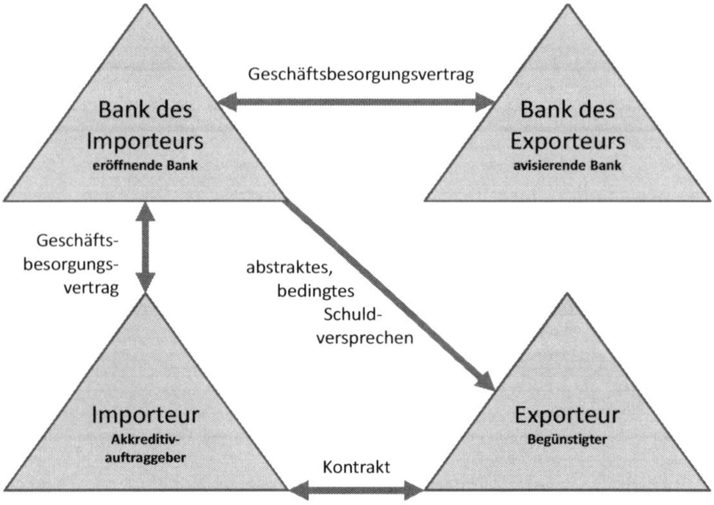

3.3 Devisentermingeschäfte

Allgemeine Kennzeichnung	• Devisentermingeschäfte sind Fixhandelsgeschäfte in fremder Währung, bei denen der Zeitpunkt der Erfüllung später als zwei Geschäftstage liegt. • Mit Termingeschäften kann bei zu erwartenden Deviseneingängen oder Zahlungsverpflichtungen der Kurs sofort gesichert werden. • Termingeschäfte können auch zur Ausnutzung von Zinsunterschieden durch Swapgeschäfte eingesetzt werden. • Termingeschäfte werden nur im Freiverkehr abgeschlossen. • Es sind zwar alle Termine möglich, häufig werden aber standardisierte Monatstermine verwendet. • Devisentermingeschäfte sind in jedem Fall zu erfüllen. • Kursunterschiede zwischen Kassa- und Terminkurs werden als Deport bzw. Report bezeichnet.
Deport – Report	Der Terminkurs ist abhängig vom Kassakurs der Währung, von der Laufzeit des Geschäfts und von der Zinsdifferenz zwischen den Währungen. Der Swapsatz ist die Differenz zwischen Kassa- und Terminkurs. Der Swapsatz kann ein Deport oder ein Report sein. • Der Terminkurs ist höher als der Kassakurs, wenn die Zinsen im Inland niedriger sind als die ausländischen Zinsen: den Aufschlag bezeichnet man als **Report**. • Der Terminkurs ist niedriger als der Kassakurs, wenn die Zinsen im Ausland niedriger sind als die inländischen Zinsen den Abschlag bezeichnet man als **Deport**.
Beispiel für die Berechnung eines Terminkurses	Ein Hamburger Exporteur erwartet aus einem Exportgeschäft in die USA in 6 Monaten einen Eingang in Höhe von 200.000,00 USD. Um den Wert des gesamten Exportgeschäfts abzusichern, schlägt seine Bank ein Devisentermingeschäft per 6 Monate vor. Zinssätze für 6-Monats-Geld Euroland: 0,25% Zinssätze für 6-Monats-Geld USA: 1,25 % Report (Aufschlag): 1 % Kassakurs/Briefkurs: 1,0900 Berechnung: 1,0900 + (1,0900 x 0,01 x 6 : 12) = 1,0955 Der Exporteur hat mit diesem Devisentermingeschäft erreicht, dass der Exporterlös in Höhe von 200.000,00 USD zum festen Terminkurs von 1,0955 abgesichert ist. Er erhält dann aus dem Exportgeschäft 182.565,04 EUR ohne Berücksichtigung von weiteren Kosten (Berechnung: 200.000 : 1,0955).

B Anlage auf Konten

1. Termineinlagen

Wesen	Termineinlagen sind Bankeinlagen mit dem Ziel der kurzfristigen Vermögensanlage. Diese werden auf besonderen Termingeldkonten für einen befristeten Zeitraum (i. d. R. 1 bis 6 Monate) festgelegt und stehen daher für den bargeldlosen Zahlungsverkehr nicht zur Verfügung. Während des Anlagezeitraums kann über das Guthaben nicht verfügt werden. Die Zinsen werden bei Fälligkeit bezahlt.
Arten	**Festgeld:** Festgelder werden bei Fälligkeit entweder prolongiert oder entsprechend der Weisung des Kunden seinem Girokonto gutgeschrieben. **Kündigungsgeld:** Kündigungsgelder werden erst nach Kündigung und Ablauf der vereinbarten Kündigungsfrist fällig.
Betrag	Termineinlagen werden meist erst ab Beträgen von 5.000,00 EUR (oder einem Vielfachen hiervon) entgegengenommen.
Verzinsung	Die Verzinsung ist abhängig von der vereinbarten Laufzeit und der Einlagenhöhe und orientiert sich an den kurzfristigen Marktzinssätzen.
Laufzeit	1 bis 6 Monate
Verwendungsmöglichkeiten für Kreditinstitute	Termineinlagen sind die Hauptrefinanzierungsquelle von Kredit- und Großbanken. Befristete Einlagen sind für Kreditinstitute von großem Interesse. Zum einen ist die eingelegte Geldsumme relativ hoch, zum anderen kann das Institut wegen der vereinbarten Laufzeit oder Kündigungsfrist genau absehen, wie lange ihm die Gelder als Finanzierungsmittel für andere Geschäftsfelder (z. B. das Kreditgeschäft) zur Verfügung stehen.

2. Spareinlagen

Wesen	Spareinlagen dienen der unbefristeten Kapitalanlage und Kapitalansammlung. Sie sind durch Ausfertigung einer Sparurkunde gekennzeichnet. Sie dienen nicht dem Zahlungsverkehr und weisen eine Kündigungsfrist von mindestens drei Monaten auf.
Sparziele	• geplante Anschaffungen • Existenzgründungen • Altersvorsorge • Ausbildung von Kindern • geplante Reise • in der Zukunft liegende Zahlungsverpflichtungen • Ansammlung und Anlage von Vermögen

W. Grundmann, R. Rathner, *Bankwirtschaft, Rechnungswesen und Steuerung, Wirtschafts- und Sozialkunde*, Prüfungstraining für Bankkaufleute,
https://doi.org/10.1007/978-3-658-30521-5_4

Merkmale von Spareinlagen	• Spareinlagen sind Guthaben auf Sparkonten. Es sind unbefristete Gelder, die die Voraussetzungen des § 21 Abs. 4 der Rechnungslegungsverordnung der Kreditinstitute erfüllen. • Ausfertigung einer Sparurkunde • Zahlungsverkehrsverbot • Befristungsverbot • Anlegerkreis: Spareinlagen können nicht von Kapitalgesellschaften, Genossenschaften, wirtschaftlichen Vereinen oder Personenhandelsgesellschaften angenommen werden, es sei denn, diese Unternehmen dienen gemeinnützigen, mildtätigen oder kirchlichen Zwecken oder es handelt sich um die Anlage von Mietkautionen.
Sonder-vereinbarungen	Sparvertrag zugunsten Dritter nach § 328 BGB: Durch eine besondere Vereinbarung zwischen dem Einzahlenden einer Spareinlage und dem Kreditinstitut kann geregelt werden, dass die Spareinlage nicht an ihn, sondern an einen Dritten ausgezahlt werden soll. Eine solche Begünstigung kann widerruflich oder unwiderruflich sein.
Bedeutung der Sparurkunde	§ 21 Abs. 4 RechtKredV schreibt vor, dass für Spareinlagen Urkunden ausgestellt werden müssen. Die wichtigste Form der Sparurkunde ist das Sparbuch. Das Sparbuch hat **Beweisfunktion**: • Wenn ein Dritter die Sparurkunde zur Abhebung vorgelegt hat, kann sich das Kreditinstitut gegenüber dem Gläubiger auf die Sparurkunde berufen. • Die Sparurkunde beweist das Bestehen einer Spareinlage und enthält ein Zahlungsversprechen. Die Höhe der Spareinlage wird dadurch nicht ausgewiesen. Das Sparbuch hat **Ausweisfunktion**: • Das Kreditinstitut kann dem Vorleger des Sparbuches als verfügungsberechtigt ansehen, eine Prüfung seiner Legitimation ist grundsätzlich nicht erforderlich. Das Sparbuch ist eine **Schuldurkunde** im Sinne des § 808 BGB: • Die Bank ist berechtigt, aber nicht verpflichtet, an jeden Vorleger des Sparbuchs fällige Zahlungen zu leisten und ihn als zur Kündigung berechtigt anzusehen.

Hinkendes Inhaberpapier

Das Kreditinstitut kann von jedem Inhaber eines Sparbuchs – auch bei Verfügungen im Rahmen der versprochenen Leistung – verlangen, dass er seine Verfügungsberechtigung über das Sparguthaben nachweist.

Qualifiziertes Legitimationspapier

Das Kreditinstitut darf an einen nicht verfügungsberechtigten Sparbuchinhaber mit schuldbefreiender Wirkung im Rahmen der versprochenen Leistung zahlen. Das Sparbuch legitimiert den Vorleger. Das gilt auch für Zahlungen an geschäftsunfähige oder beschränkt geschäftsfähige Personen.

Als versprochene Leistung gilt

- bei einer ungekündigten Spareinlage der Betrag, der kündigungsfrei zurückgefordert werden kann. Das sind bei Spareinlagen mit dreimonatiger Kündigungsfrist 2.000,00 EUR je Kalendermonat.
- bei einer gekündigten Spareinlage der durch Kündigung nach Ablauf der Kündigungsfrist fällige Betrag.

Ein nicht verfügungsberechtigter Sparbuchinhaber hat aufgrund der Legitimationswirkung des Sparbuchs prinzipiell die Möglichkeit, die Einlage zu kündigen und über sie nach Ablauf der Kündigungsfrist zu verfügen. Die Legitimationswirkung des Sparbuchs geht jedoch nicht so weit, dass vorzeitige Verfügungen über Spareinlagen außerhalb bestehender Kündigungsfreibeträge durch nicht verfügungsberechtigte Dritte möglich sind.

Die Verzinsung der Spareinlage

Die Sparzinssätze im standardisierten Privatkundengeschäft werden durch Aushang im Kassenraum bekannt gegeben. Sonderzinssätze aus einem Individualvertrag werden häufig an die standardisierten Regelsätze gekoppelt. Eine Änderung im Standardzinsniveau wirkt sich dann automatisch auf die Höhe der Sonderzinssätze aus.

Für die Verzinsung von Spareinlagen gelten nach den Sonderbedingungen für den Sparverkehr folgende Regelungen: Die Verzinsung beginnt mit dem Tage der Einzahlung und endet mit dem der Rückzahlung vorhergehenden Kalendertag. Der Monat wird zu 30 Tagen, das Jahr zu 360 Tagen gerechnet.

Im Unterschied zu Girokonten werden die Zinsen für Spareinlagen nicht aus den Salden, sondern aus den Umsätzen nach der sog. progressiven Postenmethode ermittelt. Die Zinsen werden vorausgreifend bis zum Jahresende berechnet. Es wird unterstellt, dass keine Kontoveränderung mehr folgen wird. Bei noch anfallenden Kontobewegungen wird der Zinsbestand entsprechend korrigiert. Zum Schluss des Kalenderjahres werden die aufgelaufenen Zinsen gutgeschrieben, dem Kapital hinzugerechnet und mit diesem vom Beginn des neuen Kalenderjahres an verzinst. Wird über die gutgeschriebenen Zinsen nicht innerhalb von zwei Monaten nach Gutschrift verfügt, unterliegen sie der für die Spareinlage vereinbarten Kündigungsregelung.

Verfügungen über Spareinlagen

Über Spareinlagen können Kunden grundsätzlich nur nach vorheriger Kündigung und Ablauf der vereinbarten Kündigungsfrist verfügen. In der Praxis lassen Kreditinstitute jedoch vorzeitige Verfügungen unter Berechnung von Vorschusszinsen oder Vorfälligkeitsentschädigungen zu. Der Kunde hat jedoch keinen Rechtsanspruch auf vorzeitige Verfügungen, da er von der ursprünglichen Vertragsvereinbarung abweichen will. Die Bundesanstalt für Finanzdienstleistungsaufsicht (BaFin) erwartet von den Banken und Sparkassen ausdrücklich, dass sie bei vorzeitigen Verfügungen einen Vorfälligkeitspreis berechnen, da sich nur so die sofort verfügbaren Gelder (Sichteinlagen) von den Spareinlagen abgrenzen lassen.

Die Höhe der Vorschusszinsen wird meist im Preisaushang bekannt gegeben. In der Regel berechnen die Banken ein Viertel (25 %) des Habenzinssatzes. Die Belastung der Vorschusszinsen muss im Sparbuch gesondert ausgewiesen werden. Ein Kreditinstitut kann in Ausnahmefällen auf die Berechnung von Vorschusszinsen verzichten. Diese Möglichkeit wird von der BaFin eingeräumt, um in Einzelfällen besondere Härten zu vermeiden. Beispiele für Härtefälle sind Erwerbsunfähigkeit, Arbeitslosigkeit, längere Krankheit oder Wohnsitzwechsel.

Beispiel: Berechnung des Vorfälligkeitspreises

Von einem Sparkonto mit einer Kündigungsfrist von 3 Monaten werden am 20.04. ohne vorherige Kündigung 9.000,00 EUR abgehoben. Der Habenzinssatz beträgt 2 %. Weitere Verfügungen gab es in dem Jahr nicht. 2.000,00 EUR sind für den Monat April frei verfügbar. 7.000,00 EUR für 3 Monate (90 Tage) mit einem Vorschusszinssatz von 0,5 % = 8,75 EUR Vorschusszinsen zu verzinsen.

Vorschusszinsen

Vorschusszinsen betragen i. d. R. ein Viertel des Haben-Zinssatzes auf den Betrag und für den Zeitraum der vorzeitigen Verfügung. Die Vorschusszinsberechnung wird nach der 90-Tage-Methode durchgeführt, d. h. die Vorschusszinsen werden für 90 Tage auf den Betrag berechnet, der den Freibetrag von 2.000,00 EUR übersteigt.
In der Praxis wird der Zeitraum der Vorschusszinsberechnung auf höchstens 2½ Jahre begrenzt. Über die zu vergütenden Habenzinsen des laufenden Jahres sowie ggf. die kapitalisierten Zinsen der Vorjahre hinaus werden keine Vorschusszinsen berechnet.

Abrechnung eines Sparkontos mit einer vereinbarten Kündigungsfrist von 3 Monaten

Zinssatz für Spareinlagen mit vereinbarter Kündigungsfrist von 3 Monaten laut Aushang 2,0 % p. a. Für den Kunden liegt ein Freistellungsauftrag vor.

Vorgang	**Geschäftstag**	**interne Wertstellung**	**Betrag in EUR**	**Tage**	**Zinszahlen**	**Zinsen in EUR**
Vortrag	01.01.	31.12.	2.500,00	360		
Einzahlung	15.03.	14.03.	2.000,00	286		
Zwischensumme			4.500,00			
Abhebung	11.10.	10.10.	-1.000,00	80		
Zwischensumme			3.500,00			
Einzahlung	01.12.	30.11.	10.000,00	30		
Zwischensumme			13.500,00			
Abhebung	04.12.	03.12.	-2.000,00	27		
Zwischensumme			11.500,00			
Einzahlung	10.12.	09.12.	1.000,00	21		
Zwischensumme			12.500,00			
Einzahlung	20.12.	19.12.	2.000,00	11		
Zwischensumme			14.500,00			
Gutschrift der Zinsen	31.12.	31.12.				
Guthaben	31.12.	31.12.				
Vortrag	01.01.	31.12.	2.500,00	360	9.000	50,00
Einzahlung	15.03.	14.03.	2.000,00	286	5.720	31,78
Zwischensumme			4.500,00			81,78
Abhebung	11.10.	10.10.	-1.000,00	80	-800	-4,44
Zwischensumme			3.500,00			77,34
Einzahlung	01.12.	30.11.	10.000,00	30	3.000	16,67
Zwischensumme			13.500,00			94,01

Abhebung	04.12.	03.12.	-2.000,00	27	-540	-3,00
Zwischensumme			11.500,00			91,01
Einzahlung	10.12.	09.12.	1.000,00	21	210	1,17
Zwischensumme			12.500,00			92,18
Einzahlung	20.12.	19.12.	2.000,00	11	220	1,22
Zwischensumme			14.500,00			93,40
Gutschrift der Zinsen	31.12.	31.12.	93,40			
Guthaben	31.12.	31.12.	14.593,40			

3. Bausparen

Übersicht über die staatliche Sparförderung

Wesen	Beim Bausparen handelt es sich um ein Zwecksparen. Das Ziel des Bausparers ist es, nach Erreichen bestimmter Voraussetzungen die Zuteilung der Bausparsumme zu erhalten. Die Bausparsumme setzt sich zusammen aus dem angesparten Guthaben und einem zinsgünstigen nachrangigen Bauspardarlehen. Die Konditionen sind beginnend mit Vertragsabschluss festgeschrieben und garantiert, obwohl das Darlehen meist erst Jahre später beansprucht wird und die Zinssituation auf dem Kapitalmarkt dann völlig anders als bei Vertragsabschluss sein kann. Das Bausparen ist ein Finanzierungsinstrument, bei dem Eigenkapital angespart wird, bevor das Darlehen gegeben wird. Dieses Vorsparen wird staatlich gefördert durch die Wohnungsbau-Prämie und Arbeitnehmersparzulage. Die Vorschriften des Geldwäschegesetzes gelten auch für Bausparkassen bei entsprechenden Kontoeröffnungen.
Rechte des Bausparers	Der Bausparer erwirbt neben dem Forderungsrecht für die Zukunft ein Anrecht auf ein zinsgünstiges Darlehen, durch das er von Hochzinsphasen nicht betroffen wird. **Bauspartarife, Wartezeit:** Durch unterschiedlich aufgebaute Tarife haben sich die Bausparkassen flexibel den unterschiedlichen Bedürfnissen der Bausparer angepasst. Die Wartezeit bis zur Zuteilung des Bauspardarlehens hat sich in den letzten Jahren verlängert. Bei Sofortauffüllung eines Bausparvertrags auf z. B. 50 % der Bausparsumme beträgt die Wartezeit i. d. R. 4 Jahre. Spezialtarife mit höherer Ansparquote und kürzerer Laufzeit führen zu einer früheren Zuteilung der Bausparsumme. **Zuteilung des Bauspardarlehens:** Die Zuteilung bedeutet den Zeitpunkt, zu dem die Bausparsumme aus der Zuteilungsmasse zugeteilt wird. Die Zuteilungsvoraussetzungen müssen jedoch erfüllt sein. Der Bausparvertrag nimmt an den Zuteilungen innerhalb einer Zuteilungsperiode teil, wenn die Mindestbewertungszahl an dem der jeweiligen Zuteilungsperiode vorausgehenden Bewertungsstichtag erreicht war.
Abwicklung eines Bausparvertrags	Das Bausparen kann in vier Phasen eingeteilt werden: 1. Abschluss des Vertrags: Es gibt viele Vertrags- und Kombinationsmöglichkeiten, z. B. Langzeittarif, Standardtarif, Schnelltarif sowie Optionstarif mit Tarif-Wechselmöglichkeit. Die Abschlusskosten betragen 1 % bis 1,6 % der Vertragssumme.

	2. Sparphase: Der Bausparer zahlt die Bausparraten bis zum Erreichen des Mindestsparguthabens ein. 3. Zuteilung: Voraussetzung für eine Zuteilung ist das Erreichen der Mindestbewertungszahl und des Mindestguthabens. 4. Tilgungsphase des Darlehens: Nach der Zuteilung und der Auszahlung des Bausparguthabens und des Darlehens erfolgt die Rückzahlung mit monatlichem Zins- und Tilgungsbetrag von 4 bis 8 ‰ der Bausparsumme.

Konditionenbeispiel für Bausparverträge

Tarifmerkmale	Classic	Top/Finanz
Guthabenzins jährlich	1,0 %	0,5 %
Bonus jährlich	-	-
monatlicher Regelsparbeitrag in v. T. der Bausparsumme	4 ‰	4 ‰
Abschlussgebühr bezogen auf die Bausparsumme	1 %	1 %
Mindestansparung bezogen auf die Bausparsumme	40 %	40 %
Sparzeit bei Zahlung des Regelsparbeitrags bis zur Zuteilung	ca. 5 Jahre	ca. 4 Jahre
Darlehenszins (fest) jährlich	3,75 %	2,95 %
monatlicher Beitrag für Zinsen und Tilgung in vollen Tausender der Bausparsumme	6 ‰	6 ‰
effektiver Jahreszins für Darlehen nach Zuteilung gem. PAngV	4,25 %	3,34 %
maximale Darlehenslaufzeit	11 Jahre	9 Jahre und 6 Monate

Voraussetzungen für die Zuteilung eines Bausparvertrages

1. Mindestsparguthaben: Nach den meisten Tarifen müssen 50 % der Bausparsumme als Mindestsparguthaben erreicht sein.
2. Ausreichende Höhe der Bewertungszahl: Die Bewertungszahl ist je nach Tarif das 0,4- bis 1,8-fache der bis zum Bewertungsstichtag erzielten Guthabenzinsen im Verhältnis zu einem Tausendstel der Bausparsumme. Je nach Vertrag muss eine Mindestbewertungszahl erreicht sein.
3. Erreichen der Zielbewertungszahl: Das ist die Bewertungszahl, die gerade noch für eine Zuteilung ausreicht. Bei knappen Zuteilungsmitteln ist die Zielbewertungszahl hoch, bei reichlichen Mitteln niedrig. Dadurch wird die Verteilung der Mittel auf die Bausparer reguliert.

Die staatliche Bausparförderung im Überblick

Kriterien	Vermögenswirksame Leistungen mit Arbeitnehmersparzulage für Arbeitnehmer nach dem 5. Vermögensbildungsgesetz	Eigene Sparleistungen mit Wohnungsbau-Prämie nach dem Wohnungsbau-Prämiengesetz
Maximal zu versteuerndes Einkommen pro Jahr (Für Verheiratete gelten die doppelten Beträge)	17.900,00/35.800,00 EUR	25.600,00/51.200,00 EUR
Erbringung der Leistung	vermögenswirksame Leistungen (Überweisung durch den Arbeitgeber)	eigene Sparleistung (Überweisung oder Lastschrift durch den Sparer)
Geförderte Höchstbeträge jährlich	470,00 EUR	512,00 EUR
Fördersatz	9 % Arbeitnehmersparzulage	8,8 % Wohnungsbau-Prämie
Höchstmögliche staatliche jährliche Sparförderung	42,30 EUR/84,60 EUR	45,06 EUR/90,11 EUR
Gesamthöchstsumme der jährlichen Förderung	87,36 EUR/174,72 EUR	
Bindungsfristen	7 Jahre	

Die Förderung unterliegt unter steuerlichen Gesichtspunkten einer absoluten Zweckbindung auch über die Bindungsfrist hinaus.

Steuerliche Behandlung der Zinsen auf Bausparguthaben

Zinsen auf Bausparguthaben unterliegen grundsätzlich der Abgeltungsteuer von 25 %. Dabei gelten die Freibeträge von zurzeit 801,00 EUR für Ledige/1.602 EUR für Verheiratete. Darüber hinaus fällt der Solidaritätszuschlag in Höhe von 5,5 % auf die Abgeltungsteuer an. Wenn der Bausparer seiner Bausparkasse einen Freistellungsauftrag in ausreichender Höhe erteilt hat, können die Zinsen steuerfrei dem Bausparkonto gutgeschrieben werden.

4. Mietkaution

Kennzeichnung	Die Mietkaution ist eine vom Mieter dem Vermieter entsprechend den im Mietvertrag getroffenen Vereinbarungen zu stellende Sicherheit, auf die der Vermieter zurückgreifen kann, falls der Mieter seinen Verpflichtungen aus dem Mietvertrag nicht nachkommt. Die Mietkaution darf das Dreifache der Wohnungsmiete nicht übersteigen.
Arten	• Mietkautionskonto auf den Namen des Vermieters • Mietkautionskonto auf den Namen des Mieters • Mietaval

Mietkaution auf den Namen des Vermieters	• Der Vermieter legt die Mietkaution getrennt von seinem Vermögen auf einem Sparkonto mit dreimonatiger Kündigungsfrist zinsbringend an. • Das Konto wird als offenes Treuhandkonto mit dem Zusatz „wegen Mietkaution“ angelegt. • Name und Anschrift des Mieters als wirtschaftlich Berechtigten sind der Bank mitzuteilen. • Der Vermieter ist der Bank gegenüber allein berechtigt und verpflichtet. Er hat jederzeitigen Zugriff auf das Sparguthaben. • Die Bank verzichtet i. d. R. auf ihr AGB-Pfandrecht. • Die Zinsen stehen dem Mieter zu und erhöhen die Sicherheit. • Die Erteilung eines Freistellungsauftrages ist nicht zulässig. Der Vermieter muss dem Mieter eine Bescheinigung über die entrichtete Abgeltungsteuer erteilen. • Nach Beendigung des Mietverhältnisses ist die Mietkaution dem Mieter einschließlich der Zins- und Zinseszinsen zurückzuzahlen.
Mietkautionskonto auf den Namen des Mieters	• Der Mieter eröffnet ein Sparkonto auf seinen Namen mit dem Zusatz „wegen Mietkaution“. • Der Mieter verpfändet das Sparguthaben an den Vermieter. • Die Verpfändung wird dem kontoführenden Kreditinstitut angezeigt. Der Name des Vermieters wird von der Bank in den Kontounterlagen festgehalten. • Das Sparbuch wird dem Vermieter übergeben. Nur der Vermieter ist der Bank gegenüber allein verfügungsberechtigt. • Üblicherweise wird vor der Inanspruchnahme des Vermieters der Mieter von der Bank unterrichtet und die Auszahlung erst 4 Wochen nach Mitteilung vorgenommen. Der Mieter hat damit Gelegenheit, gegen die drohende Verfügung rechtlich vorzugehen. • Die Bank verzichtet auf ihr AGB-Pfandrecht. • Ein Freistellungsauftrag ist zulässig. • Die Zinsen stehen dem Mieter zu, erhöhen die Sicherheit. • Das Pfandrecht erlischt nach störungsfreier Beendigung des Mietverhältnisses. Das Sparbuch wird dem Mieter zurückgegeben.
Mietaval	Bei einem Mietaval verpflichtet sich die Bank im Auftrag des Mieters gegenüber dem Vermieter, für die Erfüllung der vertraglichen Pflichten des Mieters bis zur Höhe des vereinbarten Mietkautionsbetrages einzustehen.
Ablauf des Mietavals	• Der Mieter schließt mit seiner Bank einen Avalkreditvertrag ab. • Die Bank gibt dem Vermieter eine Verpflichtungserklärung ab, die als Bürgschaft oder als Garantie geleistet werden kann. • Die Bank übersendet die Verpflichtungserklärung an den Vermieter. • Die Bank stellt dem Mieter als Entgelt eine Avalprovision in Rechnung, i. d. R. 3 % p. a. Die Provision wird dem Mieter quartalsmäßig belastet. • Die Bank zahlt auf erste Anforderung des Vermieters, ohne die Rechtmäßigkeit des Anspruchs zu prüfen.

Rechtsbeziehungen beim Mietaval

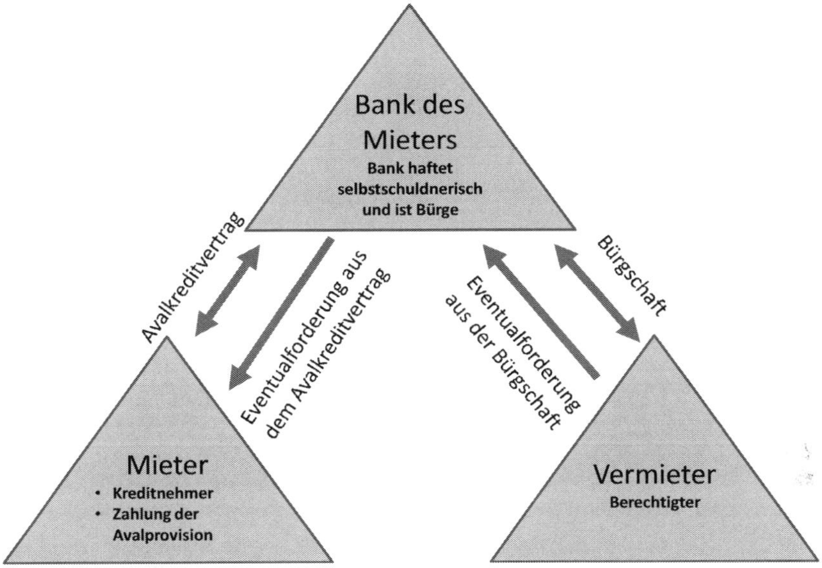

5. Sparbrief

Merkmale	Inhalte
Rechtsnatur	Namensschuldverschreibungen
Laufzeit	1 bis 6 Jahre
Verzinsung	Festzins für die gesamte Laufzeit
Arten	**Normalverzinsliche Sparbriefe:** • Ausgabe zum Nennwert • laufende Zinszahlung jährlich nachträglich • Rückzahlung bei Fälligkeit zum Nennwert **Abgezinste Sparbriefe:** • Ausgabe zum Nennwert abzüglich Zinsen und Zinseszinsen für die gesamte Laufzeit • keine laufenden Zinszahlungen • Rückzahlung bei Fälligkeit zum Nennwert **Aufgezinste Sparbriefe:** • Ausgabe zum Nennwert • keine laufenden Zinszahlungen • Rückzahlung zum Nennwert zuzüglich Zinsen und Zinseszinsen für die gesamte Laufzeit
Rückgabe vor Fälligkeit der Sparbriefe	i. d. R. ausgeschlossen Alternative: Verkauf an Dritte oder Beleihung beim Kreditinstitut
Übertragung auf Dritte	Übertragung durch Abtretung

Beispiel eines abgezinsten Sparbriefes

Nominalbetrag des abgezinsten Sparbriefes: 14.000,00 EUR Zinssatz: 4,25 % p. a. Laufzeit: 5 Jahre Aufzinsungsfaktor: 1,231347	
Kaufpreis des Sparbriefes: 14.000 : 1,231347 =	**11.369,66 EUR**

Beispiel eines aufgezinsten Sparbriefes

Kaufpreis (Nennwert) des aufgezinsten Sparbriefes: 14.000,00 EUR Zinssatz: 4,75 % p.a. Laufzeit: 6 Jahre Aufzinsungsfaktor: 1,321065	
Rückzahlungspreis des Sparbriefes: 14.000 x 1,321065 =	**18.494,91 EUR**

6. Versicherungssparen

Arten	• Im Todesfall des Versicherten wird die Versicherungssumme an den Bezugsberechtigten ausgezahlt. • Im Erlebensfall wird nach Ablauf der Versicherungsdauer (z. B. 15 Jahre) die Ablaufleistung an den Versicherten ausgezahlt. Die Ablaufleistung besteht aus der Versicherungssumme und der Überschussbeteiligung.
Beitragshöhe	Die Beitragshöhe ist abhängig von: • Versicherungssumme, • Versicherungsdauer sowie • Geschlecht und Alter des Versicherten.
Beitragsbestandteile	**Risikoanteil** • Mit dem Risikoanteil wird das Todesfallrisiko abgedeckt. • Der Sterblichkeitsgewinn, der entsteht, wenn der tatsächliche Aufwand durch vorzeitige Todesfälle geringer ist als angenommen, steht den Versicherten zu 75 % zu. **Sparanteil** • Der Sparanteil wird ertragbringend in Anleihen, Aktien oder Immobilien angelegt. Garantieverzinsung von zum Beispiel 2,25 % • Die zu 2,25 % aufgezinsten Sparanteile für die Laufzeit der Versicherung ergeben die Versicherungssumme. • Der über die Garantieverzinsung hinausgehende Mehrertrag steht den Versicherten zu 90 % zu. **Kostenanteil** • Mit dem Kostenanteil werden die laufenden Verwaltungs- und Vertriebskosten gedeckt. • Der Kostengewinn steht den Versicherten zu 90 % zu.
Ablaufleistung	Die Ablaufleistung ist die Versicherungssumme plus Überschussbeteiligung (Mehrertrag + Kostengewinn + Sterblichkeitsgewinn)

Deckungsstock	Die Vermögenswerte, die mit dem Deckungsstockkapital erworben werden, nennt man Deckungsstock. Die Versicherungsgesellschaft muss ein Deckungskapital bilden, um nach Ablauf der Versicherungsdauer bzw. im Todesfall die Versicherungssumme zahlen zu können.
Rückkaufswert	Bei einer vorzeitigen Kündigung der Versicherung wird der Rückkaufswert (Zeitwert) an den Versicherten ausgezahlt. Der Rückkaufswert besteht unter Berücksichtigung der Abschlusskosten aus den verzinsten Sparanteilen seiner Einzahlungen zuzüglich der bisher angefallenen Überschussbeteiligung.
Besteuerung	Vertragsabschluss nach 31.12.2004: Bei Auszahlung der Ablaufleistung bei Fälligkeit bzw. Rückkaufswertes bei vorzeitiger Auflösung der Versicherung sind die Erträge (Differenz zwischen dem Auszahlungsbetrag und der Summe der gezahlten Prämien) nur zur Hälfte einkommensteuerpflichtig, wenn die Laufzeit mindestens • 12 Jahre beträgt und die Auszahlung erst nach Vollendung des • 60. Lebensjahres erfolgt.
Vorteile	Durch die starken finanziellen Nachteile bei vorzeitiger Kündigung oder Beitragsfreistellung wird der Investor zur Disziplin gezwungen. Er muss den Vertrag durchhalten, wenn er wenigstens ein bisschen Rendite erzielen will. Andernfalls macht er ein Minus oder fast keine Rendite.
Nachteile	Die langfristig erzielbare Rendite von deutschen Kapitallebensversicherungen liegt bei 2 bis 3 Prozent im Jahr. Das liegt zum einen daran, dass deutsche Lebensversicherer die Beiträge nur zu max. 30 Prozent in Aktien anlegen dürfen. Zum anderen fallen ca. 12 Prozent der eingezahlten Beiträge den Verwaltungskosten der jeweiligen Versicherung zum Opfer. Hat man erst einmal eine Kapitallebensversicherung abgeschlossen, ist es in den ersten Jahren nur unter Inkaufnahme unverhältnismäßig hoher Kosten möglich, aus dem Vertrag wieder herauszukommen. Kündigt man den Vertrag in den ersten Jahren, erleidet man praktisch einen Totalverlust des eingesetzten Kapitals. Kündigt man den Vertrag nach mittlerer Frist, ist die erzielte Rendite so gering, dass das Kapital auf dem Sparbuch besser angelegt gewesen wäre.

Rechtsbeziehungen beim Versicherungssparen

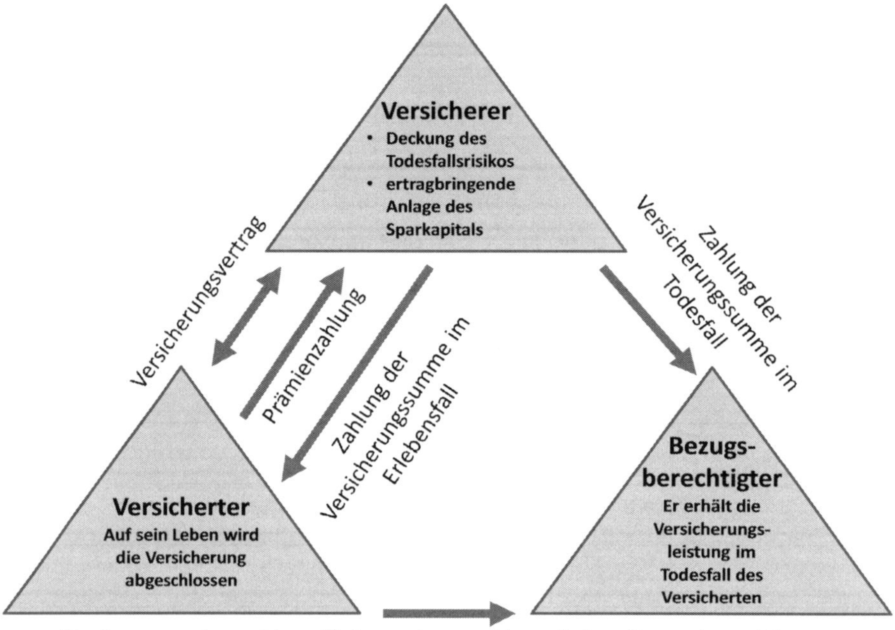

7. Vermögenswirksame Leistungen

Übersicht über die staatliche Sparförderung

Sparformen	Einkommens-grenzen ledig/ verheiratet	Sparhöchst-betrag	Arbeitnehmer-sparzulage/ Wohnungsbau-Prämie	Sperrfristen	Arbeitnehmer-sparzulage
Bausparen nach dem 5. VermBG	17.900,00 EUR 35.800,00 EUR	470,00 EUR	9 %	7 Jahre ab Vertragsschluss	43,00 EUR
Beteiligungs-sparen	20.000,00 EUR 40.000,00 EUR	400,00 EUR	20 %	7 Jahre, ab 01.01. des Jahres der ersten Einzahlung	80,00 EUR
Bausparen nach dem WoPG	25.600,00 EUR 51.200,00 EUR	512,00 EUR 1.024,00 EUR	8,8 %	Fällig bei Zuteilung des Bausparvertrages und Verwendung für wohnwirtschaftliche Zwecke. Ausnahme: Freie Verfügung über das Guthaben nach 7 Jahren, wenn der Bausparer bei Vertragsabschluss das 25. Lebensjahr noch nicht vollendet hatte.	45,06 EUR 90,11 EUR

Festsetzung der Arbeitnehmersparzulage und der Wohnungsbau-Prämie

Arbeitnehmersparzulage	Wohnungsbau-Prämie
Die Investmentgesellschaft bzw. Bausparkasse erteilt jedes Jahr eine Bescheinigung über die gezahlten vermögenswirksamen Leistungen. Der Arbeitnehmer reicht die Bescheinigung im Rahmen seiner Steuererklärung bei seinem Finanzamt ein und beantragt die Festsetzung der Arbeitnehmersparzulage. Nach Ablauf der Sperrfrist bzw. bei Zuteilung des Bausparvertrags überweist das Finanzamt die gesamte Arbeitnehmersparzulage.	Der Bausparer beantragt die Wohnungsbau-Prämie bei der Bausparkasse mit der Erklärung, dass die Einkommensgrenze von 25.600,00/51.200,00 EUR nicht überschritten wurde. Bei Zuteilung des Bausparvertrags bzw. bei Ablauf der Bindungsfrist (Bausparer bei Vertragsabschluss unter 25 Jahre alt) wird die gesamte ermittelte Prämie von der Bausparkasse beim Finanzamt angefordert und dem Bausparkonto gutgeschrieben bzw. ausgezahlt.

Weitere Besonderheiten bei der Arbeitnehmersparzulage

Beantragung der Arbeitnehmersparzulage	• Nach § 14 Abs. 4 VermBG wird die Arbeitnehmersparzulage auf Antrag durch das zuständige Finanzamt des Arbeitnehmers festgesetzt. • Der Antrag auf Arbeitnehmersparzulage ist spätestens vier Jahre nach Ablauf des Sparjahres vom Arbeitnehmer zu stellen. • Der Arbeitnehmer hat die vermögenswirksamen Leistungen durch die Bescheinigung nach § 15 Abs. 1 VermBG nachzuweisen. • Die Investmentgesellschaften und Bausparkassen erteilen jährlich eine Bescheinigung über die gezahlten vermögenswirksamen Leistungen.
Fälligkeit der Arbeitnehmer-sparzulage	• mit Ablauf der für die Anlageform vorgeschriebenen Sperrfrist • mit Ablauf der im Wohnungsbau-Prämiengesetz genannten Sperr- und Rückzahlungsfristen • bei Zuteilung des Bausparvertrages • bei prämienunschädlicher vorzeitiger Verfügung Die Arbeitnehmersparzulage wird durch das Finanzamt an den Arbeitnehmer überwiesen.
Steuern und Sozialabgaben	Die vermögenswirksamen Leistungen sind Einkommensbestandteile und daher steuer- und sozialversicherungspflichtig nach 5. VermBG.
Vorzeitige zulagenunschädliche Verfügungen	**Arbeitnehmersparzulage bei Beteiligungssparen (§ 4 VermbG):** • Heirat, sofern mindestens zwei Jahre seit Beginn der Sperrfrist vergangen sind • Aufnahme einer selbstständigen Erwerbstätigkeit bei Aufgabe der nichtselbstständigen Arbeit • Finanzierung einer beruflichen Weiterbildungsmaßnahme • Arbeitslosigkeit von mindestens einem Jahr • Tod oder Erwerbsunfähigkeit des Sparers oder seines Ehegatten **Arbeitnehmersparzulage und Wohnungsbau-Prämie bei Bausparen (§ 2 WoPG):** • Zuteilung des Bausparvertrages und Verwendung für wohnwirtschaftliche Maßnahmen • Arbeitslosigkeit von mindestens einem Jahr • Tod oder Erwerbsunfähigkeit des Sparers oder seines Ehegatten

8. Altersvorsorge

8.1 Riester-Rente

Drei-Schichten-Modell	Das Alterseinkünftegesetz ordnet die Altersvorsorge in drei Schichten: • Basisversorgung, z. B. gesetzliche Rente, Rürup-Rente • die geförderte, kapitalgedeckte Zusatzversorgung, z. B. Riester-Rente sowie die betriebliche Altersvorsorge • sonstige Kapitalanlagen und Versicherungsprodukte, z. B. kapitalbildende Lebensversicherungen zur privaten Altersvorsorge mit anschließendem Rentenauszahlungsplan
Geförderter Personenkreis	• Arbeitnehmer, die in der gesetzlichen Rentenversicherung pflichtversichert sind. • Bezieher von Lohnersatzleistungen, z. B. Arbeitslosengeld I und II • Beamte • nicht erwerbstätige Eltern in den Kindererziehungszeiten • Wehr- und Zivildienstleistende • Bezieher von Vorruhestandsgeld
Nicht geförderter Personenkreis	• Selbstständige, die nicht in der gesetzlichen Rentenversicherung pflichtversichert sind. • geringfügig Beschäftigte • Rentner und Pensionäre
Besonderheiten bei Eheleuten	Jeder Ehegatte kann unabhängig vom Partner einen eigenen Altersvorsorgevertrag mit dem Anspruch auf staatliche Förderung abschließen. Auch wenn nur ein Ehegatte zum förderfähigen Personenkreis gehört, erhält der eigentlich nicht förderberechtigte Ehegatte ebenfalls die staatliche Förderung, sofern er selbst einen Altersvorsorgevertrag abschließt.
Anlageformen	**Riester-Rentenversicherung**: • garantierte Mindestverzinsung des Sparanteils von 1,25 % p. a. • Überschussbeteiligung, wenn Versicherung eine Verzinsung über 1,25 % erzielt hat • Verwaltungskosten **Fondsgebundene Rentenversicherung**: • Anlage in Investmentanteilen • keine garantierte Mindestverzinsung • Ertrag abhängig von der Wertentwicklung der Fondsanteile • Verwaltungs- und Managementkosten **Riester-Fondssparplan**: • keine garantierte Mindestverzinsung • Abgabe einer Kapitalgarantie durch die Kapitalanlagegesellschaft • Kurssicherungskosten • einmaliger Ausgabeaufschlag • jährliche Verwaltungskosten **Banksparplan**: • Zusicherung eines festen Zinsertrages • keine Verwaltungskosten

	Wohn-Riester: Anlage dient dem Erwerb oder der Entschuldung von inländischen selbst genutzten Immobilien. **Betriebliche Altersversorgung:** Anlage der Mittel in Direktversicherungen, Pensionskassen oder Pensionsfonds
Zertifizierung der geförderten Anlageformen durch Bundesanstalt für Finanzdienstleis tungsaufsicht (BaFin)	Merkmale: • Die Auszahlungen dürfen nicht vor dem 62. Lebensjahr beginnen. Das Risiko Erwerbsunfähigkeit und die Hinterbliebenen können zusätzlich abgesichert werden. • Zu Beginn der Auszahlungsphase muss mindestens das eingezahlte Kapital zur Verfügung stehen (Kapitalgarantie). • Die Auszahlung erfolgt grundsätzlich als lebenslange Leibrente (Kapitalverrentung). Bis zu 30 % des bei Rentenbeginn zur Verfügung stehenden Kapitals kann sich der Anleger jedoch zu Beginn der Auszahlungsphase direkt auszahlen lassen. • Die Abschluss- und Vertriebskosten sind auf 5 Jahre zu verteilen. • Der Anleger hat das Recht, den Vertrag ruhen zu lassen, zu kündigen und zu wechseln sowie vorübergehend Mittel zum Wohnungsbau zu entnehmen. Der Anleger ist bei Vertragsabschluss zu informieren über: • die Anlage des Geldes, • die kalkulierte Rendite, • das mit der Anlage verbundene Risiko, • die Höhe und Verteilung der Abschluss- und Vertriebskosten, • die Kosten für die Verwaltung der Geldanlage sowie die Kosten beim Wechsel zu einem anderen Produkt. Der Anleger ist jährlich zu informieren über: • die Beitragsverwendung, • die Kapitalverwendung, • die Kosten und Erträge, • ob der Anbieter ethische, soziale oder ökologische Belange bei der Geldanlage berücksichtigen will.
Voraussetzungen für die staatliche Förderung	• Der Anleger gehört zum förderungsfähigen Personenkreis. • Die Anlage erfolgt in einem zertifizierten Altersvorsorgevertrag. • Der Anleger erbringt einen einkommensabhängigen Eigenbeitrag.
Beiträge und staatliche Förderung	Die Einzahlungen auf den Altersvorsorgevertrag (Gesamtbeitrag) setzen sich zusammen aus dem Eigenbeitrag des Anlegers und der staatlichen Altersvorsorgezulage, die aus einer Grundzulage und einer Kinderzulage besteht. Zum Erhalt der vollen staatlichen Förderung ist ein jährlicher Gesamtbeitrag (Eigenbeitrag) zu leisten. Bei einem niedrigeren Eigenbeitrag verringert sich die staatliche Förderung anteilig.
Gesamtbeitrag pro Jahr	4 % des sozialversicherungspflichtigen Vorjahreseinkommens, max. aber 2.100,00 EUR

Maximale jährliche Grundzulage	175,00 EUR
Maximale jährliche Kinderzulage je Kind	• 185,00 EUR • Kinder, die nach dem 01.01.2008 geboren sind, erhalten eine Kinderzulage von 300,00 EUR. • Eine Kinderzulage gibt es für jedes Kind, für das Kindergeld gezahlt wird. • Bei Eheleuten wird die Kinderzulage grundsätzlich der Mutter zugeordnet, auf Antrag beider Eltern dem Vater. Bei Alleinerziehenden steht die Kinderzulage dem Elternteil zu, in dessen Haushalt das Kind lebt.
Gesamtbeitrag/ Eigenbeitrag	Gesamtbeitrag = Eigenbeitrag + Zulagen Eigenbeitrag = Gesamtbeitrag - Zulagen Wenn beide Eheleute zum geförderten Personenkreis gehören, ist der Mindestgesamtbeitrag für jeden Ehegatten getrennt zu ermitteln. Das Einkommen des Ehegatten ist dabei nicht zu berücksichtigen. Ein Ehegatte mit abgeleitetem Zulagenanspruch muss auf seinen Vertrag den Mindestbeitrag (Sockelbeitrag) von 60,00 EUR jährlich einzahlen.
Zulage für Berufseinsteiger unter 25 Jahre	einmalige zusätzliche Grundzulage von 200,00 EUR
Sockelbetrag von 60,00 EUR	Der Gesamtbeitrag besteht aus der Summe von Eigenbeitrag des Anlegers und der staatlichen Förderung. Dies würde bei einem niedrigen Einkommen dazu führen, dass der Anleger selbst nur sehr niedrige oder gar keine eigenen Zahlungen leisten müsste. Deshalb verlangt der Staat vom Anleger zumindest die Zahlung eines Sockelbetrages von 60,00 EUR. Bei Eheleuten ist der Sockelbetrag getrennt festzustellen.
Sonderausgabenabzug und Günstigerprüfung	Altervorsorgeaufwendungen (Eigenbeitrag des Anlegers plus staatliche Zulagen) sind grundsätzlich bis zu einem bestimmten Höchstbetrag als Sonderausgaben bei der Einkommensteuer abzugsfähig. Die Gewährung einer Zulage schließt jedoch den Sonderausgabenabzug aus. Im Rahmen einer sog. Günstigerprüfung prüft das Finanzamt von Amts wegen, ob die Steuerersparnis höher als die Zulagen ist. Ggf. erstattet das Finanzamt die Differenz im Rahmen der Einkommensteuerveranlagung.
Antragsverfahren für die Zulagen	Die staatlichen Zulagen sind beim Anbieter des Altersvorsorgesparplanes zu beantragen, der den Antrag an die Zulagenstelle für Altersvermögen (ZfA) weiterleitet. Diese überweist die Zulage auf das Anlagekonto des Anlegers. Bei einem Dauerzulagenantrag bevollmächtigt der Anleger den Anbieter zur jährlichen Antragstellung, sodass der Anleger selbst keinen Antrag stellen muss. Der Anleger ist jedoch verpflichtet, alle Änderungen, die sich auf die Höhe der Zulage auswirken können, z. B. Streichung des Kindergeldes, unverzüglich dem Anbieter mitzuteilen. Zur Feststellung des auf den Vertrag einzuzahlenden Gesamtbeitrages fragt die ZfA direkt beim Rentenversicherungsträger das sozialversicherungspflichtige Einkommen des Anlegers ab.

	Verkürztes Antragsverfahren für die staatlichen Zulagen: Der Anleger bevollmächtigt den Anbieter zur jährlichen Antragsstellung durch einen Dauerzulagenantrag.
Auswirkung einer zulagenschädlichen Verwendung des angesparten Kapitals	Bei förderschädlichen Verfügungen sind alle Zulagen und Steuervorteile zurückzuzahlen. Zudem sind die im Auszahlungsbetrag enthaltenen Erträge zu versteuern.
Nachgelagerte Besteuerung	• Die Beiträge für die Altersvorsorge mittels Riester-Produkte mindern in der Ansparphase das zu versteuernde Einkommen. • Die daraus entstehenden Renten unterliegen in der Auszahlphase (Rentenphase) der Besteuerung.
Verfügungsmodalitäten	• Auszahlung bis zu 30 % des angesparten Kapitals bei Rentenbeginn möglich • lebenslange Rente mit Restkapital, z. B. Zahlung einer lebenslangen gleichbleibenden oder steigenden Rente

Berechnungsbeispiel für Grund- und Kinderzulage

Vorjahresbruttoeinkommen des Ehemanns	38.000,00 EUR
Vorjahresbruttoeinkommen der Ehefrau	24.000,00 EUR
2 Kinder Geburt nach 01.01.2008 1 Kind Geburt vor 01.01.2008	
Geförderter Gesamtbeitrag für den Ehemann	4 % von 38.000,00 = 1.520,00 EUR
Geförderter Gesamtbeitrag für die Ehefrau	4 % von 24.000,00 = 960,00 EUR
Grundzulage für jeden Ehepartner	175,00 EUR
Kinderzulage für 1 Kind Kinderzulage für 2 Kinder	185,00 EUR 600,00 EUR
Eigenbeitrag für den Ehemann	1.520,00 – 175,00 = **1.345,00 EUR**
Rechnerisch ermittelter Eigenbeitrag für die Ehefrau	960,00 -175,00 – 785,00 = 0,00 EUR
Eigenbeitrag für die Ehefrau	**Sockelbetrag 60,00 EUR**

8.2 Wohn-Riester

Allgemeines zu Wohn-Riester	Das Eigenheimrentengesetz (Wohn-Riester) hat die selbstgenutzte Immobilie in den Kreis der staatlich geförderten Vorsorgewege aufgenommen. Die Eigenheimrente (ersparte Miete) tritt gleichrangig neben die Geldrente. Damit profitieren Wohneigentümer schon mit dem Einzug in die eigenen vier Wände von ihrer Altersvorsorge. Beim Wohn-Riester handelt es sich um ein verzinsliches Ansparen von Guthaben zum Bau eines Hauses. Der Anleger erwirbt z. B. mit Abschluss eines Bausparvertrages einen bedingten Anspruch auf ein zinsgünstiges Darlehen für den Wohnungsbau. Die staatliche Förderung ist während der Anspar- und der Tilgungsphase beim Bausparvertrag bzw. der Inanspruchnahme des zinsgünstigen Bauspardarlehens möglich.

Beispiel für einen Wohn-Riester-Bausparvertrag	Anja Müller, 29 Jahre, Arbeitnehmerin, 2 Kinder, die vor 2008 geboren wurden, jährliches beitragspflichtiges Einkommen 20.000,00 EUR, möchte einen nach Wohn-Riester geförderten Bausparvertrag abschließen. Der maximal staatlich geförderte Betrag beträgt: 4 % von 20.000 EUR = 800,00 EUR Frau Müller muss auf den Bausparvertrag jährlich aus eigenen Mitteln einen Eigenbeitrag leisten: 800,00 EUR - 175,00 EUR (Grundzulage) - 370,00 EUR (Kinderzulage) = 255,00 EUR Der monatliche Eigenbeitrag beträgt: 255,00 EUR : 12 = 21,25 EUR Der Regelsparbeitrag auf den Bausparvertrag beträgt monatlich: 800,00 EUR : 12 = 66,67 EUR Bei einem Regelsparbeitrag von 4 Promille der Bausparsumme ergibt sich für Frau Müller der Abschluss eines Bausparvertrages mit einer Bausparsumme von: 66,67 x 1.000,00 : 4 = 16.667,50 EUR aufgerundet auf volle 1.000,00 EUR = 17.000,00 EUR
Altersvorsorgeverträge bei Wohn-Riester	• Bausparverträge mit Darlehensoption: Sparbeiträge und staatliche Zulagen erhöhen in der Ansparphase das Bausparguthaben. Tilgung des Kredits in der Darlehensphase. • Darlehensverträge: Vertrag wird bei der Darlehensaufnahme zur Finanzierung einer selbst genutzten Wohnimmobilie abgeschlossen. Sparbeiträge und staatliche Zulagen dienen der reinen Tilgung des Darlehens, nicht aber der Zinszahlungen. • Banksparplan: Die angesparten Mittel in einem Banksparplan können während der Ansparphase vollständig zum Erwerb oder Bau einer selbst genutzten Wohnimmobilie entnommen werden. • Die Darlehen müssen spätestens bis zum zur Vollendung des 68. Lebensjahres getilgt sein.
Vorteile der Riester-Altersvorsorgeprodukte	• Steuerstundungseffekt: Der Nutzer der staatlichen Förderungsmaßnahme für die Altervorsorge verwendet unversteuertes Einkommen zum Aufbau einer privaten Altersvorsorge, das erst in der Rentenphase versteuert wird. • Zinseszinseffekt: Ersparte Steuern können als Sonderzahlungen bzw. Sondertilgungen in die Finanzierung eingebracht werden. • Steuerprogressionseffekt: In der Regel gibt es in der Rentenphase deutlich niedrigere Steuersätze.
Steuerschädliche Verfügungen	Sobald das eigengenutzte Haus oder die Wohnung verkauft oder vermietet wird, handelt es sich um eine steuerschädliche Verwendung. In diesem Fall muss das in der Immobilie gebundene steuerlich geförderte Kapital (= Stand des Wohnförderkontos) versteuert werden. Ausnahmen: Der Förderberechtigte legt sich innerhalb von 4 Jahren erneut ein Eigenheim zu oder er zahlt die geförderten Beträge innerhalb eines Jahres in einen Riester-Sparvertrag ein. Auch die vorübergehende Vermietung nach einem beruflich bedingten Umzug ist möglich. Allerdings muss die Absicht bestehen, dass der Steu-

	erpflichtige die Selbstnutzung wieder aufnimmt. Diese Intention muss er spätestens mit Vollendung des 67. Lebensjahres umgesetzt haben.
Förderunschädliche Verfügungen	Der Sparer muss die Immobilie grundsätzlich während der Auszahlungsphase für mindestens 20 Jahre selbst nutzen. Ein Verkauf innerhalb dieser Frist ist zulässig, wenn der Sparer das Kapital in ein Folgeobjekt reinvestiert oder in einen neuen Riester-Vertrag einzahlt.

8.3 Riester-Sonderausgabenabzug

Zulagen oder Sonderausgabenabzug bei staatlich geförderten Altersvorsorgeverträgen im Rahmen der Günstigerprüfung

Die staatlichen Zulagen für den Altersvorsorgevertrag sowie die Eigenbeiträge können nach § 10a EStG als Sonderausgaben geltend gemacht werden. Der Höchstbetrag für den Sonderausgabenabzug beträgt 2.100,00 EUR. Die Steuerermäßigung durch den Sonderausgabenabzug wird nicht dem Altersvorsorgevertrag gutgeschrieben, sondern stattdessen direkt mit der Steuererstattung ausgezahlt. Voraussetzung ist, dass die Anlage AV mit der Steuererklärung eingereicht wird, zusammen mit einer Bescheinigung vom Anbieter des Altersvorsorgevertrags über die geleisteten Eigenbeiträge.

Zulagen und Sonderausgabenabzug können nicht gleichzeitig wegen der Vermeidung der Doppelförderung in Anspruch genommen werden. Das Finanzamt prüft bei der Veranlagung zur Einkommensteuer mit einer Günstigerprüfung, ob die Zulage oder der Sonderausgabenabzug vorteilhafter ist.

Berechnung

Erster Schritt: Zuerst wird die tarifliche Einkommensteuer ausgerechnet, die sich ergibt, wenn die Altersvorsorgeaufwendungen nicht als Sonderausgaben berücksichtigt werden.

Zweiter Schritt: Danach wird die tarifliche Einkommensteuer ausgerechnet unter Berücksichtigung der Altersvorsorgeaufwendungen als Sonderausgaben. Anschließend werden die beiden Steuerbeträge miteinander verglichen. Der Differenzbetrag ist die Steuerentlastung durch den Sonderausgabenabzug.

Ergebnis: Die Steuerentlastung ist geringer als die Zulage.

- In diesem Fall bleibt es bei der Förderung durch die Zulage.
- Die Zulage wird auf den Altersvorsorgevertrag eingezahlt.
- Es gibt keine weitere Förderung durch einen Sonderausgabenabzug.

Ergebnis: Die Steuerentlastung ist höher als die Zulage.

- Die Altersvorsorgeaufwendungen werden als Sonderausgaben abgezogen.
- Die Zulage wird auf den Altersvorsorgevertrag eingezahlt.
- Um eine Doppelförderung zu vermeiden, zieht das Finanzamt die Zulage (als bereits erfolgte Steuervergütung) von der Steuerentlastung durch den Sonderausgabenabzug ab.
- Die Differenz zwischen Steuerentlastung und Zulage wird gesondert im Einkommensteuerbescheid festgestellt und zusammen mit der Steuererstattung direkt ausgezahlt. Sie fließt also nicht in den Vorsorgevertrag.

Beispiel

Herr Gerhard Müller ist versicherungspflichtiger Angestellter ohne Kinder und hatte 2017 Einnahmen aus nichtselbstständiger Arbeit von 40.000,00 EUR. Herr Müller zahlt 2018 einen Eigenbeitrag von 1.425,00 EUR und bekommt eine Grundzulage von 175,00 EUR. Als Sonderausgaben kann er im Rahmen des § 10a EStG also insgesamt 1.600,00 EUR ansetzen.

Erster Schritt: Berechnung der Steuerentlastung für 2018

Einnahmen	40.000,00 EUR
- Arbeitnehmer-Pauschbetrag	1.000,00 EUR
- Sonderausgaben-Pauschbetrag	36,00 EUR
- ungekürzte Vorsorgepauschale	2.774,00 EUR
= zu versteuerndes Einkommen I	**36.190,00 EUR**
Zu versteuerndes Einkommen I	36.190,00 EUR
- Sonderausgaben nach 10a EStG	1.600,00 EUR
= zu versteuerndes Einkommen II	**34.590,00 EUR**
Steuer aus zu versteuerndem Einkommen I	7.594,00 EUR
- Steuer aus zu versteuerndem Einkommen II	7.044,00 EUR
= Steuerentlastung durch Sonderausgabenabzug	**550,00 EUR**

Zweiter Schritt: Vergleich der Steuerentlastung mit der Zulage

Steuerentlastung durch Sonderausgabenabzug	550,00 EUR
- Anspruch auf Zulage (1 x Grundzulage)	175,00 EUR
= Steuervorteil des Sonderausgabenabzugs gegenüber dem Anspruch auf Zulage	**375,00 EUR**

C Geld- und Vermögensanlage

1. Anleihen

1.1 Ausstattung von Anleihen

Laufzeit	Es ist der Zeitraum zwischen den in den Anleihebedingungen genannten Verzinsungsbeginn und der Fälligkeit der Anleihe. Kurzfristige Laufzeit: bis zu 4 Jahre Mittelfristige Laufzeit: 4 bis 8 Jahre Langfristige Laufzeit: mehr als 8 Jahre Ewige Anleihen: keine festgelegte Laufzeit
Verzinsung	**Festzinsanleihen:** fester Nominalzins über die gesamte Laufzeit **Variabel verzinsliche Anleihen:** Sie gewähren einen variablen Zinsertrag, der für jede Zinsperiode gültige Zinssatz wird auf der Grundlage eines Referenzzinssatzes, z. B. EURIBOR jeweils neu festgesetzt. **Zerobonds:** Keine Zinszahlung während der Laufzeit. Der Zinsertrag ergibt sich aus der Differenz zwischen Rückzahlungskurs und Emissionskurs, einmalige Zinszahlung bei Fälligkeit der Schuldverschreibung.
Zinszahlung	Zinszahlung kann jährlich oder halbjährlich erfolgen.
Rückzahlungsmodalitäten	**Tilgungsanleihen:** Der Anleihebetrag wird über die Laufzeit der Anleihe verteilt in Teilbeträgen zurückgezahlt. Die Tilgung erfolgt durch Auslosung von Serien bzw. Endziffern oder Rückkauf an der Börse. **Gesamtfällige Anleihen:** Der gesamte Anleihebetrag wird am Ende der Laufzeit in einer Summe zurückgezahlt. **Ewige Anleihen:** Diese Anleihen müssen nicht zurückgezahlt werden. Emittent kann die Anleihe nach Ablauf einer Festzinsperiode durch Kündigung zur Rückzahlung fällig stellen. **Rückzahlung durch Kündigung der Anleihegläubiger (Anleger):** Eine Kündigung durch den Anleihegläubiger wird in den Anleihebedingungen i. d. R. ausgeschlossen. Die Anleihegläubiger können die Anleihen allerdings über die Börse verkaufen. **Kündigung durch den Emittenten:** Das Kündigungsrecht kann in den Anleihebedingungen vereinbart werden. Eine Kündigung kann dann zweckmäßig sein, wenn der Nominalzins der Anleihe höher ist als der aktuelle Marktzins.
Sicherheit	Sie hängt von der Bonität des Emittenten ab. Mündelsichere und deckungsstockfähige Wertpapiere sprechen für eine gute Bonität des Emittenten.

W. Grundmann, R. Rathner, *Bankwirtschaft, Rechnungswesen und Steuerung, Wirtschafts- und Sozialkunde*, Prüfungstraining für Bankkaufleute,
https://doi.org/10.1007/978-3-658-30521-5_5

1.2 Bundeswertpapiere – Übersicht

Merkmale	**Bundesanleihen**	**Bundesobligationen**
Emissionsrhythmus	Einmalemission	Daueremission
Emissionsverfahren	Tenderverfahren (nur Mitglieder der Bietergruppe Bundesemissionen)	
Börsenhandel	Handel an allen deutschen Wertpapierbörsen	
Mindestauftrags-größe	Mindestauftragswert der Kreditinstitute	
Anlagehöchstbetrag	unbeschränkt	
Zinszahlung	jährlich nachträglich	
Zinsmethode	taggenau (actual/actual)	
Laufzeit	• Neuemissionen: überwiegend 10 Jahre • börsennotierte Titel: ca. 1 Monat bis unter 30 Jahre	• Neuemissionen: 5 Jahre • börsennotierte Titel: ca. 1 Monat bis unter 5 Jahre
Rückzahlung	zum Nennwert	
Erwerber	jedermann	
Verkauf bzw. vorzeitige Rückgabe	nach Börseneinführung täglicher Verkauf zum Börsenkurs; bei außerbörslichem Verkauf über die Deutsche Finanzagentur unter Abzug einer Gebühr von 0,4 % vom Kurswert	
Verkaufsstellen	Kreditinstitute	
Verwahrung/ Verwaltung	Kreditinstitute	
Kosten Erwerb ex Emission: Einlösung bei Fälligkeit: Verwaltung:	übliche Provision gebührenfrei bei der Deutschen Finanzagentur • Depotgebühren bei Kreditinstituten • gebührenfrei bei der Deutschen Finanzagentur	

1.3 Pfandbriefe

Wesen	Pfandbriefe sind von Pfandbriefbanken ausgegebene, gedeckte Schuldverschreibungen.
Arten	• Hypothekenpfandbriefe • Öffentliche Pfandbriefe • Schiffspfandbriefe
Voraussetzungen für die Erlaubnis zur Emission von Pfandbriefen	• Mindestkernkapital des Kreditinstituts beträgt 25 Millionen EUR. • Verfügung über geeignete Risikomanagementsysteme für die Deckungsmassen und das Emissionsgeschäft • regelmäßige und nachhaltige Betreibung des Pfandbriefgeschäfts • Bestehen eines organisatorischen Rahmens
Rechte des Anlegers	• Zinsertrag • Rückzahlung • Insolvenzvorrecht
Sicherheitsmerkmale	• Deckungsregister: Die zur Deckung der Pfandbriefe verwendeten Deckungswerte sind in das jeweilige Deckungsregister einzeln einzutragen. • Deckungsprinzip: Der Gesamtbetrag der umlaufenden Pfandbriefe einer Gattung muss in Höhe des Nennwerts jederzeit durch Werte von mindestens gleicher Höhe und mindestens gleichem Zinsertrag gedeckt sein. • Treuhänder: Die Bundesanstalt für Finanzdienstleistungsaufsicht (BaFin), bestellt einen Treuhänder, der darauf zu achten hat, dass jederzeit die vorschriftsmäßige Deckung vorhanden und im Deckungsregister eingetragen ist. Der Treuhänder verwahrt die in den Deckungsregistern eingetragenen Werte und Urkunden unter dem Mitverschluss der Pfandbriefbank. • Risikomanagement: Die Pfandbriefbank muss über ein geeignetes Risikomanagementsystem verfügen. • Transparenzvorschriften: Die Pfandbriefbank muss in Quartalsberichten alle wesentlichen Daten (z. B. Umlauf der Pfandbriefe, Deckungsmasse) veröffentlichen. • Insolvenzvorrecht: Im Falle der Insolvenz der Pfandbriefbank fallen die in den Deckungsregistern eingetragenen Werte nicht in die Insolvenzmasse. Die Pfandbriefgläubiger sind aus den im Deckungsregister eingetragenen Werten voll zu befriedigen.

1.4 Risiken bei festverzinslichen Wertpapieren

Bonitätsrisiko	Zinsänderungs- und Währungsrisiko	Kündigungs- und Auslosungsrisiko
• Gefahr der Zahlungsunfähigkeit des Anleiheschuldners • Das Bonitätsrisiko ist abhängig von der Laufzeit der Anleihe und der Anleihewährung. • Das Bonitätsrisiko schlägt sich im Kurs und in der Rendite der Anleihe nieder. Erstklassige Schuldner begeben ihre Anleihen mit niedrigerem Nominalzins. Emittenten mit niedriger Bonitätseinschätzung begeben ihre Anleihen mit höheren Renditen, die aber auch höhere Risiken bergen.	• Das Zinsänderungsrisiko ergibt sich aus der ungewissen zukünftigen Zinsentwicklung. Steigt der Marktzins, wirkt sich das Zinsänderungsrisiko durch Kursverluste aus. Die Zinsreagibilität ist umso höher, je niedriger der Zinssatz und je länger die Restlaufzeit ist. • Fremdwährungsanleihen haben ein zusätzliches Währungsrisiko.	• Das Kündigungsrisiko besteht in der Gefahr, dass der Anleihegläubiger bei sinkenden Marktzinsen mit einer Kündigung der Emission durch den Anleiheschuldner rechnen muss. Durch die Kündigung kann der Anleiheschuldner seine Zinslast senken. Voraussetzung ist eine Kündigungsklausel in den Anleihebedingungen. • Das Auslosungsrisiko ist die Gefahr bei Auslosungsanleihen, dass eine frühzeitige Auslosung bei vorgegebener Renditeerwartung zu einem Renditeverlust führen kann.

1.5 Nominalverzinsung und Rendite bei festverzinslichen Wertpapieren

Nominalverzinsung	Rendite
Die Nominalverzinsung stellt den verbrieften jährlichen Zinsanspruch, bezogen auf den Nennwert, dar.	Die Rendite drückt den durchschnittlichen jährlichen Kapitalertrag einer Kapitalanlage, unter Berücksichtigung der Rückzahlungsgewinne bzw. Rückzahlungsverluste, im Verhältnis zum tatsächlich eingesetzten Kapital aus.
Beispiel für eine Nominalverzinsung der Unternehmensanleihe der Stahlwerke Witten AG • Nominalverzinsung: 7 % p. a. • Fällig: 03.11.2023 • Zinstermin: 03.11. gzj. • Aktueller Kurs: 108,9 % • Jährliche Zinszahlung bei einem Anlagebetrag von 5.000,00 EUR, Nennwert: 350,00 EUR	**Beispiel für eine Renditeberechnung bei der Unternehmensanleihe der Stahlwerke Witten AG** • Nominalverzinsung: 7 % p. a. • Fällig: 03.11.2023 • Zinstermin: 03.11. gzj. • Aktueller Erwerbskurs: 108,9 % • Restlaufzeit: 3 Jahre • Rückzahlungswert: 100 % Nennwert Berechnung der Rendite: Formel: $P_{eff} = \frac{\left[P_{nom} + \left(\frac{R_k - E_k}{J}\right)\right]}{E_k} * 100$ (7 + ((100 – 108,9) : 3) : 108,9) x 100 = (7 – 2,97) : 108,9 x 100 = 4,03 : 108,9 x 100 = **3,7 %**

1.6 Stückzinsberechnung

Stückzinsberechnung

Beim Erwerb einer Anleihe zahlt der Käufer neben dem Kurswert auch die aufgelaufenen Stückzinsen an den Veräußerer. Bei einem Erwerb muss der Käufer dem Verkäufer die anteiligen Stückzinsen vom Beginn des Zinslaufs bis zum Kauf erstatten.

Geldvaluta: Börsengeschäfte werden zwei Börsentage nach dem Abschluss des Kaufvertrages abgerechnet.

Stückzinsvaluta: Der Stückzinsvalutatag ist der Kalendertag vor dem Geldvalutatag.

Beispiel 1: Ermittlung der Geld- und Zinsvaluta

Handelstag: Mittwoch, 14.10.2020
+ 2 Börsentage = Freitag, 16.10.2020 (= Geldvaluta)
- 1 Kalendertag = Donnerstag, 15.10.2020 (= Zinsvaluta)

Beispiel 2: Ermittlung der Geld- und Zinsvaluta

Handelstag: Donnerstag, 15.10.2020
+ 2 Börsentage = Montag, 19.10.2020 (= Geldvaluta)
- 1 Kalendertag = Sonntag, 18.10.2020 (= Zinsvaluta)

Beispiel 3: Stückzinsberechnung beim Verkauf einer Anleihe

Handelstag: Freitag, 16.10.2020
Nominal 10.000,00 EUR
Zinssatz: 4,25 %
Zinstermine: 10.10. gzj.
Laufzeit: bis 2023

Geldvaluta	20.10.2020
Zinsvaluta	19.10.2020
Zinsen für 10 Tage vom 10.10.2020 einschließlich bis 19.10.2020 einschließlich 10.000,00 x 10 x 4,25 : (365 x 100) =	**11,64 EUR**

1.7 Effektivzinsberechnung

Rendite

Die Effektivverzinsung (Rendite) ist der Anlageertrag bezogen auf eine Anlagedauer von einem Jahr und einem Kapitaleinsatz von 100,00 EUR.

Formel: $$P_{eff} = \frac{\left[P_{nom} + \left(\frac{R_k - E_k}{J}\right)\right]}{E_k} * 100$$

P_{eff} = Effektivverzinsung
P_{nom} = Nominalverzinsung
J = Anlagedauer in Jahren
E_k = Erwerbskurs
R_k = Rückzahlungskurs

Beispiel einer Renditeberechnung für eine Industrieanleihe

Nennwert: 10.000,00 EUR
Restlaufzeit: 10 Jahre

Nominalverzinsung: 5,5 %
Erwerb bei einem Kapitalmarktzinsniveau von 6 %
Erwerbskurs: 104,56 %
Jahreskupon, Zinsen sind jährlich zahlbar
P_{eff} = (5,5 + (100 – 104,56) : 10) : 104,56 x 100 = **4,824 %**

1.8 Floating Rate Notes

Wesen	Floating Rate Notes (Floater) sind eine Anleihe, bei der der Zinssatz viertel- oder halbjährlich im Voraus unter Bezug auf einen Referenzzinssatz des Geldmarktes (z. B. EURIBOR) zuzüglich eines Aufschlags oder abzüglich eines Abschlags festgelegt wird. Die Höhe des Auf- oder Abschlags richtet sich nach der Bonität des Emittenten, der Laufzeit der Anleihe sowie der Marktlage. Sie wird bei Emission für die gesamte Laufzeit festgelegt. Floater werden am Euro-Kapitalmarkt und mit Bindung an den EURIBOR am deutschen Kapitalmarkt emittiert. Da der Zinssatz variabel ist, wird eine Verbindung zwischen Geld- und Kapitalmarkt hergestellt.
Laufzeit	i. d. R. 5 bis 10 Jahre
Kündigungsmöglichkeit	Ein Kündigungsrecht des Schuldners während der Laufzeit ist üblich, z. B. Kündigung zu Zinszahlungsterminen oder zu jedem Termin.
Unterschiede zu den festverzinslichen Wertpapieren	• variabler Zinssatz • Geldmarktausrichtung des Zinssatzes • größere Häufigkeit der Zinszahlung
Emittenten	Kreditinstitute, Unternehmen, Regierungen und supranationale Organisationen
Zinssatz	Der Zinssatz ist variabel und liegt meist unter dem Kapitalmarktzinssatz.
Vorteile	• Der Schuldner profitiert von einem evtl. fallenden Zinsniveau. Der Schuldner trägt das aber Zinsänderungsrisiko. • Werden Floater von Kreditinstituten emittiert, so können diese hiermit langfristig zugesagte, zinsvariable Darlehen refinanzieren und damit eine entsprechende Konditionengestaltung vornehmen. • Ein Anleger kann aufgrund der unterjährigen Zinszahlungen bei einer Wiederanlage der Zinserträge einen Zinseszinseffekt erzielen.
Anleger	überwiegend Banken
Liquidität	Erstklassige Floater sind sehr liquide, soweit ein funktionsfähiger Sekundärmarkt existiert.
Risiken	• Das Kursrisiko ist begrenzt. Es kommt bei einwandfreier Bonität des Schuldners nur zu geringen Abweichungen vom Nennwert, da die Zinssätze in relativ kurzen Zeitabständen den aktuellen Geldmarktkonditionen angepasst werden. • Ist der Schuldner nicht in der Lage, steigende Zinsen zu zahlen, so erhöht sich das Bonitätsrisiko für den Anleger.

Beispiel für einen Floater

Ein Kunde erteilt der Nordbank AG am 27. November (Mittwoch) die Order zum Kauf von nominal 20.000,00 EUR der folgenden Anleihe:

Nordhypothekenbank AG variabel verzinster öffentlicher Pfandbrief Serie 03/20..
Zinstermine: vierteljährlich 10. März/Juni/September/Dezember (act/360)
Zinssatz: 3-Monats-Euribor am 5. des Monats der Zinszahlung + 0,5 Prozentpunkte
Fälligkeit: Dezember 20..
Aktueller Börsenpreis: 98,2 %

Am 5. September des Jahres betrug der 3-Monats-Euribor 0,9 %.

Ermittlung des ausmachenden Betrags, den der Kunde zu zahlen hat:

Kurswert 98,2 % von 20.000,00 EUR	19.640,00 EUR
+ Stückzinsen für 80 Tage (20.000 x 80 x 1,4) : (360 x 100)	62,22 EUR
= ausmachender Betrag	**19.702,22 EUR**

Ermittlung der Zinszahlung am 10. Dezember des Jahres:

Zinsen für 91 Tage bei einem Anlagebetrag von 20.000,00 EUR (20.000 x 91 x 1,4) : (360 x 100)	**70,78 EUR**

2. Aktien

2.1 Aktionärsrechte, Aktienarten, Aktienregister und Aktienrückkauf

Aktionärsrechte	• Teilnahme an der Hauptversammlung • Stimmrecht in der Hauptversammlung • Recht auf Gewinnbeteiligung • Anspruch auf Auskunft durch den Vorstand • Angabe der Bezüge des Vorstands • Bezugsrecht zum Bezug z. B. junger Aktien bei einer Kapitalerhöhung • Anspruch auf Teilnahme am Liquidationserlös
Stammaktie	Aktie, die dem Inhaber die normalen Aktionärsrechte laut Aktiengesetz gewährt
Namensaktie	Auf den Namen des Inhabers ausgestellte Aktien. Name, Wohnort und Beruf des Inhabers müssen im Aktienregister der Gesellschaft eingetragen werden. Namensaktien sind kraft Gesetzes Orderpapiere und können daher nur durch Indossament übertragen werden. Namensaktien bieten Gesellschaften die Möglichkeit, ihren Aktionärskreis besser zu kennen und einfacher mit den Aktionären direkt in Kontakt zu treten.
Vinkulierte Namensaktie	Sonderform der Namensaktie. Eine vinkulierte Namensaktie kann nur mit Zustimmung der AG an einen neuen Eigentümer übertragen werden. Die Vinkulierung von Namensaktien ist möglich, wenn die Satzung der Gesellschaft dieses vorsieht, so z. B. bei Versicherungsgesellschaften, deren Grundkapital nicht voll eingezahlt ist, oder bei Gesellschaften, die sich vor Überfremdung schützen wollen.
Vorzugsaktie	Aktiengattung, der im Gegensatz zur Stammaktie das Stimmrecht fehlt. Als Ausgleich dafür sind i. d. R. Vorrechte bei der Gewinnverteilung und Abwicklung einer AG verbrieft. Eine AG kann neben Stammaktien auch Vorzugsaktien emittieren, allerdings darf deren Anteil am Grundkapital nicht höher sein als der Anteil der Stammaktien. Zu den Sonderrechten von Vorzugsaktionären gehört meist eine höhere Dividende.
Berichtigungsaktie (Gratisaktie)	Aktie, die durch die Umwandlung von offenen Rücklagen in Grundkapital entsteht und an die Aktionäre ohne Gegenleistung ausgegeben wird (§§ 207 bis 220 AktG). Die Bezeichnung „Gratisaktien" ist irreführend, weil der Aktionär bereits vor dem reinen Passivtausch an den Rücklagen durch seinen Aktienbesitz beteiligt war. Für den Aktionär ändert sich daher der Wert seiner Beteiligung nicht, obwohl die Aktie um den Berichtigungsabschlag leichter wird.
Aktienanleihe	Die Aktienanleihe wird auch Reverse Convertible Bond genannt. Sie ist eine Anleihe mit i. d. R. relativ kurzer Laufzeit. Der Schuldner hat bei diesem Wertpapier das Recht, die Anleihe am Ende der Laufzeit wahlweise zu 100 % oder durch Lieferung einer vorher festgelegten Zahl einer bestimmten Aktie zurückzahlen zu können. Da der Anleger bei einer Aktienanleihe dabei das Risiko übernimmt, dass die Aktien zum Rückzahlungszeitpunkt der Anleihe insgesamt einen Wert ergeben, der unter dem Anleihewert liegt, wird eine Aktienanleihe höher verzinst als eine „normale" Anleihe.

Aktienregister	Das Aktienregister ist ein Register, das von Aktiengesellschaften geführt wird, die Namensaktien oder Zwischenscheine emittieren. Während Inhaberaktien formlos durch bloße Einigung und Übergabe übertragen werden können (§§ 929 ff. BGB), gehören **Namensaktien** und **Zwischenscheine** zu den geborenen Orderpapieren, die zwecks Übertragung noch eines Indossaments bedürfen. Die Sonderform der **vinkulierten Namensaktien** macht deren Übertragung von der Zustimmung der Aktiengesellschaft abhängig, wodurch zur Übertragung eine Zession erforderlich wird. Namensaktien und Zwischenscheine erfordern die Führung eines Aktienregisters durch die Aktiengesellschaft, sodass neben Indossament/Zession auch das Aktienregister die Verkehrsfähigkeit dieser Aktienarten behindert. In § 67 Abs. 1 AktG wird bestimmt, dass die Inhaber von Namensaktien zur Eintragung ins Aktienregister Namen, Geburtsdatum, Beruf und Adresse sowie die Stückzahl oder die Aktiennummer (bei Nennbetragsaktien den Betrag) mitzuteilen haben. Die Eintragung ins Aktienregister ist für den konstitutiven Rechtserwerb der Aktionärsrechte jedoch nicht notwendig, sondern dient lediglich der Legitimation gegenüber der Gesellschaft. Das Aktienregister dient der Gesellschaft zur sicheren Identifikation des Aktionärs und dazu, den Mitteilungspflichten gegenüber den Aktionären nachkommen zu können. Das Aktienregister gibt die aktuelle Aktionärsstruktur und deren Veränderungen wieder. Aktienregisterführer kann sowohl die Gesellschaft sein oder eine von ihr hiermit beauftragte Registrargesellschaft. Diese führt dann das Aktienregister. Der Inhalt eines Aktienregisters ist in § 67 Abs. 1 AktG abschließend aufgezählt. Nach internationalem Recht sind ausländische Aktionäre überwiegend in Nomineebeständen als Fremdbesitz ins Aktienregister eingetragen. Während inländische Namensaktionäre direkt durch die Depotbanken über das zentrale System der Clearstream Banking an die Aktienregister gemeldet werden, werden ausländische Aktionäre häufig über eine Bank als Inhaberin eines sog. Omnibuskontos registriert. Damit wird in diesem Fall nur die Bank als Aktionärin im Aktienregister eingetragen.
Aktienrückkauf	Es ist die Möglichkeit einer Aktiengesellschaft, eigene Aktien erwerben zu können. Ein Aktienrückkauf kann z. B. sinnvoll sein, wenn er aus Gründen der Kurspflege notwendig erscheint, der Erschwerung einer Unternehmensübernahme dient oder wenn die eigenen Aktien als Zahlungsmittel bei der Übernahme eines anderen Unternehmens verwendet werden sollen. Auf der anderen Seite kann sich das Unternehmen dadurch, dass es eigene Anteile erwirbt, teilweise der Kontrolle durch die Aktionäre entziehen. Für den Aktienrückkauf gilt gemäß Aktiengesetz eine Obergrenze von 10 % des Grundkapitals.

2.2 Beispiel einer Tagesordnung der ordentlichen Hauptversammlung der Siemens AG Aktiengesellschaft am 5. Februar 2020

1. Vorlage des festgestellten Jahresabschlusses und des gebilligten Konzernabschlusses …
2. Beschlussfassung über die Verwendung des Bilanzgewinns der Siemens AG
3. Beschlussfassung über die Entlastung der Mitglieder des Vorstandes
4. Beschlussfassung über die Entlastung der Mitglieder des Aufsichtsrats
5. Beschlussfassung über die Bestellung des Abschlussprüfers und Konzernabschlussprüfers
6. Beschlussfassung über die Billigung des Vergütungssystems für die Vorstandsmitglieder
7. Beschlussfassung über die Ermächtigung zum Erwerb und zur Verwendung eigener Aktien gemäß § 71 Abs. 1 Aktiengesetz sowie zum Ausschluss des Bezugs- und des Andienungsrechts
8. Beschlussfassung über die Ermächtigung zum Einsatz von Derivaten im Rahmen des Erwerbs eigener Aktien nach § 71 Abs. 1 Aktiengesetz sowie zum Ausschluss des Bezugs- und des Andienungsrechts
9. Beschlussfassung über die Erteilung einer neuen Ermächtigung des Vorstands zur Begebung von Wandel- /Optionsschuldverschreibungen, zum Ausschluss des Bezugsrechts sowie über die Schaffung eines bedingten Kapitals 2020, die Aufhebung des Bedingten Kapitals 2015 und des Bedingten Kapitals 2010 und entsprechende Satzungsänderungen
10. Beschlussfassung über die Zustimmung zu einem Beherrschungs- und Gewinnabführungsvertrag zwischen der Siemens AG und einer Tochtergesellschaft

Auskunftsrecht gemäß § 131 Abs. 1, § 293 Abs. 3 Aktiengesetz: In der Hauptversammlung kann jeder Aktionär oder Aktionärsvertreter vom Vorstand Auskunft verlangen über Angelegenheiten der Gesellschaft, die rechtlichen und geschäftlichen Beziehungen der Gesellschaft zu verbundenen Unternehmen sowie über die Lage des Konzerns und der in den Konzernabschluss einbezogenen Unternehmen, sowie die Auskunft zur sachgemäßen Beurteilung eines Gegenstands der Tagesordnung erforderlich ist. …

2.3 Allgemeines zu virtuellen Hauptversammlungen

Der Gesetzgeber hat 2020 eine neue Regelung für die Teilnahme an Hauptversammlungen von Aktiengesellschaften erlassen. Das Aktiengesetz wurde von der Bundesregierung geändert. Es sind jetzt also virtuelle, beschlussfähige Hauptversammlungen möglich, auf denen Beschlüsse gefasst werden können. Die Präsenzpflicht bei Hauptversammlungen wurde aufgeweicht. Die Aktiengesellschaften brauchen dafür nicht ihre Satzung ändern. Die Einberufungsfrist wird von 30 auf 21 Tage verkürzt. Der Vorstand ist ermächtigt worden, auch ohne Satzungsregelung Abschlagszahlungen auf den Bilanzgewinn vorzunehmen. Zudem wurde die Möglichkeit eröffnet, eine Hauptversammlung innerhalb des Geschäftsjahres durchzuführen. Mit dieser Änderung des Aktienrechts will die Bundesregierung dem Unternehmen es ermöglichen, trotz des „Lockdowns" in jeder Situation handlungsfähig zu bleiben. Zuletzt hatten mehrere deutsche große Konzerne wie Daimler oder die Deutsche Telekom ihr Aktionärstreffen auf einen späteren Zeitpunkt verschoben. Nach dem bisher geltenden Aktienrecht mussten sie aber bis spätestens acht Monate nach Ende des Geschäftsjahrs, also bis August eine Hauptversammlung durchführen. Nur dann konnten auch die Dividenden ausgezahlt werden.

2.4 Beispiel einer Einladung zu einer virtuellen Hauptversammlung der Krones AG vom 18.05.2020

Angaben zur Einberufung der virtuellen Hauptversammlung (HV)

1. Gesamtzahl der Aktien und Stimmrechte

   Das Grundkapital der Gesellschaft beträgt zum Zeitpunkt der Einberufung der HV EUR 40.000.000,00. Es ist eingeteilt in 31.593.072 Stückaktien. Jede Stückaktie gewährt in der HV eine Stimme. Die Gesellschaft hält keine eigenen Aktien.

2. Durchführung der HV als virtuelle HV ohne physische Präsenz der Aktionäre und ihrer Bevollmächtigten; Online-Service

   Die ordentliche HV wird mit Zustimmung des Aufsichtsrats der Gesellschaft als virtuelle HV ohne physische Präsenz der Aktionäre und ihrer Bevollmächtigten (mit Ausnahme der von der Gesellschaft benannten Stimmrechtsvertreter) gemäß § 1 Abs. 1 und Abs. 2 des Gesetzes über Maßnahmen im Gesellschafts-, Genossenschafts-, Vereins-, Stiftungs- und Wohnungseigentumsrecht zur Bekämpfung der Auswirkungen der COVID-19-Pandemie (Art. 2 des Gesetzes zur Abmilderung der Folgen der COVID-19-Pandemie im Zivil-, Insolvenz- und Strafverfahrensrecht ...) abgehalten. Die gesamte, in den Geschäftsräumen der Gesellschaft stattfindende, HV wird zu diesem Zweck ... über den Online-Service der Gesellschaft unter der Internetadresse www.krones.com/de über den Link „Unternehmen/Investor Relation/Hauptversammlung/2020" live in Bild und Ton übertragen. Es können nur diejenigen Aktionäre, die sich ... ordnungsgemäß angemeldet haben, die Bild- und Tonübertragung der gesamten HV über den Online-Service der Gesellschaft verfolgen. Darüber hinaus können Aktionäre persönlich ... ihr Stimmrecht per Briefwahl oder durch die Bevollmächtigung eines von der Gesellschaft benannten Stimmrechtsvertreters ausüben sowie über den Online-Service der Gesellschaft Fragen stellen und einen Widerspruch gegen Beschlüsse der HV erklären.

   Eine darüber hinausgehende Ausübung von Aktionärsrechten ist in der virtuellen HV nicht möglich. Insbesondere ist eine Teilnahme der Aktionäre ..., mit Ausnahme der von der Gesellschaft benannten weisungsgebundenen Stimmrechtsvertreter, vor Ort ausgeschlossen. Die Übertragung der HV in Bild und Ton sowie die Einräumung des Stimmrechts sowie der Fragemöglichkeit und der Möglichkeit zum Widerspruch berechtigen die Aktionäre und Aktionärsvertreter auch nicht zur Teilnahme an der HV im Wege elektronischer Kommunikation im Sinne von § 18 Abs. Satz 2 AktG (keine elektronische Teilnahme).

3. ... Nach ordnungsgemäßen Anmeldung und des besonderen Nachweises des Anteilbesitzes bei der Gesellschaft werden den Aktionären – anstelle der herkömmlichen Eintrittskarten – Zugangskarten für den Online-Service der Gesellschaft mit persönlichen Zugangsdaten (Zugangskartennummer und Zugangscode) für die Ausübung der Aktionärsrechte in Bezug auf die virtuelle HV übermittelt.

4. Bedeutung des Nachweisstichtags

   Der Nachweisstichtag (auch Record Date genannt) ist das entscheidende Datum für die Ausübung der Aktionärsrechte in Bezug auf die virtuelle HV. Im Verhältnis zur Gesellschaft gilt für die Ausübung der Aktionärsrechte insbesondere des Stimmrechts, in Bezug auf die virtuelle HV als Aktionär nur, wenn zum Nachweisstichtag Aktionär der Gesellschaft war und den Nachweis hierüber fristgerecht erbracht hat. Veränderungen im Aktienbestand nach diesem Zeitpunkt haben hierfür keine Bedeutung. ... Aktionäre, die sich ordnungsgemäß angemeldet und den Nachweis erbracht haben, sind auch dann zur Ausübung ihrer Aktionärsrechte in Bezug auf die virtuelle HV berechtigt, wenn sie die Aktien nach dem

Nachweisstichtag veräußern. Der Nachweisstichtag hat keine Auswirkungen auf die Veräußerbarkeit der Aktien und ist kein relevantes Datum für eine eventuelle Dividendenberechtigung.

5. Verfahren für die Stimmabgabe durch Briefwahl

   Aktionäre können ihr Stimmrecht in Textform ... oder im Wege elektronischer Kommunikation abgeben (Briefwahl). Hierzu ist eine ordnungsgemäße Anmeldung erforderlich. Das Briefwahlformular ist auf der Zugangskarte für den Online-Service der Gesellschaft, ... abgedruckt.

8. Fragemöglichkeit der Aktionäre ... Auskunftsrecht der Aktionäre ...

   Ordnungsgemäß angemeldete Aktionäre haben die Möglichkeit, im Wege der elektronischen Kommunikation Fragen zu stellen ... Aus organisatorischen Gründen sind Fragen spätestens bis zum Ablauf des 16. Mai ... 24 Uhr ... einzureichen.

2.5 Bezugsrechte

<table>
<tr><td>Gesetzliches Bezugsrecht</td><td>Bei der Ausgabe junger Aktien steht den Aktionären aufgrund des Verwässerungsschutzes ein gesetzliches Bezugsrecht zu. Das Bezugsverhältnis ist das Verhältnis, in dem der Aktionär aufgrund des Bestandes an alten Aktien neue Aktien beziehen kann (Anzahl alter Aktien dividiert durch die Anzahl der jungen Aktien).
Der Bezugsrechtshandel dauert mindestens 14 Tage. Die beiden letzten Tage der Bezugsfrist dienen der Erfüllung der am letzten Handelstag abgeschlossenen Geschäfte. Mit Beginn des Bezugsrechtshandels notieren die alten Aktien „ex Bezugsrecht“.</td></tr>
<tr><td>Ermittlung des rechnerischen Werts des Bezugsrechts</td><td>$B = K_a - K_n : (m : n + 1)$
B = rechnerischer Wert des Bezugsrechts
K_a = Kurs der alten Aktien
K_n = Ausgabepreis der neuen Aktien
m : n = Bezugsverhältnis (= altes Kapital : Kapitalerhöhung)
<table>
<tr><td colspan="2">Beispiel für die Berechnung des rechnerischen Werts des Bezugsrechts</td></tr>
<tr><td colspan="2">Kurs der alten Aktie: 83 EUR
altes Kapital: 65 Mio. EUR
Kapitalerhöhung: 13 Mio. EUR
Bezugspreis der jungen Aktie: 50,00 EUR</td></tr>
<tr><td>B = (83 -50) : (5 + 1) =</td><td>5,50 EUR</td></tr>
</table>
Wenn die neuen Aktien nicht voll dividendenberechtigt sind, muss die Formel um den Dividendennachteil/Dividendenvorteil erweitert werden:
B = Ka – (Kn +/- Dividendennachteil/Dividendenvorteil) : (m : n + 1)
<table>
<tr><td>Beispiel für die Berechnung des rechnerischen Werts des Bezugsrechts mit Dividendennachteil</td></tr>
<tr><td>Kurs der alten Aktie: 83,00 EUR
altes Kapital: 65 Mio. EUR
Kapitalerhöhung: 13 Mio. EUR
Bezugspreis der jungen Aktie: 50,00 EUR
Bardividende für die alten Aktien: 0,80 EUR</td></tr>
</table>
</td></tr>
</table>

	Die jungen Aktien sind zu einem Viertel dividendenberechtigt. B = (83,00 – 50 – 0,60) : (5 + 1) = **5,40 EUR**
Kapitalerhöhung aus Gesellschaftsmitteln	Bei der Kapitalerhöhung aus Gesellschaftsmitteln erhalten die Altaktionäre in einem bestimmten Verhältnis Berichtigungsaktien. Es fließen der AG keine liquiden Mittel zu, da es sich hier um einen buchungstechnischen Tausch auf der Passivseite der Bilanz handelt. Der Grund für die Kapitalerhöhung liegt bei Aktien mit sehr hohem Börsenkurs vor allem darin, das Vermögen der AG auf eine größere Zahl von Aktien zu verteilen, um so den Kurs „leichter" zu machen, womit die Aktie insbesondere für Kleinanleger interessanter wird. Durch die Ausgabe der Berichtigungsaktien ändert sich die Vermögensposition der Aktionäre trotz der Kurssenkung nicht. **Beispiel:** Eine Aktiengesellschaft erhöht ihr Grundkapital von derzeit 56 Millionen EUR durch die Auflösung von Rücklagen um 14 Millionen EUR auf dann 70 Millionen EUR im Verhältnis 2 : 1. Die alte Aktie notiert zurzeit mit einem Kurs von 120,00 EUR. Berechnung des Berichtigungsabschlags: Berichtigungsabschlag = Kurs der alten Aktie : (Bezugsverhältnis + 1) 40 = 120 : 3 Der Kurs der alten Aktie wird um 40,00 EUR reduziert auf dann 80,00 EUR. Der Aktionär erhält für zwei alte Aktien eine zusätzliche Berichtigungsaktie, die ihm in sein Depot gebucht wird.
Kapitalherabsetzung	Eine Kapitalherabsetzung ist eine Verminderung des Kapitals eines Unternehmens durch Gesellschafterbeschluss. Eine Kapitalherabsetzung findet meist dann statt, wenn das Unternehmen gezwungen ist, Verluste auszugleichen. Voraussetzung ist eine von der Hauptversammlung mit qualifizierter Mehrheit zu beschließende Satzungsänderung. Zweck einer nominellen Kapitalherabsetzung ist die Beseitigung einer Unterbilanz durch Anpassung des festgelegten Kapitalbetrags an das durch Verluste reduzierte Gesellschaftsvermögen. Eine Kapitalherabsetzung kann durch Einziehung von Aktien geschehen, die durch die zwangsweise Einziehung von Aktien oder durch den Erwerb eigener Aktien durch die Gesellschaft erfolgen kann. Erst mit der Eintragung ins Handelsregister gilt das Grundkapital als herabgesetzt. **Beispiel einer Kapitalherabsetzung** Der Solaranlagenbauer *Solarcity AG* zeigte im Januar 20.. den Verlust der Hälfte seines Grundkapitals von 398 Millionen Euro an. Es sollte ein Kapitalschnitt im Verhältnis von 8 : 1 auf 49,8 Millionen EUR durchgeführt werden. Ein Depotkunde, der z. B. 800 Aktien der *Solarcity AG* in seinem Depot hatte, erhält nach der Kapitalherabsetzung für seine 800 Stück alten *Solarcity AG*-Aktien 100 Stück neue *Solarcity AG*-Aktien.

Bezugsrechts-emissionen	In der letzten Zeit waren Bezugsrechtsemissionen für deutsche Börsenunternehmen die wichtigste Möglichkeit zur Eigenkapitalzufuhr. Primär wurden sie zur Refinanzierung, Verbesserung von Bilanzrelationen und zur Beibehaltung von Rating-Bewertungen genutzt (z. B. Volkswagen, Continental, Heidelberg Cement, Infineon, Deutsche Wohnen), daneben auch, um M&A-Transaktionen und zukünftiges Wachstum zu finanzieren (z. B. *Volkswagen, K+S, Klöckner & Co.*, *Rhön-Klinikum*). Für die Wahl der Bezugsrechtsemission sprechen mehrere Gründe: Bei der von Unternehmen angestrebten Zufuhr neuer Liquidität kommt nur eine Barkapitalerhöhung in Frage, und bei dieser kann das gesetzliche Bezugsrecht der Aktionäre nur bis zu einem Emissionsvolumen von maximal 10 % des bestehenden Grundkapitals ausgeschlossen werden. Daher bleibt in aller Regel nur die Bezugsrechtsemission, wenn der Liquiditätsbedarf diese Grenze überschreitet. Darüber hinaus sind Bezugsrechtsemissionen gegenüber Kapitalerhöhungen mit Ausschluss des Bezugsrechts der Aktionäre vor allem im Hinblick auf die Festlegung des Ausgabebetrages flexibler. Insbesondere darf hierbei der Abschlag auf den Börsenkurs 5 % überschreiten. Dieser Umstand hilft erheblich dabei, die neuen Aktien gerade in Zeiten volatiler Kapitalmärkte zu vermarkten. Die Aktionärsbasis bildet schließlich nicht selten ein gutes Nachfragereservoir bei einer Kapitalerhöhung, da die Altaktionäre die Equity Story des Unternehmens bereits durch ihre frühere Investitionsentscheidung unterstützt hatten.

2.6 Kapitalerhöhungen

Kapitalerhöhungen auf der Grundlage des Aktiengesetzes

Arten	Rechtsgrundlage	Kennzeichnung
Kapitalerhöhung gegen Einlagen: ordentliche Kapitalerhöhung und Genehmigtes Kapital	Die Hauptversammlung beschließt eine konkrete Kapitalerhöhung (ordentliche Kapitalerhöhung) oder sie ermächtigt den Vorstand, das Grundkapital in einem Zeitraum von maximal fünf Jahren bis zu maximal 50 % des bisherigen Grundkapitals zu erhöhen (Genehmigtes Kapital, sog. Vorratsbeschluss).	Die Hauptversammlung kann mit dreiviertel Mehrheit des anwesenden Kapitals die Erhöhung des Grundkapitals durch Ausgabe neuer Aktien gegen Bezahlung des Ausgabepreises (ordentliche Kapitalerhöhung/Genehmigtes Kapital) beschließen. Mit der Eintragung ihrer Durchführung in das Handelsregister ist das Grundkapital erhöht. Da der Ausgabepreis der neuen Aktien in der Regel niedriger ist als der Börsenkurs der alten Aktien, wird deren Wert nach der Aktienausgabe sinken (Verwässerungseffekt). Der Kursverlust der alten Aktie (Bezugsrechtsabschlag) entspricht dem Wert des Bezugsrechts.

Arten	Rechtsgrundlage	Kennzeichnung
Bedingte Kapitalerhöhung	Die Hauptversammlung beschließt eine konkrete Kapitalerhöhung bzw. sie ermächtigt den Vorstand, das Grundkapital in einem Zeitraum von maximal fünf Jahren bis zu maximal 50 % des bisherigen Grundkapitals zu erhöhen.	Die Hauptversammlung kann mit dreiviertel Mehrheit des anwesenden Kapitals eine Erhöhung des Grundkapitals beschließen, die nur insoweit durchgeführt werden soll, wie von einem Umtausch- oder Bezugsrecht (Wandelanleihen, Optionsanleihen) Gebrauch gemacht wird, das die Gesellschaft auf die neuen Aktien einräumt. Die bedingte Kapitalerhöhung soll nur zu folgenden Zwecken beschlossen werden: • Gewährung von Umtausch- oder Bezugsrechten an die Gläubiger von Wandel-/Optionsanleihen • Vorbereitung des Zusammenschlusses der Gesellschaft mit anderen Unternehmen • Ausgabe von Belegschaftsaktien. Der Nennbetrag des bedingten Kapitals darf 50 % des bisherigen Grundkapitals nicht übersteigen.
Kapitalerhöhung aus Gesellschaftsmitteln und Aktiensplit	Die Hauptversammlung beschließt eine konkrete Kapitalerhöhung bzw. sie ermächtigt den Vorstand, das Grundkapital in einem Zeitraum von maximal fünf Jahren bis zu maximal 50 % des bisherigen Grundkapitals zu erhöhen.	Die Hauptversammlung kann mit Dreiviertel des anwesenden Kapitals die Erhöhung des Grundkapitals durch Umwandlung von Kapital- und Gewinnrücklagen in Grundkapital beschließen. Mit der Eintragung des Beschlusses über die Erhöhung des Grundkapitals in das Handelsregister ist das Grundkapital erhöht. Die neuen Aktien (Berichtigungsaktien) gelten als voll eingezahlt. Sie stehen den Aktionären im Verhältnis ihrer Anteile am bisherigen Grundkapital zu. Die Hauptversammlung kann eine Neueinteilung des Grundkapitals durch die Ausgabe neuer Aktien (Aktiensplit) beschließen. Der auf die einzelne Aktie entfal-

Arten	Rechtsgrundlage	Kennzeichnung
		lende anteilige Betrag des Grundkapitals (Nennbetrag) sinkt dadurch. Die neuen Aktien stehen den Aktionären der Gesellschaft entsprechend ihrer bisherigen Beteiligung zu. Ziel von Aktiensplits ist die Verringerung des Aktienkurses, um die Verkehrsfähigkeit der Aktie zu erhöhen.

2.7 Emissionsarten

Festpreisverfahren	Das Festpreisverfahren ist ein Emissionsverfahren, das bei Kapitalerhöhungen gegen Einlagen Anwendung findet, bei denen die Aktionäre ein Bezugsrecht besitzen und die Aktien schon an der Börse notieren. Der Emittent legt in Absprache mit dem Konsortium einen verbindlichen Emissionspreis fest, der meist unter dem aktuellen Börsenkurs der Aktie liegt, da in diesem Fall das Bezugsrecht einen inneren Wert besitzt. Die Anleger haben keinen Einfluss auf den Ausgabepreis.
Bookbuilding-Verfahren	Es ist ein Verfahren, das einen marktgerechten Ausgabepreis von Aktien im Zusammenhang mit der Börseneinführung einer Aktiengesellschaft ermittelt. Ausgangspunkt für die Preisfindung ist ein zwischen Emittent und Konsortialführer abgesprochener Preisrahmen (Bookbuilding-Spanne), der im Rahmen von Vorgesprächen mit potenziellen Investoren ermittelt und veröffentlicht wird. Während einer festgelegten Zeichnungsfrist haben Kaufinteressenten anschließend die Möglichkeit zur Abgabe verbindlicher Gebote innerhalb des Preisrahmens, die in einer zentralen Datei (Orderbuch) erfasst werden. Nach Schließung des Orderbuchs am Ende der Zeichnungsfrist wird aus den eingegangenen Geboten der endgültige Ausgabepreis festgelegt.
Greenshoe	Es ist eine Mehrzuteilungsreserve beim Bookbuilding-Verfahren. Der Greenshoe ermöglicht dem konsortialführenden Kreditinstitut eine höhere Zuteilung von Aktien für die Zeichner als ursprünglich geplant. Er dient so als Instrument zur Stabilisierung eines durch sehr großes Anlegerinteresse in die Höhe getriebenen Kurses für die neuen Aktien.

2.8 Stimmrechtsvollmacht

Ausübung des Stimmrechts auf einer Hauptversammlung	Banken sind nicht verpflichtet, die Ausübung von Stimmrechten aus Kundendepots zu übernehmen. Sofern Banken das Stimmrecht für Aktionäre ausüben wollen, müssen sie vom Kunden mit der Wahrnehmung der Stimmrechte aus den hinterlegten Aktien beauftragt werden.
Arten von Stimmrechtsvollmachten	• Der Kunde kann eine Einzelstimmrechtsvollmacht oder eine allgemeine Stimmrechtsvollmacht der Bank erteilen. • Die Einzelstimmrechtsvollmacht gilt nur für eine Hauptversammlung. • Die allgemeine Stimmrechtsvollmacht gilt für alle Hauptversammlungen inländischer Aktien im Depot des Kunden. Bei einer unbefristeten Erteilung muss die Bank einmal jährlich den Kunden auf die Möglichkeit des jederzeitigen Widerrufs der Vollmacht und auf andere Vertretungsmöglichkeiten hinweisen. Sie ist jederzeit widerruflich.
Beispiele für Vertretungsmöglichkeiten	• Kreditinstitute • Schutzgemeinschaft der Kleinaktionäre (SdK) • Deutsche Schutzvereinigung für Wertpapierbesitz e.V. (DSW) • Depotkunden können sich für einzelne Hauptversammlungen Eintrittskarten von ihrer Bank besorgen lassen, um selbst das Stimmrecht auszuüben oder ausüben zu lassen.
Vorschriften für die Ausübung von Vollmachten durch Kreditinstitute	• Das Kreditinstitut ist im Aktienregister anstelle des Depotkunden eingetragen: Mitteilung eigener Vorschläge zur Ausübung des Stimmrechts zu den einzelnen Tagesordnungspunkten an den Depotkunden durch das Kreditinstitut. • Der Aktionär ist im Aktienregister der AG eingetragen: Das Kreditinstitut muss dem Aktionär die eigenen Vorschläge z. B. auf der Homepage zugänglich machen. • Bei den eigenen Vorschlägen muss sich die Bank vom Interesse des Aktionärs leiten lassen. • Das Kreditinstitut verpflichtet sich zur Einhaltung der Pflichten sowie zur ordnungsgemäßen Ausübung der Stimmrechte. • Das Kreditinstitut muss den Depotkunden um Weisung für die Erteilung der Stimmrechtsausübung bitten. • Das Kreditinstitut stimmt entsprechend den eigenen Vorschlägen ab, falls der Aktionär nicht andere Weisungen erteilt. • Hinweis auf personelle oder kapitalmäßige Verbindungen zwischen der Gesellschaft und dem Kreditinstitut • Besondere Vorschriften bei eigenen Hauptversammlungen und Hauptversammlungen bei AG, bei denen das Kreditinstitut mit mehr als 5 % beteiligt ist: Der Depotkunde muss ausdrücklich Weisungen zu den einzelnen Punkten der Hauptversammlungen erteilen.

2.9 Aktienanalyse und Aktienindizes

Fundamentalanalyse	Die Fundamentalanalyse ist ein Verfahren zur Prognose zukünftiger Kursentwicklungen einer Aktie. Bei der Fundamentalanalyse wird der innere Wert einer Aktie mit Hilfe gesamtwirtschaftlicher Faktoren (z. B. Konjunktur), branchenspezifischer Faktoren (z. B. Geschäftsklima bei Anbietern von Internet-Software) und unternehmensindividueller Faktoren (z. B. Kurs-Gewinn-Verhältnis) ermittelt. Diese prognostizierten zukünftigen Erträge werden auf den gegenwärtigen Betrachtungszeitpunkt abgezinst.
Technische Analyse	Bei der technischen Analyse versucht man Aussagen über die zukünftige Kursentwicklung aus der Analyse vergangener Kursentwicklungsmuster abzuleiten. Börsenbezogene Daten wie Kursverlauf oder Handelsvolumen werden untersucht. Als Hilfsmittel werden Charts genutzt, d. h. grafische Darstellungen von Kurs- oder Umsatzentwicklungen zur Ermittlung von Trends. Kauf- bzw. Verkaufssignale werden aus typischen Erscheinungsbildern (Formationen) abgeleitet. So gilt z. B. ein Kursverlauf in „W"-Form mit zunächst sinkenden, dann steigenden, erneut sinkenden und wieder ansteigenden Kursen als Kaufsignal, da unterstellt wird, dass nach Erreichen des oberen rechten Punktes des „W" mit Kurssteigerungen zu rechnen ist. Umgekehrt wird eine „M"-Formation als Verkaufssignal gewertet.
Aktienindizes	Hinter der Berechnung der Indexwerte steht ein Korb von Wertpapieren. Beim DAX (Deutscher Aktienindex) und beim amerikanischen Dow Jones handelt es sich um die Aktien der 30 größten, d. h. börsenumsatzstärksten deutschen bzw. amerikanischen Unternehmen. Im Gegensatz zum Dow Jones enthält der DAX jedoch eine Gewichtung: Je höher die Börsenkapitalisierung eines DAX-Wertes ist, desto höher sein Gewicht. Kursschwankungen von hoch gewichteten DAX-Werten führen damit zu einem größeren Einfluss auf die Indexentwicklung als Kursschwankungen geringer gewichteter Aktien. Wertpapierindizes erfüllen zum einen eine Informationsfunktion für den Anleger. Sie dienen aber auch als Benchmark, d. h. als Vergleichsmaßstab für Wertpapieranlagen. Ist z. B. der DAX innerhalb eines Zeitraums um 10 % gestiegen, so ist diese Veränderung eine wichtige Vergleichsziffer für Anleger, deren Aktiendepot aus Werten großer deutscher Unternehmen zusammengesetzt ist. Wertpapierindizes erfüllen aber auch eine operative Funktion, indem sie als Grundlage für Optionen und Futures fungieren. Ein Wertpapierindex kann auch ein **Performance-Index** sein. Bei dieser Indexart werden Kursrückgänge aufgrund von Ausschüttungen oder Kapitaländerungsmaßnahmen in der Indexformel berücksichtigt. Schüttet z. B. eine AG eine Dividende aus, so verringert sich durch den hiermit verbundenen Liquiditätsabfluss i. d. R. der Aktienkurs des Unternehmens. Die Aktie wird am Tag der Ausschüttung daher auch mit dem Kurszusatz „ex D" notiert. Für den Anleger ist rechnerisch dadurch kein realer Verlust verbunden, da der Kursrückgang durch die Dividendenzahlung entsprechend ausgeglichen wird. In einem Performanceindex würde daher im Gegensatz zu einem Kursindex der Kursrückgang korrigiert um die diesem Rückgang gegenüberstehende Dividendenzahlung. Der DAX wird sowohl als Kurs- als auch Performanceindex berechnet.

Begriffserklärungen aus der technischen Aktienanalyse

Aktienanalyse ist ein Verfahren zur Beurteilung von Unternehmen oder Aktien.

Bärenfalle Eine Bärenfalle ist ein charttechnisches Verkaufssignal, das sich im Nachhinein als Fehlsignal entpuppt. Der Kurs bricht aus einem kontinuierlichen Kursverlauf nach unten aus und lässt ein Verkaufssignal erkennen. Jedoch folgt ein scharfer Richtungswechsel und hebt das Wertpapier wieder über den Trend (vgl. Bullenfalle).

Balkenchart Ein Balkenchart ist eine charttechnische Darstellung eines Kursverlaufes. Ein vertikaler Strich (Balken) stellt den Höchst- und Tiefstkurs meist eines Tages dar. Er wird durch einen kleinen horizontalen Strich links (Eröffnung) und rechts (Schluss) ergänzt.

Benchmark ist ein Vergleichsindex, an dem der Anlageerfolg gemessen wird. Bei Aktien kann das der Aktienindex Dax sein.

Blue Chips (Standardwerte) Bezeichnung für Aktien der größten, international bekannten Unternehmen mit hohem Anteil am Börsenumsatz. Die 30 größten deutschen Unternehmen sind z. B. im Dax enthalten.

Bullenfalle Eine Bullenfalle ist ein charttechnisches Kaufsignal, welches sich im Nachhinein als Fehlsignal entpuppt. Der Kurs bricht aus einem kontinuierlichen Kursverlauf nach oben aus und kündigt ein Kaufsignal an. Danach folgt jedoch ein heftiger Kurseinbruch, der auf das alte Niveau einschwenkt.

Chart Grafische Darstellung von beobachteten Kursverläufen einzelner Wertpapiere. Dabei bilden die jeweiligen Tageskurse jeweils einen Punkt in einem Diagramm.

Durchschnittslinien Bei Durchschnittslinien werden die letzten z. B. 38 Tageskurse gemittelt (alle addiert und durch 38 dividiert). In den folgenden Tagen fällt jeweils der früheste Kurs heraus und der jüngste wird hinzugefügt. Während die 38-Tage-Linie eher kurzfristige Signale gibt, nimmt man langfristig 200 Tage an.

Signale Im engeren Sinne gibt es nur zwei Signale. Das eine ist „**kaufen**" und das andere „**verkaufen**". Je nach Temperament reicht/reichen für eine Entscheidung ein oder mehrere Signale aus. Ist der Markt hochgradig reagibel, hat man bei mehreren Signalen den günstigsten Zeitpunkt meist verpasst.

Kursformationen:

Wimpel Ein Wimpel ist eine Kursformation, bei der die Kursbewegungen immer geringer werden. Ein Ausbruch aus der Formation ist nahezu unausweichlich und weist auf eine neue Trendentwicklung hin.

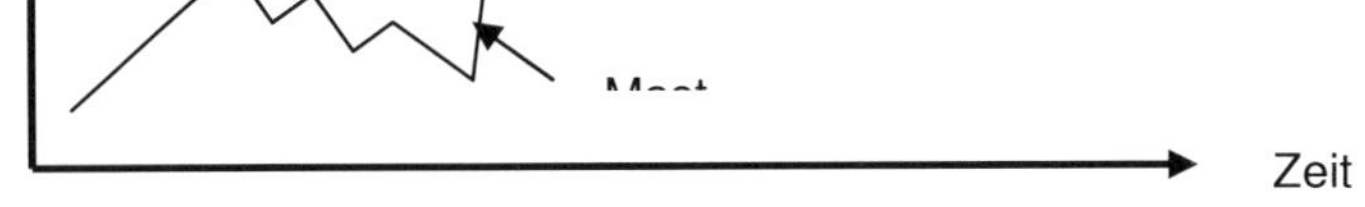

Flagge Eine Flagge verläuft oft antizyklisch zum Trend und weist auf eine Fortsetzung hin. Die obere und untere Trendlinien verlaufen weitgehend parallel. Ein deutlicher Ausbruch des Kursverlaufs deutet häufig auf eine Trendwende hin.

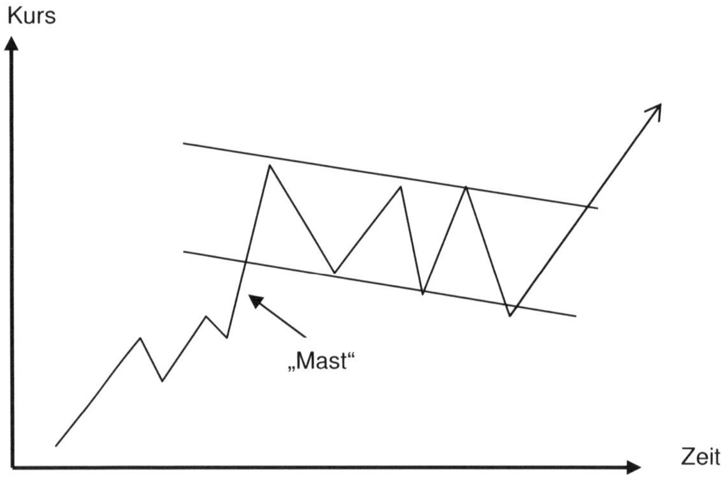

Bei einem **Balkenchart** werden die Kurse eines Tages in einer Senkrechten abgebildet. Liegen signifikante Kursdaten wie Schluss- oder Eröffnungskurse mehrfach am unteren oder oberen Ende der Chartlinie, lassen sich daraus Signale für einen Trendwechsel ablesen.

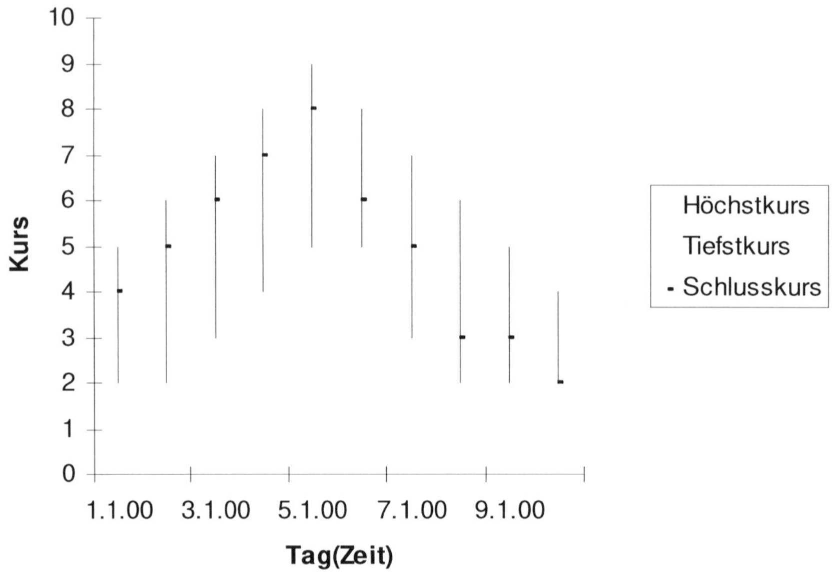

Bei einem **Keil** verlaufen im Gegensatz zum **Dreieck** die Kurse stetig zusammen und es zeichnet sich erst langfristig ein Schnittpunkt der Geraden ab. Es kann manchmal Jahre dauern, bis fertige Keilmuster entstanden sind.

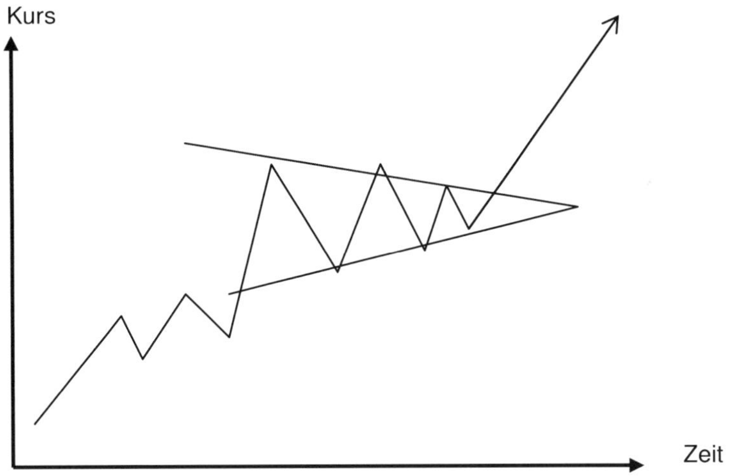

Unterstützungslinien sind analog zu den Widerstandslinien Parallelen zur x-Achse. Fällt der Kurs eines Wertpapiers mehrmals bis auf einen bestimmten Kurs zurück, um im Anschluss daran wieder zu steigen, so spricht man von einer Unterstützung. Wird eine Unterstützung jedoch nach unten durchbrochen lassen sich Schlüsse auf die weitere Kursentwicklung ziehen.

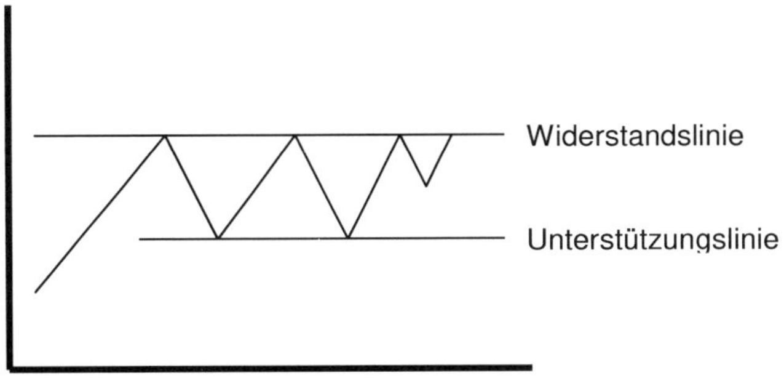

Widerstand Steigt der Kurs eines Wertpapiers mehrmals hintereinander bis auf ein bestimmtes Niveau an, um im Anschluss daran wieder zurückzufallen, so spricht man von einer Widerstandslinie. Das Durchbrechen einer Widerstandslinie lässt eine weitere Kurssteigerung erwarten.

2.10 Ertragskennziffern

Kurs-Gewinn-Verhältnis (KGV)	Diese Kennziffer gibt die Anzahl der Jahre an, nach denen bei einem gleich bleibenden Gewinn des Unternehmens der Aktienkurs verdient ist. Das KGV errechnet sich aus dem Verhältnis des Aktienkurses zum geschätzten Gewinn je Aktie. Beträgt z. B. der aktuelle Aktienkurs 100 EUR, so ergibt sich bei einer voraussichtlichen Dividende für das laufende Jahr von 2 EUR ein KGV von 50. Je höher das KGV ist, desto teurer erscheint die Aktie. Im Beispiel müsste der Gewinn des Unternehmens in 50 Folgejahren verdient werden, um den hohen Kurs zu rechtfertigen. KGV-Analysen sind nur bedingt zur Bewertung von Aktien geeignet, da die Gewinnprognosen für die Zukunft schwierig sind. Das KGV ist ein Maßstab für die Vergleichbarkeit von Unternehmen einer Branche.
Dividenden-rendite	Sie gibt die Verzinsung des Aktienkurses an. Zur Ermittlung der Dividendenrendite wird die erwartete Dividende ins Verhältnis zum Börsenkurs der Aktie gesetzt.

3. Investmentanteile

Allgemeine Kennzeichnung	Es handelt sich um ein in Wertpapieren oder Grundstücken angelegtes Sondervermögen einer Kapitalanlagegesellschaft. Fonds bündeln die Gelder vieler Anleger und investieren sie in Aktien, Anleihen und andere Anlageformen. Die Anteilsinhaber investieren mit einem geringen Betrag gleichzeitig in verschiedene Anlagen und streuen damit ihr Risiko. Investmentfonds werden von Investmentgesellschaften verwaltet. Das Fondsvermögen wird bei einer Depotbank verwahrt und bildet ein Sondervermögen, das von dem eigenen Vermögen der Gesellschaft getrennt gehalten wird. Das Fondsvermögen haftet nicht für Verbindlichkeiten der Gesellschaften.
Rechte von Anteilinhabern	• Miteigentum nach Bruchteilen am Sondervermögen • Anspruch auf Beteiligung am Fondsertrag • Anspruch auf Rückgabe der Anteile an die Kapitalanlagegesellschaft • Anspruch auf ordnungsgemäße Verwaltung des Fondsvermögens • regelmäßige Erstellung eines Jahresberichts
Kauf und Verkauf von Investmentanteilen	Der Kauf oder Verkauf von Investmentanteilen ist bei der jeweiligen Investmentgesellschaft oder an der Börse möglich. Fondsanteile werden mit einem Ausgabeaufschlag zur Deckung der Vertriebskosten ausgegeben; dieser Ausgabeaufschlag entfällt im Börsenhandel.
Erträge	Die Erträge aus Dividenden oder Zinsen schüttet die Investmentgesellschaft an die Anteilseigner aus oder legt sie wieder an (thesaurierende Fonds).
Errechnung des Wertes eines Anteils	Der Wert eines Fondsanteils wird errechnet, indem das Fondsvermögen durch die Anzahl der umlaufenden Anteilsscheine dividiert wird. Steigt der Wert der im Fondsvermögen enthaltenen Anlagen, erhöht sich das Fondsvermögen bzw. der Wert des Anteilsscheins. Beispiel: Fondsvermögen: 150.000.000,00 EUR, Umlaufende Anteile: 4.500.000, Anteilwert: 33,33 EUR

<table>
<tr>
<td>Arten von Investmentfonds</td>
<td>Publikumsfonds: Es sind offene Fonds und haben eine unbegrenzte Zahl von Anlegern.
Aktienfonds: Der Fonds investiert in Aktien einer oder mehrerer Branchen, national oder international.
Beispiel für Aktienfonds:
<table>
<tr><th></th><th>AkkumulaNord</th><th>NordRenta international</th></tr>
<tr><td>Währung</td><td>EUR</td><td>USD</td></tr>
<tr><td>Fondsvolumen</td><td>2,3 Mrd. EUR</td><td>2,9 Mrd. USD</td></tr>
<tr><td>Ausgabeaufschlag</td><td>2,5 %</td><td>3,0 %</td></tr>
<tr><td>Verwaltungsvergütung</td><td>0,75 % p.a.</td><td>0,90 % p.a.</td></tr>
<tr><td>Ertragsverwendung</td><td>thesaurierend</td><td>ausschüttend</td></tr>
</table>
<ul>
<li>Rentenfonds: Der Investmentfonds investiert in nationale und internationale Rentenwerte.</li>
<li>Spezialfonds</li>
<li>Offene Investmentfonds</li>
<li>Geschlossene Investmentfonds: Anlagesumme ist begrenzt.</li>
<li>Ausschüttende Fonds: Die Fondserträge werden an die Anleger z. B. einmal jährlich ausgeschüttet.</li>
<li>Thesaurierende Fonds: Die Erträge werden wieder in Fondswerte angelegt.</li>
<li>Dachfonds: Als Dachfonds werden Investmentfonds bezeichnet, die das Geld der Anteilseigner wiederum in Anteilen von Investmentfonds anlegen.</li>
<li>Aktiv verwaltete Fonds: Das Management verfolgt eine eigene Strategie und versucht mit dieser, die zuvor festgelegte Benchmark zu schlagen.</li>
<li>Passiv verwaltete Fonds oder Indexfonds sind an die Wertentwicklung eines Index gekoppelt.</li>
</ul>
Vorteil eines Indexfonds gegenüber einem aktiv gemanagten Fonds:
Indexfonds sind bei Erwerb kostengünstiger.
Nachteil gegenüber einem aktiv gemanagten Fonds:
Indexfonds können keine bessere aber auch keine schlechtere Performance erreichen als der zugrunde liegende Index.</td>
</tr>
<tr>
<td>Fondserträge</td>
<td><ul><li>Zinsen</li><li>Dividenden</li><li>Bezugsrechtserlöse</li><li>Kursgewinne</li></ul></td>
</tr>
<tr>
<td>Allgemeine Vorteile</td>
<td><ul>
<li>Anlage durch Experten: Management der Kapitalanlagegesellschaft verwaltet den Fonds und analysiert den Markt.</li>
<li>Risikobegrenzung: Management investiert mittels Risikostreuung im Rahmen der Fondsbedingungen bzw. des Investmentgesetzes.</li>
<li>Risikomischung: Der Anleger erwirbt Miteigentum am Sondervermögen, das in verschiedenen Anlageformen investiert wird.</li>
<li>Der Anleger hat die Möglichkeit der Wertpapieranlage in kleineren Beträgen und kann den Cost-Average-Effekt nutzen.</li>
</ul></td>
</tr>
</table>

<table>
<tr><td>Allgemeine Nachteile</td><td>• Der Anleger hat das Risiko der Kurs- und Ertragsschwankungen.
• Es fallen beim Investmentsparen Kosten an, z. B. Ausgabeaufschlag und Verwaltungsprovision.</td></tr>
<tr><td>Risiken</td><td>Bei Rentenfonds:
• allgemeines Kursrisiko
• Zinsänderungsrisiko
• Währungsrisiko bei Auslandsanleihen
• Bonitätsrisiko des Emittenten
Bei Aktienfonds:
• allgemeines Kursrisiko
• Bonitätsrisiko des Emittenten
• Währungsrisiko bei Auslandsaktien
• Ertragsrisiko</td></tr>
<tr><td>Cost-Average-Effekt</td><td>Kauft der Anleger regelmäßig Anteile einer Investmentgesellschaft in der Weise, dass er jeweils einen festen Betrag investiert, erwirbt er seine Anteile grundsätzlich zu einem günstigeren Durchschnittspreis als ein Anleger, der stets eine feste Stückzahl von Anteilen erwirbt. Der Anleger erwirbt weniger Anteile, wenn der Preis hoch ist und dagegen viele, wenn der Preis gering ist.</td></tr>
<tr><td>Berechnung eines Investmentanteils am Beispiel eines Aktienfonds</td><td>Der WEKA Nord Aktienfonds hat folgendes Fondsvermögen:
<table>
<tr><th>Stück</th><th>Vermögenswerte</th><th>Preis pro Stück in EUR</th><th>Kurswert in EUR</th></tr>
<tr><td>20.000</td><td>A-Aktien</td><td>25,20</td><td>504.000,00</td></tr>
<tr><td>20.000</td><td>B-Aktien</td><td>30,10</td><td>602.000,00</td></tr>
<tr><td>10.000</td><td>C-Aktien</td><td>40,50</td><td>405.000,00</td></tr>
<tr><td>90.000</td><td>weitere Aktien</td><td></td><td>5.841.000,00</td></tr>
</table>
Zum Fondsvermögen gehört ein Bankguthaben von 300.000,00 EUR.
Es sind 200.000 Stück Fondsanteile im Umlauf.
Auszug aus den Fondsbedingungen:
Ausgabeaufschlag 3 % des Anteilwertes (Ausgabepreis auf volle 0,10 EUR aufrunden)
Rücknahme zum Anteilwert abzüglich 0,3 % Rücknahmekosten (Rücknahmepreis auf volle 0,10 EUR abrunden)
Berechnung des Inventarwerts
Summe der Aktienwerte im Aktienfonds zuzüglich Bankguthaben dividiert durch die umlaufenden Aktien ergibt den Inventarwert.
7.652.000 : 200.000 = 38,26 EUR
Berechnung des Verkaufspreises
Inventarwert zuzüglich 5 % Ausgabeaufschlag ergibt den Verkaufspreis des Fondsanteils.
39,50 EUR = Inventarwert x 1,03, aufgerundet auf volle 0,10 EUR
Berechnung des Rücknahmepreises
Anteilwert abzüglich 0,3 % Rücknahmekosten ergibt den Rücknahmepreis des Fondsanteils.
38,10 EUR = Anteilwert x 0,997, abgerundet auf volle 0,10 EUR</td></tr>
</table>

4. Optionsschuldverschreibungen

4.1 Optionsanleihe

Allgemeine Kennzeichnung	Eine Optionsanleihe ist eine festverzinsliche Schuldverschreibung mit zusätzlichen Optionsscheinen. Optionsanleihen unterscheiden sich von normalen Anleihen durch die Zugabe von Optionsscheinen. Diese berechtigen den Inhaber, Aktien oder Anleihen des Emittenten in der Regel nach einer bestimmten Frist zu einem festgelegten Kurs zu beziehen. Mit Beginn der Optionsfrist kann der Anleger über die Optionsscheine getrennt verfügen und diese an der Börse verkaufen. Die Anleihen notieren anschließend mit dem Kurszusatz „ex“. Nicht getrennte Anleihen werden „cum“, also mit Anleihe genannt. Mit der Ausübung der Option erlischt der Anspruch auf Rückzahlung des Nominalbetrages der Anleihe nicht.
Rechte des Anlegers	• Zinsanspruch • Rückzahlungsanspruch • Ausübung des Optionsrechts
Vorteile für den Anleger	Der Anleger erhält eine regelmäßig garantierte Zinszahlung. Die Rückzahlung zum Nennwert am Ende der Laufzeit ist ebenfalls garantiert. Das Kursrisiko ist begrenzt. Mit steigendem Aktienkurs des Unternehmens steigt auch der Kurs der Optionsanleihe. Bei fallendem Aktienkurs sinkt der Kurs der Optionsanleihe höchstens auf den Wert der Anleihe ex.
Vorteile für das emittierende Unternehmen	Durch die Ausgabe einer Optionsanleihe beschafft sich eine AG zunächst Fremdkapital (Anleihe). Zusätzlich hat sie die Möglichkeit zur Erhöhung des Eigenkapitals durch Emission von Aktien bei Ausübung der Optionsscheinrechte.
Arten	Man unterscheidet das Aufgeld- und das Abgeldmodell bei Optionsanleihen. • Beim Aufgeldmodell ist die Verzinsung marktgerecht und der Aufpreis für den Optionsschein beträgt 30 % bis 40 % des Nominalwertes der Anleihe. • Beim Abgeldmodell liegt die Verzinsung unterhalb des Marktzinsniveaus als Ausgleich für den Bezug des Optionsscheins. An der Börse werden 3 Varianten von Rechten gehandelt: • Anleihen mit Optionsschein, volle Stücke im Rentenhandel • Anleihe ohne Optionsschein (o. O.) im Rentenhandel • Optionsschein ohne Anleihe im Optionsscheinhandel
Steuerliche Behandlung	• Zinsen aus Optionsanleihen unterliegen der 25-prozentigen Abgeltungsteuer. • Die Veräußerungsgewinne unterliegen ohne Einhaltung einer Haltefrist ebenfalls der Abgeltungsteuer.

Auszug aus dem Bezugsangebot einer Optionsanleihe der *ComTech AG*

Aufgrund des Beschlusses der Hauptversammlung vom 25. Juni 2018 emittieren wir eine Optionsanleihe im Gesamtnennbetrag von 32.000.000,00 EUR.

Ein Bankenkonsortium hat die nom. 32.000.000,00 EUR Optionsschuldverschreibungen mit der Verpflichtung übernommen, sie den Aktionären unserer Gesellschaft zum Bezug anzubieten.

Die Aktionäre können die Optionsschuldverschreibungen im nachstehenden Verhältnis beziehen: auf je 400 Stückaktien entfällt eine Optionsschuldverschreibung über nom. 1.000,00 EUR zum Ausgabekurs von 120 %. Gemäß den Anleihe- und Optionsbedingungen hat die Optionsanleihe folgende wesentliche Ausstattungsmerkmale:

Stückelung: Die Optionsanleihe ist eingeteilt in unter sich gleichberechtigte, auf den Inhaber lautende Optionsschuldverschreibungen im Nennbetrag von 1.000,00 EUR.

Verzinsung: Die Optionsschuldverschreibungen werden vom 5. Dezember 2018 an mit jährlich 3,25 % verzinst. Die Zinsen sind nachträglich am 5. Dezember der Jahre 2019 bis 2028 fällig. Die erste Zinszahlung erfolgt am 5. Dezember 2019.

Laufzeit und Rückzahlung: Die Laufzeit der Optionsanleihe beträgt zehn Jahre fest. Die Gesellschaft ist verpflichtet, die Optionsschuldverschreibungen am 5. Dezember 2028 zum Nennbetrag zurückzuzahlen.

Bedingtes Kapital: Zur Gewährung von Optionsrechten besteht ein bedingtes Kapital in Höhe von 2.560.000,00 EUR.

Optionsscheine: Jeder Optionsschuldverschreibung im Nennbetrag von 1.000,00 EUR sind acht Inhaberoptionsscheine mit Berechtigung zum Bezug von je einer Stückaktie unserer Gesellschaft beigefügt.

Optionsrecht: Die Inhaber der Optionsscheine sind berechtigt, die auf den Optionsscheinen angegebene Anzahl von Stückaktien unserer Gesellschaft zum Optionspreis von 80,00 EUR je Stückaktie zu beziehen. Die Aktien sind gewinnanteilberechtigt vom Beginn des Geschäftsjahres an, in dem sie aufgrund der Ausübung von Optionsrechten entstehen.

Optionsfrist: Das Optionsrecht kann vom 10. Mai 2019 bis zum 27. November 2028 einschließlich ausgeübt werden.

Zum **Bezug einer Optionsschuldverschreibung** im Nennbetrag von 1.000,00 EUR zum Kurs von 120 % berechtigen die Gewinnanteilscheine Nr. 11 von 400 Stückaktien.

Das **Bezugsrecht auf die Optionsschuldverschreibungen** wird vom 12. November 2018 bis 23. November 2018 einschließlich an allen deutschen Wertpapierbörsen gehandelt und amtlich notiert. Die Bezugsstellen sind bereit, den An- und Verkauf von Bezugsrechten nach Möglichkeit zu vermitteln.

4.2 Optionsscheine

Allgemeine Kennzeichnung	Der Optionsschein ist ein eigenständiges Wertpapier, das dem Inhaber das Recht einräumt, beispielsweise eine bestimmte Anzahl von Aktien im entsprechenden Bezugsverhältnis zu einem bestimmten Kurs (Bezugskurs) innerhalb einer bestimmten Frist (Bezugsfrist) zu erwerben (Aktienoptionsschein). Der Optionsschein wird losgelöst von der Anleihe an der Börse gehandelt. Es ist eine spekulative Anlage mit hohem Chancen-Risiko-Potenzial. Der Handel mit Optionsscheinen ist ein Finanztermingeschäft, d. h. die Bank muss über die mit solchen Geschäften verbundenen Risiken den Kunden förmlich aufklären und dies entsprechen dokumentieren.

Ausstattungsmerkmale	Klassische Optionsscheine haben meist eine Laufzeit von mehreren Jahren. Der Optionsschein ist wie eine Kaufoption (Call) ausgestattet und berechtigt zum Kauf von Aktien der emittierenden AG zu einem bestimmten Basispreis. Entsprechend der Kontraktgröße bei Optionen ist bei Optionsscheinen ein bestimmtes Bezugsverhältnis festgelegt. Ein Bezugsverhältnis von 1 : 5 bedeutet, dass mit einem Optionsschein 5 Aktien bezogen werden können. Um Chancen und Risiken des Optionsscheins zu beurteilen, sind die Optionsbedingungen wie Optionsverhältnis, Bezugsfrist, Bezugspreis und Optionsprämie zu beachten.
Hebelwirkung	Die Hebelwirkung beruht darauf, dass für den Erwerb des Optionsscheins ein geringerer Kapitaleinsatz erforderlich ist als für den Erwerb der Aktie, sodass der Optionsschein auf Kursänderungen der Aktie überproportional reagiert. Der Hebel gibt an, um wie viel Prozent sich der Kurs des Optionsscheins verändert, wenn der Kurs der Aktie um 1 % steigt oder fällt. **Beispiel eines Call-Optionsscheins:** Kurs des Optionsscheins 0,50 EUR Kurs der Aktie (Basiswert) 32,00 EUR Basispreis (Bezugspreis) 34,00 EUR Bezugsverhältnis 10 : 1 Restlaufzeit 2 Jahre **Ermittlung des Aufgeldes:** Aufgeld = (Basispreis + (Kurs des Optionsscheins : Bezugsverhältnis) - Aktienkurs) : Aktienkurs x 100 Aufgeld = (34,00 + 0,05 - 32,00) : 32,00 x 100 = 6,41 % Bei Verteilung des Aufgeldes auf die zwei Jahre Restlaufzeit ergibt sich pro Jahr ein Aufgeld von 3,205 %. **Ermittlung des Hebels:** Hebel = Kurs der Aktie : (Kurs des Optionsscheins x Bezugsverhältnis) Hebel = 32 : (0,50 x 10) = 6,4
Motive für den Erwerb von Optionsscheinen	• Kurssicherung • Spekulation
Steuerliche Behandlung	Grundsätzlich ist die Differenz zwischen Verkaufs- und Kaufpreis für die Besteuerung maßgeblich. Stillhalterprämien unterliegen der Abgeltungsteuer. Gewinne aus dem Verkauf von Optionsscheinen sind ebenfalls abgeltungsteuerpflichtig. Bei einem Verlust liegen negative Einkünfte aus Kapitalvermögen vor, die mit anderen Einnahmen wie Zinsen oder Dividendenerträgen verrechnet werden können.
Beispiel für einen Optionsschein	Die Aktie der *Chemie AG* wird nach einem langen Kursanstieg zu einem Kurs von 52,00 EUR an der Börse gehandelt. Der Depotkunde Jürgen Schneider besitzt 100 Aktien und möchte sich seine erzielten Kursgewinne sichern, ohne aber auf einen möglichen weiteren Kursanstieg der *Chemie AG*-Aktie zu verzichten. Herr Schneider sichert sich sein Depot durch einen Optionsschein ab.

Art	Basiswert	Laufzeit	Bezugsverhältnis	Basispreis	Kurs des Basiswertes	Optionsschein-Kurs
Put	Aktie der *Chemie AG*	15.09.2018	1 : 1	50,00 EUR	52,00 EUR	5,00 EUR

Herr Schneider kauft 100 Optionsscheine, die Kosten der Absicherung betragen insgesamt 500,00 EUR.

Depotentwicklung bei unterschiedlichen Kursverläufen:

Kursverlauf	Wert des Optionsscheins am Verfalltag	Depotwert ohne Absicherung	Depotwert mit Absicherung
Aktie steigt auf 78,00 EUR	-	7.800,00 EUR	7.300,00 EUR
Aktie bleibt bei 50,00 EUR	-	5.000,00 EUR	4.500,00 EUR
Aktie fällt auf 42,00 EUR	800,00 EUR	4.200,00 EUR	4.500,00 EUR
Aktie fällt auf 28,00 EUR	2.200,00 EUR	2.800,00 EUR	4.500,00 EUR

Die Tabelle zeigt, wie sich das Depot von Herrn Schneider bei unterschiedlichen Kursverläufen am Ende der Laufzeit entwickelt hätte. Fallen die Aktienkurse nicht, hat die Kurssicherung mit dem Optionsschein den Gewinn um die Depotabsicherungskosten geschmälert. Sollten die Aktienkurse fallen, ist Herr Schneider vor größeren Verlusten geschützt.

4.3 Optionen

Allgemeine Kennzeichnung von Optionen	Optionen sind standardisierte, börsenmäßig gehandelte Vereinbarungen, die dem Käufer das Recht, aber nicht die Verpflichtung gegeben, • eine bestimmte Menge eines bestimmten Basiswertes • innerhalb eines festgelegten Zeitraums (Optionsfrist) • oder zu einem festgesetzten Zeitpunkt (Optionstermin) • zu einem bei Vertragsabschluss festgelegten Preis (Basispreis) • zu kaufen (Call) • oder zu verkaufen (Put).
Put (Verkaufsoption)	Option, die den Käufer berechtigt, einen bestimmten Basiswert in einer bestimmten Menge zu einem im Voraus festgelegten Ausübungspreis bis oder zu einem bestimmten Termin zu verkaufen. Käufer eines Puts erwarten, dass der Preis des Basiswertes während der Laufzeit der Option fällt.
Call (Kaufoption)	Standardisiertes, an einer Terminbörse gehandeltes Kaufrecht auf einen Basiswert. Ein Call ist ein verbrieftes Recht, aber nicht die Pflicht, eine bestimmte Menge eines Basiswertes zu einem vereinbarten Preis (Basispreis) innerhalb eines festgelegten Zeitraums zu erwerben.
Zeitwert eines Puts	Differenz zwischen aktuellem Kurs eines Basiswertes und dem Basispreis abzüglich des Optionspreises. Beispiel: Optionstyp: Put Basispreis: 45,00 EUR Optionspreis: 3,00 EUR aktueller Börsenkurs des Basiswertes: 42,50 EUR Zeitwert: 0,50 EUR

<table>
<tr><td>Innerer Wert</td><td>Er ist der Wert einer Option, die sich „im Geld" befindet. Der innere Wert gibt denjenigen Optionspreis an, bei dem ein Erwerb der Aktie über die Börse genauso günstig ist wie der Erwerb über die Option.
Beispiel:
Kaufoption über X-Aktien, Basispreis 95 EUR. Bei einem aktuellen Kurs der X-Aktie von 100 EUR und einem Optionsverhältnis von 1 : 1 ist der innere Wert 5 EUR. Der Erwerb über die Option (95 + 5 = 100) entspricht dem aktuellen Börsenkurs.
Der innere Wert einer Option liegt i. d. R. unter dem tatsächlichen Optionspreis an der Börse, da der tatsächliche Preis die Spekulationserwartung der Anleger widerspiegelt, die umso höher ist, je länger die Restlaufzeit der Option und die Volatilität des Basiswertes ist.
Der innere Wert der Option (Call oder Put) ist u. a. abhängig von der Volatilität des Börsenkurses des Basiswertes. Der Optionspreis wird am Verfalltag dem inneren Wert der Option entsprechen, da der Zeitwert dann null ist.</td></tr>
<tr><td>Einfluss-faktoren</td><td>Es gibt 5 Haupteinflussfaktoren, die den Preis einer Option bestimmen. Die einzelnen Faktoren haben eine unterschiedliche Einflussstärke, die sich während der Laufzeit der Option verändert. Die Faktoren sind: Innerer Wert, Basispreis, Laufzeit der Option, Volatilität und Zinsniveau.
Innerer Wert: Die Differenz vom Kurs des Basiswerts zum Basispreis der Option bestimmt den Inneren Wert einer Option. Der Innere Wert kann grundsätzlich nicht unter Null sinken.
Bei Calls gilt: Je höher der Kurs oder Preis des Basiswertes, desto höher ist der Wert der Option. Der Call auf die X-Aktie mit einem Basispreis von 100,00 EUR und einem Aktienkurs von 150,00 EUR hätte einen Wert von mindestens 50,00 EUR. Würde der Aktienkurs auf 170,00 EUR steigen, so wäre die Option mindestens 70,00 EUR wert.
Bei Puts verhält es sich gegenläufig. Je niedriger der Kurs oder Preis der Aktie, desto höher ist der Wert des Puts. Der Put auf die X-Aktie mit einem Basispreis von 100,00 EUR und einem Aktienkurs von 80,00 EUR hätte einen Wert von 20 EUR. Bei der Ausübung des Puts kann die Aktie zu 100,00 EUR (Basispreis) angedient werden, obwohl der Marktwert der Aktie nur bei 80,00 EUR liegt. Würde der Aktienkurs um weitere 20 Punkte auf 60,00 EUR fallen, würde der Innere Wert des Puts um 20,00 EUR auf 40,00 EUR steigen.
Zeitwert: Die Differenz zwischen dem Optionswert (Prämie) und dem Inneren Wert wird als Zeitwert bezeichnet. Die Optionsprämie wird mit Hilfe mathematischer Modelle errechnet.
<table>
<tr><th colspan="2">Beispiel für die Ermittlung des Inneren Wertes bei einem Optionsschein und einer Option</th></tr>
<tr><td>Kurs der Option</td><td>81,00 EUR</td></tr>
<tr><td>Kurs des Optionsscheins</td><td>1,00 EUR</td></tr>
<tr><td>Kontraktgröße Option</td><td>100 Aktien</td></tr>
<tr><td>Bezugsverhältnis Optionsschein</td><td>100 : 1</td></tr>
<tr><td>Basispreis</td><td>300,00 EUR</td></tr>
<tr><td>Kurs des Basistitels</td><td>380,00 EUR</td></tr>
</table>
</td></tr>
</table>

	Formel für den Inneren Wert des Optionsscheins	(Kurs Basistitel – Basispreis) : Bezugsverhältnis
	Innerer Wert des Optionsscheins	0,8
	Formel für den Inneren Wert der Option	Kurs Basistitel – Basispreis
	Innerer Wert der Option	80

4.4 Futures

Allgemeine Kennzeichnung	Futures sind standardisierte, börsenmäßig gehandelte Terminkontrakte auf Finanzinstrumente mit der vertraglichen Verpflichtung, • eine bestimmte Menge eines Basiswertes (Kontraktgegenstand) • zu einem bei Vertragsabschluss festgelegten Preis (Future-Preis) • zu einem bei Vertragsabschluss vereinbarten späteren Zeitpunkt (Erfüllungstag) • zu liefern (Short Position) • oder abzunehmen (Long Position). Finanztermingeschäfte sind Festgeschäfte, d. h. Käufer und Verkäufer gehen eine bindende Liefer- oder Abnahmeverpflichtung ein. In der Praxis werden die Finanztermingeschäfte nicht erfüllt, sondern vor Fälligkeit durch Gegengeschäfte glatt gestellt: Gekaufte Kontrakte werden durch entsprechende Verkäufe, verkaufte Kontrakte durch entsprechende Käufe gleicher Kontrakte glatt gestellt. Der Gewinn oder Verlust ergibt sich aus dem Unterschied zwischen dem Eröffnungspreis und dem Preis des Glattstellungsgeschäfts.
Arten	• Zinsfutures • Aktienindexfutures • Devisenfutures
Motive für den Kauf oder Verkauf von Futures	• Kurssicherung: a) Verkauf eines Wertpapierbestandes auf Termin. Vorteil: Kurssicherheit Nachteil: Anleger profitiert nicht von steigenden Marktpreisen. b) Kauf von Wertpapieren auf Termin mit der Absicht, die Wertpapiere zu halten. Vorteil: Kurssicherheit Nachteil: Auch bei sinkenden Marktpreisen müssen die Wertpapiere zum höheren Kurs abgenommen werden. • geringer Liquiditätseinsatz • hohe Gewinn- aber auch hohe Verlustrisiken
Sicherheitsstellung (Margin)	Käufer und Verkäufer eines Futures haben zur Gewährleistung ihrer Kontraktverpflichtungen Sicherheiten in Geld oder Wertpapieren zu hinterlegen. Die EUREX berechnet die Höhe der erforderlichen Sicherheit börsentäglich auf Grund der Differenz zwischen dem vereinbarten Future-Preis und dem aktuellen Kassakurs.

5. Wandelanleihen

Allgemeine Kennzeichnung	Die Wandelanleihe verbindet Elemente der Anleihe mit Elementen der Aktie. Wandelanleihen verbriefen ein Wandlungsrecht: Eine Wandelanleihe ist eine Unternehmensanleihe, die innerhalb einer vorher festgelegten Frist zu einem vorab festgelegten Kurs in Aktien des Unternehmens umgetauscht werden kann. Eine Wandelanleihe ist demnach eine Anleihe mit einer Kaufoption auf Aktien. Anleger haben auch die Möglichkeit, die Wandelanleihe – wie bei einer klassischen Anleihe – bis zur Endfälligkeit zu halten. In diesem Fall erhalten sie jährliche Zinszahlungen vom Schuldner, der am Ende der Laufzeit die Anleihe zurückzahlt. Der Anleiheninhaber wird also vom Gläubiger zum Unternehmensteilhaber. Aufgrund dieses Rechts hat eine Wandelanleihe eine niedrigere Verzinsung als andere Anleihen. Die Hauptversammlung muss der Begebung einer Wandelanleihe und der damit verbundenen Kapitalerhöhung mit einer Dreiviertel-Mehrheit zustimmen. Wandelanleihen können sich in verschiedenen Details unterscheiden, z. B. vorzeitige Kündigungsrechte des Schuldners oder Einschränkungen für Anleger bei der Möglichkeit, die Anleihe in Aktien zu tauschen.
Rechte des Anlegers	• Anspruch auf Rückzahlung zum Nennwert falls keine Wandlung • Zinsanspruch • Umtauschrecht in Wertpapieren
Gründe für die Begebung von Wandelanleihen	Unternehmen können sich durch die Ausgabe von Wandelanleihen billig verschulden. Da die Wandelanleihe im Vergleich zur normalen Anleihe mit einem zusätzlichen Recht auf Umtausch in Aktien ausgestattet ist, liegt ihr Zinskupon unter jenem normaler Anleihen. **Wandelanleihen: Attraktiv für Emittenten und Anleger** Immer mehr Unternehmen entdecken die Vorzüge einer Finanzierung mittels Wandelanleihen - und davon können auch Anleger profitieren. Denn immer mehr Fondsgesellschaften entdecken die Wandelanleihenfonds und emittieren kräftig solche Produkte. Wandelanleihen oder Convertible Bonds bieten einen Zinsvorteil gegenüber herkömmlichen Anleihen. Außerdem können Firmen über dieses hybride Kapitalmarktprodukt, das Elemente aus Aktien und Schuldverschreibungen in sich vereint, die Basis der Kapitalgeber diversifizieren. Die Wandelanleihe ermöglicht eine Finanzierung zu attraktiven Konditionen. Börsenanalysten geben den Refinanzierungsvorteil für einen Triple-B-Emittenten bei einer 5-jährigen Wandelanleihe mit einer Ersparnis von 2,5 bis 3,5 Prozentpunkten im Vergleich zu einer herkömmlichen Unternehmensanleihe an. Dieser Vorteil ergibt sich aus dem Optionsrecht zur Wandlung der Anleihe in Aktien. Attraktiv ist das Instrument aber auch für Anleger. Wandelanleihen haben einen Renditevorteil gegenüber Aktien, wenn der Kupon über der Dividendenrendite liegt. Wandelanleihen haben zudem eine niedrigere Volatilität als Aktien. Aktienportfolien können so diversifiziert werden. In Anleiheportfolios sorgen sie hingegen für eine zusätzliche Rendite infolge der Aktienkursanstiege. Wandelanleihen haben vor allem aber

	einen großen Vorteil, der sie von allen anderen Finanzmarktinstrumenten unterscheidet: Anleger können von dem Aufwärtspotenzial einer Aktie profitieren und genießen gleichzeitig den Schutz einer Anleihe bei fallenden Aktienkursen. Als Faustformel gilt: Wandelanleihen machen die Aufwärtsbewegung einer Aktie zu etwa zwei Dritteln mit; bei einem Kursrückgang beträgt die Partizipation nur rund ein Drittel.
Vorteile für Anleger	Der Preis einer Wandelanleihe wird vom Aktienkurs des Unternehmens, dem Zinsniveau sowie der Bonität des Unternehmens beeinflusst. Erfahrungen mit der Anlage in Wandelanleihen zeigen, dass der Kurs einer Wandelanleihe tendenziell rund zwei Drittel der Hausse eines Aktienkurses mitmacht, aber nur ein Drittel der Baisse eines Aktienkurses. Wandelanleihen bieten dem Anleger die Möglichkeit einer kontrollierten Spekulation.
Risiken einer Wandelanleihe	Das größte Risiko liegt in der Möglichkeit der **Insolvenz** des Schuldners. Außerdem sind die Märkte für Wandelanleihen i. d. R. nicht so liquide wie die Aktienmärkte. Der Kurs der Wandelanleihe kann daher sehr **volatil** sein. Daneben müssen die Anleger wie auch bei Anleihen mit dem **Zinsänderungsrisiko** rechnen.
Marktvolumen	Das Volumen beträgt der am Markt befindlichen Wandelanleihen ca. 600 Milliarden US-Dollar. Davon entfallen auf europäische Wandelanleihen ca. 32 %. In Deutschland ist die Wandelanleihe kaum verbreitet.
Käufer und Anleger von Wandelanleihen	Wandelanleihen können sich für Privatanleger eignen. Da das Produkt kompliziert ist, bietet sich als Alternative zur Direktanlage eine Anlage in Anteilen an einem auf diese Papiere spezialisierten Fonds an. Überwiegend werden Wandelanleihen von Großanlegern, wie Versicherungen und Investmentgesellschaften sowie von Hedgefonds erworben.
Steuerliche Behandlung	Zinsen aus Wandelanleihen und Stückzinsen unterliegen der 25 %igen Abgeltungsteuer. Die Veräußerungsgewinne unterliegen ohne Einhaltung einer Haltefrist ebenfalls der Abgeltungsteuer.

Bezugsangebot Wandelanleihe der *Chemie AG*

2,85 % Wandelschuldverschreibung 2018/2024	
Gesamtnennbetrag	400.000.000,00 EUR
Bezugsfrist	14.05.2018 bis 18.05.2018
Bezugsverhältnis	Jeweils 30 Aktien berechtigen zum Bezug einer Wandelschuldverschreibung im Nennwert von 500,00 EUR.
Ausgabekurs	100 %
Kleinste Stückelung	500,00 EUR
Verzinsung	2,85 % p. a., zahlbar am 1. Juni jeden Jahres
Rückzahlung	1. Juni 2024, sofern nicht gewandelt wurde
Wandlungsfrist	1. Juni 2022 bis 31. März 2024
Wandlungsrecht	Eine Teilschuldverschreibung im Nennwert von 500,00 EUR kann in 10 Aktien der *Chemie AG* unter Zuzahlung von 5,00 EUR je Aktie umgetauscht werden.

Es können 8 Millionen Aktien aus der Emission von Wandelanleihen ausgegeben werden.
Berechnung: 10 x 400 Mio. : 500 = 8 Millionen Aktien
Die Stückaktien der Chemie AG haben einen rechnerischen Anteil am Grundkapital von 2,00 EUR. Zur Sicherung der Umtauschrechte muss die Hauptversammlung eine bedingte Kapitalerhöhung über 16 Millionen EUR beschließen.
Berechnung: 8 Millionen Aktien x 2 EUR = 16 Millionen EUR Kapitalerhöhung
Ein Depotkunde möchte 5.000 EUR Nennwert Wandelanleihen der *Chemie AG* beziehen. Er benötigt 300 Bezugsrechte.
Berechnung: 30 x 5.000 EUR : 500 = 300 Bezugsrechte
Die Ausübung des Wandlungsrechts lohnt sich, wenn der Wandlungspreis niedriger ist als der Aktienkurs. Aus dem Wandlungsverhältnis und der Zuzahlung von 5,00 EUR ergibt sich ein Wandlungspreis von 55,00 EUR. Eine Ausübung der Wandlung ist sinnvoll, wenn der Aktienkurs über 55,00 EUR liegt.
Berechnung: 500 EUR Nennwert : 10 Aktien = 50,00 EUR
50 EUR + 5 EUR Zuzahlung = 55 EUR
Wenn alle Anleger während der Wandlungsfrist von ihrem Wandlungsrecht Gebrauch machen, wandelt sich bei der *Chemie AG* Fremdkapital von 400 Millionen EUR in Eigenkapital um. Zudem erhält die *Chemie AG* einen Zuzahlungsbetrag von 40 Millionen EUR. Das Eigenkapital erhöht sich dann insgesamt um 440 Millionen EUR.
Das Grundkapital der Gesellschaft erhöht sich um 16 Millionen EUR, der Restbetrag von 424 Millionen EUR wird der Kapitalrücklage zugeführt.

6. Genussscheine

Allgemeine Kennzeichnung	Genussscheine sind Wertpapiere, die Genussrechte verbriefen. Darunter versteht man das Recht, dem Inhaber einen Anteil am Reingewinn der betreffenden Unternehmung zufließen zu lassen, meistens verbunden mit dem Recht auf eine Mindestverzinsung (Basisrendite). Der Inhaber der Genussrechte hat kein Recht auf einen festen Ertrag und keine Stimmberechtigung auf einer Hauptversammlung. Die Kursentwicklung der Genussscheine entspricht je nach Ausstattung mehr den Aktien oder mehr den Schuldverschreibungen. Für Kreditinstitute ist die Ausgabe von Genussrechten interessant, da diese z. T. als haftendes Eigenkapital anerkannt werden. Genussscheine sind weniger risikobehaftet als Aktien und viele Derivate. Genüsse nehmen eine Zwitterstellung zwischen Aktie und Anleihe ein. Wie festverzinsliche Wertpapiere verbriefen sie die Rückzahlung des eingesetzten Kapitals zum Ende der Laufzeit sowie regelmäßige Ausschüttungen. Die Zinshöhe hängt allerdings vom Bilanzgewinn des Unternehmens ab. Steigende Gewinne können die Ausschüttungen erhöhen, Verluste können die Zinszahlungen senken. Auch ein Totalausfall ist möglich. Hinzu kommen die Kursrisiken. In der Regel müssen Genussscheininhaber Unternehmensverluste, Kapitalschnitte oder einen Konkurs in voller Höhe mittragen. Die Rückzahlungsansprüche und die Kurse von Genussscheinen verhalten sich entsprechend. Das größere Risiko gegenüber Anleihen gleichen die Emittenten mit höheren Zinszahlungen aus. Der Renditeabstand richtet sich nach der

	Bonität des Schuldners. Finanzschwache Unternehmen müssen hohe Zinsen bieten, damit steigt aber auch das Risiko für den Anleger und umgekehrt. Eine allgemein gültige Regel zur Berechnung von Genussscheinrenditen gibt es nicht.
Arten von Genussrechten	• Genussscheine, die eine Beteiligung am Gewinn und Liquidationserlös beinhalten. • Genussrechte, die eine feste oder variable Verzinsung ohne Beteiligung am Liquidationserlös beinhalten.
Vorteile von Genussscheinen für Anleger	• Genussscheine sind weniger risikobehaftet als Aktien und viele Derivate. • Die jährlichen Zinszahlungen (Ausschüttungen) liegen i. d. R. um ein viertel Prozent höher als bei festverzinslichen Wertpapieren mit gleicher Laufzeit.
Nachteile von Genussscheinen für Emittenten und Anleger	Das Genussscheinkapital steht den Gläubigern nur für eine begrenzte Zeit zur Verfügung. Bei Unternehmensverlusten können die jährlichen Zinszahlungen ausfallen, bei Kapitalherabsetzungen sinken die Rückzahlungsansprüche der Anleger entsprechend. Das Genussrechtskapital ist ein Zwitter zwischen Eigen- und Fremdkapital. Dass es nur bis zum Ende der Laufzeit der Genussscheine und damit nicht dauerhaft einer AG, z. B. einer Bank zur Verfügung steht, macht es fremdkapitalähnlich. Der jährliche Zins auf die Genussscheine kann aber ausfallen, wenn eine Bank Verlust macht. Und im Extremfall kann Genussrechtskapital eben auch im Nennwert herabgesetzt werden, wenn damit Verluste abzudecken sind. Das macht es zu einem eigenkapitalähnlichen Instrument. In den vergangenen Jahren haben aber Banken, die einen Jahresverlust erlitten haben, in der Regel ihre Rücklagen und Sonderposten in der Bilanz aufgelöst, um ihren Genussschein-Inhabern die zugesagten Zinsen zu zahlen. Die ehemalige Gewerkschaftsbank AHBR war vor der Finanzkrise lange Zeit die einzige Bank, die zur Kapitalherabsetzung griff. Die EU-Kommission hat dagegen zum Jahresende 2008 durchgesetzt, dass alle Banken, die Staatshilfe in der Finanzkrise erhalten, so lange keine Zinsen auf ihr Genussscheinkapital zahlen dürfen, solange sie in einem Jahr Verlust machen. Der Praxis, Rücklagen und Sonderposten für die Ausschüttung zu mobilisieren, schob sie somit einen Riegel vor.

Beispiel für wesentliche Angaben aus einem Bezugsangebot für Genussscheine

Emittent:	*Reisebank AG*
Verkaufskurs	101 %
Laufzeitbeginn	14. Mai 2018
Rückzahlung	14. Mai 2026 zum Nennwert
Mindestzeichnungssumme	1.000 EUR und ein Vielfaches

Ausschüttung	4 % p.a. vom Nennwert; jeweils zahlbar am 14. Mai eines Jahres, erstmals zahlbar am 14. Mai 2019; die Ausschüttung entfällt, soweit sie zu einem Bilanzverlust führt.
Nachrangigkeit	Genussrechtskapital kann im Falle der Insolvenz der Bank erst nach Befriedigung der nicht nachrangigen Gläubiger der Bank zurückgefordert werden.
Teilnahme am Verlust	Genussrechtskapital nimmt während der Dauer der Laufzeit bis zur vollen Höhe am Bilanzverlust der Bank teil.

7. Aktienanleihe

Die Aktienanleihe ist ein Wertpapier, das Elemente von Aktien und Anleihen aufweist. Aktienanleihen sind Schuldverschreibungen mit einer festen Laufzeit. Die Prämie wird in Form einer Zinszahlung am Ende der Laufzeit in einer Summe gezahlt. Die Zinsen unterliegen der pauschalen Abgeltungsteuer in Höhe von 25 Prozent zuzüglich dem Solidaritätszuschlag und ggf. Kirchensteuer.
Die Art der Rückzahlung des eingesetzten Kapitals hängt davon ab, ob der der Anleihe zugrunde liegende Basiswert, eine Einzelaktie oder ein Index, an einem zuvor festgelegten Stichtag einen bestimmten Kurs (Basispreis) erreicht hat. D. h. bei Aktienanleihen besteht neben dem Emittentenrisiko ein Aktienkursrisiko.
Notiert die Aktie am Stichtag zum Basispreis oder über dem festgelegten Basispreis, wird die Anleihe zum Nennbetrag getilgt. Notiert der Basiswert unter dem Basispreis, erhält der Anleger eine bestimmte Anzahl von Aktien zum Basispreis.
Geht ein Anleger das Risiko von Aktienanleihen ein, sollten solide auf Einzelaktien basierte Aktienwerte ausgesucht werden, möglichst mit einem Basispreis unterhalb des Aktienkurses, wobei der Kurs der Anleihe nicht weit über dem Nennwert von 100 liegen sollte. Steigen die Aktienkurse nur leicht, sind höhere Renditen eher möglich als mit der getrennten Anlage in Aktien und Anleihen.
Aktienanleihen sind dann empfehlenswert, wenn man auf hohe, garantierte laufende Zinseinnahmen eines Emittenten mit mindestens guter Bonität abzielen und davon ausgeht, dass sich der Basiswert mittelfristig eher seitwärts bewegt oder keine stärkeren Kurssteigerungen eintreten.

Beispiel einer Aktienanleihe

Emittentin	Handelsbank AG
Stückelung	1.000,00 EUR Nennwert
Ausgabetag	16.10.2018
Zinssatz	4,65 %
Zinstermin	16.10.
Fälligkeit	16.10.2020
Basiswert	Immobilien AG-Aktien
Feststellungstag	09.10.2020
Tilgung	Nennwert oder 33 Aktien je 1.000,00 EUR Nennwert
Basispreis	30,30 EUR

Angenommen die Immobilien AG-Aktie notiert am Fälligkeitstag der Bankschuldverschreibung im Xetra-Handel bei 21,45 EUR. Die Aktienanleihe wird zum Nennwert zurückgezahlt, wenn

der Kurs der Immobilien AG-Aktie am Feststellungstag den Basispreis von 30,30 EUR nicht unterschreitet.
Unterschreitet der Kurs der Immobilien AG-Aktie am Feststellungstag den Basispreis, wird die Aktienanleihe je 1.000,00 EUR Nennwert durch Lieferung von 33 Stück Immobilien AG-Aktien zurückgezahlt.
Der höhere Zinssatz der Aktienanleihe stellt einen Risikoaufschlag für den Fall dar, dass die Aktienanleihe nicht zum Nennwert zurückgezahlt wird, sondern in Aktien, deren Gegenwert unter dem Nennwert der Aktienanleihe liegt.
Steigt das Zinsniveau am Kapitalmarkt, wird diese Aktienanleihe für Kapitalanleger unattraktiv.
Sinkt der Kurs der Immobilien AG-Aktie, erhöht sich das Risiko der Rückzahlung in Aktien.
Sinkt die Bonität der Handelsbank AG, erhöht sich das Risiko des Totalverlusts.

8. Börse

8.1 Marktsegmente an der Effektenbörse

Aspekte	Regulierter Markt	Open Market (Freiverkehr)
Allgemeine Kennzeichnung	Er entstand durch die Zusammenlegung des amtlichen und des geregelten Marktes. Er ist ein organisierter Kapitalmarkt mit strengen Publizitäts- und Transparenzpflichten: • Ad-hoc-Publizität • Haftung bei Unterlassung unverzüglicher Veröffentlichung • Pflicht zur Veröffentlichung von Director´s Dealings und zur Führung von Insiderverzeichnissen • Pflicht zur Veröffentlichung bestimmter Beteiligungsverhältnisse • Pflicht einer AG zur Abgabe einer Entsprechenserklärung zum Corporate Governance Kodex, d. h. Regelwerk für eine verantwortungsvolle Unternehmensführung • Pflicht zur Beachtung der Regelungen zum Mindestpreis bei Übernahmeangeboten • Pflicht zur Konzernrechnungslegung nach IFRS	Kein organisierter Kapitalmarkt. Die Publizitäts- und Transparenzpflichten wie im regulierten Markt finden keine Anwendung. Vorteile für das Unternehmen: • geringere Kosten für die Börsennotierung • Reduktion der Haftungsrisiken für Emittenten
Zulassungs-voraussetzungen	• Antrag durch Emittenten und Finanzdienstleistungsunternehmen • Emissionsprospekt mit Unternehmens- und Emissionsbeschreibung	• Antrag auf Zulassung von Finanzdienstleistungsunternehmen • Jedes Unternehmen muss über einen Wertpapierprospekt verfügen oder • über ein Grundkapital von min-

Aspekte	Regulierter Markt	Open Market (Freiverkehr)
	• Zulassung zum Handel durch die Geschäftsführung der Börse • Prospekthaftung des Emittenten und des Finanzdienstleistungsunternehmens für die Richtigkeit der Angaben	destens 500.000,00 EUR, das in Aktien mit einem Mindestnominalwert von 0,10 EUR eingeteilt ist. • Eine direkte Rechtsbeziehung zwischen der AG und der Börse besteht nicht. • Ein Unternehmen, das eine Notierung anstrebt, muss einen Handelsteilnehmer (i. d. R. eine Wertpapierhandelsbank) beauftragen, einen Antrag auf Einbeziehung seiner Aktien in den Open Market zu stellen. Dieser unterliegt den AGB und hat aufgrund seiner Zulassung als Händler eine Rechtsbeziehung zur Deutsche Börse AG. • Bestätigung des Grundkapitals durch Wirtschaftsprüfer
Handel	Reglementierung des Handels durch die Bestimmungen des Börsengesetzes Die Geschäftsführung kann die Zulassung zum Handel widerrufen, wenn ein ordnungsgemäßer Börsenhandel auf Dauer nicht mehr gewährleistet ist.	Geschäftsführung der Börse erlässt Handelsrichtlinien.
Publizitätsvorschriften	Die Geschäftsführung kann verlangen, dass der Emittent Auskünfte veröffentlicht, wenn dies zum Schutz des Publikums oder für einen ordnungsgemäßen Börsenhandel erforderlich ist.	Es sind keine gesetzlichen Publizitätsvorschriften vorgesehen.
Teilbereiche des Marktsegments	**Prime Standard:** Die in diesem Segment gelisteten Unternehmen verpflichten sich zu hoher Transparenz, die internationalen Anforderungen entspricht (Quartalsberichte, Jahresabschluss nach IFRS oder US-GAAP, Analystenkonferenzen mindestens einmal im Jahr, Unternehmenskalender, Ad-hoc-Mitteilungen). Die Zulassung im Prime Standard ist Voraussetzung für die Aufnahme eines Unterneh-	**Entry Standard** ist die Bezeichnung des sog. qualifizierten Freiverkehrs an der Frankfurter Wertpapierbörse, in dem die Aktien und Anleihen insbesondere kleiner und mittlerer Unternehmen einbezogen sind. Im Entry Standard gelten etwas strengere Vorschriften als im Open Market. Die testierten Jahresabschlüsse müssen veröffentlicht werden und kursbewegende Nachrichten müssen unverzüglich

Aspekte	Regulierter Markt	Open Market (Freiverkehr)
	mens in die Aktienindizes, z. B. DAX oder MDAX und TecDAX. **General Standard:** Marktsegment des regulierten Marktes an der Frankfurter Wertpapierbörse. Es gelten die gesetzlichen Mindestanforderungen (Jahres-/Halbjahresbericht; Ad-hoc-Mitteilungen in deutscher Sprache usw.). Relativ niedrige Kosten in diesem Marktsegment.	im Internet veröffentlicht werden. Der Entry Standard soll kleineren Unternehmen eine kostengünstige Börsennotierung ermöglichen.

8.2 Xetra

Allgemeine Kennzeichnung	Xetra ist ein von der Deutsche Börse AG entwickeltes elektronisches Handelssystem (Exchange Electronic Trading) für den Kassamarkt, in dem Aktien, Optionsscheine und Rentenwerte gehandelt werden. Mit den Zentralrechnern des Xetra-Systems können sich Client-Rechner weltweit über das Internet oder Standleitungen verbinden. Xetra bietet marktgerechte Ausführungspreise, geringe Transaktionskosten, Gleichberechtigung, Standortunabhängigkeit und Anonymität der Handelspartner. Herausforderungen für ein elektronisches Handelssystem wie Xetra betreffen vor allem Stabilität, Verfügbarkeit, Skalierbarkeit und Latenz sowie eine langfristig steigende Marktaktivität.
Organisation	Über 94 Prozent des gesamten Aktienhandels an deutschen Börsen werden über das Xetra-Handelssystem abgewickelt. Xetra ist an Handelstagen der Frankfurter Wertpapierbörse von 9:00 bis 17:30 Uhr geöffnet. An der Präsenzbörse in Frankfurt am Main wird hingegen bis 20:00 Uhr gehandelt. Die Preise auf Xetra sind Basis zur Berechnung des bekanntesten deutschen Aktienindex DAX. Durch hohes Angebot und Nachfrage (Liquidität) wird eine Wertpapierorder, besonders in den DAX-Werten, am Handelsplatz Xetra schneller und zu marktgerechteren Preisen ausgeführt als an anderen Handelsplätzen. Dieses Prinzip wird zusätzlich durch Liquiditätsversorger (sogenannte Designated Sponsors) unterstützt; diese haben zu ausgewählten auf Xetra gehandelten Wertpapieren laufend verbindliche An- und Verkaufspreise (Quotes) in den Markt einzustellen. Da der gesamte Handel elektronisch vollzogen wird, kann es in Xetra zu Teilausführungen der Aufträge kommen. Durch die Vernetzung im Internet kann die Kursentwicklung weltweit verfolgt werden. Der Zugang ist nicht nur den Börsenmaklern (Spezialisten) möglich, sondern praktisch jedem Nutzer mit einem Brokerkonto. Um unerwünschte starke Preisschwankungen zu vermeiden, kann für den Handel in einem Wertpapier automatisiert eine Volatilitätsunterbrechung (Volatility Interruption) vorgenommen, bzw. kann das Wertpapier von der Handelsüberwachungsstelle (HÜSt) der Deutschen Börse AG manuell vom Handel ausgesetzt werden.

	Die Teilnahme am Handel über Xetra sowie am Parketthandel benötigt keine separate Zulassung, sondern neu gelistete Wertpapiere werden automatisch für den Handel auf beiden Handelsystemen freigeschaltet. Die Deutsche Börse betreibt heute am Standort Frankfurt mehrere Instanzen des Xetra-Systems: • Xetra Frankfurt 1 ist die Plattform für den deutschen Aktienmarkt. • Xetra Frankfurt 2 ist die Plattform der auf Xetra migrierten Derivatebörse Scoach.
Handelsbeschreibung	• Börsenhändler der Kreditinstitute geben Kauf- und Verkaufsaufträge am Bildschirm in das System ein. • Zusammenführung passender Orders durch den Zentralrechner (Matching) und damit Schließung der Börsengeschäfts • Durch die zentrale Zusammenführung von Kauf- und Verkaufsaufträgen ist der Umsatz in den einzelnen Wertpapieren und damit die Liquidität sehr hoch. • Durch die Spezialisten soll die Liquidität in den Nebenwerten weiter erhöht werden, indem sie Geld- und Briefkurse (Quotes) in das Orderbuch einstellen.

9. Besteuerung von Wertpapiererträgen

9.1 Besteuerung von Zinsen und Dividenden

Kapitalerträge unterliegen einer pauschalen 25 %-igen Abgeltungsteuer. Kreditinstitute halten von den Kapitalerträgen die 25 %-ige Abgeltungsteuer zuzüglich 5,5 % Solidaritätszuschlag (SolZ) auf die Abgeltungsteuer und ggf. Kirchensteuer (KiSt) auf die Abgeltungsteuer ein und führen die Steuern an das Finanzamt ab. Damit ist die Steuerpflicht des Anlegers abgegolten.

Sparer-Pauschbetrag und Werbungskosten
Es gilt ein Sparer-Pauschbetrag von 801 Euro (Ehegatten 1.602 Euro). Mit dem Sparer--Pauschbetrag sind alle tatsächlich angefallenen Werbungskosten (z. B. Depotgebühren, Vermögensverwaltungsgebühren, Reisekosten für Fahrten zur Hauptversammlung) abgegolten und werden damit nicht gesondert berücksichtigt.

Freistellungsaufträge sind nur wirksam, wenn bei Erteilung des Freistellungsauftrags die Steueridentifikationsnummer angegeben wurde. Bei gemeinsamen Freistellungsaufträgen sind die Steueridentifikationsnummern beider Ehegatten anzugeben.

Beispiel für Zinserträge ohne Freistellungsauftrag

5,75 % von 22.500,00 EUR	1.293,75 EUR
./. 25,00 % Abgeltungsteuer	323,43 EUR
./. 5,5 % SolZ	17,78 EUR
Nettozinsertrag	**952,54 EUR**

Beispiel für Zinserträge mit Freistellungsauftrag (FSA) von 225,50 EUR

5,75 % von 22.500,00 EUR	1.293,75 EUR
./. FSA	225,50 EUR
= Zwischensumme	1.068,25 EUR
./. 25 % Abgeltungsteuer	267,06 EUR
./. 5,5 % SolZ	14,68 EUR
= Zwischensumme	786,51 EUR

+ FSA	225,50 EUR
= **Nettozinsertrag**	**1.012,01 EUR**

Beispiel für Dividendenerträge ohne Freistellungsauftrag, 400 Aktien, Dividende 0,80 EUR je Aktie

Bardividende 0,80 EUR je Aktie x 400	320,00 EUR
./. 25 % Abgeltungsteuer	80,00 EUR
./. 5,5 % SolZ	4,40 EUR
= **Gutschriftsbetrag**	**235,60 EUR**

Beispiel für Dividendenerträge mit Freistellungsauftrag über 100,00 EUR, 400 Aktien, Dividende 0,80 EUR je Aktie

Bardividende 0,80 EUR je Aktie x 400	320,00 EUR
./. FSA	100,00 EUR
= Zwischensumme	220,00 EUR
./. 25 % Abgeltungsteuer	55,00 EUR
./. 5,5 % SolZ	3,02 EUR
= **Zwischensumme**	**161,98 EUR**
+ FSA	100,00 EUR
= **Nettozinsertrag**	**261,98 EUR**

Besteuerung von Veräußerungsgewinnen

Veräußerungsgewinne bei Wertpapierverkäufen zählen zu den Einkünften aus Kapitalvermögen und unterliegen der Abgeltungsteuer. Ein Veräußerungsgewinn ist die Differenz zwischen dem bei dem Erwerb gezahlten Kaufpreis und dem bei der Veräußerung erzielten Verkaufserlös unter Berücksichtigung der An- und Verkaufskosten.

Beispiel für die Besteuerung eines Veräußerungsgewinns mit einem Freistellungsauftrag von 100,00 EUR

Kaufpreis	4.267,33 EUR
Verkaufspreis	6.378,69 EUR
Veräußerungsgewinn	2.111,36 EUR
./. FSA	100,00 EUR
= **Zwischensumme**	**2.011,36 EUR**
./. 25 % Abgeltungsteuer	502,84 EUR
./. 5,5 % SolZ	27,65 EUR
= **Zwischensumme**	**1.480,87 EUR**
+ FSA	100,00 EUR
= **Nettoveräußerungsgewinn**	**1.580,87 EUR**

Das automatische Kirchensteuerabzugsverfahren

Es ist nicht mehr erforderlich, einen Antrag auf Einbehalt von Kirchensteuer auf abgeltend besteuerte Kapitalerträge zu stellen. Der Einbehalt für und die Weiterleitung an die steuererhebende Religionsgemeinschaft erfolgt jetzt automatisch. Das bedeutet, dass die Mitglieder einer steuererhebenden Religionsgemeinschaft nichts weiter veranlassen müssen, um ihren kirchensteuerrechtlichen Pflichten im Zusammenhang mit der Abgeltungsteuer nachzukommen.

Alle zum Steuerabzug vom Kapitalertrag verpflichteten Stellen, z. B. Kreditinstitute und Versicherungen, fragen zur Vorbereitung des automatischen Abzugs der Kirchensteuer auf Abgeltungsteuer einmal jährlich beim Bundeszentralamt für Steuern (BZSt) die Religionszugehörigkeit aller Kunden ab. Um den Kirchensteuerabzug vornehmen zu können, ist die Bank gesetzlich verpflichtet, die Religionszugehörigkeit ihrer Kunden in Form eines verschlüsselten Kennzeichens beim BZSt abzufragen. Das sog. Kirchensteuerabzugsmerkmal gibt Auskunft über die Zugehörigkeit eines Kunden zu einer steuererhebenden Religionsgemeinschaft und den geltenden Kirchensteuersatz. Die Abfrage erfolgt einmal jährlich zwischen dem 1. September und dem 31. Oktober. Damit ist die Kirchensteuerpflicht des Kunden für Kapitaleinkünfte vollständig abgegolten. Weitere Angaben in der Steuererklärung entfallen.

Wenn der Kunde nicht möchte, dass das BZSt seine Kirchensteuerdaten verschlüsselt übermittelt, kann der Kunde der Datenweitergabe bis zum 30. Juni eines Jahres widersprechen. Der Widerspruch muss direkt an das BZSt gerichtet werden. Das BZSt sperrt dann die Übermittlung des Kirchensteuerabzugsmerkmals und meldet den Widerspruch dem Finanzamt des Kunden. Kirchenmitglieder werden vom Finanzamt zur Abgabe einer Steuererklärung für die Erhebung der Kirchensteuer auf Abgeltungsteuer aufgefordert.

Kirchensteuer auf Abgeltungsteuer

Wenn man einer Religionsgemeinschaft angehört, die Kirchensteuer verlangt, ist die Kirchensteuer eine Pflichtsteuer, die zusätzlich zur Abgeltungsteuer gezahlt werden muss. Die Kirchensteuer beträgt 8 % in Bayern und Baden-Württemberg. In allen anderen Bundesländern 9 %, prozentual berechnet von der Höhe der Abgeltungsteuer. Da man allerdings die Kirchensteuer als Sonderausgabe absetzen kann, ist die genaue Berechnungsgrundlage der Kirchensteuer nicht 9 % von 25 %, sondern die 25 % Abgeltungsteuer abzüglich des möglichen Sonderausgabenabzuges. Da die Kirchensteuer bei der Einkommensteuer als Sonderausgabe abzugsfähig ist, errechnet sich die Abgeltungsteuer nach folgender Formel:

Abgeltungsteuer = Kapitalerträge : (4 + (Kirchensteuersatz : 100))

Bei 9 % Kirchensteuer ergibt dies die Berechnungsgrundlage von 24,45 %.

Bei 8 % Kirchensteuer ist die Berechnungsgrundlage 24,51 %.

Falls man zu den Steuerpflichtigen gehört, die 9 % Kirchensteuer zu zahlen haben, ergibt sich dann folgende zu zahlende Gesamtsumme bei schon abgezogenen Sonderausgaben: Für 100,00 EUR Zinsen, Dividenden oder Kursgewinne 24,45 EUR Abgeltungsteuer, 1,34 EUR Solidaritätszuschlag und 2,20 EUR Kirchensteuer, also insgesamt 27,98 EUR.

Falls man zu den Steuerpflichtigen gehört, die 8 % Kirchensteuer zu zahlen haben, ergibt sich dann folgende zu zahlende Gesamtsumme (bei schon abgezogenen Sonderausgaben): Für 100,00 EUR Zinsen, Dividenden oder Kursgewinne 24,51 EUR Abgeltungsteuer, 1,34 EUR Solidaritätszuschlag (berechnet von 24,51 EUR) und 1,960 EUR Kirchensteuer, also insgesamt 27,81 EUR.

Beispiel eines Zinsertrags unter Berücksichtigung von 9 % Kirchensteuer

4 % Zinsen auf 10.000 EUR für 1 Jahr	400,00 EUR
./. 24,45 % Abgeltungsteuer	97,80 EUR
./. 5,5 % Solidaritätszuschlag auf die Abgeltungsteuer von 97,80 EUR	5,37 EUR
./. 9 % Kirchensteuer auf die Abgeltungsteuer von 97,80 EUR	8,80 EUR
= Gutschriftsbetrag	**288,03 EUR**

Verlustverrechnungstöpfe

Veräußerungsverluste können als negative Kapitalerträge mit positiven Kapitalerträgen verrechnet werden. Negative Kapitalerträge begründen einen Steuererstattungsanspruch an das Finanzamt, der auf drei Wegen geltend gemacht werden kann:

- rückwirkende Steuererstattung durch die Bank innerhalb eines Kalenderjahres

- Ausstellung einer Verlustbescheinigung durch die Bank und Geltendmachung des Verlustes in der Einkommensteuererklärung
- Einstellung des Verlustes in ein Verlustverrechnungskonto, wenn keine sofortige Steuerverrechnung möglich ist.

Veräußerungsverluste aus Aktiengeschäften dürfen nur mit Gewinnen aus Aktiengeschäften verrechnet werden. Veräußerungsgewinne aus Aktiengeschäften können hingegen mit allen anderen negativen Kapitalerträgen verrechnet werden. Andere negative Kapitalerträge (z. B. Veräußerungsverluste bei Zertifikaten oder Investmentanteilen, gezahlte Stückzinsen beim Erwerb von Anleihen können mit allen positiven Kapitalerträgen (z. B. Zinserträgen, Dividenden, Veräußerungsgewinnen bei Aktien oder Zertifikaten) verrechnet werden. Die Bank muss daher aufgrund der unterschiedlichen Verrechnungsregelungen zwei unterschiedliche Verlustverrechnungstöpfe führen:

- Aktienverlustverrechnungstopf: Erfassung der Veräußerungsverluste aus Aktiengeschäften; Verrechnung nur mit späteren Gewinnen aus Aktiengeschäften
- Allgemeiner Verlustverrechnungstopf: Erfassung aller anderen negativen Kapitalerträge; Verrechnung mit allen späteren positiven Kapitalerträgen einschl. der Gewinne aus Aktiengeschäften

Veräußerungsgewinne und Verlustverrechnungstöpfe

Veräußerungsgewinne bei Aktien sind als positive Kapitalerträge steuerpflichtig. Ein Veräußerungsgewinn ist die positive Differenz zwischen dem beim Erwerb gezahlten Kaufpreis und dem bei der Veräußerung erzielten Verkaufserlös unter Berücksichtigung der An- und Verkaufskosten. Veräußerungsverluste können als negative Kapitalerträge mit positiven Kapitalerträgen verrechnet werden. Negative Kapitalerträge begründen einen Steuererstattungsanspruch an das Finanzamt. Veräußerungsverluste aus Aktiengeschäften dürfen nur mit Gewinnen aus Aktiengeschäften verrechnet werden. Veräußerungsgewinne aus Aktiengeschäften können mit allen anderen negativen Kapitalerträgen verrechnet werden. Aufgrund dieser Regelung muss die Bank einen Aktienverlustverrechnungstopf und einen allgemeinen Verlustverrechnungstopf führen. Die Verlustverrechnung hat Vorrang vor der Belastung des Freistellungsauftrags (FSA).

Beispiel: Ein Kunde hat noch einen FSA von 801,00 EUR

Veräußerungsgewinn	1.600,00 EUR
./. Veräußerungsverlust	1.100,00 EUR
./. Bestand im Verlustverrechnungstopf des Kunden	0,00 EUR
= verbleibender Veräußerungsgewinn	500,00 EUR
Noch verbleibender FSA	**301,00 EUR**

Beispiel: Wiederaufleben eines FSA

Ein Depotkunde hat einen FSA in Höhe von 801,00 EUR erteilt.
Folgende Kapitalerträge bzw. -verluste werden erzielt:

	Allgemeiner Verlustverrechnungstopf	**Verbleibender FSA**
14.03. Veräußerungsgewinn bei Bundesanleihen 400,00 EUR		401,00 EUR
15.06. Zinsen auf Anleihen 150,00 EUR		251,00 EUR

12.10. Verlust bei Optionen 850,00 EUR	In den allgemeinen Verlustverrechnungstopf wird der Betrag von 300,00 EUR eingestellt (850,00 - 400,00 - 150,00)	Die am 14.3. und 15.6. erfolgten Belastungen des Freistellungsvolumens werden rückgängig gemacht. Neuer FSA 801,00 EUR
Jahresende	Der Bestand des Verlustverrechnungstopfes von 300,00 EUR wird auf das nächste Jahr übertragen.	Das Freistellungsvolumen von 801,00 EUR verfällt am Jahresende.

Nichtveranlagungs-Bescheinigung (NV-Bescheinigung)

Bei Vorlage einer NV-Bescheinigung zahlt das Kreditinstitut die Kapitalerträge ohne Steuerabzug aus. Eine NV-Bescheinigung stellt das Finanzamt auf Antrag des Steuerpflichtigen aus, wenn seine Kapitalerträge voraussichtlich nicht einkommensteuerpflichtig sind. Die betraglich nicht begrenzte NV-Bescheinigung gilt für maximal drei Jahre und muss nach Fristablauf neu beim Finanzamt beantragt werden. Eine NV-Bescheinigung ist für Personen interessant, die nicht zur Einkommensteuer veranlagt werden und Kapitalerträge über den Sparer-Pauschbetrag hinaus erzielen.

Stückzinsen und allgemeiner Verlustverrechnungstopf

Beispiel 1

Die *Nordbank AG* führt am 23.11. (Dienstag) für den Depotkunden Rainer Bittermann den folgenden Kaufauftrag aus:

- 50.000,00 EUR Nennwert 4,0 % Internet AG-Inhaberschuldverschreibungen
- Zinstermin: 13. September, ganzjährig

Der Auftrag wird zum Kurs von 100,75 % ausgeführt. Weder der von der *Nordbank AG* für Herrn Bittermann geführte allgemeine Verlustverrechnungstopf noch das Steuerverrechnungskonto (Steuerverrechnungstopf) weisen einen Bestand auf. Zurzeit liegt weder ein Freistellungsauftrag noch eine Kirchensteuerpflicht vor.

Herr Bittermann muss für diesen Kaufauftrag für 73 Zinstage 400,00 EUR Stückzinsen an den Veräußerer zahlen. Da es sich bei den zu zahlenden Stückzinsen für Herrn Bittermann um einen Aufwand handelt, erhöhen diese Stückzinsen den Saldo seines allgemeinen Verlustverrechnungstopfs.

Beispiel 2

Herr Jens Müller ist Depotkunde der *Nordbank AG*. Ein Freistellungsauftrag von 500,00 EUR liegt der *Nordbank AG* für dieses Depot für 2018 vor. Herr Müller hatte im März 2018 bereits eine Zinsgutschrift in Höhe von 200,00 EUR erhalten, die auf den Freistellungsbetrag angerechnet wurde.

Am 4. Mai 2018 hatte Herr Müller eine Unternehmensanleihe im Nennwert von 30.000,00 EUR erworben. Für diesen Kauf waren Herrn Müller Stückzinsen in Höhe von 1.052,88 EUR berechnet worden, die in seinem Allgemeinen Verlustverrechnungstopf eingestellt wurden.

Die laufende Zinsgutschrift in Höhe von brutto 2.100,00 EUR aus dieser Unternehmensanleihe hatte Herr Müller am 5. November 2018 erhalten.

Die Zinsgutschrift für diese Unternehmensanleihe wird unter der Annahme ermittelt, dass Herr Müller keine weiteren Zinsgutschriften im laufenden Jahr erhalten hatte.

Ermittlung der Zinsgutschrift:

Bruttozinsen	2.100,00 EUR
Bestand im Allgemeinen Verlustverrechnungstopf	1.052,88 EUR
./. freigestellte Zinsgutschrift vom März 2018	200,00 EUR
verbleibende Stückzinsen aus dem Allgemeinen Verlustverrechnungstopf	852,88 EUR
+ Freistellungsauftrag	500,00 EUR
aktuelles Freistellungsvolumen	1.352,88 EUR
= steuerpflichtiger Zinsertrag (2.100,00 – 1.352,88)	747,12 EUR
./. 25 % Abgeltungsteuer	186,78 EUR
./. 5,5 % SolZ auf Abgeltungsteuer	10,27 EUR
Gutschrift:	
Bruttozinsen	2.100,00 EUR
./. Abgeltungsteuer	186,78 EUR
./. SolZ auf Abgeltungsteuer	10,27 EUR
Zinsgutschrift	**1.902,95 EUR**

9.2 Besteuerung von Investmentfonds und Investmenterträgen

Die Investmentsteuerreform ist mit Wirkung zum 1. Januar 2018 in Kraft getreten. Dadurch ergaben sich zahlreiche Neuerungen bei der Besteuerung von Erträgen aus Investmentfonds. Diese Reform bezieht sich unter anderem auf Aktienfonds, Mischfonds sowie Immobilienfonds.

Die Erträge der Investmentfonds stellen nach deutschem Recht „Einkünfte aus Kapitalvermögen" dar, die separat von anderen Einkünften besteuert werden (sog. Abgeltungsteuer). Sie unterliegen grundsätzlich einer 25%igen Kapitalertragsteuer, die sich um den Solidaritätszuschlag und ggf. um die Kirchensteuer erhöht.

Dabei gilt derjenige als unbeschränkt steuerpflichtig, der in Deutschland seinen Wohnsitz oder gewöhnlichen Aufenthalt hat und mit seinen Einkünften der deutschen Einkommensteuerpflicht unterliegt.. Ausländische Privatanleger, die weder ihren Wohnsitz noch ihren gewöhnlichen Aufenthalt in Deutschland haben, unterliegen nicht dem Kapitalertragsteuerabzug in Deutschland.

Zahlung von Körperschaftsteuer aus dem Fondvermögen

Seit der Investmentsteuerreform müssen deutsche Fonds Körperschaftsteuer auf bestimmte inländische Erträge in Höhe von 15 % aus dem Fondsvermögen zahlen. Inländische Dividenden und Immobilienerträge werden also bereits auf Fondsebene mit einer Körperschaftsteuer von 15 % (bei Immobilienerträgen. zzgl. SolZ) belastet. Damit behandelt der Gesetzgeber deutsche und ausländische Fonds im Hinblick auf deren Einkünfte aus Deutschland steuerlich gleich. Die Fonds zahlen Anlegern somit geringere Kapitalbeträge aus. Als Ausgleich bekommen Anleger je nach Fondsart eine Teilfreistellung für Dividenden und Verkaufsgewinne.

Teilfreistellung von der Abgeltungssteuer

Um die Vorbelastung mit Körperschaftsteuer und die mangelnde Anrechnungsfähigkeit ausländischer Quellensteuer zu kompensieren, gewährt der Gesetzgeber je nach Fondsart eine sogenannte Teilfreistellung von der Abgeltungsteuer.

Die Anleger von Publikumsfonds unterliegen jetzt einer pauschalen Besteuerung von Investmenterträgen. Dazu zählen Ausschüttungen, die sogenannte Vorabpauschale sowie Gewinne aus der Rückgabe bzw. Veräußerung von Fondsanteilen.

Teilfreistellung von Investmentfonds	Freistellungsquote
Aktienfonds (mind. 51 % Aktien)	30 %
Mischfonds (mind. 25 % Aktien)	15 %
Immobilienfonds (mind. 51 % Immobilien/ Immobiliengesellschaften)	60 %
Immobilienfonds mit Schwerpunkt im Ausland (mind. 51 % ausländische Immobilien / Immobiliengesellschaften)	80 %

Die Fondsanleger müssen selbst die Mittel zur Zahlung der Steuer bereitstellen. Daher darf die depotführende Stelle die erforderlichen Beträge zur Abführung der Steuer auf die Vorabpauschale direkt vom Girokonto oder von einem anderen Referenzkonto des Anlegers einziehen — auch ohne dessen Einwilligung.

Vorabpauschale
Mit der Vorabpauschale soll sichergestellt werden, dass ein bestimmter Mindestbetrag versteuert wird, auch dann, wenn ein Fonds keine oder eine zu geringe Ausschüttung vornimmt. Diese sogenannte Vorabpauschale wird jährlich ermittelt und bezieht sich immer auf das Vorjahr. Die Vorabpauschale ist eine vorweggenommene Besteuerung zukünftiger Wertsteigerungen. Daher wird die Vorabpauschale beim Verkauf der Fondsanteile auch vom tatsächlichen Veräußerungsgewinn abgezogen. Basis für die Berechnung bildet die langfristig erzielbare Rendite öffentlicher Anleihen. Der Basiszins orientiert sich am Zinssatz, den die Deutsche Bundesbank jeweils auf den ersten Börsentag des Jahres errechnet.

Auf die Vorabpauschale wird am Anfang des folgenden Kalenderjahres von der depotführenden Stelle Abgeltungsteuer einbehalten. Um eine Doppelbesteuerung zu vermeiden, kann auf die Vorabpauschale die einbehaltene Steuer später von den tatsächlichen Veräußerungsgewinnen beim Verkauf der Fondsanteile wieder abgezogen werden.
Die Vorabpauschale ist die Differenz zwischen dem sogenannten Basisertrag des Fonds und der Ausschüttung. Hierzu wird zunächst zu Beginn eines Kalenderjahres für das vorangegangene Kalenderjahr der Basisertrag nach der Formel berechnet: Basisertrag = 70 % des jährl. Basiszinses x Rücknahmepreis der Fondsanteile zum Jahresbeginn des vorangegangenen Kalenderjahres (z. B. 1.1.2018). Dann wird vom Basisertrag die Ausschüttung des letzten Kalenderjahres (z. B. in 2018) abgezogen: Vorabpauschale = Basisertrag - Ausschüttung des letzten Kalenderjahres.

Die Vorabpauschale kann niemals negativ werden. Der Basisertrag kann nicht höher sein als der Mehrbetrag, der sich aus dem zwischen dem ersten und dem letzten im Kalenderjahr festgesetzten Rücknahmepreis zuzüglich der Ausschüttungen innerhalb des Kalenderjahres ergibt.
Beispiel für die Vorabpauschale:
Gegeben sind folgende Daten:

- Fondspreis zum 2. Januar 2019: 100 EUR
- Fondspreis zum 30. Dezember 2019: 120 EUR
- Basiszins (angenommen): 1 %
- Ausschüttung für das Geschäftsjahr: 0,50 EUR je Anteil

Der Anleger besitzt 500 Fondsanteile eines Aktienfonds.

Der Basisertrag beträgt (70 % von 1 %) 0,7 % x 100 EUR = 0,70 EUR. Die Vorabpauschale beträgt somit 0,70 EUR - 0,50 EUR = 0,20 EUR je Anteil.

Die Erträge aus dem Fonds für das Geschäftsjahr 2019 umfassen die Ausschüttung in Höhe von 0,50 EUR je Anteil und die Vorabpauschale in Höhe von 0,20 EUR je Anteil, insgesamt also 0,70 EUR je Anteil. Davon sind nur 70 % steuerpflichtig (Teilfreistellung 30 %) = 0,49 EUR je Anteil bzw. bei 500 Anteilen insgesamt 245 EUR. Diese werden auf den Freistellungsauftrag angerechnet.

Für thesaurierende Fonds und Fonds mit Teilausschüttungen ergeben sich unterschiedliche Ergebnisse, die sich auf den Zeitpunkt der Steuerpflicht auswirken:

Einbehalt der Steuer
Die Abgeltungsteuer ist ein Abzug der Steuer direkt an der Quelle. In den meisten Fällen wird daher die Abgeltungsteuer durch deutsche Kreditinstitute einbehalten.

Das gilt auch für die Kirchensteuer, die seit 2015 automatisch einbehalten wird und über das Betriebsstätten-Finanzamt der Kreditinstitute an die Religionsgemeinschaften weitergeleitet wird. Zu diesem Zweck fragen die Banken einmal jährlich im Zeitraum vom 1. September bis 31. Oktober beim Bundeszentralamt für Steuern die Religionszugehörigkeit ihrer Kunden zum Stichtag 31. August des Jahres ab.

Anleger können dem automatischen Datenabruf beim Bundeszentralamt für Steuern schriftlich widersprechen, indem sie einen Sperrvermerk einlegen. Der Sperrvermerk entbindet nicht von der Kirchensteuerpflicht. Sie müssen dann die Kirchensteuer auf die Abgeltungsteuer über die Steuererklärung ans Finanzamt abführen. Das Bundeszentralamt für Steuern ist gesetzlich verpflichtet, das zuständige Finanzamt über die Sperre zu informieren.

Verlustverrechnung
Für in einem Depot verwahrte Fondsanteile führt das inländische Kreditinstitut u. a. einen allgemeinen Verlustverrechnungstopf um fortlaufend eine Verrechnung von Erträgen und Veräußerungsgewinnen mit Veräußerungsverlusten und anderen negativen Kapitalerträgen vorzunehmen.
Auch die Teilfreistellung ist auf Verluste aus der Veräußerung der Fondsanteile anwendbar.

10. Verwahrung und Verwaltung von Wertpapieren

10.1 Girosammelverwahrung

Allgemeine Kennzeichnung	Unter der Girosammelverwahrung bezeichnet man die Verwahrung von Wertpapieren bei einer Bank in einem sogenannten Girosammeldepot. Dabei werden alle Effekten derselben Gattung gemeinsam verwahrt. Der so verwahrte Bestand steht im Eigentum nach Bruchteilen aller Einlieferer. Jeder hat einen Herausgabeanspruch an Stücken der beschriebenen Wertpapiergattung, die als Gattungssache untereinander austauschbar sind.
Eigentumserwerb	Das Eigentum wird durch Buchung auf dem Depotkonto erworben, wenn der Verwahrer zugleich den Kauf vermittelt. Bei der Einlieferung effektiver Stücke geht das Einzeleigentum an den Papieren unter. Regelmäßig wird ein Sammelbestand nur von einer Wertpapiersammelbank gebildet. Diese kann innerhalb des Sammelbestands problemlos den Effektengiroverkehr durchführen. Gemeinsame Aufbewahrung der von verschiedenen Kunden hinterlegten Effekten derselben Gattung, wobei die einlegenden Kunden Eigentumsrecht nicht an eingelieferten Effekten, sondern bruchteiliges Miteigentum am Sammeldepotbestand erhalten.

Verwaltungs-arbeiten	Folgende Verwaltungsarbeiten werden von der Wertpapiersammelbank übernommen: • Zins- und Dividendenscheineinlösung • buchtechnische Abwicklung von Kapitalerhöhungen und -herabsetzungen • Durchführung der Verwaltungsaufgaben bei Auslosungen • Kündigungen Die Wertpapiersammelbank ist nicht berechtigt, Depotstimmrechte auszuüben.

10.2 Sonderverwahrung

Allgemeine Kennzeichnung	Eine Streifbandverwahrung oder auch Sonderverwahrung genannt ist eine Form des offenen Depots, das dazu dient, Wertpapiere zu verwahren und zu verwalten. Es ist ein Bankgeschäft und obliegt einer Depotbank. Der Anleger hat bei einer Sonderverwahrung Eigentum an den verwahrten Wertpapierurkunden. Die Aufbewahrung dieser Stücke wird gesondert vorgenommen. Die Wertpapiere erhalten eine Kennzeichnung, die über den Hinterleger Auskunft gibt.
Gründe für die Sonderverwahrung	Eine Sonderverwahrung kommt nur in Frage, wenn Wertpapiere nicht sammelverwahrfähig sind oder wenn der Anleger ausdrücklich wünscht, dass die Wertpapiere gesondert verwahrt werden sollen.
Trennung von eigenen Wertpapierbeständen	Bei einer Streifbandverwahrung muss die Bank darauf achten, dass die Wertpapiere der Kunden auch getrennt von bankeigenen Wertpapierbeständen und den Wertpapieren dritter Personen aufbewahrt werden. Eine Streifbandverwahrung liegt dann vor, wenn Wertpapiere in sogenannten Streifbändern oder Mappen aufbewahrt werden. Die Kennzeichnung der Streifbänder beinhaltet Angaben zur Person, welche die Wertpapiere hinterlegt hat, und beispielsweise die Wertpapierkennnummer ISIN und die Art des Wertpapiers. Außerdem dürfen Mäntel und Bögen nicht zusammen verwahrt werden.
Kosten	Die Wertpapiere werden bei einer Streifbandverwahrung zum Beispiel im Safe der Bank verwahrt. Der Anleger muss damit rechnen, dass er die Kosten für die Verwaltung seiner Wertpapiere zu tragen hat.
Eigentumserwerb	Werden vom Bankkunden Wertpapiere käuflich erworben, erhält dieser ein sogenanntes Stückeverzeichnis. Dieses Stückeverzeichnis dient dem Anleger als Beweis dafür, dass er Eigentum an den Stücken besitzt. In einem Stückeverzeichnis werden alle erworbenen Stücke mit der jeweiligen Stücknummer für den Käufer aufgelistet.

11. Anlageberatung

Grundlagen	• Provisionsbasierte Anlageberatung: Bei einem Geschäftsabschluss fällt eine Provision an. • Honorar-Anlageberatung: Das Kreditinstitut erhält eine Vergütung vom Kunden, deren Höhe von der Dauer und Komplexität der Anlageberatung abhängig ist. Vor Beginn der Beratung und vor Abschluss des Beratungsvertrages ist der Kunde in verständlicher Form darüber zu informieren, ob die Anlageberatung als unabhängige Honorar-Anlageberatung erbracht wird oder nicht. Direktbanken: Sie erbringen ihre Leistungen ohne jede Beratungsleistung an. Die Bankgeschäfte können demnach zu sehr günstigen Konditionen abgeschlossen werden. Die Anlageentscheidung wird vom Kunden in Eigenverantwortung ohne Beratungsleistung der Bank getroffen.
Sachkundenachweis für Anlageberater/-innen	Anlageberater/-innen müssen die für eine qualifizierte Beratung erforderliche Sachkunde besitzen. Dazu gehören Kenntnisse in den Bereichen Kundenberatung, Rechtsgrundlagen, Fachkenntnisse.
Kundengruppen	- Privatkunden: Zu einem Vermögensaufbau werden dem Kunden in erster Linie standardisierte Produkte in den Geschäftsstellen der Bank angeboten. Die Produkte sind auf die Bedürfnisse der unterschiedlichen Kundengruppen zugeschnitten und so gestaltet, dass sie dem Kunden ohne aufwendigen Beratungsbedarf erläutert werden können. - Vermögende Privatkunden: Kriterien für die Zuordnung zu dieser Kundengruppe sind das Jahreseinkommen und das Vermögen der Kunden. Die Kunden werden aktiv von besonderen Beratern in speziellen Beratungszentren betreut und beraten. - Firmenkunden: Bei dieser Kundengruppe werden komplexe Finanzierungsfragen, z. B. Zahlungsverkehrsleistungen, Unternehmensbeteiligungen und –übernahmen, Kreditgewährungen, Devisengeschäfte und –absicherungen, Anlagemöglichkeiten gelöst.
Verhaltensregeln nach dem Wertpapier-handelsgesetz (WpHG)	Das WpHG unterscheidet professionelle Kunden und Privatkunden. - Professionelle Kunden sind Kunden, die über ausreichende Erfahrungen, Kenntnisse und Sachverstand verfügen, um ihre Anlageentscheidungen zu treffen und die damit verbundenen Risiken angemessen beurteilen zu können. Die Informations- und Aufklärungspflichten gegenüber diesen Kunden sind gering. - Privatkunden sind vor dem Abschluss von Finanzdienstleistungsgeschäften umfangreich über die Art des Geschäftes und die damit verbundenen Risiken aufzuklären. Allgemeine Regel: Ein Wertpapierdienstleistungsunternehmen muss alle Leistungen ehrlich, redlich und professionell im bestmöglichen Interesse seiner Kunden erbringen. Außerdem muss das Unternehmen angemessene organisatorische Maßnahmen treffen, um Interes-

	senskonflikte zu vermeiden. Über trotzdem bestehende Interessenskonflikte ist der Kunde vor einem Geschäftsabschluss zu informieren. Das Unternehmen darf keine Anreize für Mitarbeiter schaffen, nicht im bestmöglichen Interesse ihrer Kunden zu handeln. Insbesondere dürfen Mitarbeiter nicht durch Vergütungsvereinbarungen oder Verkaufsziele Anreize erhalten, einem Privatkunden bestimmte Produkte zu empfehlen, obwohl ein anderes Finanzinstrument eigentlich geeigneter für ihn ist. Das Unternehmen muss Finanzinstrumente so ausgestalten, dass sie den Bedürfnissen eines bestimmten Zielmarktes entsprechen. Das WpHG verbietet, anderen unter Ausnutzung ihrer Unerfahrenheit zu Börsenspekulationsgeschäften zu verleiten. Das sind insbesondere Termin- und Optionsgeschäfte, die darauf gerichtet sind, aus dem Unterschied zwischen dem für die Lieferzeit festgelegten Preis und dem zur Lieferzeit vorhandenen Börsen- oder Marktpreis einen Gewinn zu erzielen.
Bearbeitung von Kundenaufträgen	Ein Wertpapierdienstleister muss geeignete Vorkehrungen treffen, um - Kundenaufträge unverzüglich auszuführen, - Vergleichbare Kundenaufträge nach der Reihenfolge ihres Eingangs auszuführen.
Aufzeichnungs- und Aufbewahrungspflicht	Ein Wertpapierdienstleister muss Aufzeichnungen erstellen über die von ihm erbrachten Wertpapierdienstleistungen sowie die von ihm getätigten Geschäften und über Vereinbarungen mit Kunden, die die Rechte und Pflichten der Vertragsparteien festlegen. Die Aufzeichnungen sind mindestens fünf Jahre ab dem Zeitpunkt der Erteilung aufzubewahren.
Anlageberatung	Anlageberatung ist die Abgabe von persönlichen Empfehlungen an Kunden, die sich auf Geschäfte mit bestimmten Finanzinstrumenten beziehen, sofern die Empfehlung auf eine Prüfung der persönlichen Umstände des Anlegers gestützt oder als für ihn geeignet dargestellt wird. Vor einer Anlageberatung ist der Kunde darüber zu informieren, ob - die Anlageberatung als unabhängige Honorar-Anlageberatung erbracht wird oder nicht. Kreditinstitute erbringen die Anlageberatung i. d. R. nicht als unabhängige Honorar-Anlageberatung. Sie stellen dem Kunden kein zeitabhängiges Honorar für die Anlageberatung in Rechnung, sondern berechnen Provisionen und erhalten oft Zuwendungen von Vertriebspartnern. - Sich die Anlageberatung auf eine umfangreiche Analyse verschiedener Finanzinstrumente von mehreren Emittenten stützt oder auf eine eher beschränkte Auswahl bezieht. - Der Wertpapierdienstleister dem Kunden regelmäßig eine Beurteilung der Geeignetheit der empfohlenen Finanzinstrumente zur Verfügung stellt.

Ablauf einer Anlageberatung	Eine Anlageberatung vollzieht sich in folgenden Stufen: - Einholung der erforderlichen Kundeninformationen - Analyse der Kundendaten und Ermittlung geeigneter Finanzinstrumente - Information des Kunden über alle wesentlichen Aspekte der Geldanlage - Vertragsabschluss Die geführten Beratungsgespräche müssen aufgezeichnet und für mindestens fünf Jahre gespeichert werden. Der Kunde ist vorab über die Aufzeichnung des Gesprächs zu informieren. Wenn der Kunde der Aufzeichnung widerspricht, darf die Bank keine Wertpapierdienstleistungen erbringen.
Schadensersatz bei Falschberatung	Bei einer fehlerhaften Beratung hat der Kunde einen Anspruch auf Schadensersatz. Im Streitfall ist die Geeignetheitserklärung ein wichtiges Beweismittel und sollte deshalb sorgfältig ausgefüllt werden. Es ist üblich, dass der Berater am Schluss der Beratung noch einmal mit dem Kunden die Geeignetheitserklärung durchgeht und sich die Richtigkeit der Dokumentation vom Kunden unterzeichnen lässt. Schadensersatzansprüche verjähren nach drei Jahren.
Regeln für Verhaltensweisen bei Anlegern	Bei der Informationsflut, die über die Anleger tagtäglich hereinbricht, bereitet es vielen Anlegern Schwierigkeiten, neue Nachrichten rational zu analysieren und zu bewerten. Soll man abwarten oder handeln lautet für viele Privatanleger oft die entscheidende Frage. Aus praktischen Gründen wird oftmals zunächst abgewartet und erst dann reagiert, wenn sich eine Neuigkeit bereits stark ausgewirkt hat und Anleger wie z.B. im Fall eines Aktienkursabsturzes zum Handeln zwingt. Oder der Anleger reagiert nur deshalb, weil die Nachricht durch die Medien besonders stark verbreitet wird. In beiden Fällen kommt die Reaktion des Anlegers erst, wenn viele andere Marktteilnehmer bereits gehandelt haben. Dies ist für den Anleger nachteilig. Denn man kauft oder verkauft immer zu einem Kurs, der die neuen Informationen bereits verarbeitet hat oder vielleicht sogar bereits überreagiert hat. Selektive Wahrnehmung führt deshalb zu einer unbewussten Verzerrung der Wirklichkeit. Zudem nimmt der Anleger häufig nur Nachrichten wahr, die mit seiner Grundeinstellung zu einer Aktie vereinbar sind. Ist der Anleger einem Unternehmen gegenüber positiv gestimmt, so wird er mit Freude und Genugtuung auf gute Nachrichten reagieren und sich selbst bestätigt fühlen, getreu dem Motto: „Ich hab's ja gewusst!“ Informationen, die auf negative Entwicklungen hindeuten, werden dagegen einfach überlesen oder relativiert. Mit diesem Verhalten der selektiven Wahrnehmung rechtfertigt der Anleger unbewusst seine Entscheidung z.B. eine bestimmte Aktie gekauft zu haben. Ein Börsenexperte bringt es auf den Punkt: „Viele Anleger verdienen an der Börse kein Geld, weil sie Gefangene ihrer selektiven Wahrnehmung sind.“ Selbst wenn schlechte Nachrichten den Kurs einer Aktie einbrechen

	lassen, klammern sich viele Anleger z.B. an die optimistischen Aussagen des Vorstands. Dabei ist es sein Job, sich und sein Unternehmen gut zu verkaufen und schlechte Entwicklungen herunterzuspielen um sich „nichts zu verbauen" und nicht zu Letzt auch um seinen Job zu behalten. Unabhängig davon ob sich z.B. Vorwürfe aus den Medien als wahr oder falsch erweisen: Man wird kaum einen Vorstand finden, der die Zukunft seines Unternehmens als düster bezeichnet oder Betrugsvorwürfe nicht abwehrt. Das ist nur dann nicht mehr möglich, wenn Polizeiermittlungen das Gegenteil beweisen oder ein Unternehmen gerade Insolvenz angemeldet hat. Auch in Diskussionsforen und Blogs im Internet wird jede Meinung vertreten sein. Sucht man eine bestätigende positive Einschätzung, so wird sich diese im Internet sehr leicht finden lassen. Genau wie Pessimisten natürlich auch ihre Bestätigung finden. Es gilt wie immer: Nur die Börse hat recht – und die kann ihre Meinung auch ändern. Um sich eine Meinung zu bilden, sollte der Anleger daher bewusst auf charttechnische Entwicklungen, Signale und Bestätigungen achten. Das ist auch für Neuanleger machbar. Ist der Anleger durch einen Bericht oder eine Unternehmensmeldung skeptisch geworden, so ist es zweckmäßig, auf eine mögliche charttechnische Schwäche zu achten. Das könnte z.B. das Unterschreiten einer Unterstützungslinie sein, d.h. wenn ein Kursbereich unterschritten wird, welcher der Aktie zuvor mehrmals Rückhalt geboten hatte. Gibt es hingegen bei einer vermeintlich negativen Meldung nur einen kurzen Rücksetzer von dem sich die Aktie rasch erholt, so war die Meldung offensichtlich falscher Alarm. Gleiches gilt dann, wenn eine Aktie z.B. nach positiven Quartalszahlen kurz stark anspringt und dann deutlich ins Minus dreht. Auch dann sollte man hinterfragen ob die weiteren Aussichten für die Aktie wirklich so gut sind wie dargestellt. Informationen können auch „Ruination" bedeuten insbesondere dann, wenn der Anleger auf jede Kleinigkeit reagiert. Eine alte Börsenwahrheit lautet: „Viel Hin und Her macht die Taschen leer".

12. Rating

Allgemeine Kennzeichnung	Es handelt sich um eine standardisierte Bonitätsbeurteilung von handelbaren Finanzpapieren (z. B. Anleihen oder Geldmarktpapiere, die Forderungsrechte verbriefen) und ihren Emittenten durch Kreditbewertungsagenturen (Ratingagenturen). Dabei geht es um eine bonitätsmäßige Einstufung von Kreditnehmern und Anleiheschuldnern (Credit Rating, Unternehmensrating) nach einheitlichen, konsistenten Verfahren. Das Rating gibt internationalen Investoren gültige Maßstäbe als Grundlagen für Investitionsentscheidungen an die Hand. Damit werden Transparenz und Effizienz des Kapitalmarktes gesteigert.
Funktionen	Das Rating soll einem Käufer langfristiger Anleihen (Bonds) oder kurzfristiger Geldmarktpapiere (Commercial Papers, Certificates of Deposit) den Grad des Risikos eines Investments verdeutlichen. Die Rating-Agenturen verwenden für die Einstufung von Anleihen andere Symbole als für die Einstufung von Geldmarktpapieren und ähnlichen kurzfristigen Verbindlichkeiten, z. B. Banker´s

<table>
<tr><td></td><td>Acceptances, Interbankguthaben und Verpflichtungen aus Devisenhandelsgeschäften. Das Rating ist vor allem für Emittenten und Finanzinstitute wichtig, die an den internationalen Finanzmärkten operieren.</td></tr>
<tr><td>Kurzfristiges und langfristiges Rating</td><td>Kurzfristige Ratings werden für Forderungstitel vergeben, die zum Begebungszeitpunkt eine Laufzeit von weniger als einem Jahr haben, langfristige Ratings für Forderungstitel mit einer Laufzeit von mindestens einem Jahr. Kurzfristiges Rating ist also das Rating kurzfristiger Titel und soll Aussagen ermöglichen über die Fähigkeit der Schuldner, ihre umlaufenden kurzfristigen Schuldverschreibungen einzulösen. Dabei kann sich das Rating auch vornehmlich auf die Bonität des Schuldners konzentrieren. Voraussetzung ist, dass der Emittent einen genügenden Kreditspielraum zur Einlösung fälliger Papiere nachweisen kann.
Sowohl bei kurzfristigen als auch bei langfristigen Ratings werden „Investment Grade" und „Speculative Grade" unterschieden. Unter die Kategorie „Investment Grade" fallen Forderungstitel und Emittenten, bei denen das Bonitätsrisiko als relativ gering anzusehen ist. Spekulative Ratings sind Ausdruck eines besonders hohen Maßes der Gefährdung des Kapitaldienstes und der Tilgung. In den USA ist ein „Investment Grade"-Rating im kurzfristigen Anlagebereich faktisch Voraussetzung für den Eintritt in den Geldmarkt. Das Herabsetzen eines Ratings in den spekulativen Bereich führt in der Regel zum Ausscheiden des Emittenten aus dem Markt.
Die Unterscheidung von kurz- und langfristigen Ratings ergibt sich neben Unterschieden in den Bonitätsrisiken aus den unterschiedlichen Informationsbedürfnissen von kurz- und langfristigen Investoren. Der analytische Ansatz für die Beurteilung von kurz- und langfristigen Forderungstiteln ist sehr ähnlich. Beim kurzfristigen Rating werden jedoch zusätzlich Liquiditätsaspekte und die finanzielle Flexibilität des Emittenten im betrachteten Zeitraum betont. Das langfristige Rating kann entscheidend von gewährten Sicherheiten und Schutzbestimmungen in Anleiheverträgen bestimmt sein. Das kurzfristige Rating bezieht sich dagegen meist auf eine unbesicherte, nicht nachrangige Verbindlichkeit des Emittenten. Während das langfristige Rating mehr der Beurteilung des relativen Bonitätsrisikos und der Angemessenheit des im Zins gewährten Risikoentgelts dient, zielt das kurzfristige Rating auf die Einstufung des absoluten Bonitätsrisikos. Damit liefern kurzfristige Ratings die informatorische Basis für eine risikoaverse Anlagepolitik. Zwischen kurz- und langfristigem Rating eines Emittenten besteht in der Regel eine enge Korrelation.</td></tr>
<tr><td>Rating-Symbole</td><td>Auch Schuldner sind bestrebt, ein gutes Rating zu erhalten, da es von Einfluss auf die Konditionen des Geld- bzw. Kapitalmarktes ist. Interne Faktoren (Umbesetzung des Managements usw.) und externe Faktoren (Reaktion der Märkte usw.) können zur Höherbewertung bzw. zur Abstufung führen.
<table>
<tr><th colspan="2">CP-Ratings</th><th colspan="2">Bond-Ratings</th></tr>
<tr><th>CP´s</th><th>Moody´s</th><th>S&P´s</th><th>Moody´s</th></tr>
<tr><td>A-1</td><td>P-1</td><td>AAA</td><td>Aaa</td></tr>
<tr><td>A-2</td><td>P-2</td><td>AA</td><td>Aa</td></tr>
<tr><td>A-3</td><td>P-3</td><td>A</td><td>A</td></tr>
<tr><td>B</td><td></td><td>BBB</td><td>Baa</td></tr>
<tr><td></td><td></td><td>BB</td><td>Ba</td></tr>
</table></td></tr>
</table>

C	P=Prime	B	B
D		CCC	Caa
		CC	Ca
		C	C
		D	

Bei Standard & Poor´s können einige Symbole noch mit Plus- oder Minus-Zeichen, bei Moody´s mit Ziffern versehen sein. Die Zusätze sollen die relative Bedeutung des Schuldners innerhalb einer Bewertungsstufe hervorheben. Im Folgenden werden die Bond-Rating-Symbole erläutert.

Gruppe I:

AAA, AA (S&P) / Aaa, Aa (Moody´s)

Zu dieser Gruppe zählen allererste Industrie-, Bank- und Staatsadressen bzw. Schuldtitel, die dem Anleger eine risikolose Anlage bieten.

Gruppe II:

A, BBB (S&P) / A, Baa (Moody´s)

Hierunter fallen Unternehmen mit einem guten bis durchschnittlichen Markt-standing. Deren Schuldtitel sind bei stabilen wirtschaftlichen Verhältnissen in der Regel als sichere Wertpapieranlage anzusehen.

Gruppe III:

BB, B, CCC, CC (S&P) / Ba, B, Caa, Ca (Moody´s)

Hier handelt es sich um Papiere mit spekulativem Charakter. Die Emittenten befinden sich in wirtschaftlichen bzw. finanziellen Schwierigkeiten. Zins- und Tilgungszahlungen sind nicht immer gewährleistet.

Gruppe IV:

C, D (S&P) / C (Moody´s)

Hierunter fallen notleidende Titel.

D1 Kreditgeschäft

1. Kreditfähigkeit und Kreditwürdigkeit

Kreditfähigkeit	• Die Kreditfähigkeit ist die Fähigkeit, rechtswirksam eine Kreditverpflichtung einzugehen. Sie ist gegeben, wenn der Kreditnehmer volljährig und somit voll geschäftsfähig ist. • Minderjährige Personen bedürfen zur Übernahme einer Kreditverpflichtung der Zustimmung der gesetzlichen Vertreter und des Vormundschafts- oder Betreuungsgerichts. • Eingetragene Unternehmen können über ihre handelnden Personen, z. B. Geschäftsführung, Vorstand, Prokuristen Kreditverpflichtungen übernehmen.
Unterlagen zur Feststellung der Kreditfähigkeit	• Natürliche Personen: gültiger Lichtbildausweis • Unternehmen: aktueller Handelsregisterauszug bzw. Genossenschaftsregisterauszug • Eingetragener Verein: aktueller Auszug aus dem Vereinsregister • Partnerschaft: aktueller Auszug aus dem Partnerschaftsregister
Kreditwürdigkeit	Wichtigste Voraussetzung für die Gewährung eines Kredites ist die persönliche und materielle Kreditwürdigkeit des Kunden. Die Prüfung erfolgt in zwei Schritten: • Prüfung der persönlichen Kreditwürdigkeit • Prüfung der materiellen Kreditwürdigkeit
Persönliche Kreditwürdigkeit	Die persönliche Kreditwürdigkeit des Kunden ist gegeben, wenn dieser persönliche Eigenschaften besitzt (z. B. Zuverlässigkeit, einwandfreier Ruf), die darauf schließen lassen, dass er den Willen zur Kreditrückzahlung hat.
Unterlagen zur Prüfung der persönlichen Kreditwürdigkeit	• SCHUFA-Auskunft: Sie gibt Positiv- und Negativmerkmale zu dem Antragsteller wieder, z. B. Abwicklung früherer Kreditaufnahmen. • Bankauskunft: Sie gibt Auskunft über das Verhalten des Kunden im Zusammenhang mit Bankgeschäften in der Vergangenheit. • Auskünfte der Kontoführung, sofern der Kreditnehmer bereits Kunde des Kreditinstituts ist, insbesondere die Überprüfung und Abwicklung früherer Kredite
Materielle Kreditwürdigkeit	Der Kunde sollte vor allem in der Lage sein, seine finanziellen Möglichkeiten selbst realistisch einzuschätzen und genau zu prüfen, ob er die finanziellen Verpflichtungen, die er mit einem Kreditvertrag eingeht, erfüllen kann. Die materielle Kreditwürdigkeit des Kunden ist gegeben, wenn dessen Einkommens- und Vermögensverhältnisse zeigen, dass er in der Lage ist, den Kredit vertragsgemäß zurückzuzahlen.

W. Grundmann, R. Rathner, *Bankwirtschaft, Rechnungswesen und Steuerung, Wirtschafts- und Sozialkunde*, Prüfungstraining für Bankkaufleute,
https://doi.org/10.1007/978-3-658-30521-5_6

Unterlagen zur Prüfung der materiellen Kredit-würdigkeit	• Einkommensnachweise: Kreditinstitute verlangen Lohn- und Gehaltsnachweise der letzten 3 Monate. Sie bringen den Nachweis über die Höhe des Nettoeinkommens. • Steuerbescheide: Sie informieren über die gesamten Einkommensverhältnisse des letzten Jahres. • Selbstauskunft des Kunden: Sie gibt Einblick in die Vermögenssituation, weitere Einnahmen und die finanziellen Belastungen des Kreditnehmers. • Bankauskünfte und Auskünfte der Kontoführung, sofern er bereits Kunde des Kreditinstituts ist, z. B. Umsatzentwicklung • Arbeitsverträge: Sie zeigen an, ob es sich um befristete oder unbefristete Arbeitsverträge handelt. • Grundbuchauszüge: Sie informieren über die Eigentumsverhältnisse am Grundstück und über Belastungen des Grundstücks

2. Kreditwürdigkeitsprüfung bei Privatkunden

Aspekte	Details	Unterlagen
Persönliche Verhältnisse	• Familienstand • Anzahl der Kinder • Beruf • Dauer des Arbeitsverhältnisses • ordnungsgemäße Erfüllung bisheriger Kreditverpflichtungen • Kontoführung	• Selbstauskunft • Kontounterlagen • Schufa-Auskunft • Arbeitsverträge • ggf. Bankauskünfte von anderen Kreditinstituten
Wirtschaftliche Verhältnisse	• Ermittlung des frei verfügbaren Resteinkommens	• Gehaltsnachweise der letzten drei Monate • Haushaltsrechnung mit einer Gegenüberstellung der monatlichen Einnahmen und Ausgaben • Selbstauskunft
	• Vermögen	• Konto- und Depotunterlagen • ggf. Nachweise von Guthaben und Depotbeständen bei anderen Kreditinstituten • ggf. Grundbuchauszug

3. Allgemein-Verbraucherdarlehen

3.1 Kreditantrag und Kreditvertrag

Allgemeine Kennzeichnung Kredit – Darlehen	Die Kreditinstitute verstehen unter einem Kredit die zeitlich befristete Überlassung von Kapital, wobei die Zinsen das Entgelt für die Überlassung des Kapitals darstellen. Der Gesetzgeber versteht unter einem Verbraucherdarlehen grundsätzlich ein Gelddarlehen an einen Verbraucher nach § 13 BGB, also die Überlassung von Verfügungsmöglichkeiten über Geld oder die direkte Überlassung von Zahlungsmitteln. Nach dem neuen Schuldrecht müssen Verbraucher detailliert über die Bankkonditionen des Produkts informiert werden. Dabei sollten die persönlichen Verhältnisse des Kunden berücksichtigt werden.
Inhalte des Kreditgesprächs	• Höhe und Verwendungszweck des Kredits • Zeitpunkt der Bereitstellung • Laufzeit des Kredits • Rückzahlung des Kredits • mögliche Kreditsicherheiten • Einwilligung zur Einholung einer Schufa-Auskunft • Abschluss einer Restschuldversicherung
Kreditbesicherung	Für den Fall einer nicht ordnungsgemäßen Rückführung des Kredits während der Kreditlaufzeit verlangen Kreditinstitute i. d. R. eine Besicherung ihrer Ansprüche. Die Kreditsicherheit hat die Aufgabe, den Rückzahlungsanspruch und damit das Ausfallrisiko abzusichern. Eine Sicherheit kann nur verwertet werden, wenn die gesicherte Forderung zur Rückzahlung fällig ist. Die Art der Verwertung richtet sich dabei nach der Art der Sicherheit und den entsprechenden Vorschriften.
Grundsätze bei der Auswahl von Kreditsicherheiten	**Werthaltigkeit:** Der Wert des Sicherungsgutes und dessen Wertbeständigkeit sollten in einem angemessenen Verhältnis zur Kredithöhe und Kreditlaufzeit stehen. **Verwertbarkeit:** Die Sicherheiten sollen nach Fälligkeit des Kredits kurzfristig und mit geringem Aufwand verwertbar sein. **Rechtswirksamkeit:** Die Sicherungsvereinbarung muss rechtlich wirksam und praktisch durchführbar sein; so ist z. B. der Sicherungsgegenstand genau zu bestimmen. **Angemessenheit:** Neben dem Absicherungsinteresse des Kreditinstituts sind auch die wirtschaftlichen Interessen des Kreditnehmers zu beachten. So darf der Kredit nicht übersichert werden. **Wirtschaftlichkeit:** Bei der Auswahl der Besicherung muss neben einer rechtswirksamen Bestellung insbesondere auch auf die Wirtschaftlichkeit der Besicherung geachtet werden. So werden Kredite in geringer Höhe nicht besichert. Auch die Ansammlung mehrerer Sicherheiten mit geringem Sicherheitswert wird vermieden. **Sicherungszweck:** Jede Sicherheit haftet nur dann für einen Kredit, wenn der Sicherungszweck in der Sicherungszweckerklärung kon-

	kret vereinbart wurde. Der Kreditnehmer braucht nur die Inanspruchnahme der Sicherheit zu dulden, wenn die Verwertung in Übereinstimmung mit dem vereinbarten Sicherungszweck geschieht. Man unterscheidet einen weiten und einen engen Sicherungszweck: • Die Vereinbarung eines **weiten Sicherungzwecks** bedeutet, dass die Sicherheit sowohl für das Darlehen als auch für alle bestehenden, künftigen und bedingten Ansprüche, die der Bank gegen den Darlehensnehmer zustehen, dient. Bei weiteren Darlehen an den gleichen Darlehensnehmer ist daher kein neuer Sicherheitenvertrag notwendig. Dennoch muss die Sicherheit in dem neuen Darlehensvertrag als Sicherheit aufgeführt werden. • Bei der Vereinbarung eines **engen Sicherungszwecks** dient die Sicherheit nur für die Forderungen, die im Sicherheitenvertrag aufgeführt sind.
Bewertung der Kreditsicherheiten	Bei der Bewertung der Sicherheit muss ein Sicherheitsabschlag berücksichtigt werden. Dadurch können Erlöseinbußen und Verwertungskosten (z. B. Gerichtskosten) berücksichtigt werden, die aus einer zwangsweisen Verwertung resultieren. Ferner darf die Bank bei der Bewertung von Sicherheiten die wirtschaftliche Freiheit des Kreditnehmers nicht unangemessen einschränken, sodass der Kreditnehmer seine freie finanzielle Selbstbestimmung behält (vgl. § 1248 BGB).
Gehaltsabtretung	Bei der Gehaltsabtretung handelt es sich um eine abstrakte Sicherheit. Die Abtretung wird in §§ 398 ff. BGB geregelt. Sie ist ein Vertrag, durch den eine Forderung übertragen wird. Vertragsparteien sind der bisherige Forderungsinhaber (Zedent) und der neue Forderungsinhaber (Zessionar). Die Abtretung ist formfrei gültig. Sie wird jedoch aus Beweisgründen immer schriftlich vereinbart. Da die Abtretung der Gehaltsforderungen nur sicherungsweise erfolgt, erwirbt die Bank die Forderungen treuhänderisch (fiduziarisch) für die Kreditlaufzeit. Die Bank darf die Forderungen nur im Falle der Nichterfüllung des Kreditvertrags bis zur Höhe der tatsächlichen Forderung verwerten. Die Forderung wird bei der Bank nicht bilanziert. **Sicherungszweck:** Bei der Gehaltsabtretung handelt es sich um eine abstrakte Sicherheit, deshalb muss der Kreditsicherungsvertrag die Sicherheit mit der besicherten Forderung verknüpfen. **Verwertungsbefugnis:** Es ist zu regeln, unter welchen Voraussetzungen die Bank die ihr übertragene Forderung verwerten darf. **Rückübertragungsanspruch:** Wird die Sicherheit nicht benötigt, ist eine Rückübertragung an den Sicherungsgeber zu regeln. **Beurteilung einer Gehaltsabtretung:** Der Wert einer Gehaltsabtretung ist von der Bonität des Kreditnehmers und der Sicherheit seines Arbeitsplatzes abhängig. Deshalb müssen Faktoren wie Ausbildungsstand, Qualifikationen und Alter des Kreditnehmers sowie branchenspezifische Kriterien in die Sicherheitenbewertung

	mit einfließen. Darüber hinaus hängt die Wertigkeit dieser Sicherheit von der Höhe des pfändungsfreien Betrages und vom Umfang der Unterhaltsverpflichtungen des Arbeitnehmers ab. Die Abtretung bezieht sich nur auf den pfändbaren Teil des Gehalts (§§ 850 ff. ZPO). Die formularmäßige Gehaltsabtretung enthält i. d. R. folgende Regelungen: • Die Abtretung darf von dem Arbeitgeber nicht vertraglich ausgeschlossen worden sein. • Die Abtretung wird auf den Gesamtkreditbetrag begrenzt. • Der Sicherungsgeber versichert, dass die abgetretenen Forderungen anderweitig weder abgetreten noch verpfändet oder gepfändet sind. • Eine Offenlegung erfolgt nur, wenn die Kreditnehmer sich seit mindestens zwei Monatsraten in Verzug befinden, die Offenlegung angedroht wurde und eine Frist von einem Monat seit der Androhung vergangen ist. • Die Sicherungsgeber sind verpflichtet, jeden Wechsel des Arbeitgebers unverzüglich anzuzeigen. Außerdem ist die Bonität des Arbeitgebers bei der Bewertung der Gehaltsabtretung zu berücksichtigen. **Arbeitsverhältnisse im öffentlichen Dienst:** Bei Beamtenverhältnissen muss die Abtretung gemäß § 411 BGB durch eine amtlich beglaubigte Urkunde angezeigt werden.
Wichtige Regelungen bei ausgewählten Sicherheiten	**Abtretung von Spareinlagen:** Forderungen, die in von der Bank selbst herausgegebenen Sparbüchern verbrieft worden sind, können nicht an die Bank abgetreten werden. Denn damit würden Gläubiger- und Schuldnerstellung sich vereinigen. In diesem Fall wäre nur eine Verpfändung des Sparguthabens zugunsten der Bank möglich. **Nicht abtretbare Forderungen:** Nicht abtretbar sind Forderungen, die kraft Vereinbarung zwischen Sicherungsgeber und Drittschuldner nicht abtretbar sind. **Abtretung von Ansprüchen aus Lebensversicherungen:** Der Anspruch auf Auszahlung des Rückkaufswertes einer Kapitallebensversicherung bei Vertragskündigung durch den Versicherungsnehmer ist abtretbar. Der Rückkaufswert steigt sukzessive mit der Vertragslaufzeit. Sicherungsgeber ist der Kreditnehmer. Sofern bei der Kapitallebensversicherung eine unwiderrufliche Bezugsberechtigung eines Dritten besteht, muss dieser der Abtretung zustimmen. Dies erfolgt durch Mitunterzeichnung des Abtretungsvertrages. Da Zahlungen aus dem Versicherungsvertrag regelmäßig die Vorlage des Versicherungsscheins erfordern, verlangt die Bank diesen vom Sicherungsgeber bei Vertragsabschluss. Die Bank muss sich vergewissern, dass die AGB des Versicherers die Abtretung von Ansprüchen gestatten, ggf. ist die Versicherung von der Abtretung

	zu informieren. Die Abtretung von Ansprüchen aus Kapitallebensversicherungen kann steuerschädlich sein. Der Kunde muss auf diesen Sachverhalt hingewiesen werden. **Restschuldversicherung:** Bei der Restschuldversicherung handelt es sich um eine Risikoversicherung mit fallender Versicherungssumme zur Sicherung der Restschuld von Darlehen bei Tod, Erwerbsunfähigkeit oder Arbeitsunfähigkeit und Arbeitslosigkeit der Kreditnehmer. Im Versicherungsfall zahlt die Versicherung bei Erwerbsunfähigkeit oder Arbeitslosigkeit die Raten für eine vereinbarte Zeitdauer bzw. im Todesfall umgehend die Restschuld. Bei Arbeitsunfähigkeit zahlt die Versicherung eine Arbeitsunfähigkeitsrente, mit der die laufenden Raten abgedeckt werden. Bei Ratenkrediten wird die Prämie einmalig im Voraus bei Abschluss des Kreditvertrags gezahlt. **Allgemeine Bedingungen für die Restschuldversicherung (Auszug)** **a) Begriffserklärungen:** **Versicherungsnehmer:** Der Versicherungsnehmer ist der Gläubiger der Zahlungsverpflichtung (z. B. das Kreditinstitut bzw. der Leasinggeber), der die versicherte Person zum Vertrag angemeldet hat. Er wird als solcher im Vertrag benannt. Die Beitrittserklärung ist gleichzeitig Versicherungsbestätigung. **Versicherte Person:** Die versicherte Person im Sinne dieser Bedingungen ist diejenige Person, auf deren Leben der Baustein zur Restschuldversicherung abgeschlossen worden ist. **Beispiel für Allgemeine Versicherungsbedingungen** **§ 1 Versicherungsfall** (1) Bei Tod der versicherten Person während der Versicherungsdauer zahlt die Versicherung die Versicherungsleistung in Höhe der am Tag des Todes bestehenden Restforderung des Kreditgebers aus dem Kredit, zu dem diese Restschuldversicherung abgeschlossen wurde, maximal jedoch das vereinbarte Garantiekapital. Das Garantiekapital reduziert sich monatlich um den im Vertrag angegebenen Betrag. (2) Die Versicherung ist nicht überschussberechtigt, es werden keine Überschussanteile fällig. (3) Ist die Versicherung auch auf den Arbeitsunfähigkeitsfall abgeschlossen und wird die versicherte Person während der Versicherungsdauer arbeitsunfähig, so zahlt die Versicherung eine monatliche Arbeitsunfähigkeitsrente. Der Anspruch auf Arbeitsunfähigkeitsrente entsteht nach Ablauf von sechs Wochen nach Eintritt der Arbeitsunfähigkeit. (...) Der Anspruch auf Arbeitsunfähigkeitsrente erlischt, wenn die Arbeitsunfähigkeit endet. (...) Arbeitsunfähigkeit im Sinne dieser Bedingungen liegt vor, wenn die versicherte Person infolge Gesundheitsstörungen, die ärztlich nachzuweisen sind, außerstande ist, ihre bisherige oder eine ande-

	re Tätigkeit auszuüben, die aufgrund ihrer Ausbildung und Erfahrungen ausgeübt werden kann und ihrer bisherigen Lebensstellung entspricht. **§ 2 Beginn des Versicherungsschutzes** Der Versicherungsschutz beginnt, wenn der Einmalbetrag gezahlt wurde, frühestens jedoch zu dem im Versicherungsvertrag genannten Versicherungsbeginn. Vor Abschluss des Versicherungsvertrags sowie vor Auszahlung der Darlehenssumme besteht jedoch noch kein Versicherungsschutz.
Angaben im Kreditantrag nach Art. 247 § 3 EGBGB	• Nettodarlehensbetrag und ggf. Höchstgrenze des Darlehens • Gesamtrückzahlungsbetrag inklusive Zinsen und sonstiger Kosten • Rückzahlungsmodalitäten (Höhe, Anzahl und Fälligkeit der Raten) • Nominalzins und sonstige Kreditkosten • effektiver Jahreszins oder anfänglicher effektiver Jahreszins gemäß den Vorschriften der Preisangabenverordnung • Kosten einer Restschuld- oder sonstigen Versicherung, die im Zusammenhang mit dem Verbraucherdarlehen abgeschlossen werden • zu bestellende Sicherheiten
Schriftform	• Das Verbraucherkreditgesetz sieht für alle Kreditverträge die Beachtung der Schriftform vor. • Ein Kreditvertrag, der nicht schriftlich abgeschlossen wurde, ist nichtig. • Die Schriftform dient neben der Sicherung der zutreffenden Informationen über die wesentlichen Kreditkonditionen auch der Warnung des Verbrauchers vor unüberlegtem finanziellen Engagement. • Dem Verbraucher soll transparent und übersichtlich die wirtschaftliche Belastung aus der geplanten Kreditaufnahme bewusst gemacht werden. Zudem soll dem Verbraucher eine tragfähige Grundlage an die Hand gegeben werden. • Es reicht aus, wenn Antrag und Annahme durch die Vertragsparteien jeweils getrennt und schriftlich erklärt werden. Besteht das Vertragswerk aus mehreren Blättern, muss ihre Zusammengehörigkeit kenntlich gemacht und die einzelnen Blätter von den Vertragsparteien gesondert unterschrieben werden. • Die Bank muss mindestens ein Kreditbestätigungsschreiben verschicken, wenn sie den schriftlichen Antrag des Kreditnehmers angenommen hat. • Dem Kunden muss eine vollständige Ausfertigung des Vertrags mit allen nach dem Gesetz erforderlichen Angaben vorliegen.

Pflichtangaben im Kreditvertrag	• Nettokreditbetrag, Höchstgrenze • Darlehensnennbetrag • Angabe des Gesamtbetrages • Rückzahlung des Kredits • Angabe des Zinssatzes • sonstige Kosten • effektiver Jahreszins • Kosten einer Restschuldversicherung • zu bestellende Sicherheiten
Nettokreditbetrag, Höchstgrenze	Der Nettokreditbetrag ist der auszuzahlende Betrag, d. h. es ist der dem Darlehensnehmer effektiv zur Verfügung stehende Betrag, der sich nach Abzug aller Kosten, Gebühren, Entgelte, Provisionen, Versicherungsprämien ergibt. Auch die Kosten einer Restschuldversicherung sind abzuziehen. Damit soll dem Verbraucher dargelegt werden, wie viel Geld ihm effektiv zur Verfügung steht.
Darlehensnennbetrag	Der Darlehensnennbetrag ist der Betrag, der dem Verbraucher zur Nutzung überlassen wird, und ist damit die Grundlage der Verzinsung. Fehlt die Angabe des Kreditbetrags, so ist der Kreditvertrag nichtig.
Angabe des Gesamtbetrages	Das Verbraucherkreditgesetz fordert die Angabe aller zur Tilgung eines Kredits, zur Zahlung der Zinsen und sonstigen Kosten zu entrichtenden Teilzahlungen (Gesamtbetrag). Mit der Angabe des Gesamtbetrages soll der Verbraucher auf die wirtschaftliche Tragweite seiner Verpflichtung hingewiesen werden. Das Fehlen des Gesamtbetrages hat die Nichtigkeit des Kreditvertrags zur Folge.
Rückzahlung des Kredits	In die Vertragsurkunde sind die Art und Weise der Rückzahlung des Kredits oder die Regelung der Vertragsbeendigung aufzunehmen. Bei Ratenkrediten ist die Anzahl der Raten, die Höhe der Raten und die Fälligkeit der Raten anzugeben. Anzugeben ist auch eine Abweichung der ersten oder letzten Rate in Betrag und Fälligkeit von der Regelrückführung. Auch die Zahlungsmodalitäten sind anzugeben, z. B. wenn die Ratenzahlung per Lastschrifteinzug erfolgen soll.
Angabe des Zinssatzes	Die Bank hat den Zinssatz und alle sonstigen Kosten des Kredits zu bezeichnen. Um dem Verbraucher eine Vergleichsbasis zu bieten, muss der Zinssatz angegeben werden. Der Zinssatz ist der Nominalzinssatz, der als Jahreszins oder Monatszins ausgeworfen werden kann. Als Zinssatz sind alle laufzeitabhängigen Entgelte, wie Kreditprovision, Kreditgebühr und Disagio zu verstehen. Neben dem Zinssatz sind die sonstigen Kosten anzugeben, die aus Gründen der Transparenz einzeln darzustellen und aufzuschlüsseln sind. Zu diesen Kreditkosten zählen sämtliche Aufwendungen, die der Kreditnehmer nach dem Vertrag neben den Zinsen zu zahlen hat, um den Kredit zu erhalten.

Sonstige Kosten	Kosten für die Bestellung von Kreditsicherheiten, Schätzkosten sowie Entgelte für die Führung des Darlehenskontos und die Kosten der Restschuldversicherung u.a.. Fehlt die Angabe des Nominalzinssatzes, so ist der Kreditvertrag nichtig. Wird der Kredit trotzdem in Anspruch genommen, so ermäßigt sich der zugrunde gelegte Zinssatz auf den gesetzlichen Zinssatz von 4 %. Nicht angegebene Kosten werden nicht geschuldet.
Effektiver Jahreszins	Der effektive Jahreszins ist Vergleichsmaßstab für die Kreditkosten und damit wichtigster Bestandteil der Verbraucheraufklärung. Die Kosten von obligatorischen Restschuldversicherungen werden in die Berechnung des Effektivzinses einbezogen. Fehlt die Angabe des effektiven Jahreszinses, so ist der Kreditvertrag nichtig. Wird der Kredit trotzdem in Anspruch genommen, so ermäßigt sich der zugrunde gelegte Zinssatz auf den gesetzlichen Zinssatz von 4 %.
Kosten einer Restschuldversicherung	Die Kosten einer Restschuldversicherung oder Kapitallebensversicherung sind im Kreditvertrag anzugeben. Nicht angegebene Kosten werden dem Gläubiger gegenüber nicht geschuldet. In Betracht kommen folgende Versicherungen: • **Restschuldversicherung:** Eine Restschuldversicherung ist eine Risikolebensversicherung auf den Todesfall, die um eine Berufsunfähigkeits- und / oder Krankentagegeldversicherung ergänzt werden kann. In die Restschuldversicherung kann auch das Risiko der Arbeitslosigkeit einbezogen werden. Der Versicherungsfall tritt ein, wenn der Kreditnehmer vor vollständiger Darlehenstilgung stirbt, arbeitsunfähig oder arbeitslos wird. Als Versicherungsleistung wird die im Zeitpunkt des Versicherungsfalls offene Restschuld gezahlt, sodass die Restschuldversicherung eine Risikolebensversicherung mit fallender Todesfallsumme gegen Einmalbetrag ist. • **Kapitallebensversicherung:** Endfällige Darlehen werden häufig gegen den Abschluss einer Lebensversicherung gewährt, die sowohl eine Sicherheit als auch Tilgungsersatz darstellen. Die Tilgung des Darlehens geschieht am Ende der Laufzeit aus der Leistung der Lebensversicherung. Zu diesem Zweck werden die Ansprüche aus der Versicherung an die Bank abgetreten.
Zu bestellende Sicherheiten	Der Kreditgeber hat das Recht, für seine Forderungen die Bestellung von Sicherheiten zu verlangen. Die zu bestellenden Sicherheiten sind konkret zu benennen, und zwar so genau, dass der Verbraucher über Art und Umfang der von ihm vorzunehmenden Rechtsgeschäfte unterrichtet ist. Sieht der Kreditvertrag eine Lohnabtretung vor, sollte mindestens die Deckungsgrenze angegeben werden. Sicherheiten, die im Kreditvertrag nicht genannt sind, können vom Kreditnehmer nicht gefordert werden. Damit soll der Verbraucher vor der nicht vereinbarten Nachforderung von Sicherheiten durch die Bank geschützt werden.

3.2 Widerrufsbelehrung

Gesetzliche Grundlage nach § 495 BGB	Durch das Widerrufsrecht soll dem Verbraucher die Möglichkeit verschafft werden, seine Entscheidung für einen Kredit noch einmal zu überdenken und seine Entscheidung ggf. rückgängig zu machen. Das Widerrufsrecht kann nur auf den gesamten Kreditvertrag insgesamt ausgeübt werden. Der Kreditvertrag ist bis zur Ausübung des Widerrufsrechts oder bis zum Ablauf der Frist schwebend unwirksam. Der Auszahlungsanspruch entsteht erst nach Wirksamwerden des Vertrags. Die Widerrufsbelehrung muss entweder in einer gesonderten schriftlichen Vereinbarung oder in die vom Darlehensnehmer zu unterzeichnende Vertragserklärung aufgenommen und dort deutlich hervorgehoben werden. Der Ablauf der Widerrufsfrist von zwei Wochen beginnt erst, wenn der Verbraucher zutreffend und formgerecht über sein Widerrufsrecht belehrt wurde. Insbesondere muss in der Widerrufsbelehrung enthalten sein: • Belehrung über das Recht zum Widerruf innerhalb von zwei Wochen • der ausdrückliche und unmissverständliche Hinweis auf den Fristbeginn und die Fristwahrung durch rechtzeitige Absendung des Widerrufs • Name und Anschrift desjenigen, dem gegenüber der Widerruf zu erklären ist • die Belehrung über die verlangte Textform des ggf. zu erklärenden Widerrufs und der Hinweis, dass eine Begründung des Widerrufs nicht erforderlich ist. Damit die Widerrufsbelehrung ordnungsgemäß und damit Frist auslösend ist, hat der Darlehensgeber dem Verbraucher eine eindeutige und deutlich gestaltete Belehrung entsprechend den Erfordernissen des eingesetzten Kommunikationsmittels zur Verfügung zu stellen.
Folgen fehlerhafter Belehrung	Die Belehrung muss dem Verbraucher gemäß § 355 Abs. 2 Satz 1 BGB in Textform mitgeteilt werden und ist demnach auch mittels Telekopie, E-Mail oder anderer Telekommunikationsmittel möglich. Eine mündliche Widerrufserklärung ist nicht ausreichend. Unterbleibt eine Widerrufsbelehrung oder ist sie unzureichend, so wird der Lauf der Widerrufsfrist nicht in Gang gesetzt. Das Widerrufsrecht besteht dann fort, der Vertrag bleibt in der Schwebe und das Widerrufsrecht erlischt erst nach beiderseits vollständiger Erbringung der Leistung, spätestens ein Jahr und 14 Tage nach Abgabe der Willenserklärung des Verbrauchers. Durch diese Regelung soll eine schwebende Unwirksamkeit des Kreditvertrags auf Dauer verhindert werden. Das Widerrufsrecht ist eine einseitige, empfangsbedürftige Willenserklärung. Es kann innerhalb der Frist jederzeit und ohne Angabe von Gründen vom Verbraucher ausgeübt werden.

Darlehensrückzahlung nach Widerruf	Durch den Widerruf wird der Kreditnehmer gezwungen, die Darlehenssumme innerhalb von zwei Wochen zurückzuzahlen. Der Rückzahlungsbetrag ist der empfangene Nettokreditbetrag. Zahlt der Kreditnehmer den Nettokreditbetrag nicht fristgerecht zurück, so gilt der Widerruf als nicht erfolgt und der Vertrag wird rechtsgültig.
Rechtsfolgen des Widerrufs	Die Bank kann für die Zeit zwischen dem Empfang und der Rückzahlung des Darlehens Zinsen verlangen. Der Verbraucher hat allerdings nicht die vertraglichen Zinsen zu zahlen, sondern nur den gesetzlichen Zins. Andere Nebenentgelte sind nicht zu entrichten.

Beispiel

Nordbank AG

Auszug aus dem Konditionentableau für Verbraucherdarlehen (in EUR)

Laufzeit: 48 Monate

Sollzinssatz p. a.: 3,90 %

Kreditbetrag	Zinsen	Sonstige Kosten	Gesamtbetrag	Höhe der Raten	letzte Rate
8.500,00	692,94	127,50	9.320,44	196,96	63,32
9.000,00	733,76	135,00	9.868,76	208,53	67,85
10.000,00	815,31	150,00	10.965,31	231,70	75,41
11.000,00	896,83	165,00	12.061,83	254,88	82,47
12.000,00	978,35	180,00	13.158,35	278,05	90,00
13.000,00	1.059,90	195,00	14.254,90	301,22	97,56
14.000,00	1.141,46	210,00	15.351,46	324,39	105,13
15.000,00	1.222,96	225,00	16.447,96	347,55	113,11

Herr Jens Bauer ist Kunde der *Nordbank AG*. Herr Bauer beantragt einen Kredit über 13.000,00 EUR zur Finanzierung einer Einbauküche. Herr Bauer möchte den Kreditbetrag in 48 Monatsraten zurückzahlen.

Folgende Informationen werden in den Kreditvertrag übernommen:

Nettokreditbetrag: 13.000,00 EUR

Rate 1 bis 47: 301,22 EUR

Rate 48: 97,56 EUR

Gesamtzinsbetrag: 1.059,90 EUR

Sonstige Kosten: 195,00 EUR

Gesamtbetrag (Kreditbetrag einschließlich Kosten): 14.254,90 EUR

3.3 Kündigung und Vorfälligkeitsentschädigung

Nach § 500 BGB kann der Darlehensnehmer das Darlehen während der Laufzeit jederzeit ganz oder teilweise kündigen und ablösen. Die Einhaltung einer Kündigungsfrist ist nicht erforderlich. Die Bank ist berechtigt, eine Vorfälligkeitsentschädigung zu erheben, die in § 502 BGB geregelt ist.

§ 500 (Kündigungsrecht des Darlehensnehmers; vorzeitige Rückzahlung)

(1) Der Darlehensnehmer kann einen Allgemein-Verbraucherdarlehensvertrag, bei dem eine

Zeit für die Rückzahlung nicht bestimmt ist, ganz oder teilweise kündigen, ohne eine Frist einzuhalten. Eine Vereinbarung über eine Kündigungsfrist von mehr als einem Monat ist unwirksam.

(2) Der Darlehensnehmer kann seine Verbindlichkeiten aus einem Verbraucherdarlehensvertrag jederzeit ganz oder teilweise vorzeitig erfüllen. ...

§ 502 BGB

(3) Bei Allgemein-Verbraucherkreditverträgen darf die Vorfälligkeitsentschädigung folgende Beträge jeweils nicht überschreiten:

1. 1 % des vorzeitig zurückgezahlten Betrags oder, wenn der Zeitraum zwischen der vorzeitigen und der vereinbarten Rückzahlung ein Jahr nicht überschreitet, 0,5% des vorzeitig zurückgezahlten Betrags,
2. den Betrag der Sollzinsen, den der Darlehensnehmer in dem Zeitraum zwischen der vorzeitigen und der vereinbarten Rückzahlung entrichtet hätte.

Beispiel:

Frau Claudia Tillmann (31 Jahre alt, Angestellte) ist Kundin der *Nordbank AG*. Frau Tillmann wurde am 28.03. von der *Nordbank AG* angeschrieben, da sie ihren Dispositionskredit seit längerer Zeit ständig in Anspruch nimmt und es zu Überschreitungen der von der *Nordbank AG* eingeräumten Kreditlinie gekommen ist.

Frau Tillmann gibt der *Nordbank AG* folgende Informationen über ihre Kontostände an:

Konto/Depot	Betrag in EUR	Zusatzinformationen
Girokonto bei der *Nordbank AG*	4.861,67 S	Dispositionskredit 5.000,00 EUR Sollzinssatz 9,5 % p.a. Bankkarte und Rechnungsabschluss quartalsweise
Allgemein-Verbraucherdarlehen bei der *Unionbank AG*	3.240,00 S	Monatliche Rate 140,00 EUR Tilgungsverrechnung jeweils zum 30. eines Monats Gebundener Sollzinssatz für die gesamte Laufzeit 5,9 % p. a. Die noch zu zahlenden Sollzinsen bis zum vertraglich vereinbarten Ende der Laufzeit des Darlehens belaufen sich auf 207,71 EUR. Restlaufzeit zwei Jahre
Pkw-Leasing bei der *Sixt AG*	5.150,00 S	Monatliche Rate 199,00 EUR, jeweils zum 30. eines Monats. Die letzte Ratenzahlung von 5.150,00 EUR mit Übertragung des Eigentums an dem Pkw erfolgt am 30. November 2018

Frau Tillmann verfügt über keine weiteren Vermögenswerte. Die *Nordbank AG* schlägt Frau Tillmann vor, ihre gesamten Verbindlichkeiten, die sich aus der Geschäftsverbindung mit der *Nordbank AG* und aus den anderen Geschäftsverbindungen ergeben, durch ein Allgemein-Verbraucherdarlehen der *Nordbank AG* abzulösen.

Zu den anderen Verbindlichkeiten liegen folgende Informationen vor:
Die *Unionbank AG* legt bei der vorzeitigen Rückzahlung eines Allgemein-Verbraucherdarlehens die gesetzlichen Vorschriften zugrunde.
Mit Zahlung der letzten Rate ist das Pkw-Leasing beendet.

Frau Tillmann möchte ihre gesamten Verbindlichkeiten zum 30. April ablösen.
Wann und in welchem Umfang ist Frau Tillmann aufgrund der gesetzlichen Regelung zur vorzeitigen Rückzahlung des Allgemein-Verbraucherdarlehens an die *Unionbank AG* berechtigt.

Frau Tillmann kann nach § 500 BGB das Allgemein-Verbraucherdarlehen jederzeit und ganz oder teilweise zurückzahlen.

Die *Unionbank AG* ist aber berechtigt, nach § 502 BGB eine Vorfälligkeitsentschädigung zu verlangen.

Frau Tillmann kann im Rahmen der Ablösung des Allgemein-Verbraucherdarlehens insgesamt von der *Unionbank AG* mit folgendem Betrag belastet werden:

Vorfälligkeitsentschädigung: 1 % von 3.240,00 EUR	32,40 EUR
+ Zinsen: 3.240,00 x 5,9 % x 30 Tage : 360 Tage	15,93 EUR
+ Kreditbetrag	3.240,00 EUR
Summe	**3.288,33 EUR**

Zur Ablösung der gesamten Verbindlichkeiten muss die *Nordbank AG* Frau Tillmann folgenden Darlehensbetrag anbieten:

Ablösungsbetrag an die *Unionbank AG*	3.288,33 EUR
+ Ablösung der Kontoüberziehung bei der *Nordbank AG*	4.861,67 EUR
+ Restzahlung an die Sixt AG	5.150,00 EUR
Darlehensbetrag	**13.300,00 EUR**

4. Firmenkredite

4.1 Betriebsmittelkredite und Investitionskredite

<table>
<tr><td>Kennzeichnung</td><td>Bei Firmenkrediten handelt es sich um Kredite an Unternehmen und Selbstständige.</td></tr>
<tr><td>Arten</td><td>• Betriebsmittelkredit
• Investitions- und Vorratsinvestitionskredit
• Avalkredit</td></tr>
<tr><td>Betriebsmittelkredit</td><td>Der Betriebsmittelkredit ist in der Regel ein Kontokorrentkredit, der zur Finanzierung betrieblicher Umsatzprozesse wie Vorratsbeschaffungen dient. Der Betriebsmittelkredit wird aus den Umsatzerlösen zurückgezahlt. Dadurch wird ebenfalls die Liquiditätslage der Unternehmung verbessert und somit ihre Dispositionsfreiheit erweitert.</td></tr>
<tr><td>Investitionskredit</td><td>Mit dem Investitionskredit werden Gegenstände des Anlagevermögens finanziert. Vorstellbar sind auch langfristig geplante Finanzierungen von Vorratsinvestitionen. Die Laufzeit richtet sich bei der Anlagenfinanzierung i. d. R. nach der Abschreibungsdauer, bei den Vorratsinvestitionen nach der Umschlagsgeschwindigkeit.</td></tr>
<tr><td>Beispiel für Konditionen für Investitionskredite</td><td>
<table>
<tr><th colspan="4">Kreditkonditionen der Nordbank AG</th></tr>
<tr><th>Kreditart</th><th>Zinssatz</th><th>Tilgung</th><th>Laufzeit</th></tr>
<tr><td>Investitionskredit (Tilgungsdarlehen)</td><td>6,0 % p. a.</td><td>25 % jährlich, eine Kreditrate pro Jahr</td><td>4 Jahre</td></tr>
<tr><td>Investitionskredit (Festdarlehen)</td><td>6,5 % p. a.</td><td>100 % am Ende der Laufzeit in einer Summe</td><td>10 Jahre</td></tr>
<tr><td>Kontokorrentkredit</td><td>9,0 % p.a.</td><td>unregelmäßig</td><td>bis auf Weiteres</td></tr>
</table>
</td></tr>
<tr><td>Avalkredit</td><td>Der Avalkredit ist ein Bürgschaftskredit, bei dem ein Kreditinstitut eine selbstschuldnerische Bürgschaft übernimmt. Bankbürgschaften werden hauptsächlich von Behörden, aber auch von privaten Unternehmungen gefordert:
• für Zahlungsverpflichtungen der Bankkunden aus Frachten, Steuern und Zöllen, z. B. beim Frachtstundungsverfahren der Bundesbahn.
• für vereinbarte Vertragsstrafen bei nicht rechtzeitiger Fertigstellung einer Leistung, z. B. Straßen-, Brücken-, Hausbau.
Als Gegenleistung für die Bürgschaft zahlt der Schuldner an das Kreditinstitut die so genannte Avalprovision, die im Allgemeinen zwischen 1 % und 2,5 % pro Jahr liegt. Der Avalkredit hat bei der Sicherheitsleistung für den Schuldner den Vorteil, dass er keine die Liquidität belastenden Beträge hinterlegen muss.</td></tr>
<tr><td>Arten von Avalkrediten</td><td>Mietaval
Die Bank verpflichtet sich, dem Vermieter wegen Ansprüche aus dem Mietvertrag einen bestimmten Geldbetrag (Kaution) zu zahlen.
Bietungsaval
Die Bank verpflichtet sich, eine Vertrags- bzw. Konventionalstrafe zu zahlen für den Fall, dass der Bieter die mit der Abgabe des Angebotes übernommenen Pflichten nicht erfüllt.</td></tr>
</table>

	Anzahlungsgarantie Die Bank verpflichtet sich, dass der Käufer seine An- bzw. Vorauszahlungen zurückerhält, falls der Verkäufer den Vertrag nicht erfüllt. **Gewährleistungsgarantie** (auch: Lieferungs- und Leistungsgarantie) Die Bank verpflichtet sich, dem Käufer einen bestimmten Geldbetrag zu zahlen (Vertragsstrafe als Schadensersatz), falls der Verkäufer die Leistung nicht in der im Vertrag genau festgelegten Qualität und Quantität erbringt. **Zahlungsgarantie** Die Bank verpflichtet sich, dem Verkäufer den Kaufpreis oder die Kaufpreisraten zu zahlen, falls der Käufer seinen Zahlungsverpflichtungen nicht nachkommt. **Prozessaval** Die Bank verpflichtet sich, dem Prozessgegner eine bestimmte Geldsumme zu zahlen, wenn das Urteil in der nächsten Instanz zu dessen Gunsten ausfallen sollte.
Vermeidung von Kreditrisiken	• **Kreditüberwachung:** Sie dient zur Früherkennung von Kreditrisiken. Damit soll das Kreditinstitut in die Lage versetzt werden, möglichst früh Gegenmaßnahmen einzuleiten. • **Kreditsicherheiten:** Es sind Vermögensgegenstände in Form von Sachen oder Rechten, durch deren Verwertung sich der Gläubiger gegen das Ausfallrisiko eines Kredites absichern will. • **Bilanzanalyse:** Bei der Bilanzanalyse handelt es sich um die Auswertung und Untersuchung einzelner Positionen des Vermögens und des Kapitals. Diesem Zweck dient die Ermittlung von Kennzahlen. Die Analyse der Gewinn- und Verlustrechnung wird ebenfalls unter diesem Begriff verstanden. **Ausgewählte Bilanzkennzahlen** Eigenkapitalquote=(Eigenkapital : Gesamtkapital) x 100 Anlagequote = (Anlagevermögen : Gesamtvermögen) x 100 Anlagendeckung I = (Eigenkapital : Anlagevermögen) x 100 Anlagendeckung II = ((Eigenkapital + langfristiges Fremdkapital) : Anlagevermögen) x 100 Barliquidität = ((Kasse + Bankguthaben + Schecks) : kurzfristige Verbindlichkeiten) x 100 Eigenkapitalrentabilität = (Betriebsergebnis : Eigenkapital) x 100 Gesamtkapitalrentabilität = ((Betriebsergebnis + Fremdkapitalzinsen) : Gesamtkapital) x 100 Cash-Flow-Ratio = Cash-Flow x 100 : Gesamtleistung Cash-Flow = Betriebsergebnis + Abschreibungen + Zuführung zu den langfristigen Rückstellungen • **Rating:** Das Rating ist ein wesentliches Element zur Beurteilung der Bonität einer Unternehmung. Daneben spielen die nachhaltige Kapitaldienstfähigkeit, Sicherheiten, Kreditvolumen, Laufzeit, Verwendungszweck und die bisher mit der Unternehmung gemachten Erfahrungen eine wesentliche Rolle. Das Rating kann allerdings

	nicht alle in der Realität möglichen bonitätsrelevanten Risiken berücksichtigen. • **Kapitaldienst:** Der Kapitaldienst besteht in der Zahlung der Tilgungsraten und der Zinsen. Ist das Unternehmen in der Lage, den Kapitaldienst auf Dauer zu leisten, spricht man von der Kapitaldienstfähigkeit eines Unternehmens.

4.2 Leasing

4.2.1 Allgemeine Kennzeichnung

Allgemeine Kennzeichnung	Finanzierungs-Leasing ist die mittel- bis langfristige Gebrauchsüberlassung eines Wirtschaftsgutes an den Leasingnehmer. Dabei ist die Vertragslaufzeit regelmäßig kürzer als die betriebsgewöhnliche Nutzungsdauer. Im Gegensatz zu einem darlehensfinanzierten Kauf wird der Leasingnehmer nicht Eigentümer des Wirtschaftsgutes, sondern er erwirbt lediglich ein zeitlich begrenztes Nutzungsrecht. Diese Vertragsform weist darauf hin, dass sie eine dem Kreditvertrag vergleichbare Funktion erfüllen soll, d. h. der Leasingnehmer trägt das Investitionsrisiko für das Leasingobjekt. Entsprechend sehen die Zahlungsverpflichtungen während der Vertragsdauer vor, dass mit den monatlichen Leasingraten die gesamten Anschaffungskosten oder Herstellungskosten einschließlich aller Nebenkosten des Leasinggebers für die Bereitstellung des Leasingobjektes aufgebracht werden müssen.
Vertragsarten	• Vollamortisations-Vertrag • Teilamortisations-Vertrag
Vollamortisations-Vertrag	Bei einem Vollamortisations-Vertrag wird dies durch die Zahlung der monatlich fälligen Leasingraten erreicht. Bei Vertragsende ist der Leasinggegenstand an den Leasinggeber zurückzugeben. Da der Leasingnehmer nach der Vertragsdauer meist an einer weiteren Nutzung des Leasingobjektes interessiert ist, sehen die Vollamortisations-Verträge häufig eine Kaufoption oder einen Anschlussleasingvertrag vor. Einigen sich die Vertragsparteien nicht über die Konditionen einer Folgevereinbarung, dann verwertet der Leasinggeber das Leasingobjekt selbst über den Markt.
Teilamortisations-Vertrag	Im Gegensatz zum Vollamortisations-Vertrag führt die Summe der Leasingraten beim Teilamortisations-Vertrag nicht zur Deckung aller Kosten. Erst durch den Verkauf des Leasingobjektes amortisiert die Leasinggesellschaft ihre Investitionskosten in voller Höhe. Gegen das Risiko eines Mindererlöses sichert sie sich durch eine Verkaufsoption gegenüber dem Leasingnehmer ab (Andienungsrecht des Leasinggegenstands). Damit wird der Leasingnehmer zum Kauf für den Fall verpflichtet, dass eine anderweitige Verwertung des Leasinggegenstandes den Restwert nicht abdeckt. Der Kaufpreis entspricht dem kalkulierten Restwert. Liegt der Marktpreis über dem kalkulierten Restwert, nutzt die Leasinggesellschaft die Mehrerlöschance. Für den Leasingnehmer sehen Teilamortisations-Verträge

	oftmals eine Beteiligung an dem Mehrerlös vor. Er erhält in diesem Fall bis zu 75 % der Differenz aus dem Verkaufserlös und dem kalkulierten Restwert. Umgekehrt ist er verpflichtet, die Differenz zum kalkulierten Restwert auszugleichen, sobald sich ein Mindererlös ergibt. Voll- und Teilamortisations-Verträge sind die gebräuchlichen Formen des Finanzierungsleasings.
Mietkauf	Der Mietkauf ist eine spezielle Form der Investitionsfinanzierung. Der Mietkauf gleicht dem Leasing beim Ratenverlauf und Konditionengestaltung. Besonderes Charakteristikum ist aber, dass das Eigentum am Mietgegenstand/Investitionsgut während der gesamten Mietdauer beim Vermieter liegt, mit Zahlung der letzten Mietrate jedoch automatisch auf den Mieter übergeht (aufschiebend bedingter Eigentumsübergang). Dies hat u. a. zur Folge, dass der Mieter den Mietgegenstand wie beim Barkauf von Anfang an bilanzieren muss. Während bei einer Leasingfinanzierung die Umsatzsteuer jeweils auf die einzelnen Leasingraten erhoben und damit z. B. in monatlichen Raten liquiditätswirksam wird, ist sie beim Mietkauf mit der ersten Rate für den gesamten Mietkaufpreis (= Gesamtsumme aller zu zahlenden Raten) fällig. Das bedeutet beim Mieter einen beträchtlichen Abfluss liquider Mittel, die er sich aber über den Vorsteuerabzug wieder zurückholen kann. Der Mieterkauf hat besondere Bedeutung dort, wo Leasing aus speziellen Gründen nicht eingesetzt werden kann, z. B. bei Investitionsförderungsprogrammen, die zur Bedingung haben, dass der Antragsteller selbst bilanziert.

Beispiel zum Leasing

Die *Kora GmbH* beabsichtigt die Anschaffung eines Firmenfahrzeugs für die Geschäftsführung. Der Pkw soll 46.000,00 EUR kosten und über die *NordLeasing* oder die *HansaLeasing* bzw. *AutoLeasing GmbH* finanziert werden. Die Geschäftsführung will den Pkw 36 Monate lang nutzen. Nutzungsdauer beträgt laut AfA-Tabelle 6 Jahre.

Konditionen der *NordLeasing GmbH*	
Vertragsart	Leasingvertrag mit Mietverlängerungsoption
Grundmietzeit	40 – 90 % der betriebsgewöhnlichen Nutzungsdauer
Leasingfaktor	3,25 % pro Monat
Kilometerleistung	20.000 km pro Jahr
Der Pkw ist am Ende der Grundmietzeit der *Nordleasing GmbH* zu übergeben oder aufgrund eines Mietvertrages anzumieten.	
Konditionen der *HansaLeasing GmbH*	
Vertragsart	Leasingvertrag mit Mehrerlösbeteiligung
Grundmietzeit	40 - 90 % der betriebsgewöhnlichen Nutzungsdauer
Verzinsung	7 % p.a.
Restwert	25 %
Kilometerleistung	20.000 km pro Jahr

Konditionen der *AutoLeasing GmbH*	
Vertragsart	Leasingvertrag mit fester Abschlussrate
Vertragslaufzeit	36 Monate
Anzahlung	15.000,00 EUR
Abschlussrate	60 % der Anschaffungskosten
Kilometerleistung	20.000 km pro Jahr
Leasingrate	159,00 EUR pro Monat

Erstellung der drei Angebote auf der Grundlage des Leasingfaktors der *NordLeasing GmbH* und der Konditionen der *HansaLeasing* bzw. der *AutoLeasing GmbH* unter Ermittlung der Leasingrate, des Restwerts und der Gesamtkosten der Investition:

Angebot 1:
Leasingrate: 1.495,00 EUR
Leasingrate insgesamt: 53.820,00 EUR

Angebot 2:
Anschaffungskosten – Restwert = 46.000 - 11.500 = 34.500
Abschreibungen für 36 Monate: 34.500 : 36 = 958,33 EUR
Durchschnittskapital für 36 Monate: 34.500 + 958,33 = 35.458,33 : 2 = 17.729,17 EUR
7 % Zinsen p.a.: 1.241,04 EUR; 7 % Zinsen für 3 Jahre: 3.723,12 EUR
Zinsen pro Monat: 3.723,12: 36 = 103,42 EUR
7 % Zinsen auf Restwert 11.500 für 3 Jahre: 805 x 3 = 2.415 EUR
Zinsen pro Monat für Restwert: 2.415: 36 = 67,08 EUR
Leasingrate: 958,33 + 103,42 + 67,08 = 1.128,83 EUR
Leasingraten insgesamt 36 x 1.128,83 EUR: 40.637,88 EUR
Leasingfaktor: 2,45 %
10 % Zinsen p.a.: 1.772,92 EUR; 10 % Zinsen für 3 Jahre: 5.318,76 EUR
Zinsen pro Monat: 5.318,76 : 36 = 147,74 EUR
10 % Zinsen auf Restwert 11.500 für 3 Jahre: 1.150 x 3 = 3.450 EUR
Zinsen pro Monat für Restwert: 3.450 : 36 = 95,83 EUR
Leasingrate: 958,33 + 147,74 + 95,83 = 1.201,90 EUR
Leasingraten insgesamt 36 x 1.201,90 EUR: 43.268,40 EUR
Leasingfaktor: 2,61 %

Angebot 3:
Anzahlung 15.000,00 EUR
Leasingraten für 36 Monate je 199 EUR: 7.164,00 EUR
Restwert: 27.600,00 EUR

Amortisationsverträge der Angebote

	NordLeasing	**HansaLeasing**	**AutoLeasing**
Summe der Leasingraten	53.820,00 EUR	40.637,88 EUR	7.164,00 EUR
+ Restwert + Anzahlung	0,00 EUR	11.500,00 EUR	27.600,00 EUR 15.000,00 EUR
Summe	53.820,00 EUR	52.137,88 EUR	49.764,00 EUR
Vertragsform	VA-Vertrag	TA-Vertrag mit Mehrerlösbeteiligung	Mietkauf

Das Angebot der *AutoLeasing* ist nicht erlasskonform. Der Kunde sollte sich für den Teilamortisations-Vertrag der *HansaLeasing GmbH* entscheiden.

Begründung: Gleichbleibende Leasingraten, die geringer sind als in Angebot 1. Angebot 3 kann wegen Anzahlung und Zielrate am Ende der Laufzeit aus Liquiditätsgründen negativ sein. Außerdem können Anzahlung, Zielrate und ein großer Teil der Mietraten nicht als Aufwendungen abgesetzt werden.

Ein Vollamortisations-Vertrag ist unwirtschaftlich, da die Leasingraten steigen. Der Restwert müsste miterlöst werden. Außerdem könnte der Wagen nur 54 Monate statt 60 Monate genutzt werden. Auch würde der Restwert dem Leasinggeber zustehen.

4.2.2 Fragen und Antworten zum Leasing

Was bedeutet „Leasing"?	Leasing bedeutet Nutzung von Gütern, ohne Eigentümer zu sein. Eine Finanzierung des Eigentumserwerbs entfällt hierbei. Je nach Zweck und Vertragsgestaltung gibt es unterschiedliche Formen des Leasings.
Wie funktioniert Leasing?	Der Begriff Leasing kommt aus dem Englischen und bedeutet „Mieten" oder „Pachten" von Investitionsgütern oder langlebigen Wirtschaftsgütern. Der Leasinggeber, der ein Objekt vermietet, bleibt juristischer und wirtschaftlicher Eigentümer. Allerdings überträgt er dem Mieter bzw. Nutzer des Objekts (Leasingnehmer) alle Rechte, Risiken und Pflichten, die bei „traditioneller" Miete üblicherweise der Vermieter trägt. So haftet der Leasingnehmer für Schäden, er muss Reparaturen ausführen und das Objekt instand halten. Wer zum Beispiel eine EDV-Anlage über eine Bank oder Leasinggesellschaft pachten will, geht zuerst zum PC-Händler und kauft ein Gerät seiner Wahl. Leasing schränkt weder bei der Auswahl des Händlers noch des Herstellers ein. Der Händler betrachtet den Kunden als Barzahler. Und wer „cash" zahlt, hat einen gewissen Spielraum, wenn es um den Preis geht. Nach Abschluss des Kaufvertrages ist der Kunde Besitzer und Eigentümer der Anlage. Danach schließt er einen Leasingvertrag ab, bekommt den gezahlten Kaufpreis von der Leasinggesellschaft zurück und überweist dafür monatlich oder quartalsweise seine Raten. Wenn der Vertrag ausläuft, entscheidet der „Mieter", ob er das Gerät an die Leasinggesellschaft zurückgeben oder kaufen will. Als „Vermieter" fungieren entweder die Hersteller direkt oder reine Leasinggesellschaften, die die Produkte vom Hersteller kaufen und verpachten.
Wie kann Leasing nach dem Gegenstand, dem Nutungsberechtigten und den Zusatzleistungen unterschieden werden?	• Nach dem Leasinggegenstand unterscheidet man **Immobilienleasing** an Gebäuden und **Mobilienleasing** an Investitions- und Konsumgütern. Hauptunterschied: Laufzeit des Leasingvertrags. • Nach dem Nutzungsberechtigten gibt es **Privatleasing** und **gewerbliches Leasing**, die sich vor allem durch die steuerlichen Auswirkungen beim Nutzungsberechtigten unterscheiden. • Je nachdem, welche Serviceleistungen vereinbart werden, spricht man vom **Full-Service-Leasing** z. B. bei Fahrzeugen, wenn alle Wartungen, Steuern, Reifen usw. von dem Eigentümer übernommen werden. Ein Vertrag ohne solche Leistungen beschränkt sich auf die Finanzierungsfunktion.

Wie unterscheidet sich das direkte vom indirekten Leasing?	• Bleibt der Hersteller auch Eigentümer und gibt nur die Nutzung ab, z. B. bei EDV-Anlagen oder Kopierern, handelt es sich um direktes Leasing oder Herstellerleasing. Beim **direkten Leasing** wird meistens wie bei einem normalen Mietvertrag dem Nutzungsberechtigten ein jederzeitiges Kündigungsrecht eingeräumt. Damit hat er die Möglichkeit, nach Bedarf immer neuere oder größere Geräte gegen Rückgabe der alten Geräte zu tauschen. Möglich ist auch ein zeitlich befristeter Vertrag mit Austauschrecht des Objektes. In diesen Fällen spricht man vom **Operate-Leasing**. • Das direkte Leasing muss vertraglich und vom wirtschaftlichen Zweck her streng vom **Finanzierungsleasing** getrennt gesehen werden, bei dem immer eine nicht kündbare feste Mietdauer, die Grundmietzeit vereinbart wird. • Wird eine besondere, rechtlich unabhängige Leasinggesellschaft eingeschaltet, bezeichnet man dies als **indirektes Leasing**.
Welche Vertragspartner sind beim Finanzierungs-Leasing beteiligt?	• Der **Leasinggeber** ist eine besondere Finanzierungsgesellschaft, die den Kaufvertrag mit dem Hersteller abschließt und den Kaufpreis an diesen entrichtet. • Der **Leasingnehmer** schließt einen Vertrag mit dem Leasinggeber über die Nutzung des Gegenstandes und die Entrichtung der Leasingraten. • Der Hersteller vereinbart mit dem Leasingnehmer die Art der Lieferung und die weiteren Lieferungsbedingungen.
Welche Vertragsformen sind beim Leasing zu unterscheiden?	Generell können verschiedene Vertragsformen unterschieden werden: **Vollamortisations-Vertrag** Bei Vollamortisations-Verträgen decken die Leasingraten die Anschaffungs-, Herstellungs-, Neben- und Finanzierungskosten, Gewinnspanne ab und der Vertrag wird über eine feste, unkündbare Grundvertragsdauer abgeschlossen **Vollamortisations-Vertrag mit Kauf- und Verlängerungsoption sowie Recht auf Rückgabe** Finanzierungseffekt ist am günstigsten bei einer Laufzeit nahe 90 % der Afa-Zeit Nach Ablauf der Grundvertragsdauer hat der Leasingnehmer die Wahl: 1) Kauf des Wirtschaftsgutes 2) Vertragsverlängerung 3) Rückgabe des Wirtschaftsgutes Basis für 1) und 2): Restbuchwert bei linearer Abschreibung oder niedriger Zeitwert Vorteile: • volle Amortisation während der Grundvertragsdauer • genaue Preiskalkulation durch feste Leasingraten • Kauf des Wirtschaftsgutes ist nach Vertragsablauf vorgesehen **Vollamortisations-Vertrag ohne Kauf- und Verlängerungsoption** Vertragstyp für Absatzleasing mit Händlern und Herstellern, Leasingnehmer wird weder Kauf- noch Verlängerungsoption eingeräumt. Individuelle Vereinbarungen über Weiterverwendung des Wirtschaftsgutes können mit Herstellern und Händlern getroffen werden.

	Teilamortisations-Vertrag Bei Teilamortisations-Verträgen werden die Anschaffungskosten während der Grundvertragsdauer nur zum Teil gedeckt. Nicht amortisierte Anschaffungskosten werden durch Vertragsverlängerung oder durch den Verkauf des Wirtschaftsgutes an Mieter bzw. Dritte realisiert. Der Leasinggeber hat ein Andienungsrecht, d. h. der Leasingnehmer ist auf Verlangen verpflichtet, sofern ein Verlängerungsvertrag nicht zustande kommt, das Objekt zu dem bei Vertragsabschluss vereinbarten Preis zu kaufen. Der Leasingnehmer hat kein Recht, das Objekt zu erwerben. Der Leasinggeber kann vom Andienungsrecht Gebrauch machen. Vorteile: • Teilamortisation des Objektes während der Grundvertragsdauer • Kosten- und Ertragsverläufe lassen bei hohen Restwertvereinbarungen den Abschluss eines Vollamortisations-Vertrages nicht zweckmäßig erscheinen. • Vertragsverlängerung erscheint nach Ablauf der Grundvertragsdauer sinnvoll. **Kündbarer Vertrag** Der Leasingvertrag läuft auf unbestimmte Zeit. Der Leasingnehmer kann den Leasingvertrag erstmals nach Grundvertragsdauer (mindestens 40 % der AfA-Zeit, mit 6-monatiger Kündigungsfrist) jeweils halbjährlich kündigen. Bei Kündigung ist eine Abschlusszahlung in Höhe der nicht gedeckten Gesamtkosten des Leasinggebers zu entrichten. Verkaufserlöse werden zu 100 % angerechnet. Konditionen ermitteln sich unter Berücksichtigung der kalkulatorischen Laufzeit auf Basis eines Vollamortisations-Vertrages. Vorteile: • Bei Wirtschaftsgütern, die einer schnellen Weiterentwicklung unterliegen. • Wenn Flexibilität bei Veränderungen der Marktsituation notwendig ist.
Was bedeutet Voll-amortisation?	Beim Vollamortisations-Vertrag decken die Leasingzahlungen, die der Nutzungsberechtigte während der unkündbaren Grundmietzeit zu entrichten hat, die Anschaffungskosten des Leasinggegenstandes und die sonstigen Kosten des Eigentümers. Er wird meistens für Objekte abgeschlossen, die einem starken Preisverfall unterliegen können oder speziell nur für den Nutzungsberechtigten brauchbar sind. Sie sind typisch im Investitionsgüterleasing mit hohem Wertverlust oder Verschleiß oder bei Gütern, die an Dritte nur schwer veräußerbar sind.
Wie ist das Leasinggut bei Vollamortisation steuerlich und bilanziell zu behandeln?	Das Leasinggut ist beim Leasinggeber, dem Eigentümer, zu bilanzieren, wenn der sog. Vollamortisation-Erlass der Finanzverwaltung beachtet wird. Die unkündbare Grundmietzeit muss danach mindestens 40 % und darf höchstens 90 % der betriebsgewöhnlichen Nutzungsdauer des betreffenden Wirtschaftsgutes betragen. In dieser Zeit hat der Leasingnehmer als Nutzungsberechtigter alle Anschaffungskosten und die sonstigen vom Eigentümer in die Rate einberechneten Bestandteile zu tragen. Diese Aufwendungen gelten dann bei ihm als steuerlich anerkannter Aufwand.

Welche Bedeutung hat ein Optionsrecht?	Bei der Kaufoption hat der Leasingnehmer das Recht zum Kauf nach Ablauf der Grundmietzeit. Der Kaufpreis muss dem Zeitwert oder dem Restbuchwert entsprechen, um Steuernachteile zu vermeiden. Hat der Leasingnehmer das Recht auf eine weitere Mietzeit, die Mietverlängerungsoption, muss die Mietverlängerungsgebühr dem Restbuchwert und der Restnutzungsdauer entsprechen.
Wann wird ein Teilamortisations-Vertrag abgeschlossen?	Teilamortisations-Verträge decken durch die Zahlungen während der Grundmietzeit nur einen Teil der Anschaffungs- und Nebenkosten ab. Nach Ablauf der Grundmietzeit kann das Objekt durch einen neuen Vertrag weitergenutzt oder vom Leasinggeber gebraucht weiterveräußert werden. Solche Verträge werden nur abgeschlossen, wenn ein sinnvoll kalkulierter Restwert nach einem bestimmten Zeitraum noch gegeben ist, z. B. bei Fahrzeugen oder Druckmaschinen.
Welche Bedeutung hat ein Andienungsrecht des Leasinggebers?	Der Leasingnehmer ist verpflichtet, auf Verlangen des Leasinggebers (Eigentümers) das Leasinggut zu einem von vornherein festgesetzten Restwert käuflich zu erwerben. Dieses Andienungsrecht wird der Leasinggeber immer dann ausüben, wenn er feststellt, dass nach Ablauf der unkündbaren Grundmietzeit das Leasinggut einen niedrigeren Zeitwert hat, als im Restbetrag vertraglich festgelegt ist. Das Risiko der Wertminderung liegt also beim Leasingnehmer.
Welche Risiken übernimmt der gewerbliche Leasingnehmer?	• Das Investitionsrisiko liegt beim Leasingnehmer. Sucht er sich das falsche oder für seine Zwecke nicht passende Objekt aus, kann er es der Leasinggesellschaft als Eigentümerin nicht zur Verfügung stellen. Gewährleistungsansprüche muss der Leasingnehmer beim Hersteller geltend machen. • Der Leasingnehmer übernimmt die technischen Risiken und verpflichtet sich zu der vom Hersteller vorgeschriebenen Wartung. Ein Fahrzeug muss regelmäßig in der Vertragswerkstatt „scheckheftgepflegt" werden. Beim Fahrzeugleasing wird regelmäßig eine Vollkaskoversicherung verlangt.
Kann der Leasingvertrag aufgehoben werden?	Während der Grundmietzeit ist der Leasingnehmer an den Vertrag gebunden. Eine vorzeitige Vertragsaufhebung kommt nur in Frage, wenn der Leasinggegenstand untergegangen oder so stark reparaturbedürftig ist, dass er nicht mehr benutzt werden kann. In diesem Fall kann der Vertrag beiderseitig aufgehoben werden. Der Leasingnehmer muss einen Schadensersatz leisten, der sich aus den noch ausstehenden Leasingraten, die abgezinst werden, ergibt. Mit dem etwaigen Restwert wird dann verrechnet, nachdem Abwicklungskosten abgezogen worden sind. Der Leasinggeber kann fristlos kündigen, wenn die Raten nicht ordnungsgemäß gezahlt werden oder der Leasingnehmer sonst den Vertrag nicht erfüllt. Durch einseitige Kündigung von Seiten des Leasingnehmers kann der Vertrag also nicht aufgehoben werden.

Nach welchen Faktoren werden die Leasingraten kalkuliert?	• Wertminderung: Der Hauptkostenfaktor des Leasingentgelts liegt in dem Ausgleich der Anschaffungskosten für den Leasinggeber. Bei einem Vollamortisations-Vertrag müssen während der Grundmietzeit die gesamten Anschaffungskosten gedeckt werden. Beim Teilamortisations-Vertrag wird die Differenz aus Anschaffungskosten und geschätztem Restwert gedeckt. Die Wertminderung wird durch die Monate der Grundmietzeit geteilt. • Zinsen für das überdurchschnittlich genutzte Kapital in banküblicher Höhe. • Sonstige Kosten wie eine Risikoprämie für den Leasinggeber, kalkulierte Steuern, Entgelt für die erbrachten Dienstleistungen und eine Gewinnquote für den Leasinggeber.
Welche Vorteile hat das gewerbliche Leasing?	• Das Leasing ersetzt die Fremdfinanzierung in voller Höhe, wenn es das gesamte Objekt erfasst. • Während der gesamten Vertragsdauer hat der Leasingnehmer eine klare Kalkulations- und Planungsgrundlage. • Liquidität: Bestehende Kreditspielräume bleiben erhalten. • Leasingentgelt wird aus laufend erwirtschafteten Erträgen bezahlt. • Bilanzneutralität der Leasingraten: Die Bilanz wird "entlastet", da die Leasingobjekte und die entsprechenden Verpflichtungen nicht ausgewiesen werden. Die Verwaltung kann einfacher sein, insbesondere wenn Serviceverträge bestehen. • Für den Leasingnehmer lösen die Leasingraten keine zusätzliche Gewerbesteuerbelastung aus, es fallen somit keine investitionsbezogenen Steuern an. • Gesamtkosten sind im Vergleich zu anderen Finanzierungsalternativen niedriger. • Kosten und Erträge der Investition verlaufen parallel. • Entschluss zur Erneuerung der Anlage nach Ende der Mietzeit fällt leichter. • Full-Service-Leasing: Einige Leasinggesellschaften bieten ihren Kunden zusätzlichen Service an, zum Beispiel Wartungs- und Versicherungsverträge oder Softwareservice. Das erstreckt sich beispielsweise bis hin zum kompletten Maschinen- und Fuhrparkmanagement oder zur Übernahme der Baubetreuung von Immobilien (so genannte Fullservice-Verträge). Diese Leistungen lassen sich die Gesellschaften über höhere Raten bezahlen. Der unmittelbare Kontakt zwischen Kunde und Hersteller kann sich dennoch lohnen: Der Hersteller ist mit dem Objekt bestens vertraut. Für ihn ergeben sich Synergieeffekte, da er den Kunden während der gesamten Leasingzeit betreut und auf spontane Kundenwünsche wie Kapazitätszuwachs, Produktverbesserungen reagieren kann. Für den Kunden kann dies ebenfalls vorteilhaft sein, da er alles aus einer Hand erhält – unter Umständen sogar preisgünstiger. • Entsorgung: Gibt der Leasingnehmer das Objekt am Ende der Laufzeit zurück, fallen für ihn keine Entsorgungskosten an.

Welchen Inhalt hat ein Kilometer-Abrechnungs-vertrag beim Kraftfahrzeug-Leasing?	Bei den oben erwähnten Fragen hat immer der Leasingnehmer das Restwertrisiko. Bei Fahrzeugleasingverträgen übernimmt der Eigentümer dieses Risiko, wenn dem Leasingnehmer eine bestimmte Kilometerleistung des Fahrzeugs innerhalb der Mietdauer zugebilligt wird. Mehrkilometer sind zusätzlich zu ersetzen, für Minderkilometer erhält der Leasingnehmer eine - gegenüber Mehrkilometer geringere - Vergütung. Das Fahrzeug muss selbstverständlich bei Rückgabe einen normalen Erhaltungszustand aufweisen. Bei Übernahme ist regelmäßig eine Einmalzahlung zu leisten. Dieser Vertragstyp hat mehr Ähnlichkeit mit einem echten Mietvertrag als mit dem typischen Leasingvertrag. Er ist für Betriebe den anderen Verträgen steuerlich gleichgestellt, wenn die Mindestvertragsdauer 40 % der betriebsgewöhnlichen Nutzungsdauer beträgt. Im Unterschied zum Teilamortisations-Vertrag ist hier häufig dem Leasinggeber das Andienungsrecht im Zusammenhang mit dem Kilometerausgleich eingeräumt.

4.2.3 Vergleich Leasing und Bankkredit bei einer Pkw-Finanzierung

Merkmale	**Leasingfinanzierung**	**Kreditfinanzierung**
Wesen	Nutzungsüberlassung gegen Entgelt	Kauf durch Fremdfinanzierung
Kosten	Mietzahlungen bzw. Leasingraten	Zins- und Tilgungszahlungen
Rechtsstellung	Leasinggesellschaft ist Eigentümerin des Fahrzeugs	Kreditnehmer ist Eigentümer des Fahrzeugs
Abschluss einer Vollkaskoversicherung	obligatorisch	nicht obligatorisch
Kündigung des Vertrags	keine vorzeitige Kündigung des Leasingvertrags möglich	vorzeitige Kündigung des Kreditvertrags möglich

4.2.4 Allgemeine Leasingbedingungen

Vertragsabschluss, Halter des Fahrzeuges, Beginn der Leasingzeit	Der Kunde ist an seinen Antrag vier Wochen ab Eingang der zur Prüfung der Annahme erforderlichen Unterlagen gebunden. Mit Unterschrift der Gesellschaft wird der Antrag angenommen und der Leasingvertrag wirksam. Die Gesellschaft kann von dem Vertrag zurücktreten, falls der Kunde nicht ordnungsgemäß übernimmt. In diesem Fall kann der Kunde Ansprüche gegen die Gesellschaft nicht geltend machen. Die Gesellschaft hat gegen den Kunden Anspruch auf Ersatz ihrer Aufwendungen. Die Gesellschaft ist Eigentümer, der Kunde Halter des Fahrzeugs. Die Nutzungsdauer eines zulassungspflichtigen Neufahrzeugs beginnt am Tage seiner Erstzulassung, eines Gebrauchtfahrzeugs am Tage der im Kfz-Brief zuletzt eingetragenen Zulassung und eines nichtzulassungspflichtigen Fahrzeugs am Tage der Übernahme durch den Kunden. Sofern der Kunde Verbraucher ist, verzichtet er ausdrücklich auf den Zugang der Annahmeerklärung der Gesellschaft. Die Gesellschaft wird dem Kunden innerhalb der 4-wöchigen Bindungsfrist von ihrer Vertragsunterzeichnung unterrichten.

Haftung der Gesellschaft	Hat die Gesellschaft für einen Schaden des Kunden aufgrund eigenen Verschuldens oder Verschuldens ihrer gesetzlichen Vertreter oder ihrer Erfüllungsgehilfen einzustehen, ist die Haftung der Gesellschaft auf Fälle von Vorsatz und grober Fahrlässigkeit beschränkt. In Fällen der Verletzung des Lebens, des Körpers oder der Gesundheit wird auch für einfache Fahrlässigkeit gehaftet.
Auswahl des Fahrzeuges	Der Kunde hat die Gesellschaft beauftragt, das Fahrzeug nach seinen Wünschen und Vorstellungen zu kaufen. Der Kunde versichert ausdrücklich, dass er das Leasingobjekt ohne Mitwirkung der Gesellschaft unter besonderer Berücksichtigung seiner speziellen betrieblichen Belange ausgewählt hat. Für die Art der Konstruktion und die Tauglichkeit des Fahrzeuges zu dem vom Kunden vorgesehenen Zweck übernimmt die Gesellschaft keine Haftung. Sie sind nicht Grundlage dieses Vertrages. Die Gesellschaft wird nicht durch Vereinbarungen des Kunden mit dem Lieferanten und Dritten verpflichtet.
Lieferung	Die Anlieferung des Fahrzeuges an die vom Kunden bestimmte Adresse erfolgt auf Gefahr und Kosten des Kunden. Die Anlieferung eines zulassungspflichtigen Fahrzeuges dauert bis zum Tag seiner Zulassung. Die Gesellschaft kann von diesem Vertrag zurücktreten, wenn die Lieferung aus von ihr nicht zu vertretenden Gründen unterbleibt. Die Gesellschaft tritt ihre Ansprüche gegen den Lieferanten und Dritte im Zusammenhang mit der Lieferung hiermit an den Kunden ab, der die Abtretung annimmt. Entsprechende Ansprüche des Kunden gegen die Gesellschaft sind ausgeschlossen. Der Kunde ist verpflichtet, das Fahrzeug bei Anlieferung für die Gesellschaft in Besitz zu nehmen, es unverzüglich mit aller Sorgfalt auf Mängelfreiheit und Funktionstüchtigkeit zu untersuchen, der Gesellschaft die Übernahme schriftlich zu bestätigen und ggf. Mängel gegenüber dem Lieferanten fristgemäß zu rügen. Die Untersuchungs- und Rügepflicht gilt auch nach einer Nachbesserung des Fahrzeuges und nach Lieferung eines Ersatzfahrzeuges im Rahmen des Nacherfüllungsanspruches des Kunden. Sollte die Gefahrtragung bezüglich des Fahrzeugs bereits vor dessen Übergabe an den Kunden nicht mehr beim Lieferanten liegen, trägt der Kunde die damit verbundenen Gefahren. Der Kunde verzichtet zugunsten der Gesellschaft auf ein evtl. bereits entstandenes Anwartschaftsrecht am Fahrzeug. Der Kunde verpflichtet sich, auf Verlangen der Gesellschaft das Fahrzeug mit einem auf deren Eigentum hinweisenden Kennzeichen an gut sichtbarer Stelle zu versehen. Der Kunde bevollmächtigt die Gesellschaft, die örtliche Zulassungsstelle davon zu unterrichten, dass der Kfz-Brief nur an die Gesellschaft herauszugeben ist. Der Gesellschaft als Eigentümerin des Fahrzeugs sind nach Ablauf des Leasingvertrages alle Unterlagen für das Fahrzeug auszuhändigen, und der Kunde stimmt schon heute unwiderruflich zu, dass die Gesellschaft bei den behördlichen Stellen beantragt, dass Kfz-Brief und Kfz-Schein auf den Namen eines von der Gesellschaft zu benennenden

	Dritten umgeschrieben werden. Der Kfz-Brief ist der Gesellschaft auszuhändigen und bleibt in ihrem Besitz. Für die Vorführung des Fahrzeugs bei der technischen Überwachungsstelle kann der Kunde die Gesellschaft veranlassen, den Kfz-Brief an dem TÜV mit der Maßgabe zu versenden, dass der Brief nach Abnahme durch den TÜV unverzüglich an die Gesellschaft zurückzusenden ist. Nach Eingang des Kfz-Briefes bei der Gesellschaft trägt diese das amtliche Kennzeichen und die Fahrgestellnummer auf ihrem Vertragsexemplar nach. Der Kunde kann in gleicher Weise verfahren.
Rechte des Kunden bei Mängeln des Leasingobjektes	Alle gesetzlichen und vertraglichen Ansprüche des Kunden gegen die Gesellschaft wegen Sach- und Rechtsmängeln, einer vom Lieferanten oder einem Dritten übernommenen Garantie, wegen Pflichtverletzung bei der Entstehung oder nach Abschluss dieses Vertrages oder wegen unerlaubter Handlung sind ausgeschlossen. Zum Ausgleich hierfür tritt die Gesellschaft ihre diesbezüglichen Ansprüche und Rechte gegen den Lieferanten und Dritte an den Kunden ab, der die Abtretung annimmt. Der Kunde verpflichtet sich, die Ansprüche und Rechte einschließlich des Anspruchs auf Verzugszinsen zur Leistung an die Gesellschaft, sofern er nicht einen eigenen Schaden geltend macht, Innerhalb der Verjährungsfrist der jeweiligen Ansprüche und Rechte geltend zu machen. Die Kosten der Rechtsverfolgung trägt der Kunde. Sofern sich der Lieferant oder der Dritte und der Kunde über die Wirksamkeit eines vom Kunden erklärten Rechtes oder über die Berechtigung eines Anspruches nicht einigen, kann der Kunde die Zahlung der Leasingraten, im Falle der Minderung anteilig, wegen etwaiger Mängel erst dann vorläufig bis zu einer rechtskräftigen Entscheidung verweigern, wenn er wegen des erklärten Rechtes oder Anspruches Klage gegen den Lieferanten oder den Dritten erhoben hat. Verlangt der Kunde im Wege der Nacherfüllung die Lieferung eines mangelfreien Fahrzeuges, hat er die Gesellschaft hiervon unverzüglich zu unterrichten und mit dem Lieferanten zu vereinbaren, dass dieser das Eigentum an dem neuen Fahrzeug unmittelbar auf die Gesellschaft überträgt. Der Kunde teilt der Gesellschaft die Fahrgestellnummer und sonstige Unterscheidungskennzeichen des neuen Fahrzeuges mit. Der Leasingvertrag wird mit dem neuen Fahrzeug unverändert fortgesetzt. Der Kunde hat der Gesellschaft eine von ihr an den Lieferanten oder Dritten zu zahlende Nutzungsentschädigung für das zurückgegebene, mangelhafte Fahrzeug zu erstatten. Unter Berücksichtigung seiner Vollamortisationspflicht kann der Kunde nach Erstattung der Nutzungsentschädigung von der Gesellschaft einen bei der späteren Verwertung des neuen Fahrzeuges durch den Umstand der Neulieferung etwa erzielten Nettomehrerlös verlangen. Statt der Auskehrung eines durch die Verwertung des Fahrzeuges etwa erzielten Nettomehrerlöses kann der Kunde von der Gesellschaft verlangen, dass die vereinbarte Vertragsdauer um den Zeitraum verlängert wird, der demjenigen entspricht, für den der Kunde bis zur Lieferung eines mangelfreien Fahrzeuges die vereinbarten Leasingraten in voller Höhe gezahlt hat. Während des Verlängerungszeitraums sind Leasingraten nicht zu zah-

	len. Die Bestimmungen des Leasingvertrages gelten unverändert fort. Ein diesbezügliches Verlangen hat der Kunde der Gesellschaft spätestens 3 Monate vor Ablauf der ursprünglichen Vertragsdauer und bis dahin ordnungsgemäßer Vertragserfüllung schriftlich mitzuteilen.
Gebrauch und Instandhaltung	Der Kunde wird das Fahrzeug in einem ordnungsgemäßen und funktionsfähigen Zustand erhalten, dieses vor Überbeanspruchung schützen und alle Rechtsvorschriften, die mit dem Besitz, dem Gebrauch und der Erhaltung des Fahrzeuges verbunden sind, beachten und Wartungs-, Pflege- und Gebrauchsempfehlungen des Lieferanten/Hersteller befolgen. Reparaturen und Pflegedienstarbeiten dürfen nur durch autorisierte Werksvertretungen bzw. Werkshändler des Herstellers vorgenommen werden. Der Kunde verpflichtet sich, das Fahrzeug nur zu dem umseitig angegebenen Verwendungszweck zu benutzen. Ein Standortwechsel ist von einer schriftlichen Einwilligung der Gesellschaft abhängig. Die Gesellschaft und ihre Beauftragten haben das Recht, das Fahrzeug zu besichtigen. Änderungen, Beschriftungen und zusätzliche Einbauten darf der Kunde nur nach schriftlicher Einwilligung der Gesellschaft vornehmen. Alle zusätzlich – auch ohne Einwilligung der Gesellschaft – eingebauten Teile gehen mit dem Einbau entschädigungslos in das Eigentum der Gesellschaft über. Die Gesellschaft ist berechtigt, bei Beendigung des Vertrages vom Kunden die sachgemäße Wiederherstellung des ursprünglichen Zustandes auf Kosten des Kunden zu verlangen. Die Betriebs- und sonstigen Kosten für das Fahrzeug trägt der Kunde.
Leasing-zahlungen	Die Leasingrate wird berechnet auf Grundlage des umstehend angegebenen Gesamtanschaffungspreises. Ändert sich dieser, so ändert sich die Rate im gleichen Verhältnis. Bei einer Änderung der Refinanzierungsbedingungen bis zum Tage der Bezahlung des Fahrzeuges an den Lieferanten behält sich die Gesellschaft eine Anpassung der Leasingrate vor, die über die gesamte Laufzeit des Leasingvertrages unverändert bleibt. Der Kunde erhält eine Vertragsabrechnung. Bei einer Abweichung der Abrechnungsdaten von den umseitigen Angaben sind für die Leasingverbindlichkeiten ausschl. die Abrechnungsdaten maßgebend. Die Leasingrate ist auf Grundlage der zur Zeit des Vertragsabschlusses gültigen Steuern und öffentlichen Abgaben berechnet. Bei Änderung des Steuer- und Abgabenrechtes oder der betreffenden Verwaltungspraxis nach Abschluss des Leasingvertrages ist die Gesellschaft zu einer entsprechenden Anpassung der Leasingraten berechtigt. Bei Übernahme der Bezahlung von Versicherungsprämien für den Kunden ist die Gesellschaft berechtigt, bei deren Änderung nach Abschluss des Leasingvertrages, gleich aus welchen Gründen, die Gesamtrate entsprechend anzupassen.
Gefahrtragung und Schadens-abwicklung	Der Kunde trägt die Gefahr des – auch zufälligen – Unterganges, Verlustes vorzeitigen Verschleißes und der Beschädigung des Fahrzeuges. Solche Ereignisse entbinden den Kunden nicht von der Verpflichtung, die vereinbarten Leasingraten zu zahlen oder von irgendeiner anderen Verpflichtung aus dem Leasingvertrag.

	In solchen Fällen hat der Kunde die Gesellschaft unverzüglich schriftlich zu verständigen und ihr zu erklären, ob er den Leasingvertrag fortsetzen oder vorzeitig beenden will – im Falle der Beschädigung nur, sofern die Wiederherstellungskosten 50 % des Zeitwertes des Fahrzeuges überschreiten. Bei Fortsetzung des Leasingvertrages ist der Kunde verpflichtet, • das Fahrzeug auf seine Kosten reparieren zu lassen, sodass es den vertragsgemäßen Zustand wiedererlangt, oder • das Fahrzeug nach schriftlicher Zustimmung der Gesellschaft durch ein gleichwertiges zu ersetzen. Bei vorzeitiger Beendigung des Leasingvertrages hat der Kunde an die Gesellschaft eine Ausgleichszahlung zu leisten, die zu einer Vollamortisation des Gesamtaufwandes der Gesellschaft für diesen Vertrag unter Einbeziehung aller vertraglich geschuldeten Zahlung des Kunden einschl. eines ggf. vereinbarten Restwertes führt. Entschädigungsleistungen, die die Gesellschaft von Versicherungsgesellschaften und Dritten erhält, sowie ein evtl. von der Gesellschaft für das Fahrzeug erzielter Verwertungserlös abzüglich Verwertungskosten werden dem Kunden zugunsten der von ihm in diesen Fällen zu erbringenden Leistungen angerechnet. Der Kunde verpflichtet sich, die Gesellschaft von allen Ansprüchen aufgrund einer etwa geltend gemachten Haftung als Eigentümerin oder Mithalterin des Fahrzeugs freizuhalten.
Versicherungen	Der Kunde ist verpflichtet, eine Haftpflichtversicherung mit unbegrenztem Deckungsumfang (Personen-, Sach- und reine Vermögensschäden) und eine Vollkasko-Versicherung mit einer Selbstbeteiligung von höchstens 500,00 EUR für das Fahrzeug abzuschließen, aufrechtzuerhalten und dieses mit einer anerkannten Diebstahlsicherung auszurüsten. Er ermächtigt die Gesellschaft hiermit ggf. zum Abschluss dieser Versicherungen. Der Kunde ermächtigt die Gesellschaft außerdem, bei der Versicherung einen Antrag auf Ausstellung eines Kfz-Sicherungsscheines zu stellen und ihn entgegenzunehmen. Die Bestimmungen der Ziffer 8 bleiben hierdurch unberührt. Die Versicherungsgesellschaft muss ihren Sitz in der BRD haben und die Anforderungen des Bundesaufsichtsamtes für das Versicherungswesen erfüllen. Der Kunde tritt hiermit für die Vertragsdurchführung sämtliche Rechte aus den von ihm abgeschlossenen Fahrzeug-Versicherungen – mit Ausnahme des Schadensfreiheitsrabattes – unwiderruflich an die Gesellschaft ab. Der Kunde hat bis zu einem jederzeitigen Widerruf Ansprüche gegen Unfallgegner und Versicherungsgesellschaften zur Zahlung an die Gesellschaft geltend zu machen. Die Versicherungsleistung für einen merkantilen Minderwert, der vom Kunden in jedem Fall geltend zu machen ist, ist der Gesellschaft zu melden. Die Gesellschaft wird bestimmen, an wen diese Versicherungsleistung zu zahlen ist.

Pflichten des Kunden	Der Kunde hat während der Vertragsdauer alle bestehenden und noch ergehenden Gesetze, Verordnungen und Verwaltungsvorschriften, die sich auf das Fahrzeug beziehen, zu beachten und stellt die Gesellschaft von allen Ansprüchen frei, die sich aus der Nichtbeachtung solcher Vorschriften ergeben. Der Kunde steht der Gesellschaft dafür ein, dass alle privat- und öffentlich-rechtlichen Gebühren und Abgaben für das Fahrzeug rechtzeitig bezahlt werden. Bei Nichtzahlung ist die Gesellschaft berechtigt, ihrerseits Zahlung zu leisten und vom Kunden unverzüglich Erstattung zu verlangen. Der Kunde darf über das Fahrzeug nicht verfügen, es nicht Dritten überlassen und muss es vor Zugriffen Dritter schützen. Von solchen Zugriffen hat der Kunde die Gesellschaft unverzüglich zu unterrichten. Die Gesellschaft macht alsdann ihr Eigentumsrecht auf Kosten des Kunden geltend. Der Kunde stellt die Gesellschaft von Ansprüchen Dritter, die sich aus dem Gebrauch und dem Betrieb des Fahrzeuges ergeben können, frei.
Außerordentliche Kündigung und Schadensersatz	Kommt der Kunde mit zwei Leasingraten oder mit einer anderen vereinbarten Zahlung in Verzug oder erfüllt er sonstige in diesem Vertrag genannte Verpflichtungen nicht, hat die Gesellschaft das Recht, den Leasingvertrag fristlos zu kündigen und vom Kunden Schadensersatz zu fordern. Dieser wird auf Grund der Vollamortisationspflicht des Kunden wie folgt berechnet: Die Gesellschaft belastet den Kunden mit den rückständigen Zahlungen und der Summe der bis zum Ablauf der Vertragsdauer noch fällig werdenden Netto-Leasingraten sowie mit dem ggf. vereinbarten Restwert und den Verwertungskosten. Hiergegen bringt die Gesellschaft dem Kunden den Verwertungserlös des Fahrzeuges bis zur Höhe der Restforderung gut und erteilt ihm eine angemessene Zinsgutschrift. Etwa ersparte Verwaltungskosten sind mit der Zinsgutschrift abgegolten. Im Falle des Verzugs hat der Kunde der Gesellschaft Geldschulden vom Tage der Fälligkeit an bis zum Geldeingang mit 1 % pro angefangenem Monat zu verzinsen sowie eine Mahngebühr von 12,50 EUR pro Zahlungsaufforderung zu tragen. Weitergehende Schadensersatzansprüche bleiben vorbehalten. Dem Kunden steht der Nachweis eines nicht oder niedriger entstandenen Schadens zu. Der Gesellschaft stehen die obigen Rechte sofort und ohne Anmahnung zu, wenn der Kunde seinen Wohn- bzw. Firmensitz ins Ausland verlegt, seinen Betrieb liquidiert oder verkauft, bei unsachgemäßer Behandlung oder vom Kunden verschuldeter Entwertung des Fahrzeuges und bei wesentlicher Verschlechterung der wirtschaftlichen Verhältnisse des Kunden, sodass eine regelmäßige Erfüllung der Verpflichtungen aus diesem Vertrag gefährdet erscheint. Dies gilt z. B. als erfüllt, wenn bei dem Kunden oder einem persönlich haftenden Gesellschafter des Kunden Zahlungseinstellung, Zwangsvollstreckungsmaßnahmen wegen Zahlungsansprüchen, Wechsel- oder Scheckproteste zu besorgen sind oder erfolgen oder über das Vermögen eines persönlich haftenden Gesellschafters des Kunden ein Insolvenzverfahren beantragt wird. Diese Rechte der Gesellschaft bestehen auch, wenn die vorstehenden Voraus-

	setzungen bereits bei Vertragsabschluss vorhanden, der Gesellschaft jedoch nicht bekannt waren. Die Rechte des Kunden zur Kündigung wegen Gebrauchsstörung gemäß § 543 Abs. 2 Nr. 1 BGB und des Erben wegen Rechtsnachfolge gemäß § 580 BGB sind ausgeschlossen.
Beendigung des Leasing-vertrages	Der Kunde hat auf Anweisung der Gesellschaft das Fahrzeug in einem der allgemein üblichen Nutzung entsprechenden Zustand auf seine Kosten und Gefahr unverzüglich an eine von der Gesellschaft zu bestimmende Adresse innerhalb der BRD versichert und zum Straßenverkehr zugelassen zurückzuliefern sowie evtl. anfallende Kosten bis zur Verwertung, die Verwertungskosten und alle Kosten im Zusammenhang mit einer vorschriftsgemäßen Entsorgung zu tragen. Kommt der Kunde der Rücklieferung nicht nach, gilt § 546 a BGB entsprechend; während dieser Zeit gelten die Pflichten des Kunden aus diesem Vertrag fort. Bei Rücklieferung darf der Termin der nächsten Hauptuntersuchung durch den TÜV nicht früher als sechs Monate, gerechnet vom Zeitpunkt der Rücklieferung an, fällig sein. Zur Verwertung oder zur Herstellung der Straßenverkehrssicherheit erforderliche Reparaturen werden von der Gesellschaft zu Lasten des Kunden vorgenommen. Dies gilt auch für Reparaturen, die zur Herstellung des vertragsgemäßen Zustandes des Fahrzeuges erforderlich sind. Die Gesellschaft ist bereit, mit dem Kunden über die Verlängerung des Leasingvertrages zu verhandeln. Ein schriftlicher Verlängerungsvertrag muss der Gesellschaft spätestens drei Monate vor Ablauf der Vertragsdauer zugehen. Die Gesellschaft wird innerhalb von drei Monaten über die Annahme des Antrages entscheiden. Kommt ein Verlängerungsvertrag nicht zustande, so ist der Kunde verpflichtet, auf Verlangen der Gesellschaft das Fahrzeug bei Ablauf der Vertragsdauer zum umseitig genannten Restwert zuzüglich Umsatzsteuer unter Ausschluss aller gesetzlichen und vertraglichen Ansprüche und Rechte wegen Mängeln des Fahrzeuges zu kaufen. Die Gesellschaft wird dem Kunden ihr Kaufverlangen rechtzeitig vor Ablauf der Vertragsdauer mitteilen. Mit Zugang dieser Mitteilung ist der Kaufvertrag zustande gekommen. Sofern die Gesellschaft von ihrem Recht gegenüber dem Kunden keinen Gebrauch macht und das Fahrzeug statt dessen selbst in beliebiger Weise verwertet, erklärt sie sich bereit, von einem über den umseitig bzw. bei Vertragsverlängerung über den neu vereinbarten Restwert hinausgehenden Mehrerlös dem Kunden 75 % der Differenz abzüglich Verwertungskosten gutzubringen.
Abtretung, Aufrechnung, Zurück-behaltung	Die Gesellschaft ist berechtigt, ihre Rechte aus diesem Vertrag auf Dritte zu übertragen. Der Kunde verzichtet gegenüber der Gesellschaft auf etwaige Pfand-, Zurückbehaltungs- oder Aufrechnungsansprüche, es sei denn, dass diese Ansprüche unbestritten oder rechtskräftig festgestellt sind. Der Kunde räumt der Gesellschaft ein Pfandrecht an seinem Anspruch gegen die Gesellschaft auf Rückzahlung von anteiliger, nicht verbrauchter Mietvorauszahlungen bei vorzeitiger Vertragsbeendigung ein.

Allgemeine Bestimmungen	Die Gesellschaft kann vom Kunden während der Vertragsdauer die Vorlage aktueller Bilanzunterlagen verlangen. Nebenabreden, Vorbehalte, Änderungen und sonstige Vereinbarungen zu diesem Vertrag bedürfen zu ihrer Gültigkeit der Schriftform, sofern Gesellschaft und Kunde nicht deutlich zum Ausdruck bringen, dass auch eine mündliche Vereinbarung gültig sein soll. Sollte eine der Bestimmungen dieses Vertrages nichtig sein oder werden, wird dadurch die Gültigkeit der übrigen Bestimmungen dieses Vertrages nicht berührt.

5. Baufinanzierung

5.1 Hypothekendarlehen

Unterlagen für die Baufinanzierung	**Bauwert:** Ermittelter Verkehrswert eines Objekts. Es ist der Betrag anzusetzen, mit dem ein gleichartiges Gebäude unter Berücksichtigung der örtlichen Verhältnisse errichtet werden kann. Je nach Alter ist ein entsprechender Abschlag zu machen. Ausschlaggebend ist der Zeitwert. Für die Berechnung bedient man sich entweder des Sachwertverfahrens oder des Ertragswertverfahrens. **Bodenwert:** Der Verkehrswert eines jeden Grundstücks wird durch den Preis bestimmt, der in dem Zeitpunkt, auf den sich die Ermittlung bezieht, zu erzielen wäre. Bei der Ermittlung sind alle wertbeeinflussenden Faktoren wie z. B. Abstandszahlungen, Ersatzleistungen, Steuern, Gebühren usw. mit zu berücksichtigen. **Bodenrichtwertkarte:** Aufgrund der Kaufpreissammlungen werden jährlich vom Gutachterausschuss für das Gemeindegebiet durchschnittliche Lagewerte für Boden unter Berücksichtigung des unterschiedlichen Entwicklungsstandes ermittelt. **Bauzeichnung:** Maßgerechte Zeichnung eines Bauwerks, d. h. aller Geschosse und Außenansichten sowie eines Schnitts durchs Treppenhaus. **Erschließungskosten:** Kosten, die durch die Erschließung im öffentlichen und privaten Bereich entstehen, z. B. Versorgung und Entsorgung, Wasser, Strom, Gas usw.
Objektunterlagen zur Beurteilung einer Baufinanzierung	• **Aktueller Grundbuchauszug:** Abschrift des gesamten Grundbuchs, die heute überwiegend als Fotokopie vom Grundbuchamt erstellt wird. Daraus sind auch ältere, bereits gelöschte Eintragungen und Vermerke ersichtlich. Der Grundbuchauszug kann damit wertvolle Hinweise für den Finanzierer enthalten. Der Eigentümer hat immer ein berechtigtes Interesse und somit stets einen Anspruch auf einen Grundbuchauszug. • **Foto des Objekts:** Zu den Objektunterlagen gehören stets auch Lichtbilder des Objekts, um einen Eindruck von der Immobilie zu bekommen (Lage, Ausstattung). • **Flurkarte:** Die Gemarkungskarten der Katasterämter sind nach den natürlichen Zusammenhängen der Liegenschaften angelegt. Sie brauchen sich nicht mit den Grenzen der Gemeinde decken. Da sich das Kartenbild einer ganzen Gemarkung nicht immer auf einem Blatt darstellen lässt, ist oft eine Aufteilung auf mehrere Blätter erforderlich, die als Flurkarte bezeichnet werden.

- **Baupläne oder Bauzeichnungen:** Es ist die maßgerechte Zeichnung eines Bauwerks, d. h. aller Geschosse und Außenansichten sowie eines Schnitts durchs Treppenhaus. Dem Finanzierer ermöglicht die Einsicht einen ersten Überblick über Zuschnitt der Wohnungen, Aufteilung der Zimmer, Grundrissgestaltung usw.
- **Gebäudeversicherungsnachweis:** Bei der Gebäudeversicherung kann der Versicherer die Versicherungssumme mit Wirkung gegen die Grundpfandrechtsgläubiger an den Versicherten erst zahlen, wenn er oder der Versicherte den Eintritt des Schadens den Gläubigem angezeigt hat und seit dem Empfang der Anzeige ein Monat verstrichen ist. Der Gläubiger kann bis zum Ablauf dieser Frist der Zahlung widersprechen. Hat er dem Versicherer seine Grundschuld angemeldet, so kann der Versicherer mit Wirkung gegen den Gläubiger an den Versicherten nur zahlen, wenn der Grundpfandrechtsgläubiger der Zahlung schriftlich zustimmt.
  Bei Neubauten ist der Abschluss einer Bauherrnhaftpflichtversicherung gegen Schäden, die durch das entstehende Gebäude verursacht werden können sowie eine Bauleistungsversicherung, die u. a. gegen Diebstahl während des Neubaus schützt, wichtig.
- **Auszug aus dem Liegenschaftsbuch:** Es wird beim zuständigen Katasteramt als Register geführt. Dort sind alle Grundstücke eines Bezirks erfasst. Die angegebenen Größen sind verbindlich und entsprechen den aktuellen Vermessungsergebnissen. Zu den Beleihungsunterlagen zählt der Auszug aus dem Liegenschaftsbuch.

Sachwert

Der Sachwert ist die Summe aus dem Bodenwert und dem Wert der baulichen Anlagen (Bauwert). Der Bodenwert errechnet sich aus dem Grundstückspreis pro Quadratmeter multipliziert mit der Grundstücksfläche.

Beispiel für die Berechnung des Sachwerts

Das Ehepaar Neumann möchte ein Grundstück kaufen und darauf ein Einfamilienfertighaus mit Garage zur Eigennutzung errichten. Folgende Informationen hat das Ehepaar Ihnen zum Bauvorhaben gegeben:

Grundstücksgröße	**640 qm**
Preis für das erschlossene Grundstück	**120,00 EUR /qm**
umbauter Raum Haus: **umbauter Raum Garage:**	**600 m³** **60 m³**
Preis pro m³ umbauter Raum laut Berechnungen des Architekten **Haus:** **Garage:**	 **250,00 EUR** **100,00 EUR**

Berechnung des Sachwerts des Objekts unter Berücksichtigung eines Sicherheitsabschlags von 10 % auf den Bauwert und Festsetzung des Beleihungswerts unter Abrundung des Ergebnisses auf volle TEUR

Bodenwert	**640 qm x 120,00 EUR/qm**		**= 76.800,00 EUR**
Bauwert Haus	**600 m3 x 250,00 EUR /m³**	**= 150.000,00 EUR**	
Bauwert Garage	**60 m3 x 100,00 EUR/m³**	**= 6.000,00 EUR**	
Zwischensumme		**156.000,00 EUR**	
abzgl. 10 % Abschlag		**15.600,00 EUR**	
Bauwert			**140.400,00 EUR**
Sachwert			**217.200,00 EUR**
Beleihungswert			**217.000,00 EUR**
Beleihungsgrenze (60 % des Beleihungswerts)			**130.200,00 EUR**

Ermittlung des Ertragswertes für Renditeobjekte

Der Ertragswert ist der ((Jahresreinertrag – Bodenwertverzinsung) x Barwertrentenfaktor) + Bodenwert
Für Renditeobjekte ist der Ertragswert die wertbestimmende Größe. Der Wert des Objekts ist in erster Linie von dem erwarteten Ertrag und dem mit der Anlage verbundenen Risiko abhängig. Die Berechnung des Ertragswertes erfolgt bei Kreditinstituten mit Hilfe von Rentenbarwertfaktoren. Mietobjekte haben i. d. R. nur eine begrenzte Nutzungsdauer. Je niedriger die Restnutzungsdauer des Gebäudes ist, desto niedriger ist auch der Rentenbarwertfaktor.

Beispiel für eine Restnutzungsdauer eines Objektes

Rentenbarwertfaktoren

Restnutzungsdauer der Gebäude	Kapitalisierungszinssatz			
	5 %	6 %	7 %	8 %
15 Jahre	10,379658	9,712249	9,107914	8,559479
19 Jahre	12,085321	11,158116	10,335595	9,603599

Ermittlung des Ertragswertes

Jahresrohertrag - Bewirtschaftungskosten = **Jahresreinertrag**
Jahresreinertrag - Bodenwertverzinsung = **Gebäudereinertrag**
Kapitalisierung des Gebäudereinertrags + Bodenwert = **Ertragswert der Immobilie**
Die Verzinsung des Bodenwerts richtet sich nach dem Kapitalmarktzins. Er wird häufig mit 5 % angesetzt.

Beispiel: Angaben zur Ertragswertberechnung

Alter der Wohnanlage	Baujahr 1990
Restnutzungsdauer	50 Jahre
Kaufpreis des bebauten Grundstücks	750.000,00 EUR
Wohnfläche je Wohnung	85 qm
monatliche Vergleichsmiete pro qm	8,50 EUR
monatliche Miete je Stellplatz	35,00 EUR
Bewirtschaftungskosten pauschal	25 % des Jahresrohertrages
Kapitalisierungszinssatz	5 %
Bodenwertverzinsung	3 %
Bodenwert	350.000,00 EUR

Rentenbarwertfaktoren

Restnutzungsdauer	Kapitalisierungszinsfuß 5 %
40 Jahre	17,159086
45 Jahre	17,774070
50 Jahre	18,255925

Ermittlung des Jahresrohertrages

4 x Monatsmiete (85 x 8,50)	2.890,00 EUR
Jahresmiete	34.680,00 EUR
4 x Stellplatzmieten jährlich (35 x 4 x 12)	1.680,00 EUR
Jahresrohertrag	**36.360,00 EUR**

Ermittlung des Jahresreinertrags

./. 25 % Bewirtschaftungskosten vom Jahresrohertrag	9.090,00 EUR
= Jahresreinertrag	**27.270,00 EUR**

Ermittlung des Gebäudereinertrags

./. 3 % Bodenwertverzinsung von 350.000,00 EUR	10.500,00 EUR
= Gebäudereinertrag	**16.770,00 EUR**

Ermittlung des Rentenbarwerts	Der Ertragswert wird auf volle 10.000,00 EUR abgerundet. Rentenbarwert des Objekts (18,255925 x 16.770): 306.151,86 EUR + Bodenwert: 350.000,00 EUR = Ertragswert: 656.151,86 EUR **Rentenbarwert: 650.000,00 EUR**

Beispiel für das Ertragswertverfahren

Die Wohnungsgesellschaft *Schaum GmbH* möchte ein Wohnobjekt mit 16 Wohnungen erwerben, die vermietet werden sollen. Zur Deckung des Finanzierungsbedarfs benötigt sie einen Kredit von 800.000,00 EUR.
Für die Ermittlung des Beleihungswerts stehen die folgenden Angaben zur Verfügung:

Baujahr des Wohnhauses	2005
Bodenwert	350.000,00 EUR
Herstellungskosten	1.230.000,00 EUR
Baunebenkosten	110.000,00 EUR
Risikoabschlag vom Herstellungswert	30 %
Wohnfläche je Wohnung	48 qm
Vergleichsmiete pro Quadratmeter monatlich	11,00 EUR
Bewirtschaftungskosten	30 % der Jahresnettomiete
Kapitalisierungszinssatz	5 %
Liegenschaftszinssatz	4 % p.a.
Kapitalisierungsfaktor für eine Restnutzungszeit von 30 Jahren	15,372451

Ermittlung des Sachwertes (abgerundet auf volle 10.000,00 EUR)

Bodenwert	350.000,00 EUR
Herstellungskosten	1.230.000,00 EUR
Baunebenkosten	110.000,00 EUR
Gesamtherstellungskosten	1.340.000,00 EUR
./. 30 % Abschlag	402.000,00 EUR
= Bauwert	938.000,00 EUR
Bodenwert	350.000,00 EUR
+ Bauwert	938.000,00 EUR
= Sachwert	1.288.000,00 EUR
abgerundeter Sachwert	**1.280.000,00 EUR**

Ermittlung des Ertragswertes (abgerundet auf volle 10.000,00 EUR)

Miete für 16 Wohnungen 48 x 11 x 16	8.448,00 EUR
Jahresmiete	101.376,00 EUR
./. 30 % Bewirtschaftungskosten	30.412,80 EUR
= Jahresmietertrag	70.963,20 EUR
./. 4 % des Bodenwertes von 350.000,00 EUR	14.000,00 EUR
= Jahresnettoertrag	56.963,20 EUR
Ertragswert 56.963,20 x 15,372451	875.664,00 EUR
+ Bodenwert	350.000,00 EUR
Ertragswert der Immobilie	1.225.664,00 EUR
abgerundeter Ertragswert	**1.220.000,00 EUR**

	Ermittlung des Beleihungsgrenze (abgerundet auf volle 10.000 EUR) Beleihungsgrenze = 60 % von 1.220.000,00 EUR — 732.000,00 EUR **abgerundete Beleihungsgrenze — 730.000,00 EUR**
Verkehrswert	Der Verkehrswert ist der aktuell erzielbare Verkaufserlös eines Grundstücks, der im Zeitablauf Schwankungen unterliegt.
Zwangsvollstreckungsklausel	Die Akzeptierung der Zwangsvollstreckung aus notariellen Urkunden bedeutet, dass sich der Grundstückseigentümer der sofortigen Zwangsvollstreckung unterworfen hat.
Beispiel einer Zwangsvollstreckungsklausel	Grundbuch Abteilung III
Annuitätenermittlung	Zur Finanzierung eines Bauvorhabens beantragt ein Kunde bei der *Nordbank AG* einen Zwischenkredit in Höhe von 40.000,00 EUR für 1 Jahr bis zur Zuteilung eines Bauspardarlehens sowie ein Annuitätendarlehen über 100.000,00 EUR mit einer Laufzeit von 10 Jahren. Die aktuellen Darlehenskonditionen der *Nordbank AG* gestalten sich zurzeit wie folgt:

Beleihungsgrenze:

Beleihungsgrenze = 60 % von 1.220.000,00 EUR	732.000,00 EUR
abgerundete Beleihungsgrenze	**730.000,00 EUR**

Grundbuch Abteilung III:

Laufende Nummer der Eintragungen	Hypotheken, Grundschulden, Rentenschulden
1	Hundertfünfzigtausend Euro Grundschuld, verzinslich mit 15 % jährlich, für die *Nordbank AG*. Der jeweilige Eigentümer ist gemäß § 800 ZPO der sofortigen Zwangsvollstreckung unterworfen. Unter Bezugnahme auf die Bewilligung vom 23.06.2012 eingetragen am 12.07.2012.

Darlehenskonditionen:

Zwischenkredite, Festschreibung 1 Jahr:	Zinssatz: 2,8 % p. a.
Annuitätendarlehen, Festschreibung 10 Jahre:	Zinssatz: 3,4 % p. a. für erstrangige Darlehen anfängliche Tilgung: 1 % p.a.

Ermittlung der monatlichen Kreditraten

2,8 % von 40.000,00 EUR : 12	93,33 EUR
monatliche Kreditrate für Zwischenfinanzierung	**93,33 EUR**
3,4 % von 100.000,00 EUR : 12	283,33 EUR
+ 1 % Tilgung von 100.000,00 EUR : 12	83,33 EUR
monatliche Annuität	**366,66 EUR**

Baufinanzierung – Beispielrechnung

Bei der *Nordbank AG* gelten zurzeit folgende Konditionen für Baufinanzierungen:

Zwischenkredite, ein Jahr fest:	4,0 % p. a.
Darlehen, 10 Jahre fest:	3,5 % p. a., 1 % anfängliche Tilgung

Dem Kreditsachbearbeiter der *Nordbank AG* liegt aufgrund eines Kreditantrages der nachstehende Finanzierungsvorschlag des Darlehensnehmers vor:

Eigenkapital	40.000,00 EUR
Zwischenkredit für 1 Jahr bis zur Fälligkeit der Lebensversicherung	20.000,00 EUR
Bausparvertrag, monatliche Annuität 6 ‰ von der Bausparsumme	100.000,00 EUR
Darlehen der *Nordbank AG*	97.000,00 EUR
Summe	**257.000,00 EUR**

Berechnung der monatlichen Rate für die drei Darlehen:

20.000,00 EUR Zwischenkredit, 4,0 % p. a.:	66,67 EUR mtl.
100.000,00 EUR Bausparvertrag, 6 ‰ Rate p. m.:	600,00 EUR mtl.
97.000,00 EUR Darlehen *Nordbank*-Kredit, 1 % Tilgung, 3,5 % Zinsen:	363,75 EUR mtl.
Rate im 1. Jahr insgesamt:	**1.030,42 EUR mtl.**

5.2 Bauspardarlehen

Allgemeine Kennzeichnung	Das Bauspardarlehen ist der Anspruch auf ein wohnwirtschaftlich zu verwendendes Tilgungsdarlehen. Die Voraussetzungen für die Inanspruchnahme sind die Erreichung der Mindestansparsumme und der notwendigen Bewertungskennziffer. Die Darlehenshöhe ergibt sich aus der Differenz zwischen der Bausparsumme und dem Bausparguthaben.
Annuitätendarlehen	Es ist ein Kredit, der in gleichbleibenden Raten getilgt wird. Dabei setzt sich die Rate aus dem Zins und der Tilgung zusammen. Im Zeitablauf steigt der Tilgungsanteil zu Lasten des Zinsanteils an. Die monatliche Rückzahlungsrate ergibt sich bei Bausparkassen normalerweise durch einen Promillesatz von der vereinbarten Bausparsumme. Beispiel: 6 Promille von der Bausparsumme von 20.000,00 EUR ergeben eine monatliche Rate in Höhe von 120,00 EUR.
Ansparphase	In der Ansparphase wird notwendiges Mindestguthaben durch regelmäßige Sparbeiträge und eventuelle Sonderzahlungen angesammelt. Die Höhe für die Guthabenzinsen hängt vom jeweiligen Tarif ab.
Darlehensphase	In der Darlehensphase wird das vereinbarte Bauspardarlehen zurückgezahlt. Dabei gelten die bei Vertragsschluss vereinbarten Darlehenszinsen. I. d. R. beläuft sich der Rückzahlungsbetrag (Tilgung + Zinsen) auf monatlich 6 Promille der Bausparsumme.
Laufzeit	Bei Bauspardarlehen werden feste Zins- und Tilgungsleistungen zugrunde gelegt. Deswegen lässt sich schon bei Darlehensauszahlung die Laufzeitdauer genau berechnen.
Sicherheiten	Als Sicherheit werden i. d. R. nachrangige Grundpfandrechte verwendet. Sie belaufen sich auf 80 % des Beleihungswertes.
Tilgungsverrechnung	Bei der taggenauen Tilgungsverrechnung werden die Rückzahlungsbeträge grundsätzlich taggenau analog der Kontokorrentmethode auf die Restschuld verrechnet.
Zuteilung	Mit der Zuteilung erreicht der Bausparer sein Vertragsziel. Er kann ohne Kündigung und nach Stellung ausreichender Sicherheiten über das Bauspardarlehen verfügen.
Zwischenfinanzierung	Bereitstellung von kurz- und mittelfristigen Baugeldern, die durch die Endfinanzierungsmittel, z. B. durch ein Bauspardarlehen abgelöst werden.

5.3 Ablauf eines Immobiliarkredit-Beratungsgesprächs nach der Wohnimmobilien-Kreditrichtlinie

In Deutschland bestehen verschärfte Regeln bezüglich der Werbung für die neue Art von Immobiliar-Verbraucherdarlehensverträgen, und auch beim Verfahren der Vertragsanbahnung unterliegen Kreditinstitute einer strengen und umfangreichen gesetzlichen Nachweis-, Beratungs- und Prüfungspflicht. Insbesondere ist der Umfang der vorvertraglichen Informationen, der Beratung, der Erläuterung und der Vertragsgestaltung neu geregelt worden, was grundlegende Änderungen im Verkaufs- und Beratungsgespräch mit sich gebracht hat.

Phase 1:

Bereitstellung allgemeiner Produktinformationen durch jeden Mitarbeiter bzw. Primärbetreuer nach § 675 a Abs. 2 BGB

Phase 2

Beratungsgesprächsanbahnung entweder Online oder stationär durch den Primärbetreuer Vgl. § 511 BGB / Art. 247 § 18 EGBGB –

Aushändigung vorvertraglicher Informationen, Beratungsvertrag

Aushändigung des Standardisierten Informationsblatts zur Kreditwürdigkeitsprüfung , vgl. Art. 247 § 1 Abs. 1 Satz 2 EGBGB –

Phase 3

Kundenkontakt und Beratungsgespräch mit dem Baufinanzierungsspezialisten

Darlehensvermittlung nach § 655 a BGB

Beratung und Dokumentation

Phase 4

Produktauswahl und Bonitätsanalyse durch den Baufinanzierungsspezialisten

Kreditwürdigkeitsprüfung nach § 505 a, b, d BGB –§ 511 Abs. 3 BGB –

Schriftliche Produktempfehlung nach Art. 247 § 1 Abs. 2 EGBGB - und Bereitstellung ESIS – Formular (Europäisches Standardinformationsblatt)

Phase 5

Beleihungswertermittlung / Beschlussvorlage / Bewilligung / Verträge

Immobilienbewertung nach § 505 c BGB –

Phase 6

Vertragslaufzeit vereinbaren;

Hinweis auf Vorzeitige Rückzahlung und Vorfälligkeitsentschädigung bei vorzeitiger Rückzahlung nach § 493 Abs. 5 und § 500 Abs. 2 BGB –Art. 247 § 15 Abs. 2 EGBGB – Hinweis auf Änderungszinssatz bei Folgefinanzierung

Hinweis auf Außerordentliche Kündigung § 498 BGB –

Hinweis auf Widerrufsrecht nach § 355 BGB

D2 Kreditsicherheiten

1. Grundpfandrechte

1.1 Grundstückskaufvertrag

Kennzeichnung	Es ist ein Vertrag nach § 311 b BGB, durch den sich ein Teil verpflichtet, das Eigentum an einem Grundstück zu übertragen oder zu erwerben. Er bedarf einer notariellen Beurkundung. Der Vertrag ist Grundlage für die spätere Eigentumsübertragung (Auflassung).
Ein Grundstückserwerb vollzieht sich in drei Schritten:	• schuldrechtliche Einigung zwischen Käufer und Erwerber nach § 311 b BGB • dingliche Einigung über die Eigentumsübertragung nach § 925 BGB (Auflassung) • Umschreibung im Grundbuch
Voraussetzungen für die Eintragung im Grundbuch	• Antrag durch den Berechtigten • Bewilligung durch den Verkäufer I. d. R. erfolgen Antrag und Bewilligung in einem Schritt durch die Auflassungserklärung beider Vertragspartner vor dem Notar und die Eintragung im Grundbuch nach § 873 BGB.

Grundstückskaufvertrag – Auflassung – Grundbucheintragung

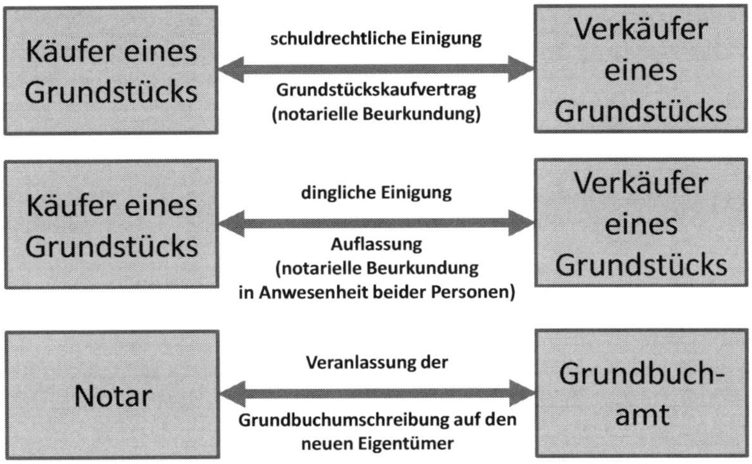

W. Grundmann, R. Rathner, *Bankwirtschaft, Rechnungswesen und Steuerung, Wirtschafts- und Sozialkunde*, Prüfungstraining für Bankkaufleute,
https://doi.org/10.1007/978-3-658-30521-5_7

1.2 Grundbuch

Kennzeichnung	Es ist ein öffentliches Register, welches beim zuständigen Amtsgericht über alle Grundstücke des betreffenden Bezirks geführt wird. Es genießt bis auf das Bestandsverzeichnis öffentlichen Glauben. Grundbucheinsicht ist möglich, wenn ein Interesse nachgewiesen wird.
Das Grundbuch gibt Auskunft über:	• **Bestandsverzeichnis** (Gemarkung, Nummer der Flur, des Flurstücks und des Liegenschaftsbuches sowie Wirtschaftsart, Lage, Größe des Grundstücks und Vermerke über Rechte, die dem jeweiligen Eigentümer des Grundstücks zustehen) • **Abteilung I** des Grundbuchs über Eigentümer, Art des Eigentums (Alleineigentum, gemeinschaftliches Eigentum) und Grundlage der Eintragung (Auflassung, Erbschein, Zuschlag bei Versteigerung) • **Abteilung II** des Grundbuchs über die Lasten und Beschränkungen des Eigentums, • **Abteilung III** des Grundbuchs über eingetragene Hypotheken, Grundschulden und Rentenschulden
Beispiel für ein Grundbuchblatt	**Abteilung I** Lfd. Nr. 1 – Ernst Meyer, geb. am 18.05.1974 Aufgelassen am 02.05.2005, eingetragen am 23.07.2005 **Abteilung II** Lfd. Nr. 1 – Vorkaufsrecht zugunsten von Jürgen Pieper, geb. am 25.06.1961. Eingetragen auf Grund der Bewilligung vom 02.05.2005. Lfd. Nr. 2 – Reallast, bestehend aus der Zahlung einer lebenslangen Rente von 500,00 EUR (fünfhundert) monatlich für Jürgen Pieper, geb. 25.06.1961. Löschbar mit Todesnachweis. Eingetragen auf Grund der Bewilligung vom 02.05.2005 am 23.07.2005. **Abteilung III** Lfd. Nr. 1 – 20.000,00 EUR Grundschuld ohne Brief mit 15 % jährlich zu verzinsen für die Sparkasse Harburg-Buxtehude. Der jeweilige Eigentümer ist der sofortigen Zwangsvollstreckung unterworfen. Unter Bezugnahme auf die Bewilligung vom 28.01.2006, eingetragen am 13.02.2006. Lfd. Nr. 2 – 50.000,00 EUR Grundschuld zugunsten Ernst Meyer, zu verzinsen mit 18 % jährlich. Der jeweilige Eigentümer ist der sofortigen Zwangsvollstreckung unterworfen. Unter Bezugnahme auf die Bewilligung vom 06.01.2007, eingetragen am 25.01.2007.
Auflassung in Abteilung I des Grundbuchs	Die zur Übertragung des Eigentums an einem Grundstück erforderliche Einigung des Veräußerers und des Erwerbers muss bei gleichzeitiger Anwesenheit beider Teile vor dem Notar erklärt werden. Nach Erfüllung bestimmter Voraussetzungen (i. d. R. Eintragung einer Auflassungsvormerkung, Hinterlegung des Kaufpreises usw.) werden vielfach bereits im Kaufvertrag Angestellte des Notars bevollmächtigt, die Auflassung zu erklären. Dies erspart den Beteiligten einen weiteren Notartermin.

Vorkaufsrecht in Abteilung II des Grundbuchs	Derjenige, zu dessen Gunsten das Vorkaufsrecht im Grundbuch eingetragen ist, kann beanspruchen, dass ihm das Grundstück im Verkaufsfall an einen Dritten zu gleichen Bedingungen übertragen wird. Bei Beleihungen ist ein Vorrang anzustreben. Die Frist zur Ausübung des Vorkaufsrechts beträgt zwei Monate.
Reallast in Abteilung II des Grundbuchs	Es ist die dingliche Belastung eines Grundstücks in der Weise, dass an den Berechtigten wiederkehrende Leistungen aus dem Grundstück zu entrichten sind. Die Leistungen können in Naturalien, Geld oder Handlungen, z. B. Lieferung von elektrischem Strom, bestehen. Sie können zeitlich unbeschränkt oder auf eine gewisse Zeit (z. B. Lebenszeit des Berechtigten) bestellt werden.
Grundschuld in Abteilung III des Grundbuchs	Die Grundschuld kann als Brief- oder Buchgrundschuld bestellt werden. Sie ist eine unbedingte Zahlungsverpflichtung aus dem Grundstück. Sie setzt keine Forderung voraus. I. d. R. dient sie zur Sicherung einer persönlichen Forderung.
Eigentümergrundschuld in Abteilung III des Grundbuchs	Es ist eine Grundschuld, die zugunsten des Eigentümers bestellt wird. Sie dient zur Freihaltung einer Rangstelle. Bei der Eigentümergrundschuld wird die Briefgrundschuld wegen der Übertragungsmöglichkeit ohne Eintragungskosten bevorzugt.

1.3 Belastungen eines Grundstücks

Reallast	Es sind wiederkehrende Leistungen aus dem Grundstück an eine bestimmte Person oder an den jeweiligen Eigentümer eines anderen Grundstücks zu entrichten. Der Eigentümer haftet persönlich für die Erbringung der Leistung.
Grunddienstbarkeit	Dem jeweiligen Eigentümer eines anderen Grundstücks (= herrschendes Grundstück) werden einzelne Rechte am dienenden Grundstück eingeräumt. Auf Antrag erfolgt eine Eintragung als Recht in das Bestandsverzeichnis des herrschenden Grundstücks.
Beschränkt persönliche Dienstbarkeit	Es ist eine Grundstücksbelastung, die dem Begünstigten das Recht gibt, das Grundstück in einzelnen Beziehungen zu nutzen. Im Unterschied zum Nießbrauch werden dem Berechtigten also nicht sämtliche, sondern nur bestimmte, im Einzelfall näher bezeichnete Nutzungen des Grundstücks übertragen. Von den Grunddienstbarkeiten unterscheiden sich die beschränkt persönlichen Dienstbarkeiten dadurch, dass sie nicht dem jeweiligen Eigentümer eines anderen Grundstücks, sondern nur einer bestimmten Person zustehen können. Belastet werden können nur Grundstücke bzw. reale Teile von Grundstücken, nicht jedoch Miteigentumsanteile.
Auflassungsvormerkung	Es ist eine Maßnahme zur Sicherung des schuldrechtlichen Anspruchs auf Übertragung des Eigentums an einem Grundstück. Sie kann z. B. angewendet werden bei Grundstücksverkäufen, wenn der Verkäufer bereits frühzeitig eine Zahlung verlangt, obwohl der Käufer erst nach Erlangung der verschiedenen Formalitäten als Eigentümer in das Grundbuch eingetragen wird.

Nießbrauch	Der Nießbraucher kann alle Nutzungen aus diesem Grundstück ziehen. Der Nießbrauch kann durch den Ausschluss einzelner Nutzungen beschränkt werden. Der Nießbraucher hat für die Erhaltung der Sache zu sorgen. Das Recht ist nicht vererbbar und nicht übertragbar.
Vorkaufsrecht	Der Vorkaufsberechtigte kann bei einem Grundstücksverkauf vom Eigentümer die Überlassung des Grundstücks zu den in dem Kaufvertrag mit einem Dritten vereinbarten Bedingungen fordern. Ein Vorkaufsrecht kann auch Kraft Gesetzes bestehen.
Wohnungsrecht	Es ist eine Dienstbarkeit, die das Recht beinhaltet, eine oder mehrere Wohnungen zu nutzen. Das Wohnungsrecht kann entgeltlich oder unentgeltlich vereinbart werden. Um den Umfang des Rechts zu beurteilen, ist zu berücksichtigen, dass dies aus dem Grundbucheintrag allein kaum zu ersehen ist. Daher ist die Einsichtnahme in den zugrunde liegenden Vertrag empfehlenswert. Dieser befindet sich in der Grundakte. Kosten wie Steuern, öffentliche Lasten, Reparaturen usw. trägt der Eigentümer. Das Wohnungsrecht schränkt die Beleihbarkeit des Objekts ein. Bei der Bewertung des Grundstücks spielt die Bewertung des Wohnungsrechts daher eine große Rolle. Der Wert des Wohnungsrechts hängt von folgenden Faktoren ab: • Wohnfläche der Wohnung im Haus, die der Berechtigte nutzen darf. • erzielbare Miete für die Wohnung des Berechtigten im Wohnhaus • Lebensalter des oder der Berechtigten • Lebenserwartung des oder der Berechtigten

1.4 Rangverhältnis im Grundbuch

Bestimmung des Rangverhältnisses	Die zeitliche Reihenfolge des Einganges beim Grundbuchamt ist mitentscheidend für die Reihenfolge im Grundbuch. Innerhalb einer Abteilung bestimmt die Reihenfolge des Eintrags das Rangverhältnis im Grundbuch. Innerhalb der Abteilungen wird die Rangfolge durch den Eintragungstag bestimmt. Rechte mit gleichem Eintragungstag haben den Gleichrang. Eine Abweichung des Rangverhältnisses bedarf einer Eintragung im Grundbuch.
Rangänderung im Grundbuch	Eine bestehende Rangfolge kann nachträglich geändert werden. Dies bedarf einer Einigung zwischen den Berechtigten, der Zustimmung des Grundstückseigentümers und der Eintragung in das Grundbuch.
Rangvorbehalt	Der Eigentümer kann sich bei der Eintragung eines Rechts den Rang für ein später einzutragendes Recht vorbehalten. In der Praxis ist der Rangvorbehalt gebräuchlich. Den Kreditinstituten, die erstrangige Grundschulddarlehen vergeben, wird häufig in Ausnutzung eines vorbehaltenen Ranges ein Grundpfandrecht bestellt. Bei der Bestellung von Grundpfandrechten für Institute, die nachrangige Hypothekendarlehen geben, wird ein Rangvorbehalt für ein später noch einzutragendes erstrangiges Recht eingetragen.

Beispiel für Grundbucheintragungen/ Grundbuchlöschungen

Die Eheleute Nadine und Werner Müller möchten ein bebautes Grundstück von dem Eigentümer Herrn Johannes Krause belastungsfrei erwerben. Das Grundstück ist noch mit einer Grundschuld der *Nordbank AG* belastet, das zurzeit noch mit 15.000,00 EUR valutiert.
Dem Grundbuchauszug von Herrn Krause sind folgende Daten zu entnehmen:

Abteilung I

Lfd. Nr. 1	Johannes Krause, geb. am 18.05.1964 Aufgelassen am 02.05.1995, eingetragen am 23.07.1995

Abteilung II

Lfd. Nr. 1	Vorkaufsrecht zugunsten von Maria Krause, geb. am 25.06.1941. Eingetragen auf Grund der Bewilligung vom 02.05.2002.
Lfd. Nr. 2	Reallast, bestehend aus der Zahlung einer lebenslangen Rente von 500,00 EUR (fünfhundert) monatlich für Maria Krause, geb. 25.06.1941. Löschbar mit Todesnachweis. Eingetragen auf Grund der Bewilligung vom 02.05.2002 am 23.07.2002.

Abteilung III

Lfd. Nr. 1	20.000,00 EUR Grundschuld ohne Brief mit 15 % jährlich zu verzinsen für die Nordbank AG Hamburg. Der jeweilige Eigentümer ist der sofortigen Zwangsvollstreckung unterworfen. Unter Bezugnahme auf die Bewilligung vom 28.01.2002, eingetragen am 13.02.2002.
Lfd. Nr. 2	50.000,00 EUR Grundschuld zugunsten Johannes Krause, zu verzinsen mit 18 % jährlich. Der jeweilige Eigentümer ist der sofortigen Zwangsvollstreckung unterworfen. Unter Bezugnahme auf die Bewilligung vom 06.01.2008, eingetragen am 25.01.2008.

Festlegung der Rangfolge im Grundbuch:

Rangverhältnis	Belastung/Eintragung	Datum der Eintragung
Rang 1	20.000 EUR Grundschuld	13.02.2002
Rang 2	Vorkaufsrecht	02.05.2002
Rang 3	Reallast/Rente	23.07.2002
Rang 4	50.000 EUR Grundschuld	25.01.2008

Die Grundschuld der *Nordbank AG* kann mit folgenden Schritten gelöscht werden:

- Tilgung der Restschuld durch Herrn Krause oder Verrechnung mit dem Kaufpreis im Rahmen der notariellen Abwicklung
- Löschungsbewilligung/löschungsfähige Quittung der *Nordbank AG*
- Antrag auf Löschung der Grundschuld
- Löschung im Grundbuch

Notwendige Schritte zur Übernahme der Eigentümergrundschuld von Herrn Krause durch das Ehepaar Müller:

1. Möglichkeit:

- schriftliche Abtretung des dinglichen Anspruchs
- Briefübergabe

	2. Möglichkeit: • mündliche Abtretung • Briefübergabe • Bewilligung durch Herrn Krause • Eintragung der Umschreibung **Löschungen der Eintragungen in Abteilung II des Grundbuchs:** • Die Löschung der Eintragungen in Abteilung II (Vorkaufsrecht und Reallast) erfolgt durch Eintragung eines Löschungsvermerks in der betreffenden Abteilung. • Die Eintragung ins Grundbuch erfolgt durch Antrag und Bewilligung. • Der Antrag kann von dem Ehepaar Müller oder von Frau Krause gestellt werden. • Frau Krause muss die Lösungsseintragungen bewilligen. Dies geschieht durch eine notarielle oder öffentlich beglaubigte Urkunde.

2. Zession

2.1 Allgemeine Kennzeichnung

Allgemeine Kennzeichnung	• Die Abtretung (Zession) ist im § 398 BGB geregelt. • Geldforderungen können sicherungsweise zugunsten eines Gläubigers abgetreten werden. • Der Abtretungsvertrag wird zwischen dem Gläubiger der Forderung (Zedent) und dem Sicherungsnehmer (Zessionar) abgeschlossen, ohne dass der Drittschuldner am Vertrag beteiligt ist. • Der Abtretungsvertrag ist formfrei gültig. • Die Rechtswirksamkeit der Abtretung ist nicht an die Zustimmung des Drittschuldners gebunden. • Mit dem Abtretungsvertrag geht die Forderung auf die Bank (Zessionar) über.
Beispiele für Abtretungen in der Praxis	• Abtretung von Forderungen aus Lieferungen und Leistungen im Rahmen einer Globalzession • Abtretung von Gehaltsansprüchen • Abtretung von Bankguthaben, z. B. Sparguthaben • Abtretung von Versicherungsansprüchen

2.2 Globalzession

Kennzeichnung	Eine Forderung kann zur Sicherung eines Darlehens an die Bank abgetreten werden. Der Kreditnehmer (Zedent) tritt alle gegenwärtigen und zukünftigen Forderungen gegen bestimmte Kunden des Darlehensnehmers (Drittschuldner) ab. Die gegenwärtigen Forderungen gehen mit Zessionsvertragsabschluss auf die Bank über. Die zukünftigen Forderungen gehen bereits im Zeitpunkt ihrer Entstehung auf die Bank über.
Gesetzliche Grundlage	§ 398 BGB

Arten	• offene Zession • stille Zession
Offene Zession	• Der Drittschuldner wird von der Abtretung informiert und zahlt mit schuldbefreiender Wirkung nur noch an den neuen Gläubiger.
Stille Zession	• Die Drittschuldner werden von der Abtretung nicht informiert. • Individualisierung: Die Forderungen müssen im Sicherungsvertrag hinreichend individualisiert sein, z. B. Kunden aus Hamburg von A bis M. • Folgende Vereinbarungen müssen im Sicherungsvertrag vereinbart werden: Sicherungszweck, Deckungsgrenze, Freigabeklausel. • Der Kreditnehmer bleibt wirtschaftlicher Gläubiger. Die Bank wird rechtlicher, fiduziarischer Gläubiger und erwirbt ein bedingtes Verwertungsrecht. • Außenverhältnis: Nach außen ist die Bank Dritten gegenüber uneingeschränkte Gläubigerin. • Innenverhältnis: Im Innenverhältnis darf die Bank von ihrem Gläubigerrecht nur im Rahmen des Sicherungszwecks Gebrauch machen. • Bankpraxis: Die Sicherungsabtretung wird als stille Zession vereinbart.
Risiken für die Bank	• Die Forderung wurde bereits im Rahmen eines verlängerten Eigentumsvorbehalts abgetreten. • Die abgetretene Forderung besteht nicht mehr bzw. nicht mehr in der angegebenen Höhe. • Der Kreditnehmer leitet die eingehenden Zahlungen der Drittschuldner nicht an die Bank weiter. • Die Drittschuldner zahlen nicht mehr. • Die Forderung wurde bereits an einen anderen Gläubiger abgetreten. • Die Abtretung der Forderung wurde vertraglich ausgeschlossen. • Der Drittschuldner kann alle Einreden auch gegen die Bank, z. B. Gewährleistungsansprüche, geltend machen.

2.3 Forderungsabtretung in der Bankpraxis

Vertragsarten	Vertragsschluss	Besonderheiten
Globalzession	• Zustandekommen: Einigung zwischen dem Zedenten und z. B. der Bank über die Abtretung der Forderungen • Rechtswirksamkeit bei stiller und offener Zession: Die Abtretung ist mit und ohne Anzeige an die Drittschuldner rechtswirksam. • Zeitpunkt des Forderungsübergangs: Gegenwärtige und zukünftige Forderungen gehen mit Vertragsabschluss auf den neuen Gläubiger über.	Im Falle der stillen Abtretung: • Drittschuldner zahlen mit schuldbefreiender Wirkung an den Zedenten. • Individualisierung: Im Rahmenvertrag werden Forderungen gekennzeichnet, z. B. Forderungen von A bis K. • Kontrolle: Aus Sicherheitsgründen monatliche Bestandslisten (Debitorenlisten, Rechnungskopien) abfordern. • Blankobenachrichtigungsschreiben für eine evtl. Offenlegung

Vertragsarten	Vertragsschluss	Besonderheiten
		der Forderungsabtretung verlangen! • Sicherheitsabschlag: ca. 20 % Sicherheitsabschlag vom Nennwert der Forderung wegen evtl. Forderungsausfälle beim Drittschuldner • Deckungsgrenze: Der realisierbare Wert der Forderungen muss mindestens den Kredit decken. Gefahr der Übersicherung, wenn der Nennbetrag der zedierten Forderungen 150 % der gesicherten Forderungen übersteigt.
Gehaltsabtretung (Einzelzession)	Einigung über die Abtretung der Gehaltsansprüche	• Abtretungsverbot durch den Arbeitgeber beachten! • gesetzliches Abtretungsverbot für unpfändbare Forderungen, z. B. Kindergeld • Pfändungsfreigrenzen bei Gehaltseingängen beachten!
Abtretung von Versicherungsansprüchen (Einzelzession)	Einigung zwischen dem Kreditnehmer und der Bank über die Abtretung der Versicherungsansprüche	• Werthaltigkeit: Werthaltig sind nur Kapitallebensversicherungen, nicht aber eine Risikolebensversicherung • Der Wert der Kapitallebensversicherung wird durch den Rückkaufswert bestimmt. • Die Abtretung von Ansprüchen aus Kapitallebensversicherungen kann steuerschädliche Folgen haben. Dies ist insbesondere der Fall, wenn die Kosten des gesicherten Kredits, insbesondere die Zinsen, Betriebsausgaben oder Werbungskosten sind. • Kreditinstitute müssen die Bezugsberechtigung aus dem Versicherungsvertrag übertragen bekommen. Bei unwiderruflicher Begünstigung muss der Begünstigte der Abtretung zustimmen. • Hereinnahme der Versicherungspolice, da die Kapitallebensversicherung nur gegen

Vertragsarten	Vertragsschluss	Besonderheiten
		Vorlage des Versicherungsscheins leistet. Die Versicherungsgesellschaft wird i. d. R. bei der Abtretung von Ansprüchen aus Kapitallebensversicherungsverträgen über folgende Sachverhalte von der Bank informiert: • Anerkennung der Abtretung, wenn die Wirksamkeit der Abtretung von der Versicherung abhängig ist. • Mitteilung des aktuellen Rückkaufswertes der Kapitallebensversicherung • Benachrichtigung über Prämienrückstände

3. Pfandrecht

3.1 Allgemeine Kennzeichnung

Kennzeichnung	• Das Pfandrecht ist ein zur Sicherung einer Forderung bestimmtes dingliches Recht an fremden Sachen oder Rechten, das den Gläubiger berechtigt, sich durch Verwertung des verpfändeten Gegenstandes zu befriedigen. • Das Pfandrecht ist akzessorisch, d. h. vom Bestehen einer Forderung abhängig.
Arten	• Pfandrecht an beweglichen Sachen (§§ 1204 ff. BGB) • Pfandrecht an Rechten (§§ 1273 ff. BGB): Pfandrecht an Wertpapieren (§ 1293 BGB) und Geldforderungen (§§ 1280 ff. BGB) • Grundpfandrechte: Hypothek (§§ 1113 ff. BGB) und Grundschuld (§§ 1191 ff. BGB)
Haftungsumfang	Das Pfandrecht haftet für den jeweiligen Forderungsbestand und für Zinsen.
Mehrfach-verpfändung	Wurde eine Sache mehrfach verpfändet, so gilt das Prioritätsprinzip.

3.2 Bestellung und Erwerb von Pfandrechten

Pfandrechte	Bestellung des Pfandrechts	Erwerb des Pfandrechts
Pfandrecht an beweglichen Sachen (Faustpfandprinzip)	Einigung über die Entstehung des Pfandrechts + Übergabe der Sache. Der Verpfänder bleibt Eigentümer, der Pfandgläubiger wird unmittelbarer Besitzer der Sache.	z. B. Auszahlung des Darlehens

Pfandrechte	Bestellung des Pfandrechts	Erwerb des Pfandrechts
Pfandrecht an Wertpapieren (entspricht einer Verpfändung an beweglichen Sachen)	Einigung über die Entstehung des Pfandrechts + Übergabe der Sache. Der Verpfänder bleibt Eigentümer, der Pfandgläubiger wird unmittelbarer Besitzer der Sache.	z. B. Auszahlung des Darlehens
Pfandrecht an Forderungen, z. B. Sparguthaben	Einigung über die Entstehung des Pfandrechts + Anzeige an den Drittschuldner, z. B. Kreditinstitut. Der Verpfänder bleibt Gläubiger, der Pfandgläubiger hat ein Verwertungsrecht, z. B. Einzug des Sparguthabens.	z. B. Auszahlung eines Darlehensbetrages
Hypothek	Einigung über die Entstehung des Pfandrechts + Eintragung im Grundbuch. Der Erwerb der Hypothek erfolgt mit Auszahlung des Darlehensbetrages (Akzessorietät der Hypothek). Der Verpfänder bleibt Eigentümer des Grundstücks, der Pfandgläubiger hat ein dingliches Verwertungsrecht.	mit Auszahlung des Darlehensbetrages
Grundschuld	Einigung über die Entstehung des Pfandrechts + mit der Eintragung im Grundbuch erfolgt auch der Erwerb. (Abstraktionsprinzip der Grundschuld). Der Verpfänder bleibt Eigentümer des Grundstücks, der Pfandgläubiger hat ein dingliches Verwertungsrecht.	mit Eintragung im Grundbuch

3.3 Pfandrecht in der Bankpraxis

Verpfändungsbeispiele	Pfandrechtsbestellung	Besonderheiten bei der Verpfändung
Verpfändung von Aktien, die vom Eigentümer selbst verwahrt werden	Einigung + Übergabe der Aktien	Verpfänder bleibt Eigentümer, Pfandgläubiger wird unmittelbarer Besitzer der Aktien.
Verpfändung von Goldbarren, die im Schließfach der Bank verwahrt werden	Einigung + Einräumung des Mitbesitzes durch Mitverschluss. Die Übergabe entfällt, da Bank bereits unmittelbare Besitzerin der Sache ist.	Verpfänder bleibt Eigentümer, die Bank wird unmittelbare Besitzerin durch Mitverschluss.

Verpfändungsbeispiele	Pfandrechtsbestellung	Besonderheiten bei der Verpfändung
Verpfändung der Ware im Lager des Eigentümers, die nicht in den Alleinbesitz des Gläubigers übergehen soll	Einigung + Einräumung des Mitbesitzes durch Mitverschluss	Die Einräumung des Mitbesitzes ersetzt die Übergabe. Der Pfandgläubiger wird unmittelbarer Besitzer, d. h. er erlangt gemeinschaftlichen Besitz mit dem Eigentümer.
Ware, die in einem Lagerhaus gelagert ist	Einigung + Übertragung des mittelbaren Besitzes durch Abtretung des Herausgabeanspruchs + Anzeige der Verpfändung an den unmittelbaren Besitzer.	Die Übertragung des mittelbaren Besitzes und die Anzeige an den unmittelbaren Besitzer ersetzen die Übergabe.
Verpfändung von Wertpapieren, die im Depot der Bank verwahrt werden	Einigung über die Entstehung des Pfandrechts reicht aus.	Die Übergabe der Wertpapiere entfällt, da sie bereits im Depot der Bank verwahrt werden. Die Bank wird unmittelbare Besitzerin der Wertpapiere.
Verpfändung eines Sparguthabens, das bei einer fremden Bank unterhalten wird	Einigung + Pfandanzeige an die fremde Bank	Aus Sicherheitsgründen wird das Sparbuch an den Pfandgläubiger übergeben.

4. Sicherungsübereignung

4.1 Allgemeine Kennzeichnung

Kennzeichnung	• Zur Sicherung eines Kredits kann eine bewegliche Sache an das Kreditinstitut sicherungsübereignet werden. • Die Sicherungsübereignung ist eine Eigentumsübertragung mit der Vereinbarung, die zur Sicherung übereignete Sache nur bei Nichterfüllung der gesicherten Forderung, z. B. eines Bankdarlehens, zu verwerten. Die Eigentumsübertragung erfolgt sicherungshalber. • keine Formvorschriften • Bankpraxis: Schriftform aus Beweisgründen • Abstrakte Sicherheit, d. h. die Rechtswirksamkeit der Sicherheit ist nicht an das Bestehen einer Forderung gebunden.
Rechtskonstruktion nach § 930 BGB	• Einigung zwischen dem Sicherungsgeber und dem Sicherungsnehmer + Einräumung eines Besitzmittlungsverhältnisses Besitzkonstitut) • Die Eigentumsübertragung wird ersetzt durch das Besitzkonstitut (Besitzmittlungsverhältnis).
Individualisierung	Die Rechtswirksamkeit der Sicherungsübereignung erfordert eine genaue Kennzeichnung des Sicherungsgutes im Sicherungsvertrag.

Wirkung des Besitzkonstituts	• Die Bank wird fiduziarische (treuhänderisch) Eigentümerin. • Der Kreditnehmer bleibt unmittelbarer Besitzer der Sache (Leihvertrag). • Der Sicherungsgeber (Kreditnehmer) leiht die übereignete Sache vom Sicherungsnehmer (Bank). • Der Sicherungsgeber verwahrt die übereignete Sache für die Bank.
Beispiele für Sicherungs-übereignungen	• Kraftfahrzeuge • Maschinen • Warenlager
Risiken der Sicherungs-übereignung	• Preisrückgang und Verwertungsschwierigkeiten • Sicherungsgut wurde mehrfach sicherungsübereignet. • Lieferung des Sicherungsgutes unter Eigentumsvorbehalt • Sicherungsgut haftet als wesentlicher Bestandteil oder Zubehör im Rahmen eines Grundpfandrechts. • Vermieterpfandrecht • Sicherungsgut geht durch Verarbeitung oder Veräußerung verloren. • Diebstahl oder Beschädigung des Sichergutes • gutgläubiger Erwerb des Sicherungsgutes durch Dritte

4.2 Sicherungsübereignung und Verpfändung von beweglichen Sachen im Vergleich

Vertragspartner	Sicherungsübereignung	Pfandrecht
Rechtsstellung des Kreditnehmers	Kreditnehmer bleibt unmittelbarer Besitzer und wirtschaftlicher Eigentümer.	Kreditnehmer bleibt Eigentümer und mittelbarer Besitzer.
Rechtsstellung des Kreditinstituts	Kreditinstitut wird mittelbarer Besitzer und fiduziarischer Eigentümer und erwirbt ein bedingtes Verwertungsrecht.	Kreditinstitut wird unmittelbarer Besitzer und erwirbt ein bedingtes Verwertungsrecht.

4.3 Sicherungsübereignungsverträge in der Bankpraxis

Arten von Sicherungsübereignungen	**Vertragschluss**	**Besonderheiten**
Sicherungsübereignung von Kraftfahrzeugen	Einigung + Besitzkonstitut	Aus Sicherheitsgründen wird dem Sicherungsnehmer die Zulassungsbescheinigung II (vormals Kraftfahrzeugbrief) übergeben, um einen gutgläubigen Erwerb des Kfz durch Dritte zu verhindern. Für die Eigentumsübertragung ist die Übergabe der Zulassungsbescheinigung II nicht erforderlich.
Sicherungsübereignung einer Maschine	Einigung + Besitzkonstitut (Markierungsvertrag)	• Individualisierung durch Markierungsvertrag (Typenbezeichnung, Fabrikationsnummer, Hersteller) • Standortbestimmung durch Lageplanerstellung • Versicherungsabschlüsse, z. B. gegen Diebstahl oder Beschädigungen • Abtretung der Versicherungsansprüche • Überprüfung der Prämienzahlungen
Sicherungsübereignung eines Warenlagers mit einem festen Bestand	Einigung + Besitzkonstitut (Raumsicherungsvertrag)	Raumsicherungsvertrag beschreibt: • räumliche Bestimmung des Warenlagers • Beschreibung der Ware im Sicherungsvertrag • Lagerskizze Versicherung gegen Diebstahl und Beschädigung abschließen; Versicherungsansprüche abtreten lassen und Prämienzahlungen überwachen.
Sicherungsübereignung eines Warenlagers mit wechselndem Bestand	Einigung + Besitzkonstitut (Raumsicherungsvertrag) Sicherungsgeber darf Ware im Auftrag des Sicherungsnehmers verarbeiten.	Im Raumsicherungsvertrag wird geregelt: • Lagerauffüllungen, wenn erforderlich • monatliche Bestandsmeldungen • Einhaltung eines Mindestdeckungsbestandes • Lagerführung wird von der Bank überwacht.

5. Bürgschaft

Selbstschuldnerische Bürgschaft	Die selbstschuldnerische Bürgschaft wird durch einen einseitig verpflichtenden Vertrag geschlossen. Der Bürge besiegelt durch seine Unterschrift, dass er dem Gläubiger eines Dritten (des so genannten Hauptschuldners) für die Erfüllung der Verbindlichkeiten des Dritten zur Verfügung steht. Der Bürge der selbstschuldnerischen Bürgschaft wird bei Zahlungsverzug des Schuldners lt. Vertrag so behandelt, als sei er selbst Schuldner. Durch diesen Vertrag sichert sich der Gläubiger gegen eine mögliche Zahlungsunfähigkeit seines Schuldners ab.
Rechtskonstruktion	Das übliche Dreiecksverhältnis bei selbstschuldnerischen Bürgschaften besteht aus • einem Darlehensnehmer, der die Rolle des Hauptschuldners einnimmt, • einer Bank, die das Darlehen gewährt und • dem selbstschuldnerischen Bürgen, der für Fehler in der Darlehensrückführung mit seinem privaten Vermögen gerade steht.
Gewöhnliche (BGB-) Bürgschaft und selbstschuldnerische Bürgschaft	Die selbstschuldnerische Bürgschaft ist strenger als die herkömmliche oder gewöhnliche Bürgschaft. Bei der gewöhnlichen Bürgschaft kann der Bürge die Zahlung verweigern, bis alle Mittel ausgeschöpft sind, das bewegliche Vermögen des Hauptschuldners ganz oder teilweise heranzuziehen. Erst dann darf der Bürge verpflichtet werden. Bei der selbstschuldnerischen Bürgschaft hingegen darf sofort auf den Bürgen zugegangen werden. Das ist möglich, weil der Bürge gemäß § 773 Abs. 1 Nr. 1 BGB auf die Einrede der Vorausklage verzichtet hat. Die Zwangsvollstreckung gegen den Hauptschuldner ist demnach sofort möglich. Der Bürge haftet somit genauso wie der Hauptschuldner.
Arten	Die Höchstbetragbürgschaft begrenzt die Haftung auf einen gewissen Höchstbetrag, während sie bei der Zeitbürgschaft nur für einen bestimmten Zeitabschnitt übernommen wird. Bei der selbstschuldnerischen Bürgschaft kann darüber hinaus auch eine Mitbürgschaft eingetragen werden, bei der sämtliche Bürgen als Gesamtschuldner haften. Auch die Teilbürgschaft macht Sinn, wobei mehrere Bürgen für bestimmte Teile der Gesamtschuld haften. Der einzelne Bürge kann hierbei nur für den von ihm verbürgten Betrag in Anspruch genommen werden.
Inhalt der selbstschuldnerischen Bürgschaft	• Er bezeichnet den Bürgen und den Bürgschaftsgläubiger. • Der Gegenstand der Bürgschaft wird benannt, also die Ansprüche, die der Bürgschafts-gläubiger gesichert wissen will. • Verzicht des Bürgen auf die Einrede der Vorausklage (§ 773 BGB) • Verzicht des Bürgen auf die Einrede der Anfechtbarkeit und der Aufrechenbarkeit (§ 770 BGB) • eventuell der Höchstbetrag der Bürgschaft • eventuell eine zeitliche Begrenzung

D3 Maßnahmen gegen Kreditgefährdungen

1. Gerichtliches Mahnverfahren

Das gerichtliche Mahnverfahren ist ein formularmäßig durchgeführter, abgekürzter Zivilprozess, der dem Gläubiger (Antragsteller) schnell und kostengünstig einen Vollstreckungstitel verschafft. Der Vollstreckungstitel berechtigt den Gläubiger zur Zwangsvollstreckung in das Vermögen des Schuldners (Antragsgegner). Grundsätzlich ist das Amtsgericht des Gläubigers für das Mahnverfahren zuständig. Anträge auf Erlass eines Mahnbescheids können auch im Wege des Datenträgeraustauschs eingereicht werden. Bei einem streitigen Verfahren (Widerspruch, Einspruch) ist das Gericht, bei dem der Antragsgegner seinen allgemeinen Gerichtsstand hat, örtlich zuständig. Dies ist i. d. R. das Gericht, in dessen Bezirk der Antragsgegner (Schuldner) wohnt oder seinen Geschäftssitz hat. Rechnet der Gläubiger beim Mahnverfahren mit Einwendungen des Schuldners (Widerspruch) wird er zur Durchsetzung seiner Forderungen direkt das Klageverfahren einleiten.

Ablauf eines gerichtlichen Mahnverfahrens an einem Beispiel

Die Rechtsabteilung der *Nordbank AG* kündigt einen Kredit und schaltet die Rechtsanwaltssozietät Rechtsanwälte und Notare Becker, Müller & Partner ein. Die Rechtsanwälte beantragen einen Mahnbescheid beim Amtsgericht Hamburg. Hierzu zahlen die Rechtsanwälte die Gerichtskosten mittels Gerichtskostenmarke ein. Das Amtsgericht prüft nur die Einhaltung der Formalien, nicht aber die Richtigkeit der Forderung und stellt den Bescheid durch „Niederlegung als Schriftstück" dem Schuldner zu. Von diesem Vorgang wird die *Nordbank AG* als Gläubigerin bzw. die prozessbevollmächtigten Anwälte informiert.

14 Tage sind seit der Zustellung des Mahnbescheids vergangen, es erfolgte keine Zahlung, aber noch fristgemäß geht beim Amtsgericht Hamburg ein formgerechter Widerspruch gegen den Mahnbescheid des Schuldners ein. Hierzu wurde dem Amtsgericht lediglich kurz schriftlich mitgeteilt: „Ich erhebe Widerspruch. Der Widerspruch richtet sich gegen die Gesamtforderung. Der Schuldner". Wenige Stunden nach Eingang des Widerspruchs beim Amtsgericht wird per Boten der Antrag auf Vollstreckungsbescheid der Rechtsanwälte Becker, Müller & Partner dem Amtsgericht Hamburg überstellt. Aufgrund des rechtzeitig erfolgten Widerspruchs gegen den Mahnbescheid fordert das Amtsgericht Hamburg einen Gerichtskostenvorschuss von den Rechtsanwälten und einen begründeten Klageantrag mit einer 6-Monats-Frist an. Der bereits geleistete Gerichtskostenvorschuss für den Mahnbescheid ist damit verfallen.

W. Grundmann, R. Rathner, *Bankwirtschaft, Rechnungswesen und Steuerung, Wirtschafts- und Sozialkunde*, Prüfungstraining für Bankkaufleute,
https://doi.org/10.1007/978-3-658-30521-5_8

2. Zivilprozess

Ablauf eines Zivilprozesses aufgrund eines Widerspruchs gegen den Vollstreckungsbescheid

Aufgrund des rechtzeitig erfolgten Widerspruchs des Schuldners gegen einen Mahnbescheid fordert das Amtsgericht Hamburg einen Gerichtskostenvorschuss von den Rechtsanwälten und einen begründeten Klageantrag mit einer 6-Monatsfrist an. Der bereits geleistete Gerichtskostenvorschuss für den Mahnbescheid ist damit verfallen.

Die Rechtsanwälte Becker, Müller & Partner erheben Klage gegen den Schuldner vor dem Amtsgericht Hamburg, nachdem sie bei der *Nordbank AG* den Gerichtskostenvorschuss und den Auftrag zur Verfahrensübernahme angefordert haben. Das Amtsgericht ordnet ein schriftliches Verfahren an. Beide Parteien können sich nun schriftlich zur Sache äußern. Äußert sich der Schuldner, der jetzt als Beklagter bezeichnet wird, nicht binnen einer 14-Tagefrist mit einer „Verteidigungsabsicht", ergeht auf Antrag der Klägerin ein Versäumnisurteil, weil der Beklagte die Frist versäumt hat. Teilt der Beklagte zu irgendeinem Zeitpunkt einmal mit, die Forderung ganz oder teilweise anzuerkennen, ergeht auf Antrag der Klägerin Anerkenntnisurteil. Rechtsanwälte stellen deshalb immer bereits bei Einreichung der Klage diese Anträge.

Nachdem ein vollstreckbarer Titel ergangen ist, kann die *Nordbank AG* die Zwangsvollstreckung einleiten. Der vollstreckbare Titel wird in diesem Fall ein vollstreckbares Urteil sein. Wird das gerichtliche Mahnverfahren durchgeführt, so steht am Ende des Verfahrens ein Vollstreckungsbescheid (vollstreckbarer Mahnbescheid). Die Zwangsvollstreckung geht entweder über einen Gerichtsvollzieher, der bei dem Schuldner vorspricht und ihn zur Zahlung auffordert sowie ggf. Wohnung und Taschen („Taschenpfändung") des Schuldners durchsucht und Wertgegenstände beschlagnahmt, oder durch richterlichen Pfändungs- und Überweisungsbeschluss. Für einen Pfändungs- und Überweisungsbeschluss schicken die Rechtsanwälte Becker, Müller & Partner den vollstreckbaren Titel an das Amtsgericht Hamburg, zahlen entsprechende Gerichtskosten ein und bitten das Gericht, einen Pfändungs- und Überweisungsbeschluss gegenüber einem Drittschuldner (dies ist jemand, der wiederum dem Schuldner Geld schuldet) auszubringen.

Der *Nordbank AG* ist aus den Kontoumsätzen bekannt, dass der Schuldner drei Lebensversicherungen bei der *Allianz Lebensversicherungs-AG* hat. Sie kennt aus den Kontoumsätzen sogar die Versicherungsnummern. Diesen Sachverhalt teilt die *Nordbank AG* den Rechtsanwälten mit und bittet um Pfändung der Versicherungsverträge sowie um Überweisung des Rückkaufswertes der Verträge. Da die Amtsgerichte längere Zeit für die Bearbeitung von Pfändungs- und Überweisungsbeschlüssen benötigen und die Rechtsanwälte sicher gehen wollen, dass der Schuldner nicht in der Zwischenzeit seine Lebensversicherungsverträge selbst kündigt und sich auszahlen lässt, leiten die Rechtsanwälte eine „Vorpfändung" mittels „vorläufigem Zahlungsverbot" ein. Das „vorläufige Zahlungsverbot" untersagt dem Drittschuldner, zwischenzeitlich eine Zahlung an Dritte zu leisten. Der *Allianz Lebensversicherungs-AG* wird also somit verboten, an den Schuldner zu zahlen, bevor die gerichtliche Pfändung eingetroffen ist. Das „vorläufige Zahlungsverbot" wirkt somit wie ein Arrest.

Das „vorläufige Zahlungsverbot" bleibt nur drei Wochen wirksam. Danach muss es entweder erneuert werden oder durch Pfändungs- und Überweisungsbeschluss beglichen werden. Reicht der Rückkaufswert der Lebensversicherungen aus, erhält die *Nordbank AG* Befriedigung für ihre Restkreditforderung zuzüglich Zinsen und bisheriger Gerichtskosten. Der vollstreckbare Titel wird dem Schuldner dann entwertet zurückgegeben. Abschließend wird die *Nordbank AG* den Vorgang der Schufa melden. Die Sache ist dann erledigt.

3. Gerichtsorganisation

Ordentliche Gerichtsbarkeit	**Arbeitsgerichtsbarkeit**	**Sozialgerichtsbarkeit**	**Verwaltungsgerichtsbarkeit**	**Finanzgerichtsbarkeit**
• Amtsgericht für Zivilsachen • Amtsgerichte, z. B. Nachlass-, Miet-, Betreuungssachen	Arbeitsgerichte	Sozialgerichte	Verwaltungsgerichte	Finanzgerichte
Landgericht, z. B. Zivilsachen ab 5.000,00 EUR	Landesarbeitsgerichte	Landessozialgerichte	-	-
Oberlandesgerichte	-	-	Oberverwaltungsgerichte	-
Bundesgerichtshof in Karlsruhe	Bundesarbeitsgericht in Erfurt	Bundessozialgericht in Kassel	Bundesverwaltungsgericht in Leipzig	Bundesfinanzhof in München

Arten von Gerichtsurteilen

Streitiges Urteil	Das Gericht verkündet das Urteil an einem speziellen Verkündungstermin, spätestens drei Wochen nach der letzten Verhandlung.
Versäumnisurteil	Der Beklagte hat die Klageabweisung beantragt. Dem festgesetzten Termin ist der Kläger unentschuldigt ferngeblieben.
Prozessvergleich	Die Parteien einigen sich auf die Hälfte der Klageforderungen. Der Beklagte verpflichtet sich z. B., an den Kläger den hälftigen Betrag zuzüglich 9 % p.a. Zinsen hieraus seit Fristsetzung zu bezahlen.
Klagerücknahme	Der Kläger nimmt die Klage vor Beginn der mündlichen Verhandlung zurück.
Verzichtsurteil	Der Kläger nimmt seine Klage zurück und verzichtet auf seinen Anspruch. Der Beklagte stimmt zu unter der Voraussetzung, dass der Richter dies in einem Urteil festschreibt.

4. Vermögensauskunft

Die Vermögensauskunft wurde durch das Gesetz zur Reform der Sachaufklärung in der Zwangsvollstreckung für Vollstreckungsaufträge eingeführt. Sie entspricht teilweise der in § 807 ZPO alter Fassung geregelten Pflicht zur Abgabe eines Vermögensverzeichnisses und Abgabe einer eidesstattlichen Versicherung.

Der Schuldner muss die Vermögensauskunft im Rahmen einer vom Gläubiger gegen den Schuldner durchgeführten Zwangsvollstreckung gegenüber dem Gerichtsvollzieher abgeben. Sie dient dazu, dem Gläubiger Kenntnis über die dem Schuldner gehörenden Vermögensgegenstände zu verschaffen. Damit kann in diese Vermögensgegenstände erfolgreich vollstreckt werden.

Bei Vorliegen der Voraussetzungen der Zwangsvollstreckung gemäß § 802c ZPO besteht von vornherein die Pflicht des Schuldners zur Erteilung der Vermögensauskunft, wenn der Gläubiger einen entsprechenden Auftrag nach § 802a ZPO erteilt hat. Wird die Forderung nicht in einer vom Gerichtsvollzieher gesetzten Zahlungsfrist von zwei Wochen vollständig beglichen, wird ein Termin zur Abnahme der Vermögensauskunft bestimmt.

In der Vermögensauskunft hat der Schuldner alle ihm gehörenden Vermögensgegenstände anzugeben sowie weitere in § 802c Abs. 2 ZPO genannte Angaben zu machen. Aus den Angaben des Schuldners erstellt der Gerichtsvollzieher nach 802f Abs. 5 Satz 1 ZPO das Vermögensverzeichnis. Sodann hat der Schuldner zu Protokoll an Eides statt zu versichern, dass er die Angaben nach bestem Wissen und Gewissen richtig und vollständig gemacht habe. Anschließend hinterlegt der Gerichtsvollzieher das Vermögensverzeichnis bei dem zentralen Vollstreckungsgericht und leitet dem Gläubiger eine Kopie zu.

Bleibt der Schuldner dem Termin zur Abgabe der Vermögensauskunft unentschuldigt fern oder verweigert er die Abgabe der Auskunft ohne Grund, erlässt das Amtsgericht auf Antrag des Gläubigers einen Haftbefehl (§ 802g ZPO). Die Haft dient nur zur Erzwingung der Abgabe der Vermögensauskunft. Nach deren Abgabe wird der Schuldner aus der Haft entlassen. Die Haft darf die Dauer von sechs Monaten nicht übersteigen (§ 802j Abs. 1 ZPO).

Betreiben weitere Gläubiger gegen denselben Schuldner die Zwangsvollstreckung, bedarf es innerhalb der nächsten zwei Jahre, soweit nicht Änderungen in den Vermögensverhältnissen glaubhaft gemacht werden, keiner nochmaligen Vermögensauskunft. Stattdessen leitet der Gerichtsvollzieher dem Gläubiger eine Kopie des letzten abgegebenen Vermögensverzeichnisses zu.

Zur Einsicht befugt sind auch Vollstreckungsgerichte, Insolvenzgerichte und Registergerichte sowie Strafverfolgungsbehörden, soweit dies zur Erfüllung der ihnen obliegenden Aufgaben erforderlich ist (§ 802k Abs. 2 ZPO). Das Finanzamt kann statt der eidesstattlichen Versicherung die weniger einschneidende Abgabe eines Vermögensverzeichnisses verlangen (§ 249 AO); das hat den Vorteil, dass keine Meldung an die SCHUFA erfolgt.

Nach Ablauf von zwei Jahren seit der Auskunft wird das Vermögensverzeichnis vom zentralen Vollstreckungsgericht gelöscht (§ 802k Abs. 1 Satz 3 ZPO).

Die SCHUFA nimmt die Abgabe der Vermögensauskunft in ihr Verzeichnis auf. Dies führt zu einer weitergehenden Kreditunwürdigkeit des Schuldners.

5. Verbraucherinsolvenz

Bei der Verbraucherinsolvenz handelt es sich um ein vereinfachtes Insolvenzverfahren, das in der Insolvenzordnung (InsO) geregelt ist. Ziel der Privatinsolvenz ist es, hoch verschuldeten Privatpersonen nach einer gewissen Zeit einen Neuanfang zu ermöglichen, indem der Schuldner nach Ablauf der sogenannten Wohlverhaltensperiode und Abschluss des Insolvenzverfahrens von der Pflicht zur Tilgung der restlichen Schulden befreit wird (Restschuldbefreiung), frühestens jedoch nach sechs Jahren nach Eröffnung des Insolvenzverfahrens.

Voraussetzungen der Verbraucherinsolvenz

Das Verfahren der Verbraucherinsolvenz steht Verbrauchern und ehemaligen Selbstständigen und Kleingewerbetreibenden offen, sofern diese weniger als 20 Gläubiger und keine Verbindlichkeiten aus Beschäftigungsverhältnissen mit Arbeitnehmern haben.

Ablauf der Verbraucherinsolvenz

Der Ablauf der Verbraucherinsolvenz lässt sich im Wesentlichen in vier Schritte gliedern:

1. Versuch der außergerichtlichen Einigung

Im ersten Schritt muss der Schuldner mithilfe eines sogenannten Schuldenbereinigungsplans versuchen, sich außergerichtlich mit den Gläubigern über eine Rückzahlung der Schulden zu einigen. Hierzu muss sich der Schuldner an einen spezialisierten Rechtsanwalt oder eine öffentlich anerkannte Schuldnerberatungsstelle wenden, denn nur diese sind berechtigt, ihm die für den weiteren Verlauf des Insolvenzverfahrens nötige Bescheinigung über das Scheitern des Versuchs einer außergerichtlichen Einigung auszustellen. Verfügt der Schuldner nicht über ausreichende finanzielle Mittel zu Zahlung einer anwaltlichen Beratung, ist zu prüfen, ob gegebenenfalls Anspruch auf Beratungshilfe besteht.

Im Schuldenbereinigungsplan werden alle Einnahmen und Ausgaben des Schuldners aufgelistet. Es wird festgehalten, wie und in welcher Höhe der Schuldner die offenen Verbindlichkeiten abbauen kann und will. Wird dieser Plan von mindestens einem der Gläubiger abgelehnt oder betreibt ein Gläubiger nach Zustellung des Plans weiter die Zwangsvollstreckung, gilt der Schuldenbereinigungsplan als gescheitert.

Nun kann der Rechtsanwalt oder die Schuldnerberatungsstelle das Scheitern des Schuldenbereinigungsplans bescheinigen. Sobald diese Bescheinigung vorliegt, kann die Eröffnung des Insolvenzverfahrens beim zuständigen Insolvenzgericht beantragt werden (Insolvenzeröffnungsantrag). Gelingt hingegen eine außergerichtliche Einigung zwischen Schuldner und Gläubiger, ist das Verfahren an dieser Stelle beendet. Die Abwicklung der Verbindlichkeiten folgt dann dem Schuldenbereinigungsplan.

2. Gerichtliches Schuldenbereinigungsverfahren

Vor der Eröffnung des Insolvenzverfahrens prüft das Gericht die Erfolgsaussichten eines gerichtlichen Schuldenbereinigungsplans. Bei positiver Überprüfung werden der gerichtliche Schuldenbereinigungsplan und das Vermögensverzeichnis den Gläubigern zugestellt. Diese können nun innerhalb von vier Wochen dazu Stellung nehmen und den Plan gegebenenfalls ablehnen.

Wird der Plan nicht von mindestens der Hälfte der Gläubiger abgelehnt, kann das Gericht deren Zustimmung auf Antrag des Schuldners ersetzen. Die Hälfte der Gläubiger bestimmt sich hier nicht nach deren Anzahl, sondern nach der Höhe und Anzahl der Forderungen.

3. Vereinfachtes Insolvenzverfahren (Verbraucherinsolvenz)

Wurde auch der gerichtliche Schuldenbereinigungsplan nicht angenommen, wird nun das Verfahren der Verbraucherinsolvenz (vereinfachtes Insolvenzverfahren) eröffnet und durch Bekanntmachung verkündet.

Das pfändbare Vermögen des Schuldners wird nach Abzug der Verfahrenskosten verwertet, also an die Gläubiger ausgegeben. Hierzu wird ein Treuhänder eingesetzt. Dieser erstellt eine Aufstellung aus Gläubigern, Forderungshöhen und Forderungsgründen (Insolvenztabelle) und verwaltet das Vermögen des Schuldners.

4. Verfahren der Restschuldbefreiung und Wohlverhaltensperiode

Eine Verbraucherinsolvenz wird in der Regel durchgeführt, um im Anschluss daran eine Restschuldbefreiung zu beantragen und zu erlangen. Das Restschuldbefreiungsverfahren besteht aus einer sechsjährigen sogenannten Wohlverhaltensphase, die mit Eröffnung des Insolvenzverfahrens beginnt. Während dieser Zeit muss der Schuldner den pfändbaren Teil seines Einkommens sowie die Hälfte ihm zufallender Erbteile an den Treuhänder abtreten. Dieser schüttet Geld dann gemäß der in der Insolvenztabelle festgelegten Quote an die Gläubiger aus.

Nach Ablauf der Wohlverhaltensphase kann der Schuldner die Restschuldbefreiung beantragen. Im Schlusstermin können die Gläubiger, gestützt auf einen der Gründe in § 290 InsO, die Versagung der Restschuldbefreiung beantragen.

Gründe zu Versagung der Restschuldbefreiung sind unter anderem:

- rechtskräftige Verurteilung des Schuldners aufgrund einer Insolvenzstraftat
- falsche Angaben über wirtschaftliche Verhältnisse, um Leistungen und Kredite zu erhalten oder Zahlungen auszusetzen
- Verschwendung von Vermögen und somit unnötig gemachte Schulden
- Verletzung von Auskunfts- und Mitwirkungspflichten
- Erhalt oder Versagung einer Restschuldbefreiung innerhalb der letzten zehn Jahre

Erfolgt kein solcher Antrag, bzw. sind solche Anträge unbegründet, kündigt das Gericht die Restschuldbefreiung an. Das Gericht versagt die Restschuldbefreiung, wenn einer der in § 290 InsO genannten Gründe vorliegt. Wird kein (begründeter) Antrag auf Versagung der Restschuldbefreiung gestellt, wird die Restschuldbefreiung angekündigt. Nach dem Schlusstermin und der Verteilung der Masse wird das Verfahren aufgehoben.

6. Bilanzanalyse

Kennzeichnung der Bilanzanalyse

Nach § 18 Kreditwesengesetz sind Kreditinstitute verpflichtet, sich bei einer Kreditaufnahme von mehr als 750.000 EUR die wirtschaftlichen Verhältnisse, insbesondere durch Vorlage der Jahresabschlüsse, offen legen zu lassen. Daneben hat die Bank ein elementares Eigeninteresse an dem Zahlenmaterial, um die finanzielle Situation des Unternehmens beurteilen zu können. Zur Auswertung der Bilanzen und der Gewinn- und Verlustrechnungen der letzten drei Jahre werden die Zahlen in einer sogenannten Bilanzgliederung aufbereitet. In der Bilanzgliederung werden aussagekräftige Kennzahlen und deren Veränderungen im Zeitablauf dargestellt.

Kennzeichnung der Jahresabschlussanalyse

Finanzielle Kennzahlen dienen bei der Unternehmensbeurteilung durch den Kapitalmarkt als Maßstab für den innerbetrieblichen und zwischenbetrieblichen Vergleich. Kennzahlen sind Maßgrößen, die über quantitativ erfassbare Sachverhalte berichten. Ziel der Kennzahlen ist es, komplizierte betriebliche Informationen möglichst einfach und nachvollziehbar abzubilden.

Die Auswertung des Jahresabschlusses ergibt Informationen über die derzeitige Vermögens-, Finanz- und Ertragslage einer Unternehmung. Aus den Zahlen des Jahresabschlusses werden die einzelnen Kennzahlen gebildet. Eine interne Abschlussanalyse führt zu aussagefähigen Ergebnissen, da betriebsinterne Unterlagen aus der Finanzplanung zur Verfügung stehen. Eine externe Bilanzanalyse kann sich nur auf den veröffentlichten Jahresabschluss stützen.

Beispiel für eine Bilanzanalyse

Die *HAMA GmbH* ist ein Hamburger Unternehmen, das Metallbearbeitungsmaschinen herstellt. Wegen der großen Nachfrage aus Südostasien beabsichtigt das Unternehmensmanagement, die Fertigungskapazitäten zu erweitern. Zu diesem Zweck soll die bisherige Kreditlinie bei der *Nordbank AG* von 1 Million Euro auf 6 Millionen Euro aufgestockt werden. Im Rahmen der Kreditprüfung analysiert die *Nordbank AG* die Jahresabschlüsse der letzten drei Jahre.

Bilanz der *HAMA GmbH* für die Jahre (alle Angaben in TEUR)

Aktiva				Passiva			
	2017	2018	2019		2017	2018	2019
A. Anlagevermögen				A. Eigenkapital			
I. Grundstücke und Gebäude	5800	6300	6300	I. Gezeichnetes Kapital	2500	2500	3000
II. Inventar, Maschinen	5950	6120	7570	II. Rücklagen	4950	4950	5250
				Gewinn/Verlustvortrag	-950	-370	450
B. Umlaufvermögen				B. Rückstellungen	850	820	880
I. Roh-, Hilfs-, Betriebsstoffe	3400	4100	4840	davon Pensionsrückstellungen	300	320	340
II. Unfertige Erzeugnisse	4100	4300	3450				
III. Fertige Erzeugnisse	4490	5200	5700	C. Verbindlichkeiten			
IV. Forderungen aus Lieferungen und Leistungen	4730	4080	4560	I. Langfristige Verbindlichkeiten	13500	14200	14200
V. Kassenbestand, Bankguthaben	710	650	1360	II. Kurzfristige Bankverbindlichkeiten	5450	4900	5750
				III. Lieferantenverbindlichkeiten	2880	3750	4250
Summen	28180	30750	33780		28180	30750	33780

Gewinn- und Verlustrechnung der *HAMA GmbH* in TEUR

	2017	2018	2019
1. Umsatzerlöse	32120	33230	39850
2. Erhöhung/Verminderung des Bestandes an fertigen und unf. Erzeugnissen	- 1100	+ 32040	+ 1840
3. Andere aktivierte Eigenleistungen	120	200	130
4. Gesamtleistung	31.140	36.670	41820
5. Sonstige betriebliche Erträge	10	20	30
6. Materialaufwand	- 12450	- 14100	- 16430
7. Personalaufwand	- 13150	- 16550	- 17800
8. Abschreibungen	- 1920	- 1410	- 1850
9. Sonstige betriebliche Aufwendungen	- 3610	- 3000	- 2850
10. Zinsaufwendungen	- 1520	- 1350	- 1240
11. Ergebnis der gewöhnlichen Geschäftstätigkeit	- 1590	280	1680
12. Außerordentliche Erträge	1800	80	20
13. Außerordentliche Aufwendungen	- 950	- 500	- 120
14. Steuern	- 210	- 230	- 890
15. Jahresüberschuss/Jahresfehlbetrag	- 950	- 370	750
16. Einstellung in die Rücklagen	0	0	- 200
17. Bilanzgewinn/Verlustvortrag	- 950	- 370	450

Bilanzkennziffern

Eigenkapitalquote

Bei der Ermittlung der Eigenkapitalquote werden alle in der Bilanz ausgewiesenen Eigenkapitalpositionen berücksichtigt, nicht aber eventuelle stille Reserven. Die Eigenkapitalquote gibt an, wie groß der Anteil des Eigenkapitals an der Bilanzsumme ist.

$$Eigenkapitalquote = \frac{Eigenkapital \times 100}{Bilanzsumme}$$

Ein hoher Eigenkapitalanteil gewährleistet der Unternehmensleitung Dispositionsfreiheit, schützt vor Unternehmenszusammenbrüchen infolge von Überschuldung, vermindert das Risiko für die Gläubiger und stellt eine gute Grundlage für neue Kreditaufnahmen dar. Je höher die Eigenkapitalquote ist, desto günstigere Konditionen lassen sich bei Kreditgesprächen aushandeln. Um ein abschließendes Urteil fällen zu können, kann ein Branchenvergleich sinnvoll sein, da bestimmte Branchen nur eine geringe Eigenkapitalausstattung haben. Die Eigenkapitalausstattung bei Industrieunternehmen liegt zwischen 15 % und 40 %.

Beispiel:

Eigenkapital 2019: TEUR 8.700 Bilanzsumme: TEUR 33.780

Eigenkapitalquote: 25,75 %

Anlagendeckungsgrad

Das Anlagevermögen sollte möglichst mit Eigenkapital finanziert sein.

$$Anlagendeckungsgrad\ I = \frac{Eigenkapital \times 100}{Anlagevermögen}$$

$$Anlagendeckungsgrad\ II = \frac{(Eigenkapital + langfristiges Fremdkapital) \times 100}{Anlagevermögen}$$

Ein **Anlagendeckungsgrad II** unter 100 % bedeutet eine Anlagenunterdeckung. Es wurde mittel- und/oder kurzfristiges Fremdkapital zur Finanzierung des Anlagevermögens eingesetzt.

Beispiel:

Eigenkapital 2019: TEUR 8.700 Langfristiges Fremdkapital: TEUR 14.200

Anlagevermögen: TEUR 13.870

Anlagendeckungsgrad I: 8.700 x 100 : 13.870 = 62,73 %

Anlagendeckungsgrad II: (8.700 + 14.200) x 100 : 13.870 = 165,10 %

Liquidität

Liquidität ist die Fähigkeit des Unternehmens, jederzeit fällige Zahlungsverpflichtungen erfüllen zu können. Je mehr die flüssigen Mittel die kurzfristigen Verbindlichkeiten decken, umso liquider ist das Unternehmen.

$$Liquiditätsgrad\ I = \frac{liquide Mittel\ 1. Grades \times 100}{kurzfristiges\ Fremdkapital}$$

Die Kennzahl „Liquidität I. Grades" zeigt, wie weit das kurzfristige Fremdkapital mit vorhandenen liquiden Mitteln (Kasse, Kontoguthaben, Scheck) zurückgezahlt werden kann. Üblicherweise sollten mindestens 20 % der Rechnungen sofort beglichen werden können, um auch eine Skontoausnutzung zu ermöglichen.

$$Liquiditätsgrad\ II = \frac{liquide Mittel\ 2. Grades \times 100}{kurzfristiges\ Fremdkapital}$$

Die Liquidität 2. Grades gibt an, wie weit kurzfristig realisierbare Vermögenswerte das kurzfristige Fremdkapital decken. Sie sollte mindestens 100 % betragen. Die liquiden Mittel 2.

Grades setzen sich zusammen aus den liquiden Mitteln 1. Grades und den Forderungen aus Lieferungen und Leistungen sowie den Wertpapieren und gängigen Waren.

$$Liquiditätsgrad\ III = \frac{liquideMittel\ 3.Grades \times 100}{kurzfristiges\ Fremdkapital}$$

Die liquiden Mittel 3. Grades setzen sich zusammen aus den liquiden Mitteln 2. Grades und den Vorräten.

Die liquiden Vermögensteile 1., 2. und 3. Grades (Umlaufvermögen) zusammengenommen müssen merklich größer sein als die kurzfristigen Verbindlichkeiten, wenn ein Bankkredit vertretbar sein soll. Bei der umsatzbedingten Liquidität 3. Grades liegt der kritische Wert bei 100 %, denn dann könnten durch Umsetzung des Umlaufvermögen genau alle Verbindlichkeiten ausgeglichen werden. Liegt die Kennzahl unter 100 %, hat das Unternehmen ernste Zahlungsschwierigkeiten (Insolvenzgefahr). Die Zielvorgabe liegt bei 120 %. Liegt der Wert über 150 %, so deutet dies möglicherweise auch ein zu großes Warenlager mit überhöhter Kapitalbindung hin.

Nachteil dieser Kennzahlen ist, dass die Kennzahlen zum Zeitpunkt der Berechnung längst überholt sind. Sie beziehen sich auf den Bilanzstichtag. Für die Einordnung in die Bilanz ist jeweils die Fristigkeit, d. h. die Gesamtlaufzeit, maßgeblich. Für die Liquidität ist dagegen die Fälligkeit, d. h. die Restlaufzeit, entscheidend.

Beispiele:

Liquiditätsgrad I:

Liquide Mittel I: TEUR 1.360 Kurzfristige Fremdkapital: TEUR 10.000

Liquiditätsgrad I: 1.360 x 100 : 10.000 = 13,6 %

Liquiditätsgrad II:

Liquide Mittel I: TEUR 1.360 Forderungen aus L. u. L.: TEUR 4.560

Kurzfristiges Fremdkapital: TEUR 10.000

Liquiditätsgrad II: (1.360 + 4.560) x 100 : 10.000 = 59,2 %

Liquiditätsgrad III:

Liquide Mittel I: TEUR 1.360

Liquide Mittel II: TEUR 4.560

Liquide Mittel III: TEUR 13.990

Liquiditätsgrad III: (1.360 + 4.560 + 13.990) x 100 : 10.000 = 199,1 %

Eigenkapitalrentabilität

Sie zeigt die Effizienz der Kapitalverwendung und ist Maßstab für den Erfolg des Betriebes.

Eigenkapitalrentabilität = Jahresüberschuss vor Steuern x 100 : Eigenkapital

Beispiel:

Jahresüberschuss vor Steuern: TEUR 750 Eigenkapital: TEUR 8.700

Eigenkapitalrentabilität: 750 x 100 : 8.700 = 8,62 %

Gesamtkapitalrentabilität

Sie gibt die Verzinsung des gesamten eingesetzten Kapitals an.

Gesamtkapitalrentabilität = (Jahresüberschuss vor Steuern + Fremdkapitalzinsen) x 100 : Gesamtkapital

Beispiel:

Jahresüberschuss vor Steuern: TEUR 750

Fremdkapitalzinsen: TEUR 1.240

Gesamtkapital: TEUR 32.900

Gesamtkapitalrentabilität: (750 + 1.240) x 100 : 32.900 = 6,05 %

Umsatzrentabilität

Sie gibt Auskunft über die ordentlichen Betriebserfolge.

Umsatzrentabilität = Gewinn einer Periode x 100 : Jahresumsatz

Beispiel:

Gewinn einer Periode : TEUR 1.680

Jahresumsatz: TEUR 39.850

Umsatzrentabilität: 1.680 x 100 : 39.850 = 4,22 %

Cash-Flow

Der Cash-Flow ist der Überschuss der zahlungswirksamen Erträge über die zahlungswirksamen Aufwendungen.

Cash-Flow = Jahresüberschuss + Abschreibungen +/- Veränderungen der langfristigen Rückstellungen

Beispiel:

Jahresüberschuss: TEUR 750

Abschreibungen: TEUR 1.850

Veränderungen der langfristigen Rückstellungen: TEUR 20

Cash-Flow: 750 + 1.850 + 20 = 2.620

Debitorenziel

Das Ergebnis gibt an, wie lange das Unternehmen durchschnittlich auf die Begleichung seiner Rechnungen warten muss.

Debitorenziel = (Forderungen aus Lieferungen und Leistungen zum Jahresende x 365) : Umsatzerlöse

Beispiel:

Forderungen: TEUR 4.560

Umsatzerlöse: TEUR 39.850

Debitorenziel: 4.560 x 365 : 39.850 = 41,77 = 42 Tage

Kreditorenziel

Das Kreditorenziel gibt an, in welchem Umfang das Unternehmen Zahlungsziele bei seinen Lieferanten in Anspruch nimmt.

Kreditorenziel = (Verbindlichkeiten aus Lieferungen und Leistungen zum Jahresende x 365) : Materialaufwand bzw. Wareneinsatz

Beispiel:

Verbindlichkeiten aus Lieferungen und Leistungen TEUR 4.250

Materialaufwand bzw. Wareneinsatz: TEUR 16.430

Kreditorenziel: 4.250 x 365 : 16.430 = 94,42 = 95 Tage

E Aktuelle Eurobeträge, Freigrenzen und Freibeträge

Meldung an die Erbschaftsteuerstelle im Todesfall eines Kontoinhabers	Kontoguthaben über 5.000,00 EUR
Pfändungsschutz auf dem P-Konto	1.179,99 EUR im Kalendermonat pro Person ab 01.07.2019
Identifizierungspflicht des Kunden nach dem GwG	bei der Annahme oder Abgabe von Bargeld, Wertpapieren oder Edelmetallen im Wert von 15.000,00 EUR oder mehr
Verfügung über Spareinlagen ohne vorherige Kündigungsfrist nach der Rechnungslegungsverordnung	2.000,00 EUR
Belegloser Scheckeinzug im GSE-Verfahren	Schecks bis 6.000,00 EUR
Scheckeinzug nach dem ISE-Verfahren	Schecks ab 6.000,00 EUR
Sparen nach dem Vermögensbildungsgesetz	
Bausparen	
Sparhöchstbetrag für Bausparen u. ä.	470,00 EUR jährlich pro Arbeitnehmer
Arbeitnehmersparzulage für Arbeitnehmer in % pro Jahr	9 % höchstens 43,00 EUR
Einkommensgrenzen	17.900,00 EUR / 35.800,00 EUR jährlich für Ledige / Verheiratete
Mindestsparleistung	13,00 EUR monatlich regelmäßig bzw. 39,00 EUR im Kalenderjahr
Sperrfrist	7 Jahre ab Vertragsschluss
Beteiligungssparen	
Arbeitnehmersparzulage für Beteiligungssparen pro Jahr	20 %
Sparhöchstbetrag für Beteiligungssparen u. ä.	400,00 EUR jährlich je Arbeitnehmer
Einkommensgrenzen	20.000,00 EUR / 40.000,00 EUR jährlich für Ledige / Verheiratete
Sperrfrist	Ansparzeit 6 Jahre, 7 Jahre ab 01.01. des Jahres der ersten Einzahlung
Mindestsparleistung	13,00 EUR monatlich regelmäßig bzw. 39,00 EUR im Kalenderjahr

W. Grundmann, R. Rathner, *Bankwirtschaft, Rechnungswesen und Steuerung, Wirtschafts- und Sozialkunde*, Prüfungstraining für Bankkaufleute,
https://doi.org/10.1007/978-3-658-30521-5_9

Sparen nach dem Wohnungsbauprämiengesetz	
Jährlicher Sparhöchstbetrag	512,00 EUR pro Person
Wohnungsbauprämie	8,8 % jährlich
Einkommensgrenzen	25.600,00 EUR / 51.200,00 EUR jährlich für Ledige / Verheiratete
Sperrfristen	Bei Bausparverträgen: 7 Jahre beginnend mit dem Tag des Vertragsabschlusses Bei Wertpapiersparverträgen: 7 Jahre beginnend mit dem 01.01. des Jahres der ersten Einzahlung
Mindestsparleistung	50,00 EUR je Person
Freibeträge bei Einkünften aus Kapitalerträgen nach dem EStG	
Sparer-Pauschbetrag für Ledige/Verheiratete pro Jahr	801,00 EUR / 1.602,00 EUR
Werbungskostenpauschbetrag	1.000,00 EUR jährlich pro Arbeitnehmer
Sonderausgaben-Pauschbetrag **Kinderfreibetrag (nur alternativ zum Kindergeld)** **Entlastungsbeitrag für Alleinerziehende, für jedes weitere Kind zusätzlich** **Ausbildungsfreibetrag (auswärtige Unterbringung)**	36,00 EUR / 72,00 EUR Ledige/Verheiratete 7.248,00 EUR Verheiratete 1.908,00 EUR 240,00 EUR 924,00 EUR
Eingangssteuersatz **Spitzensteuersatz**	14 % 45 %
Abgeltungsteuer **Körperschaftsteuer**	25 % 15 %
Grundfreibetrag	2020: 9.408,00 / 18.816,00 EUR Ledige / Verheiratete
Offenlegungspflicht nach § 18 KWG	ab 750.000,00 EUR
Internationaler Zahlungsverkehr	
EU-Überweisung	Gemäß der EU-Preisverordnung darf ein Kreditinstitut für grenzüberschreitende Überweisungen in EUR bis zu einem Betrag von 50.000 EUR, die mit S.W.I.F.T.-BIC und IBAN und Kontonummer versehen sind, keine höheren Entgelte erheben, als für entsprechende Inlandsüberweisungen.
Meldepflichten im Außenwirtschaftsverkehr: Geleistete und empfangene Zahlungen aus Transithandel, sonstigem Warenverkehr, Dienstleistungen, Übertragungen, Kapitalverkehr	ab 12.500,00 EUR

Beitragsbemessungsgrenzen der Sozialversicherungen für 2020 pro Monat / Jahr	
Ges. Krankenversicherung und Ges. Pflegeversicherung	4.687,50 EUR / 56.250,00 EUR (Ost und West)
Rentenversicherung und Arbeitslosenversicherung	6.900,00 EUR / 82.800,00 EUR (West) 6.450,00 EUR / 77.400,00 EUR (Ost)
Versicherungspflichtgrenze in der gesetzlichen Krankenkasse und Pflegeversicherung pro Monat	5.212,50 EUR / 62.550,00 EUR
Beitragssätze der Sozialversicherungen für 2020	
Krankenversicherung	14,6 % zuzüglich Zusatzbeitrag der jeweiligen GKV teilen sich AG und AN je zur Hälfte.
Ges. Pflegeversicherung	3,05 % für Arbeitnehmer und Arbeitgeber je zur Hälfte, Arbeitnehmer über 23 Jahre und kinderlos zuzüglich 0,25 %, also 3,3 % Arbeitnehmeranteil 1,525 % oder 1,775 %
Rentenversicherung	18,6 %, AG und AN je zur Hälfte
Arbeitslosenversicherung	2,4 %, AG und AN je zur Hälfte
Weitere wichtige Beträge	
Mindestgrundkapital bei der Rechtsform der AG	50.000,00 EUR
Mindeststammkapital bei der Rechtsform der GmbH	25.000,00 EUR
Mindestlohn	9,35 EUR

PRÜFUNGSWISSEN RECHNUNGSWESEN

A1 Buchführung Grundlagen

1. Inventur

Wesen	Die Inventur ist die Tätigkeit der **mengen- und wertmäßigen Erfassung** aller Bestände, das heißt aller Vermögensgegenstände und Schulden.
Formen	**Stichtagsinventur** • Aufnahme der Bestände an einem Stichtag. Wichtigste Stichtage: Beginn des Handelsgewerbes und Ende eines Geschäftsjahres **Permanente Inventur** • Bestände werden aus fortlaufend geführten Karteien entnommen • mind. 1 mal pro Jahr Kontrolle durch körperliche Aufnahme **Zeitlich verlegte Inventur** • die jährliche Bestandsaufnahme erfolgt ganz oder teilweise innerhalb der letzten 3 Monate vor oder innerhalb der ersten 2 Monate nach dem Bilanzstichtag, die Bestände werden zum Bilanzstichtag fortgeschrieben bzw. zurückgerechnet

2. Inventar

Wesen	• Das Inventar ist das **ausführliche, mengen- und wertmäßige Verzeichnis** aller Vermögensgegenstände und Schulden eines Unternehmens sowie seines Reinvermögens. • wird nicht veröffentlicht
Bezug zur Inventur	• das Inventar stellt das **Ergebnis der Inventur** dar
Aufbau des Inventars	**ein Inventar besteht aus 3 Teilen:** 1.) Vermögen (genaue, ausführliche Aufzählung: Debitorenlisten etc.) - 2.) Schulden (genaue, ausführliche Aufzählung: Kreditorenlisten etc.) = 3.) Reinvermögen (rechnerische Ermittlung des Eigenkapitals)

W. Grundmann, R. Rathner, *Bankwirtschaft, Rechnungswesen und Steuerung, Wirtschafts- und Sozialkunde*, Prüfungstraining für Bankkaufleute,
https://doi.org/10.1007/978-3-658-30521-5_10

3. Bilanz

Wesen	• Die Bilanz ist die **kurzgefasste, wertmäßige Gegenüberstellung** von Vermögen und Kapital. • **vereinfachte Darstellung** in **Kontenform** • Überblick über das **Vermögen und Kapital** • Aufnahme der Gesamtwerte und Verzicht auf Einzelpositionen • § 242 HGB: jeder Kaufmann ist zur Aufstellung einer **Bilanz verpflichtet**
Aktiva	**Mittelverwendung** • Investitionen des Kreditinstitutes • Forderungen • Vermögen
Passiva	**Mittelherkunft** • Herkunft des Kapitals: Fremd- und Eigenkapital • Verbindlichkeiten
Aufgaben von Bilanzen	• Information für **Gläubiger** (Bild der Vermögens-, Finanz- und Ertragslage) • Information für **Gesellschafter** (wenn die Geschäftsführung nicht von den Eigentümern wahrgenommen wird) • Information für **Finanzbehörden** (steuerliche Bemessungsgrundlage) • Information für **potentielle Anleger** (Unternehmensentwicklung)
Vorschriften zur Aufstellung der Bilanz	• Grundsätze ordnungsgemäßer Buchführung • Klarheit, Übersichtlichkeit und Vollständigkeit • Bruttoprinzip (keine Saldierung von Aktiv- mit Passivposten)

Darstellung einer Bankbilanz	• **Summe der Aktiva = Summe der Passiva** (immer gleich!)
	• Aufbau der **Aktiva** nach dem **Grundsatz der abnehmenden Liquidität**
	  • oben ist immer der liquideste Posten (Kasse)
	  • unten ist immer der Posten mit der längsten Kapitalbindung (Sachanlagen)
	• Aufbau der Passiva nach dem **Grundsatz der Verfügungsdauer**
	  • oben stehen immer die Mittel, die grundsätzlich zuerst wieder abfließen (Verbindlichkeiten gegenüber anderen Banken)

Beispiel für den Aufbau einer Bilanz eines KI

AKTIVA	PASSIVA
• Kasse	• Verbindlichkeiten gegenüber KI
• Guthaben bei der Deutschen Bundesbank	• Verbindlichkeiten gegenüber Kunden
• Forderungen an Kreditinstitute	• Eigenkapital
• Forderungen an Kunden	
• Schuldverschreibungen u. a. festverzinsl. WP	
• Aktien und nicht festverzinsliche Wertpapiere	
• Betriebs- und Geschäftsausstattung (BGA)	
= Bilanzsumme	**= Bilanzsumme**

4. Anhang

Wesen	• **Erläuterung** der Bilanz und der Gewinn- und Verlustrechnung
Pflicht-angaben	• zugrunde gelegte **Bilanzierungs- und Bewertungsmethoden** (HGB, IAS) • Aufgliederung der **Verbindlichkeiten** (z. B. nach der Restlaufzeit) • Aufgliederung der **Umsatzerlöse** nach Tätigkeitsbereichen (z. B. geografische Märkte) • Belastung der Ergebnisse durch **Abschreibungen und Steuern** • durchschnittliche Zahl der **Beschäftigten** • **Gesamtbezüge** von Vorstand, Geschäftsführung und Aufsichtsrat • **Mitglieder** von Vorstand, Geschäftsführung und Aufsichtsrat • Aufgliederung der Position sonstige **Rückstellungen**

5. Lagebericht

Wesen	• Beschreibung des **Geschäftsverlaufes** und der Lage des Unternehmens
Pflicht-angaben	• wichtige **Vorgänge**, die nach dem Geschäftsjahr eingetreten sind • die voraussichtliche **Entwicklung** der Kapitalgesellschaft • der Bereich **Forschung und Entwicklung** • bestehende **Zweigniederlassungen** des Unternehmens

6. Aufbewahrungsfristen

Wesen	Zur Aufbewahrung von Unterlagen und den Aufbewahrungsfristen enthält der §257 HGB sowie der §147 AO die entsprechenden Regelungen.
Fristen	• 6 Jahre: empfangene und abgesandte Handels- oder Geschäftsbriefe • 10 Jahre: Handelsbücher und Aufzeichnungen, Inventare, Jahresabschlüsse (Bilanz und Gewinn- und Verlustrechnung), Lageberichte, die Eröffnungsbilanz sowie die zu ihrem Verständnis erforderlichen Arbeitsanweisungen und sonstigen Organisationsunterlagen, Buchungsbelege • Sofern Handelsbriefe zugleich Buchungsbelege sind (Rechnungen, Gutschriften) gilt die 10-jährige Aufbewahrungsfrist.
Berechnung	Die Aufbewahrungsfrist beginnt mit dem Schluss des Kalenderjahres, in dem bei laufend geführten Aufzeichnungen die letzte Eintragung gemacht worden ist, Handels- und Geschäftsbriefe abgesandt oder empfangen worden sind oder sonstige Unterlagen entstanden sind: Ist z. B. der Jahresabschluss für 2016 im April 2017 erstellt worden, läuft für diesen die Aufbewahrungsfrist bis zum 31.12.2027.

7. Bestandskonten

Bedeutung und Arten der Bestandskonten

Ableitung der Bestands-konten aus der Bilanz	• Änderungen der **Vermögens- und Kapitalbestände** werden auf Bestandskonten erfasst.
	• Erstellung einer **Einzelabrechnung** für jede Bilanzposition
	• **getrennte Erfassung von Mehrungen & Minderungen** durch Konto-form
	  • linke Seite = Sollseite
	  • rechte Seite = Habenseite
	• **Aktivkonten** = Konten, die eine aktive Bilanzposition verwalten
	• **Passivkonten** = Konten, die eine passive Bilanzposition verwalten
	• bei **Einrichtung** der Bestandskonten heißt der Betrag aus der Bilanz **Anfangsbestand** (= AB)
	  • Der Anfangsbestand steht bei Aktiv-Konten im Soll
	  • Der Anfangsbestand steht bei Passiv-Konten im Haben
	• beim **Abschluss** der Bestandskonten heißt der Betrag, der in die Bilanz eingeht, **Schlussbestand** (= SB)
	  • Der Schlussbestand steht bei Aktiv-Konten im Haben
	  • Der Schlussbestand steht bei Passiv-Konten im Soll
	• alle Konten stehen im **Hauptbuch**

Buchungen auf Bestands-konten im Hauptbuch	• ein Geschäftsfall betrifft **immer mind. 2 Konten (= doppelte Buchführung!)** • jeder Geschäftsfall bedeutet **mind. 1 Soll- und mind. 1 Haben-Buchung** • somit ist eine ständige Kontrolle der Buchungen möglich • **wertmäßige Summe aller Soll-Buchungen = wertmäßige Summe aller Haben-Buchungen** • **Zugänge** werden immer auf der Seite des Anfangsbestandes gebucht • **Abgänge** werden immer auf der Seite gegenüber des AB gebucht

S **Aktivkonto**	H
Anfangsbestand	Bestandsminderungen
Bestandsmehrungen	Schlussbestand

S **Passivkonto**	H
Bestandsminderungen	Anfangsbestand
Schlussbestand	Bestandsmehrungen

Bilanz-veränderungen	• **Aktiv-Passiv-Mehrung** • Erhöhung des Vermögens und des Kapitals • Erhöhung der Bilanzsumme • **Aktiv-Passiv-Minderung** • Verminderung des Vermögens und des Kapitals • Minderung der Bilanzsumme • **Aktiv-Tausch** • es findet ein Vermögenstausch statt, eine Aktivposition erhöht sich, eine andere wird geringer, die Passivpositionen bleiben unverändert. • die Bilanzsumme bleibt gleich • **Passiv-Tausch** • es findet ein Kapitaltausch statt, eine Passivposition erhöht sich, eine andere wird geringer, die Aktivpositionen bleiben unverändert • die Bilanzsumme bleibt gleich

Ablauf der Buchführung mit Bestandkonten: Von Bilanz zu Bilanz

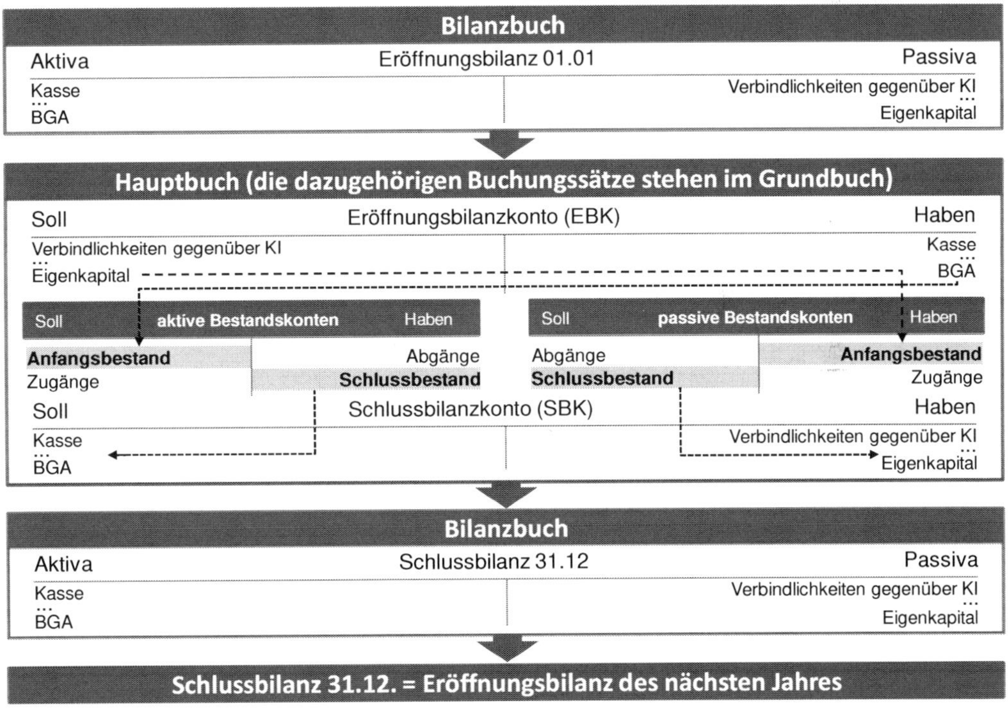

8. Erfolgskonten

Wesen	Es gibt Geschäftsfälle, die das **Eigenkapital verändern**. Dies sind Erfolge in Form von **Aufwendungen** und **Erträgen**. Diese Erfolge werden nicht auf dem Eigenkapital gebucht. Zur besseren Übersicht werden **Eigenkapital-Unterkonten** für die wichtigsten Erfolge gebildet: die **Aufwands- und Ertragskonten**
Buchungen	• Zum Jahresbeginn sind die Erfolgskonten leer (**keine Anfangsbestände**!) • Während des Geschäftsjahres sammeln die Erfolgskonten die **Aufwendungen im Soll** und **Erträge im Haben**. Aufwandskonto an .... bzw. .... an Ertragskonto • Am Jahresende werden die **Erfolgskonten über das Gewinn- und Verlustkonto (GuV) abgeschlossen**, um durch den Vergleich der Aufwendungen und Erträge den Erfolg (Gewinn oder Verlust) des Geschäftsjahres festzustellen. • bei Ertragskonten: Ertragskonto an GuV • bei Aufwandskonten: GuV an Aufwandskonto • Das **GuV-Konto wird über das Eigenkapital abgeschlossen**. Damit schließt sich der Kreis. Ein **Gewinn mehrt das Eigenkapital, ein Verlust mindert** es. • mehr Erträge als Aufwendungen = Mehrung des Eigenkapitals (Gewinn) • GuV an Eigenkapital • weniger Erträge als Aufwendungen = Minderung des EK (Verlust) • Eigenkapital an GuV
Beispiele für Aufwandskonten	• Zinsaufwendungen • Löhne und Gehälter • Abschreibungen • Provisionsaufwendungen • Allgemeiner Verwaltungsaufwand (AVA) • Steuern
Beispiele für Ertragskonten	• Zinserträge • Dividendenerträge • Provisionserträge • sonstige betriebliche Erträge

S	Aufwandskonto	H
Aufwendungen		Saldo

S	Ertragskonto	H
Saldo		**Erträge**

Der Saldo der Erfolgskonten ist über **GuV** zu buchen.

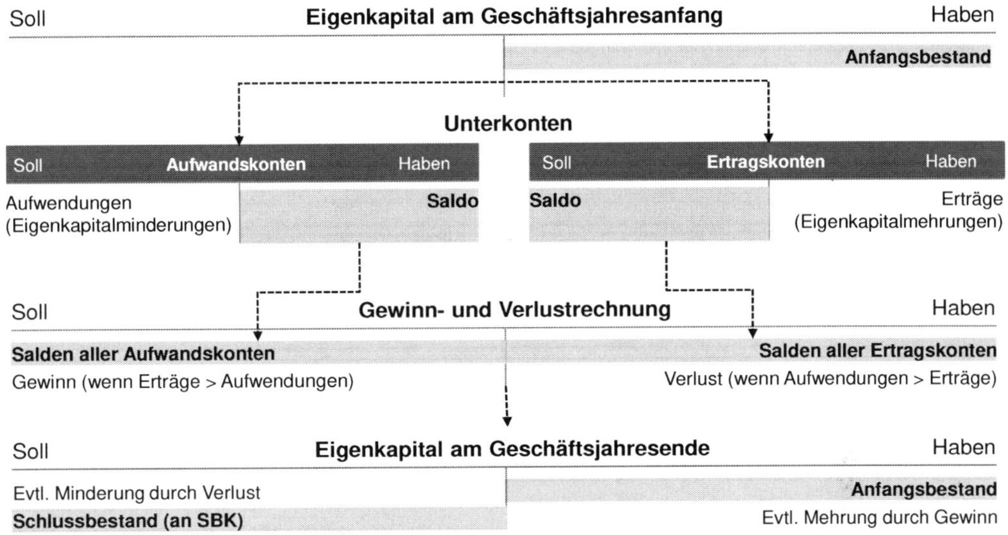

9. Gemischte Konten

Definition	ein gemischtes Konto ist gleichzeitig ein **Bestands- und Erfolgskonto**
Beispiel-konten	in der Praxis werden gemischte Konten benutzt für • eigene **Wertpapiere** • **Sorten** • **Devisen** • **Gold**
Entstehung von Erfolgen	Erfolge entstehen durch **Kursänderungen** • **Ertrag:** ein KI verkauft Wertpapiere, Sorten oder Devisen zu einem höheren Kurs als den Einkaufskurs **(= realisierter Kursgewinn)** • **Aufwand:** ein KI verkauft Wertpapiere, Sorten oder Devisen zu einem niedrigeren Kurs als dem Einkaufskurs **(= realisierter Kursverlust)**
Abschluss	gemischte Konten haben **zwei Abschlussbuchungen**: • der **Erfolg** geht in die GuV ein (Soll oder Haben) • der aktive **Bestand** geht in das SBK ein

Gemischtes Konto

S	**H**
Anfangsbestand	Minderungen des Anfangsbestandes
Mehrung des Anfangsbestandes	Schlussbestand
eventueller Ertrag	eventueller Aufwand

Beispiel für ein Geschäftsjahr im Wertpapierhandel

- **Eigene Wertpapiere = aktives gemischtes Bestandskonto**
- Aktien der CONCEPTA AG und Aktien der BIOFORM AG = Skontren der Nebenbuchführung (vgl. Personenbuch beim KKK)
- **Buchungen**: alle Buchungen, die auf dem Konto Eigene Wertpapiere vorgenommen werden, werden **deckungsgleich** in die Skontren gebucht

Nebenbuch: Für jedes Wertpapier ein Skontro

Soll		BIOFORM AG					Haben
Datum	Stück	Kurs	Kurswert	Datum	Stück	Kurs	Kurswert
08.02.	200	31,50	6.300,00	25.08.	100	40,00	4.000,00
31.10.	900	31,50	28.350,00	**31.12.**	**1.000**	**31,50**	**31.500,00**
31.12.	**Kursgewinn**		**850,00**				----------
	1.100		35.500,00		1.100		35.500,00

Soll		CONCEPTA AG					Haben
Datum	Stück	Kurs	Kurswert	Datum	Stück	Kurs	Kurswert
19.01.	500	62,50	31.250,00	15.03.	300	74,00	22.200,00
24.09.	800	62,50	50.000,00	**31.12.**	**1.000**	**62,50**	**62.500,00**
31.12.	**Kursgewinn**		**3.450,00**				
	1.300		84.700,00		1.300		84.700,00

Hauptbuch: Zusammenfassung aller Wertpapiere

Soll	Eigene Wertpapiere				Haben
19.01.	DBB	31.250,00	15.03.	DBB	22.200,00
08.02	DBB	6.300,00	25.08.	DBB	4.000,00
24.09.	DBB	50.000,00	**31.12.**	**SBK**	**94.000,00**
31.10.	DBB	28.350,00			---
31.12.	**GuV**	**4.300,00**			---
		120.200,00			120.200,00

10. Kundenkontokorrent (KKK)

Wesen des KKK bzw. KK	• Zusammenfassung des Debitoren- und Kreditoren-Kontos • **Hauptbuchkonto** (= Bestandskonto) für alle **Forderungen und Verbindlichkeiten** aus dem täglich fälligen Kundengeschäft • gleichzeitiges Aktiv- und Passivkonto **(= zusammengesetztes Bestandskonto)** • Zusammenfassung aller Debitoren- und Kreditorennebenbuchkonten (siehe Personenbuch) zu einem Hauptbuchkonto • **2 Anfangsbestände:** Forderungen an Kunden im Soll, Verbindlichkeiten gegenüber Kunden im Haben • **2 Schlussbestände:** Forderungen an Kunden im Haben, Verbindlichkeiten gegenüber Kunden im Soll • **Gutschriften** sind sowohl für Debitoren als auch für Kreditoren Habenbuchungen • **Belastungen** sind sowohl für Debitoren als auch für Kreditoren Sollbuchungen • Das KKK wird kürzer auch gern mit KK abgekürzt.
Personenbuch	• neben dem Hauptbuchkonto KK wird ein Personenbuch geführt • im Personenbuch (Nebenbuch) befindet sich für jeden Kunden sein persönliches Konto (= Skontro) • der Schlussbestand der Forderungen im KK-Hauptbuchkonto ergibt sich aus der Summe aller Debitorenendbestände im Skontro, der Schlussbestand der Verbindlichkeiten aus der Summe aller Kreditorenendbestände im Skontro.
Abschluss des KK	• Saldo aller **Debitoren** (Summe lt. Inventur) = SBK an KK • Saldo aller **Kreditoren** (Summe lt. Inventur) = KK an SBK

S	Kundenkontokorrent – KK H
Anfangsbestand – Debitoren	**Anfangsbestand – Kreditoren**
Zunahme der debitorischen Kontostände	Abnahme der debitorischen Kontostände
Abnahme der kreditorischen Kontostände	Zunahme die kreditorischen Kontostände
Belastungen für KK-Kunden	Gutschriften für KK-Kunden
Schlussbestand – Kreditoren	**Schlussbestand – Debitoren**

11. Bankenkontokorrent (BKK)

Wesen des BKK	• Geschäftsbeziehungen mit anderen Banken • Forderungen und Verbindlichkeiten gegenüber Kreditinstituten müssen von den übrigen Forderungen und Verbindlichkeiten getrennt in der Bankbilanz ausgewiesen werden. Daher ist neben dem Kunden-KK auch ein Banken-KK notwendig. • gleichzeitiges Aktiv- und Passivkonto **(= zusammengesetztes Bestandskonto)** • **2 Anfangsbestände + 2 Schlussbestände**
Nebenbuch	• neben dem Hauptbuchkonto BKK wird ein **Nebenbuch** geführt • im Nebenbuch befindet sich für **jede Kontoverbindung zu einer anderen Bank** ein eigenes Konto **(= Skontro)** wie beim Kunden-KK. • alle einzelnen **Anfangsbestände, Umsätze und Schlussbestände** des Nebenbuches stimmen immer mit dem Anfangsbestand, den Umsätzen und dem Schlussbestand des BKK-Hauptbuchkontos überein.

Lorokonto Nostrokonto	• Da Banken als Kaufleute buchführungspflichtig sind, muss **jede** Bank Forderungen und Verbindlichkeiten gegenüber ihren Korrespondenzbanken und deren Veränderungen aufzeichnen.
	• Eine Bank ist der offizielle Kontoführer, der u. a. der anderen Seite die Kontoauszüge zuschickt:
	• Der Kontoführer führt ein **Lorokonto** für die Korrespondenzbank. Diese hat als Nicht-Kontoführer ein **Nostrokonto**.
	• Für Buchungssätze ist es unerheblich, ob ein Nostro- oder Lorokonto vorliegt. **Jede Bank bucht in ihren Büchern! Merkhilfe:**
	  • Lorokonto = leider bei uns
	  • Nostrokonto = nicht bei uns

Abschluss des BKK	• Abschluss aller Skontren im Nebenbuch • Saldo aller **Forderungen** (Summe lt. Inventur) = Schlussbestand Forderungen beim BKK (Habenseite) SBK an BKK • Saldo aller **Verbindlichkeiten** (Summe lt. Inventur) = Schlussbestand Verbindlichkeiten beim BKK (Sollseite) BKK an SBK

S — **Bankenkontokorrent – BKK**	H
Anfangsbestand – Forderungen	**Anfangsbestand – Verbindlichkeiten**
Zunahme der Forderungen	Zunahme der Verbindlichkeiten
Abnahme der Verbindlichkeiten	Abnahme der Forderungen
Belastungen für die Korrespondenzbanken	Gutschriften für die Korrespondenzbanken
Schlussbestand – Verbindlichkeiten	**Schlussbestand – Forderungen**

A2 Bewertung von Sachanlagen

1. Umsatzsteuer bei Kreditinstituten

Wesen	Die Umsatzsteuer ist eine Steuer für den privaten, inländischen **Endverbraucher**. Kaufleute müssen die **Umsatzsteuer** beim Verkauf von Waren oder Abrechnung ihrer Dienstleistungen dem Kunden in Rechnung stellen und ans Finanzamt abführen. Von Unternehmen gezahlte Umsatzsteuer wird in der Regel als **Vorsteuer** vom Finanzamt erstattet.
Ausnahmen	Von der Umsatzsteuerpflicht gibt es aber zahlreiche Ausnahmen: So sind die meisten **Bankgeschäfte** von der Umsatzsteuer **befreit**, nur einige Bankgeschäfte unterliegen der Umsatzsteuerpflicht!
umsatzsteuerpflichtige Umsätze	• **Edelmetalle & Münzen:** Umsätze von **Edelmetallen, Münzen** und **Medaillen, ausgenommen Goldbarren und Goldmünzen, die gesetzliche Zahlungsmittel sind.** • Vermittlungen: **Provisionen** aus Vermittlungsgeschäften (z. B. Maklercourtage aus **Immobiliengeschäften**) • Sicherungsgut: **Verkauf** von Sicherungsgut im eigenen Namen der Bank • **Vermietung** von Schließfächern • Wertpapierdepot: **Verwahrung und Verwaltung** von Wertpapieren (nicht der Wertpapierhandel und die Anlageberatung)

Konten	• **Vorsteuer:** gezahlte Umsatzsteuer im umsatzsteuerpflichtigen Geschäft bekommen Kaufleute vom Finanzamt erstattet:
	  • **Aktivkonto**: Forderungen ans Finanzamt
	• **Umsatzsteuer** (Mehrwertsteuer): im umsatzsteuerpflichtigen Geschäft den Kunden in Rechnung gestellte Umsatzsteuer, muss ans Finanzamt abgeführt werden:
	  • **Passivkonto**: Verbindlichkeiten gegenüber dem Finanzamt

Die Behandlung der Umsatzsteuer beim Kauf und Verkauf

Behandlung der Umsatzsteuer beim Kauf

Der gekaufte Gegenstand dient der Erzielung ...	
... umsatzsteuerfreier Umsätze	**... umsatzsteuerpflichtiger Umsätze**
• die gezahlte Umsatzsteuer ist ein Teil der Anschaffungskosten • Aktivierung im aktiven Bestandskonto und Abschreibung oder • Buchung als Verwaltungsaufwand mit dem Bruttopreis	• Vorsteuer ist eine Forderung an das Finanzamt • Nur der Nettobetrag wird im Bestandskonto oder Aufwandskonto erfasst.

W. Grundmann, R. Rathner, *Bankwirtschaft, Rechnungswesen und Steuerung, Wirtschafts- und Sozialkunde*, Prüfungstraining für Bankkaufleute,
https://doi.org/10.1007/978-3-658-30521-5_11

Buchungssätze	
BGA oder AVA (Bruttopreis) an DBB oder BKK oder KK	BGA oder AVA (Nettopreis) **Vorsteuer** an DBB oder BKK oder KK

Behandlung der Umsatzsteuer beim Verkauf

Der gekaufte Gegenstand dient der Erzielung ...	
... umsatzsteuerfreier Umsätze	**... umsatzsteuerpflichtiger Umsätze**
• es wird **keine Umsatzsteuer** in Rechnung gestellt	• **Umsatzsteuer** muss in Rechnung gestellt werden
Buchungssätze	
DBB oder BKK oder KK an BGA	DBB oder BKK oder KK an BGA an **Umsatzsteuer**

Abschluss der Konten Umsatzsteuer (USt) und Vorsteuer (VSt)

VSt < USt (Umsatzsteuer-zahllast)	• Forderungen (Vorsteuer) und Verbindlichkeiten (Umsatzsteuer) werden gegenüber dem Finanzamt nicht getrennt abgerechnet. Die Bank kann die abzuführende Umsatzsteuer mit der Vorsteuer **verrechnen**. Dazu schließt sie das Konto Vorsteuer über Umsatzsteuer ab. Buchungssatz: **Umsatzsteuer an Vorsteuer** • die einbehaltene Umsatzsteuer, welche die gezahlte Vorsteuer übersteigt, muss **ans FA abgeführt** werden **(Zahllast):** Buchungssatz: **Umsatzsteuer an DBB** oder BKK bzw. **SBK** beim Jahresabschluss Bilanzierung als **sonst. Verbindlichkeiten** (Passiva)

Beispiel Umsatzsteuerzahllast

S	Vorsteuer		H
DBB	6.000,00	**USt**	**6.000,00**
	6.000,00		6.000,00

S	Umsatzsteuer		H
VSt	**6.000,00**	BGA	13.000,00
DBB/SBK	**7.000,00**		
	13.000,00		13.000,00

2. Allgemeines zur Bewertung

Anlage-vermögen	• Sachanlagen (Immobilien, Betriebs- und Geschäftsausstattung, Fuhrpark)

Aktivierung	• = **Bilanzierung** (Wertansatz im Betriebsvermögen)
	• **Kaufpreis – Rabatt + Anschaffungsnebenkosten = Anschaffungskosten**
	• **Beispiele** für Nebenkosten
	  • Überführungskosten bei Kfz
	  • Versandkosten
	  • Grundbucheintragungen bei Immobilienerwerb
	• Aktivierung im umsatzsteuerfreien Geschäft zu Bruttokosten (inklusive USt.), im umsatzsteuerpflichtigen Geschäft zu Nettokosten (ohne USt, da sie der Bank im umsatzsteuerpflichtigen Geschäft vom Finanzamt als Vorsteuer erstattet wird)

Abschrei-bungen	• **= Wertminderungen durch Abnutzung** • Abschreibungen bilden einen **Aufwand** für die Bank • **Minderung der Steuerschuld, da Senkung des Gewinnes** • das Finanzamt gibt sog. **AfA-Tabellen** vor • Nutzungsdauer der Sachanlagen = Abschreibungsdauer (in Jahren)
Buchung der Abschreibung	vorbereitende Abschlussbuchung: • **Abschreibung auf Sachanlagen an BGA, GWG oder SP** (BGA Betriebs- und Geschäftsausstattung, GWG Geringwertige Wirtschaftsgüter, SP Sammelposten)
Aktuelle Abschrei-bungs-regelungen	• Anlagegegenstände mit einem Wert bis **250,00 EUR** (netto, also ohne USt.) können bei ihrer Anschaffung sofort als Aufwand (Konto: **AVA** oder – falls vorhanden – **Aufwendungen für Sachanlagen**) gebucht werden, **d. h. eine Abschreibung am Jahresende entfällt**. • Anschaffungen **über 250 EUR bis 1.000 EUR (netto)** können im Pool (Sammelposten) jährlich mit $^{1}/_{5}$ **ihres Wertes** abgeschrieben werden. **Konto SP: Sammelposten** • Geringwertige Wirtschaftsgüter (GWG) **bis 800 Euro (netto) können** im Jahr der Anschaffung **in voller Höhe** abgeschrieben werden. **Konto GWG: Geringwertige Wirtschaftsgüter** • Ansonsten sind Anschaffungen **linear oder degressiv** (falls im Jahr der Anschaffung erlaubt), **monatsgenau** über die **Nutzungsdauer** abzuschreiben. **Konto BGA: Betriebs- und Geschäftsausstattung**

3. Lineare Abschreibung

<table>
<tr><td>Definition</td><td colspan="4">• die Abschreibung erfolgt in jährlich gleichbleibenden Beträgen
• Im Jahr der Anschaffung wird monatsgenau abgeschrieben, d. h. eine am 20. April angeschaffte Sachanlage wird im Anschaffungsjahr 9 volle Monate (April bis Dez.) abgeschrieben, im letzten Jahr 3 Monate.</td></tr>
<tr><td>Abschreibungshöhe</td><td colspan="4">• Abschreibungsbetrag = Anschaffungskosten / Nutzungsjahre
• Anschaffungsprozentsatz = 100 % / Nutzungsjahre</td></tr>
<tr><td>Beispiel</td><td colspan="4">Kauf eines Pkws am 30. September für EUR 60.000,00
Nutzungsdauer 5 Jahre
Abschreibungsbetrag pro Jahr: 12.000,00 EUR = $\frac{60.000}{5}$</td></tr>
<tr><td rowspan="7">Abschreibungsplan</td><td>Jahr</td><td>Buchwert Jahresanfang</td><td>Abschreibung</td><td>Buchwert Jahresende</td></tr>
<tr><td>1</td><td>60.000,00</td><td>12.000,00 * 4/12 = 4.000,00</td><td>56.000,00</td></tr>
<tr><td>2</td><td>56.000,00</td><td>12.000,00</td><td>44.000,00</td></tr>
<tr><td>3</td><td>44.000,00</td><td>12.000,00</td><td>32.000,00</td></tr>
<tr><td>4</td><td>32.000,00</td><td>12.000,00</td><td>20.000,00</td></tr>
<tr><td>5</td><td>20.000,00</td><td>12.000,00</td><td>8.000,00</td></tr>
<tr><td>6</td><td>8.000,00</td><td>12.000,00 * 8/12 = 8.000</td><td>0,00</td></tr>
<tr><td>Erinnerungswert</td><td colspan="4">Wird die Sachanlage nach Ende der Abschreibung weiter genutzt, bleibt sie mit 1,00 Euro Erinnerungswert stehen (die letzte Abschreibung ist dann 1,00 Euro geringer)</td></tr>
</table>

Buchung des Beispiels im Hauptbuch

im 1. Jahr

S	BGA		H
Kauf	**60.000,00**	**Ab. a. A.**	**4.000,00**
	--------	**SBK**	**56.000,00**
	60.000,00		60.000,00

S	Abschreibung auf Anlagen		H
BGA	**4.000,00**	GuV	4.000,00
	4.000,00		4.000,00

im 2. Jahr

S	BGA		H
EBK	56.000,00	**Ab. a. A.**	**12.000,00**
	--------	**SBK**	**44.000,00**
	56.000,00		56.000,00

S	Abschreibung auf Anlagen		H
BGA	**12.000,00**	GuV	12.000,00
	12.000,00		12.000,00

Buchung der Abschreibungen im Grundbuch:

Vorbereitende Abschlussbuchung	Abschreibung auf Sachanlagen an BGA, GWG oder SP	* Betrag nach Abschreibungsplan
Abschlussbuchungen	SBK an BGA oder SP GuV an Abschreibungen auf Sachanl.	* Bilanzierung zum Restbuchwert GWG = 0! * Aufwand zur Minderung des zu versteuernden Gewinns

4. Degressive Abschreibung

Definition	• die Abschreibung erfolgt mit einem **festen Prozentsatz vom Restbuchwert**, dadurch entstehen **jährlich fallende Abschreibungsbeträge** • der Restbuchwert **erreicht nie** den Wert EUR 0,00
Abschreibungssatz	• Der Abschreibungssatz ist von gesetzlichen Regelungen abhängig. Seit 2008 ist die degressive Abschreibung generell abgeschafft, aber • für Neuanschaffungen in 2009 und 2010 galt zur Konjunkturbelebung: Der Abschreibungssatz beträgt das **2,5-fache** der linearen AfA, darf aber **25 %** nicht übersteigen. • In der Zukunft kann die Politik z. B. zur Belebung der Wirtschaft die degressive Abschreibung wieder zulassen.
Abschreibungsbetrag	• Abschreibungsbetrag = aktueller (Rest-)**Buchwert** / 100 * Abschreibungssatz • monatsgenau: Im Anschaffungsmonat wird voll vom 1. d.M. abgeschrieben
Wechsel der Abschreibungsmethoden	• während der Nutzungsdauer darf man **von der degressiven AfA zur linearen AfA wechseln**, um den Restwert am Ende der Nutzung zu erreichen. • sobald der Abschreibungsbetrag nach der linearen Methode (Restbuchwert / Restlaufzeit) über dem Abschreibungsbetrag nach der degressiven Methode liegt, **lohnt sich der Wechsel**, wenn man Ertragssteuern sparen will. Ein Wechsel von der linearen zur degressiven Abschreibung ist nicht erlaubt!
Beispiel	• Kauf eines **Geldtransporters** im Januar, Wert 81.920,00 EUR, Nutzungsdauer 5 Jahre. Es soll möglichst schnell abgeschrieben werden! • AfA-Satz linear: 100 % / 5 Jahre = **20 %** • AfA-Satz degressiv: 20 % * **2,5** = 50 %, aber maximal **25** % sind zulässig!
Abschreibungsplan	(siehe Tabelle unten)

degressive AfA

Jahr	Buchwert Jahresanfang	AfA	Buchwert Jahresende
1	81.920,00	20.480,00	61.440,00
2	61.440,00	15.360,00	46.080,00
3	46.080,00	11.520,00	34.560,00
4	34.560,00	8.640,00	25.920,00
5	25.920,00	6.480,00	19.440,00

- Im 1. Jahr ergibt die degressive Abschreibung in dem Beispiel den Abschreibungsbetrag von 20.480,- (25 % von 81.920).
- Im 2. Jahr ergibt die degressive Abschreibung den Abschreibungsbetrag von 15.360,- (25 % vom Restbuchwert 61.440,-) usw.
- Spätestens im letzten Jahr müsste zur linearen Abschreibung gewechselt werden, damit der Geldtransporter am Ende der Nutzungsdauer ganz abgeschrieben ist.

5. Verkauf genutzter Sachanlagen

Grundlagen	• **Sachanlagen** werden oft während der Nutzungsdauer **veräußert.** • Der Veräußerungspreis **weicht meistens vom aktuellen Buchwert ab**. • Wurde der Gegenstand zur **Erzielung steuerpflichtiger Umsätze** eingesetzt, muss Umsatzsteuer in Rechnung gestellt werden.
zeitanteilige Abschreibung	• Bei einem **Verkauf** des Gegenstandes (außer Sammelposten) kann eine **zeitanteilige Abschreibung für das laufende Jahr** vorgenommen werden (es werden immer **nur volle Monate** berücksichtigt).
Verkaufserlös unter Buchwert	Der Verkaufserlös unter Buchwert bedeutet einen **zusätzlichen Aufwand:** DBB oder BKK oder KK — Verkauf an BGA evtl. an USt sonstiger betrieblicher Aufwand — Erfassung des Verlustes aus an BGA — dem Verkaufserlös
Verkaufserlös zum Buchwert	Der Verkaufserlös unter Buchwert bedeutet einen **reinen Aktivtausch:** DBB oder BKK oder KK — Verkauf an BGA evtl. an USt
Verkaufserlös über Buchwert	Der Verkaufserlös unter Buchwert bedeutet einen **zusätzlichen Ertrag:** DBB oder BKK oder KK — Verkauf an BGA evtl. an USt BGA — Erfassung des Gewinns aus an sonstige betriebliche Erträge — dem Verkaufserlös

A3 Bewertung von Forderungen

1. Übersicht

Wesen	• Forderungen sind **ausgegebene Kredite** an Privatpersonen, Firmenkunden, andere Kreditinstitute und an die öffentliche Hand (Bund, Land, Gemeinde ...) • Forderungen sind Bestandteile des Umlaufvermögens • die Bilanzierung erfolgt nach dem **tatsächlichen Wert** der Forderung **(= Niederstwertprinzip)**

Aufteilung der Forderungen			
uneinbringliche Forderungen	**zweifelhafte Forderungen**	**risikofreie Forderungen**	**übrige risikobehaftete Forderungen**
Beispiele: Kunde A musste die eidesstattliche Versicherung/ Vermögensauskunft abgegeben; das Insolvenzverfahren ist abgeschlossen	**Beispiele:** Das gerichtliche Mahnverfahren ist eingeleitet, das Insolvenzverfahren ist eröffnet	**Beispiel:** Forderungen an die Stadt Bocholt	**Beispiel:** Kunden mit guter Bonität
• sofortige, **direkte Abschreibung** des feststehenden Ausfalls	• **indirekte** Abschreibung in Höhe des wahrscheinlichen Ausfalls durch Bildung einer **Einzelwertberichtigung** (EWB) am Jahresende	• kein Ausfallrisiko • **keine Abschreibung**	• erfahrungsgemäßes, latentes Ausfallrisiko • Abschreibung erfolgt pauschal und **indirekt** für alle betroffenen Konten durch Bildung einer **Pauschalwertberichtigung** (PWB) am Jahresende
Buchungssätze			
Abschr. auf F. **an KK** GuV an Abschr. auf F.	**Abschr. auf F.** **an EWB** GuV an Abschr. auf F. EWB an SBK	---	**Abschr. auf F.** **an PWB** GuV an Abschr. auf F. PWB an SBK
SBK an KK (Debitorenendbestand)			

W. Grundmann, R. Rathner, *Bankwirtschaft, Rechnungswesen und Steuerung, Wirtschafts- und Sozialkunde*, Prüfungstraining für Bankkaufleute,
https://doi.org/10.1007/978-3-658-30521-5_12

2. Abschreibung uneinbringlicher Forderungen

Abschreibung	uneinbringliche Forderungen werden **direkt abgeschrieben**
Beispiel	Ein Kunde hat sein Konto mit 20.000,00 EUR überzogen. Die Vermögensauskunft hat kein verwertbares Vermögen gebracht.
Buchung	Die Forderung ist nach Abschluss des gerichtlichen Mahnverfahrens uneinbringlich: Abschreibung auf Forderungen an KK 20.000,00

3. Abschreibung zweifelhafter Forderungen

Abschreibung	• Bewertung nach dem Vorsichtsprinzip
	  • **Risikovorsorge** für mögliche, **künftige Forderungsausfälle**
	• EWB = **passives Bestandskonto** (indirekte Abschreibung)
	• Bildung in Höhe des erwarteten Ausfalls (100 % abzüglich Insolvenzquote)
	  • **Insolvenzquote** = erwarteter Geldeingang	

Bilanzierung	• EWB werden nicht bilanziert, sondern müssen lt. RechKredV vom Aktivposten **Forderungen** abgezogen werden. • **indirekte AfA** = KK wird insofern nicht berührt, der Kunde erfährt nichts auf dem Kontoauszug, die Forderung bleibt in der ursprünglichen Höhe erhalten	
Beispiel	Ein Firmenkunde hat Insolvenz angemeldet. Die Bank hat gegen ihn eine Forderung aus einem Investitionskredit in Höhe von 100.000,00 EUR. Am Ende des Geschäftsjahres wird die Insolvenzquote auf 25 % geschätzt.	
Buchungen	Buchung am Jahresende	Abschr. auf Ford. an EWB 75.000,00 EUR
	• Abschluss des Insolvenzverfahrens im neuen Jahr • die Insolvenzquote wird über DBB überwiesen • Auflösung der EWB, da die Restforderung endgültig uneinbringlich ist.	
	Buchungen zum Abschluss des Insolvenzverfahrens, unabhängig von der Höhe des Geldeingangs	DBB Geldeingang an KK EWB Auflösung EWB an KK
	Fall 1: Der Geldeingang ist genauso hoch wie geschätzt: eine weitere Buchung ist nicht nötig: EWB und das Kundenkonto haben einen Saldo von 0,00 EUR. Das Kundenkonto muss aufgelöst werden (Firma existiert nicht mehr).	

<table>
<tr><td rowspan="4">Buchungen</td><td colspan="2">Fall 2: Der Geldeingang ist größer als geschätzt:
eine weitere Buchung ist nötig: Das Kundenkonto muss einen Saldo von 0,00 haben, damit es aufgelöst werden kann. Es entsteht ein Ertrag, da die Abschreibung aus dem Vorjahr zu hoch war.</td></tr>
<tr><td>zusätzliche Buchung im Fall 2 (Geldeingang über den Erwartungen)</td><td>KK
an Erträge aus Zuschreibungen zu Ford.</td></tr>
<tr><td colspan="2">Fall 3: Der Geldeingang ist niedriger als geschätzt: eine weitere Buchung ist nötig: Das Kundenkonto muss einen Saldo von 0,00 haben, damit es aufgelöst werden kann.
Es entsteht ein weiterer Aufwand.</td></tr>
<tr><td>zusätzliche Buchung im Fall 3 (Geldeingang unter den Erwartungen)</td><td>Abschr. auf Ford.
an KK</td></tr>
</table>

4. Abschreibung der Forderungen mit latentem Ausfallrisiko

<table>
<tr><td>Bedeutung</td><td>• Bewertung von einwandfreien Forderungen mit verstecktem Ausfall-risiko: Die Erfahrung zeigt, dass auch von diesen Forderungen einige ausfallen, es wurde bisher nur noch nicht bemerkt.
• Achtung! hiervon ausgenommen sind risikofreie Forderungen. Risikofreie Forderungen sind z. B. Kredite an öffentlich-rechtliche Körperschaften oder OECD-Staaten.
• (unversteuerte) PWB = diese PWB mindern den zu versteuernden Gewinn der Bank</td></tr>
<tr><td>Bilanzierung</td><td>• Die PWB wird wie die EWB <u>nicht</u> bilanziert, sondern muss lt. RechKredV vom Aktivposten Forderungen abgezogen werden.</td></tr>
<tr><td>Maßgeblicher Forderungs-ausfall</td><td>   durchschnittlcher Forderungsausfall der letzten 5 Jahre
- 40 % des durchschnittl. Forderungsausfalls der letzten 5 Jahre (max. der Saldo des Kontos EWB des aktuellen Bilanzstichtages)
= maßgeblicher Forderungsausfall</td></tr>
<tr><td>PWB-Satz in %</td><td>maßgeblicher Forderungsausfall (s. o.) * 100
―――――――――――――――――――――
durchschnittl. risikobehaftetes Kreditvolumen der letzten 5 Jahre</td></tr>
<tr><td>Berechnung der PWB</td><td>   Kreditvolumen vor Abschreibung
- direkte Abschreibungen
= Kreditvolumen nach Abschreibung (SBK)
- einzelwertberichtigte Forderungen (zu 100 %)
- risikofreie Forderungen
= verbleibendes risikobehaftetes KV des Bilanzstichtages
• unversteuerte PWB =
verbleibendes risikobehaftetes KV des Bilanzstichtages * PWB-Satz in % / 100</td></tr>
</table>

Aktualisierung der PWB	• PWB des **Vorjahres < PWB** des Bilanzstichtages
	  • Die PWB muss erhöht werden:
	  • Abschreibungen auf Forderungen an PWB
	• PWB des **Vorjahres = PWB** des Bilanzstichtages
	  • Die PWB stimmt, kein Handlungsbedarf
	• PWB des **Vorjahres > PWB** des Bilanzstichtages
	  • die PWB muss verringert werden
	  • PWB an Erträge aus der Zuschreibung zu Forderungen

Beispiel für die Bewertung von Forderungen:

Forderungen vor Abschreibung:	83.000,00 EUR
davon:	
Debitor A	5.000,00 EUR
uneinbringlich	3.000,00 EUR
Debitor B	4.000,00 EUR
wahrscheinlicher Ausfall	1.000,00 EUR
Debitor Bundesland Bayern	6.000,00 EUR

Pauschalwertberichtigung: 0,5 %, bisherige Pauschalwertberichtigung 330,00 EUR.

Lösung:

- Abschreibung uneinbringlicher Forderungen:
  Abschreibung auf Forderungen an KK 3.000,00 EUR
- Abschreibung zweifelhafter Forderungen:
  Abschreibung auf Forderungen an Einzelwertberichtigungen 1.000,00 EUR
- Abschreibung der Forderungen mit latentem Ausfallrisiko:

Debitoren vor Abschreibung:	83.000,00 EUR
- uneinbringliche Forderungen (von der gesamten Forderung an Debitor A nur den uneinbringlichen Teil)	- 3.000,00 EUR
Debitoren nach Abschreibung (=Endbestand **SBK**)	= 80.000,00 EUR
- zweifelhafte Forderungen (die gesamte zweifelhafte Forderung und nicht nur der wahrscheinliche Ausfall)	- 4.000,00 EUR
- sichere Forderungen	- 6.000,00 EUR
Forderungen mit latentem Ausfallrisiko	= 70.000,00 EUR

0,5 % Pauschalwertberichtigung von 70.000,00 EUR = 350,00 EUR
abzüglich bereits vorhandener Pauschalwertberichtigung von 330,00 EUR ergibt dies eine notwendige Zuführung von 20,00 EUR.
Abschreibung auf Forderungen an Pauschalwertberichtigung 20,00 EUR

A4 Bewertung von Wertpapieren

1. Überblick

Zur Bewertung muss man die Wertpapiere unterscheiden in:

Wertpapiere der Liquiditätsreserve	Wertpapiere des Handelsbestandes	Wertpapiere des Anlagevermögens
Bewertung zum strengen Niederstwertprinzip	**Bewertung zum Zeitwertprinzip (Fair Value)**	**Bewertung zum gemilderten Niederstwertprinzip**

- Für die Einteilung ist die Absicht beim Kauf maßgeblich (Aktennotiz), nicht die Länge des tatsächlichen Verbleibs in der Bank.
- Bei der Bilanzierung erfolgt keine Unterteilung nach Wertpapieren der Liquiditätsreserve, des Handelsvermögens und des Anlagevermögens.
- Festverzinsliche Wertpiere und Aktien werden getrennt bilanziert.
- Festverzinsliche Wertpapiere werden einschließlich der bis zum Bilanzstichtag aufgelaufenen, noch nicht vereinnahmten Zinsen bilanziert.

2. Wertpapiere der Liquiditätsreserve

strenges Niederstwertprinzip	• Bei der Bewertung der Wertpapiere der **Liquiditätsreserve** wird der **Anschaffungskurs** und **der Kurs am Bilanzstichtag verglichen**: • Ist der Anschaffungskurs unter dem Kurs am Bilanzstichtag, bleibt es bei der Bewertung zum niedrigeren Anschaffungskurs. • Ist der **Kurs am Bilanzstichtag unter dem Anschaffungskurs, muss eine direkte Abschreibung auf den niedrigeren Wert erfolgen!** Die Wertpapiere der Liquiditätsreserve werden dann zum niedrigeren Kurs am Bilanzstichtag bilanziert.
Anschaffungswert	• Bei mehreren Käufen desselben Wertpapiers wird der durchschnittliche Anschaffungskurs des Bilanzjahres errechnet (gewogener Durchschnitt des Anfangsbestandes und aller Käufe in diesem Jahr). • **Wertsteigerungen** über den Anschaffungskurs (nicht realisierte Kursgewinne) dürfen bei Wertpapieren der Liquiditätsreserve und des Anlagevermögens nicht ausgewiesen werden.
spätere Kurserholung	• Bei einer Bewertung zum **Niederstwertprinzip** ist nach erfolgter Abschreibung eine **spätere Wertaufholung** vorgesehen **(Zuschreibung maximal bis zu den Anschaffungskosten)**, wenn der Kurs des Wertpapiers später wieder steigt.

W. Grundmann, R. Rathner, *Bankwirtschaft, Rechnungswesen und Steuerung, Wirtschafts- und Sozialkunde*, Prüfungstraining für Bankkaufleute,
https://doi.org/10.1007/978-3-658-30521-5_13

Beispiel für die Bewertung festverzinslicher WP der Liquiditätsreserve

Soll	**Skontro Liquiditätsreserve 0,5 % Bundes-Obligationen 01.08. gzj.**								**Haben**
Datum	**Vorgang**	**Nennwert**	**Kurs %**	**Kurswert**	**Datum**	**Vorgang**	**Nennwert**	**Kurs %**	**Kurswert**
02.02.	Kauf	100.000	101,0	101.000,00	01.07.	Verkauf	250.000	103,5	258.750,00
03.03.	Kauf	200.000	104,0	208.000,00	31.12.	Endbestand	50.000	102,0	51.104,79
31.12.	WP-Zinserträge			104,79	31.12.	Ab.a.WP	50.000	1,0	500,00
31.12.	real. Erfolg			1.250,00					-----
				310.354,79					310.354,79

Erläuterungen

Börsenkurs zum 31.12.	102 % (muss in der Aufgabe angegeben sein)
durchschn. Anschaffungskurs	(101.000,00 + 208.000 Kurswert) : 300.000,00 Nennwert = **103 %**
realisierter Erfolg durch den Verkauf	250.000,00 EUR Nennwert * 0,50 % (Verkaufskurs 103,5 % - durchschnittlicher Ankaufskurs 103 %) = **1.250,00 EUR** (Gewinn)
Nennwert am Jahresende	300.000,00 EUR NW Kauf - 250.000,00 EUR NW Verkauf = **50.000,00 EUR** Nennwert
Bilanzierungskurs	erfolgt zum niedrigeren Kurs (strenges Niederstwertprinzip): Ankaufskurs: 103 % und Kurs am Bilanzstichtag 102 % 50.000 * 102 % = **51.000,00 EUR**
aufgelaufene Stückzinsen	50.000 * 0,5 * 153 Tage (vom 1.8. – 31.12. einschl.) / 36500 = **104,79 EUR**
Bilanzausweis	Kurswert (zum Niederstwert) + aufgelaufene Stückzinsen = 51.000 EUR + 104,79 EUR = **51.104,79 EUR**
Abschreibungsbetrag	50.000 Nennwert * 1,00 % (durchschnittlicher Anschaffungskurs 103 % - Bilanzierungskurs 102%) = **500,00 EUR**

3. Wertpapiere des Handelsbestandes

Zeitwert-Prinzip (Fair Value)	• Bei der Bewertung der Wertpapiere des **Handelsbestandes** wird der **Kurs am Bilanzstichtag abzüglich eines Risikoabschlages** genommen. Der Risikoabschlag soll die Gefahr ein wenig mindern, nicht realisierte Gewinne auszuweisen und auszuschütten, die später bei fallenden Kursen nicht realisiert werden könne. Ist der Kurs am Bilanzstichtag daher unter den Anschaffungskurs gefallen, beträgt der Risikoabschlag 0%.

Handelsergebnis	• Bei Wertpapieren des **Handelsbestandes** erfolgt eine **Verrechnung von realisierten und nicht realisierten Kursgewinnen und -verlusten!**
	• **saldierter Ausweis in der GuV-Rechnung** (Ausnahme vom Saldierungsverbot von Aufwendungen und Erträgen)
	  • falls insgesamt per Saldo der Wertpapierhandel negativ war: **Nettoaufwand aus Finanzgeschäften**
	  • falls insgesamt per Saldo der Wertpapierhandel positiv war: **Nettoertrag aus Finanzgeschäften**

Risikovorsorge für den Handelsbestand	• Die Bilanzierung zum Zeitwert bedeutet die Ausweisung und evtl. die Ausschüttung noch nicht realisierter Gewinne, die später in Krisen evtl. nicht realisiert werden können. Das HGB versucht daher Vorsorge gegen diese Gefahr zu treffen: • Vom aktuellen Kurswert der Handelspapiere ist ein **Risikoabschlag** abzuziehen. • Mindestens 10 % der Nettoerträge des Handelsbestandes sind dem „**Fonds für allgemeine Bankrisiken**" zuzuführen (§ 340g HGB). • Dieser Posten darf nur zum Ausgleich von Nettoaufwendungen des Handelsbestandes aufgelöst werden oder soweit er 50 % des durchschnittlichen Nettoertrages der letzten fünf Jahre übersteigt.

Beispiel für die Bewertung von Wertpapieren des Handelsbestandes

Soll		**Skontro: Handelsbestand ABC AG**							**Haben**
Datum	Vorgang	Stück	Kurs	Kurswert	Datum	Vorgang	Stück	Kurs	Kurswert
02.01.	AB	1.000	55,00	55.000,00	23.08.	Verkauf	1.500	48,50	72.750,00
15.06.	Kauf	3.000	50,00	150.000,00	31.12.	real. Verlust			4.125,00
31.12.	unreal. Gewinn			4.875,00	31.12.	Endbestand	2.500	53,20	133.000,00
				209.875,00					209.875,00

Erläuterungen

Börsenkurs zum 31.12.	56,00 EUR je Aktie Bewertungsabschlag 5 % (muss in der Aufgabe angegeben sein)
durchschn. Anschaffungskurs	(55.000,00 + 150.000,00) : 4000 Aktien = **51,25 EUR**/Aktie
realisierter Erfolg	1.500 verkaufte Aktien * -2,75 EUR (Verkaufskurs 48,50 -

durch den Verkauf	durchschnittlicher Ankaufskurs 51,25) = **-4125 EUR (Verlust)**
Bestand am Jahresende	4.000 gekaufte Aktien – 1.500 verkaufte Aktien = **2.500 Aktien**
Bilanz-Bewertungskurs	erfolgt zum Zeitwert (Fair value) abzüglich Risikoabschlag 56,- EUR Kurs am Bilanzstichtag abzüglich 5 % Risikoabschlag: **53,20 EUR**
Bilanzausweis	2.500 Aktien Bestand * 53,20 EUR = **133.000,00 EUR**
Nicht realisierter Erfolg durch die Bewertung des Endbestandes	2.500 Stück * 1,95 EUR (durchschnittlicher Anschaffungskurs 51,25 - Bewertungskurs 53,20**) = 4.875,00 EUR**
Nettoerfolg aus Finanzgeschäften	realisierter Verlust 4.125,- + nicht realisierter Erfolg 4.875,- = **750,00 EUR Nettoertrag** aus Finanzgeschäften. Hiervon sind mindestens 10 % dem Fonds für allgemeine Bankrisiken zuzuführen.

4. Wertpapiere des Anlagevermögens

gemildertes Niederstwert-prinzip	• Bei der Bewertung der Wertpapiere des **Anlagevermögens** wird der **Anschaffungskurs** und **der Kurs am Bilanzstichtag** verglichen: • Ist der Kurs gefallen, **muss bei einer voraussichtlich dauernden Wertminderung auf den niedrigeren Wert am Bilanzstichtag abgeschrieben** werden, • Bei einer voraussichtlich **nicht dauernden Wertminderung kann abgeschrieben** werden. • Ist der **Kurs gestiegen**, ist der **Anschaffungskurs** zu nehmen.
Anschaffungs-wert	• Bei mehreren Käufen desselben Wertpapiers wird der **durchschnittliche** Anschaffungskurs errechnet. • Wertsteigerungen über den Anschaffungskurs (nicht realisierte Kursgewinne) dürfen bei Wertpapieren der Liquiditätsreserve und des Anlagevermögens nicht ausgewiesen werden.
spätere Kurserholung	• Bei einer Bewertung zum Niederstwertprinzip ist nach erfolgter Abschreibung eine spätere Wertaufholung vorgesehen (Zuschreibung maximal bis zu den Anschaffungskosten), wenn der Kurs des Wertpapiers später wieder steigt.

Beispiel für die Bewertung von Aktien des Anlagevermögens

Soll		**Skontro: Anlagebestand Rohstoff AG**							**Haben**
Datum	Vorgang	Stück	Kurs	Kurswert	Datum	Vorgang	Stück	Kurs	Kurswert
02.01.	AB	2.000	25,00	50.000,00	03.11.	Verkauf	500	25,00	12.500,00
15.07.	Kauf	1.000	10,00	10.000,00	31.12.	unreal. Verlust			0,00
31.12.	real. Gewinn			2.500,00	31.12.	Endbestand	2.500	20,00	50.000,00
				62.500,00					62.500,00

Erläuterungen

Börsenkurs zum 31.12.	30,00 EUR je Aktie (muss in der Aufgabe angegeben sein)
durchschn. Anschaffungskurs	(50.000,00 + 10.000,00) : 3.000 Aktien = **20,- EUR/Aktie**
realisierter Erfolg durch den Verkauf	500 verkaufte Aktien * 5,- EUR (Verkaufskurs 25,- - durchschnittlicher Ankaufskurs 20,-) = **2.500,- EUR** (Kursgewinn)
Bestand am Jahresende	3.000 gekaufte Aktien - 500 verkaufte Aktien = **2.500 Aktien**
Bilanz-Bewertungskurs	erfolgt zum gemilderten Niederstwertprinzip Ankaufskurs: 20,- EUR und Kurs am Bilanzstichtag 30,00 EUR: Der Ankaufskurs bildet stets die Höchstgrenze: **20,00 EUR je Aktie**
Bilanzausweis	2.500 Aktien Bestand * 20,00 EUR = **50.000,00 EUR**
Nicht realisierter Erfolg durch die Bewertung des Endbestandes	Da die Bilanzierung zum Anschaffungskurs erfolgt, ergibt sich kein nicht realisierter Kurserfolg

A5 Vorsorge für allgemeine Bankrisiken

	Stille Vorsorgereserven (§ 340f HGB)	Offene Vorsorgereserven (§ 340g HGB)
Zweck	Vorsorge für **allgemeine Bankrisiken** wie - nicht bewertbare Kreditausfallrisiken - Liquiditätsrisiken - Zinsänderungsrisiken - Wertpapierkursrisiken (insbesondere durch die Bewertung der Wertpapiere des Handelsbestandes zum Zeitwertprinzip) - Währungsrisiken - Risiken aus Termin-, Options- und Swap-Geschäften	

Vorgehen	- **Unterbewertung** der
	  - Wertpapiere der Liquiditätsreserve sowie der
	  - Forderungen an Kunden und
	  - Forderungen an Kreditinstituten
	- Bildung einer **stillen Reserve** in Höhe der Unterbewertung
	- **Aktivische Absetzung** der Vorsorgewertberichtigung von den entsprechenden Aktivposten in der Bilanz
	- **Verringerung** des Jahresüberschusses
		- aus der Bilanz und der GuV-Rechnung ersichtliche Einstellung in die **Passivposition**: **„Fonds für allgemeine Bankrisiken“** zu Lasten des versteuerten Gewinns

Unter- und Obergrenze	**maximal 4 %** der **nach strengem Niederstwertprinzip bewerteten** Wertpapiere der Liquiditätsreserve sowie der Forderungen an Kunden und an Kreditinstituten	- keine Obergrenze - erfolgt nach **vernünftiger kaufmännischer Beurteilung** - mindestens 10 % der Nettoerträge aus Finanzgeschäften
Ausweis	- **kein offener Ausweis** der Reserven im Jahresabschluss - Vorsorgewertberichtigungen werden **aktivisch von den Vermögenswerten abgesetzt** und mindern somit optisch das Jahresergebnis/Eigenkapital	- **offener Bilanzausweis** - Passivposition: „**Fonds für allgemeine Bankrisiken**“ - **Kernkapital** - in der GuV sind Zuführungen und Auflösungen gesondert aufzuführen
steuerliche Anerkennung	- die Bildung von Vorsorgereserven **mindert nicht den steuerpflichtigen Gewinn.** - eine Bildung von Vorsorgereserven erfolgt insofern immer aus dem **bereits versteuerten Gewinn.**	

W. Grundmann, R. Rathner, *Bankwirtschaft, Rechnungswesen und Steuerung, Wirtschafts- und Sozialkunde*, Prüfungstraining für Bankkaufleute,
https://doi.org/10.1007/978-3-658-30521-5_14

A6 Jahresabgrenzung

1. Wesen

Zweck	• die **Erfolgsrechnung** (GuV) soll den Erfolg eines Geschäftsjahres aufzeigen. • Erträge und Aufwendungen werden **periodengerecht erfasst.**
Probleme der periodengerechten Erfassung	• Am Jahresende sind die Erfolge nicht periodengerecht erfasst: • **Problem 1:** Erträge und Aufwendungen (Vorauszahlungen) sind schon gebucht worden, die **wirtschaftlich das Folgejahr betreffen**. Diese Erfolge müssen vorübergehend für den Jahresabschluss aus der GuV-Rechnung genommen werden. (**transitorische** Posten) • **Problem 2:** Erträge und Aufwendungen für das laufende Geschäftsjahr sind bis zum Jahresende **noch nicht gebucht** worden (nachträgliche Zahlungen). Diese Erfolge müssen für den Jahresabschluss vorübergehend gebucht werden (**antizipative** Posten).

2. Transitorische Jahresabgrenzung

Wesen	• lat. **transire** = hinübergeben • Erträge und Aufwendungen, die **wirtschaftlich das Folgejahr betreffen**, dürfen **nicht** in die laufende GuV-Rechnung • Einbeziehung in die Erfolgsrechnung erfolgt erst im **Folgejahr**

Vorgehen	• **Erfassung** des **gesamten Aufwands- bzw. Ertragsbetrages** auf dem entsprechenden **Erfolgskonto** während des Geschäftjahres
	• die **zeitliche Abgrenzung** je Geschäftsjahr erfolgt vor dem **Abschluss** der Konten (vorbereitende Abschlussbuchung)
	• Aufwendungen und Erträge, die wirtschaftlich ins ablaufende Geschäftsjahr gehören, gehen in die **GuV** ein
	• Aufwendungen und Erträge, die **wirtschaftlich ins darauffolgende Geschäftsjahr** gehören, gehen **nicht in die GuV** ein
	  • dieser Teil des Erfolges wird auf einem Bestandskonto gebucht (Aktive bzw. Passive Rechnungsabgrenzung)
	  • der Betrag wird offen in der Bilanz ausgewiesen
	• nach **Eröffnung** der Konten im **neuen** Geschäftsjahr, werden die **Rechnungsabgrenzungen aufgelöst** und den entsprechenden Erfolgskonten zugeordnet

Aktive Rechnungsabgrenzung	• nimmt die für das nächste Geschäftsjahr bereits bezahlten **Aufwendungen** für die Dauer des Jahresabschlusses auf. • Aktivkonto

W. Grundmann, R. Rathner, *Bankwirtschaft, Rechnungswesen und Steuerung, Wirtschafts- und Sozialkunde*, Prüfungstraining für Bankkaufleute,
https://doi.org/10.1007/978-3-658-30521-5_15

Passive Rechnungs-abgrenzung	• nimmt die für das nächste Geschäftsjahr bereits erhaltenen **Erträge** für die Dauer des Jahresabschlusses auf. • Passivkonto
Beispiele für Aufwendungen	• im Voraus gezahlte Kfz-Steuer • Zinsen bei abgezinsten Sparbriefen
Beispiele für Erträge	• im Voraus erhaltene Avalprovisionen, Zinsen, Gebühren • Disagio bei ausgegebenen Darlehen

Beispiel für die transitorische Jahresabgrenzung

Geschäfts-fall	• Am 01.11.20.. überweist ein Mieter (Kunde unserer Bank) die Miete für sein Ladenlokal (12.000,00 EUR) für ein Jahr im Voraus. • Vorüberlegung: 2.000 EUR betreffen das ablaufende Geschäftsjahr, 10.000 EUR das neue Geschäftsjahr.		
Buchungs-sätze Grundbuch	KK an s. b. Erträge	12.000,00	• **Zahlungseingang** der Miete am 1.11.
	s. b. Erträge **an PRA**	**10.000,00**	• periodengerechte **Abgrenzung** des Ertrages als vorbereitende Abschlussbuchung
	s. b. Erträge an GuV PRA an SBK	2.000,00 10.000,00	• **Abschluss** des Kontos sonstige betriebliche Erträge (**Ertragsanteil des ablaufenden Geschäftsjahres)** • Jahresabschluss (**Bilanzierung**) der Rechnungsabgrenzung
	EBK an PRA **PRA** **an s. b. Erträge**	10.000,00 10.000,00	• **Eröffnung** im neuen Geschäftsjahr am 1.1. • **Rückbuchung** der Jahresabgrenzung: **Erfassung des Ertragsanteils** für das **neue** Geschäftsjahr

Hauptbuch im <u>alten</u> Geschäftsjahr

S	sonst. betr. Erträge		H
PRA	10.000,00	KK	12.000,00
GuV	2.000,00		---
	12.000,00		12.000,00

S	PRA		H
SBK	10.000,00	s.b. Erträge	10.000,00
	10.000,00		10.000,00

Hauptbuch im <u>neuen</u> Geschäftsjahr

S	sonst. betr. Erträge		H
GuV	10.000,00	PRA	10.000,00
	10.000,00		10.000,00

S	PRA		H
SBK	10.000,00	s.b. Erträge	10.000,00
	10.000,00		10.000,00

3. Antizipative Jahresabgrenzung

Wesen	• **lat. anticipere = vorwegnehmen** • Erträge und Aufwendungen, die **wirtschaftlich** das **abgelaufene Jahr betreffen**, aber erst im nächsten Jahr gezahlt werden, müssen in die **GuV** des ablaufenden Jahres aufgenommen werden, damit der Jahreserfolg richtig ausgewiesen wird.
Vorgehen	• die **zeitliche Abgrenzung** erfolgt vor dem **Abschluss** der Konten • Aufwendungen und Erträge, die wirtschaftlich ins ablaufende Geschäftsjahr gehören, werden **noch erfasst**, obwohl sie noch nicht gezahlt sind. • Die Buchung gilt nur für den Jahresabschluss. Am **Anfang des nächsten Geschäftsjahres** werden diese Buchungen wieder **rückgängig** gemacht
Zinsen	• **Zinsaufwendungen und -erträge**, die erst im nächsten Jahr gezahlt werden, aber wirtschaftlich für das ablaufende Geschäftsjahr berechnet werden, werden **über die verursachende Aktiv- bzw. Passivposition** erfasst. • **Beispiel 1:** Festgeldzinsen werden erst am Ende der Festlegungszeit vergütet. Der Buchungssatz am 31.12. für den Zinsanteil des ablaufenden Jahres: **Zinsaufwand an Festgeld** • **Beispiel 2:** Am Jahresende stehen noch Wertpapierzinsen aus, da für die AB-Kommunalobligation die Zinsen jedes Jahr am 1.10. nachträglich gezahlt werden. Der Buchungssatz am 31.12. für den Zinsanteil des ablaufenden Jahres: **Wertpapiere an WP-Zinserträge** • Damit sind die Zinsen in dem Jahr erfasst, in dem sie verursacht sind. • Forderungen im Aktivgeschäft und Verbindlichkeiten im Passivgeschäft werden einschließlich der aufgelaufenen Zinsen bilanziert.
übrige Aufwendungen	• **Erfassung** von (Nicht-Zins-)Aufwendungen, die erst **im neuen Geschäftsjahr bezahlt** werden und dennoch zumindest **teilweise zum laufenden Geschäftsjahr** gehören. • **Buchung der Aufwendungen des ablaufenden Geschäftsjahres** noch vor dem Jahresabschluss über das Gegenkonto **Sonstige Verbindlichkeiten** • Beispiel: Für eine Zweigstelle wird die Dezembermiete erst im Januar gezahlt. Der Buchungssatz am 31.12. für die Dezembermiete: **Allg. Verwaltungsaufwand an Sonstige Verbindlichkeiten**
übrige Erträge	• **Erfassung** von (Nicht-Zins-)Erträgen, die erst **im neuen Geschäftsjahr eingenommen** werden und dennoch zumindest **teilweise zum laufenden Geschäftsjahr** gehören. • **Buchung der Erträge des ablaufenden Geschäftsjahres** noch vor dem Jahresabschluss über das Gegenkonto **Sonstige Forderungen** • **Bilanzausweis**: „Sonstige Vermögensgegenstände“ • Beispiel: Die Provision für die Vermögensverwaltung wird erst im Januar belastet. Der Buchungssatz am 31.12.: **Sonstige Forderungen an Provisionserträge**

Beispiel für die antizipative Jahresabgrenzung: Nicht-Zinsen

Geschäftsfall	• Ein Kunde zahlt Miete für von uns vermietet Räume von monatlich 2.000,00 EUR immer quartalsweise nachträglich zum 01.02., 01.05., 01.08. und zum 01.11. • Vorüberlegung: 4.000 EUR Mietertrag betrifft das ablaufende Geschäftsjahr.		
Buchungssätze Grundbuch	**sonstige Forderungen** an **s. b. Erträge**	4.000,00	• **Erfassung** des Ertrages des ablaufenden GJ am 31.12.: • periodengerechte **Abgrenzung** des Ertrages als vorbereitende Abschlussbuchung
	s. b. Erträge an GuV SBK an sonstige F.	4.000,00 4.000,00	• **Abschluss** der Konten im alten Geschäftsjahr
	sonstige F. an EBK	4.000,00	• **Eröffnung** im neuen Geschäftsjahr am 1.1.
	s. b. Erträge an sonstige F.	**4.000,00**	• **Rückbuchung** der Jahresabgrenzung
	KKK an **s. b. Erträge**	**6.000,00**	• **Überweisung** der Rechnung

Hauptbuch im <u>alten</u> Geschäftsjahr

S	sonst. betr. Erträge		H
GuV	4.000,00	sonst. Ford.	4.000,00
	4.000,00		4.000,00

S	PRA		H
s. b. Ertr.	4.000,00	SBK	4.000,00
	4.000,00		4.000,00

Hauptbuch im <u>neuen</u> Geschäftsjahr

S	sonst. betriebliche Erträge		H
Sonst. Ford.	4.000,00	KKK	6.000,00
GuV	2.000,00		---
	6.000,00		6.000,00

S	sonstige Forderungen		H
EBK	4.000,00	s.b. Erträge	4.000,00

S	KKK		H
EBK	...	EBK	...
s. b. Ertr.	6.000,00		...
...			

Von den 6.000,00 EUR Miete, die am 1.2. des neuen Jahres gezahlt werden, gehen durch die Jahresabgrenzung die November- und Dezembermiete in die GuV-Rechnung des alten Jahres, die Januarmiete in die des neuen Jahres ein!

Beispiel für die antizipative Jahresabgrenzung: Zinsen

Geschäftsfall	• Am 31.10. werden 100.000,00 EUR Festgeld für 3 Monate zu 6 % hereingenommen. Die Zinsen werden am Ende der Anlagedauer dem Girokonto gutgeschrieben. • Vorüberlegung: 1.000 EUR Zinsaufwand betrifft das ablaufende Geschäftsjahr.		
Buchungssätze Grundbuch	**Zinsaufwand an Festgeld**	1.000,00	• **Erfassung** der Zinsen des ablaufenden GJ am 31.12.: • periodengerechte **Abgrenzung** als vorbereitende Abschlussbuchung
	GuV an Zinsaufwand Festgeld an SBK	1.000,00 101.000,00	• **Abschluss** der Konten
	EBK an Festgeld	101.000,00	• **Eröffnung** im neuen GJ am 1.1.
	Festgeld an Zinsaufwand	**1.000,00**	• **Rückbuchung** der Jahresabgrenzung
	Zinsaufwand an KKK	1.500,00	• **Kundengutschrift** der Zinsen auf dem Girokonto

Hauptbuch im <u>alten</u> Geschäftsjahr

S	Zinsaufwand		H
Festgeld	1.000,00	GuV	1.000,00
	1.000,00		1.000,00

S	Festgeld		H
SBK	101.000,00	KK	100.000,00
	---	Zinsaufw.	1.000,00
	101.000,00		101.000,00

Hauptbuch im <u>neuen</u> Geschäftsjahr

S	Zinsaufwand		H
KKK	1.500,00	Festgeld	1.000,00
	---	GuV	**500,00**
	1.500,00		1.500,00

S	Festgeld		H
Zinsaufwand	1.000,00	EBK	101.000,00

S	KKK		H
		Zinsaufw.	1.500,00

Von den 1.500,00 EUR Zinsen, die am 31.1. des neuen Jahres gezahlt werden, gehen durch die Jahresabgrenzung die November- und Dezemberzinsen in die GuV-Rechnung des alten Jahres, die Januarzinsen in die des neuen Jahres ein!

4. Rückstellungen

Zweck	• Bildung zur **periodengerechten Ermittlung des Jahreserfolges** • Im laufenden Geschäftsjahr sind (eventuelle) **Aufwendungen** begründet worden, die betragsmäßig **nicht sicher** sind. Diese müssen getrennt von den sonstigen Verbindlichkeiten bilanziert werden. • Ungewisse ausstehende Erträge werden bei der Jahresabgrenzung nicht berücksichtigt!
Beispiele	• Eine Handwerkerrechnung ist noch nicht eingetroffen. • Ein Gerichtsverfahren ist noch nicht entschieden. • Für Mitarbeiter werden Rückstellungen für eine betriebliche Rente gebildet (Pensionsrückstellungen).

Definition von Rückstellungen	• **Charakteristika** von Rückstellungen sind:
	  • ungewisse Verbindlichkeit bzw. drohende Verluste
	  • Ungewissheit über die Höhe der Verbindlichkeit
	  • Ungewissheit über die Fälligkeit der Verbindlichkeit
	• das Konto „Rückstellungen" ist ein **passives Bestandskonto** und wird dem **Fremdkapital** zugeordnet.

Buchung	**entsprechendes Aufwandskonto an Rückstellungen**
Wirkungen der Bildung von Rückstellungen	• Zurechnung des **Aufwandes** zum Jahr der Entstehung (= abgelaufenes Geschäftsjahr) • Rückstellungen **mindern den Gewinn** (und somit die Steuerlast)

Auflösung von Rückstellungen	• Rückstellungen werden **nicht** wie die anderen Formen der Jahresabgrenzung am **Anfang des folgenden Jahres rückgängig** gemacht.
	• Rückstellungen **müssen aufgelöst** werden, sobald der **Zweck für ihre Bildung entfällt.**
	• die Höhe der Rückstellungen erfolgt aufgrund von **Schätzungen**, daraus folgt, dass die endgültige Zahlungsverpflichtung in der Zukunft gleich, höher oder niedriger sein kann:
	• **Fall 1:** Die Höhe der Rückstellung **entspricht** der Zahlungsverpflichtung.
	  • Auflösung der Rückstellung bei Zahlung
	    Rückstellungen an BKK oder DBB oder ...
	• **Fall 2:** Die Rückstellung war **zu niedrig**.
	  • Auflösung der Rückstellung und
	  • zusätzlicher Aufwand (sachlich zuständiges Aufwandskonto)
	    Rückstellungen
	    Aufwandskonto an BKK oder DBB oder ...
	• **Fall 3:** Die Höhe der Rückstellung war **zu hoch**.
	  • Auflösung der Rückstellung und
	  • zusätzlicher Ertrag aus der Auflösung der Rückstellung (sonstige betriebliche Erträge bzw. Erträge aus der Auflösung von Rückstellungen im Kreditgeschäft)
	    Rückstellungenan BKK oder DBB oder ...
	    an sonstige betriebliche Erträge

B Rücklagen- und Ausschüttungspolitik

Eigenkapital	• Eigenkapital wird von den **Eigentümern des Unternehmens / der Bank** gestellt • **Kapitaleinlagen** und **einbehaltene Gewinne**
Gezeichnetes Kapital	• AG = **Grundkapital** (der Nennwert der ausgegebenen Aktien) • GmbH = **Stammkapital** • öffentlich-rechtliche Institute = **Dotationskapital** • Genossenschafts-Banken = **Geschäftsguthaben**
Kapitalrücklagen	Außenfinanzierung durch **Agio** (Aufschlag auf den Nennwert) bei Ausgabe von Aktien

Gewinnrücklagen	• **Innenfinanzierung** = Zufluss von Kapital durch **Einbehalten von Gewinnen**
	• **Zusammensetzung:**
	  • **gesetzliche Rücklagen**
	  • **andere Gewinnrücklagen**

Gesetzliche Rücklagen	• **5 % des Jahresüberschusses** müssen so lange der gesetzlichen Rücklage zugewiesen werden, bis **Kapital-Rücklagen und gesetzliche Rücklage zusammen 10 % des gezeichneten Kapitals** ergeben • Bei der Berechnung der Rücklagen bleibt ein **Gewinnvortrag unberücksichtigt**.
Andere Gewinnrücklagen	• nicht zweckgebundene Bildung aus dem Jahresüberschuss (nach freiem Ermessen), aber • höchstens 50 % vom Jahresüberschuss abzüglich der Zuführung zu den gesetzlichen Rücklagen • Hauptversammlungs-Beschluss kann die Zuführung erhöhen • Auflösung liegt im Ermessen der Gesellschaft
Bilanzgewinn	Über den Teil des Jahresüberschusses, der nicht in die Rücklagen eingestellt wird, können die Aktionäre auf der Hauptversammlung beschließen. Er wird in der Bilanz unter Bilanzgewinn ausgewiesen. Er wird in der Regel als Dividende ausgeschüttet.
Gewinnvortrag	ein eventuell verbleibender Rest des Jahresüberschusses nach der Ausschüttung des Bilanzgewinn an die Aktionäre

W. Grundmann, R. Rathner, *Bankwirtschaft, Rechnungswesen und Steuerung, Wirtschafts- und Sozialkunde*, Prüfungstraining für Bankkaufleute,
https://doi.org/10.1007/978-3-658-30521-5_16

Zusammenfassung: Gewinnverwendung	Jahresergebnis +/ - Gewinn-/ Verlustvortrag des letzten Geschäftsjahres + evtl. Entnahmen aus den Rücklagen - Einstellungen in die gesetzlichen Rücklagen - Einstellungen in die anderen Gewinn-Rücklagen = Bilanzgewinn / -verlust - evtl. Dividendenausschüttung = Gewinn-/ Verlustvortrag
Ziele	Substanzerhöhung durch Gewinnthesaurierung • **Wachstum** des Geschäftsvolumens • Erhöhung der **Kreditwürdigkeit** durch Stärkung des Eigenkapitalanteils • **Sicherung** der Einlagen • Potential zur Steigerung des Aktienkurses (**Shareholder Value**) • **Dividendenkontinuität** trotz wechselnder Jahresergebnisse.

C1 Controlling Grundlagen

1. Inhalt

Definition	• **engl. to control = planen, steuern, kontrollieren** • **sinngemäß:** ein Konzept zur Durchsetzung von ertragsorientierten Unternehmensstrategien
Unternehmens-strategien	• kurzfristige Ziele werden **operative Ziele** genannt • langfristige Ziele werden **strategische Ziele** genannt (zur Erreichung strategischer Ziele sind geeignete operative Entscheidungen notwendig)

Erreichung von Unternehmens-zielen	• **Formulierung** verständlicher Ziele (z. B. Erhöhung der Einlagen um 10 %)
	• an diese Zielvorgabe ist ein **bestimmtes Budget** geknüpft
	• **Budgets** setzen sich wie folgt zusammen (vgl. Produktionsfaktoren -> AWL)
	  • **Kapital** (= Deckung der Kosten z. B. für Marketingmaßnahmen)
	  • **Arbeit** (= der Arbeitgeber legt eine Zahl an Arbeitsstunden fest, die max. für das Erreichen des Zieles eingesetzt werden dürfen)

2. Unternehmensziele und Controlling

langfristige Ziele	**kurzfristige Ziele**
Beispiele • steigende Eigenkapitalrentabilität • innovatives Marktleistungsprogramm • effiziente Struktur der Geschäftsbereiche • Sicherheit der Einlagen	Beispiele • Zielvorgaben für den Verkauf von Bankdienstleistungen • marktgerechte Kalkulation von Marktzinsätzen • Information über den Ertrag einzelner Produkte/ einzelner Kunden/ einzelner Geschäftsstellen
Strategisches Controlling	**Operatives Controlling**

↓ ↓

Unternehmensstrategie

W. Grundmann, R. Rathner, *Bankwirtschaft, Rechnungswesen und Steuerung, Wirtschafts- und Sozialkunde*, Prüfungstraining für Bankkaufleute,
https://doi.org/10.1007/978-3-658-30521-5_17

3. Regelkreis

Regelkreis

Planung →	**Steuerung** →	**Kontrolle**
• Bereitstellung von **Informationen** • Formulierung von **Unternehmenszielen**	• Formulierung von **konkreten Zielvorgaben** für Abteilungen und Mitarbeiter • **lfd. Analyse** der aktuellen Unternehmenssituation	• **Kontrolle** der Zielerreichung durch ständige **Soll-Ist-Vergleiche**

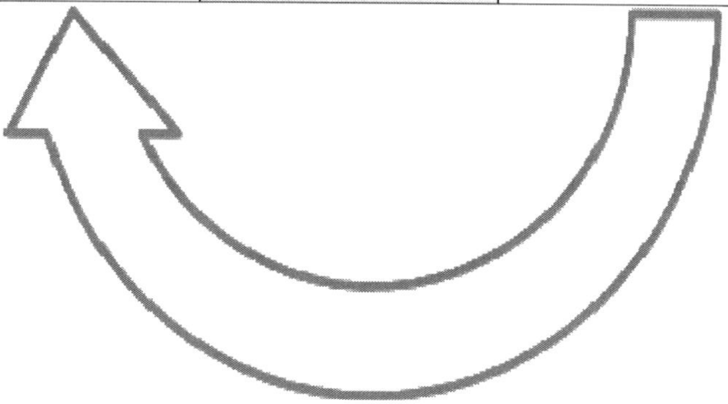

C2 Controlling Grundbegriffe

1. Kosten, Erlöse, Leistungen

Kosten- und Erlösrechnung	Konzentration auf die Ergebnisse aus der **rein betrieblichen Tätigkeit**
Kosten	Unter Kosten wird der **Güter- und Dienstleistungsverbrauch** verstanden, der durch die Erstellung der **betrieblichen Leistungen** verursacht wird.
Erlöse	Durch den **Verkauf der Leistungen** am Markt entstehen Erlöse.
Leistungen	**Marktleistungen** einer Bank an seine Kunden: Kreditvergabe, Anlageberatung etc.
Betriebs-ergebnis	Differenz aus Kosten und Erlösen

2. Aufwendungen und Kosten

Aufwendungen gemäß FiBu

den Zusatzkosten stehen in der Fibu keine Aufwendungen gegenüber

neutrale Aufwendungen (betriebsfremd, periodenfremd oder außerordentlich)

Zweckaufwand = Grundkosten (Aufwendungen/ Kosten für den Betrieb)

Zusatzkosten (kalkulatorische Kosten, die keine Aufwendungen sind oder die Aufwendungen übersteigen)

die neutralen Aufwendungen werden vom Controlling nicht berücksichtigt

Kosten gemäß Controlling

neutraler Aufwand	• **betriebsfremde Aufwendungen**, z. B. Spenden, Aufwendungen für nicht betriebsnotwendiges Vermögen • **außerordentliche** (einmalige und unregelmäßige) **Aufwendungen**, z. B. Kassenfehlbeträge, Verkäufe unter Buchwert • **periodenfremde Aufwendungen**, z. B. Steuernachzahlungen
Grundkosten / Zweckaufwand (betrieblicher Aufwand)	• **Zinsaufwand** • **Provisionsaufwand** • **Abschreibung** auf Forderungen aufgrund **langjähriger Erfahrungen** (PWB) • **Abschreibungen** auf **Wertpapiere** • **Personalaufwand** einschließl. Sozialleistungen • Allgemeiner **Verwaltungsaufwand** • **Abschreibungen** für den **tatsächlichen Wertverlust** • **Kostensteuern:** Grundsteuer für betriebsnotwendige Immobilien, Gewerbesteuer, Kfz-Steuer
Zusatzkosten	• kalkulatorischer **Unternehmerlohn** (e. K., OHG, KG, KGaA) • kalkulatorische **Eigenkapitalzinsen** • kalkulatorische **Eigenmiete**

W. Grundmann, R. Rathner, *Bankwirtschaft, Rechnungswesen und Steuerung, Wirtschafts- und Sozialkunde*, Prüfungstraining für Bankkaufleute,
https://doi.org/10.1007/978-3-658-30521-5_18

3. Erträge und Erlöse

Erträge gemäß FiBu		den Zusatzerlösen stehen in der Fibu keine Erträge gegenüber
neutrale Erträge (betriebsfremd, periodenfremd oder außerordentlich)	**Zweckertrag = Grunderlöse** (Erträge / Erlöse für den Betrieb)	**Zusatzerlöse**
die neutralen Erträge werden vom Controlling nicht berücksichtigt	**Erlöse gemäß Controlling**	

neutraler Erträge	• **betriebsfremde Erträge,** z. B. Mieterträge • **außerordentliche Erträge,** z. B. Kassenüberschüsse, Verkauf von Sachanlagen über Buchwert • **periodenfremde Erträge,** z. B. Auflösung von Wertberichtigungen, Auflösung von Rückstellungen
Grunderlöse / Zweckertrag (betrieblicher Ertrag)	• **Zinserträge** • lfd. Erträge aus **Aktien, Beteiligungen und Anteilen** • **Provisionserträge** für Bankdienstleistungen • **Kursgewinne** aus Wertpapieren und Devisen
Zusatzerlöse	Beispiele sind selten: • bei **Sonderkonditionen** für Mitarbeiter: Die Differenz zum allgemeinen Kundenzinssatz ist hier ein Zusatzerlös für die Kundenabteilung und gleichzeitig Zusatzkosten in **derselben Höhe** bei den **Personalkosten**! Dadurch gehen die Mindererlöse nicht zu Lasten der Leistungsabteilung, die diese Sonderkonditionen nicht gewährt hat, sondern zu Lasten des Personals.

4. Betriebs- und Wertkosten sowie Betriebserlöse

Wesen	• Betriebskosten und -erlöse fallen im technisch-organisatorischen Bereich an. • Wertkosten und -erlösen fallen im finanzwirtschaftlichen Bereich an (Kapitalaufnahme und -überlassung)
Betriebskosten	• **Personalkosten** • **Maschinen** (u. a. Mieten, Abschreibung, Reparatur, Versicherungen) • **Telekommunikation** • **Material** (Papier, Vordruck, Verbrauchsmaterial ...)
Betriebserlöse	• **Entgelte / Provisionen** (z. B. Umsatzprovision, Effekten-, Devisen-, Kreditkartenprovisionen, Kontoführungsgebühren ...)
Wertkosten	• **Zinskosten** im Passivgeschäft • **Risikokosten** im Kreditgeschäft (Abschreibungen auf Forderungen aufgrund langjähriger Erfahrung) • **Risikokosten** im Auslands- und Effektengeschäft (Kursverluste)
Werterlöse	• **Zinserlöse** im Aktivgeschäft • **Erträge** aus Aktien (Dividenden, Bezugsrechte) • **Kursgewinne** aus Wertpapier- und Devisengeschäften

5. Einzel- und Gemeinkosten

(Stellen-) Einzelkosten	• **direkte Zuordnung** der Kosten zu einer bestimmten **Leistung** bzw. zu einer bestimmten **Kostenstelle** Beispiele: Gehalt des Kreditsachbearbeiters, Sparzinsen
(Stellen-) Gemeinkosten	• **keine direkte Zuordnung** möglich • die Verteilung erfolgt in der Vollkostenrechnung nach einem **Schlüssel auf die einzelnen Kostenstellen** Beispiele: Ausbildungsvergütungen, Buchhaltung, Facility Manager • In der heutzutage gebräuchlichen Teilkostenrechnung werden die Gemeinkosten zunächst nicht berücksichtigt, sondern nur die direkt zurechenbaren Kosten. Daher muss der Deckungsbeitrag positiv sein, damit auch diese Kosten gedeckt werden können.

6. Fixe und variable Kosten

fixe Kosten	• vom **Beschäftigungsgrad unabhängige Kosten** Beispiele: Mieten, Gehälter,...
variable Kosten	• vom **Beschäftigungsgrad abhängige Kosten** Beispiele: Verbrauch von Kontoeröffnungsanträgen und Kreditantragsformularen, Zinsen ...

C3 Controlling Rechenverfahren

1. Gesamtzinsspannenrechnung

	Zinserlöse in EUR		Zinserlöse in % p. a. der Aktivseite (Bilanzsumme)
-	Zinskosten in EUR	-	Zinskosten in % p. a. der Passivseite (Bilanzsumme)
=	**Zinsüberschuss** in EUR	=	**Bruttozinsspanne** (Zinsüberschüsse in % p. a. der Bilanzsumme)
+	Betriebserlöse in EUR	-	Bedarfsspanne (Differenz aus Betriebserlösen und -kosten in % p. a Bilanzsumme))
-	Betriebskosten in EUR		
=	**Betriebsergebnis** in EUR	=	**Nettozinsspanne** (Betriebsergebnis in % p. a von der Bilanzsumme)

2. Marktzinsmethode

Wesen	• Banken können Finanzgeschäfte mit dem **Kunden** und/oder am **Geld- und Kapitalmarkt (GKM)** tätigen. Die Marktzinsmethode **vergleicht** beide Möglichkeiten und errechnet, ob das **Kundengeschäft** vorteilhafter ist als die alternative Möglichkeit auf dem Geld- und Kapitalmarkt.
Zweck	• Das Kundengeschäft lohnt sich für die Bank, wenn sie im **Kundengeschäft** mehr erwirtschaftet als bei den **Alternativgeschäften am Geld- und Kapitalmarkt (GKM)**.
Opportunitätszins	• Der Opportunitätszinssatz ist der **vergleichbare GKM-Satz** zu einem Kundengeschäft bei **gleicher Laufzeit**
Konditionsbeitrag	• Der Konditionsbeitrag gibt an, um wie viel das Kundengeschäft von den **Zinsen** her betrachtet günstiger ist als das GKM-Geschäft. (Bei negativem Ergebnis ist das Kundengeschäft ungünstiger!) • **Konditionsbeitrag Aktiva** = Aktivgeschäft - Opportunitätszins • **Konditionsbeitrag Passiva** = Opportunitätszins - Passivgeschäft • der Konditionsbeitrag stellt den **Geschäftserfolg des Kundenbetreuers** dar.
Strukturbeitrag	• Entstehung durch **Fristentransformation** (= Durchbrechung der **„goldenen Bankregel"**) kurzfristiges Geld kann langfristig ausgeliehen werden. • **Aktivkomponente** = GKM-Satz Aktiva - Geldmarktzinssatz für Tagesgeld • **Passivkomponente** = Geldmarktzinssatz für Tagesgeld - GKM-Satz Passiva • der **Strukturbeitrag** wird dem **Vorstand** zugerechnet

W. Grundmann, R. Rathner, *Bankwirtschaft, Rechnungswesen und Steuerung, Wirtschafts- und Sozialkunde*, Prüfungstraining für Bankkaufleute,
https://doi.org/10.1007/978-3-658-30521-5_19

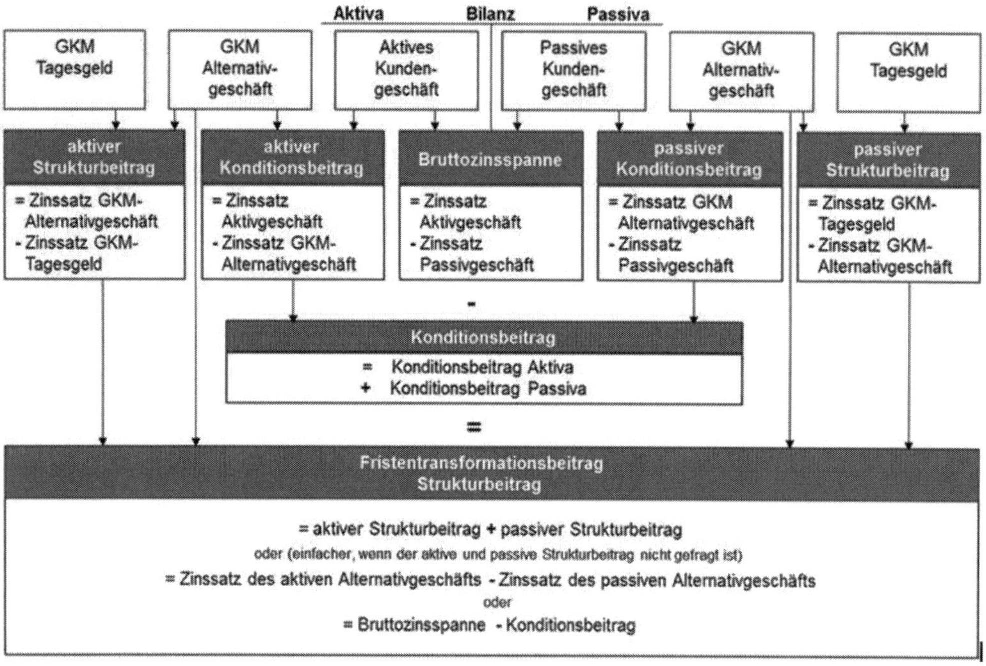

3. Produktkalkulation

Gegenstand	**Zinsprodukte** (Kredite + Einlagen)
Produkt-kalkulation im Aktivgeschäft	Alternativzinssatz für Anlagen am GKM in % p.a. + direkt zurechenbare Betriebskosten in % p.a. + Risikokosten in % p.a. + Eigenkapitalkosten in % p.a. = **Preisuntergrenze des Aktivproduktes in % p.a.**
Ermittlung des Deckungs-beitrages im Aktivgeschäft	Zinserlöse - Alternativzinsen für Anlage am GKM = **Deckungsbeitrag I (Zinsüberschuss/ Zins-Konditionsbeitrag)** + direkt zurechenbare Provisionserlöse - direkt zurechenbare Betriebskosten = **Deckungsbeitrag II (Netto-Konditionsbeitrag)** - Risikokosten - Eigenkapitalkosten* = **Deckungsbeitrag III (Beitrag zum Betriebsergebnis)**

Produktkalkulation im Passivgeschäft	Alternativzinssatz für Anlagen am GKM in % - direkt zurechenbare Betriebskosten in % = **Preisobergrenze des Passivproduktes in %**
Ermittlung des Deckungsbeitrages im Passivgeschäft	Alternativzinsen für Anlage am GKM - Zinskosten = **Deckungsbeitrag I** (Zinsüberschuss/ Zins-Konditionsbeitrag) + direkt zurechenbare Provisionserlöse - direkt zurechenbare Betriebskosten = **Deckungsbeitrag II** (Netto-Konditionsbeitrag) = **Deckungsbeitrag III** (Beitrag zum Betriebsergebnis)

4. Kundenkalkulation

Ermittlung des Deckungsbeitrages der Kundenverbindung	Hier wird die **Rentabilität aller Aktiv- und Passivgeschäfte mit einem Kunden** betrachtet, die mit einem Kunden innerhalb einer Rechnungsperiode abgeschlossen wurden: Konditionsbeiträge aller Aktivgeschäfte + Konditionsbeiträge aller Passivgeschäfte = **Deckungsbeitrag I** (Zinsüberschuss/ Zins-Konditionsbeitrag) + direkt zurechenbare Provisionserlöse - direkt zurechenbare Betriebskosten = **Deckungsbeitrag II** (Netto-Konditionsbeitrag) - Risikokosten - Eigenkapitalkosten = **Deckungsbeitrag III** (Deckungsbeitrag des Kunden)

PRÜFUNGSWISSEN SOZIALKUNDE

A Individualarbeitsrecht

1. Ausbildungsvertrag

Wichtige Regelungen im Ausbildungsvertrag nach dem Berufsbildungsgesetz (BBiG)

Zustandekommen des Ausbildungsvertrags §§ 10, 11 BBiG in Verbindung mit §§ 145 und 151 BGB	1. Willenserklärung durch den Ausbildungsbetrieb (Antrag) und 2. Willenserklärung durch den Auszubildenden (Annahme)
Vertragsschluss mit beschränkt Geschäftsfähigen § 11 Abs. 2 BBiG	Unterschrift durch den Auszubildenden, die gesetzlichen Vertreter (Eltern oder Vormund) und den Zeichnungsberechtigten der Bank
Rechtsfähigkeit § 1 BGB	Träger von Rechten und Pflichten
Geschäftsfähigkeit §§ 104 bis 113 BGB	Ist die Fähigkeit, durch wirksame Willenserklärungen Rechtsgeschäfte rechtsverbindlich abschließen zu können; bei natürlichen Personen ab 18 Jahre.
Minderjährige: Geschäftsunfähige Personen nach § 104 BGB Beschränkt geschäftsfähige Personen nach § 106 BGB	Geschäftsunfähige haben nach dem Gesetz keinen rechtsgeschäftlich bedeutsamen Willen. Für sie handeln stets die gesetzlichen Vertreter. Beschränkt Geschäftsfähige bedürfen zur Willenserklärung, durch die sie nicht lediglich einen rechtlichen Vorteil erlangen, der Zustimmung ihrer gesetzlichen Vertreter. Die Zustimmung kann im Voraus (Einwilligung) oder nachträglich (Genehmigung) erteilt werden. Alter: 7 Jahre bis 18 Jahre Schließt ein Minderjähriger einen Vertrag, durch den er nicht lediglich einen rechtlichen Vorteil erlangt, ohne die vorherige Zustimmung (Einwilligung) des gesetzlichen Vertreters, so hängt die Wirksamkeit des Vertrages von der nachträglichen Zustimmung (Genehmigung) des Vertreters ab (§ 108 BGB). Bis zur Zustimmung ist der Vertrag schwebend unwirksam. Einseitige Rechtsgeschäfte Minderjähriger, z. B. die Kündigung eines Ausbildungsvertrags durch einen Minderjährigen, sind nur mit Einwilligung des gesetzlichen Vertreters wirksam (§ 111 BGB). Sie können nicht nachträglich genehmigt werden.

W. Grundmann, R. Rathner, *Bankwirtschaft, Rechnungswesen und Steuerung, Wirtschafts- und Sozialkunde*, Prüfungstraining für Bankkaufleute,
https://doi.org/10.1007/978-3-658-30521-5_20

Pflichten des Auszubildenden § 13 BBiG	• Lernpflicht • Teilnahme an Ausbildungsmaßnahmen, z. B. Berufsschulunterricht • Befolgen von Weisungen im Rahmen der Berufsausbildung • Beachtung der Betriebsordnung, z. B. Beginn und Ende der täglichen Arbeits- bzw. Ausbildungszeit • Pflegliche Behandlung des Betriebsinventars, z. B. PC • Geheimhaltungspflicht
Pflichten des Ausbildenden § 14 BBiG	• Qualifizierungspflicht • kostenlose Zurverfügungstellung von Ausbildungsmitteln • Zahlung einer Ausbildungsvergütung • Freistellung für Berufsschule • Kontrolle von Ausbildungsnachweisen, z. B. Berichtshefte von Auszubildenden • Übernahme von Erziehungsaufgaben • Übertragung von Aufgaben im Rahmen der Berufsausbildung und der körperlichen Eignung
Ausbildungsvergütung §§ 17 bis 19 BBiG	• mindestens jährlich ansteigend • angemessen • altersgerecht • Sachleistungen möglich • Mehrarbeit ist zu vergüten oder Freizeitausgleich. • zahlbar: spätestens am letzten Ausbildungstag eines Monats • Entgeltfortzahlung bis zu 6 Wochen, z. B. wegen unverschuldeter Krankheit • Höhe der Ausbildungsvergütung i. d. R. laut Tarifvertrag
Probezeit § 20 BBiG	mindestens 1 Monat bis maximal 4 Monate (Beispiel: Probezeit 3 Monate, Ausbildungsbeginn 01.08.20.., Ende der Probezeit 31.10.20..)
Kündigung des Ausbildungsverhältnisses § 22 BBiG und § 102 Betriebsverfassungsgesetz	• während der Probezeit: von beiden Vertragspartnern, jederzeit ohne Kündigungsfrist, ohne Angabe von Gründen, schriftlich • nach der Probezeit: aus wichtigem Grund von beiden Vertragspartnern schriftlich, ohne Kündigungsfrist; • nach der Probezeit: nur vom Auszubildenden, Kündigungsfrist 4 Wochen, Gründe: Aufgabe der Berufsausbildung oder andere Berufsausbildung, schriftlich • Nach dem Betriebsverfassungsgesetz ist der Betriebsrat vor jeder Kündigung zu hören. Der Ausbilder hat ihm die Gründe für die Kündigung mitzuteilen. Eine ohne Anhörung des Betriebsrats ausgesprochene Kündigung ist unwirksam.

Beendigung des Ausbildungsverhältnisses §§ 21, 22 BBiG	• Kündigung • mit Bestehen der Abschlussprüfung mit Bekanntgabe des Prüfungsergebnisses durch den Prüfungsausschuss • Bei Nichtbestehen der Abschlussprüfung: Verlängerung des Berufsausbildungsverhältnisses auf Verlangen des Auszubildenden bis zur nächstmöglichen Wiederholungsprüfung, höchstens um 1 Jahr
Weiterbeschäftigung nach der Ausbildung § 24 BBiG und § 2 Nachweisgesetz	• schlüssiges Verhalten von Arbeitgeber und Arbeitnehmer, z. B. Aufforderung zur Bedienung von Kunden nach bestandener Abschlussprüfung und Bedienung der Kunden durch Arbeitnehmer (Beachte: Vorschriften des Nachweisgesetzes: spätestens 1 Monat nach Arbeitsaufnahme Übergabe der Urkunde mit den vertragswesentlichen Inhalten des Arbeitsvertrages, unterschrieben vom Arbeitgeber) • Nach dem Nachweisgesetz hat der Arbeitgeber spätestens einen Monat nach dem vereinbarten Beginn des Arbeitsverhältnisses die wesentlichen Vertragsbedingungen schriftlich niederzulegen, die Niederschrift zu unterzeichnen und dem Arbeitnehmer auszuhändigen. In die Niederschrift sind mindestens aufzunehmen: Name und Anschrift der Vertragsparteien; Zeitpunkt des Beginns des Arbeitsverhältnisses; bei befristeten Arbeitsverhältnissen die vorhersehbare Dauer; der Arbeitsort; Beschreibung der vom Arbeitnehmer zu leistenden Arbeitstätigkeiten; Höhe und Zusammensetzung und Fälligkeit des Arbeitsentgelts; vereinbarte Arbeitszeit; Dauer des jährlichen Erholungsurlaubs; Fristen für die Kündigung des Arbeitsverhältnisses; Hinweis auf Tarifverträge, Betriebs- oder Dienstvereinbarungen.
Ausbildungszeugnis § 16 BBiG	Ausbildende haben dem Auszubildenden bei Beendigung des Ausbildungsverhältnisses ein schriftliches Zeugnis auszustellen. Das Zeugnis muss Angaben enthalten über Art, Dauer und Ziel der Berufsausbildung sowie über die erworbenen beruflichen Fertigkeiten, Kenntnisse und Fähigkeiten der Auszubildenden. Auf Verlangen Auszubildender sind auch Angaben über Verhalten und Leistung aufzunehmen.

Probezeit und Kündigungsmöglichkeiten eines Ausbildungsverhältnisses

Beispiel 1:

Beginn des Ausbildungsverhältnisses: 01.09.2018
Probezeit: 4 Monate, Ende der Probezeit: 31.12.2018

Beispiel 2: Kündigung während der Ausbildungszeit

Beginn des Ausbildungsverhältnisses: 01.08.2018
Probezeit: 4 Monate, Kündigung des Ausbildungsverhältnisses durch den Auszubildenden oder Ausbildungsbetrieb: 20.08.2018, Ende des Ausbildungsverhältnisses: 20.08.2018

Beispiel 3:
Ausbildungsbeginn: 01.08.2018
Probezeit: 3 Monate, Kündigung des Ausbildungsverhältnisses durch den Auszubildenden: Kündigungszugang an den Ausbildungsbetrieb: 21.12.2018, Ende des Ausbildungsverhältnisses: 18.01.2019

2. Arbeitsvertrag

Vertragspartner	Arbeitnehmer und Arbeitgeber
Zustandekommen des Arbeitsvertrags nach §§ 145 und 151 BGB in Verbindung mit § 611 BGB	1. Willenserklärung durch den Arbeitgeber (Arbeitsplatzangebot/Antrag) 2. Willenserklärung durch den Arbeitnehmer (Annahme)
Vertragsschluss mit beschränkt Geschäftsfähigen nach § 113 BGB	Der Minderjährige wird durch seinen gesetzlichen Vertreter zur Eingehung eines Dienst- oder Arbeitsverhältnisses und zur Erfüllung aller sich daraus ergebenden Verpflichtungen ermächtigt. Der Minderjährige ist in diesen Fällen voll geschäftsfähig für Rechtsgeschäfte, die im Rahmen der erteilten Ermächtigungen liegen. Das Ausbildungsverhältnis zählt nicht zu den Arbeitsverhältnissen im Sinne von § 113 BGB. Die Eingehung eines Ausbildungsvertrages erweitert die Geschäftsfähigkeit nicht.
Rechtsfähigkeit nach § 1 BGB	Mit Vollendung der Geburt ist eine Person Träger von Rechten und Pflichten. Beispiele: Erbe, Wohnungseigentümer usw.
Geschäftsfähigkeit nach §§ 104 bis 113 BGB	Ist die Fähigkeit natürlicher Personen ab 18 Jahren, durch wirksame Willenserklärungen Rechtsgeschäfte abschließen zu können.
Minderjährige: geschäftsunfähige Personen nach § 104 BGB	Geschäftsunfähige haben nach dem Gesetz keinen rechtsgeschäftlich bedeutsamen Willen. Für sie handeln stets die gesetzlichen Vertreter.
beschränkt geschäftsfähige Personen nach § 106 BGB	*Beschränkt Geschäftsfähige bedürfen zur Willenserklärung, durch die sie nicht lediglich einen rechtlichen Vorteil erlangen, der Zustimmung ihrer gesetzlichen Vertreter. Die Zustimmung kann im Voraus (Einwilligung) oder nachträglich (Genehmigung) erteilt werden, Alter: 7 Jahre bis 18 Jahre.* Schließt ein Minderjähriger einen Vertrag, durch den er nicht lediglich einen rechtlichen Vorteil erlangt, ohne die vorherige Zustimmung (Einwilligung) des gesetzlichen Vertreters, so hängt die Wirksamkeit des Vertrages von der nachträglichen Zustimmung (Genehmigung) des Vertreters ab (§ 108 BGB). Bis zur Zustimmung ist der Vertrag schwebend unwirksam. Einseitige Rechtsgeschäfte Minderjähriger, z. B. die Kündigung eines Ausbildungsvertrags durch einen Minderjährigen, sind nur mit Einwilligung des gesetzlichen Vertreters wirksam (§ 111 BGB). Sie können nicht nachträglich genehmigt werden.

	Nach § 113 Abs. 1 BGB ist der Minderjährige für solche Rechtsgeschäfte unbeschränkt geschäftsfähig, welche die Eingehung oder Aufhebung eines Dienst- oder Arbeitsverhältnisses der gestatteten Art oder die Erfüllung der sich aus einem solchen Verhältnis ergebenden Verpflichtungen betreffen, wenn der gesetzliche Vertreter den Minderjährigen ermächtigt hat, in Dienst oder Arbeit zu treten.	
Vergleich zwischen abhängigem Beschäftigungsverhältnis und selbstständiger Tätigkeit	**Arbeitnehmer** • persönliche Abhängigkeit vom Arbeitgeber in einem Dauerschuldverhältnis • Er ist dem Arbeitgeber gegenüber weisungsabhängig hinsichtlich der Art und Durchführung der Aufgabe, des Ortes der Arbeitsleistung, des Arbeitsplatzes und der Arbeitszeit. • Er ist in das Unternehmen eingegliedert (Abteilung, Arbeitsgruppe). • Er trägt kein Unternehmerrisiko (er erhält auch Gehalt bei einem Auftragsmangel). • i. d. R. sozialversicherungspflichtig • Lohnsteuerabzugsverfahren	**Selbstständiger** • kein Abhängigkeitsverhältnis, kein Dauerschuldverhältnis • Er ist nicht weisungsgebunden. • keine Eingliederung in einen fremden Betrieb • Er trägt das Risiko des geschäftlichen Erfolgs selbst. • i. d. R. nicht sozialversicherungspflichtig • Einkommensteuervorauszahlungen
Pflichten des Arbeitnehmers	**Arbeitspflicht:** Er muss Weisungen befolgen. Der Arbeitgeber hat das Direktionsrecht nach § 315 BGB (Bestimmung der Leistung durch eine Partei). Er kann im Rahmen des Arbeitsverhältnisses die Arbeitsbedingungen einseitig soweit bestimmen und abändern, wenn er nicht den Inhalt des Arbeitsvertrags verändert. **Treuepflicht:** Das Arbeitsverhältnis hat einen personalen Charakter. Der Arbeitnehmer hat die Interessen des Unternehmens zu wahren, er hat alles zu unterlassen, was dem Unternehmen schadet. Grundlage ist § 241 Abs. 2 BGB: Das Schuldverhältnis kann nach seinem Inhalt jeden Teil zur Rücksicht auf die Rechte, Rechtsgüter und Interessen des anderen Teils verpflichten. **Pflicht zur Verschwiegenheit:** Verbot der Annahme von Schmiergeldern, Wettbewerbsverbot, Unterlassung ruf- und kreditschädigender Mitteilungen, nach Eigenart des Arbeitsplatzes die Zurückhaltung bei politischer Betätigung **Informationspflicht:** Störungen im Betriebsablauf melden	

Pflichten des Arbeitgebers	**Gehaltszahlungspflicht** **Fürsorgepflicht:** Diese Pflicht entspricht der Treuepflicht des Arbeitnehmers. Pflicht zur Gewährung von Urlaub, Pflicht zum Schutz von Gesundheit und Leben des Arbeitnehmers, Pflicht zur Ausstellung eines Arbeitszeugnisses, Pflicht zur Gleichbehandlung bei Maßnahmen mit kollektivem Charakter; Arbeitsvertragliche Pflicht: Gewährung einer betrieblichen Altersversorgung
Freistellung von der Arbeit nach § 616 BGB und § 16 MTV	**§ 616 BGB (Vorübergehende Verhinderung)** Der zur Dienstleistung Verpflichtete wird des Anspruchs auf die Vergütung nicht dadurch verlustig, dass er für eine verhältnismäßig nicht erhebliche Zeit durch einen in seiner Person liegenden Grund ohne sein Verschulden an der Dienstleistung verhindert wird. Er muss sich jedoch den Betrag anrechnen lassen, welcher ihm für die Zeit der Verhinderung aus einer auf Grund gesetzlicher Verpflichtung bestehenden Kranken- oder Unfallversicherung zukommt. **§ 16 MTV (Arbeitsbefreiung)** Arbeitnehmern, die öffentliche Ehrenämter bekleiden, ist zur Ausübung ihres Ehrenamtes Arbeitsbefreiung zu gewähren, auch wenn dies nicht bereits gesetzlich vorgeschrieben ist. Eine Anrechnung auf den Erholungsurlaub ist nicht zulässig. Weitere Befreiungstatbestände unter Fortzahlung des Gehalts und ohne Anrechnung auf den Erholungsurlaub: • eigene Eheschließung: 2 Arbeitstage • Hochzeit der Kinder: 1 Arbeitstag • Goldene Hochzeit der Eltern: 1 Arbeitstag • Niederkunft der Ehefrau: 1 Arbeitstag • Tod des Ehegatten: 2 Arbeitstage • Tod der Eltern, Schwiegereltern, Kinder, Geschwister oder Großeltern: 1 Arbeitstag • Umzug: 1 Arbeitstag

Vergleich Ausbildungsvertrag – Arbeitsvertrag

Aspekte	Berufsausbildungsverhältnis	Arbeitsverhältnis
Inhalt festgelegt durch	• Berufsausbildungsvertrag zwischen Auszubildenden und Ausbildenden • Ausbildungsverordnung • Berufsbildungsgesetz • Jugendarbeitsschutzgesetz • Tarifvertrag bei Vereinbarung im Berufsausbildungsvertrag	• Arbeitsvertrag zwischen Arbeitgeber und Arbeitnehmer • Tarifvertrag bei Tarifbindung • Betriebsvereinbarung • gesetzliche Vorschriften (z. B. Arbeitsschutzvorschriften)

Aspekte	Berufsausbildungsverhältnis	Arbeitsverhältnis
Rechte	• qualifizierte Berufsausbildung zur Erreichung des Ausbildungszieles • Anspruch auf eine Vergütung • Anspruch auf verfügbare Ausbildungsmittel an der Ausbildungsstätte • Anspruch auf Fürsorge, d. h. auf Schutz und „Berufserziehung" • Anspruch auf Ausstellung eines Zeugnisses	• Gehaltszahlungsanspruch • Anspruch auf Fürsorge
Pflichten	• Lernpflicht • Pflicht zum Berufsschulbesuch • Führen des Berichtshefts • Verrichtungen und Aufgaben im Rahmen des Berufsausbildungsverhältnisses weisungsgemäß ausführen • Schweigepflicht	• Arbeitspflicht • Treuepflicht
Zweck	• qualifizierte Berufsausbildung	• weisungsgebundene Arbeitspflicht gegen Gehaltszahlung
Dauer	• befristet, der sachliche Grund für die Befristung ist die Berufsausbildung.	• Arbeitsvertrag auf unbestimmte Zeit abgeschlossen, ein Dauerschuldverhältnis wird begründet. • befristet für eine bestimmte Zeit, z. B. 6 Monate
Beendigung ordentlich	• durch Fristablauf bzw. vorzeitig durch Bestehen der Abschlussprüfung	• befristete Verträge: nach Ablauf der Befristung i. d. R. ohne Kündigung • unbefristete Verträge: durch Kündigung und Ablauf der Kündigungsfrist • durch Aufhebungsvertrag
Kündigung	• Kündigung während und nach der Probezeit nach § 22 BBiG (Aufhebungsvertrag ist möglich.)	• ordentliche Kündigung (Aufhebungsvertrag ist möglich.) • außerordentliche Kündigung

3. Arbeitszeugnis

Wichtige Hinweise zum Arbeitszeugnis

Bedeutung und Funktionen	Einschätzung des neuen Arbeitnehmers durch den Personalchef **Definition:** Ein Arbeitszeugnis gibt Auskunft über Art und Dauer der Tätigkeiten, der Leistungen und Kenntnisse, sowie über das Verhalten des Arbeitnehmers. Je nach Qualität des Arbeitszeugnisses kann es das berufliche Fortkommen des Arbeitnehmers erleichtern oder auch erschweren. **Funktionen:** • Nachweisfunktion • Eignungsfunktion
Gesetzliche Grundlage	Gewerbeordnung § 106 Abs. 2: Das Arbeitszeugnis darf keine „Geheimcodes" enthalten, das Zeugnis muss klar und verständlich formuliert sein. Es darf keine Merkmale oder Formulierungen enthalten, die den Zweck haben, eine andere als aus der äußeren Form oder aus dem Wortlaut ersichtliche Aussage über den Arbeitnehmer zu treffen. Der Arbeitgeber ist gesetzlich dazu verpflichtet, ein Arbeitszeugnis auszustellen, vorausgesetzt es lag oder liegt ein dauerhaftes Arbeitsverhältnis vor. Von sich aus muss der Arbeitgeber die Ausstellung nicht veranlassen. Erst auf das Verlangen des Arbeitnehmers ist der Arbeitgeber zur Zeugnisausstellung verpflichtet. Des Weiteren entscheidet der Arbeitnehmer, ob er die Ausstellung eines einfachen oder eines qualifizierten Zeugnisses wünscht. Im Übrigen verjährt der Anspruch auf ein Zeugnis nach 3 Jahren. Ein Zeugnis sollte noch vor bzw. direkt nach Beendigung des Arbeitsverhältnisses verlangt/ausgestellt werden.
Beurteilungscodes der Arbeitgeber	Zufriedenheitsskala sehr gut: „... hat Aufgaben stets zu unserer vollsten Zufriedenheit erledigt ..." gut. „... hat Aufgaben stets zu unserer vollen Zufriedenheit erledigt ..." befriedigend: „... hat Aufgaben zu unserer vollen Zufriedenheit erledigt ..." ausreichend: „... hat Aufgaben zu unserer Zufriedenheit erledigt ..." mangelhaft: „... hat sich bemüht, die Aufgaben zu unserer Zufriedenheit zu erledigen ..."
Beispiele für Zeugnisklauseln	„Während ihrer Ausbildungszeit wurde sie im Privat-, Firmen- und Individualkundengeschäft eingesetzt und *hat dort erfahren*, dass die Kundenorientierung in unserem Beruf im Mittelpunkt des Denkens und Handelns steht." Das bedeutet im Klartext: Sie hat in diesen Abteilungen die Lerninhalte nicht aktiv umgesetzt; dies entspricht der Zeugnisnote ausreichend. „Schon als Auszubildende bewies sie verkäuferische Fähigkeiten und zeigte eine *ordentliche Auffassungsgabe.*" Das bedeutet im Klartext: entspricht der Zeugnisnote befriedigend

	„Sie hat die *wesentlichen Fertigkeiten und Kenntnisse* einer Bankkauffrau erlernt." Das bedeutet im Klartext: Das entspricht der Zeugnisnote ausreichend. „Frau Schröder hat zu unserer *vollen Zufriedenheit* gelernt und gearbeitet." Das bedeutet im Klartext: Das entspricht der Zeugnisnote befriedigend. „Er war ein *gewissenhafter Mitarbeiter.*" Das bedeutet im Klartext: Er war zur Stelle, wenn man ihn brauchte, aber nicht immer brauchbar. „Herr Schulte kümmerte sich *stets um die Belange seiner Mitarbeiter.*" Das bedeutet im Klartext: Er ist engagiertes Betriebsratsmitglied. „Für die *Belange der Belegschaft* bewies er ein *umfassendes Einfühlungsvermögen.*" Das bedeutet im Klartext: Er ist homosexuell. „Herr Müller *war bemüht* ... Wir bestätigen Herrn Müller gerne, dass wir mit seinen Leistungen *voll zufrieden* waren." Das bedeutet im Klartext: Solch ein Widerspruch in einem Arbeitszeugnis wird negativ beurteilt. „Herr Schulze kam *stets pünktlich* zur Arbeit." Das bedeutet im Klartext: Es werden Selbstverständlichkeiten ins Arbeitszeugnis aufgenommen, weil wesentliche Fähigkeiten fehlen, z. B. bei einem Kassierer branchenübliche Eigenschaften wie Ehrlichkeit, Zuverlässigkeit und Vertrauenswürdigkeit. Leerstellen in einem Arbeitszeugnis werden negativ beurteilt, z. B. wenn der Umgang mit Kunden und Vorgesetzten oder Mitarbeitern nicht beurteilt wird.
Weitere gesetzliche Regelungen zum Arbeitszeugnis	• Der Arbeitgeber muss die Leistungen wahrheitsgetreu angeben (Der Wahrheitsgehalt geht über das Wohlwollen). • Die ausgeübten Tätigkeiten sollten vollständig aufgeführt werden. • Geheimcodes sind verboten. • Durch das Zeugnis sollten dem Arbeitnehmer keine unnötigen Nachteile entstehen. • Krankheitszeiten dürfen nicht angegeben werden. • Der Kündigungsgrund darf nur mit Zustimmung des Arbeitnehmers im Arbeitszeugnis erscheinen. • Des Weiteren gehören Partei- und Gewerkschaftszugehörigkeiten nicht in ein Arbeitszeugnis.
Aussteller des Arbeitszeugnisses	In der Regel werden Arbeitszeugnisse von einem Mitarbeiter der Personalabteilung erstellt. In kleineren Betrieben zeichnet oft der Chef selber dafür verantwortlich. Das Arbeitszeugnis sollte vom Personalchef unterzeichnet werden.
Arten von Arbeitszeugnissen	Es wird zwischen dem einfachen und dem qualifizierten Arbeitszeugnis unterschieden. Beide unterscheiden sich in Inhalt und Aufbau.

Beispiel eines Ausbildungszeugnisses:

Nordbank AG
Zeugnis
Frau Sophie Schröder,
geboren am 15.03.1994 in Norderstedt,

begann ihre Ausbildung zur Bankkauffrau am 01.08.2015 in unserem Hause.
Im Rahmen ihrer Ausbildung hat Frau Schröder kunden- und marktorientierte Handlungskompetenz erworben. Sie hat gelernt, Arbeitsprozesse selbstständig zu planen, durchzuführen und zu kontrollieren. Während ihrer Ausbildungszeit wurde sie im Privat-, Firmen- und Individualkundengeschäft eingesetzt und hat dort erfahren, dass die Kundenorientierung in unserem Beruf im Mittelpunkt des Denkens und Handelns steht. Die erforderlichen theoretischen Grundlagen hat sie sich in der Berufsschule sowie eigenverantwortlich über unsere Online-Akademie angeeignet und ihre Kenntnisse in internen Seminaren und Verkaufstrainings vertieft.
Frau Schröder interessierte sich in hohem Maße für die Aufgabenfelder und war gut motiviert. Schon als Auszubildende bewies sie verkäuferische Fähigkeiten und zeigte eine ordentliche Auffassungsgabe. Frau Schröder verstand sich als Dienstleisterin für ihre internen und externen Kunden und stellte sich aktiv auf deren Bedürfnisse ein. Sie hat die wesentlichen Fertigkeiten und Kenntnisse einer Bankkauffrau erlernt.
Frau Schröder behielt auch bei gleichzeitig anfallenden Aufgaben und unter Zeitdruck die Übersicht, bewahrte Ruhe und setzte die richtigen Prioritäten. Die ihr im Rahmen der Ausbildung übertragenen Aufgaben erledigte sie quantitativ und qualitativ gut. Frau Schröder hat zu unserer vollen Zufriedenheit gelernt und gearbeitet.
Ihr Verhalten gegenüber Vorgesetzten, Ausbildern, Mitarbeitern und Mitauszubildenden sowie unseren Kunden war immer einwandfrei. Mit ihren Umgangsformen waren wir sehr zufrieden.
Am 20.06.2017 hat Frau Schröder ihre Abschlussprüfung vor der Handelskammer Hamburg bestanden und verlässt unser Unternehmen nach Beendigung ihrer Berufsausbildung auf eigenen Wunsch. Wir danken ihr für die angenehme Zusammenarbeit während der Ausbildungszeit und wünschen ihr weiterhin alles Gute.

Hamburg, den 20.06.2017
Nordbank AG

4. Urlaubsregelungen

Anspruchsgrundlage	• Bundesurlaubsgesetz (BUrlG) • Jugendarbeitsschutzgesetz (JArbSchG) • Manteltarifvertrag (MTV) • Betriebsvereinbarungen
Anspruchsberechtigter Personenkreis	Arbeitnehmer und Auszubildende
Anspruch auf Gewährung von bezahltem Erholungsurlaub	• nach § 3 BUrlG 24 Werktage • nach § 19 JArbSchG je nach Alter (15, 16, 17 Jahre) 30, 27, 25 Werktage • nach § 15 MTV für privates Bankgewerbe 30 Arbeitstage

Bedeutung des Urlaubsanspruchs für Arbeitnehmer und Auszubildende	• Freistellung von der Arbeitspflicht bzw. Lernpflicht und Anspruch auf Entgeltfortzahlung während des Urlaubs • ggf. Sonderzahlungen als Urlaubsgeld im Rahmen einer Betriebsvereinbarung möglich • keine Erwerbstätigkeit während der Urlaubszeit
Voraussetzungen für den Anspruch auf Erholungsurlaub	• Entstehung des vollen Urlaubsanspruchs, wenn Arbeitsverhältnis länger als 6 Monate • ansonsten Anspruch auf Teilurlaub • Inanspruchnahme des Urlaubs innerhalb eines Kalenderjahres, spätestens in Ausnahmefällen bis zum 31.03. des Folgejahres mit Absprache
Behandlung des Urlaubsanspruchs bei Arbeitsplatzwechsel	• Scheidet ein Arbeitnehmer nach erfüllter Wartezeit in der ersten Hälfte eines Kalenderjahres aus einem Arbeitsverhältnis aus, und hat er bereits Urlaub über den ihm zustehenden Umfang hinaus erhalten, so kann das dafür gezahlte Urlaubsentgelt nicht zurückgefordert werden. • Der Arbeitgeber ist verpflichtet, bei Beendigung des Arbeitsverhältnisses dem Arbeitnehmer eine Bescheinigung über den im laufenden Kalenderjahr gewährten oder abgegoltenen Urlaub auszuhändigen.

5. Arbeitsunfähigkeit wegen Krankheit

Wichtige Regelungen

Anspruchsgrundlage	• Entgeltfortzahlungsgesetz (EFZG) • Manteltarifvertrag (MTV) • Bundesurlaubsgesetz (BUrlG) • Berufsbildungsgesetz (BBiG)
Anspruchsvoraussetzungen für die Entgeltfortzahlung im Krankheitsfall	• sofortige Information des Arbeitgebers über Art und Dauer der Arbeitsunfähigkeit • Beschaffung der ärztlichen Arbeitsunfähigkeitsbescheinigung spätestens am 3. Tag • Vorlage der Arbeitsunfähigkeitsbescheinigung beim Arbeitgeber spätestens am 4. Tag • Mitteilung an die gesetzliche Krankenversicherung • Beschäftigungsdauer: Arbeitnehmer/Auszubildender ist länger als 4 Wochen ununterbrochen im Unternehmen beschäftigt.
Anspruchsberechtigter Personenkreis	• Arbeitnehmer und Auszubildende, die länger als 4 Wochen ununterbrochen im Unternehmen beschäftigt sind.

Ansprüche	• Entgeltfortzahlung im Krankheitsfall für längstens 6 Wochen • Krankengeld von der gesetzlichen Krankenversicherung nach 6 Wochen • Tarifgebundene Arbeitnehmer erhalten ggf. je nach Dauer der Betriebszugehörigkeit nach 6 Wochen Differenz zwischen Nettogehalt und Krankengeld vom Arbeitgeber.
Arbeitsunfähigkeit während des Erholungsurlaubs	• Anspruchsvoraussetzung: ärztliche Arbeitsunfähigkeitsbescheinigung und sofortige Benachrichtigung des Arbeitgebers • Rechtsfolge: Tage der Arbeitsunfähigkeit werden auf den Erholungsurlaub nicht angerechnet.

6. Arbeitsschutz

6.1 Regelungen nach dem Mutterschutzgesetz

Geltungsbereich	Frauen im Arbeitsverhältnis
Gestaltung des Arbeitsplatzes	Arbeitgeber muss ausreichende Vorkehrungen und Maßnahmen zum Schutz von Leben und Gesundheit der werdenden und stillenden Mutter treffen.
Beschäftigungsverbote für werdende und stillende Mütter	• bei Gefährdung von Leben oder Gesundheit von Mutter oder Kind • keine Beschäftigung während der letzten 6 Wochen vor der Entbindung (es sei denn, freiwillige Bereitschaft zur Arbeitsaufnahme) • bis zu acht Wochen nach der Geburt absolutes Beschäftigungsverbot • keine schwere körperliche Arbeit • Beschäftigungsverbot zwischen 22 Uhr und 6 Uhr • Beschäftigungsverbot an Sonn- und Feiertagen
Freistellungen	• für Untersuchungen während der Schwangerschaft und Mutterschaft
Mitteilungspflichten	• Schwangerschaft und mutmaßlicher Tag der Entbindung • Vorlage eines ärztlichen Zeugnisses auf Verlangen des Arbeitgebers
Kündigungsverbot	Während der Schwangerschaft bis zum Ablauf von 4 Monaten nach der Entbindung, sofern dem Arbeitgeber zur Zeit der Kündigung Schwangerschaft oder Entbindung bekannt war oder dieses innerhalb zweier Wochen nach Zugang der Kündigung mitgeteilt wird.
Mutterschaftsgeld	für Arbeitnehmerinnen faktisch das Nettogehalt während der Schutzfristen 6 Wochen vor und bis zu 8 Wochen nach der Entbindung

6.2 Jugendarbeitsschutz

Gründe für den Jugendarbeitsschutz	Übermäßige Belastung durch die Berufsarbeit kann gerade bei jungen Menschen zu gesundheitlichen Schäden sowie zur Beeinträchtigung der körperlichen und geistigen Entwicklung führen. Jugendliche treffen nicht selten Arbeitsbedingungen an, die sich in erster Linie am Leistungsvermögen Erwachsener ausrichten; sie verfügen auch noch nicht über die Leistungsfähigkeit und die Erfahrung Erwachsener. Hinzu kommen die zusätzlichen Belastungen durch die schulische und berufliche Ausbildung. Dem Schutz der jugendlichen Beschäftigten wird daher im Rahmen des Gesundheitsschutzes am Arbeitsplatz ein hoher Stellenwert eingeräumt. Aufgabe ist es, Jugendliche am Beginn ihres Berufs- und Arbeitslebens vor Überbeanspruchung und vor den Gefahren am Arbeitsplatz in besonderem Maße zu schützen. Diesem Ziel dient das Jugendarbeitsschutzgesetz.
Ausgewählte Inhalte	Im Jugendarbeitsschutzgesetz (JArbSchG) finden sich allgemeine Bestimmungen für die Beschäftigung von Minderjährigen, insbesondere zeitliche Begrenzungen für die Dauer der Arbeit. Dort ist bestimmt, dass • Jugendliche nicht mehr als 8 Stunden täglich beschäftigt werden dürfen (§ 8 Abs. 1 JArbSchG); • Jugendliche nicht mehr als 40 Stunden in der Woche beschäftigt werden dürfen (§ 8 Abs. 1 JArbSchG); • in Ausnahmefällen - die genau beschrieben sind in § 8 Abs. 2 JArbSchG - die tägliche Arbeitszeit 8,5 Stunden betragen darf; • die tägliche Freizeit der Jugendlichen mindestens 12 Stunden lang sein muss (§ 13 JArbSchG); • Jugendliche nur in der Zeit von 6.00 Uhr bis 20.00 Uhr beschäftigt werden dürfen (§ 14 JArbSchG); • Jugendliche nur an 5 Tagen in der Woche beschäftigt werden dürfen, die beiden freien Tage sollen aufeinander folgen (§15 JArbSchG); • der Arbeitgeber den Jugendlichen für die Teilnahme an Prüfungen einen Arbeitstag vor der Prüfung freistellt (§ 10 JArbSchG). Falls der Minderjährige noch der Vollzeitschulpflicht unterliegt, gelten für diesen die Beschränkungen der Verordnung über den Kinderarbeitsschutz (KindArbSchV), die die Beschäftigung von Kindern oder schulpflichtigen Jugendlichen nur in ganz wenigen, genau definierten Bereichen zulässt (§ 2 KindArbSchV), z. B. Austragen von Zeitungen.
Ausnahmeregelungen	Nachtruhe (§ 14 JArbSchG): • Jugendliche über 16 Jahre dürfen in Bäckereien bereits ab 5 Uhr beschäftigt werden, Jugendliche über 17 Jahre bereits ab 4 Uhr. • Jugendliche über 16 Jahre dürfen im Gaststättengewerbe bis 22 Uhr beschäftigt werden.
Urlaubsregelung (§ 19 JArbSchG)	• Jugendliche zu Beginn des Kalenderjahres noch nicht 16 Jahre alt: 30 Werktage Urlaubsanspruch • Jugendliche zu Beginn des Kalenderjahres noch nicht 17 Jahre alt: 27 Werktage Urlaubsanspruch • Jugendliche zu Beginn des Kalenderjahres noch nicht 18 Jahre alt: 25 Werktage Urlaubsanspruch

Ärztliche Untersuchungen	• **Erstuntersuchung**: Ärztliche Untersuchung des Jugendlichen innerhalb von 14 Monaten vor Eintritt in das Berufsleben. Vor der Beschäftigung muss der Arbeitgeber eine Bescheinigung hierüber erhalten. • **Erste Nachuntersuchung**: Vorlage der Bescheinigung über die Nachuntersuchung beim Arbeitgeber spätestens 1 Jahr nach Beschäftigungsaufnahme
Aufsichtsbehörde	Die Aufsicht über die Ausführungen des Jugendarbeitsschutzgesetzes und der einschlägigen Rechtsverordnungen obliegt den Gewerbeaufsichtsämtern. Diese beraten auch in allen Angelegenheiten des Jugendarbeitsschutzes.

6.3 Kündigungsschutz für Arbeitnehmer

Rechtsgrundlagen einer Kündigung eines unbefristeten Arbeitsverhältnisses	• § 622 BGB • § 17 Manteltarifvertrag ordentliche Kündigung • § 626 BGB außerordentliche Kündigung
Wirksamkeit der Kündigung	Die ordentliche Kündigung erfordert das Einhalten einer Kündigungsfrist. Eine Kündigung wird nur wirksam, wenn die Willenserklärung wirksam abgegeben wurde und den Vertragsparteien zugegangen ist (§ 130 BGB, einseitig empfangsbedürftige Willenserklärung). Der Personalleiter kann z. B. wirksam kündigen. Wird die Kündigungserklärung gegenüber einem minderjährigen Auszubildenden abgegeben, wird sie erst wirksam, wenn sie dem gesetzlichen Vertreter zugeht (§ 131 Abs. 1 und 2 BGB). Nur eine schriftlich erklärte Kündigung ist wirksam (§§ 623, 126 BGB).
Kündigungsfristen	Mit Zugang der Kündigungserklärung setzt der Beginn der jeweils geltenden Kündigungsfrist ein, die mit dem Termin endet, an dem das Arbeitsverhältnis beendet werden soll (§ 622 BGB, § 22 BBiG, § 17 Manteltarifvertrag).
Anhörung des Betriebsrates	Eine ohne Anhörung des Betriebsrates ausgesprochene Kündigung ist unwirksam (§ 102 BetrVG). Anhören bedeutet, dass der Arbeitgeber eine Stellungnahme des Betriebsrates nur zur Kenntnis nehmen muss.
Kündigungsschutz	Für bestimmte Arbeitnehmergruppen gibt es einen besonderen Kündigungsschutz, z. B. den Mutterschutz für schwangere Frauen (§ 9 Mutterschutzgesetz).
Allgemeiner Kündigungsschutz	Der Kündigungsschutz ist im Kündigungsschutzgesetz geregelt. Der Kündigungsschutz soll den Arbeitnehmer vor dem Verlust seines Arbeitsplatzes bewahren. Ist ein Arbeitnehmer Mitglied einer Gewerkschaft, wird er von seiner Gewerkschaft prüfen lassen, ob die Vorschriften des Kündigungsschutzgesetzes der ordentlichen Kündigung entgegenstehen.

Anwendbarkeit des Kündigungsschutzgesetzes	Die Regelung der dreiwöchigen Klagefrist bezieht sich auf die §§ 4 bis 7 und 13 Abs. 1 des Kündigungsschutzgesetzes und ist auf alle Arbeitsverhältnisse anzuwenden. Die übrigen Schutzvorschriften des Kündigungsschutzgesetzes gelten nach § 23 Abs. 1 grundsätzlich nur für Betriebe, in denen mehr als 10 Arbeitnehmer beschäftigt sind (sachlicher Anwendungsbereich). Dem Kündigungsschutz unterliegen nur solche Arbeitsverhältnisse, die länger als 6 Monate bestanden haben (persönlicher Anwendungsbereich). Es muss bei jeder Kündigung in jedem Fall geprüft werden, ob die Kündigung nach § 1 Abs. 1, 2 und 3 des Kündigungsschutzgesetzes sozialwidrig ist. Diese Prüfung erfolgt nur, wenn für das Arbeitsverhältnis das Kündigungsschutzgesetz anwendbar ist. Eine Kündigung ist dann unwirksam, wenn sie sozial ungerechtfertigt ist. Um die Kündigung sozial rechtfertigen zu können, muss sich der Arbeitgeber darauf berufen können, dass die Kündigung des Arbeitnehmers entweder personenbedingte, verhaltensbedingte oder betriebsbedingte Gründe hat.
Kündigungsgründe	**Personenbedingte Kündigungsgründe** sind Kündigungsgründe, die der Arbeitnehmer selbst nicht beeinflussen kann, z. B. Alter oder Krankheit. **Verhaltensbedingte Kündigungsgründe** sind Gründe, die der Arbeitnehmer selbst beeinflussen kann, z. B. ständige Unpünktlichkeit. **Betriebsbedingte Kündigungsgründe** liegen z. B. vor, wenn aufgrund dringender betrieblicher Erfordernisse im Betrieb des Arbeitnehmers Arbeitsplätze wegfallen sollen. Es besteht weder im selben Betrieb noch in einem anderen Bereich des Unternehmens eine anderweitige Beschäftigungsmöglichkeit. Beispiele hierfür wären Rationalisierungsmaßnahmen oder ein Auftragsrückgang im Unternehmen.
Sozialwidrigkeit der Kündigung im Einzelfall	Zunächst muss geprüft werden, ob die Kündigung zulässig ist. Danach ist zu klären, ob der an sich geeignete Kündigungsgrund gerade im vorliegenden Einzelfall eine Kündigung rechtfertigt. Die Kündigung ist nur dann wirksam, wenn das Arbeitsverhältnis durch den gegebenen Grund auch noch in der Zukunft beeinträchtigt wird. Die Kündigung darf nur das letzte Mittel sein. Vor der Kündigung ist daher eine Versetzung des Arbeitnehmers zu prüfen.
Interessenabwägung und Sozialauswahl	Bei personen- und verhaltensbedingten Gründen einer Kündigung müssen die berechtigten Interessen des Arbeitgebers mit den Interessen auf Erhalt des Beschäftigungsverhältnisses des Arbeitnehmers berücksichtigt werden. Bei der betriebsbedingten Kündigung muss der Arbeitgeber eine Sozialauswahl treffen (§ 1 Abs. 3 Kündigungsschutzgesetz). Es ist hierbei auf das Alter und die Dauer der Betriebszugehörigkeit des Arbeitnehmers zu achten.

Kündigungsschutzklage durch den Arbeitnehmer	Gegen eine unzulässige Kündigung kann der Arbeitnehmer innerhalb von 3 Wochen nach Zugang der schriftlichen Kündigung Kündigungsschutzklage beim Arbeitsgericht erheben. Der Kündigungsschutz des Arbeitnehmers entfällt, wenn er die dreiwöchige Klagefrist versäumt (§ 4 Kündigungsschutzgesetz). In diesem Fall gilt eine an sich unwirksame Kündigung, z. B. eine sozialwidrige Kündigung oder eine Kündigung ohne Anhörung des Betriebsrates, als von Anfang an wirksam (§ 7 Kündigungsschutzgesetz).

6.4 Kündigungsfristen

Aspekte	**Kündigungsregelung nach § 622 BGB für unbefristete Arbeitsverhältnisse**	**Kündigungsregelung nach § 17 MTV für das private Bankgewerbe für unbefristete Arbeitsverhältnisse**
Kündigung eines Arbeitsverhältnisses (AV) während der Probezeit (längstens 6 Monate)	• 14 Tage • Regelung gilt für beide Vertragspartner. • Schriftform erforderlich (§ 623 BGB).	Keine Regelung im MTV, daher Anwendung von § 622 BGB: 14 Tage
	Beispiel: Kündigungszugang: 16.10.2017 (Montag) Ende des Arbeitsverhältnisses: 30.10.2017 (Montag)	
Ordentliche Kündigung eines AV nach der Probezeit	• 4 Wochen (oder 28 Tage) zum 15. eines Monats bzw. zum Monatsultimo • Diese Regelung gilt für beide Vertragspartner. • Schriftform erforderlich	• 6 Wochen (oder 42 Tage) zum Quartalsende • Diese Regelung gilt für beide Vertragspartner. • Schriftform erforderlich (§ 623 BGB)
	Beispiel: Beginn des Arbeitsverhältnisses: 01.01.2012, Kündigungszugang: 16.10.2017 (Montag), Ende des Arbeitsverhältnisses: 15.11.2017 (Mittwoch), spätestmöglicher Kündigungszugang: 18.10.2017	**Beispiel:** Beginn des Arbeitsverhältnisses: 01.01.2012, Kündigungszugang: 16.10.2017 (Montag), Ende des Arbeitsverhältnisses: 31.12.2017 (Sonntag), spätestmöglicher Kündigungszugang: 17.11.2017 (Freitag)
Verlängerte Kündigungsfristen bei einer Betriebszugehörigkeit von 2 Jahren und mehr	2 Jahre – 1 Monat zum Monatsende 5 Jahre – 2 Monate zum Monatsende 8 Jahre – 3 Monate zum Monatsende 10 Jahre – 4 Monate zum Monatsende 12 Jahre – 5 Monate zum Monatsende	5 Jahre – 3 Monate zum Quartalsende 8 Jahre – 4 Monate zum Quartalsende 10 Jahre – 5 Monate zum Quartalsende 12 Jahre – 6 Monate zum Quartalsende Diese Regelung gilt nur für den Arbeitgeber. Schriftform ist er

Aspekte	**Kündigungsregelung nach § 622 BGB für unbefristete Arbeitsverhältnisse**	**Kündigungsregelung nach § 17 MTV für das private Bankgewerbe für unbefristete Arbeitsverhältnisse**
	15 Jahre – 6 Monate zum Monatsende 20 Jahre – 7 Monate zum Monatsende Diese Regelung gilt nur für den Arbeitgeber. Schriftform ist erforderlich (§ 623 BGB).	forderlich (§ 623 BGB).
	Beispiel: Beginn des Arbeitsverhältnisses: 01.01.2007 Kündigungszugang: 16.10.2017 (Montag) Dauer der Beschäftigung: 10 Jahre Ende des Arbeitsverhältnisses: 28.02.2018 Spätestmöglicher Kündigungszugang: 31.10.2017 (Dienstag)	**Beispiel:** Beginn des Arbeitsverhältnisses: 01.01.2007 Kündigungszugang: 16.10.2017 (Montag) Dauer der Beschäftigung: 10 Jahre Ende des Arbeitsverhältnisses: 31.03.2017 Spätestmöglicher Kündigungszugang: 31.10.2017 (Dienstag)
Vertraglich abweichende Vereinbarungen von Kündigungsfristen möglich:	4 Wochen Kündigungsfrist mindestens: 1. bei Aushilfskräften mit Arbeitsverträgen mit Laufzeiten von weniger als 3 Monaten; 2. wenn der Arbeitgeber weniger als 20 Arbeitnehmer beschäftigt.	Kündigungsfrist muss mindestens 1 Monat zum Monatsende betragen.
Außerordentliche Kündigung	• Ein wichtiger Grund muss vorliegen. • fristlos • Schriftform erforderlich (§ 623 BGB) • Kündigung kann nur innerhalb von zwei Wochen nach Tatsachenkenntnis erfolgen. • Der Betriebsrat muss vor der Kündigung vom Arbeitgeber angehört werden, § 102 Abs. 1 und 2 Betriebsverfassungsgesetz, schriftliche Stellungnahme innerhalb von 3 Tagen. • Auf Verlangen ist dem anderen Teil der Kündigungsgrund unverzüglich schriftlich mitzuteilen, vgl. § 626 Abs. 2 BGB.	• Ein wichtiger Grund muss vorliegen. • fristlos • Schriftform erforderlich (§ 623 BGB) • Kündigung kann nur innerhalb von zwei Wochen nach Tatsachenkenntnis erfolgen. • Der Betriebsrat muss vor der Kündigung vom Arbeitgeber angehört werden, § 102 Abs. 1 und 2 Betriebsverfassungsgesetz.

6.5 Besonderer Kündigungsschutz

Arbeitnehmergruppe	Anspruchsgrundlage
Auszubildende	Nach § 22 BBiG kann das Berufsausbildungsverhältnis nach der Probezeit nur von Auszubildenden mit einer Kündigungsfrist von 4 Wochen gekündigt werden, wenn sie die Berufsausbildung aufgeben oder sich für eine andere Berufstätigkeit ausbilden lassen wollen. Die Kündigung muss schriftlich und unter Angabe der Kündigungsgründe erfolgen. Davon unberührt bleibt die Kündigung aus wichtigem Grund für beide Vertragspartner.
Werdende Mütter	Nach § 9 Mutterschutzgesetz haben Arbeitnehmerinnen während der Schwangerschaft und bis zum Ablauf von 4 Monaten nach der Entbindung Kündigungsschutz. Die Kündigung ist unwirksam, wenn dem Arbeitgeber zur Zeit der Kündigung die Schwangerschaft bekannt war oder innerhalb zweier Wochen nach Zugang der Kündigung mitgeteilt wird.
Betriebsräte und Jugendvertreter	Nach § 15 des Kündigungsschutzgesetzes haben Mitglieder eines Betriebsrates bzw. einer Jugend- und Auszubildendenvertretung Anspruch auf Kündigungsschutz. Der Kündigungsschutz besteht bis ein Jahr nach Beendigung der Amtszeit. Die Kündigung aus wichtigem Grund bleibt hiervon unberührt.
Schwerbehinderte Arbeitnehmer	Nach §§ 85 und 86 des Sozialgesetzbuches IX bedarf die Kündigung des Arbeitsverhältnisses eines schwerbehinderten Menschen durch den Arbeitgeber der vorherigen Zustimmung des Integrationsamtes. Die Kündigungsfrist beträgt mindestens 4 Wochen.
Kündigungsschutz für Arbeitnehmer mit langen Beschäftigungszeiten und ältere Arbeitnehmer	Nach § 17 Manteltarifvertrag (MTV) haben Arbeitnehmer, die das 50. Lebensjahr vollendet haben und dem Betrieb mindestens 10 Jahre ununterbrochen angehören, Anspruch auf besonderen Kündigungsschutz: Sie können nur bei Vorliegen eines wichtigen Grundes und bei Betriebsänderungen im Sinne des § 111 Betriebsverfassungsgesetz gekündigt werden. Nach § 622 BGB und § 17 MTV haben Arbeitnehmer mit langen Beschäftigungszeiten Anspruch auf verlängerte Kündigungsfristen.

6.6 Beschäftigtendatenschutz

Es gibt kein eigenes Gesetz zum Beschäftigtendatenschutz. Rechtsgrundlagen hierfür befinden sich in Teilen des Bundesdatenschutzgesetzes (BSDG) und in Teilen in der Datenschutzgrundverordnung (DSGVO). Im Beschäftigtendatenschutz geht es im Wesentlichen um zwei sich widersprechende Interessenlagen. Der Arbeitgeber will sicherstellen, dass sein Eigentum nicht beschädigt wird, seine Dateneinrichtungen nicht missbraucht werden und dass der Arbeitnehmer seine arbeitsvertraglichen Pflichten erfüllt.

Es stehen sich zwei Grundrechtspositionen gegenüber: Zum einen das Recht des Arbeitnehmers auf informationelle Selbstbestimmung nach Art. 2 Absatz 1 des Grundgesetzes (GG), zum anderen das Recht des Arbeitgebers auf Eigentumsschutz nach Art. 14 GG, das Recht auf Berufsfreiheit nach Art. 12 GG und das Recht auf freie Wahl der unternehmerischen Entscheidungsfreiheit nach Art. 2 Absatz 1 des Grundgesetzes.

Für die Verarbeitung personenbezogener Daten muss der Arbeitgeber bestimmte Anforderungen der DSGVO und des BDSG erfüllen. In jedem Fall muss der Arbeitgeber bei der Datenverarbeitung nach der Erlaubnis in einem Gesetz suchen. Gemäß § 26 Abs. 1 BSDG dürfen personenbezogene Daten eines Beschäftigten nur verarbeitet werden, wenn dies für die Entscheidung über die Begründung eines Beschäftigtenverhältnisses oder nach Begründung des Beschäftigungsverhältnisses für dessen Durchführung oder Beendigung erforderlich ist.

Beispiel: Der Arbeitgeber darf in der Personalakte die fachliche Leistung des Arbeitnehmers und andere Tatsachen, z. B. Abmahnungen, dokumentieren. Dies muss zur Leistungskontrolle und Kontrolle des Verhaltens des Arbeitnehmers oder für die Personalplanung erforderlich sein. Sofern die Tatsachen unrichtig sind, kann der Arbeitnehmer nach Art. 16 DS-GVO eine Berichtigung der Daten verlangen.

Eine weitere Voraussetzung ist gemäß § 26 Abs. 2 BDSG darin gegeben, wenn der Beschäftigte im Beschäftigungsverhältnis seine Einwilligung in die Verarbeitung seiner personenbezogenen Daten gibt.

Ein Beispiel für die widerstrebenden Interessen von Arbeitgebern und Arbeitnehmern ist die Überwachung des Verhaltens des Arbeitnehmers (z. B. durch die Installation von Videokameras oder die Erfassung und Speicherung von Fehlern im Computer des Arbeitnehmers) durch die Arbeitgeber. Die Erhebung personenbezogener Daten zum Zwecke der Aufdeckung von Straftaten sind erst dann zulässig, wenn ausreichende Anhaltspunkte für ein konkretes Fehlverhalten vorliegen (§ 26 BDSG).

Auch folgende Daten bedürfen zu ihrer Erhebung einer gesetzlichen Grundlage:

- Bewerberdaten,
- Allgemeine Personen- und Kontaktdaten,
- Kontoverbindung,
- Tätigkeitsprofil und Position.

Falls sich Arbeitgeber hinsichtlich der Rechte ihrer Arbeitnehmer unsicher sind, können sie sich an einen Datenschutzbeauftragten wenden.

Beispielaufgaben zum Beschäftigtendatenschutz:

a) Die *Nordbank AG* verarbeitet personenbezogene Daten in automatisierter Weise. Aufgrund des Bundesdatenschutzgesetzes hat die *Nordbank AG* einen Beauftragten für den Datenschutz bestellt. Bei welcher Unternehmensgröße muss nach dem BSDG ein Datenschutzbeauftragter bestellt werden?

   Ab einer Beschäftigtenzahl von zehn Personen ist ein Datenschutzbeauftragter zu bestellen.

b) Die *Nordbank AG* will ein neues digitales Informations- und Kommunikationssystem einführen, für das u. a. auch personenbezogene Daten gespeichert werden sollen. Unter welcher Voraussetzung kann nach dem BSDG dies eingerichtet werden.

   Nach § 26 BDSG muss bei der Verarbeitung personenbezogener Daten eine gesetzliche Erlaubnis vorliegen.

c) Erläutern Sie ,die im Beschäftigtendatenschutz sich widersprechenden Interessenlagen von Arbeitnehmern und Arbeitgebern.

Zum einen will der Arbeitgeber sicherstellen, dass seine Eigentumsrechte nicht beeinträchtigt werden, seine Dateneinrichtungsvorrichtungen nicht missbraucht werden sowie die Sicherstellung der arbeitsvertraglichen Pflichten des Arbeitnehmers.
Zum anderen legt der Arbeitnehmer darauf Wert, nicht fortlaufend überwacht und kontrolliert zu werden. Sein Interesse besteht darin, dass der Arbeitgeber sein informationelles Selbstbestimmungsrecht respektiert.

Auszug aus dem Bundesdatenschutzgesetz

§ 26 Datenverarbeitung für Zwecke des Beschäftigungsverhältnisses

(1) Personenbezogene Daten von Beschäftigten dürfen für Zwecke des Beschäftigungsverhältnisses verarbeitet werden, wenn dies für die Entscheidung über die Begründung eines Beschäftigungsverhältnisses oder nach Begründung des Beschäftigungsverhältnisses für dessen Durchführung oder Beendigung oder zur Ausübung oder Erfüllung der sich aus einem Gesetz oder einem Tarifvertrag, einer Betriebs- oder Dienstvereinbarung (Kollektivvereinbarung) ergebenden Rechte und Pflichten der Interessensvertretung der Beschäftigten erforderlich ist. Zur Aufdeckung von Straftaten dürfen personenbezogene Daten von Beschäftigten nur dann verarbeitet werden, wenn zu dokumentierende tatsächliche Anhaltspunkte den Verdacht begründen, dass die betroffene Person im Beschäftigungsverhältnis eine Straftat begangen hat, die Verarbeitung zur Aufdeckung erforderlich ist und das schutzwürdige Interesse der oder des Beschäftigten an dem Ausschluss der Verarbeitung nicht überwiegt, insbesondere Art und Ausmaß und im Hinblick auf den Anlass nicht unverhältnismäßig sind.

(2) Erfolgt die Verarbeitung personenbezogener Daten von Beschäftigten auf der Grundlage einer Einwilligung, so sind für die Beurteilung der Freiwilligkeit der Einwilligung insbesondere die im Beschäftigungsverhältnis bestehende Abhängigkeit der beschäftigten Person sowie die Umstände, unter denen die Einwilligung erteilt worden ist, zu berücksichtigen.

§ 38 Datenschutzbeauftragte nichtöffentlicher Stellen…

(1) Ergänzend zu Art. 37 der Verordnung (EU) … benennen der Verantwortliche und der Auftragsverarbeiter eine Datenschutzbeauftragte oder einen Datenschutzbeauftragten, soweit sie in der Regel mindestens zehn Personen ständig mit der automatisierten Verarbeitung personenbezogener Daten beschäftigen.

Grundgesetz (Auszug)

Artikel 2 (Allgemeines Persönlichkeitsrecht)

(1) Jeder hat das Recht, auf die freie Entfaltung seiner Persönlichkeit, soweit er nicht die Rechte anderer verletzt und nicht gegen die verfassungsmäßige Ordnung oder das Sittengesetz verstößt.

Artikel 12 (Berufsfreiheit; ...)

(1) Alle Deutschen haben das Recht, Beruf, Arbeitsplatz und Ausbildungsstätte frei zu wählen. Die Berufsausübung kann durch Gesetz oder auf Grund eines Gesetzes geregelt werden.

Artikel 14 (Eigentum,.. …)

(1) Das Eigentum … werden gewährleistet. Inhalt und Schranken werden durch die Gesetze bestimmt.

(2) Eigentum verpflichtet. Sein Gebrauch soll zugleich dem Wohle der Allgemeinheit dienen.

B Betriebliche Mitbestimmung

1. Organisation der Jugend- und Auszubildendenvertretung (JAV) und des Betriebsrats

Aspekte	Betriebsrat	Jugend- und Auszubildendenvertretung (JAV)
Wahlvoraussetzungen	mindestens 5 ständig wahlberechtigte Arbeitnehmer, davon 3 wählbar	mindestens 5 jugendliche Arbeitnehmer oder Azubis unter 25 J.
Wahlzeitraum	• 1. März bis 31. Mai • Besteht noch kein Betriebsrat: sofortige Wahl möglich	• 1. Oktober bis 30. November • Besteht noch kein JAV: sofortige Wahl möglich
Amtszeit	4 Jahre	2 Jahre
Nächste reguläre Wahl	2020	2018
Aktives Wahlrecht	• Arbeitnehmer und Auszubildende ab 18 Jahre (voll geschäftsfähig) • Leiharbeitnehmer ab 3 Monate Beschäftigungsdauer	• jugendliche Arbeitnehmer • alle Auszubildende bis 25 Jahre
Passives Wahlrecht	• Arbeitnehmer und Auszubildende, ab 18 Jahre • mindestens 6 Monate Betriebszugehörigkeit	alle Arbeitnehmer und Auszubildende bis 25 Jahre
Anzahl der Mitglieder	Der Betriebsrat besteht in Betrieben mit in der Regel 5 bis 20 wahlberechtigten Arbeitnehmern aus einer Person, 21 bis 50 wahlberechtigten Arbeitnehmern aus 3 Mitgliedern, 51 bis 100 wahlberechtigten Arbeitnehmern aus 5 Mitgliedern, 101 bis 200 wahlberechtigten Arbeitnehmern aus 7 Mitgliedern, 201 bis 400 wahlberechtigten Arbeitnehmern aus 9 Mitgliedern, 401 bis 700 wahlberechtigten Arbeitnehmern aus 11 Mitgliedern, 701 bis 1000 wahlberechtigten Arbeitnehmern aus 13 Mitgliedern 1001 bis 1500 wahlberechtigten Arbeitnehmern aus 15 Mitgliedern, 1501 bis 2000 wahlberechtigten Arbeitnehmern aus 17 Mitgliedern … 5001 bis 6000 wahlberechtigten Arbeitnehmern aus 31 Mitgliedern …	Die JAV besteht in Betrieben mit in der Regel 5 bis 20 der in § 60 Abs. 1 genannten Arbeitnehmer aus einer Person, 21 bis 50 … aus 3 Mitgliedern, 51 bis 150 ... aus 5 Mitgliedern, 151 bis 300 … aus 7 Mitgliedern, 301 bis 500 ... aus 9 Mitgliedern, 501 bis 700 …aus 11 Mitgliedern, 701 bis 1000 …aus 13 Mitgliedern, mehr als 1000 …aus 15 Mitgliedern.

W. Grundmann, R. Rathner, *Bankwirtschaft, Rechnungswesen und Steuerung, Wirtschafts- und Sozialkunde*, Prüfungstraining für Bankkaufleute,
https://doi.org/10.1007/978-3-658-30521-5_21

Aspekte	Betriebsrat	Jugend- und Auszubildendenvertretung (JAV)
Erlöschen der Mitgliedschaft	• mit Ablauf der Amtszeit • Niederlegung des Betriebsratsamtes • Beendigung des Arbeitsverhältnisses • Verlust der Wählbarkeit, z. B. Betriebsrat wird leitender Angestellter	• mit Ablauf der Amtszeit • Niederlegung des Amtes in der JAV • Beendigung des Arbeitsverhältnisses • Verlust der Wählbarkeit, z. B. Mitglied der JAV wird in den Betriebsrat gewählt.
Stimmrecht bei Beschlüssen	• mit Stimmenmehrheit, bei Stimmengleichheit Ablehnung des Antrages • Nimmt die JAV an den Beschlüssen teil, werden ihre Stimmen mitgezählt.	§ 67 BetrVG (Teilnahme an Betriebsratssitzungen) (1) Die Jugend- und Auszubildendenvertretung kann zu allen Betriebsratssitzungen einen Vertreter entsenden. Werden Angelegenheiten behandelt, die besonders die in § 60 Abs. 1 genannten Arbeitnehmer betreffen, so hat zu diesen Tagesordnungspunkten die gesamte Jugend- und Auszubildendenvertretung ein Teilnahmerecht. (2) ... (3) Die Jugend- und Auszubildendenvertreter haben Stimmrecht, soweit die zu fassenden Beschlüsse des Betriebsrats überwiegend die in § 60 Abs. 1 genannten Arbeitnehmer betreffen. § 68 BetrVG (Teilnahme an gemeinsamen Besprechungen) Der Betriebsrat hat die Jugend- und Auszubildendenvertretung zu Besprechungen zwischen Arbeitgeber und Betriebsrat beizuziehen, wenn Angelegenheiten behandelt werden, die besonders die in § 60 Abs. 1 genannten Arbeitnehmer betreffen.
Freistellung für hauptamtliche Tätigkeit	Von ihrer beruflichen Tätigkeit sind mindestens freizustellen in Betrieben mit in der Regel 200 bis 500 Arbeitnehmer 1 Betriebsratsmitglied,	keine Freistellung, widerspricht dem Ziel des Ausbildungsverhältnisses

Aspekte	Betriebsrat	Jugend- und Auszubildendenvertretung (JAV)
	501 bis 900 Arbeitnehmer 2 Betriebsratsmitglieder, 901 bis 1500 Arbeitnehmer 3 Betriebsratsmitglieder, 1501 bis 2000 Arbeitnehmer 4 Betriebsratsmitglieder, 2001 bis 3000 Arbeitnehmer 5 Betriebsratsmitglieder, 3001 bis 4000 Arbeitnehmer 6 Betriebsratsmitglieder, 4001 bis 5000 Arbeitnehmer 7 Betriebsratsmitglieder, 5001 bis 6000 Arbeitnehmer 8 Betriebsratsmitglieder, ... 9001 bis 10000 Arbeitnehmer 12 Betriebsratsmitglieder. Über 10000 Arbeitnehmer: für je angefangene weitere 2000 Arbeitnehmer ein weiteres Betriebsratsmitglied freizustellen.	
Kündigungsschutz	Nach § 15 KüSchG genießen Mitglieder des Betriebsrats und der JAV Kündigungsschutz bis zu einem Jahr nach der Amtszeit.	

2. Aufgaben der Jugend- und Auszubildendenvertretung (JAV)

Die Jugend- und Auszubildendenvertretung kann zu allen Betriebsratssitzungen einen Vertreter entsenden. Der Betriebsrat hat die Jugend- und Auszubildendenvertretung zu Besprechungen zwischen Arbeitgeber und Betriebsrat beizuziehen, wenn Angelegenheiten behandelt werden, die besonders die Auszubildenden betreffen.

Die Jugend- und Auszubildendenvertretung hat folgende allgemeine Aufgaben:

- Maßnahmen, die den Auszubildenden dienen, insbesondere in Fragen der Berufsbildung und der Übernahme der zu ihrer Berufsausbildung Beschäftigten in ein Arbeitsverhältnis, beim Betriebsrat beantragen;
- Anregungen insbesondere in Fragen der Berufsbildung, entgegennehmen und, falls sie berechtigt erscheinen, beim Betriebsrat auf eine Erledigung hinwirken. Die Jugend- und Auszubildendenvertretung hat die betroffenen jugendlichen Arbeitnehmer und Auszubildenden über den Stand und das Ergebnis der Verhandlungen zu informieren.

Zur Durchführung ihrer Aufgaben ist die Jugend- und Auszubildendenvertretung durch den Betriebsrat rechtzeitig und umfassend zu unterrichten. Die Jugend- und Auszubildendenvertretung kann verlangen, dass ihr der Betriebsrat die zur Durchführung ihrer Aufgaben erforderlichen Unterlagen zur Verfügung stellt.

Die Jugend- und Auszubildendenvertretung kann vor oder nach jeder Betriebsversammlung im Einvernehmen mit dem Betriebsrat eine betriebliche Jugend- und Auszubildendenversammlung einberufen.

3. Aufgaben des Betriebsrats

Aspekte	Betriebsrat
Allgemeine Aufgaben	• Überwachung der Durchführung von Gesetzen, Verordnungen, Unfallverhütungsvorschriften, Tarifverträgen, Betriebsvereinbarungen • Durchsetzung der Gleichstellung von Frauen und Männern • Förderung der Vereinbarkeit von Familie und Erwerbstätigkeit • Entgegennahme von Anregungen von Arbeitnehmern und Auszubildenden • Förderung der Eingliederung Schwerbehinderter • Vorbereitung der Wahl der JAV • Förderung älterer Arbeitnehmer im Betrieb • Förderung der Integration ausländischer Arbeitnehmer • Förderung und Sicherung der Beschäftigung im Betrieb
Mitbestimmung in personellen Angelegenheiten	• § 92 BetrVG: Rechtzeitige Unterrichtung des Betriebsrats über die Personalplanung • nach § 95 BetrVG Zustimmungsrecht bei der Einführung von Richtlinien über die personelle Auswahl bei Einstellungen, Versetzungen, Umgruppierungen und Kündigungen von Arbeitnehmern • in Betrieben mit i. d. R. mehr als 20 wahlberechtigten Arbeitnehmern Mitbestimmung bei personellen Einzelmaßnahmen, z. B. Einstellungen, Eingruppierungen, Umgruppierungen, Versetzungen; und zwar ein Informationsrecht und Einholung der Zustimmung des Betriebsrats (§ 99 BetrVG) • Informationsrecht und Recht zur Stellungnahme bzw. Widerspruchsrecht bei Kündigung eines Arbeitnehmer nach § 102 BetrVG
Mitbestimmung in sozialen Angelegenheiten	§ 87 (Mitbestimmungsrechte) BetrVG (1) Der Betriebsrat hat, soweit eine gesetzliche oder tarifliche Regelung nicht besteht, in folgenden Angelegenheiten mitzubestimmen: 1. Fragen der Ordnung des Betriebes und des Verhaltens der Arbeitnehmer im Betrieb; 2. Beginn und Ende der täglichen Arbeitszeit einschl. der Pausen sowie Verteilung der Arbeitszeit auf die einzelnen Wochentage; 3. vorübergehende Verkürzung oder Verlängerung der betriebsüblichen Arbeitszeit; 4. Zeit, Ort und Art der Auszahlung der Arbeitsentgelte; 5. Aufstellung allgemeiner Urlaubsgrundsätze und des Urlaubsplans sowie die Festsetzung der zeitlichen Lage des Urlaubs für einzelne Arbeitnehmer, wenn zwischen dem Arbeitgeber und den beteiligten Arbeitnehmern kein Einverständnis erzielt wird; 6. Einführung und Anwendung von technischen Einrichtungen, die dazu bestimmt sind, das Verhalten oder die Leistung der Arbeitnehmer zu überwachen;

	7. Regelung über die Verhütung von Arbeitsunfällen und Berufskrankheiten sowie über den Gesundheitsschutz im Rahmen der gesetzlichen Vorschriften oder der Unfallverhütungsvorschriften; 8. Form, Ausgestaltung und Verwaltung von Sozialeinrichtungen, deren Wirkungsbereich auf den Betrieb, das Unternehmen oder den Konzern beschränkt ist; 9. ... 10. Fragen der betrieblichen Lohngestaltung, insbesondere die Aufstellung von Entlohnungsgrundsätzen und die Einführung und Anwendung von neuen Entlohnungsmethoden sowie deren Änderung; 11. Festsetzung der Akkord- und Prämiensätze und vergleichbarer leistungsbezogener Entgelte ... 12. Grundsätze über das betriebliche Vorschlagswesen; 13. Grundsätze über die Durchführung von Gruppenarbeit; Gruppenarbeit im Sinne dieser Vorschrift liegt vor, wenn im Rahmen des betrieblichen Arbeitsablaufs eine Gruppe von Arbeitnehmern eine ihr übertragene Gesamtaufgabe im Wesentlichen eigenverantwortlich erledigt. (2) Kommt eine Einigung über eine Angelegenheit nach Absatz 1 nicht zustande, so entscheidet die Einigungsstelle. Der Spruch der Einigungsstelle ersetzt die Einigung zwischen Arbeitgeber und Betriebsrat.
Mitwirkung in wirtschaftlichen Angelegenheiten	§ 106 BetrVG: In Betrieben mit mehr als 100 ständig beschäftigten Arbeitnehmern ist ein Wirtschaftsausschuss zu bilden. Der Unternehmer hat den Wirtschaftsausschuss rechtzeitig und umfassend über die wirtschaftlichen Angelegenheiten des Unternehmens zu unterrichten und die sich daraus ergebenden Auswirkungen auf die Personalplanung darzustellen.

4. Betriebsversammlung

Allgemeines	Die Durchführung von Betriebsversammlungen ist im Betriebsverfassungsgesetz vorgeschrieben (§§ 42 bis 46 BetrVG). Sie dient in erster Linie der Unterrichtung der Arbeitnehmer durch den Betriebsrat, bietet darüber hinaus aber auch die Möglichkeit zur Aussprache.
Aufgaben	Durch die Betriebsversammlung können Beschlüsse gefasst werden, an die der Betriebsrat zwar nicht gebunden ist, die er jedoch im Rahmen seiner gesetzlichen Pflichten als Betriebsrat zu berücksichtigen hat. Die Betriebsversammlung besitzt auch nicht die Kompetenz, mit dem Arbeitgeber Betriebsvereinbarungen abzuschließen.
Einberufung	• Der Betriebsrat hat einmal pro Kalendervierteljahr eine - regelmäßige - Betriebsversammlung einzuberufen und einen Bericht über seine Tätigkeit zu erstatten. Wenn es aus besonderen Gründen zweckmäßig erscheint, kann der Betriebsrat in jedem Kalenderhalbjahr eine weitere Betriebsversammlung durchführen. • Betriebsversammlungen sind nicht öffentlich. • Der Arbeitgeber ist zu den Betriebsversammlungen unter Mitteilung der Tagesordnung einzuladen. Er ist berechtigt, in den Versammlungen zu sprechen. • Darüber hinaus hat der Arbeitgeber oder sein Vertreter mindestens einmal pro Kalenderjahr in einer Betriebsversammlung über das Personal- und Sozialwesen einschließlich des Stands der Gleichstellung von Frauen und Männern im Betrieb sowie der Integration der im Betrieb beschäftigten ausländischen Arbeitnehmer, über die wirtschaftliche Lage und Entwicklung des Betriebs sowie über den betrieblichen Umweltschutz zu berichten. Die Pflicht des Arbeitgebers findet dort ihre Grenzen, wo Betriebs- oder Geschäftsgeheimnisse gefährdet werden. • Die regelmäßigen Betriebsversammlungen und die, welche auf Wunsch des Arbeitgebers einberufen werden, finden während der Arbeitszeit statt. • Die Teilnahme an diesen Versammlungen einschließlich der zusätzlichen Wegezeiten ist den Arbeitnehmern wie Arbeitszeit zu vergüten. • Es besteht die Möglichkeit der beratenden Teilnahme an Betriebsversammlungen von Beauftragten der im Betrieb vertretenen Gewerkschaften sowie Beauftragten der Vereinigung der Arbeitgeber, sofern der Arbeitgeber an der Betriebsversammlung teilnimmt.

C Sozialrecht

1. Soziale Sicherung

Übersicht über die Zweige der Sozialversicherungen

Sozialversicherungen Aspekte	Gesetzliche Krankenversicherung (GKV)	Pflegeversicherung (PV)	Rentenversicherung (RV)	Arbeitslosenversicherung (AV)	Gesetzliche Unfallversicherung (GUV)
Abzusicherndes Lebensrisiko	Krankheit	Pflegebedürftigkeit	Altersarmut; Erwerbsminderung	Arbeitslosigkeit	Existenzsicherung im Falle eines Arbeitsunfalls; Berufskrankheit
Träger	Gesetzliche Krankenkassen	Pflegekassen	Deutsche Rentenversicherung Bund	Bundesagentur für Arbeit; Arbeitsagenturen	Berufsgenossenschaften
Beitragssatz 2020	14,6 % + Zusatzbeitrag möglich	3,05 /3,30 %	18,6 %	2,4 %	Promillesatz von der Lohnsumme
Tragung der Beiträge	AN: 7,3 % AG: 7,3 % Der Zusatzbeitrag wird ebenfalls geteilt zwischen AN und AG.	AN: 1,525 % + 0,25 % = 1,775 % (ab 23 Jahre und kinderlos) oder 1,525 % (unter 23 Jahre oder über 23 Jahre mit Kind) AG: 1,525 %	AN: 9,3 % AG: 9,3 %	AN: 1,20 % AG: 1,20 %	AG allein
Zahlung (Überweisung) der Beiträge	AG überweist die gesamten Sozialversicherungsbeiträge der AN an die gesetzlichen Krankenkassen, die die Gesamtbeiträge an den Gesundheitsfonds weiterleiten. Der Gesundheitsfonds verteilt die Sozialbeiträge an die anderen Träger.				AG überweist Beitrag an Berufsgenossenschaft.
Beitragsbemessungsgrenze 2020 pro Monat /Jahr für West- und Ostländer	4.687,50 EUR/ 56.250,00 EUR	4.687,50 EUR/ 56.250,00 EUR	West: 6.900,00 EUR/ 82.800,00 EUR Ost: 6.450,00 EUR/ 77.400,00 EUR	West: 6.900,00 EUR/ 82.800,00 EUR Ost: 6.450,00 EUR/ 77.400,00 EUR	
Versicherungspflichtgrenze monatlich/jährlich	5.212,50 EUR/ 62.550,00 EUR	5.212,50 EUR/ 62.550,00 EUR			

W. Grundmann, R. Rathner, *Bankwirtschaft, Rechnungswesen und Steuerung, Wirtschafts- und Sozialkunde*, Prüfungstraining für Bankkaufleute,
https://doi.org/10.1007/978-3-658-30521-5_22

Sozialversicherungen Aspekte	**Gesetzliche Krankenversicherung (GKV)**	**Pflegeversicherung (PV)**	**Rentenversicherung (RV)**	**Arbeitslosenversicherung (AV)**	**Gesetzliche Unfallversicherung (GUV)**
Leistungen (Beispiele)	Krankengeld; Medikamente; Arztleistungen; Reha	Geldleistungen; Sachleistungen je nach Pflegebedarf	Altersruhegeld; Witwen- und Waisenrenten; Erwerbsminde-rungsrente; Reha-Maßnahmen	Arbeitsvermittlung; Berufsberatung; Arbeitslosengeld; Kurzarbeitergeld; Umschulungen; Weiterbildung	Verletztengeld; Unfallrenten; Umschulungen; Arbeitsschutzmaßnahmen
Kündigungsmöglichkeiten	feste Mitgliedschaft für mindestens 18 Monate, danach Kündigungsmöglichkeit mit einer Kündigungsfirst von zwei Monaten zum Monatsende; außerordentliches Kündigungsrecht bei Erhöhung des Zusatzbeitrages mit einer Kündigungsfrist von zwei Monaten zum Monatsende		Kündigungsrecht im Falle der Selbstständigkeit		
Versicherter Personenkreis	Pflichtversicherung für AN und Auszubildende bei einjährigem dauerhaftem Überschreiten der Versicherungspflichtsgrenze freiwillige Mitgliedschaft möglich oder Mitgliedschaft in einer privaten KV Familienangehörige sind über den Arbeitnehmer mitversichert.	AN; Auszubildende; Selbstständige; Angehörige	AN und Auszubildende; freiwillige Mitgliedschaft möglich, z. B. für Selbstständige	AN und Auszubildende	

AN = Arbeitnehmer

AG = Arbeitgeber

2. Berechnung von Sozialbeiträgen

Beispiel für eine Beitragsberechnung:
Arbeitnehmer: 43 Jahre, ledig; Arbeitsstelle: Hamburg
monatliches Bruttoeinkommen: 3.200,00 EUR
monatliche vermögenswirksame Leistung: 40,00 EUR;
die Krankenkasse erhebt keinen Zusatzbeitrag

Sozialbeiträge	Gesamt	Arbeitgeberanteil	Arbeitnehmeranteil
Gesetzliche Kranken-versicherung	14,6 % von 3.240 EUR = 473,04 EUR	7,3 % von 3.240 EUR = 236,52 EUR	7,3 % von 3.240 EUR = 236,52 EUR
Pflege-versicherung	3,3 % von 3.240 EUR = 106,92 EUR	1,525% von 3.240 EUR = 49,41 EUR	1,775 % v. 3.240 EUR = 57,51 EUR
Renten-versicherung	18,6 % von 3.240 EUR = 602,64 EUR	9,3 % von 3.240 EUR = 301,32 EUR	9,3 % von 3.240 EUR = 301,32 EUR
Arbeitslosen-versicherung	2,4 % von 3.240 EUR = 77,76 EUR	1,2 % von 3.240 EUR = 38,88 EUR	1,2 % von 3.240 EUR = 38,88 EUR
Summe	**1.260,36 EUR**	**626,13 EUR**	**634,23 EUR**

Beispiel für eine Beitragsberechnung über den Beitragsbemessungsgrenzen:
Arbeitnehmer: 43 Jahre, ledig und mit zwei Kindern; Arbeitsstelle: Hamburg
monatl. Bruttoeinkommen: 7.800,00 EUR;
die Krankenkasse erhebt keinen Zusatzbeitrag

Sozialbeiträge	Gesamt	Arbeitgeberanteil	Arbeitnehmeranteil
Gesetzliche Kranken-versicherung	14,6 % von 4.687,50 EUR = 684,38 EUR	7,3 % von 4.687,50 EUR = 342,19 EUR	7,3 % von 4.687,50 EUR = 342,19 EUR
Pflege-versicherung	3,05% von 4.687,50 EUR = 142,97 EUR	1,525 % von 4.687,50 EUR = 71,48 EUR	1,525 % von 4.687,50 EUR = 71,48 EUR
Renten-versicherung	18,6 % von 6.900 EUR = 1.283,40 EUR	9,3 % von 6.900 EUR = 641,70 EUR	9,3 % von 6.900 EUR = 641,70 EUR
Arbeitslosen-versicherung	2,4 % von 6.900 EUR = 165,60 EUR	1,20 % von 6.900EUR = 82,80 EUR	1,20 % von 6.900EUR = 82,80 EUR
Summe	**2.276,35 EUR**	**1.138,18 EUR**	**1.138,17 EUR**

3. Vergleich von gesetzlicher und privater Krankenversicherung

Vergleichskriterien	**Gesetzliche Krankenversicherung**	**Private Krankenversicherung**
Versicherter Personenkreis	pflichtversichert sind: • Arbeitnehmer unterhalb der Versicherungspflichtgrenze • Auszubildende • Studenten • Arbeitslose freiwillig versichert sind: • ehemalige Pflichtversicherte, deren Einkommen dauerhaft über der Versicherungspflichtgrenze liegt und die nicht mehr versicherungspflichtig sind	• Freiberufler, z. B. Rechtsanwälte, Ärzte usw. • Unternehmer, z. B. Einzelkaufleute • Beamte
Versicherungsprinzip	Solidaritätsprinzip, d. h. alle Versicherten sind gleichgestellt	Individualprinzip, d. h. alle Versicherten genießen Versicherungsschutz, der auf den persönlichen Bedarf der Versicherten zugeschnitten ist
Träger	gesetzlichen Krankenkassen, z. B. AOK, DAK u. a.	private Versicherungsunternehmen
Finanzierung	Umlageprinzip in Verbindung mit dem Gesundheitsfonds: • Arbeitnehmerbeitrag: 7,3 % bis zur Beitragsbemessungsgrenze • Arbeitgeberbeitrag 7,3 % bis zur Beitragsbemessungsgrenze • Steuermittel aus dem Bundeshaushalt	Kapitaldeckungsverfahren: Beiträge der Versicherten; die Beitragshöhe ist abhängig vom Alter, Gesundheitszustand und Leistungsumfang. Aus den Beiträgen werden Altersrückstellungen gebildet.
Kostenabrechnung	direkte finanzielle Abrechnung zwischen den gesetzlichen Krankenversicherungen und Ärzten, Krankenhäusern sowie Apotheken	Versicherte Personen zahlen zunächst die Leistungen und erhalten danach eine Rückerstattung von der privaten Krankenversicherung.
Bildung von Altersrückstellungen	Keine erforderlich	Gesetzlich erforderlich

4. Gesetzliche Altersrente

Generationenvertrag im Umlageverfahren	Die deutsche Altersrente wird im Umlageverfahren finanziert. Dahinter verbirgt sich die stillschweigende Vereinbarung, dass eine Generation für die nächste sorgt. Die Jungen bezahlen die Renten der Alten. Gleichzeitig sorgen die Jungen für Nachwuchs, der nach der Ausbildung die Rente der dann Alten übernimmt.
Rentenformel	Grundlage der Rentenberechnung ist die sog. Rentenformel. Die Eckwerte bestimmen die Höhe der Rente. Die Rentenformel lautet: Entgeltpunkte mal Zugangsfaktor mal aktueller Rentenwert mal Rentenartfaktor.
Faktoren der Rentenformel	**Durchschnittliches Jahresbruttoeinkommen:** Die Basis bildet das durchschnittliche Einkommen. Es wird jedes Jahr vom statistischen Bundesamt festgestellt. Der mittlere Lohn lag 1969 bei umgerechnet 6.053 EUR und stieg bis 2016 auf 34.071 EUR. Der jährliche Anstieg von 4 Prozent ist die grobe Inflationsrate der vergangenen 45 Jahre. Das durchschnittliche Jahreseinkommen liefert die Entgeltpunkte. **Entgeltpunkte:** Sie werden durch die Division des persönlichen und des mittleren Jahreseinkommens ermittelt. Wer beispielsweise 1983 in Euro umgerechnet 17.022 EUR brutto verdient hat, bei einem durchschnittlichen Jahreseinkommen aller Beschäftigten in Höhe von 17.022 EUR, bekommt für dieses Jahr einen Entgeltpunkt. Wären es in dem Jahr nur 12.000 EUR gewesen, gäbe es 0,7050 Punkte, und wären es 25.000 EUR gewesen, so würden dem Rentenkonto genau 1,4687 Punkte gutgeschrieben. Für einen Verdienst von 40.000 EUR gab es 1983 keine 2,3499 Punkte, sondern nur 1,8023 Punkte, weil die Rechnung nur bis zur Beitragsbemessungsgrenze gilt, die vor 30 Jahren bei umgerechnet 30.678 EUR lag. **Rentenberechnung:** Jeder Deutsche erwirbt genau 45 Entgeltpunkte, wenn er 45 Jahre lang Durchschnittslöhne bezieht. Die Summe wird mit dem aktuellen Rentenwert von 31,03 EUR (West) oder 29,69 EUR (Ost) multipliziert und ergibt die Rente, die dem Rentenempfänger bis zum Lebensende bezahlt wird. Sie liegt im vorliegenden Musterfall bei 1.396,35 EUR (West) oder 1.336,05 EUR (Ost) pro Monat. **Rentenzugangsfaktor:** Die Höhe der tatsächlichen Altersrente kann von diesem Wert abweichen, wenn der Zugangsfaktor durch Zuschläge oder Abschläge größer oder kleiner als 1,0 ist.

5. Betriebliche Altersvorsorge

Allgemeines zur betrieblichen Altersvorsorge	Das Gros der Altersbezüge stammt aus der gesetzlichen Rentenversicherung, nämlich 64 %. Private und betriebliche Altersvorsorge werden in der Zukunft wichtiger. Derzeit machen Betriebsrenten rund 8 % der Altersbezüge aus. Zur betrieblichen Altersvorsorge zählen alle Leistungen, die Unternehmen ihren Beschäftigten zur Alters-, Invaliditäts- und Hinterbliebenenversorgung auf Basis des Betriebsrentengesetzes (BetrAVG) anbieten. Im Gesetz ist festgelegt, welche Wege der betrieblichen Altersvorsorge zulässig sind, welche Ansprüche bei Wechsel oder Verlust des Arbeitsplatzes erhalten bleiben und wie die Anwartschaften gegen eine mögliche Insolvenz des Arbeitgebers abgesichert werden müssen. Wer die Beiträge finanziert, regelt der Gesetzgeber nicht. Ob sich der Arbeitgeber daran beteiligt oder sie sogar ganz übernimmt, ist ihm überlassen. Einen Rechtsanspruch haben Arbeitnehmer seit 2002 allerdings auf Entgeltumwandlung, also eine aus ihrem Bruttogehalt gespeiste Vorsorge. Wenn Mitarbeiter diese Vorsorgeform von ihrem Arbeitgeber einfordern, muss er ein Angebot organisieren und die Abwicklung übernehmen.
Möglichkeiten der betrieblichen Altersvorsorge	- Direktzusage - Unterstützungskasse - Direktversicherung - Pensionskasse - Pensionsfonds
Direktzusage	Eine Direktzusage macht der Arbeitgeber, wenn er sich z. B. verpflichtet, seinen Mitarbeitern einen bestimmten Prozentsatz des letzten Monatsgehalts oder einen bestimmten Euro-Betrag als Betriebsrente zu zahlen. Die Beschäftigten haben also einen Rechtsanspruch gegenüber dem Arbeitgeber. Dieser muss für solche künftigen Zahlungen Rückstellungen bilden. Die Direktzusage ist keine Versicherungsleistung und wird auch nicht über eine externe Versorgungseinrichtung abgewickelt. Als Zusagearten kommen die Leistungszusage, beitragsorientierte Leistungszusage und die Entgeltumwandlung in Betracht, wobei es sich sowohl um Kapital- als auch um Rentenleistungen handeln kann. Eine Leistungszusage liegt vor, wenn das Unternehmen eine Leistung in bestimmter Höhe (z. B. eine Monatsrente von 500 Euro oder 10 v. Hundert des letzten Gehalts) zugesagt hat. Im Fall der beitragsorientierten Leistungszusage hat das Unternehmen sich verpflichtet, bestimmte Beiträge (z. B. 3 v. H. des letzten Gehalts) in eine Anwartschaft auf Alters-, Invaliditäts- oder Hinterbliebenenversorgung umzuwandeln. Bei der Entgeltumwandlung werden künftige Entgeltansprüche in eine wertgleiche Anwartschaft auf Versorgungsleistungen umgewandelt. Nach § 1a in Verbindung mit § 17 Abs. 1 Betriebsrentengesetz

	(BetrAVG) kann der in der gesetzlichen Rentenversicherung pflichtversicherte Arbeitnehmer vom Arbeitgeber verlangen, dass von seinem künftigen Entgeltansprüchen bis zu 4 v. H. der jeweiligen Beitragsbemessungsgrenze in der gesetzlichen Rentenversicherung durch Entgeltumwandlung für seine betriebliche Altersversorgung verwendet werden. Die Durchführung des Anspruchs des Arbeitnehmers wird durch Vereinbarung geregelt.
Unterstützungskasse	Alternativ kann der Arbeitgeber eine Unterstützungskasse beauftragen. Diese selbstständigen Versorgungseinrichtungen zahlen die vom Arbeitgeber zugesagten Betriebsrenten an die Arbeitnehmer aus. Das Vermögen der Unterstützungskassen wird durch Zuwendungen der Trägerunternehmungen und durch Erträge aus der Kapitalanlage aufgebaut. Der rechtliche Anspruch der Arbeitnehmer besteht jedoch ausschließlich gegenüber ihrem Arbeitgeber. Reicht das Kassenvermögen nicht für die versprochene Leistung aus, muss der Arbeitgeber zuschießen. Bei der über eine Unterstützungskasse durchgeführten betrieblichen Altersversorgung handelt es sich um eine mittelbare Pensionszusage, da der Arbeitgeber die Versorgungsleistungen nicht selbst gewährt, sondern dafür einen Dritten, nämlich die Unterstützungskasse einschaltet. Die Unterstützungskasse unterliegt nicht der Aufsicht durch das Bundesaufsichtsamt für das Versicherungswesen. Sie kann deshalb ihr Vermögen grundsätzlich frei anlegen, z. B. auch als Darlehen beim Trägerunternehmen. Trägerunternehmen ist das Unternehmen, dessen Arbeitnehmern mittels der Unterstützungskasse Leistungen zugesagt worden sind. Unterstützungskassen sind in der Rechtsform des eingetragenen Vereins (e. V.), der GmbH oder der Stiftung zulässig. Unter bestimmten Voraussetzungen sind sie von der Körperschaftsteuer und der Gewerbesteuer befreit. Als Zusagearten kommen grundsätzlich die Leistungszusage, beitragsorientierte Leistungszusage und Entgeltumwandlung in Betracht.
Direktversicherung	Wenn der Arbeitgeber die Altersvorsorge über eine Direktversicherung organisiert, schließt er mit einem Versicherungsunternehmen einen Lebens- oder Rentenversicherungsvertrag zugunsten des Arbeitnehmers ab. Bezugsberechtigt sind also der Arbeitnehmer und – im Falle seines Todes – die Hinterbliebenen. Als Versorgungsleistungen können Leistungen der Alters-, Invaliditäts- oder Hinterbliebenenversorgung in Betracht kommen. Möglich sind Kapitalversicherung (einschließlich Risikoversicherungen), Rentenversicherungen oder fondsgebundene Lebensversicherungen. Der Arbeitgeber gewährt die Versorgungsleistungen nicht selbst, sondern schaltet dafür einen Dritten, nämlich ein Lebensversicherungsunternehmen ein. Ein inländisches Lebensversicherungsunternehmen unterliegt dem Bundesaufsichtsamt für das Versicherungswesen

	und damit den Anlage- und Rechnungslegungsvorschriften des Versicherungsaufsichtsgesetzes. Als Zusagearten kommen die Leistungszusage, beitragsorientierte Leistungszusage, Entgeltumwandlung und die Beitragszusage mit Mindestleistung in Betracht. Die Finanzierung erfolgt über Beiträge des Arbeitgebers und die Erträge daraus. Eine Beteiligung der Arbeitnehmer an der Beitragszahlung (Eigenbeitrag aus versteuertem Einkommen) ist möglich, ebenso die Entgeltumwandlung.
Pensionskasse	Bietet der Arbeitgeber eine Altersvorsorge über eine Pensionskasse an, müssen die Beschäftigten dort Mitglied werden. Die Beiträge zahlt jedoch der Arbeitgeber, die Arbeitnehmer können sich daran beteiligen. Der rechtliche Anspruch der Arbeitnehmer auf die Altersversorgung besteht gegenüber der Pensionskasse. Auch Pensionskassen sind rechtlich selbstständige Versicherungsunternehmen, die ausschließlich zum Zweck der betrieblichen Altersvorsorge gegründet und von einem oder mehreren Unternehmen getragen werden. Es handelt sich um eine mittelbare Pensionszusage, da der Arbeitgeber dafür einen Dritten, nämlich die Pensionskasse einschaltet. Es gibt betriebliche Pensionskassen und überbetriebliche Pensionskassen. Die Pensionskassen haben die Rechtsform eines Versicherungsvereins auf Gegenseitigkeit (VVaG). Die inländische Pensionskasse unterliegt der Versicherungsaufsicht und den Anlage- und Rechnungslegungsvorschriften des Versicherungsaufsichtsgesetzes. Sie sind unter bestimmten Voraussetzungen von der Körperschaft- und Gewerbesteuer befreit. Als Zusagearten kommen die Leistungszusage, beitragsorientierte Leistungszusage, Entgeltumwandlung und die Beitragszusage mit Mindestleistung in Betracht.
Pensionsfonds	Die fünfte Organisationsform sind Pensionsfonds. Wie die Direktversicherungen und die Pensionskassen werden die unabhängigen Pensionsfonds von Arbeitgebern vor allem dann eingesetzt, wenn sie mit ihren Beschäftigten keine konkrete Höhe der Betriebsrente vereinbart haben, sondern die Einzahlung bestimmter Beiträge. Diese sog. Beitragszusage ist aber immer mit einer Mindestleistung verknüpft, die zumindest den Erhalt der Einzahlungen garantiert. Ein wichtiger Unterschied zur Pensionskasse: Pensionsfonds sind keine Versicherungsunternehmen. Deshalb dürfen die Fonds bei der Vermögensanlage größere Risiken eingehen als Lebensversicherer. So sind höhere Renditen möglich, aber auch die Gefahr von Verlusten steigt. Eingeschränkt sind die Fonds dadurch, dass sie das angesammelte Kapital nicht auf einmal auszahlen dürfen. Sie bieten daher nur Rentenverträge und Auszahlungspläne an. Wie bei den Pensionskassen haben die Arbeitnehmer den Anspruch auf die Versorgungsleistungen an den Fonds und nicht an ihren Arbeitgeber.

	Ein Pensionsfonds ist eine rechtsfähige Versorgungseinrichtung, die im Wege des Kapitaldeckungsverfahrens ausschließlich Altersversorgungsleistungen für einen oder mehrere Arbeitgeber zugunsten von Arbeitnehmern erbringt. Die Höhe der Altersversorgungsleistungen oder die Höhe der für diese Leistungen zu entrichtenden Beiträge sagt der Pensionsfonds nicht für alle vorgesehenen Leistungsfälle zu. Der Pensionsfonds räumt den Arbeitnehmern einen eigenen Anspruch auf Leistungen gegen den Pensionsfonds ein. Der Pensionsfonds ist verpflichtet, zugunsten des Arbeitnehmers die Altersversorgungsleistung in jedem Fall als lebenslange Altersrente zu erbringen. Neben Altersrenten kann auch eine Invaliden- und Hinterbliebenenversorgung gewährt werden. Es kann auch ein Auszahlungsplan mit Restverrentung vereinbart werden. Als Rechtsform sind die AG und der Pensionsfonds-Verein auf Gegenseitigkeit zulässig. Pensionsfonds unterliegen der Versicherungsaufsicht. Ihnen ist im Gegensatz zu Pensionskassen und Direktversicherungen eine risikobehaftete Anlagepolitik gestattet.
Staatliche Förderung	**Nachgelagerte Besteuerung:** Die betriebliche Altersvorsorge wird durch die sog. nachgelagerte Besteuerung attraktiv gemacht. Wie für die Riester-Rente können die Beiträge während der Berufstätigkeit bis zu einer bestimmten Höchstgrenze steuerfrei eingezahlt werden. Im Ruhestand müssen dafür die vollen Renten versteuert werden. Da jedoch der Steuersatz dann meist niedriger ist als während des Erwerbslebens, ist die nachgelagerte Besteuerung in der Regel von Vorteil. **Steuerfreibeträge:** Die Höhe der steuerlichen Freibeträge hängt davon ab, welcher Weg für die betriebliche Altervorsorge gewählt wurde. Jene Beiträge, die in eine Pensionskasse, einen Pensionsfonds oder eine Direktversicherung fließen, sind bis zu einer Höhe von 4 % der Beitragsbemessungsgrenze in der gesetzlichen Rentenversicherung steuerfrei. Für alle nach 2004 geschlossenen Neuverträge kommt ein weiterer Freibetrag von 1.800 Euro im Jahr hinzu.

6. Arbeitslosengeld

Arbeitslosengeld I

Arbeitslosengeld I, auch ALG I genannt, ist im Gegensatz zu Hartz IV keine Sozialleistung, sondern ein sozialversicherungsrechtlicher Anspruch. Hauptvoraussetzung für den Bezug von Arbeitslosengeld: In einer Rahmenfrist, die vor der Arbeitslosigkeit liegt und 2 Jahre beträgt, muss mindestens 360 Tage beitragspflichtig gearbeitet worden sein, d. h. Beiträge zur Arbeitslosenversicherung gezahlt worden sein. Arbeitslosengeld können nur diejenigen beziehen, die in einem beitragspflichtigen Beschäftigungsverhältnis gearbeitet haben. Arbeitslose Beamte oder Freiberufler können dies nicht. Arbeitslosengeld wird nicht sofort nach Beendigung des Beschäftigungsverhältnisses gezahlt, wenn zu diesem Zeitpunkt die maßgeblichen Kündigungsfristen nicht eingehalten werden. Es wird dann zu einem späteren Zeitpunkt gezahlt.

Voraussetzungen für den Anspruch auf Arbeitslosengeld:

- man muss arbeitslos sein,
- man muss die Anwartschaftszeit erfüllt haben und
- man muss sich persönlich arbeitslos gemeldet haben.

7. Sicherheitsbeauftragter

Sicherheits-beauftragter	Der Sicherheitsbeauftragte gibt Anstöße zur Verbesserung der Arbeitssicherheit und des Gesundheitsschutzes und informiert über Sicherheitsprobleme. Seine Rechtsgrundlage befindet sich im § 22 Sozialgesetzbuch VII.
Aufgaben	• Der Sicherheitsbeauftragte unterstützt den Unternehmer in Fragen des Arbeits- und Gesundheitsschutzes am Arbeitsplatz. • Er deckt Unfall- und Gesundheitsgefahren auf und wirkt auf deren Beseitigung hin. • Ferner unterbreitet er im Bereich des Arbeits- und Gesundheitsschutzes Verbesserungsvorschläge. • In diesen Fragen ist er auch Ansprechpartner für die Mitarbeiterinnen und Mitarbeiter. • Der Sicherheitsbeauftragte wird innerhalb seines Beschäftigungsverhältnisses beobachtend und beratend als Hilfsperson des Unternehmers tätig. Er darf allerdings keine Anweisungen geben oder korrigierende Maßnahmen ergreifen. Die Verantwortlichkeit im Bereich des Arbeits- und Gesundheitsschutzes trägt allein der Unternehmer.
Rechte des Sicherheits-beauftragten	Der Sicherheitsbeauftragte hat das Recht • an Aus- und Fortbildungsseminaren zum Arbeits- und Gesundheitsschutz teilzunehmen, • an Betriebsbegehungen durch die Berufsgenossenschaft oder staatliche Aufsichtsbehörden teilzunehmen, • über Unfälle im Unternehmen informiert zu werden, • im Arbeitsschutzausschuss mitzuwirken.
Arbeitsschutz-ausschuss	Der Arbeitsschutzausschuss ist ein Kommunikationsforum, in dem unterschiedliche Funktionsträger eines Unternehmens Arbeitsschutzthemen erörtern, Maßnahmen beraten und Entscheidungen vorbereiten. Nach § 11 ASiG setzt sich der Arbeitsschutzausschuss (ASA) aus folgenden Mitgliedern zusammen: • Arbeitgeber oder einem von ihm Beauftragten, • Fachkräfte für Arbeitssicherheit • Betriebsärzte, • Sicherheitsbeauftragte, • zwei vom Betriebsrat bestimmte Betriebsratsmitglieder, • fallweise Experten und Verantwortliche aus den betrachteten Betriebsbereichen. • Nach § 95 Abs. 4 SGB IX hat die Schwerbehindertenvertretung das Recht, an allen Sitzungen des ASA beratend teilzunehmen. Der ASA hat die Aufgabe, Anliegen des Arbeitsschutzes und der Unfallverhütung zu beraten. Der ASA tritt mindestens einmal vierteljährlich zusammen. Der Hauptnutzen eines effektiven ASA ist der ungestörte Betriebsablauf. Seine Effizienz hängt wesentlich von der betrieblichen Kommunikationskultur ab. Je besser betriebliche Entscheider und Arbeitsschutz-Experten sich austauschen, desto reibungsloser gelingt die Umsetzung von Arbeitsschutzzielen.

D Kollektives Arbeitsrecht

1. Tarifvertrag

Rechtsgrundlage zum Tarifvertrag	Der Tarifvertrag ist nach dem Tarifvertragsgesetz (TVG) ein bürgerlichrechtlicher Vertrag zwischen Parteien mit Tariffähigkeit zur Regelung ihrer Rechte und Pflichten (schuldrechtlicher Teil) und zur Festsetzung von arbeitsrechtlichen Normen (normativer Teil). Der Tarifvertrag bedarf grundsätzlich der Schriftform.
Tarifvertragsparteien	Tarifvertragsparteien sind • auf der Arbeitnehmerseite die Gewerkschaften, • auf der Arbeitgeberseite die Arbeitgeberverbände (Verbandstarifvertrag) und einzelne Arbeitgeber (Haus-, Werk- oder Firmentarifvertrag).
Registrierung	Abschluss, Änderung und Aufhebung des Tarifvertrags werden in einem Tarifregister eingetragen, das beim Bundesministerium für Arbeit geführt wird. In den Bundesländern werden gleichfalls Tarifregister geführt. Die Eintragung in das Tarifregister ist nicht Wirksamkeitserfordernis des Tarifvertrags.
Normative Bestimmungen	Es sind Rechtsnormen zur Regelung der Rechtsverhältnisse der Mitglieder der beteiligten Tarifvertragsparteien, vor allem der Arbeitsverhältnisse und Arbeitsbedingungen. Sie dürfen nicht gegen zwingendes staatliches Recht verstoßen. Sie sind unabdingbar, können also nicht durch Vereinbarung der Arbeitsvertragsparteien zuungunsten des Arbeitnehmers abgeändert werden (Günstigkeitsprinzip). Die Wirkung der Normativbestimmungen ist nach Geltungsbereichen unterschiedlich: • **Zeitlicher Geltungsbereich**: Dieser deckt sich mit der Laufzeit des Tarifvertrags. • **Räumlicher Geltungsbereich**: Er ist von den Tarifvertragsparteien beliebig abzugrenzen für das Gebiet, in dem sie satzungsmäßig zuständig sind. Je nach Größe des Tarifgebietes unterscheidet man Orts-, Bezirks-, Landes- und Bundestarife. • **Sachlicher Geltungsbereich**: Dieser kann sich betrieblich oder fachlich bestimmen, grundsätzlich für einen ganzen Wirtschaftszweig (z. B. Großhandel, Einzelhandel, Metallindustrie). Bei gemischten Betrieben entscheidet der im Betrieb überwiegende Betriebszweck.
Schuldrechtliche Bestimmungen	Es sind Abreden, die das Rechtsverhältnis der Parteien des Tarifvertrags untereinander regeln. • **Friedenspflicht**: Sie ist gegenseitige Verpflichtung zur Wahrung des Arbeitsfriedens. Sie verbietet Kampfmaßnahmen, die sich gegen den Bestand des Tarifvertrags richten, wenn mit ihnen die vorzeitige Aufhebung oder Änderung eines Tarifvertrags oder einzelner Teile bezweckt wird.

W. Grundmann, R. Rathner, *Bankwirtschaft, Rechnungswesen und Steuerung, Wirtschafts- und Sozialkunde*, Prüfungstraining für Bankkaufleute,
https://doi.org/10.1007/978-3-658-30521-5_23

	• **Einwirkungspflicht**: Sie ist die Verpflichtung der Tarifvertragsparteien, auf ihre Verbandsmitglieder im Sinn eines tarifgemäßen Verhaltens einzuwirken. Sie verpflichtet jedoch nicht zum Eingreifen gegen tarifwidriges Verhalten im Einzelfall, sondern nur bei der Verletzung kollektiver Interessen. Bei Verletzung der Friedens- und Einwirkungspflicht entstehen Schadensersatzansprüche.
Beendigung	• Ein Tarifvertrag endet mit Ablauf der vereinbarten Zeit. • Er kann auch von den Parteien des Tarifvertrags aufgehoben oder durch einen neuen Tarifvertrag ersetzt werden. • Viele Tarifverträge sehen die Möglichkeit einer befristeten Kündigung vor. • Den Tarifgebundenen gegenüber entfällt mit dem Ende des Tarifvertrags noch nicht jede Wirkung. Gemäß § 4 V TVG gelten die Rechtsnormen - nicht dagegen die schuldrechtlichen Vereinbarungen - eines Tarifvertrags nach dessen Ablauf weiter, bis sie durch eine andere Abmachung ersetzt werden.

2. Arten von Tarifverträgen

Begriff	Der Tarifvertrag ist ein schriftlicher Vertrag, der von einer Gewerkschaft mit einem Arbeitgeberverband oder einem einzelnen Arbeitgeber abgeschlossen wird. Er enthält Rechtsnormen, die den Inhalt, den Abschluss und die Beendigung von Arbeitsverhältnissen sowie betriebliche und betriebsverfassungsrechtliche Fragen ordnen (**normativer Teil**) und regelt die Rechte und Pflichten der Tarifvertragsparteien (**schuldrechtlicher Teil**). Bestandteil des Tarifvertrags ist die sog. **Friedenspflicht**, d. h. es wird den Tarifvertragsparteien verboten, die vereinbarten Regelungen während der Vertragsdauer durch Kampfmaßnahmen zu ändern. Ergänzt wird die Friedenspflicht durch die sog. **Durchführungspflicht**, die es den Tarifvertragsparteien zur Aufgabe macht, darauf einzuwirken, dass die von ihnen vereinbarten Regelungen durchgeführt werden (Vertragstreue).
Tarifgebundenheit	Sie regelt, wer den tarifvertraglichen Rechtsnormen unterliegt. Sie ist vom persönlichen Geltungsbereich, den die Tarifvertragsparteien für ihre Regelung vereinbaren, zu unterscheiden. Tarifgebunden sind der Arbeitgeber, der selbst Partei des Tarifvertrags ist, und die Mitglieder der Tarifvertragsparteien. Die Tarifgebundenheit knüpft an die Tarifverbandsgehörigkeit der Arbeitgeber und Arbeitnehmer an. Tarifgebunden ist nur, wer durch seinen Beitritt zu dem Tarif schließenden Verband zugleich den Zweck der Vereinigung billigt, Tarifverträge für seine Mitglieder abzuschließen.
Firmentarifvertrag	Der Tarifvertrag wird mit einem einzelnen Arbeitgeber abgeschlossen Man bezeichnet ihn auch als Haustarifvertrag.
Verbandstarifvertrag	Dieser Tarifvertrag wird mit einem Arbeitgeberverband abgeschlossen, in seinem Geltungsbereich aber auf einen bestimmten Betrieb oder ein bestimmtes Unternehmen beschränkt.

Flächentarifvertrag	Der Flächentarifvertrag ist ein Tarifvertrag, der sich auf tarifgebundene Unternehmen einer bestimmten Branche in einem bestimmten Geltungsbereich, z. B. Bundesrepublik Deutschland, bezieht.
Manteltarifvertrag	Die allgemeinen Bestimmungen, insbesondere die Regelung über die Gehalts- und Lohngruppen, sind i. d. R. in einem Manteltarifvertrag vereinbart. Ferner enthält er eine Arbeitszeitregelung, in der die Dauer der regelmäßigen Wochenarbeitszeit sowie die Festlegung von Überstunden festgesetzt ist. Ferner findet sich in den meisten Manteltarifverträgen Regelungen zum Erholungsurlaub und zu den Kündigungsfristen. So ist die Dauer des Erholungsurlaubs meist tarifvertraglich geregelt und wesentlich höher als nach dem Bundesurlaubsgesetz.
Lohn- und Gehaltstarifvertrag	Er enthält die Höhe der Arbeitsentgelte sowie die Höhe der Ausbildungsvergütungen.
Bezugnahmeklausel, statische Verweisung auf Arbeitsvertrag	Die Arbeitsvertragsparteien können frei darüber bestimmen, ob ein bereits bestehender Tarifvertrag einbezogen werden soll (statische Verweisung) oder ob die jeweils gültige Fassung eines bestimmten Tarifvertrages maßgebend sein soll (dynamische Verweisung). Die dynamische Verweisung kann darin bestehen, dass auf den Tarifvertrag in seiner jeweils gültigen Fassung Bezug genommen wird, in dessen Geltungsbereich der Arbeitnehmer bei Begründung des Arbeitsverhältnisses fällt.
Stufentarifvertrag	Er ist ein Tarifvertrag, der eine Veränderung der Arbeitsbedingungen in mehreren Schritten vorsieht (zum Beispiel Lohnerhöhungen, Arbeitszeitverkürzungen, Verlängerung des Urlaubs). Die Stufentarifverträge werden unter anderem abgeschlossen, um einen Arbeitgeber oder ein Tarifgebiet stufenweise an das Niveau eines anderen Tarifvertrages heranzuführen.

3. Koalitionsfreiheit und Tarifautonomie

Koalitionsfreiheit	Art. 9 Abs. 3 Satz 1 und 2 Grundgesetz bestimmt: „Das Recht, zur Wahrung und Förderung der Arbeits- und Wirtschaftsbedingungen Vereinigungen zu bilden, ist für jedermann und für alle Berufe gewährleistet. Abreden, die dieses Recht einschränken, oder zu behindern suchen, sind nichtig, hierauf gerichtete Maßnahmen sind rechtswidrig". Während die Vereinsfreiheit nur allen Deutschen garantiert wird, besteht die Koalitionsfreiheit für jedermann, ist also verfassungsrechtlich als Menschenrecht ausgestaltet.
Tarifautonomie	Das Grundrecht der Koalitionsfreiheit stützt vor allem das Recht der Koalitionen, durch spezifisch koalitionsmäßige Betätigung die in Art. 9 Abs. 3 Grundgesetz genannten Zwecke zu verfolgen, nämlich die Arbeits- und Wirtschaftsbedingungen ihrer Mitglieder zu wahren und zu fördern. Unter die Verfassungsgarantie fällt deshalb die Tarifautonomie. Dies gilt nur für die privatrechtliche Ordnung des Arbeitslebens. Für Beamte gilt die Tarifautonomie nicht. Der Staat ist gehal-

	ten, den frei gebildeten Koalitionen die Möglichkeit zu eröffnen, insbesondere Löhne und sonstige materielle Arbeitsbedingungen in einem von staatlicher Rechtssetzung frei gelassenen Raum in eigener Verantwortung im Wesentlichen ohne staatliche Einflussnahme durch unabdingbare Gesamtvereinbarungen sinnvoll zu ordnen. Zu den Funktionsvoraussetzungen der Tarifautonomie gehört der Arbeitskampf. Könnten die Gewerkschaften um den Abschluss eines Tarifvertrags keinen Streik führen, so wären weder das Zustandekommen noch die inhaltliche Sachgerechtigkeit tariflicher Regelungen gewährleistet. Das Streikrecht ist zwar kein Grundrecht; es fällt aber unter die Koalitionsbetätigungsgarantie, soweit es der Herstellung und Sicherung des Verhandlungsgleichgewichts dient, ohne dass die Tarifautonomie nicht funktionieren kann. Die Parität erfordert jedoch auch die Anerkennung der Aussperrung als Kampfmittel der Arbeitgeber. Tarifvertrag und Arbeitskampf stehen also in einem Funktionszusammenhang.
Tariffähigkeit	Parteien eines Tarifvertrages können auf der Arbeitnehmerseite nur Gewerkschaften, auf der Arbeitgeberseite einzelne Arbeitgeber und Vereinigungen von Arbeitgebern sein (§ 2 Abs. 1 Tarifvertragsgesetz). Ein Verband ist nur tariffähig, wenn er als Arbeitgeber- oder als Arbeitnehmervereinigung sich selbst zur Aufgabe gesetzt hat, Tarifverträge abzuschließen. Voraussetzungen: • freiwilliger Zusammenschluss • auf Dauer angelegt • überbetrieblich organisiert • demokratisch organisiert • Gegnerunabhängigkeit • gegnerfrei • tarifwillig • Durchsetzungsfähigkeit (Streikkasse)
Tarifzuständigkeit	Welchen räumlichen, betrieblichen, fachlichen und persönlichen Geltungsbereich ein Tarifvertrag hat, regelt die Zuständigkeit des Tarifvertrags. Die Tarifvertragsparteien müssen demnach auch tarifzuständig sein.
Tarifbezug im Arbeitsvertrag	Sind die Tarifvertragsparteien nicht tarifgebunden, so haben die Tarifnormen, wenn der Tarifvertrag nicht für allgemeinverbindlich erklärt ist oder aufgrund einer Rechtsverordnung Anwendung findet, für den Inhalt des Arbeitsverhältnisses keine Tarifgeltung. Da die meisten Arbeitsverhältnisse aber heute in ihrer Eigenart und Besonderheit nicht durch Gesetz sondern durch Tarifvertrag geregelt sind, werden Tarifverträge, die innerhalb eines Wirtschaftszweiges die maßgebliche Ordnung für die Gestaltung der Arbeitsbeziehungen festlegen, im Allgemeinen auch den Arbeitsverhältnissen mit nicht tarifgebundenen Arbeitnehmern zugrunde gelegt. Die Tarifnormen gelten in diesem Fall aber nicht normativ, sonder entweder als Bestandteil des Einzelarbeitsvertrags oder aufgrund betrieblicher

	Übung. Sie haben deshalb auch keinen Vorrang vor einer abweichenden Vertragsgestaltung, sondern gelten im Gegenteil nur nach Maßgabe des Arbeitsvertrags für den Vertragsinhalt.
Funktionen des Tarifvertrages	• **Friedensfunktion**: Mit Abschluss des Tarifvertrages wird die Pflicht der Tarifvertragsparteien begründet, die im Tarifvertrag festgelegte Ordnung während ihrer Geltung nicht durch Kampfmaßnahmen in Frage zu stellen (Vertragstreue). • **Schutzfunktion**: Der Tarifvertrag soll den einzelnen Arbeitnehmer davor schützen, dass der wirtschaftlich stärkere Arbeitgeber bei der Festlegung der Arbeitsbedingungen einseitig eine Forderung durchsetzt. Er dient damit der Chancengleichheit zwischen Arbeitnehmer- und Arbeitgeberseite. • **Ordnungsfunktion**: Die Tarifverträge führen zu einer Typisierung der Arbeitsverträge, zu einer Überschaubarkeit der Personalkosten und damit zu einer autonomen Ordnung des Arbeitslebens.
Tariflohn	Die allgemeinen Bestimmungen, insbesondere die Regelungen über die Gehalts- und Lohngruppen, sind i. d. R. im Manteltarifvertrag vereinbart, während die Höhe des Arbeitsentgelts in besonderen Lohn- und Gehaltstarifverträgen geregelt sind.
Tarifeinheit	In Deutschland gilt das Gesetz zur Tarifeinheit (Tarifeinheitsgesetz). Es sieht vor, dass bei kollidierenden Tarifverträgen in einem Betrieb nur die Rechtsnormen des Tarifvertrags derjenigen Gewerkschaft anwendbar sind, die zum Zeitpunkt des Abschlusses des zuletzt abgeschlossenen Tarifvertrags im Betrieb die meisten Mitglieder hat (§ 4 a Tarifvertragsgesetz). Unter dem Begriff Tarifeinheit wird der Rechtsgrundsatz verstanden, dass in einem Arbeitsverhältnis oder in einem Betrieb nur ein Tarifvertrag anzuwenden ist. Es handelt sich um eine Kollisionsregelung für den Fall der Tarifkonkurrenz in einem Arbeitsverhältnis (Tarifeinheit im Arbeitsverhältnis) oder für den Fall der Tarifpluralität in einem Betrieb (Tarifeinheit im Betrieb), also für solche Fälle, in denen mehrere Tarifverträge auf denselben Sachverhalt anwendbar sind.
Gesetzlicher Mindestlohn	Ein allgemeiner gesetzlicher Mindestlohn (Mindestarbeitsentgelt) besteht in Deutschland seit 2017, er beträgt 9,35 EUR pro Arbeitsstunde. Für einzelne Branchen gab es bereits aufgrund des Arbeitnehmerentsendegesetzes branchenspezifische Mindestlöhne. Mindestlöhne gelten unabhängig von deren Tarifbindung für alle Arbeitnehmer der jeweiligen Branche. Darüber hinaus stellen die Entgeltbestimmungen eines Tarifvertrages, die auf die Arbeitsverhältnisse der tarifgebundenen Arbeitnehmer anzuwenden sind, für die tarifgebundenen Arbeitnehmer einen „Mindestlohn“ dar.

4. Tarifverhandlungen

Tarifverhandlungen	• Die Gewerkschaften erheben Forderungen (mehr Lohn, mehr Urlaub, kürzere Arbeitszeiten, verbesserter Kündigungsschutz, Übernahme von Auszubildenden in ein unbefristetes Arbeitsverhältnis etc.), die sie mit den Arbeitgebern bzw. Arbeitgebervereinigungen verhandeln. • Einigt man sich im Rahmen dieser Verhandlung, wird ein neuer Tarifvertrag abgeschlossen, der für eine bestimmte Zeit (z. B. 1 Jahr) Gültigkeit besitzt. • Während dieser Zeit sind die Tarifpartner zum Arbeitsfrieden verpflichtet, dürfen also keine Kampfmaßnahmen wie etwa Streik oder Aussperrung ergreifen. • Einigt man sich nicht, werden die Verhandlungen für gescheitert erklärt. • Man kann dann mit Hilfe eines unbeteiligten Dritten (z. B. Richter, Politiker), der kein Vertreter der Bundesregierung sein sollte, versuchen, einen Kompromiss zu finden. • Wird dieser erreicht, kommt es zum Abschluss eines neuen Tarifvertrages. • Scheitert die Schlichtung, setzt die Gewerkschaft eine Urabstimmung an, bei der die Arbeitnehmer entscheiden müssen, ob sie streiken wollen. Das Quorum liegt i. d. R. bei 75 % der organisierten Mitglieder. • Auf einen Streik können die Arbeitgeber mit Aussperrung reagieren; d. h., auch die Arbeitnehmer, die nicht streiken wollen, dürfen während der Arbeitszeit nicht arbeiten. • Der Streik endet, wenn in neuen Verhandlungen ein Kompromiss gefunden worden ist und • 25 % der Arbeitnehmer plus eine Stimme in einer zweiten Urabstimmung dem Kompromiss zustimmen. • Ein neuer Tarifvertrag kann dann in Kraft treten.
Arbeitskampfmaßnahmen	• Streik • Aussperrung
Streik	Mit Streik bezeichnet man die gemeinsam durchgeführte Arbeitsniederlegung einer Mehrzahl von Arbeitnehmern. Der Streik ist vor allem die Verweigerung, die Arbeitspflicht zu erfüllen. Zu ihr gehört das Fernbleiben vom Arbeitsplatz. Ein Streik kann auch dadurch bestehen, dass Arbeitnehmer übermäßig langsam **(Bummelstreik)** oder übermäßig sorgfältig **(Dienst nach Vorschrift)** arbeiten, sodass der Arbeitgeber keinen wirtschaftlichen Nutzen aus der Arbeit ziehen kann. Bei einem arbeitsrechtlichen Streik ist der Adressat die Arbeitgeberseite. Man unterscheidet nach der Form der Druckausübung zur Erreichung der Kampfforderung den **Erzwingungsstreik**, durch den die Kampfforderungen unmittelbar durchgesetzt werden sollen, und den **Warnstreik**, der die Entschlossenheit der Arbeitnehmer erkun-

	det, einen Erzwingungsstreik zu führen, wenn ihre Forderungen nicht erfüllt werden. Nach der Organisation unterscheidet man zwischen dem **von einer Gewerkschaft organisierten Streik** und dem nichtgewerkschaftlichen Streik, der als „**wilder Streik**" bezeichnet wird. Hinsichtlich der Taktik kann der Streik ein **Flächenstreik** sein, bei dem alle Arbeitnehmer eines Kampfgebiets zur Arbeitsniederlegung aufgerufen werden. Bei einem **Teilstreik** wird nur ein Teil der Arbeitnehmer der bestreikten Betriebe innerhalb eines Kampfgebiets in die Arbeitsniederlegung einbezogen. Er wird als **Schwerpunktstreik** bezeichnet, wenn lediglich die Arbeitnehmer, die in den Betrieben eine Schlüsselstellung einnehmen, die Arbeit niederlegen oder in den Streik nur Betriebe einbezogen werden, die für andere Betriebe notwendiges Vormaterial liefern oder die Energieversorgung sicherstellen. Der Arbeitskampf muss nach dem Bundesverfassungsgericht die Ultima Ratio sein. Solange die Tarif- und Schlichtungsverhandlungen zwischen den Tarifvertragsparteien noch nicht beendet sind, darf mit einem Streik noch nicht begonnen werden, auch wenn die tarifvertragliche Friedenspflicht bereits abgelaufen ist. Jede Arbeitskampfmaßnahme darf deshalb nur nach Ausschöpfung aller Verhandlungsmöglichkeiten ergriffen werden. Wer seine Arbeit niederlegt, um einen Streikbefehl der Gewerkschaft zu folgen, handelt bei Rechtmäßigkeit des Streik nicht pflichtwidrig. Streikende Arbeitnehmer haben für die Zeit ihrer Arbeitsniederlegung keinen Anspruch auf das Arbeitsentgelt.
Aussperrung	Die Aussperrung ist die planmäßig durchgeführte Nichtzulassung einer Gruppe von Arbeitnehmern zur Arbeitsleistung unter Verweigerung des Arbeitsentgelts, um dadurch ein bestimmtes Ziel zu erreichen. Sie ist das Kampfmittel der Arbeitgeberseite. Die **Aussperrung** kann ein einzelner Arbeitgeber vornehmen oder ein Arbeitgeberverband als **Verbandsaussperrung**. Es können nur **Arbeitnehmergruppen** aber keine einzelnen Arbeitnehmer ausgesperrt werden.

5. Tarifvereinbarungen und Betriebsvereinbarungen

Betriebs-vereinbarungen	• Die Betriebsvereinbarungen sind in § 77 Abs. 2 bis 6 Betriebsverfassungsgesetz geregelt. • Die Betriebsvereinbarung ist die Einigung zwischen Arbeitgeber und Betriebsrat. • Sie vermeidet durch textliche Festlegung Unklarheiten. Sie sind schriftlich abzufassen, von beiden Seiten zu unterzeichnen und im Betrieb an geeigneter Stelle öffentlich zugänglich zu machen. • In den Betriebsvereinbarungen können neben den notwendigen Einigungen in Mitbestimmungsfällen (z. B. betriebliche Ordnung, Arbeitszeitregelung) auch andere nicht mitbestimmungspflichtige Fragen geregelt werden (sog. freiwillige Betriebsvereinbarungen, u. a. Errichtung von Sozialeinrichtungen oder Vereinbarungen über Gratifikationen oder

	andere Leistungen des Arbeitgebers). • Betriebsvereinbarungen können wie Tarifverträge schuldrechtliche und normative Bestimmungen enthalten. Die schuldrechtlichen Bestimmungen begründen Rechte und Pflichten nur zwischen den Betriebspartnern. Die normativen Bestimmungen können den Inhalt der Arbeitsverhältnisse der im Betrieb beschäftigten Arbeitnehmer (auch in Form von Verboten, etwa dem Verbot von Arbeit auf Abruf), den Abschluss und die Beendigung der Arbeitsverhältnisse, das betriebliche Rechtsverhältnis zwischen Arbeitgeber und Belegschaft (Betriebsnormen, z. B. Bestimmungen über zusätzliche Schutzvorrichtungen an Maschinen) und betriebsverfassungsrechtliche Fragen regeln. • Die Rechtsnormen der Betriebsvereinbarungen gelten unmittelbar (also ohne besondere vertragsrechtliche Umsetzung) und zwingend. Dabei werden abweichende Vertragsabreden durch günstigere Betriebsvereinbarungen für die Dauer ihrer Wirkung verdrängt und es kann von den Normen der Betriebsvereinbarungen zugunsten des einzelnen Arbeitnehmers oder der Belegschaft abgewichen werden (Günstigkeitsprinzip).
Tarifvertragliche Vereinbarungen	• Der Tarifvertrag ist ein schriftlicher Vertrag, der von einer Gewerkschaft mit einem Arbeitgeberverband oder einem einzelnen Arbeitgeber abgeschlossen wird. • Er enthält nach § 1 Tarifvertragsgesetz Rechtsnormen, die den Inhalt, den Abschluss und die Beendigung von Arbeitsverhältnissen sowie betriebliche und betriebsverfassungsrechtliche Fragen ordnen (normativer Teil) und regelt die Rechte und Pflichten der Tarifvertragsparteien (schuldrechtlicher Teil). • Die Besonderheit des Tarifvertrags wird durch seinen normativen Teil geprägt, der bei Tarifgebundenheit eine normative Wirkung auf die Arbeitsverhältnisse entfaltet. • Zur Rechtsverbindlichkeit gehört, ohne dass es einer ausdrücklichen Vereinbarung bedarf, die sog. Friedenspflicht, die den Tarifvertragsparteien gebietet, die von ihnen vereinbarten Regelungen als rechtsverbindlich anzuerkennen, und ihnen daher verbietet, sie während der Dauer des Vertrags durch Kampfmaßnahmen zu ändern. • Hinzu kommt die sog. Durchführungspflicht, die die Tarifvertragsparteien verpflichtet, darauf einzuwirken, dass die von ihnen vereinbarten Regelungen durchgeführt werden.

6. Vergleich Arbeitsvertrag, Betriebsvereinbarung und Tarifvertrag

Merkmale	Arbeitsvertrag	Betriebsvereinbarung	Tarifvertrag
Rechtsgrundlage	§ 611 ff. BGB (Dienstvertrag) sowie andere Arbeitsgesetze wie z. B. Kündigungsschutzgesetz, Jugendarbeitsschutzgesetz, Mutterschutzgesetz	Betriebsverfassungsgesetz	Tarifvertragsgesetz und Art. 9 GG

Merkmale	**Arbeitsvertrag**	**Betriebsvereinbarung**	**Tarifvertrag**
Vertrags-partner	Arbeitgeber und Arbeitnehmer	Geschäftsführung und Betriebsrat	Gewerkschaften, Arbeitgebervereinigungen oder einzelne Arbeitgeber
Formvor-schriften	Formfreiheit, allerdings nach § 2 NachwG müssen dem Arbeitnehmer spätestens einen Monat nach Vertragsschluss die vertragswesentlichen Inhalte unterschrieben von dem Arbeitgeber ausgehändigt werden.	Schriftform nach § 77 BetrVG	Schriftform nach § 1 TVG
Inhalt	Pflichten von Arbeitgeber und Arbeitnehmer, z. B. Arbeitspflicht und Lohnzahlungspflicht	Betriebliche Regelung der Arbeitsbedingungen, z. B. Festlegung eines Lohnzahlungszeitpunkts, Festlegung der betrieblichen Arbeitszeit usw.	Er enthält Rechtsnormen, die den Inhalt, Abschluss und die Beendigung von Arbeitsverhältnissen sowie betriebliche und betriebsverfassungsrechtliche Fragen ordnen (normativer Teil) und regelt die Rechte und Pflichten der Tarifvertragsparteien (schuldrechtlicher Teil), z. B. wöchentliche Arbeitszeit, tariflicher Mindestlohn, Definition von Tarifgruppen, Urlaubsansprüche sowie Kündigungsregelungen von Arbeitsverhältnissen
Arten	- unbefristete Arbeitsverträge - befristete Arbeitsverträge		- Lohn- und Gehaltstarifvertrag - Manteltarifvertrag - Verbandstarifvertrag - Haustarifvertrag
Kündi-gungs-regelungen	-§ 622 BGB: 4 Wochen zum 15. eines Monats oder zum Monatsultimo -§ 17 MTV: 6 Wochen zum Quartalsende -§ 15 Befristungsgesetz: Der Arbeitsvertrag endet mit Ablauf der vereinbarten Zeit	§ 77 BetrVG: Kündigung der Betriebsvereinbarung unter Beachtung einer Kündigungsfrist von 3 Monaten	Kündigung unter Einhaltung einer Kündigungsfrist von z. B. 3 Monaten

PRÜFUNGSWISSEN WIRTSCHAFTSLEHRE

A Rechtliche Grundlagen

1. Rechts- und Geschäftsfähigkeit

Merkmale	Rechtsfähigkeit	Geschäftsunfähigkeit	Beschränkte Geschäftsfähigkeit	Geschäftsfähigkeit (Volljährigkeit)
Zeitpunkt/ Zeitraum	§ 1 BGB Vollendung der Geburt bis zum Tod	§ 104 BGB Vollendung der Geburt bis zur Vollendung des 7. Lebensjahres oder Personen, die sich nicht vorübergehend in einem die freie Willensbildung ausschließenden Zustand krankhafter Störung der Geistestätigkeit befinden	§§ 106 bis 113 BGB Vollendung des 7. Lebensjahres bis zur Vollendung des 18. Lebensjahres	§ 2 BGB Mit Vollendung des 18. Lebensjahres
Rechtliche Bedeutung	Träger von Rechten und Pflichten	Die Willenserklärung eines Geschäftsunfähigen ist nichtig. Nichtig ist auch eine Willenserklärung, die im Zustand der Bewusstlosigkeit oder vorübergehenden Störung der Geistestätigkeit abgegeben wird. Geschäftsunfähige haben nach dem Gesetz keinen rechtsgeschäftlich bedeutsamen Willen. Für sie handeln stets die gesetzlichen Vertreter/Betreuer.	Der Minderjährige bedarf zu einer Willenserklärung, durch die er nicht lediglich einen rechtlichen Vorteil erlangt, der Einwilligung seines gesetzlichen Vertreters. Bis zur Zustimmung der gesetzlichen Vertreter ist das Rechtsgeschäft schwebend unwirksam.	Die geschäftsfähige Person kann rechtswirksam Rechte und Pflichten erwerben.
Vertragsabschluss		Nichtig, Botengeschäft möglich. Nach § 105 a BGB kann ein volljähriger Geschäftsunfähiger ein Geschäft des täglichen Lebens, das mit geringwertigen Mitteln bewirkt werden kann, tätigen.	Ohne Zustimmung der gesetzlichen Vertreter nach § 107 BGB möglich, wenn der Minderjährige nur einen rechtlichen Vorteil erlangt, z. B. Geldgeschenk von der Oma. Nach § 110 BGB, wenn die Leistung mit eigenen Mitteln bewirkt wird, die ihm mit Zustimmung der gesetzlichen Vertreter oder von einem Dritten mit der Zustimmung der gesetzlichen	

W. Grundmann, R. Rathner, *Bankwirtschaft, Rechnungswesen und Steuerung, Wirtschafts- und Sozialkunde*, Prüfungstraining für Bankkaufleute,
https://doi.org/10.1007/978-3-658-30521-5_24

			Vertreter zur freien Verfügung oder zu einem bestimmten Zweck übergeben wurden. Nach § 113 BGB, wenn der gesetzliche Vertreter den Minderjährigen ermächtigt, in ein Arbeitsverhältnis zu treten, so ist der Minderjährige für solche Rechtsgeschäfte unbeschränkt geschäftsfähig, welche die Eingehung oder Aufhebung eines Arbeitsverhältnisses der gestatteten Art oder die Erfüllung der sich aus einem solchen Verhältnis ergebenden Verpflichtungen betreffen, z. B. Abschluss eines Kontovertrages zur Überweisung des Arbeitsentgeltes.	

2. Formvorschriften bei Verträgen

Allgemeine Formvorschriften bei Verträgen nach § 126 BGB

Formfrei	Jede Art des Vertragsabschlusses ist möglich. Beispiele: • Beim Kauf einer Zeitschrift wird der Vertrag mündlich, durch Mimik oder Gestik abgeschlossen. • Beim Kauf eines gebrauchten Pkw wird der Vertrag häufig per Handschlag abgeschlossen und danach schriftlich noch mal aus Gründen der Rechtssicherheit fixiert.
Textform nach § 126 b BGB	Ist durch Gesetz Textform vorgeschrieben, so muss die Erklärung in einer Urkunde oder auf andere zur dauerhaften Wiedergabe in Schriftzeichen geeignete Weise abgegeben, die Person des Erklärenden genannt und der Abschluss der Erklärung durch Nachbildung der Namensunterschrift oder anders erkennbar gemacht werden. Beispiel: Wird einem Verbraucher durch Gesetz ein Widerrufsrecht nach § 355 BGB eingeräumt, so ist er an seine auf den Abschluss des Vertrags gerichtete Willenserklärung nicht mehr gebunden, wenn er sie fristgerecht widerrufen hat. Der Widerruf muss keine Begründung enthalten und ist in Textform oder durch Zurücksendung der Sache innerhalb von zwei Wochen gegenüber dem Unternehmer zu erklären. Zur Fristwahrung genügt die fristgerechte Absendung.
Schriftform nach § 126 BGB	Ist durch Gesetz schriftliche Form vorgeschrieben, so muss die Urkunde von dem Aussteller eigenhändig durch Namensunterschrift oder mittels notariell beglaubigten Handzeichens unterzeichnet werden. Beispiel: Verbraucherdarlehensverträge sind schriftlich abzuschließen (§ 492 BGB Abs. 1).

Elektronische Form nach § 126 a BGB	Soll die gesetzlich vorgeschriebene schriftliche Form durch die elektronische Form ersetzt werden, muss der Aussteller der Erklärung dieser seinen Namen hinzufügen und das elektronische Dokument mit einer qualifizierten elektronischen Signatur nach dem Signaturgesetz versehen. Beispiel: Bei der elektronischen Überweisung wird die Unterschrift durch die Transaktionsnummer (TAN) ersetzt.
Notarielle Beurkundung nach § 128 BGB	Ist durch Gesetz notarielle Beurkundung eines Vertrags vorgeschrieben, so genügt es, wenn zunächst der Antrag und sodann die Annahme des Antrags von einem Notar beurkundet wird. Beispiel: Nach § 311 b BGB ist ein Vertrag, durch den sich der eine Teil verpflichtet, das Eigentum an einem Grundstück zu übertragen oder zu erwerben, notariell zu beurkunden.
Öffentliche Beglaubigung nach § 129 BGB	Ist durch Gesetz für eine Erklärung öffentliche Beglaubigung vorgeschrieben, so muss die Erklärung schriftlich abgefasst und die Unterschrift des Erklärenden von einem Notar beglaubigt werden. Die öffentliche Beglaubigung kann durch die notarielle Beurkundung der Erklärung ersetzt werden. Beispiel: Nach § 12 HGB sind die Anmeldung zur Eintragung in das Handelsregister in öffentlich beglaubigter Form einzureichen. Stellen, die öffentlich beglaubigen können: Einwohnermeldeamt, Notare, Schulen, Pastorate, Sparkassen

Rechtliche Grundlagen

Formvorschrift	**Erklärungen**	**Beispiele**	**Besonderheiten bei bestimmten Verträgen**
Formlos	Der Gesetzgeber sieht keine besonderen Formvorschriften vor. Jede Form ist zulässig.	• mündlich • per Handschlag • eindeutige Gesten • schlüssiges Verhalten	**Ausbildungsvertrag:** Formfrei gültig; vor Beginn der Ausbildungsphase müssen die vertragswesentlichen Inhalte vom Auszubildenden und ggf. seinen gesetzlichen Vertretern sowie dem Ausbildungsbetrieb eigenhändig unterschrieben werden, vgl. § 11 BBiG. **Arbeitsvertrag:** Der Arbeitsvertrag kann mündlich abgeschlossen werden. Nach § 2 des Nachweisgesetzes muss der Arbeitgeber die vertragswesentlichen Inhalte des Arbeitsvertrages dem Arbeitnehmer spätestens 1 Monat nach Arbeitsaufnahme eigenhändig unterschrieben aushändigen.

Formvorschrift	Erklärungen	Beispiele	Besonderheiten bei bestimmten Verträgen
Schriftform	Urkunde muss vom Aussteller eigenhändig durch Namensunterschrift unterzeichnet werden.	• Bürgschaftserklärung nach § 766 BGB • Verbraucherdarlehensvertrag nach § 492 BGB	Errichtung eines Testaments: Nach § 2064 kann der Erblasser ein Testament nur persönlich errichten. Nach § 2247 kann der Erblasser ein Testament durch eine eigenhändig geschriebene und unterschriebene Erklärung errichten.
Textform	Sieht der Gesetzgeber „Textform" vor, so muss die Erklärung in einer Urkunde oder auf eine andere zur dauerhaften Wiedergabe in Schriftzeichen geeigneten Weise abgegeben werden. Die Person des Erklärenden muss genannt und der Abschluss der Erklärung durch Nachbildung der Namensunterschrift oder anders erkennbar gemacht werden.	E-Mail, Fax	Widerrufsbelehrung, Rücktritt vom Ratenkredit innerhalb der 14-tägigen Widerrufsfrist
Öffentliche Beglaubigung	Ist durch Gesetz eine Erklärung in öffentlich beglaubigter Form vorgesehen, so muss die Erklärung schriftlich abgefasst und die Unterschrift des Erklärenden von einem Notar beglaubigt werden.	Eintragung eines Prokuristen in das Handelsregister	
Notarielle Beurkundung	Ist durch Gesetz eine notarielle Beurkundung vorgeschrieben, so genügt es, wenn zunächst der Antrag und sodann die Annahme des Antrags von einem Notar beurkundet wird.	Nach § 311 b BGB sind Grundstückkaufverträge zu beurkunden.	Nach § 925 BGB (Auflassung) muss die zur Übertragung eines Grundstücks erforderliche Einigung des Veräußerers und des Erwerbers bei gleichzeitiger Anwesenheit beider Teile vor einem Notar erklärt werden.

3. Rechtsgeschäfte

Wesen	• Das Rechtsgeschäft ist ein Tatbestand, der aus mindestens einer Willenserklärung sowie oft aus weiteren Elementen besteht. An diesen Tatbestand knüpft man den Eintritt des gewollten rechtlichen Erfolges. • Das Rechtsgeschäft muss mindestens eine Willenserklärung enthalten, z. B. Antrag nach § 145 BGB. • Rechtsgeschäft mit mehreren Willenserklärungen ist z. B. der Kaufvertrag nach § 433 BGB. • Oft müssen noch andere Tatbestandsmerkmale hinzutreten, um den Rechtserfolg herbeizuführen, z. B. muss die Übergabe noch zum dinglichen Einigungsvertrag hinzukommen, um den Rechtserfolg „Eigentumsübergang" herbeizuführen.
Arten	**Einseitige Rechtsgeschäfte** enthalten die Willenserklärung nur einer Person, z. B. Kündigung. **Mehrseitige Rechtsgeschäfte** enthalten die Willenserklärungen von mindestens zwei Personen, z. B. beim Kaufvertrag nach § 433 BGB. • Gegenseitig verpflichtende Rechtsgeschäfte: Beide Vertragspartner verpflichten sich wechselseitig, z. B. beim Kaufvertrag. Der Verkäufer übereignet die Sache an den Käufer, weil er vom Käufer den vereinbarten Kaufpreis dafür erhält. • Einseitig verpflichtende Rechtsgeschäfte: Nur ein Vertragspartner verpflichtet sich gegenüber dem anderen Vertragspartner, z. B. beim Schenkungsvertrag nach § 516 BGB.

4. Willenserklärungen

Arten von Willenserklärungen

Empfangsbedürftige Willenserklärungen	• Willenserklärungen, die an andere Personen gerichtet sind. • Sie sind wirksam gegenüber einem Anwesenden unmittelbar mit Abgabe der Willenserklärung. Beispiele: • Annahme eines Kaufvertrages • Antrag • Angebot • Kündigung • Rücktritt vom Vertrag • Vollmachtserteilung
Nicht empfangsbedürftige Willenserklärungen	• Willenserklärungen, die nicht an eine andere Person gerichtet sind, sondern an die Öffentlichkeit. • Sie sind wirksam zu dem Zeitpunkt, in dem sie abgeben werden. Beispiele: • Testament • Auslobung

Rechtliche Beurteilung von Rechtsgeschäften

Rechtsgeschäfte	Beispiele
Wirksames Rechtsgeschäft	• Der 21-jährige Auszubildende Peter Müller kündigt schriftlich seinen Ausbildungsvertrag mit der Begründung, dass er einen Studienplatz aufnehmen werde. • Herr Kramer kauft im Blumengeschäft „Tulpe" einen teuren Blumenstrauß, da er zur Hochzeit seines Freundes eingeladen wurde. Da sich das Brautpaar kurz vor der Trauung zerstritten hat, wurde die Hochzeit kurzfristig abgesagt. Herr Kramer bringt den Blumenstrauß in das Blumengeschäft zurück mit der Begründung, dass er den Blumenstrauß nicht mehr braucht (Motivirrtum).
Nichtiges Rechtsgeschäft, da einseitiges Rechtsgeschäft mit Minderjährigem ohne Zustimmung der gesetzlichen Vertreter	Der 17-jährige Auszubildende kündigt ohne Genehmigung seiner Eltern schriftlich sein Ausbildungsverhältnis mit der Begründung, dass er seine Berufsausbildung aufgeben möchte, um eine andere Berufsausbildung zu beginnen.
Schwebend unwirksames Rechtsgeschäft wegen fehlender Erklärung der gesetzlichen Vertreter	Der 14-jährige Schüler kauft sich beim Fahrradhändler Hertel ein neues Fahrrad zum Preis von 300,00 EUR. Er teilt dem Verkäufer beim Bezahlvorgang mit, dass er das Geld selbst verdient hat und seine Eltern mit dem Kauf einverstanden sind.
Sittenwidriges Rechtsgeschäft, da der Lebenspartner noch verheiratet ist.	Der noch verheiratete Friedhelm Schmidt schließt mit seiner neuen Lebensgefährtin Anne Müller einen Partnerschaftsvertrag ab. In diesem Vertrag verpflichtet sich Herr Schmidt Frau Müller gegenüber zu einer Geldzahlung von 20.000,00 EUR bzw. 40.000,00 EUR, wenn er sich von seiner neuen Partnerin vor Ablauf von 5 Jahren bzw. 10 Jahren schuldhaft trennt.
Anfechtbares Rechtsgeschäft **• wegen Irrtums** **• wegen arglistiger Täuschung** **Das Rechtsgeschäft ist grundsätzlich wirksam. Wird es angefochten wegen Irrtums oder arglistiger Täuschung, ist das Rechtsgeschäft nach § 142 BGB nichtig.**	• Herr Schulz bestellt auf einer Bestellkarte den Buchtitel „Kompaktwissen" vom Bildungsverlag in Köln mit der Bestellnummer 8927. Er erhält per Post das Lehrbuch „Grundwissen für Rechtsanwalts- und Notarsfachangestellte", da er die Bestellnummer irrtümlich vertauscht hat. • Herr Müller erwirbt vom Pkw-Händler einen Gebrauchtwagen, Kilometerstand 10.983. Im Nachhinein wird festgestellt, dass der Kilometerstand manipuliert wurde, aktueller Kilometerstand ist 110.883.

Rechtsgeschäfte	Beispiele
Nichtiges Rechtsgeschäft • **wegen Geschäftsunfähigkeit** • **wegen gesetzlichen Verbotes** • **wegen Verbot der Schwarzarbeit**	• Der 6-jährige Kevin kauft sich am Kiosk eine Tüte Haribo zu 1,50 EUR. • Der 17-jährige Dennis kauft sich im Supermarkt für die Gartenparty eine Flasche Whisky zu 13,50 EUR. • Der Hauseigentümer Müller beschäftigt regelmäßig gegen Bezahlung ohne Steuerkarte einen Rentner, der ihm 10 Stunden in der Woche seinen Garten in Ordnung bringt.

5. Willenserklärungen von beschränkt Geschäftsfähigen

Grundsatz	Das Rechtsgeschäft ist schwebend unwirksam nach §§ 106, 107 BGB. Zur Rechtswirksamkeit bedarf das Rechtsgeschäft der Zustimmung der gesetzlichen Vertreter.
Das Rechtsgeschäft mit beschränkt Geschäftsfähigen ist ohne Zustimmung der gesetzlichen Vertreter wirksam.	Das Rechtsgeschäft hat nur einen rechtlichen Vorteil (§ 108 BGB). Das Rechtsgeschäft wird mit Mitteln bewirkt, die der Minderjährige von den gesetzlichen Vertretern oder mit deren Zustimmung von einem Dritten (z. B. der Tante) zur freien Verfügung erhalten hat (§ 110 BGB). Der Minderjährige schließt auf der Grundlage eines Arbeitsvertrages, den er mit Zustimmung der gesetzlichen Vertreter abgeschlossen hat, einen Vertrag ab, z. B. Kauf einer Monatsfahrkarte, um zur Arbeitsstelle zu gelangen (§ 113 BGB).
Einseitige Rechtsgeschäfte mit Minderjährigen	Sie sind von vornherein nichtig, z. B. Erteilung einer Kontovollmacht, Kündigung eines Ausbildungsverhältnisses. Mit Zustimmung der gesetzlichen Vertreter ist das einseitige Rechtsgeschäft wirksam. Beachte: Auf der Grundlage eines Arbeitsvertrages mit Zustimmung der gesetzlichen Vertreter ist die Kündigung des Arbeitsverhältnisses durch den Minderjährigen rechtswirksam.

6. Willensmängel bei Rechtsgeschäften

Begriff	In den Fällen des unbewussten Abweichens vom inneren Willen und dem nach außen Erklärten kann der Erklärende seine Willenserklärung anfechten, z. B. einen Kaufantrag. Damit wird das geschlossene Rechtsgeschäft rückwirkend unwirksam nach § 142 BGB. Der Kaufvertrag wird nichtig.
Inhaltsirrtum (§ 119 Abs. 1 BGB 1. Variante)	Der Erklärende benutzt zwar die richtige Bezeichnung für einen Gegenstand, doch bedeutet diese Bezeichnung etwas anderes, als er wirklich gemeint hat, und der Erklärungsempfänger hat auch die andere Bedeutung verstanden. **Beispiel:** Herr Müller unterschreibt einen Mietvertrag im Glauben, es sei ein Leihvertrag. Herr Müller hat eine rechtlich erhebliche Willenserklärung mit alle ihren Bestandteilen abgegeben.
Erklärungsirrtum (§ 119 Abs. 1 BGB 2. Variante)	Der Erklärende irrt im Moment der Abgabe nicht über die Bedeutung des Inhalts des benutzten Erklärungszeichens, sondern er benutzt versehentlich ein falsches Erklärungszeichen. **Beispiel:** Herr Lange will eine Münze zu 540 EUR verkaufen und schreibt versehentlich 450 EUR. Herr Lange kann seine Willenserklärung gemäß § 119 BGB wegen Erklärungsirrtums anfechten. Eine Willenserklärung kann nach § 119 und § 123 BGB anfechtbar sein. Die abgegebene Willenserklärung ist bis zur Anfechtung gültig und wird durch die Anfechtung rückwirkend nichtig.
Motivirrtum	Ein Beispiel für einen nicht anfechtbaren unbeachtlichen Motivirrtum liegt vor, wenn z. B. Herr Hansen ein wertvolles Buch kauft mit der Absicht kauft, es dem Brautpaar Junge und Krause zu deren geplanter Hochzeit zu schenken. Da Junge und Krause sich zerstreiten, kommt diese Hochzeit nicht zustande. Hansen kann nicht nach § 119 Abs. 1 BGB wegen Irrtums gegenüber dem Verkäufer den Kaufvertrag anfechten.

7. Kaufvertrag

7.1 Begriff und Verpflichtungen

Wesen	Die vertragstypischen Pflichten des Kaufvertrags sind in § 433 BGB festgelegt. Inhalt des Kaufvertrags: • Leistungsgegenstand • Preis • Abwicklungsmodalitäten Jeder der beiden Vertragsparteien kann gegenüber der anderen Partei Erfüllungsansprüche geltend machen. Das Schuldverhältnis ist erloschen, wenn der Vertrag von beiden Seiten ordnungsgemäß erfüllt wird. Wird die Abwicklung des Vertrags gestört, können Ersatzansprüche nach den allgemeinen Regeln des Schuldrechts entstehen, auf die §§ 437 und 440 BGB verweisen.

Vertragstypische Pflichten	Der Kaufvertrag ist ein schuldrechtliches Verpflichtungsgeschäft, durch das der Verkäufer verpflichtet wird, dem Käufer die Sache frei von Sach- und Rechtsmängeln zu übergeben und das Eigentum daran zu verschaffen. Nach § 929 BGB wird dem Käufer vom Verkäufer das Eigentum an einer verkauften beweglichen Sache übertragen. Mit Übergabe der Sache geht die Gefahr des zufälligen Untergangs bzw. einer zufälligen Verschlechterung auf den Käufer über (§ 446 BGB). Der Käufer wird verpflichtet, die gekaufte Sache abzunehmen und zu bezahlen.

7.2 Leistungsstörungen

Bei der Erfüllung vertraglicher Pflichten kann es zu Störungen kommen:

- Ein neues Gerät funktioniert nicht.
- Ein Kunde zahlt nicht.
- Eine Leistung wird nicht rechtzeitig erbracht.

In all diesen Fällen liegen Pflichtverletzungen des Schuldners vor, er hat sein geschuldetes Leistungsprogramm objektiv nicht erbracht.

Objektive Pflichtverletzungen sind:

- Mangelhafte Leistungen: Die Leistung wird erbracht, aber schlecht.
- Verspätete Leistungen: Es besteht ein vorüberhegendes Leistungshindernis.
- Unmöglichkeit der Leistung: Es besteht ein dauerhaftes Leistungshindernis.

Sind Pflichtverletzungen des Schuldners und daraus folgende Sanktionen zu prüfen, müssen bestimmte Grundsätze beachtet werden:

- Geschlossene Verträge sind zu erfüllen. Immer dann, wenn eine ordnungsgemäße Erfüllung möglich und sinnvoll ist, muss der Schuldner grundsätzlich die Chance zur Nacherfüllung erhalten.
- Nacherfüllung bedeutet Neulieferung oder Nachbesserung. Dabei hat der Verbraucher das Wahlrecht, Nachbesserung oder Neulieferung vom Verkäufer zu verlangen. Nach zweimaliger fehlgeschlagener Nachbesserung kann der Verbraucher vom Vertrag zurücktreten.
- Jeder entstandene Schaden führt grundsätzlich zu einem Anspruch auf Schadensersatz, wenn die andere Vertragspartei den Schaden zu vertreten hat.
- Das Gesetz hat als grundsätzliche Ansprüche bei Pflichtverletzungen Rücktritt vom Vertrag und Schadensersatz vorgesehen.

Innerhalb der ersten 6 Monate der Gewährleistungsfrist kann davon ausgegangen werden, dass die Ware von vornherein fehlerhaft geliefert wurde. Nach § 476 BGB trägt der Verkäufer die Beweislast, dass der Käufer mit der Ware unsachgerecht umgegangen ist.

8. Eigentumserwerb

Eigentumserwerb an beweglichen Sachen

Arten der Eigentumsübertragung	Situation	Eigentumserwerb
§ 929 Satz 1 BGB Übertragung des Eigentums an einer beweglichen Sache	Der Eigentümer hat unmittelbaren Besitz an der Sache.	Einigung und Übergabe der Sache an den Erwerber und damit Verschaffung des unmittelbaren Besitzes
§ 929 Satz 2 BGB Erwerber ist bereits im Besitz der Sache.	Der Erwerber hat schon, z. B. als Mieter, unmittelbaren Besitz an der Sache.	Einigung über den Eigentumsübergang
§ 930 BGB Besitzkonstitut	Der Eigentümer hat unmittelbaren Besitz, der Erwerber soll Eigentum ohne unmittelbaren Besitz erhalten.	Einigung und Übergabesurrogat: statt Übergabe Einräumung des mittelbaren Besitzes an den Erwerber
§ 932 Abs. 1 Satz 1 Gutgläubiger Erwerb von Nichtberechtigten	Der Mieter übereignet Mietsache, z. B. geliehenes Fahrrad, nach § 929 Satz 1 BGB.	Voraussetzungen: Einigung mit rechtmäßigem Besitzer und Übergabe der Sache an den Erwerber, der den Besitzer gutgläubig für den Eigentümer hält.
§ 932 Abs. 1 Satz 2 BGB	Der Mieter verleiht Mietsache, z. B. gemietetes Fahrrad, und übereignet an Entleiher nach § 929 Satz 2 BGB.	Voraussetzungen: Der Erwerber hat die Sache schon in Besitz und hat diesen Besitz von dem Veräußerer erlangt, den er gutgläubig für den Eigentümer hält.
§ 933 BGB Gutgläubiger Erwerb bei Besitzkonstitut	Der Mieter übereignet die Mietsache gemäß §§ 929, 930 BGB zur Sicherung eines Kredits an eine gutgläubige Bank.	Erwerber vereinbart mit Veräußerer Besitzmittlungsverhältnis im Sinne von § 930 BGB: Der gutgläubige Erwerber wird mittelbarer Besitzer, aber erst mit Übergabe der Sache Eigentümer.

Eigentumserwerb an Immobilien

Art der Eigentumsübertragung	Situation	Eigentumserwerb
§ 925 Abs. 1 BGB Auflassung	Eigentumserwerb an einem Grundstück	Einigung über den Eigentumserwerb bei gleichzeitiger Anwesenheit von Veräußerer und Erwerber vor dem Notar (Auflassung) und Eintragung im Grundbuch nach § 19 GBO

Eigentumserwerb an Effekten

Arten der Eigentumsübertragung	Situation	Eigentumserwerb
Eigentumsverschaffung von Effekten	Der Kunde kauft Effekten und verlangt die Auslieferung	Einigung und Übergabe der Effekten
Eigentumsübertragung an Effekten	Der Kunde besitzt ein Girosammeldepot.	Einigung über den Eigentumserwerb und Gutschrift auf Girosammeldepot (§ 24 Abs. 2 Depotgesetz)
Eigentumsübertragung an Effekten	Der Kunde besitzt ein Streifbanddepot (Sonderverwahrung).	Der Eigentumsübergang tritt mit Absendung des Stückeverzeichnisses ein (§ 18 Abs. 3 Depotgesetz).

Eigentumsvorbehalt

Mit der Vereinbarung eines Eigentumsvorbehalts erfolgt die Eigentumsübertragung nicht mehr bei der Übergabe der Sache, sondern die Eigentumsübertragung wird auf einen späteren Zeitpunkt verschoben, z. B. wenn die Sache vollständig bezahlt wurde. Der Eigentumsvorbehalt sichert die Ansprüche des Verkäufers auf Herausgabe der Sache, wenn die Sache nicht vollständig bezahlt wird. Ein Eigentumsvorbehalt lässt sich grundsätzlich durch Allgemeine Geschäftsbedingungen vereinbaren.

Auszug aus dem BGB

§ 449 (Eigentumsvorbehalt)

(1) Hat sich der Verkäufer einer beweglichen Sache das Eigentum bis zur Zahlung des Kaufpreises vorbehalten, so ist im Zweifel anzunehmen, dass das Eigentum unter der aufschiebenden Bedingung vollständiger Zahlung des Kaufpreises übertragen wird (Eigentumsvorbehalt).
(2) Aufgrund des Eigentumsvorbehalts kann der Verkäufer die Sache nur herausverlangen, wenn er vom Vertrag zurückgetreten ist.

9. Fernabsatzverträge

Fernabsatzverträge sind Verträge über die Lieferung von Waren oder die Erbringung von Dienstleistungen, die zwischen einem Unternehmer und einem Verbraucher unter ausschließlicher Verwendung von Fernkommunikationsmitteln abgeschlossen werden. Nicht hierunter zählen die Fälle, bei denen der Vertragsschluss nicht im Rahmen eines für den Fernabsatz organisierten Vertriebs- oder Dienstleistungssystems erfolgt.

Fernkommunikationsmittel sind Kommunikationsmittel, die zur Anbahnung oder zum Abschluss eines Vertrages zwischen einem Verbraucher und einem Unternehmer ohne gleichzeitige körperliche Anwesenheit der Vertragsparteien eingesetzt werden können. Hierunter fallen insbesondere Briefe, Kataloge, Telefonanrufe, Telekopien, E-Mails, sowie Rundfunk, Tele- und Mediendienste.

Die Vorschriften über Fernabsatzverträge erfahren in ihrer Anwendung **zahlreiche Ausnahmen**. Sie finden keine Anwendung auf Verträge z. B. über Fernunterricht (§ 1 Fernunterrichtsschutzgesetz), über Finanzgeschäfte, insbesondere Bankgeschäfte, Finanz- und Wertpapierdienstleistungen und Versicherungen sowie deren Vermittlung sowie über die Lieferung von Lebensmitteln, Getränken oder sonstigen Haushaltsgegenständen des täglichen Bedarfs, die am Wohnsitz, am Aufenthaltsort oder am Arbeitsplatz eines Verbrauchers von Unternehmern im Rahmen häufiger und regelmäßiger Fahrten geliefert werden und über die Erbringung von Dienstleistungen in den Bereichen Unterbringung, Beförderung, Lieferung von Speisen und Getränken sowie Freizeitgestaltung, wenn sich der Unternehmer bei Vertragsabschluss verpflichtet, die Dienstleistungen zu einem bestimmten Zeitpunkt oder innerhalb eines genau angegebenen Zeitraums zu erbringen.

Auch wenn der abgeschlossene Vertrag von den Vorschriften über Fernabsatzverträge erfasst wird, besteht **kein Widerrufsrecht** des Verbrauchers, bei Verträgen zur Lieferung von Waren, die nach Kundenspezifikation angefertigt werden oder eindeutig auf die persönlichen Bedürfnisse zugeschnitten sind oder die aufgrund ihrer Beschaffenheit nicht für eine Rücksendung geeignet sind oder schnell verderben können oder deren Verfalldatum überschritten würde.

Dem Verbraucher steht bei einem Fernabsatzvertrag ein Widerrufsrecht nach § 355 BGB zu. Anstelle des Widerrufsrechts kann dem Verbraucher bei Verträgen über die Lieferung von Waren ein Rückgaberecht nach § 356 BGB eingeräumt werden. Wichtig: Der Verbraucher benötigt für den Widerruf bzw. die Rückgabe keinen Grund.

Beispiele für Fernabsatzverträge:

1. Ein Verbraucher (Kunde) bestellt aus dem Katalog des *Otto-Versands* ein Tourenfahrrad. Der Kunde verwendet dazu den beiliegenden Bestellschein und schickt ihn per Post an das Versandhaus. Die Auftragsbestätigung wird dem Kunden über dem Postweg zugestellt.
2. Herr Berger ist Kunde der *Nordbank AG* und Inhaber eines Online-Wertpapierdepots. Über das Internet erteilt er der *Nordbank AG* einen Kaufauftrag über 100 Aktien der *Energie AG*. Die Auftragsbestätigung erhält er über das Internet.

Beispiele für Verträge, die keine Fernabsatzverträge sind:

1. Ein Kunde bucht für seinen Sommerurlaub im Juni über das Internet eine Reise in die Karibik. Die Buchungsbestätigung erhält der Kunde per E-Mail.
2. Ein Student bestellt anlässlich eines Fußballspiels per Telefon beim Pizza-Service eine Pizza. Die Pizza wird an seine Wohnadresse geliefert.
3. Eine Studentin meldet sich per E-Mail bei einem Fern-Sprachinstitut zu einem Spanisch-Sprachkurs an. Das Institut sendet ihr schriftlich die Auftragsbestätigung, der die Allgemeinen Geschäftsbedingungen beigefügt sind.
4. Ein Student erhält einen Werbebrief der *Allianz Versicherung AG* über den Abschluss einer Rechtschutzversicherung. Der Student sendet den ausgefüllten Antrag per Post zurück. Die Versicherung schließt den Vertrag ab und sendet dem Studenten den Versicherungsschein per Post zu.

10. Allgemeine Geschäftsbedingungen

Allgemeines	Die Vorschriften zur inhaltlichen Ausgestaltung der Allgemeinen Geschäftsbedingungen sind im Bürgerlichen Gesetzbuch (BGB) geregelt. Im heutigen Wirtschaftsleben spielen vorformulierte Vertragsbedingungen eine besondere Rolle, die eine Vertragspartei (Verwender) der anderen Vertragspartei beim Abschluss eines Vertrages stellt, ohne dass über den Inhalt dieser Bedingungen zwischen den Vertragsparteien verhandelt worden ist. Der Grund für die Verwendung solcher AGB besteht darin, dass die Vorschriften des BGB über die einzelnen Vertragstypen die Interessen der Vertragsschließenden nur recht allgemein berücksichtigen können und dass häufig Sonderregeln im Hinblick auf die speziellen Interessen der Vertragspartner erforderlich sind. Die AGB enthalten diese Sonderregeln und werden formuliert, damit nicht jedes Mal bei gleichen Verträgen umfangreiche und komplizierte Regelungen gesucht und ausgehandelt werden müssen. Neben diesem Rationalisierungseffekt kann der Aussteller und Verwender von AGB eigene Interessen durch für ihn vorteilhafte Bestimmungen besonders schützen. Hierin liegt aber dann auch die Gefahr, dass AGB einseitig zum Vorteil des Verwenders formuliert sind und der andere Vertragspartner nicht in der Lage ist, ihre Änderung durchzusetzen, etwa wenn eine ganze Branche Leistungen nur nach gleichen AGB anbietet oder wenn es sich um ein marktbeherrschendes Unternehmen handelt. Die Rechtsprechung hat versucht, dieser Gefahr des Missbrauchs von AGB dadurch entgegenzuwirken, dass sie unangemessene Regelungen für nichtig erklärte und die Einbeziehung der AGB in den Einzelvertrag von bestimmten Voraussetzungen abhängig machte. Die Bestimmungen der Allgemeinen Geschäftsbedingungen können durch einzelvertragliche Abreden ersetzt werden.
Einbeziehung der AGB in den einzelnen Vertrag	Nach § 305 Abs. 2 BGB werden die AGB nur dann Bestandteil eines Vertrages, wenn der Verwender bei Vertragsschluss die andere Vertragspartei ausdrücklich oder durch deutlich sichtbaren Aushang am Ort des Vertragsschlusses auf die AGB hingewiesen und dem anderen Vertragspartner die Möglichkeit verschafft hat, in zumutbarer Weise von ihrem Inhalt Kenntnis zu nehmen, wobei auch eine für den Verwender erkennbare körperliche Behinderung, z. B. eine Sehschwäche, angemessen berücksichtigt werden muss. Außerdem muss die andere Vertragspartei mit der Geltung der AGB einverstanden sein. § 305 Abs. 2 BGB schafft also gegenüber der nach dem BGB geltenden Regelung zusätzliche Voraussetzungen. So genügt es z. B. nicht, dass sich der andere Vertragspartner mit der Geltung der ihm unbekannten AGB einverstanden erklärt, wenn er nicht in zumutbarer Weise Kenntnis nehmen konnte. § 305 Abs. 2 BGB gilt nach § 310 Abs. 1 Satz 1 BGB nicht, wenn die AGB gegenüber einem Unternehmer verwendet werden. Auch ohne Einhaltung der in § 305 Abs. 2 Nr. 1 und 2 BGB bezeichneten Erfordernisse werden AGB in den im § 305 a BGB genannten Fällen Vertragsbestandteil, wenn der Vertragspartner des Verwenders mit ihrer Geltung einverstanden ist.

AGB als Vertragsbestandteil	In § 305 Abs. 2 und 3 BGB wird geregelt, wie AGB Bestandteil des einzelnen Vertrages werden können.
Überraschungsklauseln	§ 305 c Abs. 1 BGB verbietet sog. überraschende Klauseln, d. h. Bestimmungen, die so ungewöhnlich sind, dass der Vertragspartner des Verwenders mit ihnen nicht zu rechnen braucht. Beispiel: In einen Kaufvertrag werden AGB einbezogen, die den Käufer verpflichten, den wartungsbedürftigen Kaufgegenstand nur von dem Verkäufer entgeltlich warten zu lassen.
Unklarheitenregelung	Bedeutsam ist auch die Unklarheitenregel des § 305 c Abs. 2 BGB, wonach Zweifel bei der Auslegung von AGB zu Lasten des Verwenders gehen. Sind AGB ganz oder teilweise entgegen den Erwartungen der Parteien nicht Vertragsbestandteil geworden, so bleibt der Vertrag im Übrigen wirksam, wenn nicht ein Festhalten an dem Vertrag eine unzumutbare Härte für eine Vertragspartei darstellen würde. In den §§ 307 bis 309 BGB werden die Voraussetzungen genannt, die zur Unwirksamkeit von AGB führen.
Schutz des Verbrauchers gegen unangemessene Benachteiligung	In § 307 Abs. 2 AGBG wird näher beschrieben, wann eine unangemessene Benachteiligung angenommen werden muss. § 310 Abs. 3 Nr. 3 BGB ordnet an, dass bei Verträgen zwischen einem Unternehmer und einem Verbraucher die Beurteilung der unangemessenen Benachteiligung unter Einschluss der den Vertragsschluss begleitenden Umstände vorzunehmen ist. Als solche Umstände, die für oder gegen eine unangemessene Benachteiligung sprechen können, sind z. B. die geschäftliche Erfahrenheit oder Unerfahrenheit des Verbrauchers, die Ausnutzung einer Überrumplungssituation durch den Unternehmer u. Ä. anzusehen.

11. Vergleich öffentliches und privates Recht

Öffentliches Recht	**Privatrecht**
Das öffentliche Recht ist Teil der Rechtsordnung. Das öffentliche Recht regelt das Verhältnis des Bürgers zum Staat sowie das Verhältnis der Staats- und Verwaltungsorgane untereinander. Zum öffentlichen Recht gehören insbesondere: • das Staatsrecht (Verfassung, Grundgesetz, Staatsorganisationsrecht) • das Verwaltungsrecht • das Strafrecht • das Prozessrecht (Zivilprozessrecht, Strafprozessrecht, Verwaltungsprozessrecht) Während das Privatrecht von einer übereinstimmenden Vereinbarung der Beteiligten ausgeht, legt im öffentlichen Recht der Staat als Träger der Hoheitsgewalt dem Bürger einseitig Rechte und Pflichten auf. Wesen	Das Privatrecht regelt Rechtsverhältnisse zwischen Bürgern bzw. juristischen Personen (Vereinigungen, die keine natürlichen Personen sind, aber dennoch wie der Bürger als rechtsfähig gelten, z. B. e.V., eG., GmbH, AG) auf der Ebene der Gleichordnung (Koordination), d. h. beide Parteien werden durch das Gesetz auf eine Ebene gestellt. Das bedeutet, dass Käufer und Verkäufer z. B. die gleichen rechtlichen Möglichkeiten haben, ihr Verhältnis zu gestalten. Beim Privatrecht gibt der Gesetzgeber den Rahmen vor, innerhalb dessen beide Verhandlungspartner sich auf eine individuelle Lösung einigen können. Es teilt sich auf in Bürgerliches Recht, Handelsrecht und Urheberrecht. • Das zentrale Rechtsgebiet bildet das **Bür-**

Öffentliches Recht	Privatrecht
des öffentlichen Rechts ist damit, dass die darin geregelten Normen auf einem Überordnungsverhältnis des Staates gegenüber dem Bürger beruht. Nicht jeder Handlung des Staates muss öffentliches Recht zugrunde liegen. Soweit der Staat gleichberechtigt neben dem Bürger tätig wird, ist sein Handeln dem Privatrecht zuzuordnen (fiskalisches Handeln).	**gerliche Gesetzbuch (BGB)**. Dort sind grundsätzliche Angelegenheiten bestimmt wie Eigentum, Heirat, Erbschaft, Vertrag, Kauf, Miete oder Schenkung. Alle privaten Lebensbereiche in der Beziehung Bürger zu Bürger und Bürger zur Sache sind im BGB erfasst. • Das **Handelsgesetzbuch (HGB)** ist das Regelwerk fürs Handelsrecht, in dem die Rechtsbeziehungen der Kaufleute untereinander, vor allem aber der Handelsstand, Handelsverkehr und Handelsgesellschaften geregelt werden. Das HGB ist auf die Erfordernisse des Handels ausgelegt, wobei auch das BGB für den Kaufmann gültig ist. Folgende Bereiche werden vom HGB behandelt: • Handelsregister, Firma, Handelsbücher, Hilfspersonen des Kaufmanns, Prokura, Handlungsvollmacht, Handlungsgehilfe, Auszubildender, Handelsvertreter, Handelsmakler, Kommissionär, Lagerhalter, Spediteur, Frachtführer, Wirtschaftsstrafrecht • Gesellschaftsrecht der Handelsgesellschaften, Offene Handelsgesellschaft (OHG, geregelt im HGB), Kommanditgesellschaft (KG, geregelt im HGB), Stille Gesellschaft (HGB), Aktiengesellschaft (AG, geregelt im AktG), Gesellschaft mit beschränkter Haftung (GmbH, geregelt im GmbHG), Genossenschaften (eG, geregelt im Gesetz betreffend die Erwerbs- und Wirtschaftsgenossenschaften) • Das **Urheberrecht** ist das Recht unkörperlicher Güter oder Recht des geistigen Eigentums, da auch Gebrauchsmuster, Warenzeichen, gewerbliche Muster und Patente geschützt sind. Durch ihn werden beispielsweise literarische Werke geschützt. Dem Urheber stehen das alleinige Einwirkungs- und Verwertungsrecht an seinem Werk zu, d. h. jede Vervielfältigung, Bearbeitung und Verbreitung bedürfen seiner besonderen Genehmigung. Wird das Urheberrecht verletzt, so besteht Schadenser-

Öffentliches Recht	Privatrecht
	satzpflicht. Stirbt der Urheber, endet 70 Jahre danach der Urheberrechtsschutz. Das Urheberrecht kann auf andere übertragen, veräußert (verkauft), belastet und vererbt werden. Nach dem Prinzip der Gleichordnung sind die Beziehungen der Bürger untereinander vom so genannten Privatrecht geregelt. Dabei macht es keinen Unterschied, ob Frau Müller im Schreibwarenladen einen Kalender kauft, oder Bürgermeister Schmidt für die Rathausbehörden Papier. Beides Mal handelt es sich um einen Kaufvertrag. Sollte die Ware mangelhaft sein oder nicht geliefert werden, dann kann beides Mal eine Verhandlung vor einem Zivilgericht stattfinden.

B Rechtsformen

1. Kaufmannseigenschaften

Formkaufmann	Der Formkaufmann ist Kaufmann kraft Rechtsform gemäß § 6 Handelsgesetzbuch (HGB). Handelsgesellschaften nennt man deshalb Formkaufleute, weil sie – unabhängig davon, ob sie ein Handelsgewerbe betreiben oder nicht – kraft Gesetzes aufgrund ihrer Rechtsform Kaufleute sind. Dies gilt grundsätzlich für alle Handelsgesellschaften, egal ob es sich um Kapitalgesellschaften wie z. B. AG, GmbH, KGaA, VVaG oder eG (= juristische Personen) oder um Personengesellschaften wie z. B. OHG und KG handelt. Kaufmann kraft Rechtsform sind nach § 6 HGB alle Handelsgesellschaften, die nicht bereits kraft Grundhandelsgewerbe oder Eintragung ins Handelsregister zu Kaufleuten geworden sind. Sie werden somit Vollkaufleute durch die gewählte Rechtsform (AG, KGaA, KG, OHG, GmbH, Genossenschaft).
Istkaufmann	Ein Istkaufmann ist jeder, der ein Handelsgewerbe betreibt (§ 1 Abs. 1 HGB). Handelsgewerbe ist hierbei jeder Gewerbebetrieb, es sei denn, dass das Unternehmen nach Art oder Umfang einen in kaufmännischer Weise eingerichteten Geschäftsbetrieb nicht erfordert (§ 1 Abs. 2 HGB). Der Unternehmer eines solchen Betriebs ist somit automatisch und unmittelbar aus dem Gesetz Kaufmann. Er muss sich in das Handelsregister eintragen lassen und gilt dann als eingetragener Kaufmann, wobei dieser Eintrag nur deklaratorischer Natur ist. Ob die Größe des Unternehmens einen kaufmännisch eingerichteten Geschäftsbetrieb erfordert, hängt von verschiedenen Kriterien ab, die allerdings nicht starr festgelegt sind. Darunter fallen etwa Art und Umfang des Gewerbes oder die Komplexität der Geschäftsvorgänge. Kaufmann ist, wer ein Handelsgewerbe betreibt, das nach Art und Umfang eine kaufmännische Organisation erfordert. Es handelt sich dann um ein solches Gewerbe, wenn folgende Merkmale nach außen erkennbar sind: • gewinnorientiert, • auf Dauer angelegt und • selbstständig. Ein in kaufmännischer Weise eingerichteter Geschäftsbetrieb ist dann zu vermuten, wenn das Unternehmen doppelte Buchführung verwendet, Angestellte hat, Filialen hat, eine gewisse Umsatzhöhe erreicht, Bilanzen erstellt und in Abteilungen gegliedert ist. Ein Handelsgewerbe ist also jedes Gewerbe, welches im Rahmen eines in kaufmännischer Weise eingerichteten Geschäftsbetriebes ausgeübt wird.

W. Grundmann, R. Rathner, *Bankwirtschaft, Rechnungswesen und Steuerung, Wirtschafts- und Sozialkunde*, Prüfungstraining für Bankkaufleute,
https://doi.org/10.1007/978-3-658-30521-5_25

Kannkaufmann	Die Kaufmannseigenschaft (Kaufmann) erfolgt erst durch Eintragung ins Handelsregister. Dazu zählen Kleinbetriebe und Betriebe der Land- und Forstwirtschaft (§§ 2, 3 HGB). Der Kannkaufmann ist nach § 3 HGB der Unternehmer eines land- oder forstwirtschaftlichen Betriebes, der dieses Unternehmen oder ein dazu gehörendes Nebengewerbe (z. B. Brennerei, Brauerei, Molkerei, Sägewerk) ins Handelsregister freiwillig eintragen lässt. Eine Verpflichtung besteht nicht, Voraussetzung zur Eintragung ist jedoch ein nach Art und Umfang in kaufmännischer Weise eingerichteter Geschäftsbetrieb.

2. Gesellschaft bürgerlichen Rechts (GbR)

Rechtsgrundlagen	Die GbR wird in den §§ 705 bis 740 BGB geregelt. Sie ist der organisatorische Grundtyp aller Personengesellschaften.
Wesen	Bei der GbR handelt es sich um einen vertraglichen Zusammenschluss von Personen zur Erreichung eines gemeinsamen beliebigen Zwecks, wobei alle Gesellschafter für Verbindlichkeiten der Gesellschaft persönlich haften.
Gesellschaftsvertrag	Der Gesellschaftsvertrag ist die Grundlage für die Entstehung einer GbR. Es ist ein Rechtsgeschäft, das grundsätzlich formfrei getätigt werden kann. Der Gesellschaftsvertrag ist ein gegenseitiger Vertrag zur Erreichung eines gemeinsamen Zwecks. Der Zweck kann ein dauernder oder ein vorüber gehender Zweck sein. Der gemeinsame Zweck und der Gesellschaftsvertrag sind Grundvoraussetzungen für die Entstehung der Gesellschaft. Die Leistungen von Beiträgen der Gesellschafter kann die Zahlung einer bestimmten Geldsumme, die Leistung von Diensten oder die Beteiligung an der Gesellschaft sein.
Eintragung	Die GbR wird nicht ins Handelsregister eingetragen.
Haftung	Jeder Gesellschafter haftet im Innenverhältnis für die Verpflichtungen wie in eigenen Angelegenheiten. Für die Schulden der Gesellschaft haften das Gesellschaftsvermögen und das Privatvermögen der einzelnen Gesellschafter. Wenn im Gesellschaftsvertrag nichts anderes vereinbart ist, haften die Gesellschafter als Gesamtschuldner. Nach § 421 BGB kann ein Gläubiger der GbR seine Forderung nach Belieben vollständig von jedem einzelnen Gesellschafter verlangen.
Geschäftsführung und Vertretung	Die Gesellschafter sind nach § 709 BGB gemeinschaftlich zur Geschäftsführung befugt. Diese Befugnis kann durch Gesellschaftsvertrag abgeändert werden. Nach § 714 BGB ist die Gesellschaft von allen Gesellschaftern gemeinschaftlich zu vertreten, es sei denn, dass der Gesellschaftsvertrag etwas anderes vorsieht, z. B. wenn einem Gesellschafter nach dem Gesellschaftsvertrag die Befugnis zur Geschäftsführung zusteht, ist er ermächtigt, die anderen Gesellschafter Dritten gegenüber zu vertreten.

Gesamthänderisches Gesellschaftsvermögen	• Das Gesellschaftsvermögen der GbR wird in § 718 BGB geregelt. Danach ist das Gesellschaftsvermögen, zu dem auch das Eigentum an beweglichen Sachen gehört, gemeinschaftliches Eigentum der Gesellschaft (Gesamthandseigentum). • Die gesamthänderische Bindung der Gesellschafter bedeutet, dass ein Gesellschafter über seinen Anteil am Vermögen der Gesellschaft nicht allein verfügen darf. Eine Verfügung kann nur von allen Gesellschaftern gemeinsam vorgenommen werden.
Gewinnverteilung	Soweit nichts anderes vereinbart wurde, wird der Gewinn grundsätzlich nicht im Verhältnis der Beiträge sondern gleichmäßig verteilt.
Auflösung	Die GbR wird aufgelöst, • wenn der Gesellschaftszweck erreicht wurde, • ein Gesellschafter stirbt oder • die Gesellschaft oder ein Gesellschafter insolvent wird.

3. Partnerschaft

Allgemeines	Die Partnerschaft ist nach § 1 Partnerschaftsgesellschaftsgesetz (PartGG) eine Gesellschaft, in der sich Angehörige Freier Berufe zur Ausübung ihrer Berufe zusammenschließen. Sie übt kein Handelsgewerbe aus. Angehörige einer Partnerschaft können nur natürliche Personen sein. Bloße Kapitalbeteiligung ist nicht zulässig.
Gesetzliche Grundlagen	Es gilt das Partnerschaftsgesellschaftsgesetz (PartGG). Soweit dort nichts anderes bestimmt ist, finden die Vorschriften des Bürgerlichen Gesetzbuches (§§ 705-740) und des Handelsgesetzbuchs (§§ 105-160) über die Gesellschaft Anwendung.
Partnerschaftsvertrag	Der Partnerschaftsvertrag bedarf gemäß § 3 Abs. 1 PartGG der Schriftform. Er muss enthalten: • den Namen und den Sitz der Partnerschaft, • den Namen und Vornamen der Partner sowie • den in der Partnerschaft ausgeübten Beruf, • den Wohnort jedes Partners und • den Gegenstand der Partnerschaft.
Mindestkapital und Registereintragung	Eine bestimmte Mindestkapitaleinlage ist gesetzlich nicht vorgeschrieben. Die Gesellschafter der Partnerschaft müssen die Partnerschaft im Partnerschaftsregister eintragen lassen.
Geschäftsführung	Zur Führung der Geschäfte sind grundsätzlich alle Partner berechtigt und verpflichtet, es sei denn, im Partnerschaftsvertrag ist etwas anderes vereinbart. Einzelne Partner können im Partnerschaftsvertrag nur von der Führung der sonstigen Geschäfte ausgeschlossen werden. Im Übrigen richtet sich das Rechtsverhältnis der Partner untereinander nach dem Partnerschaftsvertrag.
Gewinnverwendung	Die Aufteilung von Gewinn und Verlust auf die Partner ist gewöhnlich im Partnerschaftsvertrag geregelt.

Rechnungslegung	Nach BGB hat der Rechnungsabschluss bei einer Gesellschaft und die Gewinnverteilung im Zweifel am Schluss jedes Geschäftsjahrs zu erfolgen. Diese Rechnungslegungspflicht ist auch im steuerlichen Interesse zu befolgen. Partnerschaften können als Gewinn den Überschuss der Betriebseinnahmen über die Betriebsausgaben ansetzen.
Rechte der Partnerschaft	Eine Partnerschaft kann unter ihrem Namen Rechte erwerben und Verbindlichkeiten eingehen; sie kann Eigentum und andere dingliche Rechte an Grundstücken erwerben und vor Gericht klagen und verklagt werden.
Haftung	Die Partner einer Partnerschaft haften - im Unterschied zu einer bloßen Bürogemeinschaft - für die Verbindlichkeiten der Partnerschaft den Gläubigern als Gesamtschuldner persönlich. Waren nur einzelne Partner mit der Bearbeitung eines Auftrags befasst, so haften - im Unterschied z. B. zu einer Sozietät - nur sie für berufliche Fehler. Scheidet ein Partner aus, haftet er für die bis dahin begründeten Verbindlichkeiten weiter. Für Verbindlichkeiten, die nicht mit der Ausführung eines Auftrages in Verbindung stehen (beispielsweise die Bestellung von Büromaterial) haften demnach die Partner wie in einer GbR immer als Gesamtschuldner.
Liquidation und Auflösung	Eine Partnerschaft wird aufgelöst • wenn sie für eine bestimmte Zeit eingegangen worden ist, durch Zeitablauf, • wenn die Partner ihre Auflösung beschließen, • wenn das Insolvenzverfahren über das Vermögen der Partnerschaft eröffnet wird, durch gerichtliche Entscheidung. Ein Partner scheidet aus der Partnerschaft aus, • durch Tod des Partners – der Partnerschaftsvertrag kann jedoch bestimmen, dass die Partnerschaft an Dritte vererblich ist, die Partner sein können, • durch Eröffnung des Insolvenzverfahrens über sein Vermögen, • durch Kündigung des Partners, • durch Kündigung durch einen Privatgläubiger des Partners, • durch Beschluss der Partnerversammlung, • durch Eintritt der im Partnerschaftsvertrag vereinbarten Ausscheidungsgründe.

4. Personengesellschaften

Die Organisation der Personengesellschaften beruht auf einem schuldrechtlichen Vertrag, der individuelle Beziehungen zwischen den einzelnen beteiligten Gesellschaftern zur Erreichung des Gesellschaftszwecks begründet.

Für die Personengesellschaften, z. B. BGB-Gesellschaft und offene Handelsgesellschaft sowie die Kommanditgesellschaft gelten folgende Grundsätze:

- Personengesellschaften haben keine eigene Rechtspersönlichkeit. Träger von Rechten und Pflichten sind die einzelnen Gesellschafter.
- Grundsätzlich sind Personengesellschaften vom Bestand ihrer ursprünglichen Gesellschafter abhängig, d. h. nach der gesetzlichen Regelung wird die Gesellschaft aufgelöst durch

Tod oder Kündigung eines Gesellschafters, sofern der Gesellschaftsvertrag nicht etwas anderes bestimmt.

- **Geschäftsführung und Vertretung** der Personengesellschaften werden regelmäßig von den Gesellschaftern persönlich vorgenommen, entweder von allen gemeinsam oder von den vertraglich davon bestimmten Gesellschaftern.
- Für Verbindlichkeiten der Personengesellschaft haften die Gesellschafter als **Gesamtschuldner**, wobei grundsätzlich jeder Gesellschafter mit seinem ganzen persönlichen Vermögen haftet.
- Die Personengesellschaft tritt im Rechtsverkehr unter dem Namen der Gesellschafter auf. Handelt es sich um eine Handelsgesellschaft, so führt sie eine Firma (vgl. § 19 Handelsgesetzbuch).

Offene Handelsgesellschaft

Gesetzliche Grundlage	Die OHG ist eine Handelsgesellschaft des Handelsgesetzbuches (vgl. §§ 105 bis 160 HGB). Sie ist eine Gesamthandsgemeinschaft.
Gesellschaftsvertrag	Für die Entstehung einer OHG ist ein Gesellschaftsvertrag erforderlich. Der Gesellschaftsvertrag regelt die Rechtsverhältnisse der Gesellschafter untereinander und lässt die OHG im Innenverhältnis entstehen. Im Außenverhältnis entsteht sie mit Eintragung in das Handelsregister oder schon vorher durch Aufnahme des Geschäftsbetriebs. Die Unterteilung der Wirksamkeit der OHG im Innen- und Außenverhältnis ist bedeutsam im Hinblick auf den Verkehrsschutz: Erst wenn die Gesellschaft nach außen wirksam geworden ist, gilt das OHG-Recht im Hinblick auf Vertretung und Haftung in vollem Umfang.
Gesellschaftszweck	Die OHG kann nach § 105 HGB nur auf den Zweck des Betriebs eines Handelsgewerbes unter einer gemeinsamen Firma gerichtet sein. Nichtkaufleute, z. B. Architekten können grundsätzlich nur eine BGB-Gesellschaft oder eine Partnerschaftsgesellschaft bilden. Nach § 105 HGB können folgende Gesellschaften offene Handelsgesellschaften sein: • Eine Gesellschaft, die ein Handelsgewerbe betreibt, d. h. ein Unternehmen, das nach Art und Umfang einen kaufmännischen Geschäftsbetrieb erfordert. • Eine Gesellschaft, die nur Kleingewerbe betreibt (ein Betrieb, der nach Art und Umfang keinen kaufmännischen Geschäftsbetrieb erfordert), wird mit der Eintragung zur OHG. • Auch eine Gesellschaft, die nur eigenes Vermögen verwaltet und somit kein Gewerbe betreibt, wird mit der Eintragung zur OHG. Die Eintragungsmöglichkeiten für eine Gesellschaft, die nur eigenes Vermögen verwaltet, gibt Grundstücksgesellschaften (z. B. Ehegatten-Miteigentümer-Gesellschaften) die Möglichkeit, als OHG oder KG ins Handelsregister eingetragen zu werden.

Geschäftsführungs-befugnis	Bei den Personenhandelsgesellschaften hat die Geschäftsführungsbefugnis grundsätzlich keine Auswirkung auf die Vertretungsmacht. Damit wird dem im Handelsverkehr gesteigerten Interesse des Verkehrsschutzes Rechnung getragen: Außenstehende Dritte sind damit nicht von internen, für sie nicht erkennbaren Abmachungen der Gesellschafter untereinander abhängig. Gemäß § 125 Abs. 1 HGB gilt grundsätzlich das Prinzip der Einzelvertretung: Jeder einzelne unbeschränkt haftende Gesellschafter kann Willenserklärungen mit Wirkung für und gegen die OHG bzw. KG abgeben. Abweichungen bedürfen der Eintragung in das Handelsregister.
Rechtsbeziehungen im Innenverhältnis	Im Innenverhältnis ergeben sich folgende Rechte und Pflichten der Gesellschafter: • **Ersatz für Aufwendungen und Verluste:** Jeder Gesellschafter kann von der Gesellschaft seine persönlichen, erforderlichen Leistungen, die er gegenüber Gesellschaftsgläubigern erbracht hat, zurückfordern. Gegenüber Mitgesellschaftern besteht ein gesamtschuldnerischer Ausgleichsanspruch. • **Beitragspflicht:** Jeder Gesellschafter einer OHG muss die im Gesellschaftsvertrag vereinbarten Beitragsleistungen erbringen, um den gemeinsamen Zweck zu fördern. Nach § 111 HGB gibt es eine Verzinsungspflicht für Geldeinlagen. • **Wettbewerbsverbot:** Kein Gesellschafter darf ohne Einwilligung der anderen Gesellschafter in dem Handelszweig der Gesellschaft Geschäfte machen oder als persönlich haftender Gesellschafter an einer anderen gleichartigen Handelsgesellschaft teilnehmen. • **Geschäftsführung:** Soweit im Gesellschaftsvertrag nichts anderes bestimmt ist, sind alle Gesellschafter geschäftsführungsbefugt und –verpflichtet. Der Umfang der Geschäftsführungsbefugnis erstreckt sich auf alle Handlungen, die der gewöhnliche Betrieb des Handelsgewerbes mit sich bringt. Einem Gesellschafter kann die Geschäftsführungsbefugnis entzogen werden. • **Mitverwaltungsrechte:** Alle Gesellschafter haben Mitverwaltungsrechte, auch die, die von der Geschäftsführungsbefugnis ausgeschlossen sind. Im Einzelnen sind dies Informations- und Kontrollrechte, das Stimmrecht bei der Beschlussfassung, bei der der Grundsatz der Einstimmigkeit von Gesellschafterbeschlüssen gilt, sowie das Recht auf Gewinn- und Verlustbeteiligung und das Entnahmerecht.

Rechtsbeziehungen im Innenverhältnis	• **Gesamthänderisches Gesellschaftsvermögen:** Das Gesellschaftsvermögen ist bei der OHG Gesamthandsvermögen, das bedeutet, dass das Vermögen mehreren gemeinsam derart zusteht, dass ein einzelner über seinen Anteil an dem Vermögen und auch an den einzelnen dazugehörigen Gegenständen nicht frei verfügen kann. Über das Vermögen als Ganzes sowie über Teile des Vermögens können nur alle berechtigten Personen gemeinsam verfügen, z. B. Gesellschafter von Personengesellschaften. Bei einer Zwangsvollstreckung in das Gesellschaftsvermögen muss sich ein vollstreckbarer Titel gegen die Gesellschaft richten und nicht gegen einen Gesellschafter. Das Gesellschaftsvermögen der OHG ist insolvenzfähig.
Rechtsbeziehungen im Außenverhältnis	Die OHG wird nach außen wirksam, wenn sie entweder ins Handelsregister eingetragen ist oder ihre Geschäfte schon vor der Eintragung begonnen hat. Zu den Geschäften, die vor der Eintragung aufgenommen wurden, können z. B. gehören: Das Anmieten von Geschäftsräumen, der Kauf von Einrichtungsgegenständen, die Aufnahme eines Kredits usw. Die OHG führt als Namen eine Personenfirma oder Sachfirma, der den Rechtsformzusatz „offene Handelsgesellschaft“ oder „OHG“ enthalten muss. Die OHG ist eine gemeinschaftliche Firma. Nach § 124 Abs. 1 HGB wird der OHG eine rechtliche Selbstständigkeit verliehen, die der einer juristischen Person ähnelt. Deshalb nennt man die OHG auch eine quasijuristische Person. Dadurch dass die OHG unter ihrer Firma Rechte erwerben und Verbindlichkeiten eingehen kann, Eigentum und andere dingliche Rechte an Grundstücken erwerben sowie vor Gericht klagen und verklagt werden kann, erwirbt sie eine Teilrechtsfähigkeit.
Vertretung	Die Vertretungsmacht ist bei der OHG nicht an die Geschäftsführungsbefugnis geknüpft. Aufgrund der rechtlichen Selbstständigkeit der OHG wird die Gesellschaft durch die vertretungsberechtigten Gesellschafter vertreten. Jeder Gesellschafter ist einzelvertretungsermächtigt, sofern der Gesellschaftsvertrag nichts anderes bestimmt. Der Umfang der Vertretungsmacht kann nicht mit Wirkung gegen Dritte beschränkt werden. Eine Entziehung der Vertretungsmacht sowie der Geschäftsführungsbefugnis ist nur aus einem wichtigen Grund auf Antrag der übrigen Gesellschafter durch gerichtliche Entscheidung möglich.

Haftung der Gesellschafter und der Gesellschaft	Für die Verbindlichkeiten der OHG haften alle Gesellschafter den Gläubigern persönlich. Danach haben Gläubiger der OHG zwei Zugriffsmöglichkeiten: Zum einen auf das Gesellschaftsvermögen und zum anderen auf das Privatvermögen der persönlich haftenden Gesellschafter. Alle Gesellschafter (ausgeschiedene, aktive und eintretende) haften unmittelbar gesamtschuldnerisch und unbegrenzt mit ihrem privaten Vermögen. Im Innenverhältnis können zwischen den Gesellschaftern andere Haftungsregeln vereinbart werden. Diese interne Regelung ist allerdings gegenüber Dritten unwirksam. Die unbeschränkte Haftung der Gesellschafter kann durch Einwendungen eingeschränkt werden, z. B. die Einwendung der Verjährung, wenn eine Verbindlichkeit gegenüber der OHG bereits verjährt ist. Typische Einwendungen der Gesellschaft, auf die sich ein Gesellschafter auch berufen kann, sind die Anfechtung oder die Aufrechnung. Ein in eine bestehende OHG eintretender Gesellschafter haftet auch für die vor seinem Eintritt entstandenen Verbindlichkeiten der Gesellschaft.
Beendigung	Die OHG endet in zwei Phasen, der Auflösung der Gesellschaft und der Liquidation der Gesellschaft. Der Tod eines Gesellschafters sowie die Eröffnung des Insolvenzverfahrens über das Vermögen eines Gesellschafters begründen die Ausscheidung des jeweiligen Gesellschafters, nicht aber die Auflösung der OHG. Mit Eintritt eines Auflösungsgrundes wird die OHG zur Abwicklungsgesellschaft, für die das OHG-Recht weiter gilt. Erst der Abschluss des Liquidationsverfahrens führt zur endgültigen Beendigung der Gesellschaft.

Kommanditgesellschaft (KG)

Die KG ist eine handelsrechtliche Personengesellschaft, die sich von der OHG dadurch unterscheidet, dass bei einem Teil der Gesellschafter (Kommanditisten) die Haftung gegenüber den Gesellschaftsgläubigern auf ihre Einlage begrenzt ist. Im Übrigen müssen alle Voraussetzungen einer OHG erfüllt sein. Danach sind die gesetzlichen Vorschriften über die OHG auch auf die KG anzuwenden. Die persönlich haftenden Gesellschafter heißen bei der KG Komplementäre. Die Kommanditisten haften nur eingeschränkt und haben dementsprechend nur eingeschränkte Rechte, z. B. keine Geschäftsführungsbefugnis und keine Vertretungsmacht.

5. Kapitalgesellschaften

Die Kapitalgesellschaften beruhen auf der rechtsgeschäftlich vereinbarten Geltung einer Satzung. In dieser sind insbesondere die Willensbildung sowie die Geschäftsführungsbefugnis und Vertretungsmacht der Kapitalgesellschaften geregelt.

Für die Kapitalgesellschaften gelten folgende Gemeinsamkeiten:

- Bei den Kapitalgesellschaften ist die Haftung auf das Gesellschaftsvermögen beschränkt.
- Kapitalgesellschaften sind als juristische Personen fähig, Träger von Rechten und Pflichten zu sein.
- Kapitalgesellschaften sind vom Bestand ihrer Gesellschafter bzw. Mitglieder unabhängige Körperschaften. Durch freien Austritt und Übertragung der Mitgliedschaft ist ein Gesellschafterwechsel möglich.
- Geschäftsführung und Vertretung werden von zwei verselbstständigten Organen wahrgenommen, die nicht Mitglied der Gesellschaft sein müssen.
- Die Kapitalgesellschaft tritt im Rechtsverkehr zumeist unter einer Sachfirma auf, d. h. der Name der Gesellschaft bezieht sich regelmäßig auf den Gegenstand des Unternehmens.

Die Kapitalgesellschaften sind in Spezialgesetzen, z. B. GmbH-Gesetz, Aktiengesetz oder Genossenschaftsgesetz, geregelt.

Merkmale	**Aktiengesellschaft (AG)**	**Gesellschaft mit beschränkter Haftung (GmbH)**	**Eingetragene Genossenschaft**
Gesetzliche Grundlage	• Aktiengesetz • juristische Person des privaten Rechts • Formkaufmann	• GmbH-Gesetz • juristische Person des privaten Rechts • Formkaufmann	• Genossenschaftsgesetz • juristische Person des privaten Rechts • Formkaufmann
Organe	Vorstand, Aufsichtsrat, Hauptversammlung	Geschäftsführung, Aufsichtsrat, Gesellschafterversammlung	Vorstand, Aufsichtsrat, Generalversammlung
Eigentümer	Aktionäre sind mit ihrer Einlage am Kapital der AG beteiligt.	Gesellschafter	• Mitglieder besitzen Geschäftsanteile. • Geschäftsanteile sind Einlagen, bis zu deren Höhe sich ein Mitglied an der Genossenschaft beteiligen kann.
Eintragung ins Register	Eintragung ins Handelsregister (HR) Abteilung B	Eintragung ins Handelsregister (HR) Abteilung B	Eintragung ins Genossenschaftsregister

Merkmale	**Aktiengesellschaft (AG)**	**Gesellschaft mit beschränkter Haftung (GmbH)**	**Eingetragene Genossenschaft**
Gründungsvoraussetzungen	• Die AG hat eine Satzung, die notariell zu beurkunden ist. • Ausgabe von Nennbetragsaktien (mindestens 1 EUR) oder Stückaktien (kein Nennbetrag) • Keine Mindestanzahl von Gründern erforderlich, Einmann-AG möglich	• 1 Person oder mehrere Personen • Die GmbH hat einen Gesellschaftervertrag, der notariell zu beurkunden ist.	• mindestens 3 Gründungsmitglieder • Die Genossenschaft hat eine Satzung, die notariell zu beurkunden ist.
Entstehung	• nach Gründung durch Eintragung der AG ins HR • damit Rechtsfähigkeit der AG	• nach Gründung durch Eintragung der GmbH ins HR • damit Rechtsfähigkeit der GmbH	• nach Gründung durch Eintragung der Genossenschaft ins Genossenschaftsregister • damit Rechtsfähigkeit der Genossenschaft
Rechtswirkung der HR-Eintragung	konstitutive Wirkung	konstitutive Wirkung	konstitutive Wirkung
Gesetzliche Vertretung	Vorstand gemeinsam oder Vorstandsmitglieder allein, wenn in Satzung und HR vermerkt.	Geschäftsführung gemeinsam oder Geschäftsführer allein, wenn im Gesellschaftsvertrag und im HR vermerkt.	Vorstand gemeinsam oder Vorstandsmitglieder allein, wenn in der Satzung und im Genossenschaftsregister vermerkt.
Rechtsgeschäftliche Vertreter	Prokuristen, Handlungsbevollmächtigte	Prokuristen, Handlungsbevollmächtigte	Prokuristen, Handlungsbevollmächtigte
Zweck	Gewinnerzielung	Gewinnerzielung	Förderung des Erwerbs oder der Wirtschaft ihrer Mitglieder oder deren soziale oder kulturelle Belange durch den gemeinsamen Geschäftsbetrieb

Merkmale	Aktiengesellschaft (AG)	Gesellschaft mit beschränkter Haftung (GmbH)	Eingetragene Genossenschaft
Haftung	Beschränkung auf das Gesellschaftsvermögen	• Beschränkung auf das Geschäftsvermögen • Gesellschafter haften nur mit ihrer geleisteten Einlage.	• gesamtes Vermögen der Genossenschaft • wenn es die Satzung bestimmt, Nachschusspflicht der Mitglieder und damit persönliche Haftung der Mitglieder
Gewinnverwendung	Beschluss der Hauptversammlung	Beschluss der Gesellschafterversammlung	Beschluss der Genossenschaftsversammlung
Möglichkeiten der Kapitalerhöhung	• ordentliche Kapitalerhöhung • genehmigtes Kapital • bedingte Kapitalerhöhung • Kapitalerhöhung aus Gesellschaftsmitteln	Aufnahme neuer Gesellschafter	• Aufnahme neuer Mitglieder • Ausgabe neuer Geschäftsanteile
Rechtsgrundlage	Aktiengesetz	GmbH-Gesetz	Genossenschaftsgesetz
Mindestkapital	Kapitaleinlage: Gezeichnetes Kapital (Grundkapital) 50.000 EUR	Kapitaleinlage: Stammkapital 25.000 EUR	Regelung über Mindestkapital kann in der Satzung verankert werden.

6. Prokura

Erteilung der Prokura	• Erteilung vom Unternehmer, z. B. Kaufmann oder Geschäftsführer einer GmbH (persönlich und ausdrücklich, schriftlich oder mündlich) • Bei der GmbH erfolgt die Bestellung von Prokuristen und von Handlungsbevollmächtigten durch einen Gesellschafterbeschluss. • Rechtsgrundlage: §§ 48 und 49 HGB
Registereintragung	• Eintragung ins Handelsregister nach § 53 HGB • Die Eintragung hat deklaratorische Wirkung. • Die Erteilung der Prokura ist von dem Inhaber des Handelsgeschäfts zur Eintragung in das Handelsregister anzumelden.
Zeichnung	Nach § 51 HGB muss der Prokurist in der Weise zeichnen, dass er der Firma seinen Namen mit einem die Prokura andeutenden Zusatze beifügt.
Erlöschen der Prokura	Die Prokura erlischt durch • Widerruf nach § 52 Abs. 1 HGB, • Beendigung des Dienstvertrages durch Kündigung nach § 622 BGB, • Tod des Prokuristen oder • Auflösung der Unternehmung.
Arten der Prokura	• Einzelprokura • Gesamtprokura • Filialprokura
Handlungen, die der Prokurist nicht vornehmen kann:	• Erteilung und Entzug einer Prokura • Veräußerung und Belastung von Grundstücken • Anmeldungen von Eintragungen ins Handelsregister • Unterzeichnung der Bilanz und der Steuererklärungen • Aufnahme neuer Gesellschafter • Verkauf der Unternehmung • Antrag auf Eröffnung des Insolvenzverfahrens

Beispiel einer Registereintragung:
Aktueller Handelsregisterauszug der Olaf Lange KG

Nummer der Firma: HRA 68389					
Handelsregister A des Amtsgerichts Hamburg					Seite 1 von 1
Nummer der Eintragung	a) Firma b) Sitz, Niederlassung, Zweigniederlassungen c) Gegenstand des Unternehmens	a) Allgemeine Vertretungsregelung b) Inhaber, persönlich haftende Gesellschafter, Geschäftsführer, Vorstand, Vertretungsberechtigte und besondere Vertretungsbefugnis	Prokura	a) Rechtsform, Beginn und Satzung b) Sonstige Rechtsverhältnisse c) Kommanditisten, Mitglieder	a) Tag der Eintragung b) Bemerkungen
1	2	3	4	5	6
1	a) Olaf Lange KG b) Hamburg	a) Jeder persönlich haftende Gesellschafter vertritt einzeln. b) Persönlich haftender Gesellschafter: Römer, Petra, Norderstedt, *12.03.1960	Gesamtprokura: Krug, Melanie, Pinneberg, *21.09.1972 Rose, Manfred, Elmshorn, *05.08.1955	a) Kommanditgesellschaft 01.04.2002 c) Kommanditist: Klein, Paul, Hamburg, *17.06.1953 Einlage: 40.000,00 EUR	a) 10.04.2002

Beispiel einer Verfügung:

Melanie Krug beantragt für die *Olaf Lange KG* die Erhöhung des laufenden Betriebsmittelkredits, der mit einer Grundschuld auf das Firmengelände besichert werden soll. Frau Krug ist als Gesamtprokuristin zur Belastung des Grundstücks nur ermächtigt, sofern ihr die vollhaftende Gesellschafterin Frau Petra Römer diese Befugnis besonders erteilt hat.

Beispiel einer Haftungsbeschränkung:

Die finanzielle Situation der Gesellschafter der *Olaf Lange KG* stellt sich wie folgt dar:

- Kreditverpflichtung Olaf Lange KG bei der *Nordbank AG* 90.000,00 EUR
- Gesamtvermögen Petra Römer 50.000,00 EUR
- Gesamtvermögen Paul Klein 200.000,00 EUR
- Die *Nordbank AG* hat eine Forderung an die *Olaf Lange KG* von 90.000,00 EUR.
- Herr Klein hat von seiner Einlage in Höhe von 40.000,00 EUR nur 25.000,00 EUR eingezahlt.

Die *Nordbank AG* kann von Herrn Klein nach HGB den noch nicht eingezahlten Betrag der Einlage von insgesamt 40.000 EUR, also 15.000 EUR abfordern (persönliche Haftung).

Für die Verbindlichkeiten der *Olaf Lange KG* haftet außerdem die Komplementärin Frau Römer mit ihrem gesamten Vermögen.

7. Handlungsvollmacht

Aspekte	Inhalte
Erteilung	**Berechtigte:** • Inhaber eines Handelsgeschäfts oder gesetzlicher Vertreter • Prokurist **Art der Erteilung:** ausdrücklich oder stillschweigend (konkludent) nach § 167 BGB **Adressat:** natürliche, nicht juristische Person **Eintragung ins Handelsregister:** nicht eintragungsfähig, da gesetzlich nicht vorgesehen
Umfang	**Grundsatz:** • Der Umfang liegt im Ermessen des Vollmachtgebers. • Gesetzlicher Mindestinhalt gemäß §54 Abs. 1 HGB: Die Handlungsvollmacht erstreckt sich auf alle Geschäfte und Rechtshandlungen, die der Betrieb eines derartigen Handelsgewerbes oder die Vornahme derartiger Geschäfte gewöhnlich mit sich bringt. **Arten, Typen:** • General-Handlungsvollmacht: Sie umfasst alle zum Betrieb des Handelsgewerbes gehörenden Geschäfte, außer gesetzlichen Beschränkungen. • Art-Handlungsvollmacht: Sie umfasst nur eine bestimmte Art von Geschäften. • Spezial-Handlungsvollmacht: Sie umfasst einzelne spezielle Geschäfte. **Beschränkungen:** • Veräußerung und Belastung von Grundstücken, Wechselverbindlichkeiten, Darlehen und Prozessführung (§ 54 Abs. 2 HGB) • Rechtsgeschäftliche Beschränkungen, wenn sie Dritten bekannt sind (§ 54 Abs. 3 HGB). • Nach § 55 Abs. 2 und 3 HGB bevollmächtigt die Handlungsvollmacht nicht, abgeschlossene Verträge zu ändern und insbesondere Zahlungsfristen zu gewähren. Zur Annahme von Zahlungen sind Handlungsbevollmächtigte nur berechtigt, wenn sie dazu bevollmächtigt sind. **Sonderregelung für Außendienst:** Die Vollmacht kann nach § 55 Abs. 4 HGB erweitert werden: Sie gelten als ermächtigt, die Anzeige von Mängeln einer Ware, die Erklärung, dass eine Ware zur Verfügung gestellt werde, sowie ähnliche Erklärungen, durch die ein Dritter seine Rechte aus mangelhafter Leistung geltend macht oder sie vorbehält, entgegenzunehmen. Sie können die dem Unternehmer zustehenden Rechte auf Sicherung des Beweises geltend machen.
Erlöschen	• Widerruf: Nach §§ 167 und 168 BGB kann die Vollmacht vom Vollmachtgeber widerrufen werden. • Beendigung des zugrunde liegenden Arbeitsverhältnisses

C Kartelle und Fusionen

1. Kartelle

Kennzeichnung	Ein Kartell ist der vertragliche Zusammenschluss von Unternehmen gleicher Produktions- oder Handelsstufe, die rechtlich selbstständig bleiben, ihre wirtschaftliche Selbstständigkeit jedoch ganz oder zum Teil aufgeben, um daraus einen Wettbewerbsvorteil zu erzielen. Die am Kartell beteiligten Unternehmen verpflichten sich in der Regel zu gemeinsamem wirtschaftlichen Handeln und zur Zahlung von Vertragsstrafen, sofern gegen Regelungen des Kartellvertrages verstoßen wird.
Aufgaben des Bundeskartellamts	Zu den Aufgaben des Bundeskartellamtes gehört neben Fusionskontrolle und Missbrauchsaufsicht über die marktbeherrschenden Unternehmen die Durchsetzung des Kartellverbots, das seit 1958 in § 1 des Gesetzes gegen Wettbewerbsbeschränkungen (GWB) verankert ist. Für grenzüberschreitende Kartelle ist das Kartellverbot im europäischen Kartellrecht geregelt. Bundeskartellamt und Landeskartellbehörden können grundsätzlich auch das europäische Kartellverbot anwenden.
Arten	Unterschieden werden z. B. **Preiskartelle, Gebietskartelle**, die Vereinbarungen über festgelegte Absatzgebiete treffen, **Quotenkartelle, Rabattkartelle**, **Rationalisierungskartelle** oder **Krisenkartelle**, die dauerhafte oder vorübergehende Absatzrückgänge und deren wirtschaftliche Schäden als Folge von Konjunktur- oder Strukturkrisen durch gemeinsames Vorgehen mildern wollen. Nach dem Gesetz gegen Wettbewerbsbeschränkungen (Kartellgesetz) sind Kartelle grundsätzlich verboten. Allerdings nennt das Gesetz verschiedene Ausnahmen. So können bestimmte Kartelle vom Bundeskartellamt genehmigt werden wie die Erlaubniskartelle. Bei den Widerspruchskartellen muss die Kartellbehörde der Anmeldung des Kartells widersprechen. Auch die legalisierten Kartelle unterliegen der Missbrauchsaufsicht. Wegen des Kartellverbots versuchen Unternehmen, durch abgestimmtes Verhalten (**Frühstückskartelle**) den Wettbewerb zu beschränken.
Ministererlaubnis nach § 42 GWB	Der Bundesminister für Wirtschaft erteilt auf Antrag die Erlaubnis zu einem vom Bundeskartellamt untersagten Zusammenschluss, wenn im Einzelfall die Wettbewerbsbeschränkung von gesamtwirtschaftlichen Vorteilen des Zusammenschlusses aufgewogen wird oder der Zusammenschluss durch ein überragendes Interesse der Allgemeinheit gerechtfertigt ist. Hierbei ist auch die Wettbewerbsfähigkeit der beteiligten Unternehmen auf Märkten außerhalb des Geltungsbereichs des GWB zu berücksichtigen. Die Erlaubnis darf nur erteilt werden, wenn durch das Ausmaß der Wettbewerbsbeschränkung die marktwirtschaftliche Ordnung nicht gefährdet wird.

W. Grundmann, R. Rathner, *Bankwirtschaft, Rechnungswesen und Steuerung, Wirtschafts- und Sozialkunde*, Prüfungstraining für Bankkaufleute,
https://doi.org/10.1007/978-3-658-30521-5_26

Auferlegung von Bußgeldern	Das Hauptaugenmerk des Bundeskartellamtes bei der Kartellverfolgung richtet sich auf die sog. Hardcore-Kartelle - schwerwiegende Wettbewerbsbeschränkungen, zu denen in erster Linie Preisabsprachen, Quotenabsprachen und die Aufteilung von Märkten zwischen Wettbewerbern zählen. Sie behindern die wirtschaftliche Betätigungsfreiheit von Unternehmen und wirken sich für die Verbraucher grundsätzlich preistreibend aus; sie sind deshalb in hohem Maße wirtschafts- und sozialschädlich. Personen und Unternehmen, die an solchen gesetzlich verbotenen Kartellen mitwirken, werden vom Bundeskartellamt regelmäßig mit hohen Geldbußen belegt. Das Bußgeld gegen einzelne Personen kann bis zu 1 Mio. Euro betragen, gegen Unternehmen können darüber hinaus Geldbußen in einer Höhe von bis zu 10 % ihres letztjährigen Gesamtumsatzes festgesetzt werden.
Beispiel für ein zulässiges Kartell	Wettbewerbsbeschränkende Vereinbarungen sind nach dem Gesetz gegen Wettbewerbsbeschränkungen (GWB) verboten. Vom Kartellverbot grundsätzlich freigestellt sind Vereinbarungen von Unternehmen zur Förderung des technischen oder wirtschaftlichen Fortschritts, sofern die Verbraucher angemessen beteiligt werden und der Wettbewerb nicht ausgeschaltet wird.

2. Fusionen

Unternehmenszusammenschlüsse sind die Verschmelzung bisher selbstständiger Unternehmen zu einem rechtlich und wirtschaftlich einheitlichen Unternehmen. Dies kann durch Übernahme (ein Unternehmen übernimmt Vermögen und Schulden eines weiteren Unternehmens) oder Neubildung (Vermögen und Schulden der fusionierenden Unternehmen werden in ein neues Unternehmen eingebracht) geschehen. Da Fusionen zu wettbewerbspolitisch bedenklichen marktbeherrschenden Stellungen führen können, unterliegen alle Fusionen ab einer bestimmten Größe der Fusionskontrolle durch das Bundeskartellamt.

Ministererlaubnis

Nach § 42 des Gesetzes gegen Wettbewerbsbeschränkung (GwB) erteilt der Bundeswirtschaftsminister auf Antrag die Erlaubnis zu einem vom Bundeskartellamt untersagten Zusammenschluss, wenn im Einzelfall die Wettbewerbsbeschränkung von gesamtwirtschaftlichen Vorteilen des Zusammenschlusses aufgehoben wird oder der Zusammenschluss durch ein überragendes Interesse der Allgemeinheit gerechtfertigt ist.

Beispiel

Folgende Fusion wurde durch das Kartellamt genehmigt:

> … Das Medienunternehmen Berliner Presse AG erwirbt über ihre 100-prozentige Tochtergesellschaft, die Media Zeitschriften GmbH, sämtliche Anteile an dem Verlag Potsdamer Druck GmbH, der anschließend im Handelsregister gelöscht wird. Veräußerin ist die Verlagsgesellschaft new media mbH. …

3. Missbrauchsaufsicht

Kennzeichnung	Die Missbrauchsaufsicht über die marktbeherrschende Stellung von Unternehmen wird in § 19 des Gesetzes gegen Wettbewerbsbeschränkungen (GWB) geregelt. Danach ist die missbräuchliche Ausnutzung einer marktbeherrschenden Stellung durch ein oder mehrere Unternehmen verboten.
Unternehmen	Der Unternehmensbegriff ist sehr weit zu verstehen. Er umfasst grundsätzlich jede, eine wirtschaftliche Tätigkeit ausübende Einheit, unabhängig von ihrer Rechtsform und der Art ihrer Finanzierung.
Relevanter Markt	Die kartellrechtliche Missbrauchsaufsicht erfordert die „marktbeherrschende Stellung“ eines Unternehmens. Eine marktbeherrschende Stellung gibt es nur auf einem zuvor individuell ermittelten „relevanten“ Markt, auf dem das Unternehmen über eine besondere Position verfügt. Der relevante Markt des Unternehmens wird grundsätzlich in sachlicher und räumlicher Hinsicht bestimmt und abgegrenzt. Ein **einheitlicher sachlicher Markt** liegt vor, wenn die auf ihm angebotenen Produkte funktionell austauschbar sind. Funktionelle Austauschbarkeit wiederum ist dann anzunehmen, wenn aus Sicht der Marktgegenseite des Unternehmens (z. B. Verbraucher) zwischen den Produkten kein wesentlicher Unterschied besteht, so dass das Produkt ohne Umstände gegen das Produkt eines anderen Unternehmens ausgetauscht werden kann. Der **räumlich relevante Markt** bezeichnet das Gebiet, in dem sich die objektiven Wettbewerbsbedingungen für das betreffende Produkt für alle Unternehmen gleichen. Dabei sind insbesondere hohe Transportkosten, leichte Verderblichkeit, Sprachbarrieren sowie unterschiedliche Normungen und technische Spezifizierungen wichtige Kriterien.
Marktbeherrschende Stellung	Hat man den relevanten Markt ermittelt, muss in einem weiteren Schritt geprüft werden, ob das Unternehmen auf diesem Markt eine marktbeherrschende Stellung innehat. Eine marktbeherrschende Stellung liegt vor, wenn das Unternehmen über eine wirtschaftliche Machtstellung verfügt, die es auf dem relevanten Markt in die Lage versetzt, sich in nennenswertem Umfang unabhängig von seinen Wettbewerbern, seinen Abnehmern und/oder letztlich von den Verbrauchern zu verhalten. Zum Nachweis der marktbeherrschenden Stellung wird in der Praxis auf die Markt- und Unternehmensstruktur sowie auf das Marktverhalten des Unternehmens abgestellt. Wichtige Kriterien sind dabei insbesondere der Marktanteil des Unternehmens, die Marktzutrittsmöglichkeiten für andere Unternehmen sowie der Zugang zu Absatz- und Beschaffungsmärkten. Im deutschen Kartellrecht wird bei einem Marktanteil von einem Drittel die marktbeherrschende Stellung eines Unternehmens vermutet.

Missbräuchliche Ausnutzung	Von einer missbräuchlichen Ausnutzung spricht man, wenn das Unternehmen die Aufrechterhaltung des auf dem Markt noch bestehenden restlichen Wettbewerbs oder dessen Entwicklung durch die Verwendung von Mitteln verhindert, die regelmäßig von den Mitteln eines normalen Produkt- oder Dienstleistungswettbewerbs abweichen. Beim „Ausbeutungsmissbrauch“ wird die Marktgegenseite (z. B. Verbraucher) durch das marktbeherrschende Unternehmen ausgebeutet, beim „Behinderungsmissbrauch“ werden die Wettbewerbsmöglichkeiten der Wettbewerber des marktbeherrschenden Unternehmens behindert. Ein missbräuchliches Verhalten können insbesondere Kampfpreise, Ausschließlichkeitsvereinbarungen, Kundenbindungs- und Rabattsysteme, Geschäftsverweigerungen sowie die Versagung des Netzzuganges z. B. bei der Energieversorgung und der Telekommunikation darstellen.

D Steuern

1. Lohnsteuernachweis

Lohnsteuer-vorauszahlung	Die Höhe der zu zahlenden Einkommensteuer kann erst am Jahresende endgültig festgesetzt werden. Der Arbeitgeber behält die Lohnsteuer vom Arbeitslohn ein und zahlt sie an das Finanzamt. Diese Lohnsteuer ist eine Vorauszahlung auf die Einkommensteuerschuld des Arbeitnehmers. Damit der Arbeitnehmer nur eine angemessene Lohnsteuer zahlt, gibt es die elektronische Lohnsteuerkarte (Lohnsteuernachweis), auf der das Finanzamt persönliche und für den Lohnsteuerabzug benötigte Daten des Arbeitnehmers eingetragen hat: • Steuerklasse I bis VI • Geburtsdatum • Steuer-Identifikationsnummer • Religionszugehörigkeit • Kinderfreibetrag bei den Steuerklassen I bis IV • Pauschbetrag für Behinderte • Pauschbetrag für Hinterbliebene
Freibeträge und Pauschbeträge	Je nach Steuerklasse werden auch ohne Eintragung in die elektronische Lohnsteuerkarte beim Lohnsteuerabzug Frei- und Pauschbeträge automatisch berücksichtigt: • Grundfreibetrag 2018: 9.000,00 /18.000,00 EUR Ledige/Verheiratete • Vorsorgepauschale • Arbeitnehmer-Pauschbetrag 1.000,00 EUR • Sonderausgaben-Pauschbetrag 36,00 /72,00 EUR Ledige/Verheiratete • Entlastungsbetrag für Alleinerziehende (Steuerklasse II) 1.908,00 EUR Ferner kann sich der Steuerpflichtige vom Finanzamt einen Freibetrag auf der elektronischen Lohnsteuerkarte eintragen lassen, z. B. für hohe Werbungskosten oder einen Verlust aus der Vermietung einer Wohnung.

Zuständigkeiten bei Änderungen der elektronischen Lohnsteuerkarte	Die Finanzämter sind für die Änderung der Lohnsteuerabzugsmerkmale (zum Beispiel Steuerklassenwechsel, Eintragung von Kinderfreibeträgen und anderen Freibeträgen) zuständig. Die **Finanzämter** haben bei der **Änderung der Lohnsteuerabzugsmerkmale** folgende Zuständigkeiten:
	• Steuerklassenänderungen, z. B.:
	  o Eintragung der Steuerklasse 2 (zum Beispiel nach Geburt eines Kindes bei Alleinstehenden)
	  o Eintragung einer ungünstigeren Steuerklasse, zum Beispiel Steuerklasse 1 statt 3 oder 4
	  o Steuerklassenwechsel zwischen 3/5 und 4/4
	• Änderungen nach einer Trennung der Ehegatten beziehungsweise Änderungen nach Beendigung der Trennung
	• Eintragung von Kinderfreibeträgen

W. Grundmann, R. Rathner, *Bankwirtschaft, Rechnungswesen und Steuerung, Wirtschafts- und Sozialkunde*, Prüfungstraining für Bankkaufleute,
https://doi.org/10.1007/978-3-658-30521-5_27

	• Änderungen nach Heirat (solange die ELStAM noch nicht durch den Arbeitgeber abgerufen worden ist) • Berichtigung unrichtiger Lohnsteuerabzugsmerkmale **Melderechtliche und standesamtliche Änderungen** Anschriftenänderungen und standesamtliche Veränderungen wie zum Beispiel Kirchenein- oder Kirchenaustritt, Eheschließung und Geburt, Adoption oder Tod werden nach wie vor von den Bürgerbüros der Städte und Gemeinden verwaltet. Von den Stadt- oder Gemeindeverwaltungen erfolgt eine direkte Datenweitergabe an die Finanzverwaltung zur Änderung der persönlichen Lohnsteuerabzugsmerkmale. Dabei wird im Falle der Eheschließung die Steuerklasse 4/4 unterstellt. Der zusätzliche Weg zum Finanzamt wird nur dann erforderlich, wenn eine andere Steuerklassenwahl (etwa von 4/4 auf 3/5) oder die Übertragung eines Kinderfreibetrages gewünscht ist.
Lohnsteuerklassenwechsel bis zum 30. November	Die Lohnsteuerklassen oder Klassenkombinationen können jederzeit gewechselt werden. Generell ist eine Änderung pro Jahr zulässig. Ausnahmen werden gemacht bei Geburt, Tod des Partners, Eheschließung, Arbeitslosigkeit und Beendigung der Arbeitslosigkeit. Hier sind häufigere Wechsel möglich.
ELStAM	Seit 2012 gibt es das elektronische Verfahren ElsterLohn II. Die Daten für den Lohnsteuerabzug heißen **E**lektronische **L**ohn**St**euer**A**bzugs**M**erkmale (ELStAM). Diese Lohnsteuerdaten werden in einer Datenbank der Finanzverwaltung dem Arbeitgeber zum elektronischen Abruf bereitgestellt.

2. Einkunftsarten

Es lassen sich sieben Einkunftsarten unterscheiden:

(1) Einkünfte aus Land- und Forstwirtschaft,
(2) Einkünfte aus Gewerbebetrieb,
(3) Einkünfte aus selbstständiger Arbeit,
(4) Einkünfte aus nichtselbstständiger Arbeit,
(5) Einkünfte aus Kapitalvermögen,
(6) Einkünfte aus Vermietung und Verpachtung,
(7) sonstige Einkünfte im § 22 EStG.

Damit überhaupt eine wirtschaftliche Tätigkeit in eine der Einkunftsarten eingeordnet wird und eine steuerliche Relevanz hervorruft, muss diese mit der Absicht betrieben werden, zumindest langfristig Überschüsse oder Gewinn zu erzielen. Dadurch erklärt sich auch, dass z. B. ein Lottogewinn nicht einkommensteuerpflichtig ist. Wohl sind aber die Zinsen, die aus der Geldanlage eines Lottogewinns in einer späteren Periode ausgezahlt werden, steuerpflichtig. Die Einkunftsarten 1 bis 3 werden als Gewinneinkunftsarten bezeichnet, weil die Ausgangsgröße für die Ermittlung der Einkünfte der Gewinn darstellt. Die Einkunftsarten 4 bis 7 sind die Überschusseinkunftsarten, da hier die Ausgangsgröße für die Einkunftsermittlung als Überschuss der Einnahmen über die Werbungskosten ermittelt wird.

Einkünfte aus nichtselbstständiger Arbeit

Zu den Einkünften aus nichtselbstständiger Arbeit gehören:

- Gehälter,
- Löhne,
- Gratifikationen,
- Tantiemen, aber auch andere
- Bezüge und Vorteile,

die ein Arbeitnehmer im Rahmen seines Beschäftigungsverhältnisses erhält. Hierzu gehören insbesondere Sachbezüge wie Mahlzeiten oder Waren. Auch das Urlaubsgeld, das Weihnachtsgeld sowie die vermögenswirksamen Leistungen zählen zu den Einkünften aus unselbstständiger Arbeit und sind lohnsteuerpflichtig. Eine nichtselbstständige Arbeit liegt vor, wenn der Steuerpflichtige in einem Beschäftigungsverhältnis (Arbeitsvertrag) steht und gegenüber seinem Arbeitgeber weisungsgebunden ist. Mit seinen Einkünften aus nichtselbstständiger Arbeit unterliegt der Arbeitnehmer der Lohnsteuer. Diese Steuer wird bereits vom Arbeitgeber einbehalten und direkt an das Finanzamt abgeführt. Erst im Rahmen der jährlichen Einkommensteuererklärung kann der Arbeitnehmer die bereits gezahlte Lohnsteuer zum Teil zurückerhalten, wenn er zum Beispiel Werbungskosten, Sonderausgaben sowie außergewöhnliche Belastungen nachweist oder er im Rahmen anderer Einkunftsarten Verluste erzielt hat.

3. Werbungskosten

Werbungskosten sind alle Aufwendungen zur Erwerbung, Sicherung und Erhaltung der Einnahmen, z. B. Aufwendungen eines Arbeitnehmers, die durch seinen Beruf veranlasst sind. Grundsätzlich müssen im Rahmen der Überschusseinkünfte die Werbungskosten einzeln nachgewiesen oder zumindest glaubhaft gemacht werden. Damit nicht wegen geringfügiger Beträge ein Nachweis geführt werden muss, regelt der § 9a EStG zur Vereinfachung des Besteuerungsverfahrens Werbungskosten-Pauschbeträge, zurzeit 1.000,00 EUR, die ohne jeglichen Kostennachweis berücksichtigt werden.

Wesentliche Arten von Werbungskosten

Entfernungspauschale

Viele Arbeitnehmer müssen täglich den Weg von zu Hause zur Arbeitsstätte zurücklegen. Für diesen Weg gewährt das Finanzamt eine verkehrsmittelunabhängige Entfernungspauschale von 0,30 EUR/Kilometer.

Als Werbungskosten absetzbar sind x Arbeitstage multipliziert mit x Entfernungskilometern multipliziert mit 0,30 EUR pro Kilometer

Beispiel:

230 Arbeitstage

Einfache Entfernung zum Arbeitsplatz: 16 km

230 x 16 x 0,30 EUR = **1.104 EUR** sind absetzbar.

Fährt der Steuerpflichtige mit öffentlichen Verkehrsmitteln zur Arbeit, kann er statt der Entfernungspauschale die höheren tatsächlichen Fahrtkosten ansetzen.

Arbeitskleidung

Abzugsfähig sind die tatsächlich nachgewiesenen Ausgaben für die Anschaffung typischer Berufskleidung, z. B. Arbeits- und Laborkittel bei Ingenieuren oder Arbeitskleidung bei Handwerkern.

Beiträge an Berufsverbände

Die Beiträge zu Berufsverbänden, z. B. Gewerkschaften, sind Werbungskosten. Zu den abzugsfähigen Kosten gehören z. B. die Pflichtbeiträge von Mitgliedern, freiwillige Beiträge und Aufnahmegelder sowie Zahlungen für konkrete Leistungen des Berufsverbandes, z. B. die Rechtsberatung.

Berufshaftpflicht

Die Versicherungsbeiträge zu einer Berufshaftpflichtversicherung sind in voller Höhe als Werbungskosten abzugsfähig.

4. Sonderausgaben

Bestimmte Ausgaben können bei der Einkommensteuer als Sonderausgaben vom Gesamtbetrag der Einkünfte abgezogen werden, wenn sie weder Betriebsausgaben noch Werbungskosten sind. Sonderausgaben sind entweder

- unbeschränkt (z. B. gezahlte Kirchensteuer) oder
- im Rahmen von gestaffelten Höchstbeträgen beschränkt (Vorsorgeaufwendungen als Versicherungsbeiträge mit Vorsorgecharakter) oder
- bis zu einem festen Höchstbetrag (z. B. Aufwendungen für die eigene Berufsausbildung, Aufwendungen für die zusätzliche Altersvorsorge)

abziehbar.

Die Sonderausgaben unterteilen sich in zwei Bereiche:

Vorsorgeaufwendungen

Als Vorsorgeaufwendungen abzugsfähig sind Beiträge zu bestimmten Versicherungen.

- Diese werden unterteilt in Altersvorsorgeaufwendungen. Dazu gehören in erster Linie die Beiträge zur gesetzlichen Rentenversicherung oder zu einer privaten Rürup-Rente.
- Sonstige Vorsorgeaufwendungen sind Beiträge zur Basis-Kranken- und Pflegepflichtversicherung sowie Beiträge zur Haftpflicht-, Unfall- und bestimmten Lebensversicherungen.
- Altersvorsorgeaufwendungen und viele sonstige Vorsorgeaufwendungen sind nur begrenzt abziehbar.
- Die Einzahlungen in einen Riester-Vertrag sind steuerlich gesehen keine Vorsorgeaufwendungen und deshalb zusätzlich zu den Vorsorgeaufwendungen als Sonderausgaben abzugsfähig, soweit dies günstiger ist als die staatlichen Zulagen (2.100,00 EUR maximal jährlich als Sonderausgaben).

Andere Sonderausgaben

Hierzu zählen Unterhaltsleistungen an den geschiednen Ehepartner (Realsplitting), gezahlte Kirchensteuern, Kosten für die Berufsausbildung, Spenden und Mitgliedsbeiträge, Kinderbetreuungskosten, Schulgeld an Privatschulen, negative Einkünfte (Verluste).

Pauschbetrag

Werden keine höheren unbeschränkt abziehbaren Sonderausgaben nachgewiesen, so wird für diese ein Pauschbetrag von 36 EUR/72 EUR (Alleinstehende/Verheiratete) abgezogen (Sonderausgaben-Pauschbetrag).

Spenden

Spenden sind steuerlich absetzbar, wenn sie

- freiwillig und ohne Gegenleistung
- für steuerbegünstigte Zwecke

- an steuerbegünstigte Organisationen geleistet und

mit einer Zuwendungsbestätigung nachgewiesen werden.

Spenden sind nur begrenzt als Sonderausgaben absetzbar.

Neben dem normalen Spendenabzug werden steuerlich bevorzugt Spenden an Stiftungen und Spenden an politische Parteien und Wählervereinigungen.

Normaler Spendenabzug: Spenden und Mitgliedsbeiträge sind bis zu 20 % des Gesamtbetrags der Einkünfte als Sonderausgaben abzugsfähig.

Spenden an Parteien: Die Spenden und Mitgliedsbeiträge an politische Parteien werden bis zu 1.650 EUR bei Alleinstehenden und 3.300 EUR bei Verheirateten zur Hälfte direkt von der Steuerschuld abgezogen. Die Steuerersparnis beträgt also bis zu 825 EUR/1.650 EUR. Zuwendungen über 1.650 EUR/3.300 EUR hinaus sind bis zu weiteren 1.650 EUR/3.300 EUR als Sonderausgaben abzugsfähig. Somit sind Zuwendungen an politische Parteien insgesamt bis zu einer Höhe von 3.300 EUR/6.600 EUR steuerbegünstigt.

5. Außergewöhnliche Belastungen

Normalerweise bleiben private Ausgaben steuerlich unberücksichtigt. Besondere Situationen können aber zu außergewöhnlichen Belastungen führen, die steuermindernd berücksichtigt werden können. Der Gesetzgeber unterscheidet außergewöhnliche Belastungen besonderer Art, die ausdrücklich im Einkommensteuergesetz definiert sind. Außergewöhnliche Belastungen allgemeiner Art sind einzeln nachzuweisen und nicht im Einkommensteuergesetz genannt.

Gesetzliche definierte Fälle

1. Außergewöhnliche Belastungen besonderer Art sind der Höhe nach beschränkt durch Pausch- oder Höchstbeträge.

- Mit dem Behinderten-Pauschbetrag vom maximal 3.700 EUR sind typische behinderungsbedingte Kosten abgegolten.
- Der Pflege-Pauschbetrag steht einem Steuerpflichtigen zu, wenn er einen hilflosen Angehörigen zumindest teilweise persönlich und unentgeltlich pflegt.
- Mit dem Unterhaltshöchstbetrag überträgt der Staat den Grundfreibetrag eines Unterhaltsberechtigten bedürftigen Angehörigen ganz oder teilweise auf den Steuerzahler, wenn der Steuerzahler für den normalen Lebensbedarf des Angehörigen aufkommen muss.

2. Außergewöhnliche Belastungen allgemeiner Art liegen nur vor, wenn die Ausgaben

- außergewöhnlich sind,
- zwangsläufig entstehen,
- notwendig und angemessen sind sowie
- eine finanzielle Belastung für den Steuerzahler darstellen.

So kann ein unabwendbares Ereignis, z. B. Krankheit, Katastrophenschaden am eigenen Haus oder dem Hausrat als außergewöhnliche Belastung steuerlich geltend gemacht werden. Das Finanzamt erkennt nur Ausgaben an, die notwendig und angemessen sind. So sind Unterhaltszahlungen nur notwendig, wenn der Unterstützte bedürftig ist. Von der Summe der geltend gemachten außergewöhnlichen Belastungen allgemeiner Art zieht das Finanzamt automatisch die sog. zumutbare Belastung ab, die der Steuerzahler selbst zu tragen hat.

6. Steuerklassen

Allgemeines	Für die Durchführung des Lohnsteuerabzugs werden unbeschränkt einkommensteuerpflichtige Arbeitnehmer Lohnsteuerklassen zugewiesen. Ehepartner können zwischen einzelnen Lohnsteuerklassen wählen.
Lohnsteuerklasse I	In die Steuerklasse I gehören Arbeitnehmer, die ledig, verheiratet, verwitwet oder geschieden sind und bei denen die Voraussetzungen für die Steuerklasse III oder IV nicht erfüllt sind.
Lohnsteuerklasse II	Hierzu gehören die Arbeitnehmer, die ledig, verheiratet, verwitwet oder geschieden sind, wenn bei ihnen der Haushaltsfreibetrag zu berücksichtigen ist.
Lohnsteuerklasse III	In diese Steuerklasse gehören Arbeitnehmer • die verheiratet sind, wenn beide Ehegatten unbeschränkt einkommensteuerpflichtig sind und nicht dauernd getrennt leben und der Ehegatte des Arbeitnehmers keinen Arbeitslohn bezieht oder der Ehegatte des Arbeitnehmers auf Antrag beider Ehegatten in die Steuerklasse V eingereiht wird, • die verwitwet sind, wenn sie und ihr verstorbener Ehegatte im Zeitpunkt seines Todes unbeschränkt einkommensteuerpflichtig waren und in diesem Zeitpunkt nicht dauernd getrennt gelebt haben. Dies gilt für das Kalenderjahr, in dem der Ehegatte verstorben ist.
Lohnsteuerklasse IV	In die Steuerklasse IV gehören Arbeitnehmer, die verheiratet sind, wenn beide Ehegatten unbeschränkt einkommensteuerpflichtig sind und nicht dauernd getrennt leben und der Ehegatte ebenfalls Arbeitslohn bezieht. Durch das optionale Faktorverfahren kann auf Antrag beider Ehegatten ein genauerer Steuerabzug erfolgen, wenn die Einkommen beider Ehegatten unterschiedlich hoch sind.
Lohnsteuerklasse V	Diese ist einzutragen, wenn beide Ehepartner berufstätig sind und einer von beiden die Steuerklasse III gewählt hat.
Lohnsteuerklasse VI	Diese gilt bei Arbeitnehmern, die nebeneinander von mehreren Arbeitgebern Arbeitslohn beziehen.
Steuerklassenwechsel	Bis zum 30.11. eines Jahres können Ehegatten einmal im Jahr bei dem Finanzamt einen Steuerklassenwechsel vornehmen lassen.
Gnadensplitting	Das Gnadensplitting (§ 32a EStG), auch Witwensplitting genannt, ist eine besondere Ausprägung der Einzelveranlagung. Verwitwete Steuerpflichtige werden in dem Jahr, das auf das Jahr folgt, in dem der Ehegatte verstorben ist, nach der Splittingtabelle veranlagt. In dem Jahr, in dem der Ehegatte verstorben ist, sind die Voraussetzungen des Ehegattensplittings ohnehin erfüllt. Das Gnadensplitting bewirkt, dass auch im Jahr nach dem der Ehegatte verstorben ist, der niedrigere Steuertarif der Zusammenveranlagung zur Anwendung kommt.

7. Steuerarten – Finanzausgleich

Verteilung der Steuern auf die Gebietskörperschaften

Steuern sind Zwangsabgaben, die vom Staat ohne direkte Gegenleistung vom Steuerpflichtigen erhoben werden.

Der **vertikale Finanzausgleich** ist im Grundgesetz Artikel 106 geregelt:

Verbrauchsteuern stehen dem Bund zu. Das Aufkommen der Einkommensteuer, der Körperschaftsteuer und der Umsatzsteuer steht dem Bund und den Ländern gemeinsam zu (Gemeinschaftssteuern), soweit das Aufkommen der Einkommensteuer nicht den Gemeinden zugewiesen wird. Das Aufkommen der Grundsteuer und Gewerbesteuer steht den Gemeinden, das Aufkommen der örtlichen Verbrauch- und Aufwandsteuern steht ebenfalls den Gemeinden zu. Den Gemeinden ist das Recht einzuräumen, die Hebesätze der Grund- und Gewerbesteuer im Rahmen der Gesetze festzusetzen. Bund und Länder können durch eine Umlage an dem Aufkommen der Gewerbesteuer beteiligt werden.

Gewinn- und Einkommensteuer	**Besteuerung des Besitzes**	**Verbrauchsbesteuerung**	**Verkehrsteuer**
Körperschaftsteuer	Gewerbesteuer	Biersteuer	Grunderwerbsteuer
Einkommensteuer	Grundsteuer	Mineralölsteuer	
	Hundesteuer	Tabaksteuer	

E Marketing

1. Marketingmaßnahmen

Produktpolitik	Sie befasst sich mit einer Auswahl der am Markt anzubietenden Bankleistungen. Das Sortiment ist die Gesamtheit aller Produkte.
Preis- und Konditionenpolitik	Sie befasst sich mit allen vertraglichen Vereinbarungen über die Kosten des Bankleistungsangebots.
Distributionspolitik	Dabei geht es darum, Bankleistungen am richtigen Ort und zur rechten Zeit anzubieten.
Kommunikationspolitik	Ziel ist es, die Öffentlichkeit über Bankleistungen so zu informieren, dass im Bewusstsein der Bevölkerung ein positives Bild von der Leistungsfähigkeit des jeweiligen Kreditinstituts geschaffen wird.

2. Marktforschung

Unter Marktforschung wird verstanden:

- die systematische Sammlung, Aufarbeitung, Analyse und Interpretation von Daten über Märkte und Marktbeeinflussungsmöglichkeiten zum Zweck der Informationsgewinnung für Marketing-Entscheidungen oder
- der komplette Prozess der Lösung marktbezogener betriebswirtschaftlicher Probleme durch Analyse von Informationen über den entsprechenden Markt, seine relevanten Teilnehmer und ihre Einstellungen oder
- ein kontinuierlicher und systematischer Prozess, der das Marktgeschehen sowie das Unternehmensumfeld beobachtet, um Informationen zu gewinnen und zu analysieren. Dies erfolgt zum Zwecke der Findung oder Absicherung von Marketing-Entscheidungen.

Marktanalyse

Die Marktanalyse ist Teilgebiet des Marketings. Sie wird auch als Marktforschung und Marktinformationsbeschaffung bezeichnet. Die Marktanalyse ist der grundlegende Baustein eines Marketingkonzeptes, aus dem anschließend strategische und operative Ziele und Maßnahmen abgeleitet werden.

Die Marktanalyse ist im Gegensatz zur Marktbeobachtung nur eine punktuelle Darstellung der Marktsituation. Hierbei werden nur die Daten erhoben, die gerade aktuell sind und so für Entscheidungen herangezogen werden können. Die Marktbeobachtung liefert umfassendere Informationen, da sie einen Zeitraum betrachtet.

Beispiel einer Marktanalyse:

Die *Nordbank AG* will im März 2019 in Kiel durch eine Marktanalyse die Konkurrenzsituation bei der Finanzierung von Bauvorhaben unter den ortsansässigen Kreditinstituten ermitteln.

Die Marktanalyse liefert der *Nordbank AG* Informationen über die prozentualen Marktanteile der einzelnen konkurrierenden Kreditinstitute bei Kreditvergaben zu einem bestimmten Zeitpunkt (März 2019).

W. Grundmann, R. Rathner, *Bankwirtschaft, Rechnungswesen und Steuerung, Wirtschafts- und Sozialkunde*, Prüfungstraining für Bankkaufleute,
https://doi.org/10.1007/978-3-658-30521-5_28

Marktbeobachtung

Sie ist Teil der Marktforschung: Die Marktentwicklung bzw. die Stellung einzelner Unternehmungen und Wirtschaftsgruppen auf den Beschaffungs- und Absatzmärkten wird beobachtet sowie ihre konjunkturellen Entwicklungsmöglichkeiten durch Auswertung der verschiedenen Statistiken, z. B. der Branchenstatistik, abgeschätzt. Wichtige Instrumente der Marktbeobachtung sind auch die verschiedenen Untersuchungen der Marktforschungsinstitute.

Die Marktbeobachtung arbeitet langfristiger als die Marktanalyse. Ziel ist es, aktuelle und umfangreiche Informationen über den betreffenden Markt zu erhalten.

3. Marketingbegriffe

Cross-Selling	Cross-Selling bedeutet „über Kreuz verkaufen". Es ist die Ausschöpfung vorhandener Kundenbeziehungen für weitere Produktkäufe oder für die Nutzung von weiteren Dienstleistungen eines Unternehmens durch zusätzliche Angebote. Im Sinne der Vertriebseffizienz ist eine hohe Cross-Selling-Quote anzustreben, d. h. es soll eine hohe Produkt- bzw. Vertragszahl pro Kunde beim jeweiligen Anbieter erreicht werden. Erfolgreiche Cross-Selling-Aktivitäten können helfen, nicht kostendeckende Preise im Mengengeschäft der Banken zu kompensieren. Erfolgreiche Cross-Selling-Aktivitäten erhöhen die Kundenbindung an das eigene Kreditinstitut.
Demoskopie	Die Meinungsforschung (Demoskopie) dient der Ermittlung von Meinungen, das heißt von Einsichten, Einstellungen, Stimmungen oder Wünschen der Bevölkerung. Für die Meinungsforschung werden durch Befragungen auf der Basis eines repräsentativen Querschnitts der zu untersuchenden Grundgesamtheit Primärdaten gesammelt und anschließend interpretiert. Die Befragung kann entweder persönlich, telefonisch, schriftlich oder durch einen Online-Fragebogen erfolgen.
Marketing-Mix	Es ist die Kombination der vier Marketing-Aktionsinstrumente Preis-, Distributions-, Kommunikations- und Produktpolitik, um Präferenzen zugunsten des jeweiligen Angebotes bzw. Anbieters zu schaffen. Zum Teil wird auch die Marktforschung als Informationsinstrument zum Marketing-Mix gezählt.
Marktanteil	Darunter versteht man den absoluten Anteil der Absatzleistung eines Kreditinstituts am Marktvolumen.
Marktdurchdringung	Marktdurchdringung oder Penetration bezeichnet den Grad der Verbreitung und Bekanntheit innerhalb eines Marktes oder einer Verbrauchergruppe. Die Verbreitung kann sich sowohl auf Informationen (Werbung) als auch auf Produkte beziehen. Die Marktdurchdringung wird vor allem durch die Ansprache von Käufergruppen, die Wahl der Vertriebswege und das Marketing-Mix gesteigert.
Marktpotenzial	Unter Marktpotenzial versteht man die Gesamtheit der möglichen Absatzmenge, z. B. einer Bankdienstleistung auf einem bestimmten Markt.
Marktvolumen	Man versteht darunter die realisierte Menge (Absatz) bzw. Umsatz einer Produktgruppe oder Branche auf einem definierten Markt in der betrachteten Planperiode. I. d. R. ist das Marktvolumen nur ein Teil des Marktpotenzials. Marktvolumen ist notwendig zur Berechnung des Marktanteils.

Primärforschung	Gewinnung neuer, originärer Daten (field research) Informationsbeschaffung • durch schriftliche und telefonische Anfragen bei Herstellern, • durch Messebesuche, • durch Lieferantenbefragung, • durch Einkaufsreisen
Sekundärforschung	Erschließung bereits vorhandener Daten (desk research) Informationsbeschaffung • durch Statistiken aller Art, • durch Geschäftsberichte, • durch Fachzeitschriften, • durch Internet
Vertriebsarten	Es lassen sich verschiedene Vertriebswege unterscheiden: • Stationärer Vertrieb, z. B. Bankdienstleistungen, die in den Filialen angeboten werden • Mobiler Vertrieb, z. B. Verkauf von Produkten und Dienstleistungen durch Außendienstmitarbeiter • Medialer Vertrieb, z. B. Verkauf von Bankprodukten im Internet • Technischer Vertrieb, z. B. das Verkaufen von erklärungsbedürftigen Produkten und Dienstleistungen durch Techniker und Ingenieure

F Wirtschaftsordnungen

Modelltypen	• Freie Marktwirtschaft • Soziale Marktwirtschaft • Zentralverwaltungswirtschaft
Freie Marktwirtschaft	Die freie Marktwirtschaft gewährt jedem Einzelnen volle Selbstverantwortung und wirtschaftliche Entscheidungs- und Handlungsfreiheit. Der Staat hat lediglich die Aufgabe, Schutz, Sicherheit und Eigentum der Bürger zu gewährleisten, ein Zahlungsmittel bereitzustellen sowie das Rechtssystem zu erhalten (»Nachtwächterstaat«). Der Staat enthält sich ansonsten der wirtschaftlichen Einflussnahme und überlässt die Steuerung der Wirtschaft allein dem Markt, d. h. dem Gesetz von Angebot und Nachfrage. Kennzeichen der freien Marktwirtschaft sind z. B. Privateigentum an den Produktionsmitteln, freier Wettbewerb, freie Preisbildung, Gewerbefreiheit und Konsumfreiheit. In der Praxis gibt es die reine Form der freien Marktwirtschaft nicht. Durch die Wirtschaftsprozesse selbst stellen sich bestimmte Gleichgewichte ein. Im Modell der freien Marktwirtschaft ist die Freiheit des Einzelnen oberster Grundsatz. Die Ansprüche der Gesellschaft treten demgegenüber in den Hintergrund. Damit der Einzelne sich im Wirtschaftsleben weitgehend uneingeschränkt entfalten kann, muss eine Reihe von Voraussetzungen erfüllt sein. **a) Vertragsfreiheit** Sie beinhaltet das Recht des Einzelnen, seine Beziehungen zu anderen durch freie Vereinbarungen zu ordnen. Hierbei sind die Wirtschaftssubjekte keinerlei staatlichen Beschränkungen unterworfen. Sie können Verträge beliebiger Art und jedweden Inhalts abschließen (Vertragseingehungs- und -gestaltungsfreiheit). Die Gefahr einer so weitgehenden Vertragsfreiheit besteht darin, dass sie der wirtschaftlich Stärkere zum Nachteil des sozial Schwächeren missbrauchen kann, beispielsweise beim Abschluss von Arbeitsverträgen. **b) Freie wirtschaftliche Betätigung** Die Arbeitnehmer sind frei in der Wahl ihres Berufes und in der Wahl ihres Arbeitsplatzes. Die Unternehmer haben umfassende Freiheitsrechte, so u. a. das Recht, • ohne staatliche Beschränkungen einen Gewerbebetrieb gründen zu können (Gewerbefreiheit),

W. Grundmann, R. Rathner, *Bankwirtschaft, Rechnungswesen und Steuerung, Wirtschafts- und Sozialkunde*, Prüfungstraining für Bankkaufleute,
https://doi.org/10.1007/978-3-658-30521-5_29

	• sich an jedem beliebigen Standort niederlassen zu können (Niederlassungsfreiheit), • in jedem beliebigen Umfang Kapital gewinnbringend im Wirtschaftsprozess einzusetzen (Investitionsfreiheit), • in jedem beliebigen Markt wirtschaftlich tätig zu werden (freier Zugang zu den Märkten), • nach Belieben Waren zu importieren oder zu exportieren (Freihandel). Die Konsumenten können frei über ihr Einkommen verfügen. Sie entscheiden darüber, was, wie viel und wo sie kaufen wollen (Konsumfreiheit) und wie viel von ihrem Einkommen gespart werden soll. **c) Privateigentum an den Produktionsmitteln** Privateigentum ist die Grundlage des Erwerbsstrebens in der Marktwirtschaft. Die Möglichkeit, Gewinne zu erzielen und Eigentum zu bilden, ist der stärkste Leistungsanreiz in der Marktwirtschaft. Ohne die uneingeschränkte Verfügungsgewalt über die Produktionsmittel können die Unternehmer nicht selbstständig (autonom) planen. Sie werden dann auch nicht bereit sein, das Risiko im Wirtschaftsprozess zu übernehmen, so dass wichtige Investitionen unterbleiben.
Soziale Marktwirtschaft	In der Bundesrepublik Deutschland wird das Konzept der sozialen Marktwirtschaft praktiziert. Es geht zurück auf Ludwig Erhard. Die zentrale Idee besteht darin, die Freiheit aller, die als Anbieter oder Nachfrager am Markt teilnehmen, zu schützen und gleichzeitig für sozialen Ausgleich zu sorgen. Märkte sorgen in der Sozialen Marktwirtschaft über den Preismechanismus für den Ausgleich von Angebot und Nachfrage: Sind besonders begehrte Güter knapp, steigt deren Preis. Das drängt Nachfrage zurück und bietet zugleich Gewinnmöglichkeiten für zusätzliche Anbieter. Anbieter werden versuchen, die Produktion so kostengünstig wie möglich zu gestalten. So kommt es zu einer effizienten Verwendung der Produktionsmittel und zu günstigen Preisen für die Verbraucher. Dafür ist wichtig, dass Wettbewerb mit offenem Marktzugang herrscht und Marktmacht verhindert wird. Der Marktmechanismus erhöht dann die Konsummöglichkeiten, motiviert die Anbieter zu Innovationen und technischem Fortschritt und verteilt Einkommen und Gewinn nach individueller Leistung. Es ist eine wichtige Aufgabe des Staates, den Rahmen für einen funktionierenden Wettbewerb zu schaffen. Gleichzeitig muss er die Bereitschaft und die Fähigkeit der Menschen zu eigenverantwortlichem Handeln und mehr Selbstständigkeit fördern. Der zweite Grundsatz der Sozialen Marktwirtschaft neben dem freien Markt ist der soziale Ausgleich. Dieser soll die Freiheit des Marktes möglichst nicht einschränken, aber eine soziale Absiche-

	rung für diejenigen bereit stellen, die aufgrund von Alter, Krankheit oder Arbeitslosigkeit keine Markteinkommen erzielen können. In der Sozialen Marktwirtschaft gilt es dabei, die richtige Balance zu finden. Soziale Leistungen und das Handeln des Staates müssen durch Steuern und Abgaben finanziert werden. Diese belasten aber diejenigen, die mit ihren Einkommen den Wohlstand erzeugen. Ziel ist also eine solide soziale Absicherung, bei gleichzeitig größtmöglichem Wohlstand. Die Soziale Marktwirtschaft wurde nie namentlich als Wirtschaftssystem Deutschlands im Grundgesetz verankert, weil das Grundgesetz keinen eigenen Abschnitt zur Wirtschaft enthält. Allerdings legen zentrale Elemente unserer Rechtsordnung, wie u. a. die Grundrechte, die Vertrags- und Koalitionsfreiheit oder das Recht auf eine freie Berufs- und Arbeitsplatzwahl die Grundlage für die Soziale Marktwirtschaft und schließen die Extreme einer reinen Zentralverwaltungswirtschaft oder einer schrankenlosen Marktwirtschaft aus.
Zentralverwaltungswirtschaft	Die Zentralverwaltungswirtschaft ist eine Wirtschaftsordnung, in der wesentliche Entscheidungen von einer Zentralverwaltung (Staat) getroffen werden. Das System basiert auf dem Grundgedanken der Gleichheit aller Menschen und ist in der kommunistischen Idee verankert. Typische Betriebsform der Zentralverwaltungswirtschaft ist die Genossenschaft. **Organisation und Funktionsweise** In der Zentralverwaltungswirtschaft entsteht ein Gesamtplan über Produktion und Konsum. Zentrale Organe legen fest, was die Unternehmen herstellen und die Konsumenten somit später verbrauchen. Damit dies funktioniert, muss die Planbehörde auf die Produktionsmittel zugreifen können, sie sind deshalb Staatseigentum. Die zentrale Planung kann auch nur funktionieren, wenn der Staat umfassende Kompetenzen besitzt, um Produktion wie Konsum zu steuern. Daraus folgt, dass staatliche Organe in sämtliche gesellschaftliche Bereiche eingreifen. Praktisch heißt das im Gegensatz zur Marktwirtschaft, wo das Prinzip von Angebot und Nachfrage herrscht (wenn z. B. zehntausend Menschen Autos kaufen wollen, dann werden diese von den Firmen hergestellt), dass in der Zentralverwaltungswirtschaft alles von einer obersten Stelle aus geplant und bestimmt wird (es wird festgelegt, dass tausend Autos hergestellt werden, die Nachfrage spielt keine Rolle). Sämtliche Güter und Dienstleistungen, auch die Preise und Löhne werden von einer Zentrale in einem Gesamtplan festgelegt. Dieser Plan, der viele Einzelpläne enthält, gilt dann für einen bestimmten Zeitraum. In der Zentralverwaltungswirtschaft ist die zentrale Lenkung des gesamten Wirtschaftsgeschehens das ordnungsbestimmende

	Merkmal. Da die grundlegenden Entscheidungen über die Güterproduktion, den Einsatz der Produktionsfaktoren und über die Güterverteilung durch die Zentralverwaltung getroffen werden, sind die Entscheidungsmöglichkeiten der wirtschaftenden Subjekte umso beschränkter, je stärker die Zentralverwaltung Entscheidungen an sich zieht. So können die Produzenten keine Entscheidung darüber treffen, ob, was und wie viel sie produzieren bzw. ex- und importieren. Weitere Merkmale der Zentralverwaltungswirtschaft sind die Aufhebung des Privateigentums an Produktionsmitteln, die staatlich festgelegten Preise für Güter und Dienstleistungen, Löhne sowie Zinsen, die zentrale Verteilung der Produkte (die Verbraucher können nicht entscheiden, was und wie viel sie verbrauchen) und die enge Verknüpfung von Politik und Wirtschaft. **Auswirkungen** - Es wird behauptet, dass die Zentralverwaltungswirtschaft Vollbeschäftigung und Krisenfestigkeit gewährleisten könne. - Außerdem könne die Zentralverwaltung eine optimale Verteilung von Menschen und Ressourcen in gewünschte Produktionsbereiche vornehmen. - Nachteilig seien die Freiheitsbeschränkung der Wirtschaftssubjekte und die mangelnde Transparenz, Flexibilität und Effektivität der Zentralverwaltung sowie mangelnde Anreize zu eigenverantwortlichem Handeln der Menschen. - Die Zentralverwaltungswirtschaft könne nur sehr langsam auf wirtschaftliche Veränderungen und die Bedürfnisse der Bevölkerung reagieren. Auch im Handel mit anderen Staaten reagiere die Zentralverwaltungswirtschaft sehr viel langsamer auf Aufträge.

G Ökonomisches Prinzip

Das ökonomische Prinzip (Wirtschaftlichkeitsprinzip) gliedert sich in zwei Bereiche:

- Das Minimumprinzip bedeutet, dass mit minimalem Mitteleinsatz ein vorgegebenes Ziel erreicht werden soll.
- Das Maximumprinzip bedeutet, dass mit gegebenen Mitteln ein maximaler Erfolg erzielt werden soll.

Wichtig ist, dass die Ertragsgröße festgelegt wird. Inhaltsleer wäre die Aussage, dass man mit dem geringsten Mitteleinsatz einen maximalen Ertrag erreichen solle.

Beispiel Maximumprinzip: Ökonomisch im Sinne dieses Prinzips handelt der Student, der seine ganze Arbeitskraft auf das Studium konzentriert, um ein möglichst gutes Examen abzulegen. Überträgt man das ökonomische Prinzip auf den Bereich betriebswirtschaftlicher Betätigung, bedeutet es, dass mit einem bestimmten gegebenen Kosteneinsatz eine möglichst große Produktionsleistung zu erzielen ist.

Beispiel Minimumprinzip: Ökonomisch im Sinne dieses Prinzips handelt der Student, der lediglich bestehen möchte und nur die dafür unbedingt notwendige Zeit in sein Studium investiert. Überträgt man das ökonomische Prinzip auf den Bereich betriebswirtschaftlicher Betätigung, bedeutet es, dass eine bestimmte Leistung mit möglichst geringen Kosten zu erzielen ist.

W. Grundmann, R. Rathner, *Bankwirtschaft, Rechnungswesen und Steuerung, Wirtschafts- und Sozialkunde*, Prüfungstraining für Bankkaufleute,
https://doi.org/10.1007/978-3-658-30521-5_30

H Markt und Preis

1. Kosten

Fixe Kosten

Fixe Kosten sind in einer bestimmten Zeitperiode konstant und unabhängig von der Produktions- bzw. Absatzmenge (Ausbringungsmenge).

Beispiel: Die Produktionsmenge wird von 100 Stück auf 120 Stück erhöht. Der Materialeinsatz erhöht sich (variable Kosten), die Kosten für die Maschine (Abschreibungen) erhöhen sich dagegen nicht. Sie bleiben in einer bestimmten Zeitperiode konstant.

Bei fixen Kosten verringern sich die Stückkosten mit Erhöhung der Ausbringungsmenge. Fixkosten sind stets Gemeinkosten.

Variable Kosten

Variable Kosten verändern sich bei Änderung der Produktions- bzw. Absatzmenge (Ausbringungsmenge). Sie sind damit mengenabhängige Kosten. Die Veränderung der Kosten kann in Abhängigkeit zur Ausbringungsmenge wie folgt aussehen:

- Proportional: Mit jedem Stück mehr Produktionsmenge erhöhen sich die variablen Kosten im gleichen Verhältnis (Stückkosten bleiben gleich).
- Überproportional: Mit jedem Stück mehr Produktionsmenge erhöhen sich die variablen Kosten pro Stück.
- Unterproportional: Mit jedem Stück mehr Produktionsmenge vermindern sich die variablen Kosten pro Stück.

Beispiel

Die *Hertel GmbH* ist Herstellerin von Elektrobikes. Die Unternehmung ermittelt folgende Planzahlen für das Jahr 2019:

Fixe Kosten	156 Mio. EUR
Variable Kosten je Elektrobike	850,00 EUR
Kalkulierter Absatz	0,2 Mio. Elektrobikes

Berechnung des kostendeckenden Marktpreises je Elektrobike

200.000 x 850 + 156.000.000 = 326.000.000 EUR

326 Mio. : 0,2 Mio. = **1.630,00 EUR pro Elektrobike**

W. Grundmann, R. Rathner, *Bankwirtschaft, Rechnungswesen und Steuerung, Wirtschafts- und Sozialkunde*, Prüfungstraining für Bankkaufleute,
https://doi.org/10.1007/978-3-658-30521-5_31

2. Meistausführungsprinzip

Es handelt sich um die Feststellung von Börsenkursen. Dabei wird die Kurshöhe bestimmt, bei der der größte Umsatz zustande kommt. Um den Einheitskurs, den Eröffnungskurs und den Schlusskurs im Kassamarkt zu bestimmen, wendet man das Meistausführungsprinzip an. Bei der Auktion im elektronischen Handel wird es ebenfalls verwendet. Die Kauf- und Verkaufsorders werden in einem Orderbuch gesammelt und einander gegenübergestellt. Anhand der Orderlage ermittelt anschließend der Skontroführer oder das elektronische Handelssystem den Kurs, zu dem der größte Umsatz erzielt werden kann.

Beispiel: Kursnotiz: 135bG

Zum Kurs von 135 EUR kommt der größte Umsatz zustande. Alle Bestens- und Billigst-Aufträge sowie alle über dem Kurs limitierten Kaufaufträge und alle unter dem Kurs limitierten Verkaufsaufträge werden ausgeführt. Die zum Kurs limitierten Verkaufsaufträge werden vollständig, die zum Kurs limitierten Kaufaufträge nur teilweise ausgeführt. Zum Kurs von 135 EUR besteht weniger Angebot an Wertpapieren, wodurch der Kurs mit dem Zusatz „bezahlt Geld" (bG) versehen wird.

Beispiel zur Ermittlung eines Kurses nach dem Meistausführungsprinzip

Dem Skontroführer liegen die nachstehenden Aufträge zur Eröffnungskursermittlung der X-Aktie vor:

Kauf/Stück	Limit/EUR pro Stück	Verkauf/Stück	Limit/EUR pro Stück
36	Billigst	80	bestens
42	358,00	53	353,50
100	357,00	32	355,00
72	356,00	36	357,00
15	354,00	41	357,60
22	353,50	10	358,00
90	352,00	-	-
Summe 377		Summe 252	

Ermittlung des Eröffnungskurses

Bei einem Kurs von	Verkaufsaufträge	Kaufaufträge	Umsätze
352,00 EUR	80	377	80
353,50 EUR	133	287	133
354,00 EUR	133	265	133
355,00 EUR	165	250	165
356,00 EUR	165	250	165
357,00 EUR	201	178	178
357,60 EUR	242	78	78
358,00 EUR	252	78	78

Der Eröffnungskurs für die X-Aktie wird mit 357,00 EUR festgesetzt.

Der Kurszusatz lautet **bB** (bezahlt Geld).

3. Preiselastizität der Nachfrage

Die Preiselastizität der Nachfrage gibt an, wie stark die Nachfrage nach einem Produkt auf eine Preisänderung reagiert. Sie ist definiert als die prozentuale Veränderung der nachgefragten Menge eines Produktes im Verhältnis zur prozentualen Veränderung des Preises dieses Produktes:

$$PE = \frac{(Q_1 - Q_2) / Q_1}{(P_1 - P_2) / P_1}$$

$Q_{1,2}$ = Menge vor bzw. nach der Preisänderung

$P_{1,2}$ = Preis vor bzw. nach der Preisänderung

Ist der Absolutbetrag der Preiselastizität

> **1**, so ist die **Nachfrage elastisch** – eine 1-prozentige Preisänderung bewirkt eine mehr als 1-prozentige Mengenänderung.

= **1**, so ist die **Nachfrage isoelastisch** – eine 1-prozentige Preisänderung bewirkt eine 1-prozentige Mengenänderung.

< **1**, so ist die **Nachfrage unelastisch** – eine 1-prozentige Preisänderung bewirkt eine weniger als 1-prozentige Mengenänderung.

Beispiel

Der Preis für ein Gut wird von 1,50 EUR auf 1,80 EUR erhöht. Daraufhin wird das Gut von einem Konsumenten statt bisher mit 5 jetzt nur noch mit 3 Einheiten nachgefragt.

Berechnung der Preiselastizität des Verbraucherverhaltens

Berechnung der prozentualen Mengenänderung: (5 - 3) : 5 = 0,4

Berechnung der prozentualen Preisänderung: (1,50 - 1,80) : 1,50 = - 0,2

Berechnung der Preiselastizität: 0,4 : -0,2 = -2

Die Nachfrage ist sehr elastisch.

4. Produzentenrente

Die Produzentenrente ist die Differenz zwischen dem Preis, zu dem ein Anbieter aufgrund seiner Kostensituation noch bereit wäre, ein Produkt herauszustellen und anzubieten, und dem Marktpreis, d. h. die Produzentenrente misst die Summe der Deckungsbeiträge der Unternehmen in einem Markt.

Ein Zahlenbeispiel soll das verdeutlichen: Ein Anbieter ist in Lage, zwei Stück eines Gutes pro Tag herzustellen. Das erste kann zu Kosten von 50 produziert werden, das zweite zu Kosten von 60. Der aktuelle Marktpreis des Produkts ist 65. Dann erzielt der Anbieter mit dem ersten Stück eine Produzentenrente von 15 und mit dem zweiten eine Produzentenrente von 5, zusammen also eine Produzentenrente von 20. Würden die Kosten des zweiten Stücks auf 70 statt auf 60 steigen, dann wäre sein Kostendeckungspreis für das Stück 70 und er würde es nicht herstellen, weil er nur einen Preis von 65 erzielen könnte.

5. Konsumentenrente

Die Konsumentenrente ist die Differenz zwischen dem Geldbetrag, den die Konsumenten für ein Gut äußerstenfalls zu bezahlen bereit wären (maximale Zahlungsbereitschaft) und dem Marktpreis.

Beispiel

Ein Anleger hat im Vorfeld des Kaufs eines Wertpapiers mit einer Rendite von 1,7 % p.a. kalkuliert. Das Angebot der Nordbank AG liegt bei einer Rendite von 2,0 % p.a. Welcher Geldvorteil erzielt der Anleger bei einem Kapitaleinsatz von 20.000,00 EUR?

Lösung: Die Konsumentenrente beträgt beträgt 60,00 EUR p.a. (0,3 % von 20.000,00 EUR)

Marktformen

1. Marktmodelle

Freie Marktwirtschaft	Im Modell der freien Marktwirtschaft ist die wirtschaftliche Freiheit der Wirtschaftssubjekte unbeschränkt. Die Wirtschaft ist sich selbst überlassen. Die Wirtschaftssubjekte planen und entscheiden selbstständig, ohne dass der Staat unmittelbar in das Wirtschaftsgeschehen eingreift.
Soziale Marktwirtschaft	In dieser Wirtschaftsordnung vereinigen sich die Grundprinzipien des marktwirtschaftlichen Leistungswettbewerbs mit einer um sozialen Ausgleich bemühten staatlichen Beeinflussung des Wirtschaftsgeschehens. Der Staat versucht, möglichen Fehlentwicklungen und den sozialen Folgeproblemen der freien Marktwirtschaft durch seine Sozialpolitik und durch die Festsetzung geeigneter Rahmenbedingungen entgegenzutreten.

2. Vollkommener und unvollkommener Markt

Vollkommener Markt	Das Marktgeschehen spielt sich auf einem Markt ab, der frei von jeglichen Wettbewerbsbeschränkungen ist. Voraussetzungen für einen vollkommenen Markt sind rationale Verhaltensweisen der Marktteilnehmer, polypolistische Konkurrenz, Homogenität der Güter, keine persönlichen und räumlichen Präferenzen usw.
Unvollkommener Markt	Er bezeichnet die meisten in der Wirklichkeit vorkommenden Märkte, die deshalb als unvollkommen gelten, weil eine oder mehrere Voraussetzungen des vollkommenen Marktes fehlen. Auf unvollkommenen Märkten werden z. B. keine gleichartigen (homogenen), sondern ungleichartige (heterogene) Güter gehandelt, da sie sich etwa durch Form, Aufmachung oder Verpackung unterscheiden. Auf dem vollkommenen Markt herrscht vollständige Transparenz (Marktübersicht). Im Gegensatz dazu sind die Käufer und Verkäufer auf einem unvollkommenen Markt nicht vollständig über Bedingungen wie die Qualität der Güter und deren Preise informiert. Darüber hinaus kommt es auf unvollkommenen Märkten zu Vorlieben der Käufer: • **Sachliche Präferenzen** entstehen, weil in der Regel keine homogenen Güter verkauft werden, was Vorlieben der Verbraucher für bestimmte Güter bewirkt. • **Persönliche Präferenzen** ergeben sich durch Vorlieben der Käufer für bestimmte Anbieter oder Geschäfte, weil ihnen der Inhaber persönlich bekannt oder das Bedienungspersonal freundlich ist. • **Räumliche Präferenzen** bestehen, weil Käufer z. B. aus Bequemlichkeit häufig den nächstgelegenen Anbieter einer Ware einem entfernte-

W. Grundmann, R. Rathner, *Bankwirtschaft, Rechnungswesen und Steuerung, Wirtschafts- und Sozialkunde*, Prüfungstraining für Bankkaufleute,
https://doi.org/10.1007/978-3-658-30521-5_32

	ren, preisgünstigeren Anbieter vorziehen. • **Zeitliche Präferenzen** sorgen dafür, dass z. B. Anbieter, die schneller liefern können als ihre preiswerteren Konkurrenten, von den Käufern bevorzugt werden. Die Bedingungen des unvollkommenen Marktes schaffen für die Unternehmen als Anbieter von Waren und Leistungen damit die Möglichkeit, die Preise ihrer Güter etwa nach räumlichen Merkmalen (z. B. Preisunterschiede zwischen Großstadt und Land) oder zeitlichen Gesichtspunkten (z. B. befristete Angebotspreise) unterschiedlich zu gestalten. Darüber hinaus können die Anbieter die Präferenzen der Käufer durch verschiedene Marketingmaßnahmen, z. B. eine geeignete Werbung, die attraktive Gestaltung von Ware und Verpackung, laufende Qualitätsverbesserungen oder Kundendienstleistungen, verstärken.

3. Nachfrageverschiebung

Veränderungen des Marktgleichgewichts

Zu dieser Veränderung kommt es, wenn sich Störungen der Nachfrage oder des Angebots ergeben. Diese Störungen führen zu Verschiebungen der Nachfrage- bzw. der Angebotsfunktion.

Geläufige Ursachen für Verschiebungen der Angebots- und Nachfragefunktion:

Verschiebung der	**nach rechts**	**nach links**
Nachfragefunktion	• Die Anzahl der Haushalte steigt. • Der Preis für Substitute steigt. • Der Preis für komplementäre Produkte fällt. • Das Einkommen der privaten Haushalte steigt. • Veränderungen der Präferenzen zugunsten des Produkts	• Die Anzahl der Haushalte fällt. • Der Preis für Substitute fällt. • Der Preis für komplementäre Produkte steigt. • Das Einkommen der privaten Haushalte fällt. • Veränderungen der Präferenzen zu Lasten des Produktes
Angebotsfunktion	• Die Anzahl der Produzenten steigt, z. B. infolge der Globalisierung. • Die Produktivität der Produktionsfaktoren, z. B. Faktor Arbeit oder Kapital, steigt. • Die Faktorkosten und Faktorpreise fallen. • Die Steuerbelastung fällt. • Die Subventionierung durch den Staat oder die EU steigt.	• Die Anzahl der Produzenten fällt, z. B. infolge von Handelsschranken. • Die Produktivität der Produktionsfaktoren fällt. • Die Faktorkosten und Faktorpreise steigen. • Die Steuerbelastung steigt. • Die Subventionierung durch den Staat oder die EU nimmt ab.

Beispiel für eine Nachfrageverschiebung

Bei der *Tele AG*, einem Unternehmen, das Handys produziert und entwickelt, ergibt sich folgende Nachfragesituation:

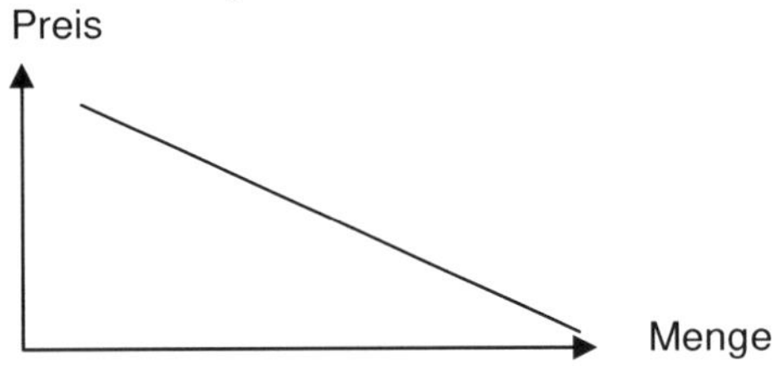

Situation 1

- Die Bundesregierung beschließt eine Einkommensteuersenkung. Dadurch erhöhen sich die verfügbaren Einkommen der privaten Haushalte.
- Durch umfangreiche Marketingaktivitäten der *Tele AG* wurden neue Käuferschichten gewonnen.

Wirkung: Die Nachfragekurve verschiebt sich nach rechts.

Situation 2

- Das Konkurrenzprodukt „Smartphone" kommt als Substitut zum Handy zu einem attraktiven Preis auf den Markt.
- In einem Verbrauchermagazin äußern Experten Bedenken, dass das Handy der *Tele AG* aus einem Material besteht, das zu Gesundheitsschäden führen kann. Die Verbraucher reagieren durch Kaufzurückhaltung auf diese Meldung.

Wirkung: Die Nachfragekurve verschiebt sich nach links.

J Volkswirtschaftliche Gesamtrechnung

1. Der erweiterte Wirtschaftskreislauf

Wirtschaftssektoren	• **Private Haushalte** als Konsumstätten • **Unternehmen** als Produktionsstätten • **Staat** (öffentliche Haushalte und Sozialversicherungsträger) • **Ausland** mit seinen Wirtschaftsbeziehungen zum Inland
Wirtschaftssubjekte	• Private Haushalte, Unternehmen und staatliche Einrichtungen sind die Träger selbstständiger wirtschaftlicher Entscheidungen. • Diese Wirtschaftssubjekte eines Landes bilden in ihrer Gesamtheit und mit ihren Beziehungen zueinander eine Volkswirtschaft.
Güterkreislauf	• Die **Produktion** vollzieht sich in den Unternehmen. • Der **Konsum** vollzieht sich in den privaten Haushalten. • Private Haushalte stellen den Unternehmen die Produktionsfaktoren im **Produktionsgüterstrom** zur Verfügung. • Die von den Unternehmen produzierten Konsumgüter fließen im Konsumgüterstrom an die privaten Haushalte.
Geldkreislauf	• Die privaten Haushalte erhalten im **Einkommensstrom** in Form von Geldzahlungen das Entgelt für die Bereitstellung der Produktionsfaktoren. • Im **Konsumausgabenstrom** leisten die privaten Haushalte Geldzahlungen an die Unternehmen als Entgelt für die Konsumgüterkäufe.
Wirtschaftskreislauf	Geld- und Güterkreislauf bilden zusammen den Wirtschaftskreislauf, der den Wirtschaftsablauf innerhalb einer Volkswirtschaft in vereinfachter Form darstellt.
Kreditinstitute	• **Sparen** ist Verzicht auf den Kauf von Konsumgütern. • Sparen erfolgt bei den Kapitalsammelstellen. • Die Kreditinstitute vermitteln die Sparbeträge an die Unternehmen für **Investitionen** weiter. • Investitionen haben einen Einkommens- und einen Kapazitätseffekt.
Staat	• Hierzu zählen alle öffentlichen Haushalte, z. B. Gebietskörperschaften, Sozialversicherungseinrichtungen. • **Staatseinnahmen** sind Steuern, Gebühren und Beiträge. • **Staatsausgaben** unterteilen sich in Transferzahlungen, d. h. unentgeltliche Leistungen des Staates an bestimmte Privatpersonen und Subventionen, d. h. unentgeltliche Zahlungen an Unternehmen zur Förderung gesamtwirtschaftlicher Vorhaben.
Ausland	Der **Außenwirtschaftsverkehr** umfasst den Austausch von Waren, Dienstleistungen und Kapital mit fremden Volkswirtschaften.

W. Grundmann, R. Rathner, *Bankwirtschaft, Rechnungswesen und Steuerung, Wirtschafts- und Sozialkunde*, Prüfungstraining für Bankkaufleute,
https://doi.org/10.1007/978-3-658-30521-5_33

Beispiel 1: Vereinfachter Wirtschaftskreislauf

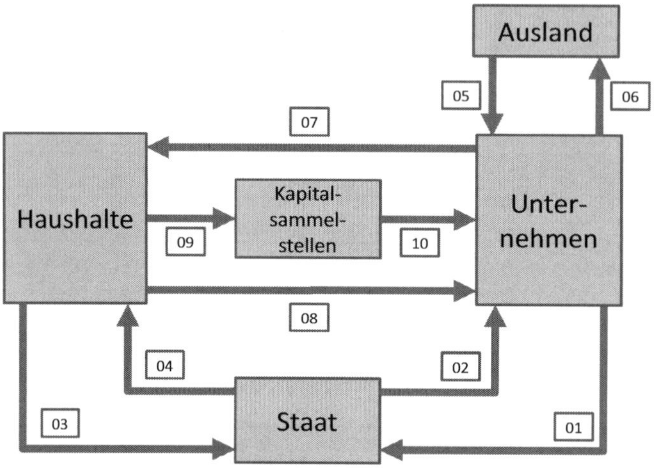

Beispiele für den Ablauf von Geldströmen

01 Unternehmen zahlen Sozialversicherungsbeiträge und Steuern an den Staat.

02 Der Vorsteuerüberhang wird vom Staat an die Unternehmen überwiesen. Außerdem gewährt der Staat Subventionen an Unternehmen aus Gründen der Strukturförderung.

03 Private Haushalte zahlen Grundsteuer an den Staat. Private Haushalte zahlen Gebühren für die Erstellung von Reisepässen.

04 Gehälter für Beamte werden vom Staat gezahlt. Der Staat zahlt Kindergeld an private Haushalte.

05 Ein deutsches Unternehmen exportiert Maschinen ins Ausland, die vom Importeur bezahlt werden.

06 Ein deutsches Unternehmen beteiligt sich an einem amerikanischen Autozulieferunternehmen.

07 Die Unternehmen zahlen Faktoreinkommen an die Haushalte.

08 Haushalte kaufen Konsumgüter von den Unternehmen.

09 Haushalte zahlen Spargelder bei den Kreditinstituten ein.

10 Kreditinstitute gewähren Investitionskredite an Unternehmen.

Beispiel 2: Erweiterter Wirtschaftskreislauf

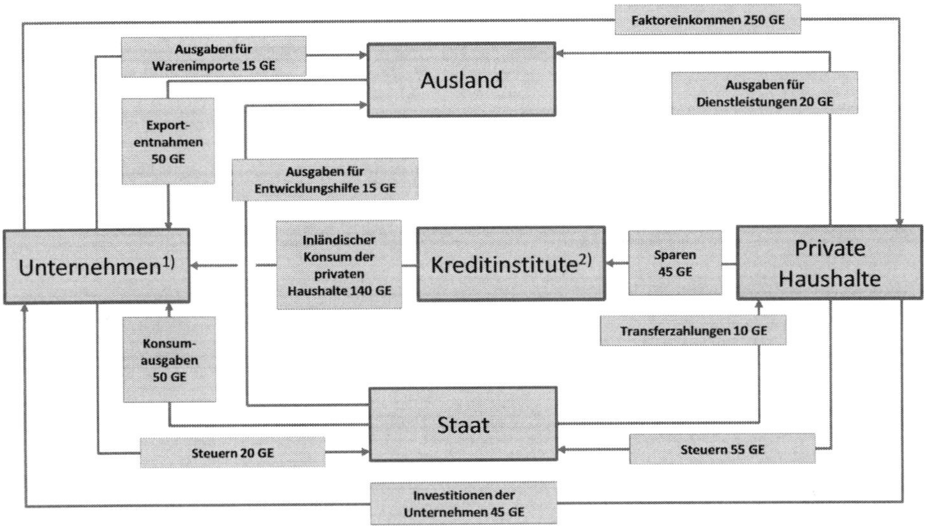

[1] Nicht finanzielle Kapitalgesellschaften [2] Finanzielle Kapitalgesellschaften
GE = Geldeinheiten
Der Saldo der Handelsbilanz beträgt 35 GE (50 GE – 15 GE)

2. BIP und BNE

Bruttoinlandsprodukt (BIP)

Das BIP ist ein zusammengefasstes Maß für den Wert der wirtschaftlichen Leistungen, die aus der Produktionstätigkeit im Inland in einer Periode entsteht. Es zeigt in gütermäßiger Sicht den Wert der im Inland in einer Periode erzeugten Endprodukte, d. h. Waren und Dienstleistungen nach Abzug des Wertes (ohne Einfuhrabgaben) der im Produktionsprozess als Vorleistungen verbrauchten sowie importierten Güter.

Bruttonationaleinkommen (BNE)

Das BNE ergibt sich als Summe von BIP und dem Saldo der Primäreinkommen mit der übrigen Welt.

Für Deutschland besteht zwischen dem BIP und dem BNE quantitativ kein bedeutender Unterschied. Er betrug i. d. R. in der Vergangenheit weniger als 1 % des BIP, z. B. 2017 betrug das BNE 2.249 Mrd. EUR und das BIP 2.244 Mrd. EUR.

Bruttoinlandsprodukt nach der Entstehungsrechnung

Die volkswirtschaftliche Gesamtrechnung (VGR) soll umfassende Informationen über das Wirtschaftsgeschehen der Volkswirtschaft in einer abgelaufenen Periode liefern. Als VGR werden gesamtwirtschaftliche Rechenwerke bezeichnet, die eine umfassende, systematische quantitative Beschreibung gesamtwirtschaftlicher Größen einer Volkswirtschaft für eine abgelaufene Periode geben. Im Mittelpunkt des Rechenwerks stehen die Entstehungs-, Verteilungs- und Verwendungsrechnung des Bruttoinlandsprodukts (BIP) und des Bruttonationaleinkommens (BNE) sowie die Darstellung der Umverteilungs- und Vermögensbildungsvorgänge einer vergangenen Periode. Das BIP ist das wichtige Produktionsmaß und das BNE ist das wichtige Einkommensmaß.

Schließlich enthält die VGR die Vermögensrechnung und Angaben über Erwerbstätige, Arbeitnehmer und Arbeitsstunden. Diese verschiedenen Darstellungen sind so aufeinander abgestimmt, dass sie ein System volkswirtschaftlicher Gesamtrechnungen ergeben.

Berechnung des BIP nach der Entstehungsrechnung

	Produktionswert
-	Vorleistungen
=	Bruttowertschöpfung
+	Gütersteuern
-	Gütersubventionen
=	**Bruttoinlandsprodukt**
+	Saldo der Primäreinkommen mit der übrigen Welt
=	**Bruttonationaleinkommen**
-	Abschreibungen
=	**Nettonationaleinkommen**
-	Produktions- und Importabgaben an den Staat
+	Subventionen vom Staat
=	**Volkseinkommen**
-	Arbeitnehmerentgelt
=	**Unternehmens- und Vermögenseinkommen**

Berechnung des BIP nach der Verwendungsrechnung

	Private Konsumausgaben
+	Konsumausgaben des Staates
+	Ausrüstungsinvestitionen
+	Bauinvestitionen
+	Sonstige Anlagen
+	Vorratsveränderungen und Nettozugang an Wertsachen
+	Exporte von Waren und Dienstleistungen
-	Importe von Waren und Dienstleistungen
=	**Bruttoinlandsprodukt (BIP)**
+	Saldo der Primäreinkommen mit der übrigen Welt
=	**Bruttonationaleinkommen**
-	Abschreibungen
=	**Nettonationaleinkommen**
-	Produktions- und Importabgaben an den Staat
+	Subventionen vom Staat
=	**Volkseinkommen**
-	Arbeitnehmerentgelt
=	**Unternehmens- und Vermögenseinkommen**

Bruttoinlandsprodukt nach der Verteilungsrechnung

Die Verteilungsrechnung erfasst die Sekundäreinkommen. Sie gibt ausgehend von dem Aggregat „Volkseinkommen" Antworten auf die Frage, welche Einkommensarten, nämlich Arbeitnehmerentgelte sowie Unternehmens- und Vermögenseinkommen, Inländern letztlich zugeflossen sind.

Man unterscheidet bei der Verteilungsrechnung zwischen zwei Einkommensquellen:

- Das Arbeitnehmerentgelt ist die Summe aller Arbeitnehmereinkommen (Bruttolöhne und -gehälter zuzüglich der Lohnnebenkosten in Form von Arbeitgeberbeiträgen zur Sozialversicherung und weiterer Sozialaufwendungen der Arbeitgeber).
- Das Unternehmens- und Vermögenseinkommen ist die Summe aller übrigen Faktoreinkommen (Gewinne der Unternehmen, Zinsen und sonstige Kapitaleinkünfte, Mieten und Pachten).

Das verfügbare Einkommen entspricht nicht dem Volkseinkommen, weil der Staat den privaten Haushalten Einkommensteilen in Form von direkten Steuern und Sozialabgaben entzieht. Ein Teil dieser öffentlichen Einnahmen dient der Finanzierung öffentlicher Aufgaben, ein anderer Teil geht an die privaten Haushalte in Form von Transferzahlungen (Renten, Kindergeld usw.) zurück.

	Bruttoinlandsprodukt
+	Primäreinkommen der Inländer aus der übrigen Welt
-	Primäreinkommen der Ausländer aus dem Inland
=	**Bruttonationaleinkommen**
-	Abschreibungen
=	**Nettonationaleinkommen (Primäreinkommen)**
-	Produktions- und Importabgaben
+	Subventionen an Unternehmen
=	**Volkseinkommen** setzt sich zusammen aus: - Arbeitnehmerentgelt - Unternehmens- und Vermögenseinkommen

Beispiel 1: Ermittlung der inländischen Verwendung

Auszug aus dem Bundesbankbericht für das aktuelle Jahr:

Verwendung des Bruttoinlandsprodukts (BIP)	**in Mrd. EUR**
Private Konsumausgaben	1.445,0
Konsumausgaben des Staates	484,7
Investitionen	360,3
Außenbeitrag	131,7
davon Exporte davon Importe	1.152,3 1.020,6
Bruttoinlandsprodukt (BIP)	2.421,7

Ermittlung der inländischen Verwendung im aktuellen Jahr in Mrd. EUR:

1.445,0 + 484,7 + 360,3 – 131,7 + 1.152,3 – 1.020,6 = 2.290,0

Beispiel 2: Ermittlung des BIP

Gesamtwirtschaftliche Größen	**in Mrd. EUR**
Entstehungsrechnung:	
Bruttowertschöpfung	2.171,94
Gütersteuern	324,86
Subventionen	?
Verwendungsrechnung:	
Private Konsumausgaben	1.276,25
Konsumausgaben des Staates	435,91
Bruttoanlageinvestitionen (einschließlich Vorratsveränderungen)	442,77
Exporte (Waren und Dienstleistungen)	1.238,96
Importe (Waren und Dienstleistungen)	970,89

BIP = 1.276,25 + 435,91 + 442,77 + 1.238,96 – 970,89 = **2.423,00**

Beispiel 3: Ermittlung der Höhe der Subventionen (Siehe Tabelle Beispiel 2)

Subventionen = Bruttowertschöpfung + Gütersteuern – BIP = 2.171,94 + 324,86 – 2.423,00 = **73,80**

Beispiel 4: Berechnung der Veränderung des Bruttoinlandsprodukts (BIP) für das aktuelle Jahr (Jahr neu), preisbereinigt in Prozent

Gegenstand der Nachweisung	**Einheit**	**Jahr (alt)**	**Jahr (neu)**
Bruttoinlandsprodukt	Mrd. EUR	2.215,65	2.244,00
Konsumausgaben	Mrd. EUR	1.725,29	1.745,73
- Private Konsumausgaben	Mrd. EUR	1.312,53	1.330,98
- Konsumausgaben Staat	Mrd. EUR	412,76	414,75
Bruttoanlageinvestitionen	Mrd. EUR	384,94	384,04
Inländische Verwendung von Gütern	Mrd. EUR	2.106,19	2.131,07
Außenbeitrag (Exporte minus Importe)	Mrd. EUR	109,46	112,93
- Exporte	Mrd. EUR	842,84	900,89
- Importe	Mrd. EUR	733,38	787,96
Bruttonationaleinkommen	Mrd. EUR	2.216,00	2.248,71
Volkseinkommen	Mrd. EUR	1.658,32	1.684,50
- Arbeitnehmerentgelt	Mrd. EUR	1.134,49	1.128,87
- Unternehmens- und Vermögenseinkommen	Mrd. EUR	523,83	555,63
Bruttoinlandsprodukt (BIP), preisbereinigt	2000 = 100	102,76	103,65

BIP = Private Konsumausgaben + Konsumausgaben des Staates + Ausrüstungsinvestitionen + Bauinvestitionen + sonstige Anlagen + Vorratsveränderungen + Exporte von Waren und Dienstleistungen – Importe von Waren und Dienstleistungen

BIP-Berechnung preisbereinigt, d. h. reales BIP:

103,65 - 102,76 = 0,89   0,89 : 102,76 x 100 = 0,8660957 aufgerundet: **0,87**

Das BIP ist real (preisbereinigt) um 0,87 % gestiegen.

Nominales und reales BIP

Das Bruttoinlandsprodukt errechnet sich als Summe der Bruttowertschöpfung aller Wirtschaftsbereiche zzgl. des Saldos von Gütersteuern abzüglich Gütersubventionen. Das nominale BIP ist die gängigste Form, um das Inlandsprodukt von Ländern oder Regionen zu vergleichen. Es gibt die Summe der inländischen Wertschöpfung bzw. der Wertschöpfung von Regionen in aktuellen Marktpreisen an. Die Nominal-Orientierung bedeutet, dass Währungen zu ihrem Marktwechselkurs umgerechnet werden und dass Inflationseffekte im Zeitverlauf nicht mit abgebildet werden, d. h. 1 Euro im Jahre 2010 und 1 Euro im Jahre 2015 werden im Rahmen eines Vergleiches als wesensgleich abgebildet. Preissteigerungen durch Inflation erscheinen dadurch fälschlicherweise als Wirtschaftswachstum.

Um das BIP unabhängig von den Veränderungen der Preise betrachten zu können, verwendet man das reale BIP, in dem alle Güter und Dienstleistungen zu Marktpreisen eines Basisjahres bewertet werden (BIP zu konstanten Preisen).

Beispiel

Für eine Volkswirtschaft ergeben sich für das letzte und das aktuelle Jahr folgende Zahlen:

Verwendung des Bruttoinlandsprodukts

In jeweiligen Preisen (Mrd. EUR)	**letztes Jahr**	**aktuelles Jahr**
Private Konsumausgaben	1.373,7	1.404,6
Bruttoinlandsprodukt	2.422,9	2.491,4
Preise (Jahr 2015 = 100)	**letztes Jahr**	**aktuelles Jahr**
Private Konsumausgaben	110,8	113,2
Bruttoinlandsprodukt	108,1	109,8

Berechnung der prozentualen Veränderung des nominalen Bruttoinlandsprodukts des aktuellen Jahres zum letzten Jahr

Rechenweg: (2.491,4 – 2.422,9) : 2.422,9 x 100 = 2,82719
Die prozentuale Veränderung des nominalen BIP beträgt gerundet 2,83 %.

Berechnung der prozentualen Veränderung des realen (preisbereinigten) Bruttoinlandsprodukts des aktuellen Jahres zum letzten Jahr

Rechenweg: (109,8 – 108,1) : 108,1 x 100 = 1,57261
Die prozentuale Veränderung des realen BIP beträgt gerundet 1,58 %.

3. Lohnquote und Gewinnquote

Kennzeichnung	• Die Lohnquote gibt den Anteil der Arbeitnehmerentgelte am gesamten Volkseinkommen an. • Die Lohnquote wird häufig als Maßstab für die Einkommensverteilung angesehen.
Entwicklung der Lohnquote im Konjunkturverlauf	Dabei gilt zu berücksichtigen, dass die Lohnquote im Konjunkturverlauf schwankt, weil Löhne, Gehälter, Gewinne und Beschäftigung mit zeitlicher Verzögerung und in unterschiedlicher Intensität den Konjunkturzyklen folgen: Im Abschwung steigt die Lohnquote, im Aufschwung geht sie zurück.
Die Lohnquote als verteilungspolitische Kennziffer	Die Lohnquote hat einen Konstruktionsfehler: Sie steigt (fällt) auch dann, wenn der Anteil der abhängig Beschäftigten an der Gesamtzahl der Erwerbstätigen (abhängig Beschäftigte, Selbstständige) steigt (fällt), ohne dass sich an den Einkommensverhältnissen etwas geändert hat. Im Konzept der "bereinigten Lohnquote" wird dieser Effekt herausgerechnet: Es wird dabei die Lohnquote ermittelt, die sich ergeben würde, wenn das Verhältnis zwischen Selbstständigen und unselbstständig Beschäftigten so geblieben wäre wie in einem Basisjahr.
Kritik an der Lohnquote	Die Lohnquote ist als Verteilungsmaßstab auch aus folgenden Gründen stark umstritten: Die Arbeitnehmer erhalten neben Löhnen und Gehältern auch Einkommen aus Kapitalanlagen, z. B. Zinsen, Dividenden, Mieten, Pachten. Die zunehmende Bedeutung dieser Querverteilung hat die Konturen zwischen Arbeitnehmereinkommen und Kapitaleinkommen zusehends verwischt. Das Gegenstück zur Lohnquote sollte deshalb nicht als Gewinnquote bezeichnet werden, denn die Restgröße "Unternehmens- und Vermögenseinkommen" umfasst neben den eigentlichen Unternehmensgewinnen auch den kalkulatorischen Unternehmerlohn der Selbstständigen sowie die Zins- und Mieteinkünfte aller Sektoren (Haushalte, Unternehmen, Staat). Die Lohnquote berücksichtigt nicht den Beschäftigungsgrad. Ob die Verteilungssituation mit dem gesamtwirtschaftlichen Ziel der Vollbeschäftigung in Einklang steht, lässt sich an der Lohnquote deshalb nicht ablesen.
Gewinnquote	• Bezieht man das Unternehmens- und Vermögenseinkommen auf das Volkseinkommen, so erhält man die Gewinnquote. Lohnquote und Gewinnquote ergeben zusammen 100 %. • Die Unternehmens- und Vermögenseinkommen umfassen die Einkommen der privaten Haushalte und des Staates aus Zinsen, Nettopachten und immateriellen Werten, aus Dividenden und sonstigen Ausschüttungen der Unternehmen mit eigener Rechtspersönlichkeit sowie die nicht ausgeschütteten Gewinne der Unternehmen mit eigener Rechtspersönlichkeit.

Beispiel	**2016**	**2017**
Arbeitnehmerentgelte	1.970,2 Mrd. EUR	1.999,8 Mrd. EUR
Unternehmens- und Vermögenseinkommen	795,8 Mrd. EUR	848,5 Mrd. EUR
Volkseinkommen	2.766,0 Mrd. EUR	2.848,3 Mrd. EUR
Lohnquoten für 2016/2017	**2016:** 1.970,2 : 2.766,0 x 100 = 71,23 % **2017:** 1.999,8 : 2.848,3 x 100 = 70,21 %	

4. Sparquote

Definition

Die Sparquote ist der prozentuale Anteil der Ersparnisse am Bruttoinlandsprodukt, Volkseinkommen oder verfügbarem Einkommen der privaten Haushalte (durchschnittliche Sparquote). Die marginale Sparquote bezieht sich auf eine Einkommensänderung, sie dokumentiert eine eventuelle Veränderung des Sparverhaltens aufgrund der Einkommensänderung. Die durchschnittliche Sparquote in der Bundesrepublik liegt z. Zt. bei 9 % (2017), was bedeutet, dass jeder Haushalt von 100 Euro verfügbaren Einkommens 9 Euro spart. Üblicherweise steigt die Sparquote in Krisenzeiten (Angstsparen) und sinkt in Boomzeiten bzw. bei allgemein positiven Zukunftserwartungen.

Beispiel für die Berechnung der Sparquote

Einkommen der privaten Haushalte im letzten Jahr – Angaben in Mrd. Euro	
Bruttolöhne/-gehälter	1.565,3
Nettolöhne/-gehälter	1.030,3
Öffentliche Einkommensübertragungen	551,7
Verfügbares Einkommen	2.382,7
Private Ersparnis	287,6
Berechnung der Sparquote: Private Ersparnis : Verfügbares Einkommen x 100	287,6: 2.382,7 x 100 = **12,07 %**

5. Abgabenquote

Definition

Die Abgabenquote drückt den Anteil von Steuern und Sozialabgaben an der Wirtschaftsleistung (Bruttoinlandsprodukt, BIP) eines Landes in Prozent aus. In Deutschland liegt die Abgabenquote bei gut 41. Experten halten diesen Prozentsatz für zu hoch und sehen in der starken Belastung des Faktors Arbeit mit Steuern und Abgaben eine wesentliche Ursache für Schwarzarbeit.

Beispiel für die Berechnung der Abgabenquote

Einkommen der privaten Haushalte im letzten Jahr – Angaben in Mrd. Euro	
Bruttolöhne/-gehälter	1.565,3
Nettolöhne/-gehälter	1.030,3
Öffentliche Einkommensübertragungen	551,7
Verfügbares Einkommen	2.382,7
Private Ersparnis	287,6
Berechnung der Abgabenquote: (Bruttolöhne – Nettolöhne) : Bruttolöhne x 100	(1565,3 – 1030,3) : 1565,3 x 100 = **34,18 %**

6. Personelle Einkommensverteilung

Mit der personellen Einkommensverteilung wird dargestellt, wie das Einkommen einer Volkswirtschaft auf einzelne Personen oder Gruppen (z. B. Haushalte) verteilt wird. Dabei können zwei Arten der Einkommensverteilung voneinander unterschieden werden:

- **Primäre Einkommensverteilung:** Verteilung der Markteinkommen im Wettbewerb
- **Sekundäre Einkommensverteilung:** Verteilung der verfügbaren Einkommen. Das ist das personelle Primäreinkommen zuzüglich der empfangenen Sozialbeiträge, Renten und anderer Transfers (z. B. Kindergeld) abzüglich der geleisteten Einkommensteuern und Vermögenssteuern, Sozialbeiträge, monetären Sozialleistungen und anderer sonstigen laufenden Transfers (z. B. Solidaritätszuschlag).

K Wirtschafts- und Finanzpolitik

1. Konjunkturphasen

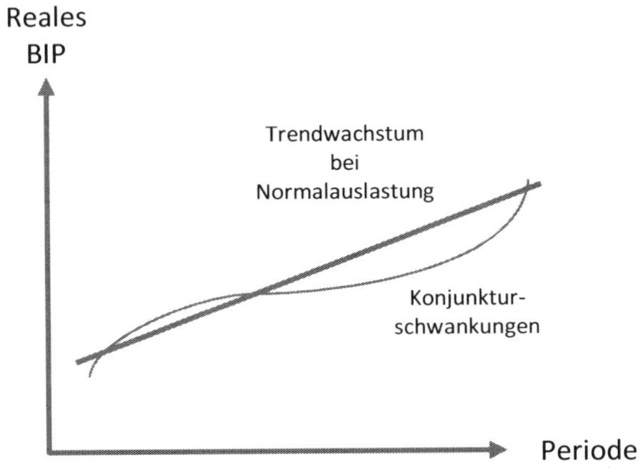

Die Konjunktur vollzieht sich in sinusförmigen Linien um den Trend der Normalauslastung, der als eine Gerade eingezeichnet worden ist.

Die Normalauslastung stellt eine Situation dar, in der alle Produktionsfaktoren weder unter- noch überbeschäftigt sind. Der Normalauslastungsgrad der Produktionsmöglichkeiten beträgt 96,5 % der vorhandenen Kapazitäten.

Konjunkturzyklus

Der Konjunkturzyklus verläuft über die Phasen Aufschwung, Hochkonjunktur, Abschwung und Talsohle.

Hochkonjunktur: Es kommt zu einer Überhitzung an den Märkten. Die Nachfrage trifft auf ein unelastisches Angebot und ruft weitere Preissteigerungen hervor. Hohe Lohnforderungen reichen nicht aus, um den Kaufkraftverlust auszugleichen.

Abschwung: Der Beschäftigungsabbau in der Investitionsgüterindustrie macht sich im Rückgang der Nachfrage nach Konsumgütern bemerkbar. Nicht ausgenutzte Kapazitäten zwingen die Unternehmen zur Kostensenkung. Das Bruttoinlandsprodukt geht zurück.

Konjunkturbeeinflussende Maßnahmen nach dem Stabilitätsgesetz

§ 1 (Beachtung der Erfordernisse des gesamtwirtschaftlichen Gleichgewichts)

Bund und Länder haben bei ihren wirtschafts- und finanzpolitischen Maßnahmen die Erfordernisse des gesamtwirtschaftlichen Gleichgewichts zu beachten. Die Maßnahmen sind so zu treffen, dass sie im Rahmen der marktwirtschaftlichen Ordnung gleichzeitig zur Stabilität des Preisniveaus, zu einem hohen Beschäftigungsstand und außenwirtschaftlichem Gleichgewicht bei stetigem und angemessenem Wirtschaftswachstum beitragen.

W. Grundmann, R. Rathner, *Bankwirtschaft, Rechnungswesen und Steuerung, Wirtschafts- und Sozialkunde*, Prüfungstraining für Bankkaufleute,
https://doi.org/10.1007/978-3-658-30521-5_34

§ 5 (Ausgabenbemessung – Konjunkturausgleichsrücklage)

(1) Bei einer die volkswirtschaftliche Leistungsfähigkeit übersteigenden Nachfrageausweitung sollen Mittel zur zusätzlichen Tilgung von Schulden bei der Deutschen Bundesbank oder zur Zuführung an eine Konjunkturausgleichsrücklage veranschlagt werden.

(2) Bei einer die Ziele des § 1 gefährdenden Abschwächung der allgemeinen Wirtschaftstätigkeit sollen zusätzlich erforderliche Deckungsmittel zunächst der Konjunkturausgleichsrücklage entnommen werden.

§ 6 (Ausgabeneinschränkung – Zusätzliche Ausgaben – Zusätzliche Kreditaufnahme)

(1) Bei der Ausführung des Bundeshaushaltsplanes kann im Falle einer die volkswirtschaftliche Leistungsfähigkeit übersteigenden Nachfrageausweitung die Bundesregierung dem Bundesminister der Finanzen ermächtigen, zur Erreichung der Ziele des § 1 die Verfügung über bestimmte Ausgabemittel, dem Beginn von Baumaßnahmen und das Eingehen von Verpflichtungen zu Lasten künftiger Rechnungsjahre von dessen Einwilligung abhängig zu machen. Die Bundesminister der Finanzen und für Wirtschaft schlagen die erforderlichen Maßnahmen vor. Der Bundesminister der Finanzen hat die dadurch nach Ablauf des Rechnungsjahres freigewordenen Mittel zur zusätzlichen Tilgung von Schulden bei der Deutschen Bundesbank zu verwenden oder der Konjunkturausgleichsrücklage zuzuführen.

(2) Die Bundesregierung kann bestimmen, dass bei einer die Ziele des § 1 gefährdenden Abschwächung der allgemeinen Wirtschaftstätigkeit zusätzliche Ausgaben geleistet werden ... Die zusätzlichen Mittel dürfen nur für im Finanzplan ... vorgesehene Zwecke oder als Finanzhilfe für besonders bedeutsame Investitionen der Länder und Gemeinden ... zur Abwehr einer Störung des gesamtwirtschaftlichen Gleichgewichts ... verwendet werden. Zu ihrer Deckung sollen die notwendigen Mittel zunächst der Konjunkturausgleichsrücklage entnommen werden.

(3) Der Bundesminister der Finanzen wird ermächtigt, zu dem in Abs. 2 bezeichneten Zweck Kredite über die im Haushaltsgesetz erteilten Kreditermächtigungen hinaus ... aufzunehmen ...

Beispiel für eine Konjunkturphase

Die Konjunktur in Deutschland befindet sich in einer Rezession. Dies kann durch einen Höchststand der Arbeitslosenquote belegt werden. Es herrscht geringe Investitionsbereitschaft. Aufgrund der pessimistischen Einstellungen der Wirtschaftssubjekte halten sich diese bei Investitionen zurück. Eine geringe Investitionsbereitschaft ist damit ein Indikator für eine rezessive Konjunkturphase.

Durch Eingriffe der einzelnen Gebietskörperschaften kann die Konjunktur mittelbar bzw. unmittelbar beeinflusst werden. In Zeiten eines Wirtschaftsabschwungs können die Bundesländer z. B. aufgrund der Einführung des Ganztagsbetriebs in den Schulen durch bauliche Maßnahmen in entsprechender Höhe unmittelbar den Konjunkturverlaufpositiv beeinflussen.

Wenn zahlreiche Großunternehmen für eine Vielzahl ihrer Beschäftigten Kurzarbeit beschließen, kann dies auf eine beginnende Rezession hinweisen.

2. Konjunkturindikatoren

Wesen	Indikatoren sind die Grundlage für die Einleitung konjunkturpolitischer Steuerungsmaßnahmen durch die Bundesregierung und die Zentralbank.
Frühindikatoren	Sie zeigen die zukünftige Wirtschaftsentwicklung. Indizes der Auftragseingänge, wertmäßige Erfassung eingegangener und akzeptierter Bestellungen bei Unternehmen der Industrie mit mehr als 20 Beschäftigten. Neben einem Gesamtindikator werden Indizes für einzelne Wirtschaftszweige sowie für den Außenhandel erstellt. Auftragseingänge, Entwicklung der Aktienkurse, Geldmengenentwicklung, offene Stellen, Zukunftserwartungen der Unternehmen, Baugenehmigungen, Zinsniveau, Wechselkurse.
Präsenzindikatoren	Sie zeigen die aktuelle Konjunkturphase, informieren zeitnah über gesamtwirtschaftliches Angebot und gesamtwirtschaftliche Nachfrage. Weitere Präsenzindikatoren sind: reales Bruttoinlandsprodukt (BIP), Industrieproduktion, Kapazitätsauslastungsgrad, Im- und Export, Steuereinnahmen.
Spätindikatoren	Sie beschreiben zeitverzögert die Konjunkturentwicklung. Ein weiterer Spätindikator sind die Preise. Für das Nachhinken der Preise sind die time lags auf den verschiedenen Produktions- und Handelsstufen verantwortlich. Vom Anstieg der industriellen Erzeugerpreise bis zu einem Anstieg des Preisindex für die privaten Lebenshaltungskosten ist mit einer Verzögerung von 1,5 bis 2 Jahren zu rechnen. Die Tariflöhne reagieren erst mit einer Anpassungsdauer von einem halben bis 1 Jahr. Durch Kündigungsschutzregelungen kommt es auch bei der Beschäftigung zu zeitverzögerten Reaktionen.
Erzeugerpreisindex	Der Index der Erzeugerpreise gewerblicher Produkte misst die durchschnittliche Preisentwicklung von Rohstoffen und Industrieerzeugnissen, die in Deutschland hergestellt und im Inland verkauft werden. Die Produzenten dieser Güter gehören u. a. zum Verarbeitenden Gewerbe. Neben dem Erzeugerpreisindex gewerblicher Produkte werden auch Erzeugerpreisindizes für das Baugewerbe sowie für bestimmte Dienstleistungen berechnet. Erzeugerpreisindizes geben Hinweise auf künftige Inflationstendenzen, da sie Preisänderungen bereits auf einer frühen Wirtschaftsstufe der Wertschöpfungskette messen.

Beispiele für Frühindikatoren

Ifo-Geschäftsklimaindex	Der ifo-Geschäftsklimaindex, kurz: ifo-Index, wird monatlich vom Münchener ifo-Institut für Wirtschaftsforschung e.V. veröffentlicht. Er ist ein Frühindikator für die konjunkturelle Entwicklung in Deutschland. Der ifo-Index wird durch monatliche Umfragen unter mehr als 7.000 Unternehmen aus Handel, Bau- und Verarbeitendem Gewerbe zu ihrer Einschätzung der wirtschaftlichen Lage ermittelt. Die Ergebnisse dieser Umfrage bilden die Grundlage für den so genannten ifo-Konjunkturtest, aus dem der ifo-Geschäftsklimaindex abgeleitet wird. Steigt der Index, dann gilt dies als Hinweis auf eine Besserung der wirtschaftlichen Lage. Fällt er dagegen, so gilt dies als Indiz für eine sich abschwächende Konjunktur.
GfK-Konsumklimaindex	Der GfK-Konsumklimaindex gilt als wichtiger Indikator für das Konsumverhalten deutscher Verbraucher und somit als Wegweiser für die konjunkturelle Entwicklung Deutschlands. Hierbei werden im Einzelnen Personen nach Einkommens- und Konsumerwartungen auf Sicht von zwölf Monaten befragt. Ebenso wird unter anderem deren Anschaffungs- und Sparneigung beleuchtet. Die resultierenden Daten dienen nicht nur der Ermittlung des GfK-Konsumklimaindex selbst, sondern sind ebenso Grundlage für die deutsche Komponente des EU-Verbrauchervertrauens. Der GfK-Konsumklimaindex wird am Ende eines jeden Monats für den Folgemonat von der Gesellschaft für Konsumforschung ermittelt. Der GfK-Konsumklimaindex wird seit 1980 von der Nürnberger Gesellschaft für Konsumforschung ermittelt. Zur Klärung der Entwicklung des privaten Verbrauchs werden allmonatlich rund 2.000 Verbraucherinterviews mit Personen ab 14 Jahren geführt, die im Auftrag der EU-Kommission durchgeführt werden. Zu den wesentlichen und einflussreichsten Indikatoren gehören im Einzelnen die Konjunktur- und Einkommenserwartung sowie die Anschaffungsneigung. Aus der Berücksichtigung dieser Bereiche resultiert der Gesamtindikator Konsumklimaindex. Darüber hinaus finden sich darin auch Einzelinformationen über die Ausgabevorhaben der Verbraucher für 20 Bereiche der Gebrauchsgüter-, Verbrauchsgüter- und Dienstleistungsmärkte. Der GfK-Konsumklimaindex gilt als vielbeachteter Indikator für die konjunkturelle Entwicklung in Deutschland. Zudem dient er der Ergänzung von weiteren amtlich erhobenen Statistiken wie dem EU-Verbrauchervertrauen. So kommt ihm eine besondere Bedeutung bei der Prognose von konjunkturellen Entwicklungen zu. Der Vorteil des GfK-Konsumklimaindex liegt in der allmonatlichen Erhebung der Daten. Somit sind die resultierenden Werte zumeist schneller verfügbar als quartalsweise veröffentlichte Statistiken.

Einkaufsmanager-Index (EMI)	Der Einkaufsmanager-Index (EMI) wird von Markit Economics, einem Spezialanbieter von Konjunkturumfragen, in Zusammenarbeit mit dem Bundesverband Materialwirtschaft, Einkauf und Logistik monatlich ermittelt. Grundlage des Index sind Befragungen von Einkaufsleitern und Geschäftsführern in rund 500 repräsentativ ausgewählten deutschen Industrieunternehmen. Der EMI setzt sich aus mehreren Teilindizes zusammen, darunter für Auftragseingänge, Preise und Beschäftigung. Der Einkaufsmanagerindex wird an den Finanzmärkten und in den Zentralbanken stark beachtet, da er als verlässlicher Indikator für die wirtschaftliche Aktivität gilt. Allerdings hat er nur einen vergleichsweise kurzen Vorlauf vor der Produktion. Werte unter 50 spiegeln eine Kontraktion der Produktion wider, Werte über 50 signalisieren einen Anstieg. Neben Deutschland ermittelt Markit Economics Einkaufsmanagerindizes für weitere 25 Länder, was internationale Konjunkturvergleiche erleichtert.

3. Arbeitslosenquote

Arbeitslos sind nach dem Sozialgesetzbuch Personen, die vorübergehend nicht in einem Beschäftigungsverhältnis stehen, das 15 Wochenstunden und mehr umfasst, eine versicherungspflichtige Beschäftigung von mindestens 15 Wochenstunden suchen und dabei den Vermittlungsbemühungen der Agenturen für Arbeit bzw. der Träger der Grundsicherung zur Verfügung stehen und sich dort persönlich arbeitslos gemeldet haben.

Arbeitslosenquoten zeigen die relative Unterauslastung des Arbeitskräfteangebots an, indem sie die registrierten **Arbeitslosen zu den Erwerbspersonen (EP = Erwerbstätige + Arbeitslose)** in Beziehung setzen.

Der Kreis der **Erwerbspersonen** bzw. der Erwerbstätigen kann unterschiedlich abgegrenzt werden. Insofern werden zwei unterschiedliche Arbeitslosenquoten ermittelt:

1. Arbeitslosenquote, bezogen auf alle zivilen Erwerbspersonen:

   Alle zivilen Erwerbstätigen sind die Summe aus den abhängigen zivilen Erwerbstätigen sowie Selbstständigen und mithelfenden Familienangehörigen. Die Quote errechnet sich entsprechend als

$$Arbeitslosenquote\ (auf\ der\ Basis\ aller\ ziv.\ EP) = \frac{Arbeitlose}{alle\ ziv.\ ET + Arbeitslose} \times 100$$

2. Arbeitslosenquote, bezogen auf die abhängigen zivilen Erwerbspersonen:

   Der Nenner enthält nur die abhängigen zivilen Erwerbstätigen (abh. ziv. ET), d. h. die Summe aus sozialversicherungspflichtig Beschäftigten (einschl. Auszubildende), geringfügig Beschäftigten, Personen in Arbeitsgelegenheiten, Beamten (ohne Soldaten) und Grenzpendlern. Daraus errechnet sich:

$$Arbeitslosenquote\ (auf\ der\ Basis\ der\ abh.\ ziv.\ EP) = \frac{Arbeitlose}{abh.\ ziv.\ ET + Arbeitslose} \times 100$$

Da die statistischen Ergebnisse über alle zivilen Erwerbspersonen differenziert vorliegen (Geschlecht, Altersgruppen, Deutsche/Ausländer, regionale Gliederung), wird die statistische Berichterstattung grundsätzlich dargestellt als „Arbeitslosenquote, bezogen auf alle zivilen Erwerbspersonen".

Beispiel

Jahr	Erwerbstätige	Abhängig Beschäftigte	Erwerbslose
vorletztes Jahr	36.604	32.961	3.722
letztes Jahr	36.816	33.184	3.734
aktuelles Jahr	36.536	32.882	4.071

Berechnung der Arbeitslosenquote für das letzte Jahr, bezogen auf die Erwerbspersonen insgesamt

Erwerbspersonen insgesamt: 40.550.000 (Erwerbstätige plus Arbeitslose)

Arbeitslose: 3.734.000

Arbeitslosenquote = 3.734.000 : 40.550.000 x 100 = 9,20838471

Die Arbeitslosenquote für das letzte Jahr beträgt gerundet **9,2 %.**

Die Veränderung der Anzahl der selbstständigen Erwerbstätigen vom letzten Jahr zum aktuellen Jahr in Tsd.

Die Anzahl der Selbstständigen ergibt sich durch Bildung der Differenz zwischen Erwerbstätigen und abhängig Beschäftigten im letzten und aktuellen Jahr.

Berechnung: (3.632 - 3.654) = - 22

Im aktuellen Jahr ist die Anzahl der Selbstständigen **um 22.000** Erwerbstätige **gesunken**.

4. Finanzpolitik

Allgemeine Kennzeichnung	Die Finanzpolitik ist neben der Geldpolitik ein Instrument der Wirtschaftspolitik. Sie verfolgt das Ziel, Struktur und Höhe des Nationaleinkommens einer Volkswirtschaft mithilfe öffentlicher Einnahmen und öffentlicher Ausgaben zu beeinflussen; sie dient aber auch anderen Politikbereichen, sofern dort öffentliche Mittel eingesetzt werden. • Finanzpolitik (auch Fiskalpolitik) ist eine Sammelbezeichnung für alle politischen und gesetzgeberischen Maßnahmen, die der Ordnung und Gestaltung der öffentlichen Einnahmen und Ausgaben (Staatsfinanzen) dienen. • Neben der Beschaffung von Einnahmen für die öffentliche Hand verfolgt die Finanzpolitik übergreifende nichtfiskalische Ziele wie die Mehrung des (Volks-)Wohlstandes, die Förderung von Gerechtigkeit und sozialer Sicherheit. • Die deutsche Finanzpolitik ist wesentlich durch den föderativen Staatsaufbau geprägt, in dem neben Bund und Ländern auch das Einnahme- und Ausgabeverhalten der Kommunen von Bedeutung ist.

Ziele der Fiskalpolitik	• **Fiskalisches Ziel:** Es ist Aufgabe des Staates, seine Einnahmen zu sichern. • **Allokatives Ziel:** Diese Ziel ist auf eine Veränderung der Ressourcenverteilung gerichtet. Dabei kann es sich um eine Veränderung zwischen Privaten handeln (Probleme bei der regionalen und sektoralen Strukturpolitik), um eine Veränderung der Ressourcenverteilung zwischen Staat und Privaten (Problem der Staatsquote) sowie um eine Veränderung der Ressourcenverteilung innerhalb des Staates (Probleme des staatlichen Haushaltsplans sowie des Finanzausgleichs). • **Distributionsziel bzw. Ziel der Einkommensverteilung:** Das Ergebnis des marktwirtschaftlichen Prozesses, der selbst möglichst wenig gestört werden soll, ist unter sozialen Gesichtspunkten zu korrigieren, z. B. durch die Zuteilung von Transfereinkommen für nicht mehr im Arbeitsprozess stehende Bürger. • **Stabilisierungsziel:** Die öffentliche Hand soll durch gezielte konjunkturelle Impulse (Beeinflussung der gesamtwirtschaftlichen Nachfrage) das Wachstum fördern. In der Bundesrepublik Deutschland hat das Stabilitätsgesetz von 1967 das stabilisierungspolitische Gesamtziel in die Einzelziele Preisniveaustabilität, hoher Beschäftigungsstand, außenwirtschaftliches Gleichgewicht und stetiges wie angemessenes Wachstum gegliedert und damit konkreter gefasst. • **Konjunkturpolitische Ziele**, d. h. das staatliche Einnahme- und Ausgabeverhalten soll entsprechend dem wirtschaftlichen Verlauf dämpfende oder anregende Wirkung haben (antizyklische Finanzpolitik). • **Verteilungspolitische Ziele**, d. h. die Finanzpolitik des Staates soll bestimmten gesellschaftlichen Gruppen Vorteile verschaffen, die andere Teile der Bevölkerung nicht bekommen, ggf. von diesen finanziert werden müssen (Umverteilung). • **Wachstumspolitische Ziele**, d. h. die Finanzpolitik soll so gestaltet werden, dass das wirtschaftliche Wachstum nachhaltig gefördert wird.
Träger	Träger der Finanzpolitik sind Bund, Länder und Gemeinden, wobei jeder Entscheidungsebene bestimmte Aufgaben obliegen, dem Bund z. B. die Verteidigung und die soziale Sicherung, den Ländern die Bildungspolitik, den Gemeinden der Aufbau der örtlichen Infrastruktur. Auf jeder staatlichen Ebene sind die Entscheidungsprozesse durch die Gewaltenteilung nach Legislative, Exekutive und Judikative sowie durch den Einfluss von Parteien und Verbänden vielfältig strukturiert. Hinzu kommt der Einfluss supranationaler Institutionen; hinzuweisen ist auf das zunehmende Gewicht der EU bei nationalen finanzpolitischen Entscheidungen.

Instrumente	Die Instrumente der Finanzpolitik sind in drei Bereiche gegliedert: • **Einnahmenpolitik:** Dazu gehören die Steuer- und Schuldenpolitik (Debt Management). • **Ausgabenpolitik:** Im Rahmen einer Stabilisierungspolitik fällt ihr die zentrale Aufgabe zu, durch Konjunktur- und Ausgabenprogramme die Gesamtnachfrage antizyklisch zu variieren, um auf diese Weise eine Veränderung der Investitions- und Konsumtätigkeit zu bewirken; dafür geeignet sind vornehmlich Investitionsausgaben, die sich nicht nur im Fall der Rezession erhöhen, sondern auch in Boomsituationen reduzieren lassen. Verbreitete Instrumente der Ausgabenpolitik sind Subventionen und Transfers. • **Budgetpolitik:** Je nach seiner Einnahme- und Ausgabestruktur und nach seinen Veränderungen gegenüber der Vorperiode kann ein Haushalt mehr oder weniger expansiv sein und damit entsprechend auf die Gesamtwirtschaft einwirken.
Probleme finanzpolitischer Steuerung	• **Ausweichmöglichkeiten:** Sie orientieren sich vornehmlich an den Vermeidungsmöglichkeiten der Steuern; für die meisten steuerpolitischen Instrumente sind daher die Signalwirkungen von zentraler Bedeutung, die darauf gerichtet sind, die gewünschten Verhaltensänderungen durch steuerliche Entlastungen zu bewirken. • **Diskretionäre oder regelgebundene Finanzpolitik:** Probleme zielorientierter Finanzpolitik bestehen vor allem bei der Prognose und Planung sowie bezüglich des zeitlichen Einsatzes der Instrumente (Timing).

5. Nachfrage- und angebotsorientierte Wirtschaftspolitik

Nachfrageorientierte Wirtschaftspolitik

Die nachfrageorientierte Wirtschaftspolitik weist dem Staat wichtige Aufgaben bei der Stabilisierung der gesamtwirtschaftlichen Entwicklung zu. Durch antizyklisches Verhalten, z. B. durch Ausgabenerhöhung bei schwacher privatwirtschaftlicher Nachfrage bzw. durch Ausgabensenkung bei Übernachfrage, und aktive Wirtschaftspolitik soll der Staat wirtschaftspolitische Verpflichtungen übernehmen. Nachfrageorientierte staatliche Maßnahmen bedeuten, dass der Staat den Bundeshaushalt nachfragewirksam einsetzt. So können die Staatsausgaben durch zusätzliche Transferzahlungen an bestimmte Bevölkerungsgruppen sowie zusätzliche Subventionen an Unternehmen erhöht werden. Andererseits können die Staatseinnahmen durch die Erhöhung von z. B. Steuern und Zöllen verbessert werden.

Angebotsorientierte Wirtschaftspolitik

Es ist eine wirtschaftspolitische Theorie, die davon ausgeht, dass das Investitionsverhalten und damit das wirtschaftliche Wachstum und die Beschäftigung in erster Linie von den Renditeerwartungen der Kapitalgeber bestimmt werden. Die Entscheidung, ob und wo investiert wird, ist daher aus Sicht dieser Theorie vor allem von den wirtschaftspolitischen Rahmenbedingungen (Geldwertstabilität, Löhne, Arbeitszeitregelungen, Steuern, staatlichen Auflagen etc.) abhängig. Eine staatliche Maßnahme angebotsorientierter Wirtschaftspolitik ist die Förderung der Vergabe zinsgünstiger Darlehen zur Erleichterung von Existenzgründungen. Ein weiteres Beispiel für diese Theorie ist die Verringerung der Abgabenlast für die Unternehmen, z. B. durch die Senkung der Sozialversicherungsbeiträge.

L Geldpolitik

1. Europäisches System der Zentralbanken (ESZB)

Ziel des Euro-Währungssystems	• Gewährleistung der Preisstabilität (Geldwertstabilität) • Preisstabilität wird definiert als Anstieg des Harmonisierten Verbraucherpreisindex (HVPI) für das Euro-Währungsgebiet von unter, aber nahe bei 2 % gegenüber dem Vorjahr. Entsprechend der Definition muss Preisstabilität dabei mittelfristig gewährleistet sein. • Unterstützung der allgemeinen Wirtschaftspolitik in der Gemeinschaft • Förderung des reibungslosen Funktionierens des Zahlungsverkehrs • Verwaltung der Währungsreserven der Mitgliedsländer • Beratung der EU-Organe und der Mitgliedsstaaten, z. B. im Bereich der Bankenaufsicht und in Fragen der Stabilität des Finanzsystems
Zusammensetzung des ESZB	Das ESZB setzt sich aus der Europäischen Zentralbank (EZB) mit Sitz in Frankfurt am Main und den Nationalen Zentralbanken (NzBen) aller Mitgliedstaaten der Europäischen Union (EU) zusammen. Dem ESZB gehören auch die Zentralbanken der EU-Länder an, die den Euro noch nicht eingeführt haben.
Organe der EZB	**EZB-Rat** Er ist das oberste Entscheidungsorgan. Ihm gehören der EZB-Präsident, EZB-Vizepräsident und 4 weitere Mitglieder des EZB-Direktoriums sowie die Präsidenten der 17 nationalen Zentralbanken an. Aufgaben: • Er trifft die geldpolitischen Entscheidungen. • Er hat das Recht, Leitlinien und Entscheidungen zur Ausführung der dem Eurosystem übertragenen Aufgaben zu erlassen. • Er legt die Geschäftsordnung und die Organisation der EZB und ihrer Beschlussorgane fest. • Notenbankmonopol: Ausgabe von Banknoten durch die EZB im Zusammenwirken mit den nationalen Zentralbanken. In Deutschland hat die Deutsche Bundesbank das ausschließliche Recht zur Ausgabe von Banknoten. Die Euromünzen werden jeweils im Auftrag der Regierungen ausgegeben. **EZB-Direktorium** Es besteht aus dem Präsidenten, dem Vizepräsidenten und vier weiteren Mitgliedern. Aufgaben: • Durchführung der laufenden Geschäfte der EZB • Vorbereitung der Sitzung des EZB-Rates • verantwortlich für die einheitliche Durchführung der Geldpolitik im Eurosystem

W. Grundmann, R. Rathner, *Bankwirtschaft, Rechnungswesen und Steuerung, Wirtschafts- und Sozialkunde*, Prüfungstraining für Bankkaufleute,
https://doi.org/10.1007/978-3-658-30521-5_35

	Erweiterter Rat Er setzt sich zusammen aus dem EZB-Rat und allen übrigen Präsidenten der nationalen Zentralbanken der EU-Länder, die noch nicht den Euro eingeführt haben. **Aufgaben:** Geldpolitische Befugnisse hat der Erweiterte Rat nicht, doch leistet er in Fragen der Erweiterung der Währungsunion sowie der Harmonisierung der Statistiken wichtige Vorarbeiten.
Geldpolitisches Instrumentarium	**Offenmarktgeschäfte:** • Hauptrefinanzierungsgeschäfte • längerfristige Refinanzierungsgeschäfte • Feinsteuerungsoperationen • strukturelle Operationen • Tenderverfahren **Ständige Fazilitäten:** • Spitzenrefinanzierungsfazilität • Einlagefazilität • Geldmarktsteuerung des Eurosystems **Mindestreserve**

2. Chronik des Euros

März 1979 Das Europäische Währungssystem tritt in Kraft. Im Europäischen Währungssystem (EWS) gelten feste Wechselkurse mit vertraglich festgelegten Schwankungsbreiten. Eine fiktive europäische Währung bekommt den Namen Ecu.

Juli 1990 Erste Stufe der Wirtschafts- und Währungsunion: Der entstehende europäische Binnenmarkt soll in allen EU-Staaten den freien Wettbewerb gewährleisten.

Dezember 1991 Im niederländischen Maastricht einigen sich die Teilnehmerstaaten auf einen Stufenplan zur Einführung der gemeinsamen Währung. Ein Katalog strenger Konvergenzkriterien legt u. a. Höchstgrenzen für Haushaltsdefizit und Staatsverschuldung fest.

Januar 1994 Frankfurt wird Sitz des Europäischen Währungsinstituts, des Vorläufers der Europäischen Zentralbank (EZB).

Dezember 1995 Die künftige Gemeinschaftswährung bekommt den Namen Euro.

Juni 1997 Auf deutsche Initiative hin verpflichten sich die EU-Länder im Stabilitäts- und Wachstumspakt zu dauerhaft solider Haushaltsführung.

Mai 1998 Elf Mitgliedstaaten erfüllen die Aufnahmekriterien für den Euro. Jedoch griffen etliche von ihnen zu massiven Haushaltstricks, um die Vorgaben einzuhalten.

Januar 1999 Beginn der Währungsunion mit unwiderruflichen festen Wechselkursen. Von den 15 EU-Staaten führen Großbritannien, Dänemark und Schweden den Euro nicht ein.

Januar 2001 Griechenland meldet eine Neuverschuldung von zuletzt nur noch 2,9 % seines BIP und darf als zwölftes Land der Eurozone beitreten.

Januar 2002 Euro-Scheine und -Münzen ersetzen in der Euro-Zone die jeweilige Landeswährung. Da der Einzelhandel die Umstellung teils für verdeckte Preiserhöhungen nutzt, spricht man in Deutschland bald vom „Teuro".

2002/2003 Gegen Deutschland, Frankreich und Portugal laufen Defizitverfahren wegen zu hoher Neuverschuldung. Die Länder entgehen schließlich möglichen Sanktionen.

September 2004 Die griechische Regierung meldet der EU, dass die Haushaltszahlen vergangener Jahre falsch berechnet wurden.

März 2005 Die EU-Staaten beschließen nach monatelangen Kontroversen eine Aufweichung des Stabilitätspakts.

Januar 2007 Slowenien führt den Euro ein.

2008 Malta und Zypern führen den Euro ein.

Dezember 2008 Die EU-Staaten kündigen ein auf Pump finanziertes EU-Konjunkturprogramm an, um die Folgen der Finanz- und Wirtschaftskrise abzumildern. Die Stabilitätskriterien für den Euro werden praktisch außer Kraft gesetzt.

2009 Die Slowakei führt den Euro ein.

Oktober 2009 Griechenland korrigiert das laufende Defizit auf 12,7 % seines BIP. Rating-Agenturen stufen die Kreditwürdigkeit des Landes herab.

Februar 2010 Griechenland muss seinen Haushalt unter EU-Kontrolle stellen. Durch drastische Sparmaßnahmen soll sich das Land bis 2012 sanieren.

Mai 2010 Der Deutsche Bundestag verabschiedet das Gesetz zur Übernahme von Gewährleistungen im Rahmen eines europäischen Stabilisierungsmechanismus.

Die Euro-Krise 2010 ist eine Haushaltskrise mehrerer Mitgliedstaaten der Eurozone. Besonders betroffen ist dabei Griechenland, aber auch andere Länder wie Irland, Spanien, Italien und Portugal sind betroffen. Aufgrund dieser Finanzkrise wird der Europäische Stabilisierungsmechanismus entwickelt, der im Notfall gegenseitige Hilfsmaßnahmen vorsieht.

November 2010 Irland braucht bis zu 70 Milliarden Euro aus dem Rettungsschirm. Das schwächt den Euro und erhöht das Risiko einer Abwertungsspirale.

Januar 2011 Estland führt als 17. EU-Land den Euro ein.

Februar 2011 Die Euro-Finanzminister einigen sich darauf, den Europäischen Stabilitätsmechanismus (ESM) mit 500 Milliarden Euro verfügbaren Mitteln auszustatten.

Mai 2011 Die Finanzminister der Euro-Zone beschließen ein 78 Milliarden Euro schweres Rettungspaket für Portugal.

Juli 2011 Auf einem Sondergipfel einigt sich die EU prinzipiell auf weitere Griechenland-Hilfen in Höhe von 109 Milliarden Euro.

September 2011 Die Verschärfung des Stabilitätspakts wird beschlossen. Durch die größte Reform der Währungsunion seit der Euroeinführung 1999 sollen die Regierungen künftig mit härteren und früheren Sanktionen zum Sparen gezwungen werden.

Der Bundestag billigt den erweiterten European Financial Stability Facility (EFSF).

Oktober 2011 Der EU-Gipfel beschließt einen Schuldenschnitt für Griechenland von 50 Prozent. Banken und Fonds müssen auf 100 Milliarden Euro ihrer Forderungen verzichten.

Dezember 2011 Deutschland und Frankreich beschließen, über Vertragsänderungen automatische Sanktionen und Schuldenbremsen in der Eurozone einzuführen.

Nahezu alle Mitgliedstaaten einigen sich beim EU-Gipfel in Brüssel nach zähen Verhandlungen auf eine Fiskalunion. Großbritannien steht im Abseits. Eine Spaltung der EU wird abgewendet.

Januar 2012 Standard & Poor's senkt die Bonität Frankreichs um eine Stufe auf AA. Acht weitere Euro-Länder sind ebenfalls betroffen.

Der EU-Gipfel einigt sich auf einen Fiskalpakt für Euro-Länder.

März 2012 Die Beteiligung privater Gläubiger an der Umschuldung Athens liegt bei 85,8 %. Der Schuldenschnitt wird damit trotz hoher freiwilliger Beteiligung erzwungen.

Die Eurogruppe gibt das zweite Griechenland-Paket frei. Der IWF beteiligt sich daran mit 28 Milliarden Euro.

Die Eurogruppe einigt sich auf eine Erhöhung ihrer Rettungsschirme auf maximal 800 Milliarden Euro. Die spanische Regierung beschließt Sparpaket über 27 Milliarden Euro.

April 2012 Portugal ratifiziert EU-Fiskalpakt.

Griechenland bekommt erste Hilfstranche für Bankensektor.

Standard & Poor's stuft Spanien herab von „A" auf „BBB+".

Mai 2012 Die spanische Regierung übernimmt Die Kontrolle über die angeschlagene Großbank Bankia.

EU-Kommission will Spanien unter Auflagen ein Jahr länger zur Erreichung der Defizitgrenze von drei Prozent geben.

Juni 2012 Die Iren stimmen mit 60,3 Prozent für den EU-Fiskalpakt.

Die spanischen Banken benötigen nach Einschätzung des Internationalen Währungsfonds (IWF) mindestens 40 Milliarden Euro.

Juli 2012 EZB senkt Leitzins auf 0,75 %.

November 2012 Die Euro-Staaten und der IWF einigen sich darauf, Griechenland mehr Zeit für die Umsetzung der Sparvorgaben einzuräumen.

März 2013 Das Rettungspaket für Zypern steht.

Mai 2013 EZB senkt den Leitzins auf 0,5 %.

November 2013 EZB senkt den Leitzins auf 0,25 %.

Juni 2013 EZB senkt den Leitzins auf 0,15 %. Der Einlagezins wird im Minusbereich festgesetzt.

Januar 2014 Lettland führt als 18. Euroland den Euro ein.

September 2014 EZB startet den Kauf von Wertpapieren und startet damit den Kampf gegen die drohende Deflation.

Oktober 2014 Beim Stresstest der EZB fallen 25 von 130 Banken durch.

November 2014 EZB übernimmt die Bankenaufsicht.

Januar 2015 Litauen führt als 19. Euroland den Euro ein.

Im Kampf gegen die drohende Deflation gibt die EZB bekannt, Staatsanleihen im Wert von 1.140 Milliarden EUR aufzukaufen zu wollen.

Nach Neuwahlen droht in Griechenland ein Ende des Sparkurses.

Februar 2015 EZB droht, die griechischen Banken von weiteren Krediten abzuschneiden. Der Dax ist auf Rekordhoch mit 11.000 Punkten.

Juli 2016 Großbritannien beschließt den Austritt aus der EU.

Konvergenzkriterien

Maastrichter Vertrag	An einer Währungsunion können nur Staaten teilnehmen, die einander in ihrer wirtschaftlichen Entwicklung ähnlich sind (Konvergenz: Annäherung, Übereinstimmung). Im Maastrichter Vertrag von 1991 wurden Konvergenzkriterien festgelegt, die ein Land erfüllen muss, um der Wirtschafts- und Währungsunion beitreten zu können:
Preisstabilität	Die Inflationsrate darf nicht mehr als 1,5 % über der Inflationsrate der drei preisstabilsten Mitgliedstaaten liegen.
Haushaltsdefizit	Die Neuverschuldung darf 3 % des Bruttoinlandsprodukts nicht überschreiten
Verschuldung	Die öffentliche Verschuldung (in Deutschland: Gesamtverschuldung von Bund, Ländern und Kommunen) darf maximal 60 % des Bruttoinlandsprodukts betragen.
Zinsen	Der Zinssatz für langfristige Anlagen (Staatsschuldverschreibungen) darf nicht mehr als 2 % über dem der preisstabilsten Mitgliedstaaten liegen.
Stabile Wechselkurse	Ein Mitgliedstaat muss vor der Aufnahme in die Währungsunion mindestens zwei Jahre am Wechselkursmechanismus des Europäischen Währungssystems teilnehmen und darf seine Währung dabei nicht abwerten
Unabhängigkeit der EZB	Die Unabhängigkeit der EZB ist im institutionellen Rahmen für die einheitliche Geldpolitik (dem Vertrag über die Arbeitsweise der Europäischen Union, AEU-Vertrag, und der ESZB-Satzung) festgelegt. Die Unabhängigkeit der Europäischen Zentralbank (EZB) ist der Gewährleistung von Preisstabilität förderlich.
No-Bailout-Klausel	Artikel 125 des Vertrages über die Arbeitsweise der EU (No-Bailout-Klausel): Ein Mitgliedstaat haftet nicht für die Verbindlichkeiten der Zentralregierungen, der regionalen oder lokalen Gebietskörperschaften oder anderen öffentlich-rechtlichen Körperschaften, sonstiger Einrichtungen des öffentlichen Rechts oder öffentlicher Unternehmen eines anderen Mitgliedstaats und tritt nicht für derartige Verbindlichkeiten ein.

Haushaltsdefizite / -überschuss der EU-Länder (in % des BIP)

Maastricht-Grenzwert: -3,0

	2015	**2016**	**2017***	**2018***	**2019***
Belgien	-2,5	-2,5	-1,5	-1,4	-1,5
Bulgarien	-1,6	0,0	0,0	0,0	+0,2
Dänemark	-1,8	-0,6	-1,0	-1,0	-0,9
Deutschland	+0,6	+0,8	+0,9	+1,0	+1,1
Estland	+0,1	-0,3	-0,2	-0,4	-0,5
Finnland	-2,7	-1,7	-1,4	-1,2	-0,8
Frankreich	-3,6	-3,4	-2,9	-2,9	-3,0
Griechenland	-5,7	+0,5	-1,2	+0,9	+0,8
Großbritannien	-4,3	-2,9	-2,1	-1,9	-1,5
Irland	-1,9	-0,7	-0,4	-0,2	-0,2
Italien	-2,6	-2,5	-2,1	-1,8	-2,0
Kroatien	-3,3	-0,9	-0,9	-0,9	-0,7
Lettland	-1,2	0,0	-0,9	-1,0	-1,1
Litauen	-0,2	+0,3	+0,1	+0,2	+0,2
Luxemburg	+1,4	+1,6	+0,5	+0,3	+0,4
Malta	-1,1	+1,1	+0,9	+0,5	+0,5
Niederlande	-2,1	+0,4	+0,7	+0,5	+0,9
Österreich	-1,0	-1,6	-1,0	-0,9	-0,6
Polen	-2,6	-2,5	-1,7	-1,7	-1,9
Portugal	-4,4	-2,0	-1,4	-1,4	-1,2
Rumänien	-0,8	-3,0	-3,0	-3,9	-4,1
Schweden	+0,2	+1,1	+0,9	+0,7	+0,6
Slowakei	-2,7	-2,2	-1,6	-1,0	-0,2
Slowenien	-2,9	-1,9	-0,8	0,0	+0,4
Spanien	-5,3	-4,5	-3,1	-2,4	-1,7
Tschechien	-0,6	+0,7	+1,2	+0,8	+0,6
Ungarn	-2,0	-1,9	-2,1	-2,6	-2,3
Zypern	-1,2	+0,5	+1,1	+1,4	+1,9

*Quelle: Eurostat/EU-Kommission; *Schätzung*

Gesamtschulden der EU-Länder (in % des BIP)

Maastricht-Grenzwert: 60%

	2015	**2016**	**2017***	**2018***	**2019***
Belgien	106,0	105,7	103,8	102,5	101,2
Bulgarien	26,0	29,0	25,7	24,3	22,8
Dänemark	39,5	37,7	36,1	35,5	34,6
Deutschland	70,9	68,1	64,8	61,2	57,9
Estland	10,0	9,4	9,2	9,1	9,1
Finnland	63,6	63,1	62,7	62,1	61,6
Frankreich	95,8	96,5	96,9	96,9	96,9
Griechenland	176,8	180,8	179,6	177,8	170,1
Großbritannien	88,2	88,3	86,6	85,3	84,2
Irland	76,9	72,8	69,9	69,1	67,2
Italien	131,5	132,0	132,1	130,8	130,0
Kroatien	85,4	82,9	80,3	77,4	74,5
Lettland	36,9	40,6	39,1	35,6	35,8
Litauen	42,6	40,1	41,5	37,9	38,9
Luxemburg	22,0	20,8	23,7	23,0	22,9
Malta	60,3	57,6	54,9	51,6	48,8
Niederlande	64,6	61,8	57,7	54,9	51,5
Österreich	84,3	83,6	78,6	76,2	73,4
Polen	51,1	54,1	53,2	53,0	53,0
Portugal	128,8	130,1	126,4	124,1	121,1
Rumänien	37,9	37,6	37,9	39,1	40,5
Schweden	44,2	42,2	39,0	36,6	34,4
Slowakei	52,3	51,8	50,6	49,9	47,2
Slowenien	82,6	78,5	76,4	74,1	72,0
Spanien	99,4	99,0	98,4	96,9	95,5
Tschechien	40,0	36,8	34,6	33,3	32,5
Ungarn	74,7	73,9	72,6	71,5	69,4
Zypern	107,5	107,1	103,0	98,3	93,9

*Quelle: Eurostat/EU-Kommission; *Schätzung*

3. Europäische Zentralbank

3.1 Organisation der EZB

Die Wahl des Präsidenten der Europäischen Zentralbank (EZB) sowie von Mitgliedern des Direktoriums der EZB wird in Artikel 283 Abs. 2 des Vertrags über die Arbeitsweise der Europäischen Union geregelt. Er lautet: „Der Präsident, der Vizepräsident und die weiteren Mitglieder des Direktoriums werden vom Europäischen Rat auf Empfehlung des Rates, der hierzu das Europäische Parlament und den Rat der Europäischen Zentralbank anhört, aus dem Kreis der in Währungs- oder Bankfragen anerkannten und erfahrenen Persönlichkeiten mit qualifizierter Mehrheit ausgewählt und ernannt. Ihre Amtszeit beträgt 8 Jahre; Wiederernennung ist nicht zulässig."
Normalerweise fällen die Mitgliedsländer der Europäischen Währungsunion die Entscheidungen über die Zusammensetzung des Direktoriums der EZB einstimmig. Theoretisch reicht eine qualifizierte Mehrheit aus. Bei Entscheidungen, die nicht auf Initiative der Kommission gefällt werden – das EZB-Direktorium wird auf Empfehlung des Ministerrats gewählt -, gilt als qualifizierte Mehrheit eine Mehrheit von mindestens 72 % der betroffenen Mitgliedsländer. Für eine Wahl sind also 72 % der 19 Mitgliedsstaaten der Eurozone nötig. Diese müssen außerdem mindestens 65 % der Bevölkerung der beteiligten Mitgliedstaaten ausmachen.

3.2 Ziele und Aufgaben der EZB

Gesetzliche Grundlagen	Die Aufgaben des ESZB und des Eurosystems sind im Vertrag zur Gründung der Europäischen Gemeinschaft festgelegt. In der Satzung des Europäischen Systems der Zentralbanken (ESZB) und der Europäischen Zentralbank (EZB) werden sie im Einzelnen erläutert.
Ziele	Das vorrangige Ziel des ESZB ist es, die Preisstabilität zu gewährleisten. Soweit dies ohne Beeinträchtigung des Zieles der Preisstabilität möglich ist, unterstützt das ESZB die allgemeine Wirtschaftspolitik in der Gemeinschaft, um zur Verwirklichung der in Artikel 2 festgelegten Ziele der Gemeinschaft beizutragen (Artikel 105 Absatz 1 des EG-Vertrags). Die Ziele der Union (Artikel 2 des Vertrags über die Europäische Union) sind ein hohes Beschäftigungsniveau und ein beständiges, nichtinflationäres Wachstum.
Aufgaben	Gemäß Artikel 105 Absatz 2 des Vertrags zur Gründung der Europäischen Gemeinschaft bestehen die grundlegenden Aufgaben darin, • die Geldpolitik des Euro-Währungsgebiets festzulegen und auszuführen, • Devisengeschäfte durchzuführen, • die offiziellen Währungsreserven der Mitgliedstaaten zu halten und zu verwalten (siehe Portfoliomanagement), • das reibungslose Funktionieren der Zahlungssysteme zu fördern. • **Banknoten:** Die EZB hat das ausschließliche Recht, die Ausgabe von Banknoten innerhalb des Euroraums zu genehmigen. • **Statistik:** In Zusammenarbeit mit den nationalen Zentralbanken erhebt die EZB entweder von nationalen Behörden oder direkt von den Wirtschaftsakteuren die für die Erfüllung der Aufgaben notwendigen statistischen Daten. • **Aufsicht über die Kreditinstitute und Stabilität des Finanzsystems:** Das Eurosystem trägt zur reibungslosen Durchführung der von den zuständigen Behörden auf dem Gebiet der Aufsicht über die Kreditinstitute

	und der Stabilität des Finanzsystems ergriffenen Maßnahmen bei. • **Internationale und europäische Zusammenarbeit:** Zum Zwecke der Erfüllung der dem Eurosystem übertragenen Aufgaben arbeitet die EZB sowohl innerhalb der EU als auch international mit den zuständigen Organen, Einrichtungen und Foren zusammen.

4. Instrumentarium der EZB

4.1 Hauptrefinanzierungs- und Offenmarktgeschäfte

Hauptrefinanzierungsgeschäfte	Das Eurosystem stellt Zentralbankgeld vornehmlich über befristete Transaktionen zur Verfügung. Dabei handelt es sich entweder um Wertpapierpensionsgeschäfte oder um eine mit Wertpapieren besicherte Kreditvergabe der Notenbank an die Kreditinstitute, bei der die Zentralbank notenbankfähige Aktiva zum Pfand hereinnimmt, anstatt sie anzukaufen. Mit Hilfe der befristeten Transaktionen steuert das Eurosystem die Zinsen und die Liquidität am Geldmarkt und gibt Signale über seinen geldpolitischen Kurs. Üblicherweise stehen die wöchentlich im Ausschreibungswege durchgeführten siebentägigen Hauptrefinanzierungsgeschäfte im Mittelpunkt.
Längerfristige Refinanzierungsgeschäfte	Die Liquiditätsbereitstellung mittels der längerfristigen Refinanzierungsgeschäfte erfolgt ebenfalls über befristete Transaktionen. Allerdings werden diese Geschäfte nur in monatlichen Abständen ausgeschrieben. Die Laufzeit dieser Basistender beträgt 3 Monate. Im Zuge der Finanzkrise hat das Eurosystem die Häufigkeit und Laufzeit der längerfristigen Liquiditätsbereitstellung ausgeweitet, indem zeitlich befristet nun auch Operationen mit einer Laufzeit von 6 bzw. 12 Monaten durchgeführt werden. Zusätzlich werden Refinanzierungsgeschäfte angeboten, die jeweils die Laufzeit einer Mindestreserveperiode abdecken.
Feinsteuerungsoperationen	Feinsteuerungsoperationen werden nur von Fall zu Fall durchgeführt, um unerwartete Liquiditätsschwankungen auszugleichen. Feinsteuerungsmaßnahmen können liquiditätsabschöpfend oder liquiditätszuführend sein. Dies geschieht in Form von sehr kurzfristigen Kreditvergaben bzw. durch die Hereinnahme von Termineinlagen.
Strukturelle Operationen	Sie dienen dazu, die Liquiditätsposition des Bankensystems gegenüber dem Eurosystem langfristig zu beeinflussen. Sie werden z. B. eingesetzt, wenn das Liquiditätsdefizit der Banken aus Sicht des Eurosystems so gering ist, dass die Banken ihren Zentralbankgeldbedarf nicht durch Refinanzierungsgeschäfte mit dem Eurosystem decken müssen. Die geldpolitischen Instrumente können dann nicht wirksam werden. Durch die Ausgabe von Schuldverschreibungen kann das Liquiditätsdefizit aber beispielsweise erhöht werden, sodass die Banken sich wieder bei der Zentralbank refinanzieren müssen.

Verfahrensweisen bei Tendergeschäften	Die offenmarktpolitischen Transaktionen des Eurosystems können grundsätzlich als **Tender** (Versteigerungsverfahren) oder als **bilaterale Geschäfte** (Direktabschluss ohne Tender) erfolgen. Bei der Durchführung der Tender gibt es zwei Varianten: Am **Standardtender** können alle zugelassenen Geschäftspartner des Eurosystems teilnehmen. Laufzeit und Geschäftsabwicklung (von der der Ankündigung bis zur Gutschrift i. d. R. 3 Tage) sind standardisiert. Bei **Schnelltendern** kann der Teilnehmerkreis auf bestimmte Institute begrenzt werden. Schnelltender werden nur innerhalb von nur 90 Minuten nach Ankündigung des Geschäfts durchgeführt und am gleichen Tag abgewickelt. Bei den Tenderverfahren wird zwischen dem **Mengentender** und dem **Zinstender** unterschieden. Bei beiden Verfahren geben die Banken ihre Gebote zu einem festgelegten Zeitpunkt ab. Sie wissen nicht, ob und in welcher Höhe andere Banken ebenfalls Gebote abgeben.

4.2 Tenderverfahren

Mengentender	Der Mengentender ist ein Ausschreibungs- bzw. Zuteilungsverfahren für Wertpapierpensionsgeschäfte, das die Europäische Zentralbank (EZB) im Rahmen ihrer Offenmarktpolitik einsetzt. Dabei legt die EZB den Zins (Pensionssatz) fest, zu dem Kreditinstitute Wertpapiere an die EZB verkaufen können, während die Kreditinstitute Gebote darüber abgeben, wie viele Wertpapiere sie abgeben wollen. Zugeteilt wird dann der Betrag, der den Vorstellungen der EZB bezüglich der Geldmenge entspricht. Das einzelne Kreditinstitut erhält dann den Betrag, der seinem Anteil am Gesamtbetrag sämtlicher abgegebenen Verkaufsangebote aller Kreditinstitute entspricht. Die EZB setzt durch die Festlegung des Zinssatzes für den Ankauf von Wertpapieren ein geldpolitisches Signal.
Zinstender	Der Zinstender zeichnet sich dadurch aus, dass die Kreditinstitute neben der Betragshöhe auch den Zinssatz nennen müssen, zu dem sie bereit sind, Geschäfte mit dem Eurosystem abzuschließen. Bei Zinstendern kann das Eurosystem die Zuteilung entweder zu einem einheitlichen Satz oder zu den individuellen Bietungssätzen vornehmen (Zuteilungsverfahren). Zuteilungsverfahren im Rahmen der Platzierung von Wertpapieren durch die EZB Dabei gibt diese einen Mindestzinssatz für Bietungen der Banken vor. Diese geben bei Interesse an Abschlüssen ihre Gebote ab, zu denen sie zum Abschluss bereit sind. Die Zuteilung erfolgt dann nach holländischem oder amerikanischem Verfahren: Beim holländischen Verfahren wird ein einheitlicher Zinssatz oder Preis oder Kurs errechnet, zu dem alle Wertpapiere abgesetzt werden können; beim amerikanischen Verfahren erfolgt die Zuteilung auf der Basis der von den Banken gebotenen Zinssätze bzw. Kurse.

Beispiel für ein Tenderverfahren

Ausgangslage: Die EZB beschließt, 113 Mio. EUR in einem Tenderverfahren zuzuteilen. 3 Kreditinstitute geben Gebote in Mio. EUR ab:

Zinssatz in %	Bank A	Bank B	Bank C
0,62	10	10	
0,61		10	10
0,60		10	10
0,59	10	10	15
0,58	10	15	20
0,57	15	15	20
0,56	10	10	10
0,55	10		15

Ergebnis der Zuteilung

Bietungssatz in %	Menge in Mio. EUR	Bank A	Bank B	Bank C
0,62	20	10	10	-
0,61	20	-	10	10
0,60	20	-	10	10
0,59	35	10	10	15
0,58 = marginaler Zinssatz	18	4	6	8
Summe/Zuteilung je Bank	**113**	**24**	**46**	**43**

4.3 Ständige Fazilitäten

Spitzenrefinanzierungsfazilität	Zum Instrumentarium des Eurosystems gehören zwei ständige Fazilitäten. Dabei handelt es sich zum einen um eine Spitzenrefinanzierungsfazilität, um Übernachtliquidität zu einem vorgegebenen Zinssatz bereitzustellen und so ein Ausbrechen des Tagesgeldsatzes nach oben zu begrenzen. Die Banken können darauf bei den nationalen Zentralbanken von sich aus und – sofern sie entsprechende Sicherheiten haben – praktisch unbegrenzt über Nacht für Liquidität sorgen. Am nächsten Tag müssen sie den Kredit dann wieder zurückzahlen. Auch dieser Kredit wird auf Pfandbasis abgewickelt. Der Zinssatz für diesen Kredit ist höher als der Satz im Hauptrefinanzierungsgeschäft. Er bildet im Allgemeinen die Obergrenze für den Tagesgeldsatz, da keine Bank, die ausreichend Sicherheiten hat, am Geldmarkt mehr zahlen wird, als sie bei der Notenbank für einen Übernachtkredit bezahlen muss.
Einlagefazilität	Sie bietet den Geschäftsbanken die Möglichkeit, kurzfristig nicht benötigte (überschüssige) Geldmittel bis zum nächsten Geschäftstag (Übernachtgeld) anzulegen. Die Grundlage hierfür bildet der Einlagenfazilität-Zinssatz, welcher auf dem Geldmarkt als natürliche Untergrenze gilt, da kein Marktteilnehmer einen Kredit zu einem niedrigeren Zinssatz vergeben würde, solange er mit der Geldanlage im Rahmen der Einlagenfazilität eine höhere Rendite erzielen kann. Dieser Zinssatz ist also im Allgemeinen die Untergrenze für den Tagesgeldsatz am Geldmarkt und zählt folglich zu den Leitzinsen des Eurosystems.

Geldmarktsteuerung des Eurosystems	Die Zinssätze am Geldmarkt bewegen sich innerhalb eines Korridors, der durch die Zinsen für die Spitzen- und die Einlagefazilität begrenzt ist. Innerhalb dieses Korridors orientieren sie sich bei ausgeglichener Liquiditätslage üblicherweise eng am Satz für das Hauptrefinanzierungsgeschäft. Dieser Zusammenhang ermöglicht es dem Eurosystem, die kurzfristigen Geldmarktsätze zu steuern.

4.4 Mindestreserve

Wesen	Die Europäische Zentralbank (EZB) verlangt von Kreditinstituten, auf Girokonten bei den nationalen Zentralbanken (NZBen) Pflichteinlagen zu unterhalten: Diese werden als „Mindestreserven" oder „Reserve-Soll" bezeichnet. Die Höhe der von jedem Institut zu unterhaltenden Mindestreserven richtet sich nach seiner Reservebasis.
Reserve-Soll	Das Mindestreserve-Soll eines Instituts wird ermittelt, indem die Mindestreservebasis mit einem Mindestreservesatz multipliziert wird. Die EZB wendet einen einheitlichen positiven Reservesatz auf den überwiegenden Teil der in der Mindestreservebasis enthaltenen Bilanzposten an. Dieser Mindestreservesatz wurde zu Beginn der dritten Stufe der Wirtschafts- und Währungsunion auf 2 % festgesetzt und liegt zurzeit bei 0 %. Das Mindestreserve-Soll jedes einzelnen Instituts wird durch Anwendung des Mindestreservesatzes auf die Mindestreservebasis berechnet. Die Institute können einen einheitlichen Freibetrag in Höhe von 100.000 EUR von ihrem Mindestreserve-Soll abziehen. Mit diesem Freibetrag sollen die Verwaltungskosten bei einem sehr geringfügigen Mindestreserve-Soll verringert werden.
Reserve-Ist	Zur Erfüllung ihrer Mindestreservepflicht müssen Kreditinstitute Guthaben auf ihren Girokonten bei den NZBen unterhalten. Dabei erlaubt das Mindestreservesystem des Eurosystems den Geschäftspartnern eine Durchschnittserfüllung der Mindestreserve; dies bedeutet, dass sich die Erfüllung der Mindestreservepflicht nach den durchschnittlichen Kalendertagesendguthaben auf den Mindestreservekonten innerhalb einer Mindestreserve-Erfüllungsperiode bemisst. Die Erfüllungsperiode beginnt jeweils nach der geldpolitischen Sitzung des EZB-Rats und dauert vom zweiten Mittwoch eines Monats bis zum dritten Dienstag des folgenden Monats. Die Banken müssen die vorgeschriebene Mindestreserve aber nicht an jedem Tag in voller Höhe als Guthaben auf ihrem Zentralbankkonto haben, sondern nur im Durchschnitt über die gesamte Mindestreserveperiode. Das verschafft den Banken Flexibilität.
Verzinsung	Das Eurosystem will gewährleisten, dass das Mindestreservesystem weder das Bankensystem im Eurogebiet belastet noch den effizienten Ressourceneinsatz behindert. Deshalb werden die Mindestreserveguthaben verzinst, und zwar zum durchschnittlichen marginalen Zinssatz der Hauptrefinanzierungsgeschäfte während der Mindestreserve-Erfüllungsperiode (gewichtet nach der Anzahl der Kalendertage). Dieser Satz liegt daher sehr nahe bei den kurzfristigen Geldmarktzinssätzen. Hält eine Bank im Durchschnitt ein höheres Guthaben auf ihrem Zentralbankkonto als ihr Mindestreservesoll beträgt, wird diese „Überschussguthaben" nicht verzinst.

Bedeutung	Die wichtigsten Funktionen des Mindestreservesystems sind die • Stabilisierung der Geldmarktsätze und die • Vergrößerung der strukturellen Liquiditätsknappheit im Bankensystem.
Sanktionen bei Nichterfüllung der Mindestreserveverpflichtung	Sollte ein Kreditinstitut in der Europäischen Währungsunion die notwendige Mindestreserve der EZB nicht erfüllen, so droht ein Sonderzins von bis zu 5 % über dem Spitzenrefinanzierungssatz bzw. bis zu dessen doppelter Höhe auf alle geliehenen Refinanzierungsmittel für den gesamten Zeitraum der Nichterfüllung. Weiterhin droht ein genereller Ausschluss von den Offenmarktgeschäften und den Fazilitäten sowie die Hereinnahme einer unverzinslichen Einlage bis zur 3-fachen Höhe des Fehlbetrages.

Berechnungsbeispiel für eine Mindestreserve

Mindestreservebasis für Bank A am 31.10.20..	250.000.000 EUR
Mindestreservesoll für Bank A	250.000.000 EUR x 1 % = 2.500.000 EUR 2.500.000 EUR - Freibetrag 100.000 EUR = 2.400.000 EUR
Erfüllungsperiode 35 Kalendertage in der Zeit vom 11.12.20.. bis 14.01.des nächsten Jahres	Die Durchschnittserfüllung der Mindestreserve beträgt für Bank A pro Tag 2.400.000 EUR.
Mindestreserveverzinsung von 1 % für 35 Kalendertage	2.400.000 x 1 x 35 : 36.000 = **2.333,33 EUR**

5. Geldmengenpolitik der EZB

Die Geldmenge M3 setzt sich u. a. zusammen aus dem Bargeld, Einlagen auf Girokonten, kurzfristigen Geldmarktpapieren sowie aus Schuldverschreibungen bis zu 2 Jahren Laufzeit. Das Wachstum dieser Geldmenge wird von der EZB mit großer Aufmerksamkeit betrachtet, da eine übermäßige Geldversorgung von der EZB auf lange Sicht als Auslöser für steigende Preise angesehen wird.

Die EZB fußt ihre Geldpolitik auf der sog. Zwei-Säulen-Strategie. In der ersten Säule analysiert die Notenbank die Entwicklung der Geldmenge, vor allem das weite Geldmengenaggregat M3 und das Kreditwachstum. Dahinter steht die Überlegung, dass Inflation auf mittlere bis lange Sicht immer ein monetäres Phänomen ist. Nur wenn zu viel Geld auf zu wenige Güter trifft, können die Preise auf breiter Front und anhaltend steigen.

In der zweiten Säule ihrer Strategie analysiert die EZB eine große Zahl nichtmonetärer Faktoren, die auf kurze Sicht die Inflationsrate beeinflussen können. Dazu zählen das Wirtschaftswachstum, die Arbeitslosigkeit, Lohnabschlüsse, die staatlichen Haushaltsdefizite und anderes.

6. Wirkungen einer Änderung des Leitzinssatzes

Senkung des Leitzinssatzes	Die Senkung eines Leitzinses weist auf eine ausweitende Geldpolitik hin. Diese hat den Zweck, Kredite zu verbilligen und die Konjunktur zu beleben. Für Unternehmen wird demnach die Finanzierung von Investitionen günstiger, wodurch insgesamt mehr investiert und die Wirtschaft angekurbelt wird. Auch für Verbraucher verbilligen sich die Kredite, was wiederum das Konsumverhalten belebt. Der Aktienhandel erlebt in der Regel ebenfalls einen Aufschwung. Im Gegenzug lohnen sich Spareinlagen aufgrund der fallenden Zinsen jedoch weniger. Da sich mit einer Änderung des Leitzinses auch die Differenz zu dem Zins anderer Länder verändert, die Zinsschere also größer oder kleiner wird, werden auch die jeweiligen Landeswährungen beeinflusst. So wirkt sich eine Zinssenkung in den USA negativ auf den Dollar und positiv auf den Euro aus. Zinsniveauänderungen haben damit auch einen Einfluss auf Im- und Export.
Erhöhung des Leitzinssatzes	Die Erhöhung des Leitzinses deutet auf eine einschränkende Geldpolitik hin. Diese dient dazu, bei einem robusten Wirtschaftswachstum, die damit wachsende Inflationsgefahr einzudämmen. Bei einer Zinsanhebung geben Kreditinstitute ihre damit verbundenen gestiegenen Kosten an ihre Kunden weiter. Dies schlägt sich in gestiegenen Kredit- und Guthabenzinsen nieder. Demzufolge müssen Kreditnehmer für Geldleihen mehr aufwenden und Sparer können mit höheren Zinsen rechnen. Letztlich wird das Investitionsvolumen der Unternehmen eingeschränkt und Verbraucher sparen mehr, als dass sie Kredite aufnehmen. Außerdem werden Anleihen aufgrund der besseren Verzinsung gegenüber Aktien interessanter, da deren Kurse langsamer fallen beziehungsweise steigen. Den positiven Folgen einer Leitzinserhöhung steht somit eine Einschränkung des Wirtschaftswachstums gegenüber.

7. Geldschöpfung

Geldschöpfungsmultiplikator

Der Geldschöpfungsmultiplikator ist ein geldtheoretisches Modell, das das Zusammenspiel von Zentralbank, Geschäftsbanken und Haushalten bei der Entwicklung der Geldmenge erklärt. Das Modell geht dabei von einer Vervielfachung des von der Zentralbank ausgegebenen Zentralbankgeldes durch die Geschäftsbanken aus.

Reservehaltung der Geschäftsbanken

Der Multiplikatorcharakter wird durch einen einfachen Zusammenhang begrenzt: Banken können die Einlagen ihrer Kunden nicht in vollem Umfang als Kredite weiterreichen. Dies liegt zum einen an rechtlichen Beschränkungen (beispielsweise einer vorgeschriebenen Mindestreserve, welche im Euroraum bei einem Prozent der erhaltenen Einlagen liegt) zum anderen auch an der ökonomischen Vernunft der Bank: Sie muss mit regelmäßigen Auszahlungswünschen ihrer Kunden rechnen, weswegen sie zumindest einen Teil des eingezahlten Bargelds als Sicherheit halten muss. Der Anteil der Einlagen, die aus Sicherheitsgründen nicht wieder ausgegeben werden, „bremst" den Multiplikatoreffekt ab.

Mathematisch kann der Geldschöpfungsmultiplikator folgendermaßen dargestellt werden:

$$M_1 = \frac{M_0}{R_S + B_H}$$

M_1 sei hierbei die Geldmenge, die sich aus dem Multiplikatoreffekt ergibt, M_0 das Zentralbankgeld, R_S der Reservesatz der Banken (also derjenige Anteil der Einlagen, die nicht als Kredit vergeben werden) und B_H der Anteil der Bargeldhaltung der Kreditinstitute.

Beispiel

Der Kunde Krause zahlt bei der *Nordbank AG* 10.000,00 EUR ein. Um dem Bargeldbedarf der Kundschaft genügen und die Mindestreservepflichten bei der Bundesbank erfüllen zu können, legt die *Nordbank AG* nun 9 % (1 % Mindestreserve zuzüglich 8 % allgemeine Bargeldhaltung), also 900,00 EUR auf die Seite. Mit den verbleibenden 9.100,00 EUR gewährt sie ihrem Kunden Müller einen Kredit. Damit kann Müller seine Schulden bei Schmidt begleichen. Er zahlt die 9.100,00 EUR auf das Konto von Schmidt bei der *Unionbank AG* ein. Die *Unionbank AG* behält hiervon 819,00 EUR ein. Mit den restlichen 8.281,00 EUR gibt sie Schulze einen Kredit. Schulze kann damit ...

Wie leicht ersichtlich ist, können die Banken aus einer einmaligen Zahlung, im Beispiel 10.000,00 EUR, ein Vielfaches (dies ist der Geldschöpfungsmultiplikator) an neuem Geld schaffen. Hier sind es 17.381,00 EUR (9.100,00 EUR plus 8.281,00 EUR).

Aus 10.000,00 EUR kann unter Berücksichtigung von 1 % Mindestreserve und 8 % Bargeldhaltung der Bank insgesamt eine Geldmenge von 9.100 x 100 : 9 = 101.111,11 EUR geschaffen werden.

8. Inflation

Wesen der Inflation	Inflation bezeichnet einen **andauernden, signifikanten Anstieg des Preisniveaus** infolge längerfristiger Ausweitung der Geldmenge durch Staaten oder Zentralbanken. Es verändert sich also das Austauschverhältnis von Geld zu allen anderen Gütern zu Lasten des Geldes: für eine Geldeinheit gibt es weniger Güter, oder umgekehrt: für Güter muss mehr Geld gezahlt werden, das heißt sie werden teurer. Daher kann man unter Inflation auch eine **Geldentwertung** verstehen.
Ursachen von Inflation	• Die Banken gewähren viel zu hohe Kredite an die private Wirtschaft. • allgemeine Kostensteigerungen (Löhne, Rohstoffe etc.) • zu hohe Lohnforderungen, die erhöhte Preise verursachen (Lohn-Preis-Spirale). • Bei zu hoher Nachfrage nach Gütern steigen die Preise. Dadurch wird wiederum die Geldmenge erhöht. • Zu hohe Erträge aus dem Exportgeschäft: Die Devisen fließen in das Exportland und erhöhen die inländische Geldmenge.

<table>
<tr><td>Messung der Inflation</td><td>Die Messung der Inflation erfolgt anhand von Warenkörben und Preisindizes. Das Statistische Bundesamt in Wiesbaden berechnet die Preisindizes für verschiedene Personengruppen, z. B. für die Lebenshaltung aller privaten Haushalte, auf der Basis von Warenkörben mit ca. 750 Waren und Dienstleistungen.</td></tr>
<tr><td>Berechnung einer Kaufkraftänderung</td><td>Der Preisindex für die Lebenshaltung hat sich wie folgt entwickelt:
<table>
<tr><td></td><td>Jahr 0 (Basisjahr)</td><td>Berichtsjahr 1</td><td>Berichtsjahr 2</td></tr>
<tr><td>Preisindex</td><td>100</td><td>102,8</td><td>104,9</td></tr>
</table>
Die Kaufkraftänderung im Berichtsjahr 2 gegenüber dem Berichtsjahr 1 beträgt 2,002 %.
Rechenweg: (104,9 - 102,8) : 104,9 x 100</td></tr>
<tr><td>Harmonisierter Verbraucherindex (HVPI)</td><td>Im Rahmen der Europäischen Wirtschafts- und Währungsunion wurde eine Harmonisierung der Preismessung für die Lebenshaltung auf europäischer Ebene entwickelt. Das Statistische Amt der Europäischen Gemeinschaften (EUROSTAT) veröffentlicht für den Zeitraum das Ergebnis dieser Preismessung als Harmonisierten Verbraucherindex (HVPI). Er beruht auf den nationalen HVPIs, die in allen Staaten des Euro-Währungsgebietes nach einer einheitlichen Methode erstellt werden.
Preisstabilität wird definiert als Anstieg des HVPI für das Euro-Währungsgebiet von unter, aber nahe bei 2 % gegenüber dem Vorjahr. Entsprechend der Definition muss Preisstabilität dabei mittelfristig gewährleistet sein.</td></tr>
<tr><td>Wesen der Deflation</td><td>Unter einer Deflation versteht man eine Periode, die in der Regel länger als ein Jahr ist, mit negativen Inflationsraten und anhaltenden Beschäftigungs- und Wachstumskrisen.</td></tr>
</table>

9. Zahlungsbilanz

<table>
<tr><td>Zahlungsbilanz</td><td>Die Zahlungsbilanz eines Landes ist die systematische Erfassung und Darstellung aller wirtschaftlichen Transaktionen zwischen den In- und den Ausländern für eine abgelaufene Periode. Sie besteht aus
• Leistungsbilanz,
• Vermögensänderungsbilanz,
• Kapitalbilanz und
• Devisenbilanz.</td></tr>
<tr><td>Leistungsbilanz</td><td>Die Leistungsbilanz besteht aus vier Teilbilanzen:
• Handelsbilanz
• Dienstleistungsbilanz
• Bilanz der Primäreinkommen
• Bilanz der Sekundäreinkommen</td></tr>
</table>

Handelsbilanz	In ihr werden Export und Import von Waren erfasst. Ist die Ausfuhr von Waren größer als die Einfuhr, spricht man von einer aktiven Handelsbilanz oder einem Aktivsaldo der Handelsbilanz. Ist die Einfuhr größer als die Ausfuhr, spricht man von einer passiven Handelsbilanz oder einem Passivsaldo der Handelsbilanz. Die Ausfuhr wird durchgängig zu FOB-Preisen nachgewiesen. Die Einfuhr wird im laufenden monatlichen Zahlungsbilanzausweis mit ihrem CIF-Wert ausgewiesen. Um in das Zahlungsbilanzschema zu passen, sind einige Korrekturen an der Handelsbilanz erforderlich. Diese werden unter „Ergänzungen zum Warenhandel" verbucht. Hierbei handelt es sich um Waren, die zunächst in einem Freihandels- oder Zolllager deponiert und nicht verbraucht, gebraucht oder verarbeitet werden. Zum anderen geht es um Waren, die nur durch Deutschland transportiert und in einem anderen Land verwendet werden. Die in der Zahlungsbilanz erfassten Vorgänge werden prinzipiell zweiseitig verbucht, d. h. man geht also von der Annahme aus, dass einem Wertstrom vom Inland ins Ausland stets ein gleich großer Wertstrom vom Ausland ins Inland entspricht. Beide Ströme werden in der Statistik gesondert ausgewiesen (Bruttoprinzip). So muss bei einem Verkauf von Waren an das Ausland, der in der Leistungsbilanz verbucht wird, eine Buchung in der Kapitalbilanz zum formalen Ausgleich der Gesamtbilanz gegenüberstehen. Exportüberschüsse erhalten in der Leistungsbilanz ein Plusvorzeichen, die Einfuhren von Waren und Dienstleistungen sowie die Ausgaben aus Primär- und Sekundäreinkommen werden mit einem Minusvorzeichen versehen. Soweit in Höhe der Ausfuhr oder der empfangenen Primär- und Sekundäreinkommen eine Zunahme der Forderungen Deutschlands gegenüber dem Ausland stattfindet, geht sie in den Saldo der Kapitalbilanz mit einem Minuszeichen ein. In Höhe der Einfuhr können die Verbindlichkeiten gegenüber dem Ausland zunehmen. Dieses wird mit einem Pluszeichen in der Kapitalbilanz verbucht.
Außenbeitrag	Er ist die Differenz zwischen Exporten und Importen von Waren und Dienstleistungen.
Dienstleistungsbilanz	In dieser Bilanz werden die von Inländern geleisteten und beanspruchten Dienstleistungen (Verkehr, Transport, Banken und Versicherungen usw.) erfasst.
Bilanz der Primäreinkommen	Die Primäreinkommen umfassen alle Einkommen aus unselbstständiger Arbeit, die von Inländern an Ausländer oder von Ausländern an Inländer gezahlt werden (etwa für Grenzgänger oder für Arbeitnehmer, die sich weniger als ein Jahr im Inland/Ausland aufhalten, z. B. Saisonarbeiter). Die Primäreinkommen umfassen aber auch Kapitalerträge, die Inländer an Ausländer zahlen oder von Ausländern erhalten, hauptsächlich Zahlungseingänge bzw. Zahlungsausgänge von Devisen und Zinsen, andere Einkommen aus Auslandsinvestitionen und insbesondere der internationale Kreditverkehr. Die wichtigsten Komponenten der Primäreinkommen sind also Kapitalerträge aus Direktinvestitionen, Wertpapieranlagen, Mieten und Pachten sowie Einkommen aus unselbstständiger Arbeit. Einkommen aus selbst-

	ständiger Arbeit bildet nur einen verhältnismäßig geringen Beitrag zu den Primäreinkommen. Wenn z. B. US-Investoren Zinszahlungen auf ihre ausländischen Anleihen erhalten, so wäre dies als Zahlungseingang (also positiv) in der Bilanz der Primäreinkommen der USA zu buchen. Auf der anderen Seite wären Zinszahlungen von US-Kreditnehmern an ausländische Kreditgeber ein Zahlungsausgang (also negativ) in der Bilanz. Übertreffen die Primäreinkommen die Ausgaben, spricht man von einer aktiven Bilanz der Primäreinkommen und umgekehrt.
Bilanz der Sekundäreinkommen	Sekundäreinkommen sind Leistungen ohne Gegenleistungen und erfassen in der Zahlungsbilanzstatistik Gegenbuchungen zu allen Bewegungen von Gütern und finanziellen Aktiva ohne ökonomische Gegenleistung. Sekundäreinkommen sind regelmäßig wiederkehrende, unentgeltliche Leistungen. Sie haben Einfluss auf Einkommen und Verbrauch. Man unterscheidet laufende öffentliche und private Transferzahlungen. Komponenten der Sekundäreinkommen sind also Leistungen, denen keine unmittelbaren Gegenleistungen gegenüberstehen, z. B. laufende Beiträge zu den Haushalten internationaler Organisationen sowie Überweisungen von ausländischen Arbeitnehmern, bestimmte Zuwendungen an Entwicklungsländer, Renten, Pensionen sowie Prämien (ohne Dienstleistungsanteil) und Schadensleistungen der Versicherungen usw. Beispiele: • Nettozahlungen der Regierung an den Haushalt der EU • Heimatüberweisungen der in Deutschland lebenden ausländischen Arbeitnehmer • grenzüberschreitende Renten, Pensionen und Unterstützungszahlungen
Vermögensänderungsbilanz	Für die Klassifizierung als Vermögensübertragung ist es ausreichend, wenn eine der beiden Seiten einen nicht das Einkommen und den Verbrauch berührenden Transfer als einmalig betrachtet. Zu den Vermögensübertragungen gehören Schuldenerlasse, Erbschaften, Schenkungen, Vermögensmitnahmen von Aus- und Einwanderern, immaterielle nichtproduzierte Sachgüter (von der Bundesnetzagentur versteigerte Mobilfunklizenzen) sowie Zuschüsse zu Infrastrukturmaßnahmen von der EU. Zahlungen an den EU-Haushalt gehören dagegen zu den Sekundäreinkommen.
Kapitalbilanz	Die Kapitalbilanz erfasst alle grenzüberschreitenden Kapitalbewegungen (Veränderungen der Forderungs- und Verbindlichkeitsbestände von Gebietsansässigen gegenüber Gebietsfremden). Eine Ausnahme stellen die Transaktionen der jeweiligen Zentralbank dar. Sie werden in der Bilanz der Veränderung der Währungsreserven erfasst. Die Kapitalbilanz wird von der Bundesbank wegen der sehr unterschiedlichen Transaktionen in weitere Teilbilanzen unterteilt. Sie zeigt die Direktinvestitionen und Geldanlagen zwischen dem In- und Ausland. Kapitalimporte führen Devisen zu, Kapitalexporte in das Ausland vermindern den Devisenbestand.
Devisenbilanz	Sie enthält die Abnahme bzw. Zunahme der Devisenreserven der Zentralbank.

M Organe der Europäischen Union

	Europäischer Rat	Europäische Kommission	Europäisches Parlament
Zusammensetzung	Der Europäische Rat setzt sich offiziell aus den Staats- und Regierungschefs der Union, dem Präsidenten des Europäischen Rates sowie dem Kommissionspräsidenten zusammen, wobei Letztere kein Stimmrecht besitzen.	• Die Neubesetzung der Kommission erfolgt alle fünf Jahre innerhalb von sechs Monaten nach der Wahl des Europäischen Parlaments. • Jeder EU-Mitgliedstaat stellt einen Kommissar, so dass die Zahl der Kommissionsmitglieder 28 beträgt. • Die Regierungen der Mitgliedstaaten bestimmen gemeinsam den neuen Präsidenten der Kommission. • Der designierte Kommissionspräsident wird anschließend vom Parlament bestätigt. • Er wählt in Gesprächen mit den Regierungen der Mitgliedstaaten die anderen Mitglieder der Kommission aus. • Der Rat verabschiedet die Vorschlagsliste mit qualifizierter Mehrheit und leitet sie an das Europäische Parlament zur Genehmigung weiter.	• Das Europäische Parlament wird von den Bürgern der Europäischen Union direkt gewählt. • Die Wahlen finden alle fünf Jahre statt. • Jeder EU-Bürger hat das aktive und passive Wahlrecht. • Die letzten Wahlen fanden im Juni 2014 statt. Das Parlament vertritt über 490 Mio. Menschen und macht ihre Interessen gegenüber den anderen EU-Organen geltend. • Dem gegenwärtigen Parlament gehören 751 Abgeordnete aus allen 28 EU-Mitgliedstaaten an.

W. Grundmann, R. Rathner, *Bankwirtschaft, Rechnungswesen und Steuerung, Wirtschafts- und Sozialkunde*, Prüfungstraining für Bankkaufleute,
https://doi.org/10.1007/978-3-658-30521-5_36

	Europäischer Rat	Europäische Kommission	Europäisches Parlament
		• Das Parlament befragt daraufhin jedes designierte Kommissionsmitglied und gibt seine Stellungnahme zum gesamten Kollegium ab. • Nach Zustimmung des Parlaments wird die neue Kommission vom Rat mit qualifizierter Mehrheit offiziell ernannt.	
Sitz	Der Europäische Rat hat seinen Sitz in Brüssel (Belgien).	Die Europäische Kommission hat ihren Sitz in Brüssel (Belgien).	Die Arbeitsorte des Europäischen Parlaments sind Brüssel (Belgien), Luxemburg und Straßburg (Frankreich).
Aufgaben	• Nach Art. 15 EU-Vertrag gibt der Europäische Rat der EU „die für ihre Entwicklung erforderlichen Impulse und legt die allgemeinen politischen Zielvorstellungen und Prioritäten hierfür fest". • Daneben behandelt der Europäische Rat auch wichtige Fragen, für die auf Ministerebene (also im Rat der Europäischen Union) kein Konsens gefunden werden konnte. • Auch die Gemeinsame Außen- und Sicherheitspolitik (GASP) wird häufig thematisiert. • Die Ergebnisse der Ratstagungen sind	• Die Kommission macht dem Parlament und dem Rat Vorschläge für neue Rechtsvorschriften. • Sie setzt die EU-Politik um und verwaltet den Haushalt. • Sie sorgt (gemeinsam mit dem Gerichtshof) für die Einhaltung des europäischen Rechts. • Sie vertritt die Europäische Union auf internationaler Ebene, zum Beispiel durch Aushandeln von Übereinkommen zwischen der EU und anderen Ländern. • Die Kommission ist dem Parlament gegenüber politisch rechenschaftspflichtig. Es kann der Kommission als Ganzes das Misstrauen aussprechen und sie so zum Rücktritt zwingen. Einzelne Kommissions-	• Das Parlament teilt sich die gesetzgebende Gewalt mit dem Rat in vielen Politikbereichen. • Durch die direkte Wahl des Parlaments wird die demokratische Legitimierung des europäischen Rechts gewährleistet. • Es übt eine demokratische Kontrolle über alle Organe der EU und insbesondere über die Kommission aus. • Es stimmt der Benennung der Kommissionsmitglieder zu oder lehnt sie ab und kann einen Misstrauensantrag gegen die gesamte Kommission einbringen. • Es teilt sich die Haus-

	Europäischer Rat	**Europäische Kommission**	**Europäisches Parlament**
	innerhalb des politischen Systems der EU zunächst nicht rechtsverbindlich. Da jedoch die Staats- und Regierungschefs meist innerhalb der Regierung ihres eigenen Staates eine Richtlinienkompetenz besitzen, dienen die Verhandlungsergebnisse des Europäischen Rates auch als Richtlinie für die Treffen des Ministerrats.	mitglieder müssen zurücktreten, wenn der Präsident sie dazu auffordert, und die anderen Kommissionsmitglieder dem zustimmen. • Die Kommission nimmt an allen Tagungen des Parlaments teil, auf denen sie ihre Politik erläutern und begründen muss.	haltsbefugnis mit dem Rat und kann daher Einfluss auf die Ausgaben der EU ausüben. In letzter Instanz nimmt es den Gesamthaushalt an oder lehnt ihn ab.

	Europäischer Gerichtshof	**Europäischer Rechnungshof**
Zusammensetzung	• Der Europäische Gerichtshof (EuGH) besteht aus 15 Richtern, • die von den Mitgliedstaaten für jeweils sechs Jahre ernannt und • i. d. R. wieder gewählt werden. • Vor dem EuGH können die Organe der EU und die einzelnen Mitgliedstaaten verklagt werden und klagen.	• Der Europäische Rechnungshof (EuRH) besteht aus 27 Rechnungsprüfern, je einem aus jedem EU-Mitgliedstaat. • Die Mitglieder werden vom Rat nach Anhörung des Europäischen Parlaments auf sechs Jahre ernannt (vier durch Los bestimmte Mitglieder erhalten jedoch bei der ersten Ernennung ein auf vier Jahre begrenztes Mandat). • Eine Wiederwahl der Mitglieder ist möglich.
Sitz	Der EuGH hat seinen Sitz in Luxemburg.	Der EuRH hat seinen Sitz in Luxemburg.

	Europäischer Gerichtshof	Europäischer Rechnungshof
Aufgaben	• Der EuGH ist das oberste überstaatliche Rechtsprechungsorgan und die höchste richterliche Instanz der EU. • Seine Zuständigkeit erstreckt sich auf die Oberprüfung der Rechtmäßigkeit des Handelns der Organe, • die Einhaltung der Verträge durch die Mitgliedstaaten sowie • die Überwachung der Anwendung und Durchsetzung des Gemeinschaftsrechts. • Neben der Auslegung und Durchführung des EU-Rechts entscheidet der EuGH bei Streitigkeiten zwischen EU-Organen und Mitgliedstaaten sowie • bei der Umsetzung der oft lückenhaften Bestimmungen (Ergänzungsfunktion), sofern er unmittelbar vor Rechtsakten der Gemeinschaft angerufen wird. • Jeder Bürger kann den Europäischen Gerichtshof anrufen, wenn er glaubt, dass seine Grundrechte durch das Handeln der EU-Institutionen eingeschränkt werden.	• Der EuRH ist eine unabhängige Rechnungsprüfungsbehörde. • Der EuRH kann jedoch keine Sanktionen erlassen. Bei einem Verstoß gegen Vorschriften informiert er die zuständigen übergeordneten Stellen sowie die Öffentlichkeit und ggf. die europäische Betrugsbekämpfungsbehörde OLAF. • Seine Aufgabe ist die Prüfung der Rechtmäßigkeit, Wirtschaftlichkeit und Ordnungsmäßigkeit aller Einnahmen und Ausgaben (d. h. der Haushaltsführung) der Organe und Einrichtungen der Europäischen Union.

Schlagwortregister

W. Grundmann, R. Rathner, *Bankwirtschaft, Rechnungswesen und Steuerung, Wirtschafts- und Sozialkunde*, Prüfungstraining für Bankkaufleute,
https://doi.org/10.1007/978-3-658-30521-5

Printed in Poland
by Amazon Fulfillment
Poland Sp. z o.o., Wrocław

62881937R00251